요한 카시아누스의

담화집

엄성옥 옮김

요한 카시아누스의 담화집
Conferences

초판 발행 2013년 6월 15일
지은이 요한 카시아누스(John Cassian)
옮긴이 엄성옥
발행처 은성출판사
등록 1974년 12월 9일 제9-66호

ⓒ2013년 은성출판사

주소 서울시 강동구 성내동 538-9
전화 070)8274-4404
홈페이지 http://www.eunsungpub.co.kr
전자우편 esp4404@hotmail.com

이 책의 한국어판 저작권 및 판권을 은성출판사가 소유합니다. 저작권법에 의하여 한국 내에서 보호를 받는 제작물이므로 무단 복사, 인용, 녹음, 전자책 등 복제를 금합니다.

printed in Korea
ISBN: 978-89-7236-409-2 33230

The Conferences

Iohn Cassian

translated by

Eum Sungok

차례

서언 / 7

제1부: 담화 1~10

제1부 서문 / 28

담화 1: 수도사의 목적과 목표에 관하여 / 31

담화 2: 분별에 관하여 / 63

담화 3: 세 가지 금욕에 관하여 / 91

담화 4: 육체의 욕망과 영의 갈망에 관하여 / 121

담화 5: 여덟 가지 악덕에 관하여 / 143

담화 6: 살해된 거룩한 사람들에 관하여 / 173

담화 7: 영혼의 변덕스러움, 그리고 악령들에 관하여 / 199

담화 8: 공중의 권세들에 관하여 / 233

담화 9: 기도에 관하여(Ⅰ) / 263

담화 10: 기도에 관하여(Ⅱ) / 299

제2부: 담화 11~17

제2부 서문 / 322

담화 11: 완전함(완덕)에 관하여 / 325

담화 12: 순결에 관하여 / 345

담화 13: 하나님의 보호하심에 관하여 / 371

담화 14: 영적 지식에 관하여 / 405

담화 15: 거룩한 은사에 관하여 / 431

담화 16: 우정에 관하여 / 443

담화 17: 약속에 관하여 / 469

제3부: 담화 18~24

제3부 서문 / 506

담화 18: 세 종류의 수도사에 관하여 / 509

담화 19: 공주수도사의 목표와 은수사의 목표 / 533

담화 20: 회개의 목적, 그리고 보속의 표식에 관하여 / 551

담화 21: 오순절 기간 중 금욕을 완화하는 것에 관하여 / 567

담화 22: 몽설에 관하여 / 607

담화 23: 침묵에 관하여 / 629

담화 24: 고행에 관하여 / 661

서언

생애

카시아누스의 생애에 대한 명확한 자료가 없다. 따라서 현재 그의 일생에 대해서는 여러 문헌들에서 파편적인 기록들을 모아서 유추할 뿐이다. 그 중 카시아누스 자신의 저작물과 그의 친구 게르마누스가 집필이 중요한 단서가 된다.

대부분의 학자들은 카시아누스가 다키아(오늘날 루마니아)에서 360년경(또는 365년)에 태어났다고 한다. 그의 출생지에 대해서도 학자들 간에 의견이 엇갈리고 있다. 어떤 이들은 그가 프랑스 남부의 유복한 가정에서 좋은 교육을 받고 자랐다고 한다.

요한 카시아누스의 본명조차 알려져 있지 않다. 자신의 저서에서 스스로를 요한이라고 기록했지만, 이 이름은 수도사 명일 것이다.

카시아누스가 사용했던 모국어는 라틴어였지만, 헬라어에도 능통하여 그의 주 활동 무대는 그리스 동부 지역이었다. 그는 헬라어 번역 성경에 능통한 동시에 헬라 철학에 대한 지식도 풍부했다. 헬라어와 라틴어를 자유로이 구사할 수 있는 그의 재능은 헬라어 권역인 동방교회와 라틴어 권역인 서방교회 간의 대사 역할을 하는 데 사용되었다. 그래서 이집트 사막 수도원에서 체험한 것

을 서방교회로 소개하는 역할을 할 수 있었다.[1]

380년경 그가 20대 혹은 30대에 자기보다 조금 연장자인 친구 게르마누스와 함께 베들레헴에 있는 수도원에 들어갔다. 그 후로 두 사람은 최소 25년 동안 길동무가 되었다. 그들의 무슨 동기로 고향에서 멀리 떨어진 베들레헴까지 오게 되었는지 알려진 바가 없다.

베들레헴 수도원에서 지내는 동안 어떤 순례자와 함께 수실을 사용했는데, 나중에 알고 보니 이 사람이 유명한 금욕고행자 압바 피누피우스Abba Pinufius였다. 그는 이집트인으로서 파네피시스Panephysis라는 지역 근처에 있는 큰 공주수도원 원장이었다. 이 두 젊은 이들은 그가 수도원 원장으로 지내는 동안 사람들이 자신의 명성을 듣고 몰려오는 많은 사람들을 피해 처음에는 타벤니시Tabennisi로 갔다가 베들레헴에 오게 되었다는 사실을 알게 되었고[2] 그의 행적에 큰 감명을 받았다. 그들은 수도원장에게 베들레헴 수도원을 떠나 이집트에서 무슨 일이 벌어지고 있는지 직접 살펴보기 위해서 이집트로 가게 해 달라며 허락을 요청했다.

역사적인 자료에 의하면 4세기 말까지는 서방교회 전통에 활발한 수도원 운동이 전개되기 전이었다. 기독교 수도원 운동은 4세기 초반 이집트에서 시작되었다. 독수도사의 아버지 대 안토니(251-351)를 비롯하여, 테베의 공주수도원 창시자 파코미우스Pachomius, 292-346, 스케테의 반-독거수도사 마카리우스Makatios, -390, 켈리아의 폰투스의 에바그리우스 등을 중심으로 활발하게 전개되고 있었다. 당시 이집트의 수도 알렉산드리아의 주교 아타나시우스가 아리

---

1) 동방정교회의 영적 지도서인 『필로칼리아』(The Philokalia, 엄성옥 역, 은성출판사)의 저자 중 유일하게 서방교회 전통의 요한 카시아누스의 글이 수록되어 있다. 그만큼 카시아누스의 영성은 동·서방을 가로지르는 위대한 것임이 증명이 된다.
2) 『담화집』 20.1.1-2.3; 『제도집』 4.30.2-5.

우스파와 논쟁을 벌이던 중 다섯 차례나 도피살이를 했는데, 그 중 로마로 피신했을 때 자연스럽게 이집트 사막 수도생활이 소개되었을 것이다. 제3차 도피 중에 『성 안토니의 생애』를 집필했고, 곧이어 라틴어로 번역되면서 서방교회에 널리 알려졌다. 요한 카시아누스 일행이 베들레헴 수도원에 있을 당시 이집트 수도원에 대한 지식을 어느 정도 가지고 있었을 것이다. 때마침 압바 피누피우스의 겸손하고 절제하는 모습을 보고, 그것이 동기가 되어 이집트 순례길을 감행하려 했을 것으로 짐작된다.

수도원장은 처음에는 그들이 이집트로 가는 것을 망설였지만, 그들의 강한 열망을 꺾지 못하고 조건 하나를 달고 이집트 순례길을 허락했다. 그 조건이란 빠른 시일 안에(2년 이내) 베들레헴으로 돌아온다는 서약이었다. 그러나 그들이 약속을 지키는 데 7년이 걸렸다.

카시아누스와 게르마누스는 이집트에 도착해, 거기서 385-400년까지 (학자들 간에 이견이 있지만) 머물렀다. 그들은 수도원장과이 약속을 지키기 위해 392년경에 잠시 베들레헴으로 갔다가 다시 이집트로 돌아왔다.

처음에 그들은 나일강 삼각주 지역에 있는 Thebenneaus, Themus, Panephysis, Diolocus 등에 머물면서 압바 피누피우스와 함께 지냈던 노인과 함께 지냈다. 그런 다음 다시 그들은 스케테Schetis[3]로 향했다. 이곳은 한 명의 압바 곁에 추종하는 여러 사람들이 독거처를 만들어 놓고, 주중에는 각자의 독거처에서 기도와 손노동을 하고, 주말에는 모수도원에 모여 함께 성찬예배를 드리는 반-독거 형태의 수도원이다.

---

3) 스케테의 지역명은 와디 알-나트룬(Wādī al-Natrūn)으로서 현재 마카리우스, 수리아, 피쇼이, 바라무스 등 네 개의 수도원이 있다.

330년경 처음으로 대 마카리우스를 만났다.[4] 이 두 사람은 마카리우스의 명성을 익히 알고 있었지만, 『사막 교부들의 금언』에 나오는 다른 수도사들과 담화한 것을 기록하고 있다.

카시아누스는 나일 강 하류 삼각주 지역에 머물러 있는 동안 파코미우스의 공주수도원이 있는 테베까지 올라가지 못했다. 그러나 그의 기록에 공주수도원의 원로들에 대해 들은 바도 기록하고 있다.

카시아누스는 스케테 지역에서 위험을 감수하고 독수도사들이 모여 사는 켈리아를 자주 방문했다. 켈리아는 원래 나일강 하류 삼각주에 있는 니트리아에서 분원된 수도원이다. 니트리아 지역은 땅이 비옥하고 배로 접근하기가 용이하여 농업과 상업이 왕성한 곳이다. 니트리아 수도원에 많은 사람들이 몰려와서 번잡해지자, 독거와 침묵생활을 원하는 수도사들을 위해 한나절 걸어갈 수 있는 거리―니트리아에서 약 12마일―에 수도원을 만들었다. 그곳이 켈리아[5]이다. 현재 모수도원이었던 니트리아 수도원의 자취는 사라지고 켈리아에는 황폐한 기도실 벽들만 남아있다.

켈리아에 머문 유명한 수도사들로서 테오도르, 에바그리우스 폰티쿠스, 알렉산드리아의 마카리우스 등이 있었다.[6] 그들은 그들 중 학식이 풍부하고 사막 수도사들의 생활을 잘 알고 있는 에바그리우스 폰티쿠스[7]를 만났다. 두 사

---

4) 『담화집』 15.3.1-5.

5) 켈리아(Cellia)란 영어로 독방(cell)이라는 뜻으로 개별 독거처를 말한다. 『사막 교부들의 금언』(The Sayings of the Desert Fathers: The Alphabetical Collection), 엄성옥 옮김, 은성출판사; 엄성옥 역, "위대한 안토니" 34 참조.

6) 팔라디우스, 『초대 사막 수도사들의 이야기』(The Lausiac History of Palladius, 엄성옥 옮김, 은성출판사)를 참조하라.

7) 에바그리우스 폰티쿠스의 생애에 대해서 상게서를, 그의 금언에 대해서는 『사막 교부들의 금언』(The Sayings of the Desert Fathers: The Alphabetical Collection)을 참조하라.

람은 에바그리우스의 수도적 영성에 대한 깊은 통찰과 신학적 체계가 남다른 것에 반하여 그의 제자가 되었다. 요한 카시아누스가 에바그리우스의 제자인가에 대해 의견이 분분하지만, 카시아누스의 저서에 배어 있는 신학적 체계가 그의 것을 빼닮은 것은 의심할 여지가 없다. 그렇다고 카시아누스가 에바그리우스에 대해 무비판적인 것은 아니었다. 특히 두 사람이 각기 채택한 용어들과 신학적 접근이 같지 않은 부분이 많다. 예를 들면 에바그리우스의 용어는 헬라철학에서 차용한 반면, 카시아누스는 성경 용어들을 사용하였다. 한 예를 든다면 에바그리우스의 "정념"을 카시아누스는 "악한 생각"(마 15:19; 막 7:21)으로, "무정념"을 "마음의 청결"purity of heart(마 5:8)이라는 단어로 사용했다.

카시아누스에게 많은 영향을 끼친 에바그리우스는 오리게네스로부터 영향을 많이 받았다. 그러니까 굳이 말하자면 카시아누스는 오리게네스의 3대 제자인 셈이다. 오리게네스는 카파도키아의 교부들뿐만 아니라 루피누스와도 친분이 돈독했다. 루피누스는 오리게네스 추종자로서 그의 사상에 심취했으며, 이집트 사막 수도원을 탐방하면서 『이집트 수도원의 역사』를 저술한 인물이다.[8]

문제는 오리게네스의 신앙 사상에 비판이 일어났다. 콘스탄틴 주교 에피파니우스Epiphanius Constantiensis, 310/20-403가 문제를 삼았고, 처음에는 오리게네스 추종자였던 히에로니무스Eusebius Hieronymus, 345?-419마저 비판자로 돌아섰다.[9]

오리게네스 추종자들과 치열한 한판의 논쟁 후에 잠시 소강 상태 중에 또 다

---

8) 팔라디우스, 『팔라디우스의 초대 사막 수도사들의 이야기』(*The Lausiac History of Palladius*, 엄성옥 옮김, 은성출판사), pp. 143-144를 참조하라.

9) Bernard McGinn, John Meyendorf, Jean Leclercq, 『기독교 영성』I (엄성옥 역, 은성출판사), p. 151.

른 문제가 생겼다. 오리게네스가 죽은 해(399년) 부활절에 알렉산드리아의 대주교 테오필루스가 연례 편지를 통해 신인동형론을 지지하는 "무식한" 이집트 수도사들을 강력히 단죄하였다. 신인동형론을 주장하고 오리게네스 사상을 추종하던 이집트 수도사들이 격분하였다. 성난 수도사들이 폭도로 변하여 테오필루스의 집을 불태우는 등 사태가 급박해지자, 정치적으로 유연한 테오필루스는 문제의 초점을 오리게네스의 이단성으로 돌렸다.

400년경에 교구 공의회에서 오리게네스와 함께 에바그리우스를 이단으로 정죄한 후[10] 이집트 사막에서 오리게네스주의 추종자들을 추방하였다. 이 소용돌이 속에서 카시아누스와 게르마누스는 십여 년 동안의 이집트 사막 수도 생활을 접고 아무도 모르게 떠나게 되었다. 그러나 동방정교회에서는 에바그리우스를 서방교회와 달리 평가하고 있다.

몇 년 후 이 두 사람은 콘스탄티노플에 나타났다. 콘스탄티노플에서 그들은 황금의 입이라는 별명을 가진 요한네스 크리소스토무스Ioannes Chrysostomus, 349/50-407의 후원을 받고 있었다. 여기서 크리소스토무스로부터 게르마누스는 사제, 카시아누스는 부제 서품을 받았다.

평소에 탐탁하게 여기지 않았던 테오필루스 주교는 당시 동로마 제국의 황후 유독시아와 결탁하고 모함하여 크리소스토무스를 유배 보냈다. 카시아누스는 자신들의 후견인이었던 강직한 크리소스토무스의 억울한 누명을 해명하기 위해 로마로 가서 교황 인노켄티우스 1세Innocentius I를 만나게 된다. 이 때가

---

10) 폰티쿠스의 에바그리우스의 "악한 생각과 그것을 다루는 규칙"에 관한 글들이 동방정교회의 영적 지도서인 『필로칼리아』에 수록되어 있다. 이단으로 정죄된 에바그리우스의 글들을 다룬 것에 대해 필로칼리아 편집자는 이 책 서문에 "그의 신학적 사상을 받아들일 수 없지만, 실천적인 부분은 시대를 막론하고 기독교인들에게 귀감으로 삼아야 된다"는 의미의 설명을 했다. 4세기에 인간 행동의 원인을 이처럼 세밀히 다루었다는 것은 매우 경이로운 일이다. 『필로칼리아』(The Philokalia, 엄성옥 역, 은성출판사), 제1권: 독수도사 에바그리오스 편을 참조하라.

404년경이었다. 동·서방 두 언어의 구사 능력을 가진 카시아누스가 외교 사절로서의 역할을 감당하게 된 것이다.

그들은 이 일로 잠시 로마에 머문 후 안디옥으로 갔으며, 안디옥 총대주교가 카시아누스를 사제로 서품한 후 곧장 사절로 임명받아 다시 로마로 파견되었다. 그로부터 10여 년 동안 카시아누스의 행적에 대한 기록은 찾아볼 수 없다.

415년까지 카시아누스는 마실리아Massilia(오늘날 프랑스의 마르세유)에 나타난다. 그가 왜, 무슨 사연으로 거기로 갔는지 모른다. 이제 사제가 된 카시아누스는 그곳에서 두 개의 수도원을 세웠다. 하나는 남자수도원, 그리고 또 하나는 여자 수도원이었다. 그러나 그가 실제로 두 개의 수도원을 설립했는지에 대해서 의심하는 학자들도 있다. 여기서 그는 마실리아 주교였던 카스토르Castor의 요청으로 『제도집』과 『담화집』을 집필했다.

당시 신학적인 큰 이슈로서, 하나님의 인간 구원에 있어서 "인간의 역할"에 대해 펠라기우스 학파와 아우구스티누스를 중심으로 한 라틴 교부들 간에 심각한 대립이 있었다. 펠라기우스 학파들은 "인간의 노력만으로 충분하다"고 주장하는 반면, 아우구스티누스는 "원죄가 있는 인간 영혼의 구원에 하나님의 은혜가 선행적으로 필요하다"는 것을 주장했다.

420년대 중반에 집필한 카시아누스의 『담화집』을 읽고 아우구스티누스와 라틴 교부들이 카시아누스를 공격하기 시작했다. 펠라기우스주의자라는 오해에 대해 카시아누스는 자신의 신학적 정체성을 피력하지 않으면 안 되었다. 그는 "인간 구원에는 하나님의 은혜가 절대 필요하지만, 그 은혜를 수용하는 여부는 인간의 자유 의지에 달렸다"는 중도적인 입장, 즉[11] 반-펠라기우스주

---

11) Bernard McGinn, John Meyendorf, Jean Leclercq, 『기독교 영성』 I (엄성옥 역, 은성출판사), 제13장

의(또는 몰리나주의)를 발표했다.

432년에 아우구스티누스주의의 옹호자 아퀴테인의 프로스퍼Prosper of Aquitaine가 "담화집에 대하여"Contra Collatorem라는 논문을 작성하여 공격하였다. 결국 529년에 그는 제2차 오랑주 공의회에서 이단으로 정죄되었다. 이 때는 카시아누스가 430년 초에 생을 마감한 지 100년이 지난 뒤였다.

여러 파편적인 자료들을 정리해서 카시아누스의 생애를 요약하면 다음과 같다:

c. 360년경	다키아(Dacia; 오늘날의 루마니아 지역)에서 출생
c. 380	게르마누스와 함께 베들레헴에 거주하다.
c. 385년	게르마누스와 함께 이집트 스케테로 가다.
c. 392	게르마누스와 함께 잠시 베들레헴으로 돌아가다.
399	테오필루스가 오리겐주의자들을 이집트에서 몰아내다.
c. 399	게르마누스와 이집트를 떠나다.
400 초	게르마누스와 콘스탄티노플에 머물다.
	카시아누스가 크리소스톰에 의해 부제로 서품되다.
404	게르마누스와 로마에 머물다.
c. 415	카시아누스가 마실리아(오늘날 마르세유)에 머물다.
c. 421–426	『제도집』과 『담화집』 집필
c. 430	『성육신에 관하여, 네스토리우스에 대한 논박』 집필
431	에베소 공의회에서 네스토리우스를 축출하다.
432	아퀴테인의 프로스퍼Prosper of Aquitaine가 『담화집』을 공격하다.
c. 435	카시아누스 사망

저서

카시아누스는 마실리아에 있는 동안 세 권의 논문을 집필했다: 『제도집』

은혜: 어거스틴적 기초: p. 542를 참조하라.

The Institutes of the Cenobia and the Remedies for the Eight Principal Vices;『담화집』*The Conferences*;『네스토리우스 논박: 그리스도의 성육에 관하여』*On the Incarnation of Christ against Nestorius*이다.

『제도집』과 『담화집』은 426년에서 429년 사이에 저술되었다. 짐작하기는 『제도집』은 421년에, 『담화집』은 426년경에 완성되었다. 카시아누스가 360년대에 출생했다고 가정하면, 『담화집』을 저술할 당시 그는 60대였다.

『네스토리우스 논박: 그리스도의 성육에 관하여』라는 논문은 430년 그가 임종하기 직전에 로마의 레오 부제(나중에 레오 1세)의 부탁을 받고 쓰게 되었다. 이 논문은 이스탄불 총대주교 네스토리우스의 그리스도론에 관한 이단을 반박한 일곱 장의 장문으로 구성된 신학적인 글이다. 그 이듬해 431년에 네스토리우스파는 에베소공의회에서 이단으로 정죄받고 국외로 추방당했다.

이집트 수도원을 소개하는 카시아누스의 두 권의 저서는 널리 읽혔고, 서방 수도원 제도와 영성에 주요한 영향을 미쳤다. 5세기에 갈리아와 아프리카에서 『제도집』 요약본이 출판되었다. 6세기에 베네딕트는 그의 규칙(73.5)에서 『제도집』과 『담화집』을 읽도록 정했고,[12] 카시오도루스는 비바리움에 있는 수도사들에게 『제도집』을 추천했다. 카시아누스는 대 그레고리, 알쿠인, 라바누스 마우루스, 토마스 아퀴나스 등 주요한 서방 사상가들에게 영향을 미쳤다. 아퀴나스는 『신학대전』에서 12번 이상 카시아누스를 인용했다. 카시아누스는 서방의 위대한 교사들 중 하나라고 해도 과언이 아닐 것이다.

---

[12] 규칙 73.2: "…하느님의 권위로 (씌어진) 신·구약성서의 어느 면이나 어느 말씀이 인간 생활의 가장 올바른 규범이 아니겠는가? 또한 거룩한 가톨릭 교부들의 어느 책이 우리 창조주께 바른 길로 나아가라고 소리치고 있지 않는가? 또한 교부들의 『담화집』이나 『제도서』나 그들의 전기나 그밖에 우리의 거룩한 사부 『바실리우스의 규칙서』는 착하게 살고 순종하는 수도승들의 덕을 닦기 위한 도구들이 아니고 무엇이겠는가? …"

그의 저서에는 수도생활의 실천적인 측면과 이론적인 측면이 혼합되어 있다. 카시아누스는 내적 여정이라는 표현을 자주 사용하여 수도사들의 생활방식의 배후에 놓인 이론을 제시했다. 내적 여정은 하나님에 대한 두려움에서부터 시작되어, 가책을 통과하여 자기부인에 이르며, 사막으로의 도피로 이어진다. 여기서 수도사는 내면에 그리스도의 삶을 확립함으로써, 사랑의 완전함과 하나님만을 추구하는 단순한 마음을 가지고서 평생 지속될 정욕과의 싸움을 시작한다.

카시아누스는 담화 1.2.1에 수도생활의 목적*telos*; end과 목표*scopos*; goal를 기록했다. 이 주제를 초두에 배치한 것은 어떤 의도가 있으리라 여겨진다. 우리나라 말에 목적과 목표에 대한 부연 설명이 없이는 정확한 구분이 어렵다. 카시아누스는 이를 헬라어로 수도생활의 궁극적 목적을 *telos*, 그것에 도달하는 수단이나 과정으로 목표*scopos*라는 단어를 사용했다. 이 번역서에서 목적과 목표라는 거의 동일한 의미의 단어—매우 혼란스럽고 애매하지만—를 구분하여 사용했다.

카시아누스는 사부 모세와의 대화에서 우리의 궁극적 목적으로 하나님의 나라, 하늘나라를 위한 목표로서 마음의 청결(마 5:8)을 유지해야 한다고 기록했다.

> "우리는 경탄하며 경청했고 그분은 계속해서 말했습니다: '우리의 신앙의 목적은 천국 즉 하나님 나라이지만, 우리의 목표는 마음의 청결입니다. 그것이 없으면 누구도 그 목적을 이룰 수 없습니다.'"(담화 1.4.3).

또한 카시아누스는 마음의 청결이라는 목표를 위해 "쉬지 않고 드리는 기도"를 제시한다. 이 기도는 첫 단계로서 묵상에서 시작하여 하나님이 주시는 선물인 "불의 기도"prayer of fire에 이른다. "수도사가 자기 자신을 의식하거나 자기의 기도를 이해하는 상태의 기도는 완전한 기도가 아니다"(『제도집』 9.31)라고 했다. 이 기도는 성경, 특히 시편에 의해 육성된다.

카시아누스는 수도사의 수덕생활을 복음의 제자도의 관점에서 본다. 수도사는 제자도에 의해서 십자가에 달리신 그리스도와 결합한다. 성경에 계시된 이 성육하신 주님과의 결합을 통해서, 수도사는 하나님만을 목표로 보는 바른 눈을 갖는 법을 배운다.

그러나 문제는 목적telos을 흐리게 하고, 목표scopos를 방해하는 세력들이 있다는 것이다. 그것은 외적인 것보다 내면적인 것으로서 왜곡된 생각, 또는 "악한 생각들"(에바그리우스의 표현으로 "정념")이라고 보았다. 마음의 경향과 생각들은 태도를 낳고, 태도는 행위를 낳는다. 그러므로 악한 행위보다 원천이 되는 악한 생각들을 다루어야 한다는 것이 카시아누스의 근본 접근법이다.

『제도집』은 악한 생각들(악덕)로부터 마음을 지키는 데 유력한 목표scopos, 즉 공주생활의 규칙과 함께 악한 생각들이 작용하는 메커니즘에 대한 다소 추상적인 설명(제4~12권)으로 구성되어 있다.

『담화집』은 수도생활의 목표를 이루어가는 사막 교부들의 실제 사례들(목적들)을 모은 대화체의 사례집으로서, 악한 생각들을 다루는 데 있어서 보다 구체적인 방법을 제시하고 있다.

『제도집』

『제도집』의 완전한 제목은 『공주수도회의 제도집, 그리고 여덟 가지 주요 악덕들의 해결책』The Institutes of the Cenobia and the Remedies for the Eight Principal Vices이다.

도입 부분(제1~4권)은 에바그리우스의 저작물인 『프락티코스』Praktikos를 많이 인용했다. 다시 말해서 마음을 악한 생각들로부터 지키기 위한 목적으로서의 공주생활 규칙이다. 의복 및 시간경을 실천하는 구체적인 방법, 그리고 수도사들의 교육과 영적 지도에 대한 규칙들로 구성되어 있다.

제5~12권은 에바그리우스 폰티쿠스가 언급한 "여덟 가지 정념"에 대한 설명으로서, 이 부분은 제도집에 어울리지 않는 듯해 보이지만 앞의 규칙들을 제정하고 지켜야 하는 원리를 설명한다. 수도사들의 목적을 왜곡하고 흐리게 하는 악한 세력들, 즉 여덟 가지 악한 생각들(악덕들)의 작용과 메커니즘을 설명해 주는 것이다. 생활규칙의 원리를 앎으로써 혹시 규칙에 포함되지 않은 경우를 당하더라도 융통성 있게 악한 생각들을 대적할 수 있을 것이다.

제도집의 구성

카시아누스의 서문
제1권: 수도사들의 의복과 그 상징적인 의미
제2권: 밤기도와 시편 찬송 방법
제3권: 낮기도와 시편 찬송 방법
제4권: 수도사들의 제도들
제5권: 탐식의 영
제6권: 음란의 영
제7권: 탐욕의 영
제8권: 분노의 영
제9권: 슬픔의 영
제10권: 권태의 영
제11권: 허영의 영
제12권: 교만의 영

사막 교부들은 악한 생각들이 작용하는 어떤 규칙, 즉 하나의 생각이 다른 생각들logismoi을 낳는 일련의 순환 과정을 발견했다.[13] 이 생각들의 순환 메커니즘을 끊기 위한 방법이 필요하다. 이것을 "법"이라는 단어로 사용했다. 즉 악덕을 다루는 메커니즘이다. 다시말해서 이 악덕들을 다루는 데 일관된 비유로 "수도사는 운동 선수들처럼 법대로"(딤후 2:5) 행해야 한다는 것이다. 이것은 논리적인 의미로 "법대로"이다.

수도사들의 모든 규칙은 악한 생각에서 벗어나 "깨끗한 마음"을 유지하는 데 목적을 둔 것이다. 인간의 정신이 악한 생각들을 다 털어버린 새털처럼 가벼워져서 하나님께로 비상할 수 있으며, 신적 지식을 얻을 수 있다. 그러기 위해 수도생활은 맑은 마음, 단순한 에 목적을 둠으로써 하늘나라라는 목표가 이루어진다. 이들은 맑고 깨끗한 마음을 얻기 위해 모든 것을 희생했다. 그들이 "하얀 순교자들"이다.

『담화집』

카시아누스의 세 권의 저술들 중 가장 방대한 『담화집』은 고대 기독교 저술들 중에서도 가장 방대한 저술이다. 『담화집』은 24편의 담화들이 3부로 나뉘어 있다. 제1부에 10편, 제2부와 제3부에 각각 7편이 수록되어 있다. 각 부는 각기 다른 장소와 다른 시기에 이집트 사막에서 나눈 담화들을 기록했다고 주장된다. 제1부의 10개의 담화는 스케테에서, 제2부의 7개 담화는 텐네수스Thennesus 마을 근처에서, 그리고 마지막 제3부의 7개 담화는 디올코스Diolcos

---

[13] 주된 세 가지 악한 생각들이란 식탐, 탐욕, 허영으로서, 이는 마귀가 광야에서 예수님을 시험한 세 가지 시험(마 4:3-11; 참조 창 3:6)에 근거되기도 한다. 이에 대해 『필로칼리아』(The Philokalia, 엄성옥 역, 은성출판사), 제1권: 독수도사 에바그리오스; "정념, 그리고 생각을 분별하는 것에 관하여"를 참조하라.

마을 근처에서 행해진 것이다. 이 장소들은 알렉산드리아에서 그리 멀리 떨어지지 않은 곳들이다. 담화 11.1을 보면 카시아누스는 알렉산드리아에서 남쪽으로 수백 킬로미터 떨어진 외딴 지역이기 때문에 수도사들이 선호하는 테베로 가기를 원했지만 실제로 가지 못했다.

『담화집』은 연대순으로 배열되어 있지 않다. 담화 1.1, 담화 11.1, 그리고 담화 17.30.3에서 언급하기를 제2부와 제3부는 카시아누스의 첫 번째 이집트 여행 기간 중에 있었던 사건들에 기초를 두었으며, 제1부는 두 번째 여행 중에 있었던 담화들이라고 했다. 이는 카시아누스가 처음 제1부를 집필할 때 제2부와 제3부를 집필할 계획이 없었으며, 그래서 그는 제1부 안에 전달하고자 하는 것들을 모두 담고자 했기 때문이다.

『담화집』은 각 부마다 저자의 서문이 있으며, 서문에서 제공되는 정보는 각 부의 기록 연대를 추정하는 데 도움이 된다. 제1부 서문에서 언급된 카스토르Castor 주교는 426년에 사망했으므로, 이 책의 서문과 제1부 전체가 그 해에 완성되었을 것으로 본다.

제2부 서문에서 호노라투스Honoratus와 에우케리우스Eucherius의 호칭을 형제들이라고 했다. 호노라투스가 426년에 아를르에서 주교가 되었는데, 그 당시 주교를 형제라고 부를 수 없었음을 고려하면 제2부 역시 426년에 완성되었을 것이다.

제3부 서문에서 호노라투스가 생존하고 있다고 하는 것을 보면, 이 서문 및 제3부 전체는 429년 초에 완성되었을 것이다. 왜냐하면 호노라투스가 그 해 1월에 사망했기 때문이다.

『담화집』의 저술 연대는 정확하게 추정할 수 있지만, 24개의 담화의 기초를 형성하는 대화들이 언제 이루어진 것인지는 쉽게 해결할 수 없다. 다만 카시아누스와 게르마누스가 이집트에 있을 때 담화가 이루어졌다는 것, 두 친구가 380년 이에 두 차례 이집트를 여행했다는 것, 그리고 그들의 두 번째 여행이 1-2년 연장되어 신인동성동형론이 세력을 확장하던 5세기까지 그들이 그곳에 체류했다는 것을 알 수 있다. 담화 10은 399년에 저술되었다고 추정할 수 있다. 10.2.2에서 언급된 바 테오필루스가 쓴 편지가 이집트 전역에 보내졌다. 이것은 이삭 사부의 담화 9가 그 해, 또는 398년 말의 것임을 의미한다. 연대 추정에 도움을 줄 수 있는 유일한 역사적 사건은 6.1.1에서 암시적으로 언급된 사라센 대학살이지만, 그것이 정확하게 언제 발생했는지 알려져 있지 않다.

『담화집』은 스승이 제자에게 기독교의 수덕적 지혜를 전해주는 형식이다. 카시아누스의 의도는 스승은 스승들의 본보기가 되며 제자는 제자들의 본보기가 되는 것이었다. 이러한 맥락에서 이 책은 가르침의 초점에서 거의 이탈하지 않는다. 다양한 사부들에 대한 묘사를 제외하면, 가르침이 아닌 활동들과 환경에 대해 약간 묘사되지만 그리 많이 묘사되지는 않는다. 이러한 활동들은 대체로 밤에 잠자리에 드는 것으로서 주로 하나의 담화에서 다음 담화로의 이동을 나타내기 위한 것이다. 왜냐하면 담화들이 빈번하게 밤에 끝나기 때문이다. 환경이란 사막을 나타내며, 카시아누스는 저술의 첫머리에서 사막에 대해 소개하면서 독자들에게 위대한 사부들이 어디에서 살았는지, 방대하고 고독한 사막이 그들에게 어떤 영향을 미쳤는지 질문한다.

담화들의 일관된 첫 번째 정신은 "맑은 정신"이다. 폰티쿠스의 에바그리우스는 그의 제자에게 헬라철학 용어인 정념과 무정념의 메카니즘을 가르쳤을 것이다. 정념이란 가라지(마 13:25)로서 인간이 잠든 사이에 원수가 와서 보리밭에 뿌려놓은 독보리에 비유된다. 마태복음 기자는 농부가 씨를 뿌리고 열매를 맺는 것을 비유로 들면서 천국에 비유되는 겨자씨를, 마귀와 악덕, 악한 생각들의 상징으로서 가라지와 비교한다. 보리와 유사하게 생긴 독보리는 사탄의 기만술에 비견된다. 악한 생각들은 마치 세상적으로 유익한 것처럼 여겨지지만 결국 독보리에 속아서 육신의 건강을 해치게 되듯이, 영적으로 해를 당하여 구원에 이르지 못한다는 것이다.

현대적인 의미로 보아도 여덟 가지 악한 생각들은 자세히 보면 그렇게 나쁜 것만은 아니라는 생각이 든다. 그러나 그 저변에 깔려있는 흉계는 마음을 산만하게 만들어서 본질을 보지 못하게 만든다. 이것이 분심, 또는 마음의 갈라짐, 헬라 철학적인 용어로 정념이라는 것이다.

무정념은 정념에서 자유로운 상태를 말한다. 즉 무정념이란 정념이 없다는 뜻이라기보다는 정념의 영향에서 벗어난 상태를 의미한다. 무정념을 획득하기 위해서 정념과 반대되는 덕들을 배양하는 것, 다시 말해서 정념(악한 생각들)을 "영적으로 유익한 정념으로 변화시키는 것"이 수도생활의 목적이다. 악덕, 즉 악한 생각에서 공동체를 보호하기 위해서 필요한 최소한의 규칙을 세운 것이『담화집』이다. 에바그리우스의 프라티코스, 즉 수덕생활을 위한 실천 교훈이 규칙에 담겨져 있다.

카시아누스의 스승과 그 스승의 스승(오리게네스)이 이단으로 정죄되고, 이집트 사막을 떠난 지 20여 년이 흐른 후 카시아누스가 두 권의 책을 기록하였다. 집필 당시 의심받을 만한 헬라 철학 체제와 용어들을 성경의 가르침과 단어들로 대체했다. 따라서『제도집』은 프라티코스를 당시의 현실에 맞게 재편집한 것이고,『담화집』은 그것을 실천한 모범적인 사람들의 교훈과 사례들을 모은 것이다.

담화집의 두 번째 정신은 맑은 정신을 유지하기 위한 기도 방법이다. 즉 "쉬지 않는 기도"(살전 5:17)이다. 이 기도는 분심을 막고 정신을 한 곳에 집중하는 기도 방법이다.

사막 교부들은 분심거리를 마귀와 동등하게 보았다. 사막 교부들의 금언에서 흔히 나오는 귀신들이란 도깨비처럼 무시무시한 모습을 갖춘 존재가 아니라 마음을 어지럽게 하는 생각들을 가리킨다.

정신을 지고하신 하나님과 말씀에 집중하면 정신이 맑게 되고, 영적 지식을 얻고, 하나님의 선한 성품을 마음에 형성하게 된다. 현대인은 이러한 기도를 정신 기도mental prayer의 일종이라고 한다. 이는 18세기 러시아의 무명의 청년이 실천했던 예수기도Jesus Prayer의 원조가 되는 기도다.

쉬지 않는 기도는 맑은 정신을 창조한다. 예수 이름을 채찍으로 삼아 악한 생각들을 몰아낸다. 예수의 이름의 권능에 의지하여, 그가 유일하신 우리의 구원자이심과 인간의 연약함과 하나님의 도움이 없이는 절대 구원을 얻을 수 없는 존재임을 쉬지 않고 기억하는 기도이다. 그러므로 단순한 기도는 기억하는 기도다.

나는 초대 사막 수도사들과 그들의 삶을 사랑하고 따르기를 갈망하지만 실제의 삶은 너무나 동떨어져 있다. 그렇지만 이러한 나의 내면의 갈망이 표출되어 은성출판사를 통하여 사막 수도사들과 관련된 서적을 거의 대부분 출판하였고, 필로칼리아 등 동방 교부들의 글을 탐구하고 있다. 그리고 영성형성 아카데미를 통하여 역시 그들의 글과 정신을 좋아하는 소수의 목회자들과 함께 수년간 나누고 있다.

그리고 4세기 수도원의 근원지인 이집트 사막과 그리스의 성산 아토스 수도원들을 순례하였다. 이집트 콜짐산 중턱에 있는 성 안토니우스의 동굴, 스케테의 마카리우스 수도원들, 황폐한 켈리아의 수도원 옛터, 폐허가 되어 돌기둥이 뒹굴고 있는 파우 키블리Faw Kebly의 파코미우스 공주수도원 본부 등을 찾아다녔다. 그리고 그리스 정교회 영성의 산실인 성산 아토스 수도원에서 며칠 동안 기거하면서 그들의 영성을 엿보기도 했다.

특히 카시아누스와 에바그리우스가 밤새 토론하고 담화했음 직한 켈리아 수도원의 옛터를 수소문하여 어렵게 찾은 감동의 여운이 아직도 남아있다.

켈리아에서 스케테는 사막길을 3, 4일은 족히 걸어야 하는 거리다. 카시아누스는 스케테의 수도사들을 찾아 이야기를 나누려는 일념으로 목숨을 걸고 이 사막 길을 수차례 왕복했을 것이다. 지금의 켈리아의 독거처들은 다 허물어져 벽 밑동만 남았고, 수실 안은 수도사들 대신 모래들이 가득 차 있고, 그들이 부르던 시편 찬양 대신 황량한 사막 바람 소리가 들려올 뿐이다.

스케테 수도원들의 형편이 켈리아보다 좋아서 옛 흔적들이 어느 정도 남아있다. 카시아누스가 그토록 존경했을 마카리우스와 그의 수도원, 성당 제대 앞에 모셔다 놓은 그의 유해, 난장이 요한의 초상화, 4세기의 보잘것 없는 수실이 아직 보존되고 있다. 너무나 허름한 흙벽의 작은 수실, 이러한 환경에서 스케테 압바들과 담화를 나누었을 카시아누스의 모습을 떠올려본다.

이집트 기독교는 세 면의 거대한 사막, 무자비한 이슬람이라는 장벽에 갇혀 수 세기 동안 신음하고 있다. 그러나 하나님께서 이들을 "밭에 감추인 보화"처럼 거기에 묻어두셔서, 21세기 현대 기독교인들에게 어떤 교훈을 주시고자 하는 계획이 아니던가! 그분의 계획을 거스를 자 누구인가!

하나님께서 서방의 카시아누스를 들어쓰셔서 동방의 사막 영성을 서방으로 전하게 하셨다. 그의 두 권의 책에 담긴 사막 영성이 5세기의 성 베네딕도에게 전달되었고, 그의 『규칙』이 1,500여 년 넘게 실천되고 있다.

교회와 수도원이 한때 부패하고 세상 사람들로부터 지탄의 대상이 되었지만, 그 이면에 흐르는 사막의 영성이 교회와 수도원을 다시 일으켜 세우는 데 한 역할을 했다. 사막의 영성이 교회의 역사를 이어가는 영맥이자 영풍이 아닌가!

21세기 현대 물질 문명이 발하는 소음들에 길들여져 있는 우리들은 몹시 분심되어 있다. 이 분심으로 인하여 피조된 본연의 목적을 상실하고, 정신은 그림자처럼 떠다니고 헛된 일에 분요하며, 그 소음들을 하나님 음성으로 착각하며 추종하는 삶을 살고 있다. 인간 스스로가 조성한 가짜 하나님에게 속고 있다. 가짜 자신에게 속고 있다. 속지 말라! 그것들은 "속이는 아비"의 아바타들 avatar이다.

내면의 사막으로 돌아가자! 그곳에 여전히 계셔왔던 주님을 뵙자. 그곳 메마른 땅에 물이 터져 나오고 냇물이 흐르게 하자! 뜨겁게 타오르던 사막이 늪이 되고 샘터가 되며, 승냥이들이 살던 그 곳에 풀 대신 갈대와 왕골이 자라게 하자! 귀신들이 우글거리는 그 곳에 거룩한 자들이 다니는 대로를 트자!

이제 초대 사막의 "하얀 순교자들"처럼 맑은 정신을 부흥시켜야 할 때이다. 맑은 정신을 회복하자! 그리하여 하나님을 친견하는 축복을 받자!

2013. 6. 1
영성형성아카데미
원장 최대형

제1부

담화 1-10

제1부 서문

1. 카스토르 주교가 요청한 일이 주님의 도우심을 받아 공주수도원의 제도들과 여덟 가지 주요 악덕들의 치료법을 요약한 12권의 책(『제도집』) 서문에서 다소 이행되었고, 우리의 약한 본성으로 그 일을 이룰 수 있었습니다. 나는 이제껏 글로 다루어지지 않았던 깊고 고결한 문제들에 있어서 당신들의 인정을 받을 만하며 거룩한 형제들의 바람에 적합한 것을 말했는지 신중하게 조사해본 후에 이 문제에 대한 당신들의 판단이 어떤 것인지 알고 싶었습니다. 2. 그러나 카스토르 주교가 세상을 떠나 그리스도에게 가셨으므로, 거룩함을 향한 뜨거운 열정을 가지고 계셨던 그분이 약한 사람들에게 얼마나 무거운 짐이 되는지 생각하지 않은 채 저술하라고 명령하셨던 바 가장 위대한 교부들—스케테 사막에 거주했던 은수자들의 담화집을 무엇보다 교황 레온티우스와 거룩한 헬라디우스 형제에게 헌정해야 한다고 생각했습니다. 3. 여러분 중에서 가족으로서의 애정과 사제의 권위, 그리고 거룩한 열심에 의해 그분과 연합되어 있는 한 분이 세습권에 의한 형제로서 그분의 권리를 주장합니다. 그분은 주제넘게 은수자들의 고귀한 제도들을 추구하려 하지 않았으며 성령의 인도하심 덕택에 학습을 시작하기 전에 가르침의 바른 길을 택하여 은수자들의 전통 안에서 가르침을 받고자 했습니다. 이런 점에서 이제 내가 침묵의 항구에 정착하여 넓은 바다가 내 앞에 펼쳐져 있으므로 그런 사람들의 가르침과 제도들에 관해 기록하려 합니다. 4. 독수도생활이 공주수도 생활보다 더 위대하고 고귀하며, 하나님에 대한 관상이 공동체 내에서의 활동

적 생활보다 더 위대하고 고귀하므로, 제한된 이해력에서 나오는 소리가 깊고 위험한 바다에서 이리저리 내던져질 것입니다. 그러므로 신실하지만 기량이 뛰어나지 못한 말 때문에 내가 기록해야 할 거룩한 내용이 위험해지지 않도록, 그리고 우리의 단순함이 이 심오한 내용에 압도되지 않도록 기도로 도와 주십시오.

5. 우리는 수도사들의 눈에 보이는 표면적인 생활에서부터 속사람의 눈에 보이지 않는 특성으로 진행하겠습니다. 그리고 성무일과의 실천에서부터 바울이 명령한 바 쉬지 않고 드리는 기도의 본질로 진행하겠습니다. 따라서 이전의 저술을 읽었으며 육적인 악덕들을 대체했기 때문에 영적 야곱이라고 불릴 자격이 있는 사람—내가 저술한 제도집이 아니라 교부들의 제도들을 받아들였고 신적 순결에 대한 통찰 덕분에 사막으로 들어가 이스라엘의 권위를 받아들인 사람— 은 이 완덕의 정상에서 관찰되어야 하는 것을 배울 수 있을 것입니다. 6. 그러므로 여러분이 기도함으로써 우리가 그들을 볼 자격이 있고 그들의 제자와 친구가 될 자격이 있다고 판단하신 분에게서 그분들과 동일한 전통들에 대한 완전한 기억과 기분 좋은 표현 방식을 얻게 되기를 바랍니다. 그리하여 우리가 그것들을 받았을 때처럼 거룩하고 완전하게 설명하며 그들의 제도들 안에 구현되어 있는 그들의 모습을 생생하게 여러분에게 보여드릴 수 있기를 바랍니다.

무엇보다도 만일『제도집』과『담화집』을 읽는 사람이 자신의 지위와 선택한 수도생활 때문에, 또는 일반적인 관습과 생활방식에 대한 관점에서 보아 이 책 안에 불가능하거나 어려운 것들이 있다고 생각한다면, 자신의 능력이라는 잣대에 의해 그것들을 판단하지 말고 발언자들의 권위에 따라 판단해야 할 것입니다. 진실로 이 세상 생활에 대해 죽은 사람들은 친척들에 대한 사랑이나 세속적인 행위들의 유대관계의 속박을 받지 않으므로, 먼저 정신적으로 그들이 택한 수도방식과 열정을 이해해야 합니다. 7. 마지막으로 그들이 생활하고 있는 곳이 어떤 곳인지 고려해야 합니다. 그러한 장소 덕분에 인간과의 교제를 멀리하고 독수도생활에 정착함으로써 영적인 조명을 소유한 사람은 미숙하고 무지한 사람들의 입장에서 불가능하게 보일 것들을 관상하며 분명히 보여줍니다. 이 점에 있어서 참된 견해를 제시하고 이것들이 성취될 수 있는지 알기를 바라는 사람은 먼저 그분들과 동일한 열정을 가지고 동일한 생활방식에 의해 그분들이 택한 수도생활을 자기 것으로 만들어야 합니다. 그렇게 할 때 비로소 인간의 능력을 초월하는 것처럼 보였던 것이 가능할 뿐만 아니라 매우 달콤하다는 것을 깨달을 것입니다.

이제 그분들의 담화와 제도들에 대해 기록하겠습니다.

담화 1

사부 모세의 담화

수도사의 목적과 목표에 관하여

~ 1 ~

우리가 스케테에 체류한 것, 그리고 사부 모세가 택한 수도생활에 관하여

　나는 영적 군복무를 시작하여 공주수도원과 사막에서 기초 훈련을 받을 때부터 거룩한 게르마누스Germanus 사부와 각별하게 친했습니다. 사람들은 우리 두 사람의 동료애와 수도생활을 영위하기로 한 결단의 동질성을 지적하면서 우리의 몸은 둘이지만 정신과 영혼은 하나라고 말했습니다. 스케테Skete 사막[1]은 수도사들 중에서 가장 노련한 교부들이 거주하는 완덕의 땅이었습니다. 그 중에서도 사부[2] 모세는 실천적이고 관상적인 덕 때문에 특별히 출중한 분이었습니다. 나와 게르마누스 사부는 그분의 철저한 가르침을 원했기 때문에 함께 눈물을 흘리면서 그분에게 덕을 세워주는 말씀을 청했습니다. 그분은 우리의 간청에 못 이겨 마침내 말씀을 시작하셨습니다. (그분이 강직하기 때문에 진심으로 원하며 통회하는 마음으로 구하는 사람이 아니면 결코 완덕의 입구를

---

1) 니트리아 사막의 일부로서 나일 강 서쪽에 위치해 있으며, 알렉산드리아에서 남쪽으로 약 80km떨어져 있다.
2) 압바(abba): 한 그룹의 수도사들을 지도하는 장상을 칭함.

열어주지 않는다는 것을 우리는 잘 알고 있었습니다. 원하지 않거나 간절히 바라지 않는 사람들에게 쉽게 완덕을 보여주는 것은 완덕을 구하는 사람들에게만 알려져야 하는 중요한 것을 자격 없는 사람들이나 무시하며 받아들일 사람들에게 중개함으로써 배반의 죄를 범하거나 과시의 악덕에 빠지는 것처럼 보일 수도 있을 것입니다.)

~ 2 ~
수도사의 목적과 목표에 대한 사부 모세의 질문

1. 그분은 다음과 같이 말했습니다: "모든 기술과 훈련에는 알맞은 목표scpos; goal와 목적telos; end이 있습니다. 어떤 기술을 사랑하는 사람은 그것을 눈여겨보며, 그것을 얻기 위해서 어떤 위험과 대가도 감수하며 노력합니다. 농부는 자신의 목적을 염두에 두고 뜨거운 햇볕과 서리와 눈을 피하지 않고 끊임없이 밭을 쟁기질합니다. 그는 열심히 잡초를 뽑고 찔레를 제거한 후에 땅을 갈아 모래처럼 부드럽게 만듭니다. 그는 다른 방법(목표)으로는 자신의 목적인 풍성한 수확을 거둘 수 없다고 확신하며, 이 목적을 품고 안전하게 생활하며 재산을 증식시킬 것입니다. 2. 그는 더욱 헌신적으로 일하는데, 장래의 수확을 고려할 때에는 눈앞의 손해를 감수하여 창고에서 곡식을 꺼내어 허물어져 가는 수로에 뿌리기도 합니다. 무역에 종사하는 사람은 변화무쌍한 바다를 두려워하지 않으며 어떤 위험도 무서워하지 않습니다. 그는 이윤을 얻기 위해 희망의 날개를 답니다. 또 세상에서 군인으로 성공하려는 야망을 품고 명예와 권력을 추구하는 사람은 자신의 목표인 승진을 이루기 위해서 오랜 행군의 어려움과 위험을 의식하지 않으며 당면한 피로와 전쟁 때문에 낙심하지 않습니다.

3. "수도생활에도 목적과 목표가 있으며, 우리는 그것을 위해서 지칠 줄 모르고 노력합니다. 그것을 위해서라면 금식할 때 지치지 않으며, 철야의 피곤함을 즐겁게 여기며, 끊임없이 성경을 읽고 묵상하는 데 만족합니다. 끊임없는 노동, 그리고 모든 것의 제거와 박탈도 우리를 단념시키지 못합니다. 당신들은 그것을 이루기 위해 고향을 버리고 동기간의 사랑을 멀리하고 세상의 즐거움을 멸시하고 낯선 곳을 여행하여 사막에서 질박하게 살고 있는 무식한 촌사람들인 우리를 찾아왔습니다. 당신으로 하여금 이 모든 어려움을 기꺼이 견디게 만든 목적과 목표가 무엇인지 말해 주십시오."

~ 3 ~
우리의 답변

그분은 끈질기게 우리의 대답을 요구했고, 우리는 하늘나라를 얻기 위해 이 모든 것을 참고 견딘다고 대답했습니다.

~ 4 ~
앞의 제안에 관한 사부 모세의 질문

1. 이 말을 듣고 그분이 말씀하셨습니다: "당신들은 자기의 목적에 대해 훌륭하게 대답하셨습니다. 우리는 무엇보다도 자신의 목표를 알아야 하며, 꾸준히 그것에 집착함으로써 자신의 목적을 이룰 수 있습니다." 우리는 순진하게 자신의 무지함을 고백했고, 그분은 덧붙여 말했습니다: "전에 말했듯이 모든 기술과 수련에는 특정의 목표가 선행합니다. 그것은 영혼의 목표요 정신의 항존적 의도인데, 모두를 아우르는 근면함과 인내심이 없으면 그것을 유지할 수 없고 갈망하는 최종 결과에 이를 수 없습니다. 2. 앞에서 말한 것처럼 안전

하고 안락한 삶을 목표로 삼는 농부는 결실을 맺는 땅을 고맙게 여기며 밭에서 찔레와 잡초를 제거함으로써 자신의 목적을 추구합니다. 그는 수고하지 않고서 풍족함이라는 목적을 이룰 수 있다고 여기지 않으며, 자신이 바라는 것이 실질적으로 유익한 것이기를 바랍니다. 또 상인은 쉽게 부유해지는 데 유익을 줄 상품을 확보하려는 소원을 버리지 않습니다. 왜냐하면 돈을 벌게 해줄 수단을 선택하지 않는다면 돈을 벌려는 소원이 수포로 돌아갈 것이기 때문입니다. 또 세상에서 명예를 얻고자 하는 사람은 먼저 자신이 추구하는 권위 있는 목적에 도달하기 위해서 어떤 직무나 직위에 종사할 것인지 결정해야 합니다. 3. 그러므로 우리의 여정의 목적은 하나님 나라이지만 우리는 자신의 목표의 본질을 세심하게 탐구해야 합니다. 만일 그것을 제대로 파악하지 못한다면, 우리는 수고해도 결실을 거두지 못한 채 지칠 것입니다. 지도에 도로가 수록되어 있지 않으면, 여행하는 사람들이 그 길을 증명해주는 수단을 소유하지 못하게 됩니다."

우리는 경탄하며 경청했고 그분은 계속해서 말했습니다: "우리의 신앙의 궁극 목적은 하나님 나라이지만, 우리의 목표는 마음의 청결입니다. 그것이 없으면 누구도 그 목적을 이룰 수 없습니다. 4. 이 목적을 표적으로 삼아 응시하는 사람은 지름길을 취할 것입니다. 만일 시선이 조금이라도 그것에서 벗어날 경우 즉시 돌아와 그것을 응시해야 합니다. 그리고 항상 우리의 노력을 측정해줄 규칙에 의해서인 듯이 자신을 바로잡아 고쳐야 하며, 또 정신이 조금이라도 제시된 방향에서 벗어날 때면 이 목적을 상기해야 할 것입니다.

~ 5 ~
표적을 맞추려고 노력하는 사람과의 비교

1. "그것은 마치 무기를 다루는 데 익숙한 사람들과 같습니다. 그들은 세상의 왕 앞에서 무기를 다루는 솜씨를 과시하려 할 때면 화살로 작은 과녁을 겨냥합니다. 그들은 과녁을 맞히지 못한다면 자신이 목적하는 상을 받을 수 없다고 확신합니다. 그들이 과녁을 맞히는 순간 상을 얻게 될 것입니다. 만일 과녁이 제거된다면 표적이 얼마나 정확한지의 여부를 보여주는 확실한 측정기가 없기 때문에, 솜씨 없는 사람들은 자신의 공격이 과녁에서 크게 벗어났음에도 불구하고 정해진 방향에서 벗어났다고 생각하지 않을 것입니다. 방향 설정이 얼마나 잘못되었는지 보여주는 표준이 없기 때문에 그들은 과녁을 맞히지 못한 채 화살을 모두 사용하고서도 자신이 얼마나 빗나갔는지를 판단하지 못하며, 그들의 확신 없는 눈은 표적을 어떻게 수정해야 하는지 가르쳐주지 못합니다.

2. "바울이 '너희가 거룩함에 이르는 열매를 맺었으니 그 마지막은 영생이라'(롬 6:22)고 말한 것처럼 우리가 선택한 수도생활의 목적은 영생입니다. 그렇지만 우리의 목표는 깨끗한 마음인데, 그것은 거룩이라고 불립니다. 이것이 없으면 목적인 영생을 획득할 수 없습니다. 바울은 "너희의 목표는 깨끗한 마음이지만 목적은 영생이라"고 말한 듯합니다. 바울은 우리의 직접적인 목표에 대해 가르치면서 "오직 한 일 즉 뒤에 있는 것은 잊어버리고 앞에 있는 것을 잡으려고 푯대(목표)를 향하여 그리스도 예수 안에서 하나님이 위에서 부르신 부름의 상을 위하여 달려가노라"(빌 3:13-14)라고 말했습니다. 3. 이것은 κατα σκοπον διωκω라는 헬라어에 분명히 드러나는데, 그것은 "나는 목표을 향해 단호하게 밀고나간다"라는 의미입니다. 바울은 "나는 이 목적에 의해

서 뒤에 있는 것, 즉 이전 생활의 악덕을 잊어버리고 하늘의 상을 획득하기 위해 노력한다"라고 말한 듯합니다. 그러므로 우리는 깨끗한 마음이라는 목표를 향하게 해주는 것을 전력으로 추구해야 하며, 그것을 단념하게 만드는 것은 위험하고 해로운 것으로 여겨 피해야 합니다. 그것을 위해서 우리는 모든 것을 행하고 모든 것을 참고 견디며, 가정과 고향과 명예와 부귀와 이 세상의 즐거움과 모든 쾌락을 거부합니다. 이는 깨끗한 마음을 영구히 보존하기 위해서입니다. 4. 그러므로 우리는 항상 이 목표를 앞에 두고 가장 직접적으로 그것을 획득하기 위해 행동과 생각을 규제해야 합니다. 만일 항상 그것에 시선을 고정하지 않으면 우리의 수고가 무익하고 불안정하고 헛된 것이 될 것이며 온갖 종류의 혼란스러운 생각들이 일어날 것입니다. 안정된 기초나 의지할 장소를 소유하지 못한 정신은 다양한 분심들 때문에 시시각각 변화할 것이며, 특정 순간에 외부에서 들어오는 것들 때문에 그에 알맞은 형태로 변화할 것입니다.

~ 6 ~
세상을 버리고 사랑 없이 완덕을 이루려고 노력하는 사람들에 관하여

1. "그렇기 때문에 어떤 사람들은 이 세상의 엄청난 부—많은 양의 금과 은을 비롯한 재산들—를 멸시하면서도 주머니칼·바늘·펜과 같은 작은 것들 때문에 괴로워합니다. 만일 그들이 자신의 깨끗한 마음에 주목한다면, 작은 물건과 관련하여 발생하는 이런 일을 허락하지 않을 것입니다. 크고 중요한 물건들과 관련하여 이런 일이 발생하지 못하게 하려면 작은 것들을 완전히 포기하는 편을 택해야 합니다. 2. 종종 어떤 사람들은 책에 지나치게 집착하여 다른 사람이 그 책을 만지거나 읽는 것을 허락하지 않으려 하기 때문에 인내와

사랑의 상을 획득하라는 권유를 받을 때 조급하여 죽을 지경이 됩니다. 또 그들은 그리스도의 사랑 때문에 모든 재산을 포기한 후에도 마음으로는 여전히 작은 것에 대한 과거의 애착심을 그대로 가지고 있으며, 그 때문에 항상 쉽게 성내곤 하므로 모든 면에서 사도 바울이 말하는 사랑을 소유하지 못한 사람들처럼 열매를 맺지 못합니다. 바울은 성령 안에서 이것을 예견했기 때문에 "내가 내게 있는 모든 것으로 구제하고 또 내 몸을 불사르게 내줄지라도 사랑이 없으면 내게 아무 유익이 없느니라"(고전 13:3)고 말했습니다. 3. 그렇기 때문에 바울이 말한 바 오직 깨끗한 마음 안에 존재하는 요소들을 소유하는 사랑이 없는 한 부귀와 명예를 포기한다고 해서 즉시 온전함에 이를 수 없습니다. 시기하지 않는 것, 자랑하지 않는 것, 성내지 않는 것, 악하지 않는 것, 자기의 유익을 구하지 않는 것, 불의를 기뻐하지 않는 것, 그리고 악한 것을 생각하지 않는 것(고전 13:4-7 참조)은 정념에 휘둘리지 않고 항상 하나님께 온전하고 깨끗한 마음을 바치는 것을 의미합니다.

~ 7 ~
마음의 평온함을 추구하는 것에 관하여

1. "이것을 위해서 모든 것을 바라고 행해야 합니다. 독수도생활도 이것을 위해 추구해야 하며, 금식·철야·노동·궁핍·독서 등의 덕행도 이것을 위해 행해야 합니다. 이는 우리가 해로운 정념에 물들지 않은 마음을 획득하고 보존하기 위함이요, 또 이러한 조처들을 취함으로써 완전한 사랑에 도달하기 위함입니다.

"이러한 수행들은 독자적으로 존재하는 것이 아닙니다. 혹 우리가 반드시 해야 하는 선한 일 때문에 엄격한 계율을 수행할 수 없게 되어도 슬퍼하거나 노하거나 성내지 말아야 합니다. 그것은 우리가 빠뜨리고 행하지 않았던 것을 행함으로써 몰아내려 의도했던 것입니다. 2. 금식함으로써 얻는 것보다 성내는 데 소비된 것이 더 크며, 독서에서 얻는 열매가 형제를 멸시함으로써 유발된 손해만큼 크지 못합니다. 그러므로 우리는 부차적인 것들, 즉 금식, 철야, 독수도 생활, 성경 묵상 등을 위해서 깨끗한 마음과 사랑이라는 주된 목표를 소홀히 하지 말고 행해야 합니다. 이 주된 덕목이 온전하게 남아 있는 한, 우리가 어쩔 수 없이 부차적인 것들 중 하나를 빠뜨리고 행하지 않을 때에 좋지 않은 일이 발생하지 못하도록 막아줄 것입니다. 모든 것을 추구하게 하는 원인이 되는 이 주된 목적을 상실했다면, 모든 것을 성취해도 무익할 것입니다. 3. 이런 까닭에 서둘러 특정 기술의 도구들을 획득하고 수집하되 그것들을 사용하지도 않은 채 소유를 목적으로 해서는 안 되며, 그 도구들에게서 얻고자 하는 즐거움이 단지 그것들을 소유하는 데 있다고 생각해서도 안 됩니다. 그것들을 사용함으로써 효과적으로 그것들이 도움을 주는 훈련의 목적을 파악하고 통달해야 합니다. 따라서 금식 · 철야 · 성경 묵상 · 소유를 버리는 것 등은 그 자체가 완덕이 아니라 완덕을 위한 도구들입니다. 그 훈련의 목적은 그것들 안에 존재하는 것이 아니며, 그것들을 사용함으로써 우리가 그 목적에 도달합니다. 4. 그러므로 이 훈련들이 최고의 선인 듯이 여겨 만족하는 사람, 목적 획득보다는 목표 때문에 추구해야 하는 훈련들에게 마음의 시선을 고정시키고 행하는 것은 헛수고일 것입니다. 또 덕의 훈련을 위한 도구들을 소유하고 있으며 덕을 위해 온갖 노력을 행하지만 목적을 알지 못하는 사람의 수고는 헛될 것입니다. 이는 그 목적 안에서 모든 유익한 것이 발견되어야 하기 때문입니다. 외관상 유익하고 필요한 것처럼 보인다 해도 우리의 정신의 깨끗함과 평온함을 어지럽히는 것들을 해롭게 여겨 피해야 합니다. 이 규칙을 따른다면 오류와 분심의 곁길을 피할 수 있을 것이며, 분명한 방향 덕분에 바라는 목적에 도달할 수 있을 것입니다.

~ 8 ~
신적 실체들에 대한 관상에 이르기 위한 노력에 관하여; 마리아와 마르다

1. "우리는 이를 위해 노력해야 합니다. 우리의 정신이 항상 하나님 및 하나님의 일에 고정되어 있으려면 이것을 마음의 고정 목표로 삼고 항상 추구해야 합니다. 아무리 위대한 것이라도 이것이 아닌 것들을 부차적인 것이거나 비도덕적이고 해로운 것이라고 판단해야 합니다.

"복음서에는 마르다와 마리아가 이런 태도와 행동방식의 본보기로 묘사되어 있습니다. 마르다는 주님과 제자들의 시중을 들면서 거룩한 섬김에 헌신하고 있었고, 마리아는 영적인 교훈에 몰두하여 주님의 발 앞에 앉아 그 발에 입을 맞추고 선한 고백이라는 기름을 바르고 있었습니다. 그러나 주님은 마리아를 더 좋아하셨습니다. 이는 그녀가 빼앗길 수 없는 더 좋은 편을 택했기 때문이었습니다. 2. 경건한 관심을 가지고 수고하며 접대하는 일 때문에 분주했던 마르다는 혼자서는 그 큰 일을 해낼 수 없다고 여겼기에 주님께 동생으로 하여금 자신을 돕게 해달라고 부탁했습니다: "주여 내 동생이 나 혼자 일하게 두는 것을 생각하지 아니하시나이까 그를 명하사 나를 도와 주라 하소서"(눅 10:40). 마르다는 마리아에게 불명예스러운 일을 하라고 요구한 것이 아니라 훌륭한 봉사를 요구했습니다. 그러나 주님은 "마르다야 마르다야 네가 많은 일로 염려하고 근심하나 몇 가지만 하든지 혹은 한 가지만이라도 족하니라 마리아는 이 좋은 편을 택하였으니 빼앗기지 아니하리라"(눅 10:41-42)고 대답

하셨습니다. 따라서 주님이 거룩한 관상theoria[3] 안에 머무는 것을 가장 선한 것으로 여기셨음을 알 수 있습니다.

3. 그러므로 다른 덕목들은 비록 필요하고 유익하고 선한 것이지만 이 한 가지를 획득하기 위해 실천되어야 하는 것들이므로 부차적인 것으로 간주해야 합니다. 주님은 "네가 많은 일로 염려하고 근심하나 몇 가지만 하든지 혹은 한 가지만이라도 족하니라"고 말씀하시면서 훌륭한 일을 행하는 것을 최고의 선으로 언급하시는 것이 아니라 자신에 대한 단순하고 통합된 관상을 최고의 선으로 언급하십니다. 즉 완전한 복을 얻기 위해 "몇 가지", 즉 몇 명의 거룩한 사람들을 깊이 생각함으로써 확립되는 테오리아theoria가 필요하다고 선포하십니다. 지금도 진보하고 있는 이러한 사람들을 관상하는 데서부터 올라간다면 주님의 도움을 받아서 "한 가지", 즉 하나님을 보는 일에 이를 것입니다. 그리하여 거룩한 사람들의 행적과 놀라운 사역까지도 초월할 때 오로지 하나님의 아름다움과 지식이 공급될 것입니다. 4. "마리아는 이 좋은 편을 택하였으니 빼앗기지 아니하리라." 이 말씀을 자세히 살펴보아야 합니다. 주님이 마르다에 대해서는 아무 말씀도 하지 않으셨고 또 그녀를 책망하신 것 같지도 않지만, 그럼에도 불구하고 "마리아는 이 좋은 편을 택하였으니"라고 칭찬하시면서 마르다의 지위가 낮다고 주장하십니다. 또 "빼앗기지 아니하리라"고 말씀하시면서 마르다의 지위가 빼앗길 수 있는 지위임을 지적하십니다. (이는 사람이 육신적으로 중단 없이 계속 봉사할 수 없기 때문입니다.) 주님은 마리아의 열정이 어느 시대에든지 종식될 수 없는 것임을 가르치십니다."

---

[3] 바라보기, 혹은 관상을 지칭하는 헬라어. 카시아누스는 신적 관상과 관련해서만 이 단어를 사용하며 이 점에 있어서 contemplatio라는 라틴어보다 더 정확하다. 카시아누스는 contemplatio를 다른 의미로 사용한다. 예를 들어 10.10.1에서 동일한 문장에 contemplatio와 theoria가 등장하는데, 이때 contemplatio는 정신집중으로 이해된다.

~ 9 ~
어떤 사람에게 덕의 실천이 존재하지 않는 이유에 관한 질문

이 말을 듣고 우리는 크게 동요하여 다음과 같이 말했습니다. "그렇다면 주님이 '내 아버지께 복 받을 자들이여 나아와 창세로부터 너희를 위하여 예비된 나라를 상속받으라 내가 주릴 때에 너희가 먹을 것을 주었고 목마를 때에 마시게 하였고 나그네 되었을 때에 영접하였고 헐벗었을 때에 옷을 입혔고 병들었을 때에 돌보았고 옥에 갇혔을 때에 와서 보았느니라'(마 25: 34-36)고 말씀하시면서 선행에 대한 하늘나라의 상을 약속하신다는 것을 고려해보면, 우리 및 많은 수련자들에게서 금식, 부지런히 행하는 독서 · 자비 행위 · 의 · 경건 · 환대 등의 짐이 제거됩니까?"

~ 10 ~
답변: 그들의 상이 아닌 행동이 그치리라는 것

1. 사부 모세는 다음과 같이 말씀하셨습니다: "주님이 '누구든지 제자의 이름으로 이 작은 자 중 하나에게 냉수 한 그릇이라도 주는 자는 내가 진실로 너희에게 이르노니 그 사람이 결단코 상을 잃지 아니하리라'(마 10:42)고 말씀하셨으니, 내 말은 선행의 상이 제거된다는 의미가 아닙니다. 이 세상의 불공평이나 육체적 필요성에 따라 요구되는 행동이 제거될 것입니다. 육체의 욕망이 성령을 거스르는 한(갈 5:17) 부지런히 행하는 독서와 금식은 현세에서 마음을 정화하고 육신을 징계하기 위해 행해집니다. 지금도 과도한 노동이나 질병이나 노령으로 지친 사람들에게서 이런 일들이 면제되는 것을 볼 수 있으며, 또 사람이 끊임없이 그것들을 실행할 수 없다는 것을 우리는 알고 있습니다. 2. 그렇다면 장차 '이 죽을 것이 죽지 아니함을 입고'(고전 15:53) 지금은 동물인 이

육신이 영적인 것으로 부활하게 될 때, 그리고 육체가 영을 거스르는 것을 원하지 않게 될 때 이것들이 멈출 것입니다. 바울은 '육체의 연단은 약간의 유익이 있으나 경건은 범사에 유익하니 금생과 내생에 약속이 있느니라'(딤전 4:8)고 말하면서 이것에 대해서도 분명히 말합니다. 이것이 약간 유익하다는 말은 그것을 끊임없이 행할 수 없으며 우리의 수고에 최고의 완전함을 수여해줄 수 없음을 지적합니다. 3. '약간'이라는 용어는 다음 중 한 가지를 언급할 수 있습니다. 현세와 내세에서 육체의 훈련이 한 사람과 공존할 수 없다는 점에서 볼 때 그것은 시간의 짧음을 언급할 수 있으며, 또 육체의 고통이 처음에는 어느 정도 진보를 이루어내지만 현세와 내세의 약속을 쥐고 있는 완전한 사랑을 이룰 수 없다는 점에서 육체의 훈련에 의해 얻는 유익이 적음을 언급할 수도 있습니다. 그러므로 앞에서 말한 수행들이 없이는 사랑의 고지를 오를 수 없기 때문에, 그것들을 행할 필요가 있다고 생각합니다.

4. "여러분이 경건과 자비의 행위라고 말하는 것들은 불공평이 지배하는 현세에서 필요합니다. 현세에서도 가난하고 궁핍한 사람들과 병자들이 압도적으로 많지 않다면 그러한 행위가 요구되지 않을 것입니다. 그런 사람들이 많다는 것은 만물의 창조주께서 모두에게 주신 것들을 자신의 사욕을 위해 소유하고 있으면서 사용하지 않는 사람들의 악함에 따른 결과입니다. 5. 이 세상에 이러한 불공평이 만연해 있는 한 이 행위가 필요할 것이며, 이것을 실천하는 사람에게 유익을 주어 영원한 유산이라는 상과 아울러 선한 성향과 경건한 의지를 수여해줄 것입니다. 그러나 이런 일들을 행하게 만든 불공평이 존재하지 않으며 공평이 다스리는 다음 세상에서는 이것이 중단될 것입니다. 그 때에는 모든 사람들이 이 다양한 형태의 실천적 행동을 무시하고 영원히 깨끗한 마음으로 거룩한 것들을 바라볼 것입니다. 정신의 정화와 지식 추구에 관심을 갖

는 사람들은 현세에 사는 동안에도 힘과 능력을 다해 이 목적에 몰두합니다. 그들은 썩을 육체 안에 거하는 동안에도 이 임무를 감당하며 썩어짐이 제거되어 '마음이 청결한 자는 복이 있나니 그들이 하나님을 볼 것임이요'(마 5:8)라는 주님의 약속에 이를 때 그 안에 거할 것입니다.

~ 11 ~
사랑의 영속적 본질에 관하여

1. "바울이 한층 더 고귀한 성령의 은사들을 일시적인 것이라고 묘사하며 사랑만이 영원히 거할 것이라고 지적했음을 볼 때 장차 앞에서 언급한 의무들이 사라진다고 해서 놀랄 이유가 없습니다. 그는 '사랑은 언제까지나 떨어지지 아니하되 예언도 폐하고 방언도 그치고 지식도 폐하리라'(고전 13:8)고 말합니다. 2. 필수품으로 사용하기 위해 주어지는 은사들은 일시적인 것들이며 현 세대가 완성되는 순간에 사라지겠지만 사랑은 결코 제거되지 않을 것입니다. 사랑은 현세에 우리 안에서 효과적으로 작용할 뿐만 아니라 다음 세상에서 육체적인 필요의 짐을 내려놓은 후 사랑은 한층 더 효과적으로 탁월하게 작용할 것입니다. 사랑은 어떤 결점에 의해서도 썩지 않고 영원하기 때문에 한층 더 뜨겁고 열렬하게 하나님께 매달릴 것입니다."

~ 12 ~
영적 관상이 지속되는 기간에 대한 질문

게르마누스가 말했습니다: "그렇다면 썩을 육체 안에 있는 사람 중 누가 이 관상theoria에 몰두하여 형제의 방문, 병자 심방, 손 노동, 여행자나 방문객 환대 등을 전혀 생각하지 않을 수 있습니까? 또 육신을 보살피는 일이나 염려에 시달리지 않을 수 있습니까? 눈에 보이지 않고 이해할 수 없는 하나님에게 정신이 어느 정도 매달릴 수 있는지 알고 싶습니다."

~ 13 ~
답변: 마음이 하나님에게로 가는 길에 대하여,
그리고 하늘나라와 마귀의 나라에 대하여

1. 모세 사부가 말했습니다: "썩을 육체 안에 있는 사람이 관상 상태에서 쉬지 않고 하나님에게 매달리며 뗄 수 없이 하나님과 연합된 상태에 머무는 것은 불가능합니다. 그러나 우리는 정신을 어디에 집중해야 하는지, 영혼의 시선을 두어야 할 목표가 무엇인지 알아야 합니다. 우리의 정신은 그것을 붙들 수 있게 되었을 때에 기뻐하며, 그것에 집중하지 못할 때에 최고의 선에서 떨어졌다는 것을 깨닫고 슬퍼하고 탄식해야 합니다. 그리고 한 순간이라도 그리스도를 관상하는 데서 분리되는 것을 일종의 간음이라고 판단해야 합니다. 2. 잠시라도 그분이 보이지 않을 때면 곧바로 마음의 시선을 그분에게 두고 다시 그분을 생각해야 합니다. 이는 모든 것이 영혼의 내면의 성소에 놓여있기 때문입니다. 그곳에서 마귀가 쫓겨나고 악이 다스리지 못하게 된 후에 우리 안에 하나님의 나라가 세워질 것입니다. 복음서 기자는 '하나님의 나라는 볼 수 있게 임하는 것이 아니요 또 여기 있다 저기 있다고도 못하리니 하나님의 나라는 너희 안에 있느니라'(눅 17:20-21)고 말합니다. 우리 안에는 진리에 대한 지식이나 무지, 그리고 덕이나 악덕에 대한 사랑 외에 다른 것이 있을 수 없으며, 그것에 의해서 우리 마음 안에 마귀를 위한 나라든지 그리스도를 위한 나라가 준비됩니다. 3. 바울은 이 나라의 특징을 묘사하면서 '하나님의 나라는 먹는 것과 마시는 것이 아니요 오직 성령 안에 있는 의와 평강과 희락이라'(롬

14:17)고 말합니다. 그러므로 하나님의 나라가 의와 평강과 희락이며 우리 안에 하나님의 나라가 있으면, 이런 것들 안에 거하는 사람은 하나님 나라에 있는 것입니다. 반대로 사망을 이루는 불의와 불화와 슬픔에 개입되어 있는 사람들은 마귀의 나라와 지옥과 사망 안에 거주합니다. 이것들이 하나님의 나라와 마귀의 나라를 구분해주는 표식들입니다. 하나님 나라에 있는 거룩하고 탁월한 덕목들의 상태를 정신의 눈으로 응시한다면, 우리는 영원히 항상 기뻐할 것입니다. 4. 참된 복에 속하며 지속적인 평온함과 영원한 기쁨에 어울리는 것이 무엇입니까?

"지금 우리가 말하고 있는 것이 사실이며 우리의 견해가 아닌 주님의 권위에 기초를 두고 있음을 확신하기 위해서 그 세상의 특징과 상태를 분명하게 묘사하시는 분의 말을 경청하십시오: '보라 내가 새 하늘과 새 땅을 창조하나니 이전 것은 기억되거나 마음에 생각나지 아니할 것이라 너희는 내가 창조하는 것으로 말미암아 영원히 기뻐하며 즐거워할지니라'(사 65:17-18); '그 가운데에 기뻐함과 즐거워함과 감사함과 창화하는 소리가 있으리라'(사 51:3); '매월 초하루와 매 안식일에 모든 혈육이 내 앞에 나아와 예배하리라'(사 66:23); '그들의 머리 위에 영영한 희락을 띠고 기쁨과 즐거움을 얻으니 슬픔과 탄식이 사라지리로다'(사 35:10). 5. 거룩한 사람들의 도시와 삶에 대해 보다 분명히 알기를 원한다면, 주님이 예루살렘에 대해서 하신 말씀을 들어보십시오: '내가 화평을 세워 관원으로 삼으며 공의를 세워 감독으로 삼으리니 다시는 강포한 일이 네 땅에 들리지 않을 것이요 황폐와 파멸이 네 국경 안에 다시 없을 것이며 네가 네 성벽을 구원이라, 네 성문을 찬송이라 부를 것이라 다시는 낮에 해가 네 빛이 되지 아니하며 달도 네게 빛을 비추지 않을 것이요 오직 여호와가 네게 영원한 빛이 되며 네 하나님이 네 영광이 되리니 다시는 네

해가 지지 아니하며 네 달이 물러가지 아니할 것은 여호와가 네 영원한 빛이 되고 네 슬픔의 날이 끝날 것임이라'(사 60:17-20). 6. 이런 까닭에 사도 바울은 일반적으로 어떤 것이든 기쁨이 하나님의 나라라고 모호하게 말하지 않고 정확하게 성령 안에 있는 기쁨이 하나님의 나라라고 말합니다. 그는 도덕적으로 부끄러운 기쁨이 있음을 알고 있었습니다. 그것에 대해 '세상이 기뻐하리라'(요 16:20); '화 있을진저 너희 지금 웃는 자여 너희가 애통하며 울리로다'(눅 6:25)라고 기록되어 있습니다. 하늘나라는 세 가지 방식으로 이해되어야 합니다. 다스려야 할 하늘들, '열 고을 권세를 차지하라'(눅 19:17), '다섯 고을을 차지하라'(눅 19:19)는 말씀, 또는 '너희도 열두 보좌에 앉아 이스라엘 열두 지파를 심판하리라'(마 19:28)고 제자들에게 하신 말씀에 따라 자기 밑에 두어진 사람들을 다스려야 할 거룩한 사람들로 이해될 수 있습니다. 또 그리스도께서 다스리시기 시작할 하늘들로 이해될 수 있는데, 만물이 그리스도께 복종할 때 하나님이 '만유의 주'(고전 15:28)가 되실 것입니다. 또는 하늘에서 주와 함께 다스릴 거룩한 사람들로 이해될 수 있습니다.

~ 14 ~
영혼의 영속적인 본질에 관하여

1. "이런 까닭에 육신 안에 사는 사람은 자신이 현세에서 참가자요 노동자로서 자신에게 부여된 특별한 임무와 사역에 헌신해야 한다는 것을 압니다. 또 영원한 시대에 자신이 종이요 동반자가 되기를 원하시는 분의 파트너가 될 것을 의심하지 말아야 합니다. 주님은 '사람이 나를 섬기려면 나를 따르라 나 있는 곳에 나를 섬기는 자도 거기 있으리니'(요 12:26)라고 말씀하십니다. 악덕을 방관함으로써 마귀의 나라가 획득되듯이, 덕의 실천에 의해서 깨끗한 마음

과 영적 지식 안에 하나님의 나라가 소유됩니다. 2. 하나님의 나라가 있는 곳에 영생이 있고, 마귀의 나라가 있는 곳에 사망과 지옥이 있습니다. '죽은 자들은 여호와를 찬양하지 못하나니 적막한 데(지옥)로 내려가는 자들은 아무도 찬양하지 못하리로다'(시 115:17)라는 말씀처럼 죽은 자들은 주님을 찬양할 수 없습니다. 그러나 시편 기자는 이 세상과 악덕에 대해서가 아니라 하나님에 대해 살아 있는 사람은 '이제부터 영원까지 여호와를 송축하리로다'(시 115:18)라고 말합니다. 죽은 사람은 하나님을 기억하지 못합니다. 지옥(죄의 지옥)에서 누가 하나님을 기억하겠습니까? 3. 지옥에서는 아무도 하나님을 기억하지 않습니다. 스스로 기독교인이요 수도사라고 수천 번 고백했다 해도 죄를 짓는 사람은 하나님을 기억하지 않습니다. 주님이 정죄하시는 일을 행하는 사람은 하나님을 기억하지 않으며, 무모하고 고집스럽게 멸시하는 계명들을 주신 분의 종이라고 고백하지도 않습니다. 사도 바울은 '향락을 좋아하는 자는 살았으나 죽었느니라'(딤전 5:6)고 말하며 향락을 좋아하는 과부는 죽은 자라고 선언합니다. 육신적으로 살아 있지만 죽어서 지옥에 누운 자처럼 하나님을 찬양하지 못하는 자들이 많으며, 육신적으로 죽었으나 영적으로 하나님을 찬미하고 찬양하는 사람들이 있습니다. '호흡이 있는 자마다 여호와를 찬양할지어다'(시 150:6). 4. 요한계시록에 죽임을 당한 영혼들이 하나님을 찬양할 뿐만 아니라 직접 하나님에게 말한다고 기록되어 있습니다(계 6:9-10 참조). 복음서에서 주님은 사두개인들에게 '나는 아브라함의 하나님이요 이삭의 하나님이요 야곱의 하나님이로라 하신 것을 읽어 보지 못하였느냐 하나님은 죽은 자의 하나님이 아니요 살아 있는 자의 하나님이시니라'(마 22:32)고 말씀하십니다. 바울은 '이러므로 하나님이 그들의 하나님이라 일컬음 받으심을 부끄러워하지 아니하시고 그들을 위하여 한 성을 예비하셨느니라'(히 11:16)고 말합니다.

"가난한 나사로와 자색 옷을 입은 부자의 비유에서 이 육신을 벗은 후에 그들이 한가하게 지내는 것이 아니며 느낄 수 없는 것이 아님이 증명됩니다. 나사로는 지극히 복된 곳, 아브라함의 품에 들어갔고, 부자는 견딜 수 없이 뜨거운 영원한 불 속에 던져졌습니다(눅 16:19-31 참조). 5. 주님이 강도에게 '오늘 네가 나와 함께 낙원에 있으리라'(눅 23:43)고 하신 말씀은 영혼 안에 있는 과거의 지적 능력들뿐만 아니라 변화된 상태에서도 자신의 행위와 공적에 알맞은 존재 상태를 누린다는 것을 의미합니다. 만일 그 강도가 죽은 후에 영혼이 무가 되고 감정이 없어질 것이라고 생각하셨다면 주님은 결코 이런 약속을 하시지 않았을 것입니다. 그리스도와 함께 낙원에 들어가게 된 것은 그의 육체가 아닌 영혼이었습니다.

6. "그리스도가 지옥에 내려가시던 그 날에 낙원에 계실 수 있다는 것을 믿지 않으며 주님의 약속을 '내가 진실로 네게 이르노니 오늘'과 '네가 나와 함께 낙원에 있으리라'로 분리하는 이단자들은 사람들로부터 외면당하고 기피되는 것을 끔찍하게 여깁니다. 따라서 주님이 세상을 떠난 즉시 이 약속이 성취되었다고 이해하는 것이 아니라 부활 사건 후에 이루어질 것으로 이해합니다. 그들은 주님도 자기들과 마찬가지로 인간적인 제한과 육체적 연약함에 예속되어 있다고 믿는 유대인들에게 주님이 '하늘에서 내려온 자 곧 인자 외에는 하늘에 올라간 자가 없느니라'(요 3:13)고 말씀하셨음을 깨닫지 못합니다. 7. 이것은 죽은 자들의 영혼에게 감정이 없지 않으며 희망·슬픔·기쁨·두려움 등의 성향도 부족하지 않다는 것, 그리고 그 영혼들이 일반 심판 때에 받게 되어 있는 것을 이미 맛보기 시작했음을 분명히 증명해 줍니다. 어떤 불신자들의 견해에 의하면 그들은 나그네로 살던 이 세상을 떠난 후에 무로 돌아가

지 않고 더욱 완전하게 살며 열심히 하나님을 찬양한다고 합니다.

8. "우리의 보잘것없는 이해력이 허용하는 한 영혼의 본질에 대해 무엇인가 이야기하려면 잠시 성경의 증언을 내려놓아야 합니다. 현세에서 육체를 억압하던 짐을 내려놓은 후에, 인간의 중요한 부분—바울의 견해에 의하면(고전 11:7; 골 3:10 참조) 하나님의 형상과 모양이 존재하는 곳—이 그 느낌을 상실한다고 주장하는 것은 어리석다기보다 미친 행동이 아닐까요? 자체 안에 완전한 추론 능력을 담고 있는 이 요소가 자체 안에 참여함을 통해서 육체의 말 못하고 느끼지 못하는 부분에 느낌을 부여해 줍니다. 그 추론 능력의 구조는 은연중에 짓누르고 있는 육체의 무게에서 벗어난 정신이 선한 것들을 향한 지적 능력들을 회복할 것이며 그것들을 더 순수하고 훌륭한 상태로 다시 받게 될 것임을 나타냅니다. 9. 바울은 자신이 죽음으로써 주님과 더 친밀하게 결합되기 위해 이 육체에서 벗어나기를 바라고 있음을 인정합니다. 그는 '몸으로 있을 때에는 주와 따로 있는 줄을 아노니 차라리 세상을 떠나서 그리스도와 함께 있는 것이 훨씬 더 좋은 일이라 그렇게 하고 싶으나'(고후 5:6; 빌 1:23); '우리가 담대하여 원하는 바는 차라리 몸을 떠나 주와 함께 있는 그것이라 그런즉 우리는 몸으로 있든지 떠나든지 주를 기쁘시게 하는 자가 되기를 힘쓰노라'(고후 5:8-9)고 말합니다. 따라서 그는 영혼이 육체 안에 체류하는 것이 주님에게서 벗어나는 것이요 그리스도에게서 떠나는 것이라고 선포하며, 또 영혼이 육체를 떠나는 것이 그리스도와 함께 있는 것이라고 확신합니다. 10. 또 영혼들의 상태에 대해 한층 더 분명하게 '너희가 이른 곳은 시온 산과 살아 계신 하나님의 도성인 하늘의 예루살렘과 천만 천사와 하늘에 기록된 장자들의 모임과 교회와 만민의 심판자이신 하나님과 및 온전하게 된 의인의 영들'(히 12:22-23)이라고 말합니다. 그는 다른 곳에서 '우리 육신의 아버지가 우리를

징계하여도 공경하였거든 하물며 모든 영의 아버지께 더욱 복종하며 살려 하지 않겠느냐'(히 12:9)라고 말합니다.

~ 15 ~
하나님을 관상하는 것에 관하여

1. "하나님 관상에 도달하는 방법은 여러 가지입니다. 하나님의 불가해한 본질이 약속의 소망 안에 감추어져 있기 때문에 우리는 단지 하나님의 본질에 대해 생각함으로써 하나님을 알 수 없습니다. 하나님이 지으신 만물을 보면서 그분의 공의로움을 생각하고, 하나님의 섭리로 말미암아 제공되는 도우심을 생각함으로써 그분을 인식할 수는 있습니다. 즉 여러 세대를 통해서 하나님이 거룩한 영혼들과 함께 이루신 것들을 깨끗한 정신으로 고찰할 때; 만물을 다스리고 지시하고 통치하시는 하나님의 능력, 방대한 지식, 마음의 비밀들을 꿰뚫어보시는 눈 등을 두렵고 떨리는 마음으로 찬양할 때; 하나님이 바다의 모래와 파도의 수를 헤아리신다는 것을 생각할 때; 빗방울, 모든 세대의 날들과 시간들, 하나님 앞에서 만물이 어떻게 지나가고 미래가 현존하는지를 생각할 때; 2. 매 순간 항상 하나님 앞에서 범해지는 무수한 죄들을 인내하며 용서하시는 말할 수 없는 관대하심, 그리고 우리의 공로가 아니라 하나님의 자비하심 덕분에 우리를 영접해주신 부르심, 마지막으로 양자로 삼으실 자들에게 주신 많은 구원의 기회들을 바라볼 때입니다. 이는 우리가 태어날 때 하나님의 법에 대한 지식과 은혜가 주어지도록 명하셨기 때문이며, 또 하나님께서 자신의 선하신 뜻의 즐거움을 위해 우리 안에 있는 대적을 정복하시고 우리에게 영원한 복과 상급을 주시기 때문입니다. 관상의 마지막 방법은 하나님이 우리의 구원을 위해 자신의 성육을 받아들이시고 자신의 비밀들을 모든 민

족들에게 확대하셨음을 묵상하는 것입니다. 3. 이런 종류의 관상의 대상들은 무수히 많습니다. 그것들은 우리 마음의 순수함과 삶의 특성에 따라서 (순수한 시각에 의해 하나님을 보고 파악하는 장소인) 우리의 정신에 들어옵니다. 내면에 육적인 욕망이 있는 사람은 영원히 이것들을 파악하지 못할 것입니다. 이는 하나님이 '네가 내 얼굴을 보지 못하리니 나를 보고 (즉 이 세상과 세상의 욕망에 대해) 살 자가 없음이니라'(출 33:20)고 말씀하셨기 때문입니다."

~ 16 ~
생각들의 끊임없는 움직임에 대한 질문

게르마누스가 말했습니다: "그렇다면 우리가 원하지 않을 때 알지도 못하는 불필요한 생각들이 은밀하게 우리 안에 들어오는 것, 그것들을 몰아내기 어려울 뿐만 아니라 이해하고 포착하기 어려운 이유는 무엇입니까? 그렇다면 정신이 이것들로부터 벗어날 수 있으며, 이런 종류의 망상의 침입을 피할 수 있습니까?"

~ 17 ~
답변: 생각들의 상태에 대해 정신이 할 수 있는 것과 할 수 없는 것

1. 사부 모세는 다음과 같이 말했습니다. "정신이 생각들에게 시달리지 않을 수는 없습니다. 그러나 누구나 노력하면 그것들을 받아들이거나 거부할 수 있습니다. 생각들의 기원은 우리에게 있지 않지만, 그것들을 거부하거나 받아들이는 것은 우리에게 달려 있습니다. 정신이 생각들의 공격을 받지 않을 수 없다는 말은 이 모든 일을 침입이나 우리에게 생각들을 불어넣으려고 노력하는

영들의 탓으로 돌려야 한다는 의미가 아닙니다. 그렇지 않다면 사람에게 자유의지가 없을 것이며, 우리의 잘못을 고치기 위한 노력이 전혀 도움이 되지 못할 것입니다.

2. "그러나 우리의 생각들의 특성이 개선되는지의 여부, 그리고 우리 마음에 거룩한 영적 생각들이 증가하는지 세속적이고 육욕적인 생각이 증가하는지의 여부는 대체로 우리에게 달려 있습니다. 그러므로 자주 성경을 읽고 끊임없이 묵상해야 합니다. 그리하면 영적인 관점을 활용할 수 있을 것입니다. 그렇기 때문에 우리는 회개 안에서 성장하기 위해 자주 시편을 찬송하며, 한계에 달한 정신이 세상의 것을 맛보지 않고 하늘의 것을 관상하게 하기 위해 부지런히 철야하고 금식하고 기도합니다. 태만이 다시 기어들어왔기 때문에, 이런 일들이 중지될 때 쌓인 더러운 악덕들 때문에 정신은 곧 정욕적인 방향을 향하며 실족할 것입니다.

~ 18 ~

이정표와 영혼의 비교

1. "이러한 마음의 활동을 물레방아에 비유할 수 있습니다. 물레방아는 빠른 물결에 의해 회전운동을 합니다. 물의 힘에 의해 회전하는 한 물레방아는 작업을 멈출 수 없습니다. 작업을 멈추는 것은 곡식을 어느 정도 갈아야 할지 결정하고 감독하는 사람의 권한입니다. 작업 책임을 맡은 사람은 자신에게 맡겨진 곡식을 갈 뿐입니다.

2. "마찬가지로 정신도 현세에서 시련을 받는 동안 괴롭히는 생각들에게서 해방될 수 없습니다. 왜냐하면 정신은 사방에서 압도적으로 몰려오는 시련들 속에서 회전하고 있기 때문입니다. 그러나 그것들을 받아들이거나 거부하는

것은 정신 자체의 열심과 근면의 결과일 것입니다. 만일 우리가 끊임없이 성경 묵상으로 복귀하며 각성하여 영성 실체들 및 장래의 복에 대한 소망과 완전함에 대한 갈망을 묵상한다면, 거기서 솟아난 영적 생각들이 정신으로 하여금 지금까지 묵상해온 것들을 깊이 생각하게 만들 것입니다. 3. 만일 우리가 게으르고 태만하며 악한 행동과 어리석은 대화에 빠진다면, 또는 세상의 염려와 불필요한 생각에 집착한다면, 일종의 잡초가 솟아나와 우리의 마음에 해로운 작업을 강요할 것입니다. 주님의 말씀에 의하면 우리의 뜻과 행위의 보물이 있는 곳에 우리 마음도 있을 것입니다(마 6:21 참조).

~ 19 ~
생각들의 세 가지 근원

1. "무엇보다도 생각들의 세 가지 근원을 알아야 합니다. 생각들의 근원은 하나님, 마귀, 그리고 우리 자신입니다. 하나님이 성령의 조명에 의해 우리를 찾아오심으로써 우리가 크게 진보할 때; 우리가 게으르게 행동하며 유익을 얻지 못하고 양심의 가책이라는 징계를 받을 때; 하나님이 우리에게 하늘의 성례전을 개방해 주시며 우리가 선택하여 결정한 삶을 보다 선한 행동과 의지로 변화시켜 주실 때 우리의 생각의 근원은 하나님이십니다. 아하수에로 왕이 여호와의 징계를 받아 궁중실록을 읽다가 모르드개의 선한 행위를 기억하고 그에게 최고의 영예를 준 것, 그리고 유대인들을 전멸시키려는 잔인한 조서를 철회한 것이 그 예입니다(에 6:1~10:3 참조). 2. 시편 기자가 '만군의 하나님 여호와여 내 기도를 들으소서'(시 84:8)라고 말한 것, 스가랴가 '내게 말하는 천사가 내게 이르되'(슥 1:14)라고 말한 것, 하나님의 아들이 아버지와 함께 다시 와서 우리와 거처를 함께 하실 것이라고 약속하신 것(요 14:23 참조), '말하는

이는 너희가 아니라 너희 속에서 말씀하시는 이 곧 너희 아버지의 성령이시니라'(마 10:20)고 말한 것, 하나님의 택한 그릇(행 9:15)이 '그리스도께서 내 안에서 말씀하시는 증거'(고후 13:3) 등도 그 예가 됩니다.

3. "마귀가 악한 쾌락과 은밀한 함정에 의해 광명의 천사로 가장하고(고후 11:14) 악한 것들을 선한 것으로 가장하여 제시하며 우리 믿음을 뒤엎으려 할 때 일련의 생각들이 생겨납니다. 복음서 기자는 '마귀가 벌써 시몬의 아들 가룟 유다의 마음에 예수를 팔려는 생각을 넣었더라'(요 13:2); '조각을 받은 후 곧 사탄이 그 속에 들어간지라'(요 13:27)고 말합니다. 베드로는 아나니아에게 '어찌하여 사탄이 네 마음에 가득하여 네가 성령을 속이고 땅 값 얼마를 감추었느냐'(행 5:3)라고 말합니다. 오래 전 '주권자가 네게 분을 일으키거든 너는 네 자리를 떠나지 말라'(전 10:4)고 예고된 것이 복음서에 기록되어 있습니다.
4. 열왕기에서 더러운 영이 아합을 대적하기 위해 하나님께 '내가 나가서 거짓말하는 영이 되어 그의 모든 선지자들의 입에 있겠나이다'(왕상 22:22)라고 말합니다.

"한편 우리가 스스로 행한 것이나 들은 것, 또는 행하고 있는 것을 자발적으로 기억할 때의 생각들은 우리에게서 비롯됩니다. 그런 생각들과 관련하여 다윗은 '내가 옛날 곧 지나간 세월을 생각하였사오며 밤에 부른 노래를 내가 기억하여 내 심령으로, 내가 내 마음으로 간구하기를'(시 77:5-6); '여호와께서는 사람의 생각이 허무함을 아시느니라'(시 94:11); '의인의 생각은 정직하여도 악인의 도모는 속임이니라'(잠 12:5)고 말합니다. 복음서에서 주님은 바리새인들에게 '너희가 어찌하여 마음에 악한 생각을 하느냐'(마 9:4)라고 말씀하십니다.

~ 20 ~
인정받은 환전상의 예에 따라 생각들을 분별하는 것에 관하여

1. "이 세 가지를 항상 의식하고 있으면서 마음에서 떠오르는 생각들을 지혜롭게 성찰하여 먼저 그것들의 기원과 원인과 생산자를 추적한다면 그것들을 제안하고 있는 자의 지위에 따라서 대처 방법을 고려할 수 있을 것입니다. 그 때 우리는 주님의 가르침에 따라 공인된 환전상이 될 것입니다. 공인된 환전상의 훈련과 기술은 어떤 물건이 순금인지 아닌지 결정하기 위한 것입니다. 그것은 금으로 가장되어 귀한 금화로 통용되는 동전에 속지 않기 위한 것이기도 합니다. 그것은 세밀하게 조사함으로써 확인됩니다. 이런 사람들은 왕의 형상이 새겨져 있는 위조 동전들을 솜씨 좋게 식별하며 동전들의 무게를 신중하게 측량합니다.

2. "우리는 영적인 일에 있어서 이 일들을 실천해야 합니다. 첫째, 마음에 들어오는 것들, 특히 우리가 접한 교리가 성령의 거룩한 불에 의해 정화된 것인지, 유대인의 미신의 일부인지, 또는 세상 철학의 교만함에서 비롯된 것이면서도 경건의 모양만 취하고 있는 것인지 신중하게 조사해야 합니다. '영을 다 믿지 말고 오직 영들이 하나님께 속하였나 분별하라'(요일 4:1)는 사도의 말을 따른다면 이 일에 성공할 수 있을 것입니다. 3. 어떤 사람은 수도서원을 한 후 특정 순간에 외견상 매력 있는 유창한 말이나 철학자들의 가르침에 유혹을 받아 미혹됩니다. 그러한 가르침들은 종교와 일치하는 몇 가지 경건한 정서를 포함하고 있기 때문에 반짝이는 금처럼 듣는 사람들을 어리석게 만듭니다. 그러나 그것은 위조된 동전이므로 받아들인 사람들을 다시 세상의 소용돌이 속으로 끌어들이거나 이단적인 오류와 주제넘음 속에 끌어들임으로써 영원히

가난하고 불행하게 만듭니다. 여호수아서에 보면 아간에게 이런 일이 발생했습니다. 그는 블레셋 진영에서 금덩이를 탐내어 훔쳤기 때문에 정죄되어 영원한 죽음을 맞았습니다(수 7장 참조).

4. "둘째로 성경이라는 순금에 덧입혀진 악한 해석이 귀한 것처럼 보이는 겉모습으로 우리를 속이지 못하도록 세심히 살펴보아야 합니다. 교활한 마귀는 이런 방식으로 주님을 속이려 했습니다. 마귀는 '그가 너를 위하여 그의 천사들을 명령하사 네 모든 길에서 너를 지키게 하심이라 그들이 그들의 손으로 너를 붙들어 발이 돌에 부딪히지 아니하게 하리로다'(시 91:11-12)라고 말하면서 일반적으로 의인들에게, 그리고 특별히 천사들의 보호를 필요로 하지 않으시는 분에게 적용된다고 이해되어야 하는 것들을 악하게 해석하여 적용하려 했습니다. 마귀는 귀중한 성경 말씀을 교활하게 바꾸어 사용함으로써 반대되는 해로운 의미를 부여했습니다. 이는 마치 강탈자의 형상이 새겨진 가짜 금화를 제공하는 것과 같습니다. 또 마귀는 우리에게 위조된 경건한 일을 추구하라고 권면함으로써 우리를 빗나가게 하려 하는데, 그것은 원로들이 만들어낸 합법적인 주화가 아니기 때문에 덕을 가장하여 우리를 악으로 인도하며, 무절제하고 부적절한 금식과 심한 철야와 지나친 기도와 독서 등으로 미혹함으로써 좋지 않은 결과를 초래하게 만듭니다. 5. 또 마귀는 우리에게 묵상이나 경건한 방문에 힘쓰라고 권면함으로써 수도원이라는 영적 성곽과 소중한 평온이라는 은둔처에서 끌어내려 합니다. 심지어 우리가 수녀들과 궁핍한 여인들에 대해 염려하고 근심하고 있다고 속삭이기도 합니다. 마귀는 이런 종류의 덫에 걸린 수도사를 해로운 선입견들로 얽어맵니다. 그는 많은 사람들을 교화해야 한다는 것 및 영적 유익을 향한 사랑이라는 미명하에 우리를 구슬려 거룩한 성직을 갈망하게 만들며, 그렇게 함으로써 선택한 생활의 겸손과 엄격함

에서 우리를 떼어내려 합니다.

6. "이것들은 우리의 구원과 신앙에 반대되는 것들이지만, 그럼에도 불구하고 자비와 경건이라는 베일에 덮여 있기 때문에 미숙하고 부주의한 사람들을 쉽게 현혹합니다. 처음 볼 때에 그것들은 매우 경건한 것처럼 보이기 때문에 진정한 왕의 형상이 새겨진 주화인 것 같지만 합법적인 화폐주조자—즉 인정받은 가톨릭 교부들—의 도장이 찍혀 있지 않으며, 또 담화라는 공적이고 중요한 공방에서 만들어진 것이 아니라 마귀들의 속임수에 의해 은밀하게 날조되어 미숙하고 무식한 사람들에게 제공된 것들입니다. 그것들이 처음 볼 때 선하고 필요한 것처럼 보이더라도 나중에 우리의 견고한 신앙고백에 부정적인 영향을 미치고 우리가 선택하고 결정한 수도생활 전체를 약화시키기 시작한다면, 비록 필요한 것이며 오른손과 오른발의 직무를 수행하는 듯이 보이지만 추문을 초래하는 것으로 여겨 잘라내고 몰아내야 합니다. 7. 모든 계명들을 가지고 있으면서도 우리가 선택한 수도생활 훈련과 습관적인 엄격함에서 우리를 분리시킬 위험한 습관이라는 걸림돌에 걸려 넘어지는 편보다는 하나의 계명—즉 하나의 행위와 열매—이 없이 지내고 다른 계명들 안에서 견고하고 건전하여 절름발이들의 천국에 들어가는 편이 낫습니다. 이것이 우리에게 큰 손해를 초래하여 우리가 장래의 패배를 보상할 수 없게 될 것이며, 과거의 업적들과 모든 행위가 지옥불 속에서 타버릴 것입니다(마 18:8 참조). 8. 잠언도 이런 종류의 속임에 대해 말합니다: '어떤 길은 사람이 보기에 바르나 필경은 사망의 길이니라' (잠 16:25). 마귀는 거룩한 모습으로 가장하고 속이며 파수꾼, 즉 원로들의 말과 충고에서 오는 분별력을 싫어합니다.

~ 21 ~
사부 요한이 경험한 속임수

1. "주로 리콘에서 살았던 사부 요한이 최근에 이런 식으로 미혹되었다는 말을 들었습니다. 이틀 동안 금식하여 몸이 약해진 그가 다음날 음식을 먹으려는데 마귀가 에티오피아 흑인의 모습으로 그에게 다가와서 그의 무릎을 붙잡고 '당신에게 이 수행을 부과한 나를 용서해 주십시오'라고 말했습니다. 분별력이 뛰어난 요한은 자신이 지나친 금욕 때문에 마귀의 교활함에 속아서 금식에 집착하여 불필요한 피로를 지친 육체보다 더 중요하다고 여겼음을 깨달았습니다. 그는 위조 주화에 속았으며, 그것이 합법적으로 제조된 것인지 의식하지 않은 채 그 주화에 새겨진 왕의 형상을 경모했던 것입니다.

2. 이 공인된 환전상이 해야 할 마지막 일은 주화를 검사하고 무게를 재어보는 것과 관련됩니다. 생각이 우리에게 행해야 한다고 암시하는 모든 것을 꼼꼼하게 생각해본다면 이 일을 이룰 수 있을 것입니다. 이것을 마음의 저울에 얹어놓고, 그것이 적당한 무게의 선을 소유하고 있는지, 하나님에 대한 경외의 무게가 충분하며 완전한 의미를 소유하고 있는지, 아니면 그것이 인간적인 과시나 주제넘음 때문에 지나치게 가벼운지, 허영의 교만이 그것의 가치의 무게를 감소시키거나 부식시켰는지 등을 세밀하게 재보아야 합니다. 따라서 선지자들과 사도들의 행위와 증언을 의지함으로써 그것을 공적으로 측량해보아야 하며, 그것들과 균형을 이루는 것들을 완전한 것으로 여겨 고수하고, 그것들과 양립하지 못하는 것들을 불완전하고 저주스러운 것으로 여겨 거부해야 합니다.

~ 22 ~
4부로 이루어지는 분별 방법

1. "앞에서 말했듯이 우리에게는 네 가지 방식의 분별이 필요합니다. 첫째, 순금이든지 가짜 금이든지 물질 자체가 우리에게 숨겨지지 않도록 하기 위해서입니다. 둘째는 경건 행위들이 합법적으로 주조된 것이 아니며 새겨진 왕의 형상이 가짜이므로 불순물이 섞인 위조 주화라고 거짓말하는 생각들을 거부하기 위해서입니다. 그리하면 우리는 분별력을 가지고서 이단적인 악한 해석 때문에 성경이라는 귀한 금 안에서 참되신 왕의 얼굴이 아닌 강탈자의 얼굴을 묘사하는 것들을 거부할 수 있을 것입니다. 마지막으로 허영이라는 녹이 슬어 무게와 가치가 감소된 주화들을 거부할 수 있을 것입니다. 허영이라는 녹이 슨 것들은 원로들의 저울에 올려 무게를 잴 수 없습니다. 그렇게 하지 않으면 우리는 넘어져 주님이 힘껏 지키라고 경고하신 것을 잃을 것이며, 수고하여 얻는 공적과 상급을 사취당할 것입니다: '너희를 위하여 보물을 땅에 쌓아 두지 말라 거기는 좀과 동록이 해하며 도둑이 구멍을 뚫고 도둑질하느니라'(마 6:19). 2. 주님의 말씀에 따르면 인간적인 영광을 염두에 두고 행하는 것은 자신을 위해 세상에 보물을 쌓아두는 것이며, 그렇기 때문에 흙속에 감추이고 땅에 묻혀 있는 듯이 각종 귀신들에 의해 유린되고 허영의 강력한 녹에 삼켜지며 감추어준 사람에게 전혀 유익을 주지 못할 교만의 좀이 슬게 됩니다.

"그러므로 사자나 용 같은 영적 짐승이 통과하면서 은밀하게 위험한 흔적들을 남겨놓지 못하게 하려면 마음의 은밀한 장소들을 끊임없이 살펴 그곳에 들어오는 모든 것의 흔적을 세심하게 조사해야 합니다. 우리가 생각들을 소홀히 다룬다면, 또 다른 생각들이 마음의 성소에 접근할 수 있게 됩니다. 따라서 매 순간 복음의 쟁기로, 즉 끊임없이 주님의 십자가를 기억하면서 마음밭을 경작한다면 우리 자신에게서 해로운 짐승들의 둥지와 독사의 은신처를 근절할 수 있을 것입니다."

~ 23 ~
가르치는 자의 말이 듣는 자들의 자격에 얼마나 비례하는지에 관하여

1. 우리는 사부님의 말을 경청하면서 무한한 사랑을 느꼈습니다. 우리를 바라보시던 그분은 우리의 큰 열망에 놀라 잠시 말을 멈추었다가 다음과 같이 덧붙여 말씀하셨습니다. "아들들이여, 당신들의 열심이 우리로 하여금 더 길게 담화하게 만들었습니다. 또 당신들의 열망에 비례하여 일종의 불이 우리의 담화를 더 열심히 받아들이게 만들고 있습니다. 이 사실로 볼 때 나는 당신들이 진심으로 완덕에 대한 가르침을 갈망하고 있다는 것을 알 수 있습니다. 이제 분별의 은혜의 고귀함에 대해 좀 더 말씀드리겠습니다. 이것은 모든 덕들 중에서 으뜸이 되는 탁월한 덕입니다. 이 덕의 유익함과 탁월함을 일상의 본보기들뿐만 아니라 옛 교부들의 금언과 성찰을 사용하여 증명하겠습니다. 2. 종종 사람들이 눈물을 흘리고 신음하면서 이런 종류의 말을 해달라고 부탁할 때 그 부탁을 들어주고 싶지만 그렇게 할 수 없었던 일을 기억합니다. 나의 정신과 입술의 능력이 없어 그들에게 지극히 작은 위로의 말조차 해줄 수 없었습니다. 그것을 고려해보면, 듣는 사람들의 열망과 자격에 비례하여 말하는 사람의 내면에 어떤 말을 감화해주시는 것이 주님의 은혜임이 분명합니다.

"이제 밤이 깊어 이 말을 충분히 설명할 시간이 없으므로, 이제 육신의 휴식을 위해 담화를 중지하고 다른 날 낮이나 밤에 충실하게 다루고자 합니다. 그것에 대해 충분히 다루려면 하룻밤이 필요할 것입니다. 3. 분별에 관한 훌륭한 교사라면 주로 자신의 의도의 진지함을 증명하며 인내를 측정함으로써 그

일을 할 수 있는지의 여부를 입증해야 합니다. 그는 절제의 근원인 그 덕을 다룰 때 결코 그 덕과 반대되는 과도함이라는 악덕을 유발함으로써 행위와 행동으로 그 덕의 특성과 본질을 범하지 않으며, 그것을 존중하는 말을 할 것입니다. 이 점에 있어서 주님의 도우심을 받아 더 깊이 탐구하려 하는 분별은 처음부터 우리에게 도움이 될 것입니다. 그것의 탁월함과 절제에 대해 논할 때에 시간과 말에 있어서 지나침이 없어야 합니다. 절제는 분별의 일부로 인식됩니다."

4. 우리는 열심히 사부님의 말에 매달렸지만, 사부 모세는 이 말로 담화를 끝내면서 잠시 잠을 자라고 권했습니다. 그분은 파피루스 줄기를 약 50cm 간격으로 묶어 만든 기다란 보따리를 베개 삼아 우리가 앉아 있던 멍석 위에 누우라고 말씀하셨습니다. 그것은 때때로 형제들이 예배를 위해 모일 때 발받침 대신에 낮은 좌석을 제공하는 데 사용되었고, 때로 잠잘 때 지나치게 딱딱하지 않고 편안한 베개 역할을 했습니다. 그것은 어느 정도 부드러울 뿐만 아니라 크게 수고하지 않고 적은 비용으로 만들 수 있으며, 또 쉽게 접을 수 있고 가벼우며 필요할 경우에 쉽게 운반할 수 있기 때문에 수도원에서는 매우 유익하게 여겨집니다. 우리는 그분과의 담화로 인해 크게 기뻐했으며 또 다음날로 약속된 담화 때문에 흥분했지만, 사부님의 말대로 잠을 청했습니다.

담화 2

사부 모세의 두 번째 담화

분별에 관하여

~ 1 ~

분별의 은혜에 관하여

1. 우리는 잠에서 깨어나 새벽이 되었음을 알고 기뻐했습니다. 우리는 사부 모세에게 약속대로 담화를 계속해 달라고 부탁했습니다. 사부 모세는 다음과 같이 담화를 시작했습니다:

"당신들의 뜨거운 열망을 보면서 육신을 쉬게 하기 위해 잠시 영적 담화를 중단한 것이 당신들의 육적인 휴식에 도움이 되지 못했다는 느낌을 받습니다. 당신들의 열심 때문에 나의 관심도 증가합니다. 당신들이 간절히 요구하는 것을 보니 내 빚을 갚는 일에 한층 더 관심을 기울여야 할 듯합니다. 잠언에 '네가 관원과 함께 앉아 음식을 먹게 되거든 삼가 네 앞에 있는 자가 누구인지를 생각하며'(잠 23:1)라는 말이 있습니다. 2. 어젯밤 담화를 끝낼 때 다루려 했던 바 분별의 유익함과 능력에 대해 말하려 하면서 먼저 교부들의 말을 토대로 그 탁월함을 증명하는 것이 적절하다고 생각됩니다. 따라서 이 문제에 대해 우리 선조들이 말하고 생각한 것들을 분명히 설명하고, 또 오래 전이나 최근에 분별에 주의를 기울이지 않았기 때문에 실패한 사람들의 몰락과 실족에 대해 언급하고 나면 분별에서 유익하고 도움이 되는 것을 끌어낼 수 있게 될 것입니다. 이것들을 논의한 후에 우리는 분별을 추구하고 계발하는 방법에 대해 더 많은 것을 알아낼 수 있을 것입니다.

3. "분별은 결코 작은 덕이 아니며, 하나님의 도움이 없이 인간적인 노력에 의해 획득될 수도 없습니다. 그것은 사도 바울이 열거한 성령의 은사들 중에 포함되어 있습니다: '어떤 사람에게는 성령으로 말미암아 지혜의 말씀을, 어떤 사람에게는 같은 성령을 따라 지식의 말씀을, 다른 사람에게는 같은 성령으로 믿음을, 어떤 사람에게는 한 성령으로 병 고치는 은사를, 어떤 사람에게는 능력 행함을, 어떤 사람에게는 예언함을, 어떤 사람에게는 영들 분별함을…'(고전 12:8-10). 바울은 영적 은사들을 모두 열거한 뒤에 '이 모든 일은 같은 한 성령이 행하사 그의 뜻대로 각 사람에게 나누어 주시는 것이니라'(고전 12:11)고 덧붙입니다.

4. "분별의 은사는 세속적인 것이거나 보잘것없는 일이 아니라 매우 위대한 신적 은혜의 증여입니다. 수도사가 철저히 집중하면서 이 은혜를 구하며 자기의 내면에 들어오는 영들과 관련하여 확실한 판단과 분별을 소유하지 않는다면, 어둔 밤에 방황하는 사람처럼 위험하게 배수로에 빠지고 가파른 비탈에서 미끄러질 뿐만 아니라 평탄한 지름길에서 벗어날 것입니다.

~ 2 ~
분별이 수도사에게 주는 것, 이 주제에 관한 안토니의 담화

1. "나는 어려서 테베에서 자랐습니다. 그곳에 복된 안토니가 거주하고 있었는데, 일부 원로들이 찾아와 그에게 완덕에 대해 질문했습니다. 저녁에 시작된 담화가 새벽까지 계속되었는데, 주로 그 질문에 대한 담화였습니다. 수도

사가 마귀의 속임수와 올무에 빠지지 않고 바른 길을 걸어 완덕의 정상에 이르려면 어떤 덕을 소유해야 하는지에 대해 가장 오래 담화가 계속되었습니다.

2. 원로들은 각기 자신의 깊은 통찰에서 나온 견해를 가지고 있었습니다. 어떤 사람은 금식과 철야에 의해 한계에 도달하여 몸과 마음의 깨끗함을 획득한 정신은 보다 쉽게 하나님과 연합될 수 있으므로 금식과 철야를 소유해야 한다고 말했습니다. 다른 사람들은 물질을 완전히 멸시하는 데 있다고 주장했습니다. 만일 정신이 내면에 있는 모든 것을 벗어버린다면 보다 신속하게 하나님께 도달할 수 있을 것입니다. 왜냐하면 그렇게 한 후에는 정신을 방해하는 올무들이 더 이상 존재하지 못할 것이기 때문입니다. 또 다른 사람들은 외딴 사막에 깊이 들어가서 홀로 거주해야 하며, 그런 곳에 사는 사람은 더욱 친밀하게 하나님과 대화하고 더 가까이 매달릴 수 있을 것이라고 여겼습니다. 어떤 사람은 사랑과 환대의 의무를 행해야 한다고 말했습니다. 왜냐하면 복음서에서 '내 아버지께 복 받을 자들이여 나아와 창세로부터 너희를 위하여 예비된 나라를 상속받으라 내가 주릴 때에 너희가 먹을 것을 주었고 목마를 때에 마시게 하였고 나그네 되었을 때에 영접하였고 헐벗었을 때에 옷을 입혔고 병들었을 때에 돌보았고 옥에 갇혔을 때에 와서 보았느니라'(마 25: 34-36)고 말씀하신 주님이 이런 식으로 행동한 사람들에게 천국을 주시겠다고 약속하셨기 때문입니다.

"그들이 밤이 깊도록 이 문제에 대해 담화하면서 상이한 덕들에 의해 하나님께 보다 확실히 다가갈 수 있다고 결정했는데, 마침내 안토니가 말했습니다: 3. '하나님을 갈망하며 가까이 가기를 원하는 사람들에게는 여러분이 언급한 모든 덕들이 필요하며 유익을 줍니다. 그러나 많은 사람들의 실족한 것과 경험에 비추어 보면 이것들을 최고의 은혜로 간주할 수 없습니다. 종종 엄격하게 금식하고 철야하며 외딴 곳에서 독수도 생활을 하는 사람들, 하루 먹을 음식이나 돈 한 푼도 남기지 않고 소유를 모두 버린 사람들, 헌신적으로 환대를 실천하는 사람들이 갑자기 미혹되어 이미 시작한 일을 만족하게 끝내지 못하고 처음 열심과 갸륵한 생활방식을 버리고 수치스러운 결말에 이르는 것을 볼 수 있습니다. 이런 사람들이 미혹되고 멸망한 원인을 세심하게 찾아본다면 무엇이 하나님께 이르는 가장 좋은 길인지 분명히 알 수 있을 것입니다. 4. 그들에게는 앞서 말한 덕행들이 풍부하게 있지만 분별의 부족 때문에 그 일들을 끝까지 행하지 못합니다. 그들이 원로들의 가르침을 제대로 받지 못했으며 분별의 의미를 파악하지 못했다는 것 외에 그들이 실족한 다른 이유를 찾을 수 없습니다. 분별은 온갖 종류의 지나침을 피하게 해주며, 수도사로 하여금 왕의 대로를 따라 나아가도록 가르쳐주고, 오른편으로는 덕들에 의해, 즉 어리석은 주제넘음에 의해 정당한 절제의 분량을 초과하려는 지나친 열정에 휩싸이지 못하게 하며 왼편으로는 쾌락을 향하는 연약함 때문에 빗나가 악덕을 추구하는 것, 즉 영적인 무기력함으로 인해 몸을 제어한다는 구실 하에 무력해지는 것도 허락하지 않습니다.

5. "'그것이 분별입니다. 복음서에서는 그것이 몸의 눈이요 빛이라고 불립니다: '눈은 몸의 등불이니 그러므로 네 눈이 성하면 온 몸이 밝을 것이요 눈이 나쁘면 온 몸이 어두울 것이니'(마 6:22-23). 이는 그것이 사람의 생각과 행위를 보고 비추어주며 행해야 할 모든 것을 분별하기 때문입니다. 6. 그러나 만일 어떤 사람의 눈이 나쁘면—즉 참된 판단과 지식에 의해 강화되지 않았거나 어떤 오류와 추측에 미혹되었다면, 그것이 온 몸을 어둡게 만듭니다. 즉 우리의 정신과 행동을 악덕과 혼동으로 둘러싸 어둡게 만듭니다. 주님은 "네게 있는 빛이 어두우면 그 어둠이 얼마나 더하겠느냐"(마 6:23)라고 말씀하십니다. 우

리 마음의 판단이 빗나가 무지의 밤에 사로잡힐 때, 분별의 신중함에서 나오는 생각과 행동들이 더 큰 죄의 어둠에 말려든다는 것을 의심하는 사람은 아무도 없습니다.

~ 3 ~
사울과 아합의 잘못; 이들이 분별의 부족 때문에 미혹된 경위

1. "마지막으로 하나님에 의해 이스라엘 백성을 다스릴 자격이 있다고 판단되었던 사울은 분별의 눈을 갖지 못했기 때문에 어두운 것이 건강한 몸에서 쫓겨나듯이 하나님의 나라에서 쫓겨났습니다. 그는 이 빛의 어둠과 오류에 미혹되었기 때문에 하나님 앞에서 사무엘의 명령에 대한 순종보다 자신의 제물이 더 받아들여질 것이라고 여겼으며, 하나님의 노염을 달래줄 것이라고 바라서 행한 행위에 의해 죄를 범했습니다(삼상 15장). 2. 분별에 대한 무지 때문에 이스라엘의 아합 왕은 하나님의 은총으로 승리한 후 하나님의 명령이 잔인하다고 여겨 엄격히 시행하기보다 자신이 베푸는 자비가 더 낫다고 생각했습니다. 그리하여 그는 관대한 처분으로 잔인한 승리를 무마하려 했고, 그 무분별한 자비 때문에 온 몸이 어두워졌기 때문에 정죄되어 죽게 되었습니다(왕상 20장).

~ 4 ~
분별의 유익함에 관한 성경말씀

1. "분별은 몸의 빛입니다. 바울은 그것을 해라고 언급합니다: "해가 지도록 분을 품지 말고"(엡 4:26). 잠언에서는 그것을 지략이라고 말합니다: "지략이 없으면 백성이 망하여도"(잠 11:14). 그것이 없으면 성경의 권위는 어떤 행

위도 허락하지 않습니다. 그것이 없는 사람에게는 "사람의 마음을 기쁘게 하는"(시 104:15) 영적 포도주를 마시는 일도 허락되지 않습니다. 성경은 "자기의 마음을 제어하지 아니하는 자는 성읍이 무너지고 성벽이 없는 것과 같으니라"(잠 25:28)라고 말합니다. 2. 이 구절에서 사람을 무너지고 성벽이 없는 성읍으로 비유하는데, 여기서 사용된 예와 이미지는 수도사가 이것을 잃는 것이 얼마나 위험한 일인지 증명해줍니다. 그 안에 지혜가 있고 지식과 명철이 있습니다. 그것들이 없으면 우리가 내면의 거처를 세울 수 없고 영적 보물을 모을 수 없습니다. "집은 지혜로 말미암아 건축되고 명철로 말미암아 견고하게 되며 또 방들은 지식으로 말미암아 각종 귀하고 아름다운 보배로 채우게 되느니라"(잠 24:3-4). 3. 이것은 장성하여 튼튼한 사람만 먹을 수 있는 단단한 음식입니다: "단단한 음식은 장성한 자의 것이니 그들은 지각을 사용함으로 연단을 받아 선악을 분별하는 자들이니라"(히 5:14). 그것을 우리에게 보여주는 일이 무척 필요하고 유익하므로 하나님의 말씀과 그 능력에 비유되기도 합니다: "하나님의 말씀은 살아 있고 활력이 있어 좌우에 날선 어떤 검보다도 예리하여 혼과 영과 및 관절과 골수를 찔러 쪼개기까지 하며 또 마음의 생각과 뜻을 판단하나니"(히 4:12). 4. 이 말씀들은 분별의 은혜가 없으면 어떤 덕도 완전하게 획득할 수 없음을 분명히 지적해줍니다.'

"안토니를 비롯한 많은 사람들의 견해에 의하면 분별이란 두려움을 모르는 수도사를 인도하여 꾸준히 하나님을 향하게 해주며, 위에서 언급했던 덕들을 손상되지 않은 상태로 보호해줍니다. 그것이 있으면 지치지 않고 완덕의 고지를 오를 수 있으며, 그것이 없으면 선한 의지를 가지고 수고하는 많은 사람들이 정상에 오르지 못할 것입니다. 분별은 모든 덕의 아버지요 후견인이요 조정자입니다.

~ 5 ~
늙은 헤론의 죽음

1. "거룩한 안토니 및 다른 교부들이 언급한 이 이해를 확인해주는 최근의 예는 우리가 최근에 직접 목격한 것, 즉 며칠 전 늙은 헤론이 마귀의 망상 때문에 높은 곳에서 깊은 곳으로 내던짐을 당한 일을 기억하게 해줍니다. 그는 이곳에 살고 있는 어느 누구보다 더 깊이 들어가 50년 동안 살면서 엄격하게 금욕생활을 해온 사람입니다. 2. 그렇게 노력했음에도 불구하고 그가 미혹자에게 속아 크게 실족함으로써 이 사막에서 살고 있는 모든 사람들이 놀라 슬퍼하게 된 것은 어찌 된 일입니까? 그가 분별의 덕을 소유하지 못하여 형제들의 조언과 담화 및 선조들이 정한 제도에 순종하기보다 사물에 대한 자신의 이해력을 따랐기 때문이 아닙니까? 그는 항상 엄격하게 금식하며 사막이나 수실의 후미진 곳에서 지내면서 부활절에도 형제들과 함께 음식을 나누지 않을 만큼 금욕했습니다. 3. 오늘 모든 형제들이 교회에 모였을 때 그는 적은 양의 음식을 먹음으로써 자신이 선택한 생활에서 이탈하는 것을 막기 위해 형제들과 합류하지 않았습니다. 그는 이같은 주제넘음에 미혹되어 사탄의 사자를 빛의 천사로 알고 영접하여 그의 칭송을 받았습니다(고후 11:14 참조). 그는 사탄의 명령에 순종하여 바닥이 보이지 않는 깊은 우물에 뛰어들었습니다. 그의 덕행과 수고 덕분에 위험에 직면하지 않을 것이라고 장담하는 사탄의 사자의 약속을 그는 의심하지 않고 믿었습니다. 4. 이 미혹된 사람은 자신의 안전을 시험함으로써 가장 확실하게 자신의 믿음을 증명하기 위해 한밤중에 깊은 우물에 뛰어들었습니다. 그것은 상처를 입지 않고 우물에서 나옴으로써 자신의 덕이 얼마나 귀한 것인지 증명하기 위한 것이었습니다. 형제들이 거의 죽은 상태의 그를 구출했으나 그는 사흘 뒤에 숨을 거뒀습니다. 설상가상으로 그는 철저히

미혹되어 있었기 때문에 죽음을 앞두고서도 자신이 마귀의 교활함에 미혹되었음을 납득하지 못했습니다. 5. 그가 사막에서 수십 년 동안 애써 노력했음에도 불구하고, 그의 죽음을 애도한 사람들은 사부 파프누티우스로부터 그의 죽음을 자살로 간주하지는 않지만 죽은 자들을 위한 제사를 받기에 합당하지 못하다는 판단을 간신히 얻어냈습니다.

~ 6 ~
분별의 부족으로 말미암은 두 형제의 몰락

1. "복된 안토니가 살았던 테베[4)]의 사막 너머에서 살았던 두 형제가 분별력이 없어 방대한 사막을 횡단하면서 주님이 주시는 것 외에 음식을 먹지 않기로 결심했었습니다. 2. 야만족들 중에서 가장 비인간적이고 잔인한 마지케 족이 사막에서 굶주려 거의 죽게 되어 방황하고 있는 이 두 사람을 멀리서 보고 그 야만적인 성품에 어울리지 않게 빵을 가지고 그들에게 다가갔습니다. 둘 중 한 사람은 분별력의 도움을 받아 그 빵을 주님이 주시는 것으로 여겨 기뻐하고 감사하면서 받았습니다. 그는 그것이 하나님께서 주시는 음식이며 항상 피에 굶주려 있던 잔인한 사람들이 죽을 지경이 된 사람들에게 생명을 주는 양식을 가져온 것을 하나님의 행위로 여겼습니다. 그러나 나머지 형제는 그 음식을 인간이 주는 것으로 여겨 거부하여 굶어 죽었습니다. 3. 두 형제 모두 어리석은 생각을 품고 출발했지만, 한 사람은 분별의 도움을 받아 자신이 생각 없이 어리석게 시작했던 태도를 고쳤습니다. 그러나 나머지 한 형제는 어리석고 주제넘었으며 분별을 전혀 알지 못했습니다. 그리하여 주님은 그가 죽

---

4) 상이집트, 또는 남부 이집트에 위치한 방대한 지역. 고대 이집트의 거의 1/2을 차지하고 있었으며 Thebais Prima와 Thebais Secunda로 나뉘었다. 이 지역의 대부분은 사막이었다.

지 않기를 바라셨음에도 불구하고, 그는 잔인한 야만인들이 하나님의 감화를 받아 야만성을 버리고 칼이 아닌 음식을 가져왔음을 믿지 않음으로써 죽음을 자초했습니다.

~ 7 ~
분별의 부족 때문에 망상에 빠진 형제

"어떤 사람은 오랫동안 빛의 천사로 가장하여 많은 계시를 제공하는 마귀에게 미혹되어 그를 의의 사자로 믿고 환영했습니다. (그 사람이 지금도 살아 있기 때문에 그의 이름을 말하지 않겠습니다.) 그가 계시를 받을 때면 매일 밤 그의 수실 안에는 등불 대신에 마귀의 빛이 비쳤습니다. 마침내 마귀는 그에게 수도원에서 함께 살고 있는 아들을 하나님께 바치면 족장 아브라함과 동등한 권위를 지니게 될 것이라고 말했습니다(창 22:1-8 참조). 만일 아버지가 공들여 칼을 갈고 아들을 묶을 밧줄을 찾는 것을 보고 불길한 예감을 느낀 아들이 겁에 질려 도망가지 않았다면 이 사람은 아들을 죽였을 것입니다.

~ 8 ~
메소포타미아 지방에 사는 어느 형제의 몰락

1. "메소포타미아 출신으로서 다른 사람들이 모방할 수 없을 만큼 금욕생활을 하던 수도사가 사탄에게 미혹되었습니다. 그는 여러 해 동안 수실에 숨어 홀로 지내면서 금욕생활[5]을 하다가 마침내 마귀가 주는 계시와 꿈에 미혹되었습니다. 그는 그곳에서 생활하는 어느 수도사보다 탁월한 덕을 지니고 생활했음에도 불구하고 유대교에 빠져 할례를 받았습니다. 2. 그에게 자주 환상을

---

[5] 카시아누스는 성적 쾌락과 먹는 즐거움을 언급하기 위해 사용한 *continentia*와 *abstintia*를 말한다.

보여주어 장차 주어질 미혹들을 믿게 만들려 한 마귀는 진리의 사자처럼 참된 일들을 그에게 계시해준 후에 마지막에 어둡고 혐오스럽고 악한 모습의 사도들과 순교자들과 기독교인들을 보여주었습니다. 반면에 유대교인들은 모세와 족장들과 선지자들이 기뻐하며 빛나는 모습으로 서 있었습니다. 그들은 그에게 그들의 권위와 축복에 동참하기를 원한다면 서둘러 할례를 받아야 한다고 설득했습니다.

"분별의 규칙을 따르려고 노력했다면 이 사람들은 결코 미혹되지 않았을 것입니다. 많은 사람들의 실족 및 경험은 분별의 은혜를 소유하지 못하는 것이 얼마나 위험한 일인지 보여줍니다."

~ 9 ~
참된 분별을 얻는 방법에 대한 질문

이 말을 듣고 게르마누스가 말했습니다: "이러한 최근의 일들 및 옛사람들의 이해를 고려해볼 때 분별이 모든 덕의 근원임이 분명하군요. 그렇다면 그것을 획득하는 방법, 그리고 그것이 하나님에게서 온 참된 분별인지 마귀가 주는 분별인지를 알아내는 방법을 배우고 싶습니다. 사부께서 이전에 말씀하셨던 바 공인된 환전상이 되라고 명하는 복음서 비유에 의하면 참된 임금의 형상이 새겨진 것을 봄으로써 합법적으로 주조된 것처럼 보이지 않는 것을 식별하여 거부할 수 있을 것입니다. 이는 사부께서 그 기술을 가르쳐주셨기 때문입니다. 사부께서는 영적이고 복음적인 환전상은 반드시 그 기술을 소유해야 한다고 말씀하셨습니다. 그 덕을 추구하여 획득하는 방법을 알지 못한 채 그 덕의 권위를 아는 것이 무슨 유익이 있겠습니까?"

~ 10 ~
분별을 얻는 방법에 대한 답변

1. 모세 사부는 다음과 같이 말했습니다: "참된 분별은 참된 겸손에 의해서 획득할 수 있습니다. 자신의 판단을 신뢰하지 않고 모든 면에서 원로들의 이해에 복종하며 그들이 전수한 것에 따라서 선한 것과 악한 것을 판단하는 방법을 알기 위해 행해야 할 모든 것과 생각해야 할 것을 모두 원로들에게 내놓아 검사를 받는 것이 이 겸손의 첫째 증거입니다. 2. 이 가르침은 젊은이에게 참된 분별의 길에 의해 바른 길을 걸어가는 방법을 가르칠 뿐만 아니라 원수의 올무와 함정에 빠져 다치지 않도록 보호해줄 것입니다. 자신의 판단을 따르지 않고 조상들의 본을 따라 사는 사람은 결코 미혹되지 않을 것입니다. 수치심 때문에 마음에서 생겨나는 생각을 숨기지 않고 원로들의 견해에 따라서 받아들이거나 거부하는 사람의 무지를 교활한 원수가 이용하지 못할 것입니다. 3. 악한 생각은 드러나는 즉시 힘을 잃고, 죄고백의 힘에 의해 어두운 지하 동굴에서부터 밝은 곳으로 끌려나온 혐오스러운 뱀은 분별의 판단이 작용하기 전에 웃음거리와 치욕의 대상이 되어 떠나갑니다. 이는 그 뱀의 해로운 조언들은 우리 마음속에 숨겨져 있는 동안에만 우리를 좌우하기 때문입니다. 이 생각의 힘에 관해 보다 많은 성찰을 하는 데 도움을 주기 위해 세라피온 사부가 젊은 형제들을 가르치면서 말해주곤 했던 그의 행동에 대해 말하겠습니다.

~ 11 ~
생각을 드러냄으로써 극복하는 것과
자만심의 위험성에 관한 세라피온 사부의 말씀

1. "세라피온은 다음과 같이 말하곤 했습니다: '나는 어려서 테오나스 사부

와 함께 살 때 원수의 공격 때문에 다음과 같은 습관을 갖게 되었습니다: 나는 9시에 사부님과 함께 식사한 후 매일 과자 한 개를 품에 숨겨두었다가 밤에 몰래 먹곤 했습니다. 깊이 뿌리를 내린 욕망의 무모함 때문에 의식적이고 정규적으로 이렇게 도둑질을 했지만 욕망이 충족된 후 정신을 차릴 때마다 훔친 음식을 먹는 즐거움보다는 도둑질이 주는 괴로움이 더 컸습니다. 2. 나는 마음으로 슬퍼하면서도 마치 바로의 감독들이 나를 위해 벽돌 굽는 일 대신에 처방한 것인 듯(출 5장 참조) 이 악한 행위를 계속하지 않을 수 없었습니다. 나는 그들의 폭정에서 벗어날 수 없었고, 또 부끄러워서 나의 도둑질을 고백할 수도 없었습니다. 그런데 하나님의 섭리로 말미암아 나를 이 자발적인 포로상태에서 끌어내기 위해서인 듯 몇 명의 형제들이 교훈을 받으려고 사부님의 수실을 찾아왔습니다.

3. "'식사가 끝나고 영적 담화가 시작되었습니다. 형제들은 탐식과 은밀한 생각들의 횡포에 대해 질문했습니다. 사부님은 그것들의 본성에 대해 논하셨고, 또 그것들이 감추어져 있는 동안 발휘하는 끔찍한 지배에 대해 설명하셨습니다. 나는 그 담화의 위력 때문에 느낀 가책과 죄책감에 두려웠습니다. (나는 주님이 나의 내면의 생각들을 계시해 주셨기 때문에 사부께서 그것들에 대해 말씀하신다고 확신했습니다.) 처음에 나는 은밀하게 한숨을 쉬었습니다. 그런데 마음의 가책이 점점 더 커졌기 때문에 나는 흐느끼고 눈물을 흘렸습니다. 나는 공범인 내 품에서 매일 몰래 먹으려고 가져가곤 하던 과자를 꺼내어 중앙에 놓았습니다. 그리고 엎드려 날마다 몰래 과자를 먹곤 했음을 고백하면서 용서를 구했고, 눈물을 흘리면서 나를 무서운 포로상태에서 해방시켜 주실 것을 주님께 구해 달라고 그들에게 부탁했습니다.

4. "'그때 사부님이 말씀하셨습니다: 아들아, 용기를 내라. 내가 말하기 전

에 이미 네 고백이 너를 해방시켜 주었다. 오늘 너는 너를 정복하고 있던 원수에게 승리했다. 너는 침묵함으로써 원수에 의해 쓰러뜨림을 당했었지만, 죄를 고백함으로써 결정적으로 원수를 패배시켰다. 지금까지 너는 스스로나 다른 사람의 반응에 의해 원수를 부정하지 않을 때마다 원수가 네 안에서 다스리도록 허락했었다. 솔로몬은 "악한 일에 관한 징벌이 속히 실행되지 아니하므로 인생들이 악을 행하는 데에 마음이 담대하도다"(전 8:11)라고 말했다. 정체가 드러난 이 악한 영은 이제 너를 방해하지 못할 것이며, 너의 유익한 죄고백에 의해 네 마음의 어둠에서 빛으로 끌려나온 뱀이 다시 네 안에 자리잡고 둥지를 틀지 못할 것이다. 5. 사부님이 말씀을 채 마치기도 전에 내 가슴에서 나온 타는 불이 수실 안을 유황냄새로 가득 채웠는데, 악취 때문에 수실 안에 머물 수 없을 정도였습니다. 사부님은 계속 권면하셨습니다: 보아라. 네가 죄를 고백함으로써 마음에서 몰아낸 이 정념의 선동자를 직접 목격할 수 있게 하시려고, 또 정체가 드러난 악한 원수가 다시는 네 안에 거처를 소유하지 못할 것임을 너로 하여금 인정하게 하시려고 주님은 내 말이 진실임을 너에게 증명해주셨다.'

"세라피온 사부는 말씀하셨습니다: '사부님의 말씀대로 이루어졌습니다. 죄고백의 능력에 의해 내 안에서 마귀의 폭정이 파괴되고 무력해졌으므로 다시는 원수가 내 안에서 이러한 욕망과 관련된 생각을 선동하지 못하게 되었으며, 그후로 나는 그 엉큼한 욕망을 추구하려는 유혹에 흔들린 적이 없습니다. 6. 전도서에서는 이것을 비유적으로 "주술을 베풀기 전에 뱀에게 물렸으면 술객은 소용이 없느니라"(전 10:11)고 표현하면서 은밀하게 뱀에게 물리는 것의 위험성을 지적합니다. 이것은 만일 마귀의 악한 제안이나 생각을 술객(즉 성경의 노래로 즉시 상처를 치료하며 사람의 마음에서 치명적인 뱀의 독을 끌어낼 수 있는 신령한 사람)에게 고백하고 폭로하지 않았다면, 술객이라도 위험에 처해 죽을 지경에 있는 사람을 도울 수 없을 것임을 의미합니다.

"'우리는 이런 식으로 쉽게 참된 분별에 대한 지식을 획득할 수 있을 것입니다. 따라서 우리는 주제넘게 새로운 일을 행하려 하거나 자신의 판단에 기초를 두고서 결정을 내리지 않을 것이며, 매사에 원로들의 발자취를 따르면서 그들의 전통과 고결한 삶이 전해주는 대로 행할 것입니다. 7. 이런 식으로 철저히 교육을 받은 사람은 신중함에 이를 뿐만 아니라 원수의 올무에 걸리지 않고 안전할 것입니다. 마귀는 수도사로 하여금 원로들의 조언을 무시하고 자신의 판단과 이해력을 신뢰하도록 설득함으로써 갑작스러운 죽음으로 이끌어갑니다. 교사의 가르침을 받지 못한 사람은 인간의 천재성에서 비롯된 것으로서 이 유한한 삶을 즐겁게 해주는 것 외에 다른 일을 하지 못하는 예술과 학문을 제대로 이해하지 못합니다. 하물며 오류가 일시적이고 쉬운 형벌이 아닌 영혼의 영원한 멸망을 유발하지 못하는 곳인 깨끗한 마음으로만 볼 수 있으며 눈에 보이지 않는 은밀한 이것이 교사를 필요로 하지 않는다고 믿는 것은 어리석은 일입니다. 8. 그는 밤낮 눈에 보이지 않는 잔인한 원수들과 싸웁니다. 그 영적 싸움은 한두 명이 아닌 무수히 많은 무리들과의 싸움이며, 원수가 한층 더 공격적이며 전투가 한층 은밀하게 이루어지기 때문에 거기서의 패배는 한층 더 위험합니다. 그러므로 신중하게 원로들의 발자취를 따라가야 하며, 마음에서 생겨나는 모든 것을 부끄러워하지 말고 그분들에게 가져가야 합니다.'"

~ 12 ~
생각을 어른들에게 털어놓지 못하게 만드는 수치심

게르마누스가 말했습니다: "우리로 하여금 악한 생각을 숨기게 만드는 수치심의 주된 원인은 다음과 같은 방식으로 생겨납니다: 어느 형제가 자신의 생각을 고백했을 때 시리아의 원로들 중 한 분이 크게 노하여 호되게 책망했음을 우리는 알고 있습니다. 그런 까닭에 우리가 내면을 어지럽게 만드는 것들을 감추며 원로들에게 알리는 것을 부끄럽게 여기므로 그것들을 치유할 대책을 획득할 수 없습니다."

~ 13 ~
수치심을 무시해야 한다는 것, 그리고 긍휼하지 못함의 위험성에 관한 말씀

1. 사부 모세는 이렇게 말했습니다: "젊은이들 모두가 영적으로 비슷하게 열정적인 것이 아니며 학문과 좋은 습관들에 대한 가르침을 비슷한 정도로 받아들이지 않듯이, 원로들 모두가 비슷하게 완전하고 고결하지는 않습니다. 원로들의 덕은 백발에 의해서가 아니라 젊은 시절의 고된 수행과 노고에 따른 공적에 의해 측량됩니다. '젊었을 때 아무것도 모아 두지 않은 네가 늙어서 무엇을 찾을 수 있으랴? 노인은 오래 살았다고 해서 영예를 누리는 것이 아니며 인생은 산 햇수로 재는 것이 아니다. 현명이 곧 백발이고, 티 없는 생활이 곧 노년기의 원숙한 결실이다'(집회서 25:3; 지혜서 4:8-9). 2. 그러므로 장수한 것 외에 추천할 것이 없는 원로들의 발자취를 따르지 말며 그들의 전통과 권고를 받아들이지 마십시오. 젊어서 고결한 방식으로 살아온 사람들, 자신의 주제넘은 생각을 따르는 것이 아니라 선조들의 전통 안에서 가르침을 받아왔다고 인

정된 사람들의 발자취를 따라야 합니다. 안타깝게도 젊어서 배우는 데 있어서 미온적이고 게으르게 지냈으면서도 나이가 많다는 사실에 기초를 두고 권위를 주장하는 노인들이 많습니다. 3. 주님은 선지자의 말을 통해서 이런 사람들을 책망하십니다: '이방인들이 그의 힘을 삼켰으나 알지 못하고 백발이 무성할지라도 알지 못하는도다' (호 7:9).

"이런 사람들의 고결한 삶이나 그들이 선택한 본받을 만한 수도생활이 아니라 나이가 많다는 사실이 그들을 젊은이들을 위한 본보기로 내세웁니다. 교활한 원수는 젊은이들을 속이기 위해 그들의 백발을 그럴 듯한 권위로 제시합니다. 원수는 교묘한 속임수로 그들을 본보기로 사용하여 심지어 자신 및 사람들의 통찰 덕분에 완전의 길을 취할 수 있었던 사람들까지도 속이고 파괴하며, 그들의 가르침과 제도들에 의해 미온적인 태도나 치명적인 절망으로 인도합니다.

4. "이것의 본보기들을 제공하기 위해 당신들에게 필요한 교훈이 될 수 있는 하나의 실화를 말하겠습니다. (문제의 인물의 이름은 밝히지 않겠습니다. 이는 우리가 자신에게 고백한 형제의 죄를 공개한 사람처럼 행동하지 않도록 하기 위함입니다.) 어느 부지런한 청년이 자신의 진보와 행복을 위해 우리가 잘 알고 있는 노인을 찾아가서 자신이 음란의 영과 정욕적인 충동에 시달린다고 고백했습니다. 그는 노인이 자신을 노력할 수 있도록 격려해주고 받은 상처를 치유해주는 말을 해줄 것이라고 믿었습니다. 그런데 노인은 거친 말로 그를 질책하며 이런 종류의 죄와 욕망의 자극을 받는 사람은 수도사라는 명칭을 지닐 자격이 없는 형편없는 사람이라고 말했습니다. 노인의 책망에 크게 상처를 받은 형제는 슬퍼하고 절망하며 노인의 수실을 나왔습니다.

5. "원로들 중에서 가장 고결한 아폴로스 사부가 우연히 깊이 낙심하여 자신

의 정념을 치료하려 하지 않은 채 마음에 품은 욕망을 충족시키는 데 몰두하고 있는 형제를 만났습니다. 아폴로스 사부는 형제의 낙심한 표정을 보고 그의 마음속에서 격심한 갈등이 조용히 진행되고 있음을 짐작하고서 그가 낙심한 원인을 물었습니다. 사부가 부드럽게 설득했지만 형제는 전혀 반응하지 않았습니다. 사부는 그 형제가 얼굴 표정에 감출 수 없을 정도로 큰 슬픔의 원인을 감추려는 이유가 있다는 것을 깨닫고 한층 더 집요하게 형제의 감추어진 슬픔의 이유에 대해 질문했습니다. 6. 어쩔 수 없게 된 형제는 먼저 만났던 원로의 견해에 의하면 자신이 수도사가 될 수 없으며 육체의 충동에 저항할 수 없고 대비책도 찾을 수 없으므로 수도원을 떠나 마을로 가서 결혼할 작정이라고 고백했습니다. 아폴로스 사부는 온화한 말로 형제를 위로해주었습니다. 그리고 사부 자신도 날마다 형제를 괴롭히는 것과 동일한 충동과 끓어오르는 감정에 시달리고 있다면서 그 거센 공격에 놀라거나 낙심해서는 안 된다고 역설했습니다. 그러한 공격은 강력한 노력에 의해서 정복되는 것이 아니라 주님의 자비와 은혜에 의해서 정복되기 때문입니다. 사부는 형제에게 하루만 결정을 미루고 수실로 돌아가 있으라고 부탁하고는 급히 앞서 말한 원로가 사는 수도원으로 갔습니다.

7. "수도원 근처에 도착한 사부는 두 손을 뻗고 울면서 기도했습니다: '주님, 당신은 은밀한 힘과 인간적인 병약함을 결정하시는 분이며 은밀하게 치료하시는 의원이십니다. 젊은 형제에게 가해진 공격을 그 원로에게 돌려주셔서 그로 하여금 갈등하는 사람들의 병약함을 배려하는 법을 배우고 젊은이들의 약함을 긍휼히 여기게 해주십시오.' 신음하면서 이 기도를 마친 사부는 그 원로의 수실 옆에 에티오피아 흑인이 서서 그에게 불화살을 쏘고 있는 것을 보았습니다. 화살에 맞은 원로는 수실에 머물지 못하고 들락날락했고, 수실을 나

와 술에 취했거나 미친 사람처럼 이리저리 돌아다니기 시작했습니다. 집중하지 못하게 된 원로는 젊은 형제와 동일한 길을 걷기 시작했습니다. 8. 아폴로스 사부는 그 원로가 격분하여 미친 사람처럼 변한 것을 보고서 자신이 본 마귀의 불화살이 그의 마음에 꽂혔다는 것, 그리고 참을 수 없이 비등하는 감정들이 그의 정신적 불균형과 지적 혼돈을 가져왔다는 것을 깨달았습니다. 사부는 그 원로에게 다가가서 '급히 어디로 가십니까? 대체 무엇이 당신을 괴롭히기에 이리 광적으로 돌아다닙니까?' 라고 물었습니다. 9. 자신의 음란한 흥분 상태와 가책을 느끼는 양심 때문에 부끄럽게 여기던 원로는 자신의 본능적인 정념이 발각되었으며 마음의 비밀들이 적나라하게 드러났음을 깨닫고서 사부의 질문에 감히 대답을 하지 못했습니다.

"아폴로스 사부는 '수실로 돌아가십시오. 그러면 지금까지 마귀가 당신을 무시하거나 멸시해 왔다는 것, 또 마귀가 날마다 공격하는 바 열심히 진보하는 사람들의 무리에 당신이 포함되지 못했었다는 것을 깨닫게 될 것입니다. 당신은 수십 년 동안 이러한 생활을 해왔지만 마귀가 겨냥한 화살을 하루 동안도 견뎌내지 못했습니다. 늙어서라도 당신이 사람들의 약함을 긍휼히 여기는 법을 배우며 자신의 경험을 통해 젊은이들의 약함을 배려하도록 하기 위해서 주님은 당신으로 하여금 이 화살에 맞게 하셨습니다. 당신은 마귀의 공격을 받아 고생하는 젊은이를 격려해주지 않았을 뿐만 아니라 치명적으로 절망하게 만들어 그를 원수에게 넘겨주었습니다. 10. 원수가 그 형제가 이룰 장래의 진보를 시기하여 그의 의지 안에 있는 덕을 불화살로 차단하려 하지 않았다면, 그처럼 무섭게 공격하지 않았을 것입니다. 원수는 당신을 무시했기 때문에 지금까지 당신을 무섭게 공격하지 않았습니다. 원수는 자신이 공격할 가치가 있다고 판단한 사람이 강한 자임을 알고 있었습니다. 그러므로 당신의 경험을 기초로 하여 갈등하는 사람들을 긍휼히 여기는 법을 배우십시오. 거친 말을 함으로써 어려움을 당하고 있는 사람들을 절망하게 하거나 불안하게 만들지 마십시오. 부드럽고 온유하게 그들을 격려해주며, "너는 사망으로 끌려가는 자를 건져 주며 살륙을 당하게 된 자를 구원하지 아니하려고 하지 말라"(잠 24:11)고 한 지혜로운 솔로몬의 교훈을 따르십시오. 주님을 본받아 상한 갈대를 꺾지 않고 꺼져가는 심지를 끄지 않는 법을 배우십시오(마 12:20 참조). 그리고 확신을 가지고 능력 있게 행위로 노래하는 은혜를 주께 부탁하십시오: "주 여호와께서 학자들의 혀를 내게 주사 나로 곤고한 자를 말로 어떻게 도와 줄 줄을 알게 하시고"(사 50:4). 11. 실제의 불처럼 타오르는 육체의 감정이나 원수의 함정을 우리가 견뎌낼 수 없을 것이며, 하나님의 은혜가 임하여 우리의 약함을 도와주시고 보호해주시지 않는 한 그 불을 끌 수 없을 것입니다. 주께서 젊은 형제를 끓어오르는 위험한 감정들로부터 풀어주시며 거센 공격과 긍휼한 성향에 대해 가르쳐주시기 위해 사용하신 이 유익한 사태의 흐름에서 결론에 도달했으므로, 주님이 그 사람에게서 이 채찍을 제거해주시도록 함께 기도합시다. 주님은 그 채찍을 당신의 유익을 위해서 사용하실 수 있습니다. 또 주께서 당신을 공격하도록 허락하셨던 마귀의 불화살을 그 영에서 흘러나는 이슬로 소멸하시도록 기도하십시오. "하나님은 아프게 하시다가 싸매시며 상하게 하시다가 그의 손으로 고치시나니 여호와는 죽이기도 하시고 살리기도 하시며 스올에 내리게도 하시고 거기에서 올리기도 하시는도다 여호와는 가난하게도 하시고 부하게도 하시며 낮추기도 하시고 높이기도 하시는도다"(욥 5:18; 삼상 2:6-7).'

12. "원로가 기도하니 주님은 처음 허락하셨을 때처럼 신속하게 시련을 제거하셨습니다. 그러나 주님은 사람이 공개적으로 고백한 죄를 책망하지 말아야

할 뿐만 아니라 고통하는 사람의 아픔을 하찮게 여겨 무시하지 말아야 한다는 것을 직접적인 경험에 의해 가르치셨습니다. 그러므로 한 명 또는 몇 명의 원로의 무지나 천박함 때문에 지금까지 언급한 유익한 길과 선조들의 전통들을 단념하거나 거기서 벗어나면 안 됩니다. 교활한 원수는 그들의 백발을 악용하여 젊은 사람들을 속입니다. 그러나 모든 것을 원로들에게 감추지 말고 고백하고, 그들에게서 상처의 치유 및 생활방식의 본보기를 자신감을 가지고 받아야 합니다. 우리가 자신의 추정과 판단에 의해 목표를 겨냥하려 하지 않는다면, 그들 덕분에 동일한 도움과 유사한 결과를 경험하게 될 것입니다.

~ 14 ~
사무엘의 소명

"하나님은 이러한 이해를 흡족해 하십니다. 우리가 성경에서 동일한 교훈을 발견하는 데는 이유가 있습니다. 어린 사무엘이 자신의 결정에 의해 택함을 받은 후 여호와는 거룩한 말씀을 통해 그를 가르치기를 원하지 않으셨습니다. 사무엘은 두 차례나 늙은 엘리에게 달려가야 했습니다(삼상 3장 참조). 여호와께서는 자신과 친밀한 대화를 나누도록 부르셨음에도 불구하고 사무엘을 하나님께 범죄했던 사람의 가르침을 받도록 하셨습니다. 왜냐하면 그가 노인이었기 때문입니다. 또 하나님의 택함을 받을 자격이 있다고 판단된 사람을 노인에게 양육되도록 하심으로써 하나님을 섬기는 소명을 받은 사람의 겸손을 시험하며 이러한 복종의 형태가 젊은이들의 본으로 제공되도록 하셨습니다.

~ 15 ~
사도 바울의 소명

1. "또 그리스도는 바울을 불러 말씀하셨을 때 그 자리에서 직접 완전의 길을 계시해주실 수 있었음에도 불구하고 그를 아나니아에게 보내어 진리의 길을 배우게 하셨습니다: '너는 일어나 시내로 들어가라 네가 행할 것을 네게 이를 자가 있느니라 하시니' (행 9:6). 주님은 그를 노인에게 보내셨고, 주님이 아닌 그의 가르침을 받게 하셨습니다. 만일 그렇게 하시지 않았다면 바울 이후의 사람들이 각기 원로들의 가르침에 의하지 않고 오직 하나님의 가르침과 인도하심에 따라 비슷한 방식으로 훈련을 받아야 한다고 결정할 것이므로 바울과 관련하여 제대로 행해졌을 것들이 바울 뒤에 온 사람들에게 주제넘은 추정의 좋지 않은 본보기로 주어졌을 것입니다. 2. 바울은 이 주제넘음을 혐오해야 한다는 것을 글로써만 아니라 행동과 본보기로써 가르칩니다. 그는 이런 이유로, 즉 일종의 가족적이고 개인적인 시간에 성령의 은혜에 의해 표적과 기사의 능력 안에서 자신이 이방인들에게 전하는 복음을 동료 사도들 및 전임자들에게 설명하기 위해 자신이 예루살렘에 올라갔다고 말합니다. '계시를 따라 올라가 내가 이방 가운데서 전파하는 복음을 그들에게 제시하되 유력한 자들에게 사사로이 한 것은 내가 달음질하는 것이나 달음질한 것이 헛되지 않게 하려 함이라' (갈 2:2). 3. 택함을 받은 그릇(행 9:15 참조)이 동료 사도들과 상의할 필요가 있다고 증언할 때 자신의 판단과 분별력을 신뢰하는 사람은 주제넘고 맹목적인 사람일 것입니다. 이로 보건대 교육의 수단을 소유했지만 원로들의 가르침과 교훈을 멸시하며 부지런히 지켜야 할 말씀을 하찮게 여기는 사람에게 주님은 완덕의 길을 보여주시지 않습니다: '네 아버지에게 물으라 그가 네게 설명할 것이요 네 어른들에게 물으라 그들이 네게 말하리로다' (신 32:7).

~ 16 ~
분별 추구에 관하여

1. "겸손의 덕에 의해 노력하여 분별을 획득해야 합니다. 겸손은 양극단이 우리를 해치지 못하게 막아줄 수 있습니다. 양극단은 일치한다는 말이 있습니다. 극단적인 금식과 과식의 종착점이 동일하며, 수도사에게 있어서 지나친 철야는 깊은 잠만큼 해롭습니다. 지나친 금욕으로 약해진 사람은 태만한 사람이 부주의하여 빠지는 상태로 돌아갈 것입니다. 탐식의 미혹을 받을 것 같지 않은 사람들이 무절제하게 금식하여 약해지며 그 때문에 이미 정복했던 정념에 빠지는 것을 자주 볼 수 있습니다. 2. 지나친 철야는 잠을 극복한 사람들을 정복합니다. 그러므로 '의의 무기를 좌우에 가지고'(고후 6:7)라는 바울의 말대로 우리는 절제하면서 나아가고, 분별의 인도 하에 양극단 사이를 걷되 전통과 일치하는 금욕의 길에서 벗어나지 않는 동시에 부주의함 때문에 폭식의 욕구에 빠지지 않도록 해야 할 것입니다.

~ 17 ~
지나친 금식과 철야에 관하여

1. "나는 종종 식욕을 철저히 거부하여 이삼 일 동안 음식을 먹지 않았을 때 음식에 대한 생각이 떠오르지 않았음을 기억합니다. 또 마귀의 공격 때문에 잠이 완전히 달아났기 때문에 주님께 약간의 잠을 달라고 여러 날 동안 기도하곤 했으며, 무기력과 탐식을 제어하려는 싸움보다 잠과 음식에 대한 혐오감이 나를 더 위험하게 만들었음을 잘 알고 있었습니다. 2. 그러므로 육신을 달래려는 욕구 때문에 방종하게 되어 규정된 시간이 되기 전에 음식을 과도하게 먹지 않도록 조심해야 하듯이, 마음이 내키지 않더라도 적절한 시간에 음식

을 먹고 잠을 자야 합니다. 두 가지 갈등 모두 원수의 짓이며, 무심하게 많이 먹는 것보다 지나친 금욕이 더 처참한 실수를 범하게 만듭니다. 무심하게 행하는 폭식의 경우 유익한 가책의 도움을 받으면 적절히 엄격한 수준으로 오를 수 있지만, 지나친 금욕의 경우에는 그것이 불가능하기 때문입니다."

~ 18 ~
적절한 금욕과 음식 섭취에 관한 질문

게르마누스가 "그렇다면 양극단에 의해 해를 입지 않고 균형을 유지하여 나아갈 수 있게 해주는 적절한 분량의 금욕은 어떤 것입니까?"라고 물었습니다.

~ 19 ~
매일의 식사에 관한 최선의 규칙

사부 모세가 말했습니다: "우리의 선조들도 이것에 대해 자주 논의했습니다. 그들은 콩만 먹고 사는 사람, 채소만 먹고 사는 사람, 과일만 먹고 사는 사람 등 상이한 사람들의 금욕에 대해 말하면서 그들 모두에게 빵만 먹되 두 조각—500그램 정도—이 적절한 분량이라고 제안했습니다."

~ 20 ~
두 개의 빵으로 금욕하는 데 대한 반론

우리는 결코 그만한 분량의 빵을 다 먹을 수 없겠으므로 그것이 적당한 금욕이라고 생각하지 않는다고 말하면서도 이 제안을 기꺼이 받아들였습니다.

~ 21 ~
금욕의 덕 및 적당한 금욕에 관하여

1. 사부 모세는 다음과 같이 말했습니다: "이 규칙의 위력을 시험해보고 싶으면 항상 이 분량을 고수하십시오. 토요일이나 주일, 또는 형제들이 방문했을 때에도 여기에 조리된 음식을 추가하지 마십시오. 조리된 음식, 즉 여분의 음식을 공급받아온 육신은 평소에 적은 양의 음식으로 지탱할 수 없을 뿐만 아니라 병들지 않아도 음식을 싫어할 수 있게 될 것입니다. 2. 앞서 말한 분량의 빵에 항상 만족하는 사람은 튼튼하지 못하기 때문에 빵을 먹지 않고서는 견딜 수 없을 것입니다. 우리 원로들은 이처럼 부족한 양의 음식을 먹고 힘들게 지내면서 배가 고팠기 때문에 탄식하고 슬퍼하면서 자기들의 음식량에 이러한 한계를 정했습니다.

~ 22 ~
금욕과 음식 섭취에 관한 일반적인 규범

1. "그러나 이것은 금욕을 위한 일반적인 규범입니다. 각 사람은 자신의 체력, 육체의 상태, 나이 등에 따라 몸을 지탱하는 데 필요한 만큼의 음식량을 허락하되 포식하여 욕망을 충족시키지 않도록 해야 합니다. 때로는 지나치게 적게 먹고 때로는 포식하는 사람은 큰 해를 초래할 것입니다. 2. 음식이 부족하여 지친 정신은 기도의 활력을 상실하고 육체의 피곤함이 너무 크기 때문에 졸게 되며, 반면에 과식한 정신은 순수하고 기민하게 기도할 수 없을 것입니다. 또 엄격하게 금욕하여 육체를 훈련하는 듯이 보일 때에도 이전에 먹고 남은 음식이 육적인 욕망의 불을 붙여 방해하므로 순수함을 고수하지 못할 것입니다.

~ 23 ~
정액의 과도한 축적을 피하는 방법

1. "자연의 법칙에 의하면 우리의 위는 해롭거나 좋지 않은 결과를 남기는 과도한 유동체를 허락하지 않으므로, 과식하여 섭취한 음식은 제거되어야 합니다. 그러므로 우리 몸은 항상 합리적이고 일관적인 자제에 의해 훈련되어야 합니다. 그리하면 육체 안에 살고 있는 우리가 이 본성적으로 불가피한 일에서 완전히 자유로울 수는 없지만 최소한 그러한 일이 드물게 발생할 것이며, 사정射精이 일 년에 세 차례 이상 우리를 더럽히지 못할 것입니다. 평화로운 잠은 성적 자극 없이 사정하게 하지만, 은밀하고 강한 성욕의 징후인 비뚤어진 심상은 그것을 도발할 것입니다.

2. "지금까지 이야기한 바 일관성 있는 적절한 금욕, 교부들의 판단에 의해 인정된 금욕은 다음과 같습니다: 날마다 배고프지 않을 정도로 적당한 양의 빵을 먹어 영혼과 몸을 동일한 상태로 유지하며, 금식함으로써 정신이 지쳐 쇠진하거나 포식하여 둔해지지 않도록 해야 합니다. 지나치게 절식하는 사람은 종종 저녁 때 자신이 음식을 먹었는지조차 기억하지 못합니다.

~ 24 ~
음식을 적당히 섭취하는 것의 어려움, 그리고 벤자민 형제의 과식에 관하여

1. "이것에 성공하기가 무척 어렵기 때문에 완전한 분별에 대해 무지한 사람들은 금식을 이틀 동안 연장하며, 식사시간에 원하는 만큼 먹을 수 있게 될 경우에는 그날 먹었어야 할 것을 다음날 먹기 위해 보관합니다. 최근에 우리의 형제인 베냐민이 이런 행동을 고집했었습니다. 그는 매일 과자 2개를 먹었고,

일관성 있게 훈련하면서 항상 음식을 자제하지 못한 채 이틀 동안 금식한 후에 식사 시간이 되면 평소에 먹던 양의 두 배씩 먹곤 했습니다. 다시 말해서 배불리 과자 4개를 먹었는데, 이틀 동안의 금식은 그의 위를 한껏 채우기 위한 일종의 준비과정 역할을 했습니다. 2. 그가 고집스럽고 완고한 정신으로 원로들의 전통보다 자신의 이해력을 따라 선택한 수도생활의 결말이 어떠했는지 여러분은 기억하실 것입니다. 그는 사막을 떠나 다시 이 세상의 헛된 철학과 허영에 빠짐으로써 자신의 본보기에 의해 앞서 언급했던 원로들의 견해를 확증했습니다. 그의 몰락은 자신의 이해력과 판단을 신뢰하는 사람이 완전함의 고지에 오를 수 없으며 마귀가 주는 위험한 망상에 미혹되리라는 교훈을 모든 사람들에게 주었습니다."

~ 25 ~
항상 동일한 분량의 음식을 섭취하는 방식에 대한 질문

게르마누스가 질문했습니다: "그렇다면 어떻게 해야 방해를 받지 않고 이 분량을 지킬 수 있습니까? 때로 제9시에 금식이 끝난 후 형제들이 찾아올 경우에 그들 때문에 규정된 분량의 음식에 다른 것을 추가해야 할 필요가 있는데, 그리 하지 않을 경우 모든 사람을 환대하라는 명령을 철저히 무시하게 될 것입니다."

~ 26 ~
과식하지 않음에 대하여

1. 사부 모세는 이렇게 말씀하셨습니다: "동시에 두 가지 의무 모두를 신중하게 지켜야 합니다. 우리의 금욕과 순결을 위해서 적절한 음식의 분량을 지

켜야 하며, 또 우리를 찾아온 형제들에게 사랑에서 우러난 환대와 격려를 보여주어야 합니다. 형제―사실상 그리스도―를 위해 식사를 마련하고서 그와 함께 식사하지 않거나 그가 식사하는 동안 자리를 떠나는 것은 어리석은 일입니다. 2. 그러므로 이 관습―제9시에 규정대로 두 개의 과자 중 한 개를 먹은 후 나머지 한 개를 방문객을 위해 저녁 때까지 보관해두는 관습―을 따르는 것이 죄가 되지 않을 것입니다. 만일 형제가 찾아온다면 평상시의 분량에 조금도 더하지 않은 채 그 과자를 형제와 함께 먹어야 합니다. 이 방식을 따른다면, 우리에게 기쁨이 되어야 하는 형제의 방문이 조금도 우리를 방해하지 않을 것이며, 우리는 자신의 금욕에서 조금도 벗어나지 않으면서 환대의 의무를 다할 수 있을 것입니다. 찾아오는 사람이 없을 경우에는 거리낌없이 남은 한 개를 먹을 수 있습니다. 그것은 규정된 분량에 따라 우리가 먹을 권리를 지닌 것이기 때문입니다. 3. 제9시에 이미 한 개를 먹었다 해도 이처럼 빈약한 음식은 저녁에 우리의 위에 부담을 주지 않을 것입니다. 종종 더 엄격하게 금욕해야 한다고 여겨 저녁 때까지 음식을 전혀 먹지 않는 사람들에게 이런 일이 발생합니다. 음식을 먹은 지 얼마 되지 않았을 때 정신은 저녁기도나 밤기도를 하는 동안 분명하고 기민하게 작용하지 못합니다. 그러므로 제9시가 편리하고 유익한 식사시간으로 인정되어 왔습니다. 이 규정대로 음식을 먹은 수도사는 이미 먹은 음식이 소화되었기 때문에 정신을 차려 쉽게 철야기도를 실천할 뿐만 아니라 저녁기도에 임할 완벽한 준비를 갖출 수 있을 것입니다."

4. 거룩한 모세 사부는 그러한 연회석에서 두 가지 교훈을 주셨습니다. 그는 분명히 지식의 말로 분별의 은혜와 덕을 증명했을 뿐만 아니라 이전에 발생한 논의에서 금욕의 배후에 놓인 추리 및 우리가 선택한 수도생활의 목표와 목적을 증명해주셨습니다. 그분은 이전에 우리가 두 눈을 감은 채 열광적인 정신

과 하나님을 향한 열심을 가지고 추구해왔던 것을 명확하게 해주셨고, 우리로 하여금 깨끗한 마음과 바른 분별에서 얼마나 멀리 벗어났었는지 깨닫게 해주셨습니다. 이는 이 세상의 모든 가시적 기술들과 관련된 훈련은 목표를 향한 명령이 없이 존재할 수 없으며, 목적을 염두에 두지 않고서는 달성할 수 없기 때문입니다.

담화 3:

사부 파프누티우스의 담화

세 가지 금욕에 관하여

~ 1 ~

사부 파프누티우스의 삶과 행위

1. 밤 하늘에 빛나는 밝은 별들 같은 거룩한 사람들의 성가대에서 뛰어난 지식의 소유자인 거룩한 파프누티우스는 마치 커다란 천체처럼 보였습니다. 스케테에서 평생을 보낸 그는 그 사막에 있는 우리 공동체의 사제였습니다. 그가 젊어서 교회에서 약 8km 떨어진 곳에 있는 수실에 거주하기 시작하여 그곳을 멀리 떠난 적이 없었습니다. 그러나 나이가 든 그는 토요일과 일요일에 교회에 갈 때 먼 거리를 가야 하는 어려움을 피하려고 교회 가까이로 수실을 옮겼습니다. 그는 교회에서 빈손으로 돌아오지 않고 일주일 내내 먹을 물을 항아리에 담아 어깨에 지고 수실로 돌아오곤 했는데, 90세가 넘은 고령이었음에도 불구하고 젊은이들이 그 항아리를 대신 져주는 것을 허락하지 않았습니다.

2. 그는 젊어서부터 공주수도원[6]에 살면서 열정적이고 헌신적으로 수도사들을 훈련하여 단기간에 그들에게 순종 및 모든 덕에 대한 지식을 풍부히 가

---

[6] cenobium: 공동의 규칙을 가지고 함께 생활하는 수도사들의 집단.

르쳤습니다. 그는 겸손과 순종 훈련으로 자기의 의지를 완전히 죽임으로써 모든 악덕을 없애고, 수도원 제도와 초기 교부들의 교훈에 의해 제정된 모든 덕을 완전히 성취했습니다. 그는 더 열정적으로 고귀한 것들을 향해 나아가면서 사막의 외딴 곳으로 들어가려 했습니다. 인간적인 동료애의 방해를 받지 않게 될 때면 그는 보다 쉽게 주님과 연합하곤 했습니다. 그는 많은 형제들과 함께 지내는 동안 주님과 뗄 수 없이 굳게 결합되기를 동경했습니다. 3. 끊임없이 신적 테오리아theoria를 갈망한 그는 사람을 피하여 한층 더 고독한 장소로 들어가서 오래 숨어지냈기 때문에, 은수사[7]들도 간혹 간신히 그를 발견하곤 했습니다. 그는 그곳에서 날마다 천사들과 교제하며 즐겁게 지냈다고 여겨지는데, 그런 특징 때문에 사람들은 그를 "물소"라고 불렀습니다.

~ 2 ~
사부 파프누티우스의 말과 우리의 반응

1. 우리는 그의 가르침을 받기 위해 저녁 무렵 그의 수도처에 도착했습니다. 그는 얼마 동안 침묵하다가 우리가 선택한 수도생활을 칭찬하기 시작했습니다. 이는 우리가 주님을 향한 사랑 때문에 조국을 버리고 여러 지방을 방황하면서 황량하고 넓은 사막을 참고 견디며 그분들의 엄격한 생활방식을 본받으려고 노력했기 때문이었습니다. 그분들의 생활방식은 가난하게 태어나서 성장한 사람들도 견디기 어려운 것이었습니다. 2. 우리는 칭찬받을 만한 행위가 있다는 말을 듣고 우쭐해지려고 그를 찾아온 것이 아니라 많은 표식들을 통해서 알게 된 그의 학식과 완전함에 대해 가르침을 받기 위해서 찾아왔다고 말했습니다. 우리가 수실에 있을 때 종종 원수는 이런 종류의 제안으로 우리를

---
[7] anchorite: 18.6.2에서 정의된 바에 의하면 이 용어는 사막에서 홀로 생활하는 수도사를 지칭한다.

자극했습니다. 그러므로 우리는 아첨이나 칭찬을 하지 말고 가책을 느끼게 하여 겸손하게 해주는 말을 해달라고 간청했습니다.

~ 3 ~
세 종류의 소명과 세 종류의 금욕에 관한 말씀

1. 파프누티우스는 다음과 같이 말했습니다: "세 종류의 소명이 있으며, 그 소명들 중 하나에 응답한 사람에게 필요한 세 종류의 금욕이 있음을 알아야 합니다. 그리고 세 종류의 소명이 존재하는 이유를 신중하게 살펴보아야 합니다. 만일 우리가 첫째 소명에 의해 하나님을 섬기도록 이끌림을 받았다면, 그 소명의 고귀한 본질에 적합하게 생활방식을 조정해야 할 것입니다. 숭고하게 시작했으나 그에 상응하는 방식으로 끝내지 못한다면, 고귀한 시작이 전혀 소용이 없을 것입니다. 2. 그러나 만일 우리가 마지막 종류의 소명에 의해 세상적인 생활방식을 벗어났다면, 다소 불안정하게 출발한 것처럼 보이므로 한층 더 큰 영적 열정을 가지고 선한 목적을 향해 나아가야 합니다.

"둘째, 세 가지 금욕이 존재하는 이유를 알아야 합니다. 만일 그것을 알지 못하거나, 안다고 해도 그에 따라 행동하려고 노력하지 않는다면, 결코 완전함에 이를 수 없을 것입니다.

~ 4 ~
세 종류의 소명에 대한 설명

1. "이 세 종류의 소명 중 첫째는 하나님에게서 오는 것이요, 둘째는 인간 대리인에 의한 것이요, 셋째는 필요에서 오는 것입니다. 종종, 때로는 잠든 동안에 우리 마음에 영감이 임하여 영생과 구원을 갈망하게 하고 하나님을 따르고

유익한 가책으로 그분의 명령을 지키도록 격려하는데, 그것은 하나님에게서 오는 것입니다. 아브라함은 '너는 너의 고향과 친척과 아버지의 집을 떠나 내가 네게 보여 줄 땅으로 가라'(창 12:1)는 하나님의 음성을 듣고 그대로 행했습니다.

2. "하나님의 감화를 받아 회심한 안토니가 어떻게 부르심을 받았는지 우리는 알고 있습니다. 그는 교회에서 '무릇 내게 오는 자가 자기 부모와 처자와 형제와 자매와 더욱이 자기 목숨까지 미워하지 아니하면 능히 내 제자가 되지 못하고'(눅 14:26), '네가 온전하고자 할진대 가서 네 소유를 팔아 가난한 자들에게 주라 그리하면 하늘에서 보화가 네게 있으리라 그리고 와서 나를 따르라'(마 19:21)는 복음서의 말씀을 들었습니다. 그는 인간의 권면이나 가르침에 흔들리지 않았으며, 크게 가책을 느껴 이 주님의 명령을 마치 자신을 향한 말씀인 듯이 받아들여 즉시 모든 것을 버리고 그리스도를 따랐습니다.

3. "둘째 종류의 소명은 인간 대리인을 통한 것으로서 거룩한 사람들의 모범이나 교훈에 감동되어 구원을 향한 뜨거운 갈망을 품는 것입니다. 우리는 사람의 가르침과 덕으로 말미암아 자극을 받아 수도생활에 헌신했으며, 이것이 우리가 하나님의 은혜에 의해 이끌리게 된 경위임을 기억합니다. 성경에서 이스라엘 백성들이 모세에 의해서 애굽의 학대로부터 해방된 것이 이런 경우입니다.

4. "셋째 종류의 소명은 필요에 의한 것입니다. 이때 우리는 형통할 때에 따르려 하지 않았던 하나님을 향해 서둘러 가도록 강요됩니다. 즉 이 세상의 부와 쾌락을 누려왔지만 예기치 않게 죽음의 위험으로 위협을 받거나 재산의 상실과 몰수로 공격받거나 사랑하는 사람들의 죽음으로 인해 가책을 느끼게 됩니다. 5. 종종 성경에서 어려움 속에서의 부르심이 발견됩니다. 이스라엘 백성

들이 죄 때문에 하나님에 의해 원수들에게 넘겨진 것, 원수들의 지배와 잔인함 때문에 진로를 변경한 후에 여호와께 부르짖으매 '여호와께서 그들을 위하여 한 구원자를 세우셨으니 그는 곧 베냐민 사람 게라의 아들 왼손잡이 에훗이라'(삿 3:15)와 '이스라엘 자손이 여호와께 부르짖으매 여호와께서 이스라엘 자손을 위하여 한 구원자를 세워 그들을 구원하게 하시니 그는 곧 갈렙의 아우 그나스의 아들 옷니엘이라'(삿 3:9) 등이 그 예입니다. 6. 시편에서는 원수들에 대해 '하나님이 그들을 죽이실 때에 그들이 그에게 구하며 돌이켜 하나님을 간절히 찾았고 하나님이 그들의 반석이시며 지존하신 하나님이 그들의 구속자이심을 기억하였도다'(시 78:34-35); '이에 그들이 그들의 고통 때문에 여호와께 부르짖으매 그가 그들의 고통에서 그들을 구원하시되'(시 107:19)라고 말합니다.

~ 5 ~
나태한 사람에게 첫째 소명이 무익하다는 것,
그리고 마지막 소명이 열렬한 사람을 방해하지 않는다는 것

1. "세 종류의 소명 중에서 처음 두 가지 소명의 출발점이 더 좋은 듯이 보이지만, 그럼에도 불구하고 열등하고 미온적인 것처럼 보이는 셋째 소명의 차원에 영적으로 완전하고 열정적인 사람들, 주님을 섬기는 데 있어서 탁월하게 출발하여 여생을 훌륭하게 보낸 사람들과 비슷한 사람들이 있었습니다. 반면에 미지근해져서 높은 차원에서 떨어지고 종종 비극으로 끝맺은 사람들도 많습니다. 이런 까닭에 자신의 의지에 의해서가 아니라 자비로우신 주께서 가책을 느낄 수 있는 기회를 제공하셨기 때문에 필요의 힘에 의해 불가피하게 돌이킨 것처럼 보이는 것은 이전 단계로의 복귀가 아니며, 또 그들이 여생을 그

에 부응하여 살려고 노력하지 않았으므로 후자에게 적합한 고귀한 방식으로 돌이킨 것도 아닙니다.

2. "칼라마스 사막에서 살았던 사부 모세는 완전한 축복의 상을 받기에 부족함이 없는 분입니다. 그는 사람을 죽였기 때문에 죽음이 두려워 어쩔 수 없이 수도원으로 갔지만, 회심의 필요성에 강력히 사로잡힌 그는 자발적으로 회심하여 완전함의 고지에 도달했습니다. 반대로 보다 훌륭하게 시작하여 주님을 섬기는 데 헌신했지만 게으름과 모진 마음 때문에 미온적이 되어 사망의 심연에 빠진 사람들이 많습니다.

3. "제자들의 소명에서도 이것이 분명하게 드러납니다. 베드로를 비롯한 다른 제자들처럼 유다가 사도직이라는 고귀한 영예를 기꺼이 받아들인 것이 그에게 유익을 주었습니까? 그의 소명의 시작은 탁월했지만 탐욕과 탐심 때문에 끔찍한 결말에 이르러 주님을 잔인한 살인범처럼 넘겨주지 않았습니까? 4. 갑자기 소경이 된 바울이 마지못해 구원의 길로 이끌려간 것처럼 보이는 것, 영적으로 열심히 주님을 따랐으며 불가피하게 헌신을 시작했으나 많은 덕 때문에 영광스러운 삶으로 비할 데 없이 훌륭하게 끝낸 것이 퇴보였습니까?

"그러므로 모든 것이 목표와 관련이 있습니다. 이런 관점에서 보면 가장 좋은 회심으로 출발하여 성별된 사람이 태만함 때문에 열등한 위치에 처할 수 있고, 어쩔 수 없이 수도사가 된 사람이 하나님에 대한 경외심과 부지런함으로 말미암아 완전해질 수 있습니다.

~ 6 ~
세 종류의 포기에 대한 설명

1. "이제 교부들의 전통과 성경에서 언급하는 바 우리가 열심히 추구해야 하

는 세 종류의 포기renunciation에 대해 언급해야 합니다. 첫째는 육신적으로 세상의 부와 재산을 멸시하는 것입니다. 둘째는 과거의 행위, 악덕, 영혼과 육신의 모든 애착을 거부하는 것입니다. 셋째는 정신을 눈에 보이는 현재의 모든 것에서 떼어내고 앞으로 다가올 것만 관상하며 눈에 보이지 않는 것들을 바라는 것입니다.

2. "여호와는 아브라함에게 '너는 너의 고향과 친척과 아버지의 집을 떠나라'라고 말씀하시면서 이 세 가지를 행하라고 명령하셨습니다. 첫째로 '너의 고향', 즉 이 세상의 자원과 세상의 부를 언급하셨고; 둘째로 '너의 친척', 즉 태어나면서부터 혈족관계나 특정의 친밀함을 통해 우리와 관련되어 있던 과거의 생활방식과 행위와 악덕들을 언급하셨고; 셋째로 '아버지의 집', 즉 이 세상의 눈에 보이는 모든 흔적들을 언급하셨습니다. 3. 다윗은 두 분의 아버지, 즉 버려야 하는 아버지와 동경해야 하는 아버지를 노래합니다. '딸이여 듣고 보고 귀를 기울일지어다 네 백성과 네 아버지의 집을 잊어버릴지어다'(시 45:10). 이 구절에서 '딸이여'라고 말하는 사람은 분명히 아버지이지만, 그는 자신이 잊어야 한다고 주장하는 백성과 집의 소유자 역시 자기 딸의 아버지라고 증언합니다. 이것은 우리가 그리스도와 함께 이 세상에 속한 것들에 대해 죽었을 때, 그리고 바울의 말처럼 보이는 것은 잠깐이지만 보이지 않는 것은 영원하기 때문에 보이는 것을 바라보는 것이 아니라 보이지 않는 것을 바라보며(고후 4:18), 마음으로 보이는 일시적인 집을 떠나 장차 영원히 거할 집에 정신을 두고 바라볼 때의 상황입니다. 4. 육체 안에서 행하되 육체를 따르지 않고 주님을 위한 병사가 되어 '우리의 시민권은 하늘에 있는지라'(빌 3:20)고 한 바울의 말을 행위와 덕으로 외칠 때 이것이 성취될 것입니다.

"솔로몬이 저술한 세 권의 책들이 이 세 가지 포기를 언급합니다. 잠언은 첫째 포기와 관련되어 있으며, 그것에 의해서 육적인 것을 향한 욕망과 세상의 악덕들이 근절됩니다. 해 아래 있는 모든 것이 헛되다고 말하는 전도서는 둘째 포기와 관련되어 있습니다. 정신이 눈에 보이는 모든 것을 초월하며 하늘에 속한 것들을 바라봄에 의해 이미 하나님의 말씀과 결합되어 있다고 말하는 아가서는 셋째 포기와 관련됩니다.

~ 7 ~
각각의 포기의 완성에 관하여

1. "헌신적인 믿음으로 첫째 포기를 받아들였다 해도 동일한 열정과 열심을 가지고 둘째 포기를 바라보지 않는다면 그리 큰 가치가 없을 것입니다. 이것을 획득한 후에 세 번째 포기에 도달할 수 있을 것입니다. 여기에서 옛사람에 따라 태어날 때, '다른 이들과 같이 본질상 진노의 자녀'(엡 2:3)였던 때부터 아버지로 기억된 이전 부모의 집을 떠난 후 우리의 정신은 온전히 거룩한 하늘의 것들을 바라볼 것입니다. 2. 이 아버지에 대해서 자기의 참 아버지인 하나님을 멸시했던 예루살렘에게 '네 아버지는 아모리 사람이요 네 어머니는 헷 사람이라'(겔 16:3)고 선포되었습니다. 복음서에서는 '너희는 너희 아비 마귀에게서 났으니 너희 아비의 욕심대로 너희도 행하고자 하느니라'(요 8:44)고 말합니다.

"육신의 아버지를 떠났고 보이는 것들을 떠나 보이지 않는 것들에게로 간 사람은 바울처럼 '만일 땅에 있는 우리의 장막 집이 무너지면 하나님께서 지으신 집 곧 손으로 지은 것이 아니요 하늘에 있는 영원한 집이 우리에게 있는 줄 아느니라'(고후 5:1), '우리의 시민권은 하늘에 있는지라 거기로부터 구원하는 자 곧 주 예수 그리스도를 기다리노니 그는 만물을 자기에게 복종하게 하실 수 있는 자의 역사로 우리의 낮은 몸을 자기 영광의 몸의 형체와 같이 변하게 하시리라'(빌 3:20-21)고 말할 수 있을 것입니다. 또 다윗처럼 '나는 땅에서 나그네가 되었사오니'(시 119:19) '나의 모든 조상들처럼 떠도나이다'(시 39:12)라고 말할 수 있을 것입니다. 그러므로 우리는 복음서에서 주님이 아버지께 '내가 세상에 속하지 아니함같이 그들도 세상에 속하지 아니하였사옵나이다'(요 17:16)라고 언급하셨던 사람들, '너희가 세상에 속하였으면 세상이 자기의 것을 사랑할 것이나 너희는 세상에 속한 자가 아니요 도리어 내가 너희를 세상에서 택하였기 때문에 세상이 너희를 미워하느니라'(요 15:19)는 말을 들은 제자들처럼 될 것입니다.

3. "우리의 정신이 음탕한 육체와의 접촉에 의해 둔해지지 않을 때 세 번째 포기를 완전하게 획득할 자격을 갖추게 될 것입니다. 신중하게 다듬어진 정신은 세상의 애착에서 벗어나 보이지 않는 것들을 향할 것이며, 신적 실체들에 대한 끊임없는 묵상 및 초자연적이고 무형적인 것들에 관한 영적 테오리아 덕분에 육체의 연약함에 의한 짓눌림을 느끼지 않을 것입니다. 또 대단한 엑스터시에 사로잡힐 것이므로 육체적으로 어떤 음성을 듣거나 현존하는 사물의 형상을 보지 못할 뿐만 아니라 가까이에 있는 객체들 및 부피가 큰 물건들조차 눈여겨 보지 않을 것입니다.

4. "지금 언급되는 것들을 교사로서의 경험—다시 말해서 주님이 마음의 시선을 현존하는 모든 것에서 돌리셨으므로 그것들을 이제 곧 발생할 것들이 아니라 이미 행해지고 끝난 것들로 간주하시며 연기처럼 사라질 것이라고 보신다는 것—이라고 인식한 사람이 아니면 이것의 힘과 진리를 이해할 수 없습니다. 하나님과 동행했으며 인간의 생활방식에서 벗어나 하늘로 들려올라간 에녹처럼, 그분은 헛된 현세에서 발견될 수 없습니다. 이 일이 그의 육신 안에서

발생했다는 것이 '에녹이 하나님과 동행하더니 하나님이 그를 데려가시므로 세상에 있지 아니하였더라'(창 5:24)고 기록되어 있습니다. 히브리서 기자는 '믿음으로 에녹은 죽음을 보지 않고 옮겨졌으니'(히 11:5)라고 말하며, 복음서에서 주님은 이 죽음에 대해 '무릇 살아서 나를 믿는 자는 영원히 죽지 아니하리니'(요 11:26)라고 말씀하십니다.

5. "그러므로 참된 완전을 성취하려면 육신으로 부모와 고향과 재산과 세상의 즐거움을 버렸듯이 마음으로 이 모든 것을 버리며 모세가 인도한 이스라엘 백성들처럼 한 번 떠났던 것에게 돌아가려는 마음을 품지 말아야 합니다. 이스라엘 백성들이 육신적으로 애굽으로 돌아가지 않았지만, 그럼에도 불구하고 마음으로 애굽으로 돌아갔다고 언급됩니다. 이는 그들이 놀라운 표적들을 행하심으로써 자기들을 이끌어내신 하나님을 버리고 이미 버렸던 애굽의 우상들을 섬겼기 때문입니다. 성경은 이 일을 일컬어 '우리 조상들이 모세에게 복종하지 아니하고자 하여 거절하며 그 마음이 도리어 애굽으로 향하여 아론더러 이르되 우리를 인도할 신들을 우리를 위하여 만들라 하고'(행 7:39-40)라고 말합니다. 우리도 사막에 살면서 하늘의 만나를 먹은 후에 악하고 더러운 음식을 원했던 사람들과 함께 비난을 받을 것이며, 그들처럼 '애굽에 있을 때가 우리에게 좋았다 우리가 애굽 땅에서 고기 가마 곁에 앉아 있던 때 값없이 생선과 오이와 참외와 부추와 파와 마늘들을 먹은 것이 생각나거늘'(민 11:18; 출 16:3; 민 11:5)이라고 불평할 것처럼 보입니다. 6. 이런 식의 발언은 과거 이스라엘 백성을 언급했던 것이지만, 오늘날 우리의 삶과 신앙에서 그것이 매일 성취되고 있음을 봅니다. 과거 세상을 부인했으나 다시 과거에 추구하고 갈망하던 것으로 돌아가는 사람은 자신이 행위와 의도에 있어서 과거와 동일함을 선포하며 '애굽에 있을 때가 우리에게 좋았다' 라고 말합니다.

"모세 시대만큼 많은 죄인들이 있을까 두렵습니다. 육십만 삼천오백오십 명이 애굽을 떠났는데(출 38:26 참조), 그들 중 두 명만 약속된 땅에 들어갔습니다(민 14:38 참조). 7. 이런 까닭에 우리는 흔치 않은 소수에게서 덕의 모델을 취하려고 노력해야 합니다. 왜냐하면 초대받은 사람은 많으나 선택받은 사람은 적기 때문입니다(마 22:14 참조). 우리가 보다 고귀하고 유익한 마음의 포기를 획득하지 못한다면 우리의 육적인 포기와 애굽을 떠나는 것이 무가치할 것입니다.

"바울은 육적 포기와 관련하여 '내가 내게 있는 모든 것으로 구제하고 또 내 몸을 불사르게 내줄지라도 사랑이 없으면 내게 아무 유익이 없느니라'(고전 13:3)고 선언합니다. 8. 바울이 영 안에서 미래를 예견하지 못했다면 이 말을 하지 않았을 것입니다. 즉 모든 재산으로 가난한 사람들을 구제한 사람들이 교만과 조급함의 지배를 받아 마음으로 이전의 악덕들과 악한 행위에 매달려 있었기 때문에 복음적 완전과 사랑의 정상에 도달하지 못할 것이며, 이런 것들을 깨끗이 제거하는 데 전혀 관심이 없을 것이며, 그런 까닭에 한결같은 하나님의 사랑을 획득하지 못할 것입니다. 9. 둘째 단계의 포기에 이를 수 없는 사람들은 당연히 세 번째 단계의 포기를 획득할 수 없습니다, 왜냐하면 셋째 단계의 포기가 더 숭고한 것이기 때문입니다.

"바울이 간단하게 '내게 있는 모든 것을 준다면'이라고 말하지 않았음을 세심하게 고찰해야 합니다. 그는 아직 복음의 명령을 이행하고 있지 않은 사람, 무기력한 사람들처럼 자신을 위해 무엇인가를 남겨두고 있는 사람에 대해 말한 듯합니다. 바울은 '내게 있는 모든 것으로 구제할지라도', 즉 '세상의 보화를 완전히 포기할지라도'라고 말합니다. 10. 그는 여기에 더 큰 포기를 더합니다: '또 내 몸을 불사르게 내줄지라도 사랑이 없으면 내게 아무 유익이 없느니라.' 바울은 마치 '내가 "네가 온전하고자 할진대 가서 네 소유를 팔아 가난한 자들에게 주라 그리하면 하늘에서 보화가 네게 있으리라"는 복음의 명령을 따라 모든 재산으로 가난한 사람들을 구제하며 나 자신을 위해서는 아무것도 보유하지 않고 완전히 포기한다고 가정해 보십시오' 라고 말한 듯합니다. 이러한 구제에 그리스도를 위해서 내 몸을 내주는바 몸을 불사르는 형식의 순교를 더했다고 가정해 보십시오. 그렇다 해도 만일 내가 조급하거나 성을 내거나 시기하거나 교만하거나 사람들의 모욕을 받을 때 진노한다면, 또 자신의 유익을 구하거나 악한 것을 생각하거나 나에게 행해지는 모든 일들을 참고 견디지 않는다면, 여전히 과거의 악덕에 개입되어 있다면, 겉사람을 포기하고 불사르는 것이 내면적으로 무가치할 것입니다. 11. 나는 첫 번째 회심의 뜨거움 속에서 이 세상의 하찮은 것들(이것들은 선하거나 악한 것이 아니라 무관심한 것으로 정의됩니다)을 무시하는 동안에 악한 마음의 해로운 특성들을 제거하는 일, 그리고 오래 참고 온유하며 시기하지 아니하며 자랑하지 아니하며 교만하지 아니하며 무례히 행하지 아니하며 자기의 유익을 구하지 아니하며 성내지 아니하며 악한 것을 생각하지 아니하며 불의를 기뻐하지 아니하며 진리와 함께 기뻐하고 모든 것을 참으며 모든 것을 믿으며 모든 것을 바라며 모든 것을 견디며, 사랑을 추구하는 사람이 죄의 속임수 때문에 실족하는 것을 허락하시지 않는 주님의 사랑을 획득하는 일에 관심을 갖지 않았습니다(고전 13:4-7 참조).

~ 8 ~
자신의 부 안에서 영혼의 아름다움이나 추함을 발견함에 관하여

1. "그러므로 속사람이 과거의 생활에서 축적해온 모든 악덕들을 배격하고

버리도록 하기 위해 노력해야 합니다. 그것들은 우리의 것으로서 항상 우리의 몸과 영혼에 매달립니다. 우리가 몸 안에 사는 동안 그것들을 잘라내고 거부하지 않으면, 죽은 후에도 없어지지 않고 우리와 함께 있을 것입니다. 이 세상에서 추구되어온 덕들 및 그것들의 근원인 사랑이 이 세상이 끝난 후에도 그것을 사랑하는 사람을 아름답고 찬란하게 만들듯이, 악덕들은 그것들의 어두운 그늘의 영향을 받아 어두워진 정신을 자기들의 영원한 거처로 삼습니다.

2. 이는 영혼의 덕이나 악덕의 상태에 비례하여 아름다움이나 추함이 증가하기 때문입니다. 그것들로부터 취한 색깔에 의해 찬란하게 된 영혼은 '왕이 네 아름다움을 사모하실지라'(시 45:11)는 말을 들을 수 있습니다. 어둡고 더럽고 추해진 영혼은 스스로 자신의 악함을 인정하고서 '내 상처가 썩어 악취가 나오니 내가 우매한 까닭이로소이다'(시 38:5)라고 말하며, 주님이 '딸 내 백성이 치료를 받지 못함은 어찌 됨인고'(렘 8:22)라고 말씀하실 것입니다.

3. "그것들은 항상 영혼과 함께 머무는 재물로서 왕이나 원수가 수여할 수 없고 빼앗을 수 없는 것들입니다. 그것들은 죽음으로도 영혼에게서 분리할 수 없는 우리의 재물입니다. 우리는 그것들을 부인함으로써 완전함을 얻거나 그것들의 속박을 받음으로써 영원한 죽음의 형벌을 받게 될 것입니다.

~ 9 ~
세 종류의 부

1. "성경에서 재물은 세 가지 방식으로 이해됩니다. 즉 악하게, 선하게, 그리고 대단치 않은 것으로 이해됩니다. 악한 것에 대해서는 '화 있을진저 너희 부요한 자여 너희는 너희의 위로를 이미 받았도다'(눅 6:24)라고 언급되어 있습니다. 이러한 재물을 버리는 것이 최고의 완전함입니다. 이런 사람들은 복음

서에서 '심령이 가난한 자는 복이 있나니 천국이 그들의 것임이요'(마 5:3)라고 언급되고 시편에서 '이 곤고한 자가 부르짖으매 여호와께서 들으시고 그의 모든 환난에서 구원하셨도다'(시 34:6), '가난한 자와 궁핍한 자가 주의 이름을 찬송하게 하소서'(시 74:21)라고 찬양하는 가난한 사람들입니다.

2. "선한 것이란 큰 덕과 고결함을 획득하는 것과 관련된 것입니다. 그것과 관련하여 다윗은 '그(의인)의 후손이 땅에서 강성함이여 정직한 자들의 후손에게 복이 있으리로다 부와 재물이 그의 집에 있음이여 그의 공의가 영구히 서 있으리로다'(시 112:2-3)라고 말하면서 그것을 소유한 의인을 찬양합니다. 잠언에서는 '사람의 재물이 자기 생명의 속전일 수 있으나'(잠 13:8)라고 말하며, 계시록에서는 그것들을 소유하지 못하여 가난하고 벌거벗은 사람에게 '네가 이같이 미지근하여 뜨겁지도 아니하고 차지도 아니하니 내 입에서 너를 토하여 버리리라 네가 말하기를 나는 부자라 부요하여 부족한 것이 없다 하나 네 곤고한 것과 가련한 것과 가난한 것과 눈 먼 것과 벌거벗은 것을 알지 못하는도다 내가 너를 권하노니 내게서 불로 연단한 금을 사서 부요하게 하고 흰 옷을 사서 입어 벌거벗은 수치를 보이지 않게 하고 안약을 사서 눈에 발라 보게 하라'(계 3:16-18)고 말합니다.

3. "대단치 않은 것이란 선한 것이 될 수도 있고 악한 것이 될 수도 있는 것들입니다. 그것들은 사용하는 사람들의 성품과 갈망에 따라 선한 것과 악한 것 중 하나를 지향할 수 있습니다. 이것들과 관련하여 바울은 '네가 이 세대에서 부한 자들을 명하여 마음을 높이지 말고 정함이 없는 재물에 소망을 두지 말고 오직 우리에게 모든 것을 후히 주사 누리게 하시는 하나님께 두며 선을 행하고 선한 사업을 많이 하고 나누어 주기를 좋아하며 너그러운 자가 되게 하라 이것이 장래에 자기를 위하여 좋은 터를 쌓아 참된 생명을 취하는 것이니

라'(딤전 6:17-19)고 말합니다. 복음서에서 이러한 재물을 가지고 있으면서도 가난한 사람들을 돌보지 않은 부자는 죽어 음부에 들어가 영원히 꺼지지 않는 불속에서 고통을 당했습니다(눅 16:19-31 참조).

~ 10 ~
금욕의 첫 단계에서 완전을 성취할 수 없다는 것

1. "우리는 이 세상의 유형적인 재물을 버리면서 그 재산이 조상들로부터 물려받은 것이나 스스로 노력하여 획득한 것이라고 자랑하지만, 실제로는 자신의 재물이 아니라 다른 사람들의 재물을 거부합니다. 앞에서 말했듯이 마음으로 소유하고 있는 것, 영혼에 매달리는 것, 어떤 사람도 빼앗아갈 수 없는 것 외에 모든 것은 우리의 것이 아니기 때문입니다. 그리스도께서는 유형적인 재물을 자신의 것인 듯이 여겨 집착하며 가난한 사람들에게 나누어주려 하지 않는 사람들을 꾸짖으시면서 '너희가 만일 남의 것에 충성하지 아니하면 누가 너희의 것을 너희에게 주겠느냐'(눅 16:12)라고 말씀하셨습니다. 그러므로 비록 주님은 재물을 우리의 것이라고 말씀하셨지만, 일상적인 경험은 이러한 재물이 남의 것임을 분명히 가르칩니다.

2. "눈에 보이지 않는 악한 재물과 관련하여 베드로는 주님께 '보소서 우리가 모든 것을 버리고 주를 따랐사온대 그런즉 우리가 무엇을 얻으리이까'(마 19:27)라고 말했습니다. 그러나 그들이 버린 것은 가치없는 찢어진 그물에 불과했습니다. '모든 것'을 크고 중요한 악덕을 버린 것이라고 이해하지 않는다면, 제자들이 버린 것이 귀중한 것들이 아니었다는 것, 그리고 주님이 그들에게 큰 복을 주셔서 그들에게 '세상이 새롭게 되어 인자가 자기 영광의 보좌에 앉을 때에 나를 따르는 너희도 열두 보좌에 앉아 이스라엘 열두 지파를 심판

하리라'(마 19:28)고 말씀하실 이유가 없었음을 발견할 것입니다.

3. "세상의 유형적인 재산을 완전히 버린 사람들이 확실한 이유 때문에 사도적 사랑을 획득하지 못하며 한층 고귀한 세 번째 차원의 포기—이것에 접근할 수 있는 사람은 극소수입니다—로 쉽게 올라가지 못할진대, 가장 쉬운 단계인 첫째 포기를 획득하지 못한 사람, 과거의 신실하지 못함뿐만 아니라 더러운 돈에 집착하며 단순히 수도사라는 호칭이 자랑스럽다고 주장하는 사람은 자신을 어떻게 여겨야 합니까? 4. 그러므로 첫 단계의 포기, 즉 남의 것과 관련된 포기를 실행한 사람이 둘째 단계의 포기, 즉 우리에게 속한 것의 포기로 나아가지 않는 한 첫째 포기는 그에게 완전함을 수여해주기에 부족합니다. 그 단계에 도달하여 모든 악덕을 몰아낸 후 우리는 셋째 단계의 포기라는 고지로 올라갈 것입니다. 그 단계에서 우리는 영과 정신 안에서 이 세상에서 특히 인간적인 소유와 관련하여 발생하는 모든 것을 초월할 뿐만 아니라 우주 전체를 허영에 예속된 것으로서 곧 사라질 것이라고 여겨 멸시합니다.

"이런 점에서 우리는 보이는 것을 바라보지 않고 보이지 않는 것을 바라봅니다. 보이는 것은 잠깐이지만 보이지 않는 것은 영원하기 때문입니다(고후 4:18). 그 때 우리는 아브라함처럼 '내가 네게 보여 줄 땅으로 가라'(창 12:1)는 말을 들을 자격을 갖출 것입니다. 5. 따라서 우리는 앞서 언급한 세 가지 포기를 열정적인 정신으로 준수해야 합니다. 그렇게 하지 않은 사람은 완전히 포기한 사람에게 상으로 주어지는 네 번째 소유—악덕들의 가시들이 자라지 못하는 약속의 땅에 들어갈 자격—를 획득할 수 없습니다. 그것은 모든 정념들이 축출된 후 이 육신 안에 있는 깨끗한 마음 안에 소유될 것입니다. 그것은 수고하는 사람의 덕이나 노력에 의존하지 않습니다. 주님은 '너의 집을 떠나 내가 네게 보여 줄 땅으로 가라'고 말씀하시면서 이것을 보여주시겠다고 약속하십니다. 6. 이로 보건대 구원의 출발점은 '너의 집을 떠나라' 라고 말씀하시는 주님의 부르심이며, 완전함과 정화의 완성 역시 '내가 네게 보여 줄 땅으로 가라' 는 주님의 말씀, 즉 네가 스스로 알 수 있거나 자신의 노력에 의해 발견할 수 있는 땅으로 가지 말고 네가 알지 못할 때뿐만 아니라 바라지 않을 때에라도 내가 보여줄 땅으로 가라는 말씀에 의해 수여됩니다. 따라서 우리는 주님의 감화를 받아 서둘러 구원의 길을 걸어야 합니다. 주님의 가르침과 조명의 이끌림을 받은 사람은 지복의 완성에 이를 것입니다."

~ 11 ~
인간의 자유의지와 하나님의 은혜에 대한 질문

게르마누스가 질문했습니다: "만일 하나님이 우리의 완전함과 관련된 모든 일을 우리 안에서 시작하시고 끝내신다면, 우리의 자유의지는 어디에 존재하며 어떻게 해야 우리의 노력이 갸륵하다고 간주됩니까?"

~ 12 ~
자유의지의 맥락에서 주어지는 하나님의 은혜에 관해

1. 파프누티우스 사부는 다음과 같이 말씀하셨습니다: "모든 훈련 작업과 실천에 출발점과 종착점만 있을 뿐 중도에 아무것도 없다면 정말 이상할 것입니다. 따라서 우리가 알고 있는 대로 하나님이 다양한 방법으로 구원의 기회를 제공하시듯이, 하나님이 주신 기회에 우리가 얼마나 집중하는지의 여부는 우리에게 달려 있습니다. '너의 집을 떠나라' 는 말씀은 하나님의 부르심과 관련된 일이며, 실제로 떠나는 것은 아브라함의 순종과 관련된 일입니다. 또 '땅으로 가라' 는 말씀이 성취되기 위해 순종하는 사람이 필요했듯이, '내가 보여줄'

이라는 말씀은 명령하시고 약속하시는 하나님의 은혜에 기인합니다.

2. "그러나 우리가 지칠 줄 모르고 노력하여 모든 덕을 실천한다 해도, 우리 자신의 부지런함과 노력에 의해 완전함을 획득할 수 있는 것이 아닙니다. 또 주님이 우리의 마음을 바른 방향으로 인도하시는 동안 우리가 시작하고 주님이 우리와 협력하시지 않는다면 인간의 열정과 수고만으로 고귀한 축복의 상을 획득할 수 없습니다. 그러므로 우리는 다윗처럼 매순간 '나의 걸음이 주의 길을 굳게 지키고 실족하지 아니하였나이다'(시 17:5), '내 발을 반석 위에 두사 내 걸음을 견고하게 하셨도다'(시 40:2)라고 기도해야 합니다. 그리하면 보이지 않게 인간의 정신을 인도하시는 인도자가 정욕적인 욕망과 선에 대한 무지로 말미암아 악으로 기우는 우리의 의지로 하여금 고결한 관심사를 지향하게 만들 것입니다. 3. 선지자는 자유의지의 연약함을 언급하여 '너는 나를 밀쳐 넘어뜨리려 하였으나 여호와께서는 나를 도우셨도다'(시 118:13)라고 선포합니다. 여기에서도 하나님의 도우심이 항상 현존하므로 그 도움을 받으면 우리가 자유의지에 의해 완전히 멸하지 않을 수 있음이 분명히 드러납니다. 왜냐하면 우리가 넘어진 것을 보실 때 하나님이 두 손을 펴서 우리를 붙드시고 힘을 주시기 때문입니다. 또 선지자는 의지의 미끄러지기 쉬운 본질 때문에 '나의 발이 미끄러진다고 말할 때에 주의 인자하심이 나를 붙드셨사오며'(시 94:18)라고 말합니다. 이번에도 그는 자신의 노력 때문이 아니라 하나님의 자비하심 때문에 믿음의 발이 움직인다고 고백하면서 하나님의 도우심을 자신의 불안정함과 결합합니다. 4. 선지자는 자유의지로 말미암아 '내 속에 근심이 많을 때에 주의 위안이 내 영혼을 즐겁게 하시나이다'(시 94:19)라고 말합니다. 이것은 '주의 감화에 의해 위안이 내 마음에 들어와 주의 이름을 위해 수고하는 자들을 위해 예비하셨던 바 장래의 선한 것들에 대한 전망을 열어

주셨으며, 그 위안이 내 마음의 불안을 완전히 제거했을 뿐만 아니라 큰 기쁨을 수여해 주었습니다'라는 의미입니다. 또 '여호와께서 내게 도움이 되지 아니하셨더면 내 영혼이 벌써 침묵(지옥) 속에 잠겼으리로다'(시 94:17)라고 말하면서 만일 주님의 도우심과 보호하심에 의해 구원받지 않았다면 자신이 자유의지의 악함 때문에 지옥으로 갔을 것이라고 증언합니다. 5. 자유의지가 사람의 걸음을 정하는 것이 아니라 '여호와께서 사람의 걸음을 정하십니다'(시 37:23). 자유의지에 관한 한 어쩌다 비틀거려도 주님께서 우리의 손을 잡아 주시니 넘어지지 않습니다(시 37:24). 이것은 의인이 발을 헛디뎌 비틀거릴 때 자비로우신 하나님이 손으로 붙들어주시지 않는다면 의인 스스로 의를 획득할 수 없다는 말과 같습니다. 그렇지 않으면 의인은 악한 자유의지 때문에 철저히 넘어져 버림을 받을 것입니다.

~ 13 ~
하나님께서 우리의 삶을 이끄신다는 것

1. "거룩한 사람들은 덕을 증진하고 완전하게 만들기 위해 노력할 때에 자신의 노력에 의해 바른 길을 획득했다고 증언한 적이 없습니다. 그들은 주님께 '주의 진리로 나를 지도하시고 교훈하소서'(시 25:5)라고 애원하곤 했습니다. 예레미야는 그것이 믿음에 의해서만 아니라 경험에 의해서 획득된다며 '여호와여 내가 알거니와 사람의 길이 자신에게 있지 아니하니 걸음을 지도함이 걷는 자에게 있지 아니하니이다'(렘 10:23)라고 선포했습니다. 또 여호와께서는 이스라엘에게 '나는 푸른 잣나무 같으니 네가 나로 말미암아 열매를 얻으리라'(호 14:8)라고 말씀하십니다.

~ 14 ~
하나님의 가르침과 조명을 통해서 율법에 대한 지식이 주어진다는 것

"그들은 날마다 노력하여 독서함으로써가 아니라 교사요 조명자이신 하나님과 더불어 율법에 대한 지식에 이르기를 동경하여 '여호와여 주의 도를 내게 보이시고 주의 길을 내게 가르치소서'(시 25:4), '내 눈을 열어서 주의 율법에서 놀라운 것을 보게 하소서'(시 119:18), '나를 가르쳐 주의 뜻을 행하게 하소서'(시 143:10), '지식으로 사람을 교훈하시는 이'(시 94:10)라고 말합니다.

~ 15 ~
하나님의 명령을 알 수 있게 해주는 지성과 선한 의지의 결과는 주님에 의해 주어진다는 것

1. "다윗은 율법책에 규정되어 있다고 알고 있는 하나님의 명령들을 인식하는 데 사용된 이러한 이해를 획득하기 위해서 '나는 주의 종이오니 나를 깨닫게 하사 주의 증거들을 알게 하소서'(시 119:125)라고 말합니다. 실제로 그는 선천적으로 이미 주어진 이해 및 율법서에서 논의된 하나님의 명령들에 대한 지식을 소유하고 있었으며, 잘 알고 있었습니다. 그러나 그는 자신의 지성이 매일 하나님 및 그분의 조명을 받지 못한 채 본성적으로 주어진 것만으로는 충분하지 못하다는 것을 알고 있었기 때문에 그것을 더 완전히 받아 율법을 영적으로 이해하며 그 명령들을 분명히 인식하기 위해 하나님께 간청했습니다. 택함을 받은 그릇(행 9:15)인 바울은 지금 우리가 다루고 있는 것에 대해 분명히 선포합니다: '너희 안에서 행하시는 이는 하나님이시니 자기의 기쁘신 뜻을 위하여 너희에게 소원을 두고 행하게 하시나니'(빌 2:13). 2. 그는 하나님에 의해 우리 안에서 우리의 선한 뜻과 완성된 행위가 성취된다는 것을 분명

히 선언합니다. 또 '그리스도를 위하여 너희에게 은혜를 주신 것은 다만 그를 믿을 뿐 아니라 또한 그를 위하여 고난도 받게 하려 하심이라'(빌 1:29)고 말합니다. 여기에서도 우리의 회심과 믿음과 고난을 참고 견디는 것 등이 하나님께서 주시는 것이라고 선언합니다. 다윗도 비슷하게 이해했으며, 하나님의 자비에 의해 이것이 자신에게 주어지도록 해달라고 기도하면서 '하나님이여 우리를 위하여 행하신 것을 견고하게 하소서'(시 68:28)라고 말합니다. 그는 하나님이 날마다 도우시고 자비로 완전하게 해주시지 않는 한 그분이 선물로 주시는 은혜와 구원의 출발만으로 충분하지 못하다는 것을 보여줍니다.

3. "자유의지가 아니라 하나님이 갇힌 자들에게 자유를 주십니다(시 146:7). 우리의 능력이 아니라 하나님이 넘어진 자를 일으키시며, 우리가 애써 행하는 독서가 아니라 하나님이 맹인의 눈을 뜨게 하십니다(시 146:8). 이것은 헬라어로 하나님이 맹인을 지혜롭게 하신다는 의미입니다. 우리가 염려하여 나그네를 돌보는 것이 아니라 하나님이 나그네를 돌보십니다(시 146:9). 곤경에 처한 자를 돕고 넘어지는 자를 일으키는 것은 우리의 힘으로 되어지는 것이 아니라 하나님이 하시는 일입니다(시 145:14). 이 말은 우리의 열심과 수고와 노력이 어리석게 이루어지며 소용이 없으므로 무효화하기 위해 하는 말이 아닙니다. 이것은 하나님의 도우심이 없으면 우리가 노력할 수 없으며, 하나님의 도우심과 자비로 말미암아 우리에게 주어지지 않는다면 측량할 수 없는 정화purity의 상을 붙들 수 없다는 것을 알게 하려고 하는 말입니다. '싸울 날을 위하여 마병을 예비하거니와 이김은 여호와께 있느니라'(잠 21:31). 4. 그러므로 우리는 다윗처럼 '(자유의지가 아니라) 여호와는 나의 능력과 찬송이시요 또 나의 구원이 되셨도다'(시 118:14)라고 찬송해야 합니다. 이방인의 교사인 바울은 자신이 자격이 있거나 수고하였기 때문이 아니라 하나님의 자비하심에 의해 사

역을 감당할 수 있게 되었음을 알고서 '우리가 무슨 일이든지 우리에게서 난 것같이 스스로 만족할 것이 아니니 우리의 만족은 오직 하나님으로부터 나느니라'(고후 3:5)고 선언합니다. 이것은 '우리의 능력은 하나님께서 주시는 것입니다' 라는 의미입니다. 그는 이어서 '그가 또한 우리를 새 언약의 일꾼 되기에 만족하게 하셨으니'(고후 3:6)라고 말합니다.

~ 16 ~
믿음이 주님의 선물이라는 것

1. "사도들은 주님이 구원과 관련된 모든 것들을 주신다는 것을 깨달았으므로 주님께 '우리에게 믿음을 더하소서'(눅 17:5)라고 요청했습니다. 그들은 완전한 믿음이 자유의지에서 나오는 것이 아니라 하나님의 선물로서 주어질 것이라고 믿었습니다. 인간 구원의 창시자이신 주님은 베드로에게 '시몬아, 시몬아, 보라 사탄이 너희를 밀 까부르듯 하려고 요구하였으나 그러나 내가 너를 위하여 네 믿음이 떨어지지 않기를 기도하였노니'(눅 22:31-32)라고 말씀하시면서 하나님의 도우심으로 강화되지 않을 경우 우리의 믿음이 부족하고 불안하고 연약하다는 것을 가르치셨습니다. 2. 어떤 사람은 이런 일이 자신에게서 발생하고 있으며 불신앙의 물결 때문에 자신의 믿음이 파선의 바위들을 향해 몰려가고 있음을 발견하고서 주님의 도우심을 구하면서 '나의 믿음 없는 것을 도와 주소서'(막 9:24)라고 말했습니다.

"복음적이고 사도적인 사람들은 모든 선한 것들이 주님의 도우심에 의해 성취된다는 것을 깨달았고 자기의 힘과 자유의지에 의해 해를 입지 않고 믿음을 보존할 수 없다고 확신했기 때문에 주님의 선물과 도우심으로서 그것을 구했습니다. 3. 베드로가 실족하지 않기 위해 주님의 도우심이 필요했다면, 이것을 보존하기 위해 날마다 주님의 도우심이 필요하지 않다고 믿는 것이야말로 주제넘고 맹목적인 일이 아닐까요? 주님은 복음서에서 '가지가 포도나무에 붙어 있지 아니하면 스스로 열매를 맺을 수 없음같이 너희도 내 안에 있지 아니하면 그러하리라'(요 15:4), '나를 떠나서는 너희가 아무것도 할 수 없음이라'(요 15:5)고 말씀하시면서 이것을 분명히 표현하셨습니다. 4. 그러므로 우리의 선한 행위를 하나님의 은혜와 선물로 돌리지 않고 자신의 노력 덕분으로 여기는 것은 주님의 감화와 협력이 없이 우리가 영적 열매를 맺을 수 없다는 취지의 주님의 증언에 의해 분명히 증명된 하나님을 모독하는 어리석은 일입니다. '온갖 좋은 은사와 온전한 선물이 다 위로부터 빛들의 아버지께로부터 내려옵니다'(약 1:17). 스가랴는 '그의 형통함과 그의 아름다움이 어찌 그리 큰지'(슥 9:17)라고 말합니다. 사도 바울은 끊임없이 '누가 너를 남달리 구별하였느냐 네게 있는 것 중에 받지 아니한 것이 무엇이냐 네가 받았은즉 어찌하여 받지 아니한 것같이 자랑하느냐'(고전 4:7)라고 말합니다.

~ 17 ~
시련과 관련된 인내와 안내는 주님이 주신다는 것

"사도 바울은 우리로 하여금 시련들을 참고 견딜 수 있게 해주는 인내심이 우리 자신의 힘에서 오는 것이 아니라 하나님의 자비하심과 인도하심에서 온다고 선언합니다: '사람이 감당할 시험밖에는 너희가 당한 것이 없나니 오직 하나님은 미쁘사 너희가 감당하지 못할 시험 당함을 허락하지 아니하시고 시험 당할 즈음에 또한 피할 길을 내사 너희로 능히 감당하게 하시느니라'(고전 10:13). 또 하나님이 우리 영혼에게 힘을 주어 모든 선한 일을 할 수 있게 해주시며 우리 안에서 하나님이 기뻐하시는 것들을 이루신다고 가르칩니다: '양들의 큰 목자이신 우리 주 예수를 영원한 언약의 피로 죽은 자 가운데서 이끌어 내신 평강의 하나님이 모든 선한 일에 너희를 온전하게 하사 자기 뜻을 행하게 하시고 그 앞에 즐거운 것을 예수 그리스도로 말미암아 우리 가운데서 이루시기를 원하노라'(히 13:20-21). 그는 '우리 주 예수 그리스도와 우리를 사랑하시고 영원한 위로와 좋은 소망을 은혜로 주신 하나님 우리 아버지께서 너희 마음을 위로하시고 모든 선한 일과 말에 굳건하게 하시기를 원하노라'(살후 2:16-17)고 기도합니다.

~ 18 ~
하나님에 대한 경외심은 주님이 주신다는 것

"마지막으로 선지자 예레미야는 우리가 하나님께 굳게 매달리는 데 필요한 바 하나님에 대한 경외심을 하나님이 부어주신다고 증언합니다: '내가 그들에게 한 마음과 한 길을 주어 자기들과 자기 후손의 복을 위하여 항상 나를 경외하게 하고 내가 그들에게 복을 주기 위하여 그들을 떠나지 아니하리라 하는 영원한 언약을 그들에게 세우고 나를 경외함을 그들의 마음에 두어 나를 떠나지 않게 하고'(렘 32:39-40). 에스겔은 '그들이 그리로 가서 그 가운데의 모든 미운 물건과 모든 가증한 것을 제거하여 버릴지라 내가 그들에게 한 마음을 주고 그 속에 새 영을 주며 그 몸에서 돌 같은 마음을 제거하고 살처럼 부드러운 마음을 주어 내 율례를 따르며 내 규례를 지켜 행하게 하리니 그들은 내 백성이 되고 나는 그들의 하나님이 되리라'(겔 11:18-20)고 말합니다.

~ 19 ~
선한 의지의 시작과 완성이 주님에게서 비롯된다는 것

1. "이 말씀들은 선한 의지의 출발점이 주께서 홀로 또는 어떤 사람의 격려에 의해서, 또는 필요에 의해서 우리를 구원의 길로 이끄실 때 주님의 감화에 의해 주어진다는 것, 그리고 덕의 완성 역시 동일한 방식으로 주님이 주시는 것이지만 하나님의 격려와 도우심을 되는 대로 따르든지 진지하게 따르는 것은 우리에게 달려 있음을 가르쳐줍니다. 우리가 은혜롭게 주어진 하나님의 섭리와 의도를 소홀히 해왔는지 경건하게 순종하면서 열심히 따라왔는지의 여부에 따라 상이나 벌이 약속됩니다.

2. "이것이 신명기에 분명히 묘사되어 있습니다: '네 하나님 여호와께서 너를 인도하사 네가 가서 차지할 땅으로 들이시고 네 앞에서 여러 민족 헷 족속과 기르가스 족속과 아모리 족속과 가나안 족속과 브리스 족속과 히위 족속과 여부스 족속 곧 너보다 많고 힘이 센 일곱 족속을 쫓아내실 때에 네 하나님 여호와께서 그들을 네게 넘겨 네게 치게 하시리니 그 때에 너는 그들을 진멸할 것이라 그들과 어떤 언약도 하지 말 것이요 그들을 불쌍히 여기지도 말 것이며 또 그들과 혼인하지도 말지니'(신 7:1-3). 성경은 그들이 약속의 땅에 들어간 것, 그들 앞에서 많은 민족들이 멸망한 것 및 이스라엘 백성보다 더 많고 강한 민족들이 이스라엘의 수중에 넘겨진 것은 하나님의 은혜라고 선언합니다. 3. 동시에 그들을 완전히 멸하거나 불쌍히 여겨 살려주는 것, 그들과 협정을 맺거나 맺지 않는 것, 그들과 결혼하거나 결혼하지 않는 것 등은 이스라엘에게 달려 있다고 증언합니다. 이 증언을 근거로 할 때 자유의지에게 귀속되어야 할 것과 하나님의 계획과 일상적인 도우심으로 돌려야 할 것이 분명히 드러나며, 우리에게 구원의 기회와 형통한 순간과 승리를 주시는 것은 하나님

의 은혜이지만 하나님이 주시는 유익한 것들을 열심히 따르든지 나태하게 대하는 것은 우리에게 달려 있습니다.

"두 맹인들의 치유 사건에도 이러한 접근방식이 표현되어 있습니다. 예수님이 그들 앞을 지나가셨다는 사실은 하나님의 겸손과 섭리에 따른 은혜였지만 그들이 '주여 우리를 불쌍히 여기소서 다윗의 자손이여'(마 20:31)라고 소리친 것은 믿으려 하는 그들의 태도와 믿음의 산물이었습니다. 4. 그들이 시력을 되찾은 것은 긍휼하신 하나님의 선물이었습니다. 그러나 함께 치유받은 열 명의 나병환자들의 예는 은사를 받은 후에도 하나님의 은혜와 자유의지의 쓰임새가 남아있음을 보여줍니다(눅 17:11-19). 그들 중 한 사람이 선한 의지 덕분에 주님께 감사했을 때 주님이 그 사람을 칭찬하시고 나머지 아홉 명에 대해 질문하신 것은 그분이 자신의 친절한 행위를 기억하지 않는 사람들에 대해 끊임없이 관심을 발휘하신다는 것을 보여줍니다. 이것은 감사하는 사람들을 받으시고 인정하시며 감사하지 않는 사람들을 찾아 책망하시는 주님의 감찰이 주는 유익입니다.

~ 20 ~

이 세상에서 하나님 없이는 아무것도 성취할 수 없다는 것

1. "우리는 이 세상에서 하나님이 없이는 아무것도 행해질 수 없다는 견고한 믿음을 가져야 합니다. 모든 일이 하나님의 뜻이나 허락에 의해 발생한다는 것을 인정해야 합니다. 선한 일들은 하나님의 뜻과 도우심에서 성취됩니다. 한편 우리 마음의 악함과 완악함 때문에 하나님의 보호하심이 우리를 포기하며 마귀나 육신의 부끄러운 정념들이 우리를 다스리도록 허락하실 때에 하나님의 허락에 따라 좋지 않은 일들이 발생합니다. 2. 바울은 이 사실을 분명히

가르쳐줍니다: '이 때문에 하나님께서 그들을 부끄러운 욕심에 내버려 두셨으니'(롬 1:26), '또한 그들이 마음에 하나님 두기를 싫어하매 하나님께서 그들을 그 상실한 마음대로 내버려 두사 합당하지 못한 일을 하게 하셨으니'(롬 1:28). 하나님은 선지자를 통해서 다음과 같이 말씀하십니다: '내 백성이 내 소리를 듣지 아니하며 이스라엘이 나를 원하지 아니하였도다 그러므로 내가 그의 마음을 완악한 대로 버려 두어 그의 임의대로 행하게 하였도다'(시 81:11-12)."

~ 21 ~
자유의지의 힘에 대한 반론

게르마누스가 말했습니다: "'내 백성아 내 말을 들으라'(시 81:13)는 말씀은 의지가 자유하다는 것을 분명히 보여주는 증언입니다. '내 백성아 내 말을 들으라'라는 말은 선택의 여부가 의지의 능력 안에 있었음을 보여줍니다. 그렇다면 하나님이 우리에게 듣거나 듣지 않을 능력을 주셨는데 어찌 우리 안에서 구원이 시작되지 않겠습니까?"

~ 22 ~
자유의지는 항상 주님의 도우심이 필요하다는 것

1. 사부 파프누티우스는 이렇게 말했습니다: "당신은 '내 백성아 내 말을 들으라'는 구절을 세심하게 묵상하였지만 경청의 여부에 상관없이 사람들에게 말씀하시는 분이 누구인지에 관심을 두지 않았고, 또 그 다음에 이어지는 '내가 속히 그들의 원수를 누르고 내 손을 돌려 그들의 대적들을 치리니'(시 81:14)라는 말씀에 주목하지 않았습니다. 자유의지를 옹호하려는 의도에서 하나님이 없이 이루어지는 일이 하나도 없다는 것을 증명하면서 제시해온 것들

을 악하게 해석하여 받아들이거나 왜곡하며 '내 백성이 내 소리를 듣지 아니하며'(시 81:11), '내 백성아 내 말을 들으라 이스라엘아 내 도를 따르라' 등의 말을 사용하여 인간에게서 하나님의 은혜와 일상적인 도우심을 제거하려 하지 마십시오. 그 백성의 불순종에 의해 자유의지의 능력이 증명되듯이, 그들에게 외치며 권면하시는 데서 그들을 향한 하나님의 한결같은 관심이 분명히 나타납니다. 2. 하나님은 '내 백성아 내 말을 들으라'고 말씀하시면서 자신이 먼저 그들에게 말씀하셨음을 분명히 지적하십니다. 하나님이 기록된 율법뿐만 아니라 일상의 권면들을 통해서 이 일을 행하곤 하신다는 것이 이사야서에 설명되어 있습니다: '내가 종일 손을 펴서 자기 생각을 따라 옳지 않은 길을 걸어가는 패역한 백성들을 불렀나니'(사 65:2). 두 가지 모두 '내 백성아 내 말을 들으라 이스라엘아 내 도를 따르라 그리하면 내가 속히 그들의 원수를 누르고 내 손을 돌려 그들의 대적들을 치리니'에 의해 증명될 수 있습니다. 3. 백성들의 불순종에 의해 자유의지가 증명되듯이, 하나님의 계획과 도우심이 이 구절 첫 부분과 마지막 부분에서 진술됩니다. 거기서는 하나님이 먼저 말씀하셨다는 것, 그리고 그 백성이 하나님의 말씀을 들으면 원수를 누르셨을 것임을 지적합니다. 지금까지 말한 것들은 인간의 자유의지를 제거하려는 것이 아니라 매일 매 순간 인간에게 하나님의 은혜와 도우심이 필요하다는 것을 증명하기 위한 것들이었습니다."

4. 이 가르침을 듣고 우리의 마음은 즐거운 것이 아니라 가책을 느꼈습니다, 자정이 되기 전에 사부 파프누티우스는 우리에게 자기의 수실을 떠나라고 말씀하셨습니다. 그분의 담화에서 우리가 얻은 교훈은 다음과 같습니다. 우리는 힘껏 노력하면서 첫 번째 포기를 성취함으로써 완전의 고지에 올라가야 한다고 믿었지만, 수도생활의 정상에 대해서는 꿈도 꾸지 못한 채 공주수도원에서

둘째 포기에 대해 거의 배우지 못했고 셋째 포기에 대해 전혀 배우지 못했음을 발견했습니다. 셋째 포기는 나머지 두 포기보다 우월한 것으로서 그 안에 최고의 완전이 담겨 있습니다.

담화 4

사부 다니엘의 담화

육체의 욕망과 영의 갈망에 관하여

~ 1 ~

사부 다니엘의 생애

1. 우리는 기독교 철학에 헌신한 사람들 중에서 다니엘 사부를 보았습니다. 그는 온갖 종류의 덕에 있어서 스케테 사막에 살고 있는 사람들과 동등했으나 특별한 겸손의 은혜를 소유하고 있었습니다. 그가 스케테 사막의 다른 사람들보다 나이가 어렸음에도 불구하고 파프누티우스 사제는 순수하고 온화하다는 이유로 그를 부제로 임명했습니다. 그의 덕을 크게 기뻐한 파프누티우스는 생활과 은혜 획득에 있어서 자신과 동등하다고 알고 있는 이 사람을 서둘러 자신과 동등한 지위인 사제로 임명했습니다. 이는 그가 낮은 사역에 머무는 것을 참고 견딜 수 없었으며 또 자신이 살아 있는 동안 자격이 있는 후계자를 예비하기를 원했기 때문이었습니다. 2. 그러나 다니엘은 겸손한 태도를 버리지 않았으며 사람들 앞에서 자신의 높은 지위를 과시하지 않았고, 사부 파프누티우스가 영적 제물을 드릴 때마다 이전의 부제 사역을 수행했습니다. 위대한 파프누티우스는 예지의 은혜를 소유하고 있었지만 후계자를 바라고 선택하는 일에서 좌절했습니다. 왜냐하면 얼마 후 그는 자신의 후계자로 예정했던 사람

을 먼저 하나님께 보냈기 때문입니다.

~ 2 ~
갑자기 말할 수 없이 큰 기쁨에서
심하게 우울한 상태로 기분이 변하는 데 대한 질문

우리는 다니엘에게 우리가 수실 안에 앉아 있을 때 마음에 기쁨과 말할 수 없는 즐거움과 거룩한 감정들이 가득하여 말이나 감정이 접근할 수 없게 되는 이유, 자발적이고 순수한 기도를 하게 되며 영적 열매가 가득한 정신이 탄원하며 잠자는 동안에도 자신이 드리는 신속하고 효과적인 기도들이 하나님께 이르는 것을 감지하게 되는 이유를 물었습니다.

또 분명한 원인이 없이 갑자기 비통해지고 비이성적인 슬픔에 짓눌리면서 감정들로 인해 기력을 잃으며 수실이 두려워지고 독서가 무가치하게 느껴지는 것, 그리고 우리의 기도가 불안정하고 비틀거리며 술취한 것처럼 느껴지는 이유를 질문했습니다. 우리의 정신이 신음하고 안간힘을 써도 이전의 방향으로 돌아갈 수 없으며, 골똘히 하나님을 보는vision of God 상태로 돌아오게 하려 할수록 더욱 거세게 빗나가 분심에 빠지며, 영적 열매를 완전히 상실한 정신이 하늘나라를 향한 소망이나 지옥에 대한 두려움에 의해서도 이 치명적인 잠에서 깨어나지 못하게 되는 이유를 물었습니다.

이 질문에 대해 사부 다니엘은 다음과 같이 대답했습니다:

~ 3 ~
질문에 대한 답변

"당신들이 질문하신 정신적 메마름과 관련하여 우리의 선조들로부터 전해내려오는 이유는 세 가지입니다. 그것은 우리의 태만함, 마귀의 공격 또는 하나님의 계획과 시련에서 비롯됩니다. 우리가 미온적인 태도와 잘못에 의해 부주의하고 해이함을 나타내며 게으름으로 말미암아 악한 생각들로 마음의 땅을 경작한 후 엉겅퀴와 가시가 자라도록 내버려둔다면, 그것은 태만함과 관련된 문제입니다. 마음속에서 이것들이 솟아남에 따라 우리는 영적 열매를 맺지 못하게 되며 관상이 결핍하게 됩니다. 그러나 우리가 선한 활동을 하고 있을 때, 그리고 무의식적으로든 마지못해서든 최고의 집중상태에서 벗어날 때 원수가 교묘한 계책으로 우리의 정신 속에 들어온다면, 그것은 마귀의 공격에서 비롯되는 것입니다.

~ 4 ~
하나님의 계획과 시련이 임하는 두 가지 이유

1. "하나님의 계획과 시련에서 비롯된 것에는 두 가지 이유가 있습니다. 첫째는 우리가 잠시 하나님에게서 버림 받아 겸손하게 자기 영의 연약함을 봄으로써 이전에 하나님의 방문에 의해 주어진 깨끗한 마음때문에 교만해지는 것을 막기 위해서, 하나님에게서 버림을 받았을 때 우리 자신의 노력과 신음에 의해서 기쁨과 순결의 상태를 되찾을 수 없음을 증명함으로써 이전에 느끼던 마음의 기쁨이 자신의 행위에 의한 것이 아니라 하나님의 겸손에 의해 주어진 것임을 알게 하기 위해서, 그리고 하나님의 은혜와 조명으로부터 새로 기쁨을 구해야 한다는 것을 알게 하기 위해서입니다. 2. 하나님이 시련을 주시는 두 번째 이유는 우리 정신의 견고함과 인내 및 우리의 욕구를 시험하기 위해서, 그리고 성령이 우리에게서 떠나갔을 때 간절할 기도와 갈망하는 마음으로 그분의 방문을 추구해야 한다는 것을 증명하기 위해서입니다. 한 번 떠나간 마음

의 즐거움과 영적 기쁨을 찾아내기 위해서 얼마나 노력해야 하는지 깨닫는다면 그것을 지키기 위해 더욱 신중하게 노력할 것이며, 그것을 발견한 후에는 한층 주의 깊게 그것을 지킬 것입니다. 왜냐하면 제대로 지켜지지 않는 것은 쉽게 빼앗길 수 있기 때문입다.

~ 5 ~
하나님의 도우심이 없이 우리의 열심과 노력으로 아무것도 이룰 수 없다는 것

"이로 보건대 하나님의 은혜와 자비가 항상 우리 안에서 선한 일을 행한다는 것, 그것들이 없으면 수고하는 자의 열심이 무가치하다는 것, 하나님의 도우심이 없으면 아무리 노력해도 이전의 상태로 돌아갈 수 없다는 것, 그리고 '그런즉 원하는 자로 말미암음도 아니요 달음박질하는 자로 말미암음도 아니요 오직 긍휼히 여기시는 하나님으로 말미암음이니라'(롬 9:16)이라는 말씀이 항상 우리 안에서 이루어지고 있다는 것 등이 분명히 증명됩니다. 그러나 때로 이 은혜가 당신들이 말하는 거룩한 영감과 풍부한 영적 생각들을 가지고서 태만한 사람들과 해이한 사람들을 방문합니다. 이 은혜가 자격 없는 사람들을 감화하고, 잠자는 자들을 깨우며, 맹목적인 무지에 잡혀있는 사람들을 조명해 줍니다. 그 은혜가 자비롭게 우리를 책망하고 징계하고 그 자체를 우리 마음속에 부어넣으므로, 우리가 그것의 가책에 의해 자극을 받아 무력이라는 잠에서 깨어날 수 있을 것입니다. 마지막으로 종종 이러한 일이 발생할 때 인간이 만들어내는 달콤함을 초월하는 냄새가 동반되므로, 이 기분 좋은 감각에 의해 편안해져 있던 정신은 일종의 영적 엑스터시에 빠져 자신이 육체 안에 거하고 있음을 망각합니다.

~ 6 ~
때때로 하나님에게서 버림을 받는 것이 우리에게 유익하다는 것

1. "다윗은 우리가 하나의 작별이라고 언급해온 것 및 하나님에 의해 버림받는 것이 유익하다고 인식했기 때문에 하나님에 의해 완전히 버림받지 않게 해달라고 기도하지 않았습니다. 이는 그것이 완전함을 추구함에 있어서 그 자신 및 인간적 본성에 도움이 되지 않음을 알았기 때문입니다. 그는 '나를 아주 버리지 마옵소서'(시 119:8)라고 말하면서 그것이 완화되게 해달라고 기도했습니다. 이는 마치 '주께서 유익한 목적을 위해서, 즉 시험하기 위해서 거룩한 사람들을 버리는 데 익숙해져 있음을 나는 압니다'라고 말하는 것과 같습니다. 2. 잠시 주께서 그들을 버리시지 않으면 원수가 그들을 시험할 수 없기 때문입니다. 그러므로 나는 결코 당신께 나를 버리지 말라고 요청하지 않습니다. 왜냐하면 내가 자신의 약함을 알지 못하여 "고난당한 것이 내게 유익이라"고 말하지 않으며 적과의 싸움에서 연단되지 못하는 것이 내게 유익하지 못하기 때문입니다. 하나님이 중단 없이 항상 보호해주시지 않으면 내가 이것을 소유할 수 없을 것입니다. 하나님이 나를 보호하실 때 마귀가 감히 나를 시험하지 못합니다. 마귀는 주님의 용사들을 비방할 때 즐겨 사용하는 말, "욥이 어찌 까닭 없이 하나님을 경외하리이까 주께서 그와 그의 집과 그의 모든 소유물을 울타리로 두르심 때문이 아니니이까?"(욥 1:9-10)라는 말로 나와 주님을 반박하고 힐책합니다. 그러나 나는 당신께 "아주" 버리지 말라고 청합니다. 3. 내 소원의 견고함을 시험하기 위해 잠시 주님이 나를 떠나시는 것이 유익하듯이, 내 죄 때문에 지나치게 오래 나를 버리시는 것도 해롭습니다. 또 인간의 능력을 아시며 우리의 싸움을 결정하시는 하나님 덕분에 내가 "감당할 시험밖에는 당한 것이 없나니 오직 하나님은 미쁘사 감당하지 못할 시험 당함

을 허락하지 아니하시고 시험 당할 즈음에 또한 피할 길을 내사 능히 감당하게"(고전 10:13) 하신다면 원수의 힘과 수단 앞에서 즉각 굴복하지 않을 수 있을 것입니다.'

4. "사사기에서 이스라엘을 대적한 민족들의 멸절과 관련하여 이것이 신비하게 언급됩니다: '여호와께서 가나안의 모든 전쟁들을 알지 못한 이스라엘을 시험하려 하시며 이스라엘 자손의 세대 중에 아직 전쟁을 알지 못하는 자들에게 그것을 가르쳐 알게 하려 하사 남겨 두신 이방 민족들'(삿 3:1-2). 그리고 조금 뒤에 '남겨 두신 이 이방 민족들로 이스라엘을 시험하사 여호와께서 모세를 통하여 그들의 조상들에게 이르신 명령들을 순종하는지 알고자 하셨더라'(삿 3:4)고 말합니다. 5. 하나님이 이스라엘의 평화를 시기하시거나 악의를 품고 그들을 바라보신 것이 아닙니다. 하나님은 이 싸움이 유익하리라는 것을 알고 계획하셨습니다. 그들은 끊임없이 이방 민족들의 공격을 받고 있었으므로 하나님의 도움이 필요하지 않다고 느끼지 않았습니다. 이런 까닭에 그들은 항상 하나님을 묵상하며 하나님께 소리쳤고, 무기력함에 빠지지 않았으며 전투 능력 및 덕의 훈련을 상실하지 않았습니다. 역경이 정복할 수 없는 사람들을 안전과 번영이 몰락시키는 경우가 빈번합니다.

~ 7 ~
바울이 경험한 바 육체와 영 사이의 갈등의 가치

1. "바울도 우리의 유익을 위해 우리 지체들 안에서 이 싸움이 발생해 왔다고 말합니다: '육체의 소욕은 성령을 거스르고 성령은 육체를 거스르나니 이 둘이 서로 대적함으로 너희가 원하는 것을 하지 못하게 하려 함이니라'(갈 5:17). 여기에 하나님의 계획에 따라 우리의 몸 안에 깊이 뿌리내려온 싸움이

있습니다. 모든 경우에 참되며 예외를 허락하지 않는 것들을 본질상 첫사람의 타락 이후의 인류의 것이라고 간주할 수 있습니까? 우리를 해치려 하시지 않고 복주기를 원하시는 주님의 결정에 의해 선천적이고 타고난 것으로 간주되는 것들이 모든 사람의 내면에 놓여있음을 어찌 믿지 않을 수 있겠습니까? 2. 바울은 이것이 육과 영이 싸우는 이유라고 선언합니다: '너희가 원하는 것을 하지 못하게 하려 함이니라.' 그러므로 하나님께서 우리로 하여금 성취하지 못하도록 결정하신 것을 성취하는 것, 다시 말해서 우리 자신이 원하는 것을 행하는 것을 해로운 것으로 여겨야 하지 않겠습니까? 어떤 면에서 유익한 이 싸움은 창조주의 계획에 의해 우리 안에 놓여진 것으로서 우리를 자극하고 강요하여 더 좋은 상태에 이르게 합니다. 만일 그것이 제거된다면, 위험한 휴식이 그 자리에 들어설 것입니다."

~ 8 ~

바울이 육체와 영의 욕구들이 서로 대적한다고 말한 후에
세 번째 요소로 의지를 추가한 이유에 대한 질문

게르마누스가 말했습니다: "우리는 이 말을 이제 간신히 이해하기 시작했지만 바울의 말을 완전히 파악할 수 없습니다. 그러니 더 분명하게 설명해주시기를 원합니다. 여기에서는 세 가지를 지적하는 듯합니다. 첫째는 영을 거스르는 육체의 싸움이요, 둘째는 육을 대적하는 영의 소욕입니다. 셋째는 중간에 놓인 우리의 의지인데, 그것에 대해서 '너희가 원하는 것을 하지 못하게 하려 함이니라'고 언급되어 있습니다. 이와 관련하여 우리는 지금까지 이 담화를 통해 이해한 것들로부터 몇 가지 힌트를 얻었지만, 그것을 좀 더 분명하게 정리해주십시오."

~ 9 ~
제대로 질문을 제기한 사람에 대한 이해 및 답변

1. 다니엘 사부는 다음과 같이 말했습니다: "지성의 기능은 질문들의 윤곽을 파악하고 구분하는 것이요, 이해력의 최고의 기능은 자신이 알지 못한다는 사실을 아는 것입니다. 이런 까닭에 '미련한 자라도 잠잠하면 지혜로운 자로 여겨지고 그의 입술을 닫으면 슬기로운 자로 여겨지느니라'(잠 17:28)고 말합니다. 왜냐하면 질문하는 사람이 자신의 질문에 대한 대답을 알지 못하더라도 신중하게 질문하여 자신이 이해하지 못하는 것을 이해하게 되므로, 자신이 알지 못한다는 것을 지혜롭게 인정한 것 자체가 지혜로 여겨지기 때문입니다.

2. "당신의 구분에 따르면 여기에서 바울은 세 가지를 말하고 있는 듯합니다: 영을 거스르는 육체의 소욕과 육체를 거스르는 영의 소욕인데 이 싸움의 원인은 우리가 원하는 일을 할 수 없다는 사실에 있는 듯합니다. 그런데 당신이 파악하지 못한 네 번째 사실, 즉 우리가 원하지 않는 일을 행한다는 사실이 남아 있습니다. 그러므로 우선 육체의 소욕과 영의 소욕의 힘을 인정해야 하며, 그 다음에 그 둘 사이에 놓인 자유의지가 무엇인지 논할 수 있을 것입니다. 그리고 마지막으로 우리의 의지에 속할 수 없는 것이 무엇인지 발견하게 될 것입니다.

~ 10 ~
"육체"라는 단어의 의미가 하나 이상이라는 것

1. "성경에서 '육체'라는 단어가 다양하게 사용됩니다. 어떤 때는 몸과 혼으로 이루어진 인간을 의미합니다. 그 예를 들면 다음과 같습니다: '말씀이 육신이 되어'(요 1:14); '모든 육체가 하나님의 구원하심을 보리라'(눅 3:6). '나

의 영이 영원히 사람과 함께 하지 아니하리니 이는 그들이 육신이 됨이라'(창 6:3)에서 보듯이 종종 그것은 악하고 정욕적인 인간들을 의미합니다. 2. 이따금 그것은 죄 자체를 의미합니다: '너희가 육신에 있지 아니하고 영에 있나니'(롬 8:9); '혈과 육은 하나님 나라를 이어 받을 수 없고 또한 썩는 것은 썩지 아니하는 것을 유업으로 받지 못하느니라'(고전 15:50). 그것은 혈족관계와 친밀감을 언급하기도 합니다: '보소서 우리는 왕의 한 골육이니이다'(삼하 5:1); '혹 내 골육을 아무쪼록 시기하게 하여 그들 중에서 얼마를 구원하려 함이라'(롬 11:14).

3. "그러므로 이 네 가지 의미 중에서 어떤 것을 여기에 적용해야 할 것이지 질문해야 합니다. 그것은 '말씀이 육신이 되어'(요 1:14)나 '모든 육체가 하나님의 구원하심을 보리라'(눅 3:6)와 관계가 없습니다. '나의 영이 영원히 사람과 함께 하지 아니하리니 이는 그들이 육신이 됨이라'와도 관련이 없습니다. 왜냐하면 여기에서 '육신'이 악한 사람을 지칭하는 단순한 용어이지만, '육체의 소욕은 성령을 거스르고 성령은 육체를 거스르나니'에서는 그렇게 이해되지 않기 때문입니다. 그것은 두 개의 본질을 말하는 것이 아니라 한 인간의 내면에서 때에 따른 변화에 따라 함께, 그리고 개별적으로 싸우는 두 개의 실체에 대해 말합니다.

~ 11 ~
바울이 이해한 육체 및 육체의 소욕의 의미

1. "여기에서 '영'이 본질적인 것을 지칭하는 것이 아니라 영혼의 선하고 영적인 욕구들을 지칭하듯이 '육체'가 인간, 즉 인간의 본질을 언급하는 것이 아니라 육체의 의지 및 그 가장 좋지 않은 욕구들을 언급한다고 이해해야 합니

다. 바울은 이런 의미로 '내가 이르노니 너희는 성령을 따라 행하라 그리하면 육체의 욕심을 이루지 아니하리라 육체의 소욕은 성령을 거스르고 성령은 육체를 거스르나니 이 둘이 서로 대적함으로 너희가 원하는 것을 하지 못하게 하려 함이니라'(갈 5:16-17)고 말합니다. 2. 육체의 소욕과 영의 소욕, 이 두 가지가 인간의 내면에 존재하므로, 우리 안에서 재빨리 악덕 속으로 빠져드는 육체의 욕망이 현재의 휴식과 관련된 기쁨을 누리는 한 날마다 내면의 전쟁이 벌어집니다. 반대로 욕체의 욕망을 대적하는 영의 욕구는 영적인 일에 완전히 몰두하기를 갈망하므로 육체에 필요한 것들까지도 배제하려 하며 끊임없이 영적인 일에 몰입하기를 동경하므로 육체의 연약함에 관심을 두려 하지 않습니다.

"육체는 사치와 쾌락을 즐거워하지만 영은 본성적인 욕구에도 양보하지 않습니다. 3. 육체는 실컷 자고 배불리 먹기를 원하지만, 영은 철야와 금식에 만족하므로 생명을 유지하는 데 필요한 잠과 음식조차 취하려 하지 않습니다. 육체는 온갖 것들이 풍부하기를 원하지만, 영은 매일 아주 적은 양의 빵조차 소유하지 못해도 만족합니다. 육체는 날마다 목욕하며 무수히 많은 아첨꾼들에게 둘러싸여 지내기를 바라지만, 영은 더러운 오물과 접근할 수 없는 광대한 사막을 좋아하며 사람들 앞에서 두려워합니다. 육체는 인간들의 칭찬과 명예를 소중히 여기지만, 영은 모욕과 박해를 받을 때 기뻐합니다.

~ 12 ~
육체의 소욕과 영의 소욕 사이에 놓인 의지의 본질

1. "자유의지는 이 두 가지 소욕 사이에서 약간 책임 있는 위치를 차지합니다. 그것은 악덕을 기뻐하지 않으며 덕의 어려움들에 동의하지도 않습니다.

자유의지는 육적인 정욕들을 삼가려 하므로 영의 소욕들을 조종하는 데 필요한 슬픔을 참고 견디려 하지 않으며, 육체를 훈련하지 않은 채 육적인 순결을 획득하려 하며, 철야기도를 실천하지 않은 채 깨끗한 마음을 획득하며 육체적인 휴식을 즐기면서 영적인 덕들을 풍성히 소유하려 하며, 반대되는 것들의 도발이 없이 인내의 은혜를 소유하려 하며, 세상의 영광을 버리지 않은 채 그리스도의 겸손을 실천하려 하며, 세상의 야망과 더불어 종교적 단순함을 추구하려 하며, 그리스도를 섬겨 인간의 칭찬과 갈채를 받으려 하며, 누구도 불쾌하게 만들지 않은 채 진실하려 합니다. 마지막으로 현세의 것들을 잃지 않은 채 장래의 것들을 추구하려 합니다.

2. "이것은 결코 우리로 하여금 참된 완전에 이르게 하지 못하고 미온적인 상태에 처하게 할 것이며, 만일 양편에서 일으키는 싸움이 이 미지근한 상태를 파괴하지 못한다면 우리를 '내가 네 행위를 아노니 네가 차지도 아니하고 뜨겁지도 아니하도다 네가 차든지 뜨겁든지 하기를 원하노라'(계 3:15)고 책망 받은 사람들처럼 만들 것입니다.

"우리가 이러한 자신의 의지에 굴복하고 복종하여 경계를 늦추려 하면 즉시 육체의 가시들이 모습을 드러내어 악덕과 정욕들로 우리에게 상처를 입히며 우리가 정결한 상태에 거하는 것을 허락하지 않을 것입니다. 그것들은 우리를 찔레가 가득하여 두려운 쾌락의 길로 끌어갈 것입니다. 3. 반면에 만일 우리가 영적 열심으로 뜨겁게 타오르며 인간의 약함을 상관하지 않고 육체의 행위들을 제거하기를 원하여 지나치게 덕을 실천하려 한다면, 육체의 연약함이 개입하여 우리의 영적 지나침을 멈추게 만들 것입니다. 이처럼 두 가지 소욕이 서로 대적하여 싸우는 동안, 육체의 소욕에 완전히 복종하기를 원하지 않으며 덕을 위해 에너지를 소비하려 하지도 않는 자유의지는 어느 정도 바르게 인도함을 받습니다. 둘 사이에서 싸움이 계속되는 동안 자유의지는 우리 몸이라는 저울에 일종의 평형상태를 확보함으로써 보다 위험한 영혼의 의지를 제거합니다. 그것은 영과 혼을 위해 정밀한 경계를 표시해주며, 영적 열정으로 달아오른 정신이나 죄악됨에 찔린 육체가 지배하는 것을 허락하지 않습니다.

4. "이런 싸움이 날마다 내면에서 벌어져 유익을 주는 동안 우리는 원하지 않는 네 번째 상태로 몰려갑니다. 그것은 거듭되는 수고와 상한 영으로 깨끗한 마음을 획득하기 위하여, 엄격한 금식과 굶주림과 갈증과 경계에 의해 육체의 깨끗함을 획득하기 위하여, 독서와 철야와 쉬지 않고 드리는 기도와 사막의 불결한 상태에 의해 마음을 통제하기 위해서, 고난 속에서 훈련을 통해 인내를 획득하기 위해서, 하나님을 모독하는 무수한 조롱들 가운데서 창조주를 섬기기 위해서, 필요할 경우 세상의 미움과 증오 앞에서도 진리를 추구하기 위해서입니다. 따라서 우리 몸 안에서 그러한 싸움이 진행되고 있으며, 우리가 느리거나 안일하게 행하지 않으면서 원하지 않는 덕을 위해 열심을 내고 수고하는 동안 평형상태가 훌륭히 유지됩니다. 5. 한편으로 열정적인 영이 우리의 의지의 미온적인 성향을 길들이며, 다른 편에서는 육체의 냉담함에 뜨거움이 스며듭니다. 영의 소욕은 정신이 억제되지 않은 악함 속으로 끌려가는 것을 허락하지 않으며, 육체의 약함은 영이 덕을 향한 비합리적인 바람으로 뜨거워지는 것을 허락하지 않습니다. 그렇지 않다면 첫째 경우에 온갖 종류의 악의 싹들이 꽃을 피울 수도 있으며, 두 번째 거만함 속에서 우리의 의지의 나쁜 상태가 모습을 드러내어 교만의 칼로 우리를 찔러 중상을 입힐 수도 있습니다. 그러나 이 둘의 싸움의 결과로 생겨나는 적절한 평형상태가 양자 사이에 건전하고 절제된 덕의 길을 열어주며 그리스도의 군사에게 항상 왕의 길을 따라 전진하라고 가르칠 것입니다.

6. "이 게으르고 미온적인 자유의지 때문에 쉽게 육체의 소욕을 향하게 된 정신을 영의 소욕이 저지할 것입니다. 영의 소욕은 조금도 세상의 악을 향해 기울지 않습니다. 반면에 벅찬 마음의 결과인 과도한 열정으로 말미암아 우리의 영이 불가능하고 무분별한 일에 몰두하게 될 때 육체의 약함 덕분에 적절한 평형상태로 복귀할 것입니다. 그때 영은 자유의지의 미온적인 상태를 초월하여 온건하게, 그리고 힘써 노력하면서 완전의 평평한 길을 따라 나아갈 것입니다.

7. "창세기에서 바벨탑 건설과 관련하여 하나님은 비슷한 일을 정하셔서 갑자기 언어의 혼란을 발생시켜 하나님을 모독하는 사람들의 악한 시도를 저지하셨습니다(창 11:1-9). 만일 하나님의 계획에 의해 언어의 다양성이 그들을 분열시키며 불화하게 함으로써 그들로 하여금 보다 나은 상태로 나아가게 하지 않았다면, 또 선하고 유익한 불화로 말미암아 악한 협정에 의해 멸망을 자초한 사람들을 구원으로 돌아오게 하지 않았다면, 하나님 및 하나님의 신적 위엄을 시험하기 시작한 사람들을 대적한 불화가 남아 있었을 것입니다. 언어의 혼란이 발생했을 때 그들은 이전에 자신의 악한 음모로 말미암아 거만해져서 알지 못했던 인간적인 연약함을 느끼기 시작했습니다.

~ 13 ~
육체와 영의 갈등에서 생겨나는 지체의 가치

1. "이 싸움의 다양성에서 지체됨이 발생하며, 이 다툼에서 유익한 휴지(멈춤)가 생겨나므로, 우리가 몸의 저항 때문에 악하게 품은 목적을 즉각적으로 추구할 수 없을 때 종종 그 후에 발생하는 후회 또는 어떤 일을 연기하는 동안 생각하고 다시 고려함에 따라 선한 방향으로 변화하게 됩니다. 2. 또 의지의 소

욕을 성취함에 있어서 육체적인 방해에 구애되지 않는다고 알고 있는 존재들, 즉 귀신들과 악령들은 인간보다 더 혐오스럽다고 여겨집니다. 그들은 악한 생각을 품고 곧바로 악한 목적을 위해 그것을 추구했기 때문에 타락한 천사들입니다. 그들에게 있어서 가능성은 욕망과 가장 가까이 있습니다. 이는 그들의 정신이 어떤 것을 신속하게 생각할 때면 제한을 받지 않는 위험한 그들의 실체도 신속하게 그것을 성취하기 때문이며, 또 원하는 것을 행할 능력이 있는 그들에게는 자신이 품은 악한 생각에 개입하여 변화시켜줄 유익한 망설임이 없기 때문입니다.

~ 14 ~
악한 영들의 고질적인 악

"육체의 저항을 받지 않는 영적 실체는 자체 내에서 생겨나는 악한 선택에 대한 핑계가 없으며, 그렇기 때문에 그 악함을 용서받지 못합니다. 이는 그것이 인간의 경우처럼 육체의 공격에 의해 외부로부터의 도발 때문에 죄를 범하는 것이 아니라 악한 의지에 의한 죄를 범하기 때문입니다. 그러므로 그 죄가 용서받지 못하며 그 질병이 치료될 수 없습니다. 그것이 세상 물질의 개입 없이 굴복하듯이, 용서나 회개의 장소를 획득할 수 없습니다. 이러한 사실들을 근거로 할 때 우리의 내면에서 벌어지는 육과 영의 싸움은 나쁜 것이 아닐 뿐만 아니라 매우 유익한 것입니다.

~ 15 ~
영을 거스르는 육체의 소욕 안에 있는 유익

1. "그 첫째 이유는 그것이 즉각적으로 우리의 게으름과 나태함을 책망하며

신중한 교사처럼 우리로 하여금 훈련과 엄격함에서 벗어나 방황하도록 내버려두지 않기 때문입니다. 만일 우리가 부주의하여 조금이라도 적절한 분량의 심각함을 넘어설 경우 그것은 즉시 가시로 우리를 찌르고 책망하여 적절한 분량의 자제로 돌아오게 합니다.

"둘째, 우리가 하나님의 은혜로 말미암아 오랫동안 성적인 오염에서 벗어나 있었음을 깨달을 때 문제가 되는 것은 완전한 순결과 깨끗함입니다. 만일 우리가 더 이상 단순한 육체의 방해에 시달리지 않으며 육체의 타락성을 지니고 다니지 않는 듯 내면 깊이 교만해진다는 것을 믿지 않는다면, 그것은 그리 야단스럽지 않고 단순하게 사정射精함으로써 우리를 부끄럽게 만들며, 가시로 찌름으로써 우리가 인간에 불과하다는 것을 상기시켜 줄 것입니다. 2. 우리는 무분별하게 여러 종류의 죄, 보다 심각하고 악한 죄에 빠지곤 하지만, 그럴 때 특히 우리의 양심이 굴욕을 당합니다. 이 망상으로 말미암아 잊었던 정념들에 대한 기억이 양심에 악영향을 미칩니다. 양심은 자신이 본성적 충동들—영적 죄들 때문에 한층 더 더러웠을 때 알지 못했던 충동들— 때문에 더러워졌음을 깨닫습니다. 그것이 부주의함을 바로잡는 임무에 복귀함에 따라 하나님에게서 조금 떨어져나감으로써 상실했다고 여기는 과거의 순결한 업적들을 신뢰해서는 안 된다는 경고를 받습니다. 또 이 일에 대한 경험에서 알 수 있듯이 이 정화의 은사는 오로지 하나님의 은혜로 주어지므로 우리가 항상 기뻐하면서 정직한 마음을 추구하려면 끊임없이 겸손의 덕을 획득하기 위해 노력해야 합니다.

~ 16 ~
육체의 충동들, 그리고 그것들에게 굴욕 당하지 않을 경우 더욱 심각하게 실족한다는 것

"전에 언급했던 영적 세력들은 이 순결에 첨부된 교만이 어떤 죄나 부끄러운 행위보다 더 위험하며, 그렇기 때문에 우리의 순결에 대해 상을 획득할 수 없다는 것을 증언해줍니다. 그것들에게는 이런 종류의 육적인 통증이 없다고 간주되므로 오직 교만한 마음때문에 하늘의 높은 지위에서 영원한 멸망으로 내리침을 당했습니다. 그러므로 우리가 몸과 양심 안에 자신의 태만함을 지적해줄 것을 가지고 있지 않으면 치료될 수 없을 만큼 철저히 미지근해질 것이며, 또 내면에 있는 이 육적인 통증이 우리를 부끄럽게 만들고 제어하며 자신에게서 영적 악덕들을 깨끗이 제거하는 일에 주의를 집중하게 만들지 않는 한 완전을 얻기 위해 노력하지 않을 것이며 엄격한 금욕과 절제를 포기하지 않을 것입니다."

~ 17 ~
내시들의 미지근함

"마지막으로 이 육적 제한에서 해방되었기 때문에 육적인 금욕의 노력이나 통회하는 마음이 필요하지 않다고 생각하는 육체적인 고자들에게 이 미지근함이 존재하는 것을 볼 수 있습니다. 이러한 영적 안전 의식 때문에 약해진 그들은 마음의 완전함 및 영적인 죄들의 정화를 찾거나 소유하기 위해 노력하지 않습니다. 육적인 상태에서 비롯된 이 상태는 동물적인 것이 되는데, 그것은 더 좋지 않은 상황입니다. 주님은 냉담에서 미지근한 상태로 옮겨가는 사람이 한층 더 혐오스럽다고 말씀하셨습니다."

~ 18 ~
육욕적인 것과 동물적인 것의 차이에 관한 질문

게르마누스가 말했습니다: "육체와 영 사이에서 발생하는 싸움의 가치에 대해서는 우리가 납득할 수 있도록 충분히 설명하셨습니다. 이제 육욕적인 사람과 동물적인 사람의 차이, 그리고 동물적인 사람이 육욕적인 사람보다 더 악할 수 있다는 것에 대해 설명해 주십시오."

~ 19 ~
답변: 영혼의 세 가지 상태에 관하여

1. 다니엘 사부가 말했습니다: "성경의 정의에 의하면 영혼에게는 세 가지 상태가 있습니다. 즉 육욕적인 상태와 동물적인 상태와 영적인 상태입니다. 바울은 그것들을 다음과 같이 지칭했습니다. 육욕적인 사람들에 대해서는 '내가 너희를 젖으로 먹이고 밥으로 아니하였노니 이는 너희가 감당하지 못하였음이거니와 지금도 못하리라 너희는 아직도 육신에 속한 자로다 너희 가운데 시기와 분쟁이 있으니 어찌 육신에 속하여 사람을 따라 행함이 아니리요'(고전 3:2-3)라고 말합니다. 동물적인 사람에 대해서는 '육에 속한 사람은 하나님의 성령의 일들을 받지 아니하나니 이는 그것들이 그에게는 어리석게 보임이요'(고전 2:14)라고 말합니다. 그러나 영적인 사람에 대해서는 '신령한 자는 모든 것을 판단하나 자기는 아무에게도 판단을 받지 아니하느니라'(고전 2:15), '신령한 너희는 온유한 심령으로 그러한 자를 바로잡고 너 자신을 살펴보아 너도 시험을 받을까 두려워하라'(갈 6:1)고 말합니다.

2. "그러므로 우리는 세상에 속한 것을 버린 후 정욕적인 상태를 중단하려고 노력해야 합니다. 다시 말해서 세상 사람들의 생활방식과 육체의 더러움에서

벗어난 즉시 힘을 다해 영적 상태를 붙잡아야 합니다. 만일 그렇게 하지 않는다면 우리는 겉사람을 따라 자신이 이 세상을 버렸고 육욕적인 간음의 전염에서 벗어남으로써 완전함의 고지에 도달했다고 착각할 수도 있습니다. 그리고 그 직접적인 결과로서 다른 정념들을 바로잡는 일에 있어서 한층 더 해이하고 부주의하게 될 것이며, 그 둘 사이에서 영적 진보 상태에 도달할 수 없을 것이며, 이 세상의 생활방식과 쾌락을 버린 것처럼 보이는 것 및 타락과 육욕적인 교제를 면한 것만으로 충분히 완전함을 획득할 수 있다고 생각할 것입니다. 이처럼 가장 좋지 않다고 간주되는 미지근한 상태에 놓인 사람은 '네가 이같이 미지근하여 뜨겁지도 아니하고 차지도 아니하니 내 입에서 너를 토하여 버리리라'(계 3:16)고 하신 주님의 말씀에 따라 주님이 토해내실 것을 깨닫게 될 것입니다.

3. "주님이 사랑으로 받아들였으나 미지근해진 사람들을 본능적으로 토해버리겠다는 선언은 결코 지나친 말씀이 아닙니다. 그들은 주님에게 음식을 공급할 수 있었음에도 불구하고 주님에게서 토해지는 편을 선택했고, 음식으로 주님의 입에 들어간 적이 없는 사람들보다 더 좋지 않게 되었습니다. 이는 우리가 구역질을 하여 토해낸 음식이 더 혐오스러운 것과 같습니다. 찬 음식이라도 입안에서 따뜻하게 만들어 삼키면 건강에 유익한 결과를 초래합니다. 그러나 미지근하여 토해낸 음식은 멀리서 보아도 역겹기 때문에 우리는 결코 입술 가까이에 가져가지 않습니다.

4. "수도사라고 공언했지만 훈련규칙에 등장하는 완전함의 길을 제것으로 만들지 못하고 영적으로 뜨거운 열심을 소유하지 못한 사람들보다 육욕적인 사람, 즉 속인이나 이교도가 더 쉽게 회심할 것입니다. 그는 최소한 몸의 죄로 말미암아 치욕을 당했고, 자신이 육체적인 접촉으로 말미암아 더럽혀졌다는

것을 깨달았기 때문에 때때로 가책을 느끼며 서둘러 참된 정화의 근원과 완전함의 정상을 향합니다. 그는 자신이 처해 있는 냉랭한 불신앙의 상태를 두려워하며, 열정적인 영으로 쉽게 완전을 향해 날아갑니다. 5. 그러나 처음부터 미지근했으며 수도사라는 명칭을 남용하기 시작한 사람은 겸손과 열정을 가지고 수도의 길을 출발하지 않은 사람입니다. 이 끔찍한 병에 걸려 약해진 사람은 완전한 것을 맛보지 못할 것이며, 사람들의 권면에 의해 교훈을 받지 못할 것입니다. 이는 주님의 말씀처럼 그가 마음속으로 '나는 부자라 부요하여 부족한 것이 없다' (계 3:17a)라고 말하기 때문입니다. 6. 이 사람은 비참하고 불쌍하고 가난하고 눈 멀고 벌거벗은 사람입니다(계 3:17b). 그는 자신에게 잘못의 교정 및 누군가의 권면이 필요하다는 것을 깨닫지 못하기 때문에 속인보다 더 악하게 되었습니다. 이런 까닭에 그는 수도사라는 호칭이 자신에게 무거운 짐이라는 것 및 자신이 모든 사람들의 견해에 의해 짓눌림을 당하고 있다는 것을 알지 못하므로, 유익한 말에 의한 권면을 받아들이지 못합니다. 사람들이 그를 거룩하다고 믿으며 하나님의 친구로 여겨 존경하지만, 그는 장차 훨씬 더 가혹한 심판과 벌을 받을 것입니다.

7. "이미 잘 알고 있으며 경험에 의해 충분히 검증된 일들에 대해서 더 이상 숙고할 필요가 없습니다. 차갑고 육욕적인 사람들, 즉 속인들과 이교도들이 영적인 뜨거움을 획득하는 것을 종종 볼 수 있지만, 미지근하거나 동물적인 사람들이 영적인 뜨거움을 획득하는 것은 결코 볼 수 없습니다. 또 하나님은 이런 사람들을 매우 싫어하시기 때문에 학식 있는 영적인 사람들에게 이런 사람들을 가르치고 권면하는 일을 멈추며 해로운 찔레들이 무성하게 자란 메마른 땅과 같은 그들에게 유익한 구원의 말이라는 씨를 허비하지 말고 새 땅을 경작하라고, 즉 속인들과 이교도들에게 구원하는 말과 가르침을 행하라고 말

씀하십니다: '여호와께서 유다와 예루살렘 사람에게 이와 같이 이르노라 너희 묵은 땅을 갈고 가시덤불에 파종하지 말라'(렘 4:3).

~ 20 ~
좋지 못하게 포기한 사람들에 관하여

1. "마지막으로 많은 사람들이 세상을 버렸다고 하지만 세상의 지위와 의복만 바꿀 뿐 과거의 죄와 행위를 전혀 바꾸지 않는 것을 볼 수 있습니다. 그들은 이전에 소유하지 못했던 돈을 획득하기를 좋아하며, 과거에 소유했던 것을 없애지 않습니다. 게다가 가족들과 형제들을 부양하는 것이 옳은 일이라는 구실로 더 많은 것을 소유하려 합니다. 그들은 자신이 수도원장인 듯이 공동체를 세울 수 있을 것이라고 가정하고서 공동체를 설립한다는 구실 하에 재산을 비축합니다. 2. 만일 그들이 진실하게 완전의 길을 찾는다면 힘을 다해서, 즉 돈뿐만 아니라 과거에 좋아하던 것들과 분심까지도 버리고 벌거벗은 채 홀로 원로들의 지도를 받아야 하는데, 이는 다른 사람들뿐만 아니라 그들 자신에 대해서도 염려하지 않기 위해서입니다. 그러나 실상 그들은 형제들 가운데서 높은 지위를 차지하려고 노력하며 원로들에게 복종하지 않습니다. 그들은 처음부터 교만하게 형제들을 가르치려 하지만, 스스로를 가르칠 자격이 없으며 가르칠 만한 일을 행하지도 않습니다. 주님의 말씀처럼 그들은 눈 먼 사람을 인도하는 눈 먼 길잡이들입니다. 눈 먼 사람이 눈 먼 사람을 인도하면 둘 다 구덩이에 빠질 것입니다(마 15:14 참조).

3. "굳이 분류하자면 교만은 하나의 속genus이지만 두 개의 종species이 있습니다. 하나는 항상 엄숙함과 진지함을 모방하는 것이요, 또 하나는 어리석게도 억제하지 못하고 헤프게 웃는 것입니다. 전자는 고요한 것을 즐기지만, 후자

는 강요된 침묵을 경멸하며 부끄러운 줄 모르고 부적절하고 어리석은 말을 하면서도 다른 사람들보다 열등하거나 무식하다고 여겨지는 것을 부끄러워합니다. 전자는 교만 때문에 성직을 탐내며, 후자는 성직을 자신의 과거의 지위나 삶 또는 출생에 어울리지 않는다고 여겨 멸시합니다.

"이것들을 세밀하게 살펴보면 어느 것이 더 나쁜 것인지 결정할 수 있습니다. 4. 열심 때문이거나 게으름 때문이거나 윗사람의 명령을 거역하는 것은 동일한 불순종이며, 철야하기 위해서 수도 규칙을 범하는 것이나 잠을 자기 위해 수도 규칙을 범하는 것 모두 해롭습니다. 독서하기 위해서 수도원장의 명령을 범하는 것은 잠 자기 위해서 그 명령을 무시하는 것 못지않은 큰 잘못입니다. 또 금식하기 위해 형제를 등한히 하는 것은 음식을 먹기 위해 형제를 소홀히 하는 것과 동일한 교만입니다. 다만 고결하고 영적인 듯한 인상을 주는 잘못이 공개적으로 육욕적인 쾌락에서 비롯된 잘못보다 더 위험하며 치유하기 어렵습니다. 후자는 공개적으로 드러난 질병처럼 당장 책망하여 치유할 수 있지만, 전자는 덕을 가장하여 숨어 있기 때문에 치유할 수 없으며, 그것에 의해 위험하게 미혹된 사람들을 더 깊이 병들게 만듭니다.

~ 21 ~

중요한 것들을 무시하고 하찮은 것들에 몰두하는 사람들에 관하여

1. "한 가지 우스운 일을 말씀드리겠습니다. 어떤 사람들은 처음에 열심을 내어 많은 재산과 재물, 이 세상의 군대를 버리고 수도원에 들어간 후에도 이 세상에서 필요한 것들 및 철저히 버리지 못한 것들에 집착합니다. 그리하여 이런 것들에 대한 관심이 과거에 소유했던 재산을 향한 정념으로 발달합니다. 이런 사람들의 경우에 지나치게 많은 물건과 재산을 멸시한 것이 유익이 되지

못할 것입니다. 왜냐하면 그것들을 선호하는 감정들(이런 감정들 때문에 그것들이 멸시되어야 합니다)이 작고 하찮은 것들에게로 옮겨간 것에 불과하기 때문입니다. 2. 그들은 귀중한 것들과 관련하여 발휘할 수 없는 시기와 탐욕의 악덕을 사소한 것들과 관련하여 발휘함으로써 자신이 과거의 정념을 근절한 것이 아니라 교환한 데 불과함을 증명합니다. 그들은 멍석, 바구니, 모포, 책 등 하찮은 것들에게 지나치게 집착함으로써 전과 동일한 욕망에 묶여 지냅니다. 심지어 그것들을 빈틈없이 지키고 방어하려 하므로 그것들 때문에 형제를 못마땅하게 여기거나 말다툼을 하면서도 부끄러운 줄 모릅니다. 3. 그들은 여전히 탐욕이라는 질병을 앓기 때문에 수도사가 생명을 유지하기 위해 반드시 필요하다고 정해진 것을 소유하는 데 만족하지 못합니다. 그들은 마음으로 탐욕을 향하며 다른 사람들보다 더 매력적인 태도로 그러한 필수품들을 갖기 위해 노력하거나 형제들 모두의 공동 재산이 되어야 할 물건들을 마치 자기의 재산인 듯이 지키며 사람들이 만지지 못하게 합니다. 4. 이는 마치 탐욕이라는 정념이 해로운 것이 아닌 듯, 그리고 중요한 물건들과 관련하여 성내는 것이 허락되지 않으므로 하찮은 것들과 관련하여 성내는 것이 무죄하다는 듯, 그리고 하찮은 것들을 멸시하는 방법을 보다 쉽게 배우기 위해서 귀중한 것을 버린 것이 아닌 듯합니다. 중요한 재산을 바라는 것이나 하찮은 것을 바라는 것의 차이점은 중요한 것을 멸시했지만 작은 것들에 얽매이는 사람이 더 비난을 받아야 한다고 간주된다는 점이 아닙니까? 그러므로 이런 식의 버림으로는 완전한 마음을 성취하지 못합니다. 왜냐하면 그런 마음은 가난한 자의 재산을 소유하고 있지만 부자의 의지를 내려놓지 않았기 때문입니다."

담화 5

사부 세라피온의 담화

여덟 가지 악덕에 관하여

~ 1 ~

세라피온 사부의 수실에 도착하여
악덕들의 종류 및 그것들의 공격에 대해 질문함

그 매우 늙은 노인들의 공동체 안에 분별의 은사를 가진 세라피온이라는 사람이 있었는데, 그분의 담화를 기록하는 것이 가치있는 일이라고 생각됩니다. 우리는 그분에게 악덕들의 공격에 대해 그것들의 근원과 원인들을 조명해줄 말을 부탁했습니다. 그분은 다음과 같이 말씀을 시작하셨습니다:

~ 2 ~

세라피온이 열거한 여덟 가지 주요 악덕들

"인간을 공격하는 주요 악덕은 여덟 가지입니다. 첫째는 탐식, 즉 게걸스럽게 먹는 것입니다. 둘째는 음란입니다. 셋째는 탐욕, 즉 돈을 사랑하는 것입니다. 넷째는 분노요, 다섯째는 슬픔입니다. 여섯째는 권태acedia, 즉 마음의 불안이나 피로입니다. 일곱째는 허영cenodoxia이요, 여덟째는 교만입니다.

~ 3 ~
두 종류의 악덕 및 그것들이 작용하는 네 가지 방식

"이 악덕들은 두 종류, 즉 탐식처럼 자연적인 것과 탐욕처럼 비정상적인 것으로 나뉩니다. 그것들의 작용에는 네 종류가 있습니다. 탐식과 음란은 육체의 활동이 없으면 완성되지 못합니다. 그러나 교만과 허영은 육체적인 활동 없이 완성될 수 있습니다. 탐욕과 분노의 원인은 외부로부터 옵니다. 그러나 권태와 슬픔은 내면에서 생겨납니다.

~ 4 ~
탐식과 간음이라는 정념의 개요

1. "이것을 우리가 간단한 논의에 의해, 그리고 성경 본문에 의해서 살펴보겠습니다.

"탐식과 음란은 본성적으로 내면에 존재하는 것이지만(왜냐하면 때때로 그것들이 정신으로부터의 도발이 없이 발생하지만 그 원인은 육체의 부추김과 갈망에 있기 때문입니다), 그럼에도 불구하고 그것들이 완성되려면 외적인 것이 필요하며 그렇기 때문에 그것들은 육체적 활동을 통해 작용합니다: '오직 각 사람이 시험을 받는 것은 자기 욕심에 끌려 미혹됨이니 욕심이 잉태한즉 죄를 낳고 죄가 장성한즉 사망을 낳느니라'(약 1:14-15). 2. 만일 첫째 아담에게 먹을 것이 없어서 즉시 불법하게 악용하지 못했다면 그는 탐식에 미혹되지 않았을 것이며, 또 시험하는 자가 둘째 아담에게 '네가 만일 하나님의 아들이어든 명하여 이 돌들로 떡덩이가 되게 하라'(마 4:3)고 말하며 물질로 유혹하지 않았을 것입니다. 음란 역시 몸을 수단으로 하여 행해집니다. 하나님은 음란의 영과 관련하여 욥에게 '그것의 힘은 허리에 있고 그 뚝심은 배의 힘줄에 있고'(욥 40:16)라고 말씀하셨습니다. 3. 그러므로 특히 육체를 수단으로 삼는 이 두 가지 악덕은 영혼의 영적 관심뿐만 아니라 육체적인 금욕도 필요로 합니다. 왜냐하면 정신집중만으로 그것들의 재촉을 제어할 수 없기 때문입니다(분노나 슬픔 등의 정념은 육체에 고통을 가하지 않고 정신적인 노력만으로 몰아낼 수 있습니다). 육적인 훈련이 그것을 도와야 하는데, 이것은 금식, 철야, 보속행위 등에 의해 성취되며, 여기에 한적한 장소에서 사는 것이 더해집니다. 왜냐하면 그것들이 몸과 영혼의 잘못을 통해 생성되듯이, 몸과 영혼의 수고에 의해서만 극복될 수 있기 때문입니다.

4. "바울은 시기와 분냄과 이단을 육체의 행위로 열거했고 모든 악덕들이 육욕적인 것이라고 선언했습니다(갈 5:19-21 참조). 그러나 그것들의 본질 및 치유책을 보다 잘 이해하기 위해서 그것들을 두 종류로 구분할 수 있습니다. 그것들 중 일부는 육욕적이고, 어떤 것들은 영적입니다. 육욕적인 것들은 특히 육체의 즐거움이나 감정들과 관련됩니다. 육체는 그것들에 의해 욕구를 충족시키고 기쁨을 누리기 때문에 때로는 평화로운 정신을 자극하여 자신의 뜻을 묶인하게 만듭니다. 5. 이것들에 대해 바울은 '전에는 우리도 다 그 가운데서 우리 육체의 욕심을 따라 지내며 육체와 마음의 원하는 것을 하여 다른 이들과 같이 본질상 진노의 자녀이었더니'(엡 2:3)라고 말합니다.

"오로지 영혼의 자극을 받아 생겨난 것으로서 육체에 쾌락을 주지 않을 뿐만 아니라 심각한 고통을 가하며 병든 영혼에게 가련한 즐거움이라는 음식을 제공하는 것들을 영적 악덕이라고 부릅니다. 그러므로 이것들에게는 단순한 마음이라는 약이 필요하며, 육욕적인 것들은 앞에서 말한 것처럼 두 가지 치료법이 있습니다. 이런 까닭에 깨끗함을 얻기 위해 노력하는 사람들은 우선 이 육욕적인 정념들을 제거해야 합니다. 육욕적인 정념들은 병든 영혼 안에 동일한 정념들을 일으키는 원인이 되거나 그것들을 기억하게 만들 수 있습니다. 6. 두 가지 질병에는 두 가지 치료가 필요합니다. 정욕이 행위로 발전하는 것을 막으려면 몸에서 유혹적인 심상들과 물질을 제거해야 하며, 같은 이유로 영혼이 생각 속에 정욕을 품지 못하게 하려면 성경을 더욱 세심하게 묵상하는 것, 항상 깨어 있음, 그리고 독수도 생활이 필요합니다. 그러나 다른 악덕들의 경우에는 사람들과 함께 지내는 것이 해롭지 않으며, 심지어 그러한 악덕들의 제거를 원하는 사람들에게 큰 도움이 되기도 합니다. 왜냐하면 다른 사람들의 존재가 그것들을 책망하기 때문이며, 또 비록 더 쉽게 악화되었더라도 속히 치유됩니다.

~ 5 ~
죄없이 시험받은 유일한 분이신 주님

"바울은 예수 그리스도가 '모든 일에 우리와 똑같이 시험을 받으신 이로되 죄는 없으시니라'(히 4:15)고 말했습니다. 즉 그리스도는 우리가 원하지 않지만 피할 수 없이 우리를 찌르는 육체적인 욕정의 공격을 경험하신 적이 없으므로 이 정념에 감염되지 않으셨습니다. 이는 그분은 우리와 같은 수태와 임신 과정을 경험하시지 않았기 때문입니다. 그분의 수태 과정에 대해 천사는 '성령이 네게 임하시고 지극히 높으신 이의 능력이 너를 덮으시리니 이러므로 나실 바 거룩한 이는 하나님의 아들이라 일컬어지리라'(눅 1:35)고 말했습니다.

~ 6 ~
마귀가 주님을 공격하는 데 사용한 시험의 종류

1. "하나님의 명령을 어기고 자신의 잘못으로 말미암아 타락하여 하나님의 형상과 모양이 훼손된 후에 아담을 얽맨 정념들이 아니라 그가 아직 존중되어야 할 하나님의 형상을 향유하고 있을 때 그를 시험하는 데 사용된 것과 동일한 정념들, 즉 탐식과 허영과 교만에 의해 그리스도─썩지 않을 하나님의 형상과 모양을 소유하신 분─가 시험을 받으셔야 했습니다. 아담은 탐식 때문에 금지된 나무의 열매를 먹었고, 허영은 '너희 눈이 밝아져'(창 3:5a)라는 말로 유혹하고, 교만은 '하나님과 같이 되어 선악을 알게 될 것이다'(창 3:5b)라고 유혹했습니다. 2. 주님도 이 세 가지 악덕에 의해 시험을 받으셨습니다. 마귀가 '이 돌들로 떡덩이가 되게 하라'(마 4:3)고 말할 때 탐식에 의해서, '네가 만일 하나님의 아들이어든 뛰어내리라'(마 4:6)고 말할 때 허영심에 의해서, 그리고 지극히 높은 산으로 가서 천하 만국과 그 영광을 보여 주며 '만일 내게 엎드려 경배하면 이 모든 것을 네게 주리라'(마 4:9)고 말할 때 교만에 의해 시험을 받으셨습니다. 이 세 가지 시험의 공격을 받으신 주님은 자신의 본보기에 의해서 시험하는 자를 정복하는 방법을 가르쳐 주셨습니다.

"그러므로 전자와 후자 모두 아담이라고 불립니다. 전자는 멸망과 죽음으로 나간 최초의 인물이요, 후자는 부활과 생명으로 나간 첫째 인물이었습니다. 3. 전자로 말미암아 인류가 정죄되었고, 후자로 말미암아 인류가 자유를 얻었습니다. 전자는 경작되지 않은 본래 그대로의 흙으로 만들어졌고, 후자는 동정녀 마리아에게서 태어나셨습니다. 따라서 그분이 시험을 받는 것이 당연했지만 과도한 시험이 필요하지 않았습니다. 탐식을 정복한 사람은 음란에 의해 시험을 받을 수 없습니다. 왜냐하면 음란은 포식에서 비롯되기 때문입니다.

만일 첫째 아담이 마귀의 유혹에 넘어가지 않았다면 이것의 공격을 받지 않았을 것이며, 그것을 발생시키는 정념에 빠지지 않았을 것입니다.

"이런 까닭에 바울은 하나님의 아들이 죄 있는 육신으로 오신 것이 아니라 '죄 있는 육신의 모양으로'(롬 8:3)오셨다고 말합니다. 그분은 진정한 육신을 가지고 계셨습니다. 다시 말해서 그분은 먹고 마시고 잠자셨고 실제로 못 박히셨습니다. 그러나 그분에게 범법 행위로 말미암은 죄가 있었던 것이 아니라 그런 것처럼 보이는 것이 있었습니다. 4. 우리가 원하지 않을 때 본성의 작용 때문에 생겨나는 육욕적인 욕구의 치열한 공격을 그분은 경험하지 않으셨습니다. 그분은 우리의 본성에 참여하심으로 말미암아 그와 비슷한 것을 경험하셨습니다. 그분이 우리의 상태와 관련된 모든 일을 행하시고 인간적인 약함을 지니고 계셨기 때문에 이 정념에도 예속되신다고 생각되었고, 이러한 약함 안에서 육신 안에 이 악덕과 죄를 지니고 다니시는 듯이 보였습니다. 5. 마귀는 자신이 첫 사람을 넘어뜨릴 때 사용한 것에 의해 그분이 유혹받는다면 다른 면에서도 조롱받게 만들 수 있다고 짐작하고서 첫 사람을 유혹할 때 사용했던 악덕들로 그분을 시험했습니다. 그러나 마귀는 첫 번째 싸움에서 패했기 때문에 그 주요한 악덕의 뿌리에서 솟아나는 두 번째 질병을 그분에게 감염시킬 수 없었습니다. 마귀는 그분이 죄의 씨앗과 뿌리를 소유하지 않고 계심을 깨달았기에 이 질병의 첫 단계들이 그분을 공격하지 못했다는 것, 그리고 그분에게서 죄의 열매를 기대할 수 없다는 것을 알았습니다.

6. "누가는 주님이 받으신 마지막 시험이 '네가 만일 하나님의 아들이어든 여기서 뛰어내리라'(눅 4:9)였다고 기록하는데, 이것은 교만의 정념으로 이해될 수 있습니다. 마태가 세 번째로 기록한 것, 누가복음에서 마귀가 순식간에 천하만국을 보여주면서 약속한 것은 탐욕의 정념으로 여길 수 있습니다. 탐

식이 정복되었으므로 음란으로 그분을 이길 수 없었으며, 그렇기 때문에 마귀는 모든 악의 뿌리라고 알고 있는 탐욕을 사용했습니다. 이 시험에서도 실패한 마귀는 탐욕의 뿌리와 줄기에서 솟아나온다고 알고 있는 다른 악덕들로 그분을 공격하지 못하고 마지막 정념인 교만을 사용했습니다. 마귀는 완전한 사람들 및 모든 악덕들을 정복한 사람들을 교만에 의해서 쓰러뜨릴 수 있다고 여겼습니다. 마귀는 루시퍼였던 자신이 선행하는 다른 정념들의 선동을 받지 않은 채 교만 때문에 많은 천사들과 함께 하늘로부터 내던짐당했음을 기억했습니다. 7. 누가복음에 묘사된 순서에 의하면 교활한 원수가 첫째 아담과 둘째 아담을 공격한 유혹과 시험들의 형태가 매우 일치합니다. 마귀는 전자에게 '네 눈이 열릴 것이다'라고 말했고, 후자에게 '천하 만국과 그 영광을 보여'(마 4:8) 주었습니다. 창세기에서 마귀는 '너희가 하나님과 같이 될 것이다'라고 말하고, 누가복음에서 '네가 만일 하나님의 아들이어든'이라고 말합니다.

~ 7 ~
몸의 활동이 없이 허영과 교만이 절정에 달할 수 있다는 것

1. "탐식 및 주님이 받으신 시험들에 대해 설명하기 위해서 중단했던 바 다른 정념들의 영향에 대해서 제시했었던 것과 동일한 순서로 말해봅시다. 허영과 교만은 몸의 활동이 없이 완성됩니다. 칭찬과 인간적인 영광을 얻으려는 목적 때문에 사로잡힌 영혼의 멸망을 초래하는 이것들이 육신의 활동을 필요로 할 이유가 없습니다. 2. 옛날 루시퍼가 정신과 생각 안에서만 품었던 교만 안에 육적인 활동이 있었습니까? 선지자는 '네가 네 마음에 이르기를 내가 하늘에 올라 하나님의 뭇 별 위에 내 자리를 높이리라 내가 북극 집회의 산 위에 앉으리라 가장 높은 구름에 올라가 지극히 높은 이와 같아지리라 하는도

다'(사 14:13-14)라고 말했습니다. 아무도 그를 자극하여 교만에 이르게 하지 않았습니다. 특히 그는 그 후 어떤 포악한 행위도 추구하려 하지 않았으므로 그의 죄와 영원한 멸망은 오로지 생각 속에 있었습니다.

~ 8 ~
비정상적인 탐욕, 그리고 그것과 본성적인 악덕들의 차이점에 관하여

1. "탐욕과 분노의 본성이 동일하지 않지만(탐욕은 비본성적인 것이요, 분노의 근원은 우리의 내면에 있습니다), 그것들을 야기하는 원인들이 주로 외부에 있으므로 그 둘은 비슷한 방식으로 생겨납니다. 흔히 다소 약한 사람들은 사람들이 자기들을 짜증나게 만들거나 선동하기 때문에 이 악덕들에 빠진다고, 그리고 사람들의 도발 때문에 분노나 탐욕으로 몰려간다고 불평합니다.

"그러나 탐욕이 비본성적인 것이라는 점은 그것의 근원이 우리 안에 있지 않다는 사실, 그리고 영혼과 육체의 소유와 관련된 것이 아니라 삶에 속한 물질과 관련된 것에서 솟아난다는 사실을 보면 분명히 드러납니다. 2. 일상적인 음식과 음료 외에 다른 것들은 우리의 공통 본성에 속한 욕구 및 실용성과 관련이 없습니다. 그러므로 본성과 관련이 없는 이 탐욕만이 미지근하고 주춤거리는 수도사를 괴롭힙니다. 반면에 본성적인 것들은 심지어 검증된 수도사들 및 사막에서 살고 있는 사람들까지도 끊임없이 시험합니다. 3. 우리는 탐욕에서 완전히 벗어난 이교 민족들을 알고 있습니다. 이는 그들이 관습적으로든지 쓰임새로든지 이 악덕에 의해 괴롭힘을 받은 적이 없기 때문입니다. 노아의 홍수보다 훨씬 오래 전에 존재했던 처음 세상에는 탐욕의 광기가 존재하지 않았습니다.

"우리들 중에 포기를 제대로 실천하여 재산을 모두 버렸고 수도훈련을 향한 갈망 때문에 자신을 위해서 1 데나리온도 남겨두려 하지 않은 사람에게서 탐욕이 완전히 소멸되었음이 입증되었습니다. 4. 이 사실을 증명해줄 수 있는 증인들이 무척 많습니다. 그들은 재산을 모두 버리고 탐욕을 완전히 제어하여 조금도 괴롭힘을 받지 않게 된 후에도 계속 탐식과 싸웁니다. 그들이 마음을 집중하고 몸을 자제하면서 싸우지 않으면, 안전할 수 없을 것입니다.

~ 9 ~
노염과 슬픔, 그리고 그것들이 외부로부터
도발된 악덕들 가운데 속하지 않는다는 것에 관하여

"슬픔과 권태는 외부의 도발에 의해 발생하는 것이 아닙니다. 그것들이 독수도사들, 그리고 사람들과 접촉하지 않고 사막에서 사는 사람들까지도 호되게 괴롭힌다고 알려져 있습니다. 사막에서 살면서 속사람의 다툼을 경험한 사람이라면 경험을 통해 이것이 사실임을 증언할 것입니다.

~ 10 ~
여섯 가지 악덕의 조화,
그리고 그것들과 조화를 이루지 않는 두 가지 악덕의 관계

1. "이 여덟 가지 악덕들은 각기 그 기원이 다르고 작용도 상이하지만, 처음 여섯 가지-탐식, 음란, 탐욕, 분노, 슬픔, 권태-는 일종의 관련성에 의해 서로 연결되어 있으므로 한 가지 악덕의 범람이 다음 악덕의 출발점이 됩니다. 과도한 탐식에서 음란이 생겨나고, 음란에서 탐욕이, 탐욕에서 분노가, 분노에서 슬픔이, 슬픔에서 권태가 생겨납니다. 그러므로 동일한 방식과 방법으로 그것들을 대적해야 하며, 선행하는 악습부터 공격하여 그 뒤에 등장하는 악습들을 차례로 공격해야 합니다. 2. 키가 크고 줄기가 굵어 해를 끼치는 나무를

제거할 때 땅을 파서 뿌리를 자르면 수액이 흐르지 못하여 말라 죽습니다.

"권태를 정복하려면 슬픔을 극복해야 하며, 슬픔을 몰아내려면 분노를 몰아내야 하며, 분노를 없애려면 탐욕을 밟아 뭉개야 하며, 탐욕을 근절하려면 음란을 억눌러야 하며, 음란을 제거하려면 탐식을 징계해야 합니다.

3. "나머지 두 개의 악덕, 즉 허영과 교만도 앞에서 언급했던 악덕들과 비슷한 방식으로 연결되어 있습니다. 즉 첫째 악덕의 성장이 둘째 악덕의 출발점이 됩니다. 허영의 넘침이 교만의 출발점이 됩니다. 그러나 이 둘은 앞의 여섯 가지 악덕들과 완전히 다르며 그것들과 제휴되지도 않습니다. 왜냐하면 이 둘은 그것들에 의해 생성되지 않을 뿐만 아니라 생겨나는 방식과 순서도 그것들과 반대되기 때문입니다. 여섯 가지 악덕들이 근절되면 이것들이 한층 더 솟아나며, 전자들이 죽을 때 이것들은 더 활기차게 성장합니다. 4. 이런 까닭에 이 두 가지 악덕이 우리를 공격하는 방식도 다릅니다. 우리는 여섯 가지 악덕들 중 선행하는 악덕에 미혹된 후에 다음 악덕에 빠지지만, 승리했을 때 이 두 가지 악덕에 빠질 위험에 처합니다. 각각의 악덕은 전에 공격했던 악덕의 증가로 말미암아 잉태되므로 전의 것이 감소될 때 제거됩니다. 그러므로 교만을 몰아내려면 허영을 질식시켜 죽여야 합니다. 선행하는 악덕들이 극복될 때 뒤따르는 악덕들이 무력해지며, 선행하는 악덕들이 근절될 때 남은 정념들은 노력하지 않아도 시들어 사라집니다. 5. 이 여덟 가지 악덕들은 이미 언급한 구조에 따라 서로 연결되고 결합되지만, 특히 네 쌍으로 구분됩니다. 음란은 탐식과 특별한 관계로 연결되며, 분노는 탐욕에 묶여 있고, 권태는 슬픔과, 교만은 허영과 밀접하게 연결되어 있습니다.

~ 11 ~
각각의 악덕의 근원과 특징

1. "각 종류의 악덕들에 대해 살펴보겠습니다. 탐식에는 세 종류가 있습니다. 첫째 종류의 탐식은 수도사로 하여금 정해진 시간이 되기 전에 서둘러 음식을 먹게 만듭니다. 둘째 탐식은 먹을 수 있는 음식을 배불리 먹어야 만족합니다. 셋째 탐식은 미식을 추구합니다. 수도사가 이 세 종류의 탐식에서 벗어나기 위해 부지런히 세심하게 노력하지 않는 한 이것들은 적지 않은 손해를 초래합니다. 정시과定時課 이전에 금식을 깨지 말아야 하듯이, 배불리 먹는 것과 값비싼 고급 음식을 준비하는 것을 피해야 합니다. 이 세 종류의 탐식에서부터 영혼의 건강에 매우 좋지 않은 상태들이 형성됩니다. 2. 첫째 탐식에서 수도원에 대한 미움이 생겨나며, 아울러 동일한 거처에 대한 두려움 및 그것을 참고 견디지 못하는 태도가 자라며, 곧 수도원을 떠나는 일이 발생합니다. 둘째 탐식에서 음탕하고 악한 욕망이 생겨납니다. 셋째 탐식은 그 포로의 목에 탐욕이라는 제거할 수 없는 멍에를 얹어놓으며, 수도사가 그리스도의 철저한 궁핍에 뿌리내리는 것을 허락하지 않습니다.

"형제에게서 식사 초대를 받았을 때 주인이 준비한 음식에 만족하지 못하여 다른 조미료를 추가하라고 요구할 때 우리 안에서 이 정념의 흔적들을 볼 수 있습니다. 3. 이런 일이 일어나서는 안 되는 이유가 세 가지입니다. 우선 수도사의 정신은 인내와 훈련에 익숙해야 하며 바울의 말처럼 어떤 처지에서도 스스로 만족하는 법을 배워야 합니다(빌 4:11 참조). 음식이 맛이 없으면 화를 내며 잠시도 혀의 즐거움을 억제하지 못하는 사람은 숨겨져 있는 몸의 더 큰 욕망들을 통제할 수 없습니다. 둘째, 특정한 때 자신이 요구하는 것이 없을 때 이 사실을 하나님에게만 알려야 함에도 불구하고 주인에게 알림으로써 그로 하여금 자신의 궁핍함과 검소함을 부끄럽게 만들 수 있습니다. 셋째, 이따금 우리가 추가해 달라고 요구한 양념이 다른 사람들의 기호에 맞지 않을 수 있으며, 또 폭식하려는 우리의 요구를 충족시키기 위해 많은 사람들을 귀찮게 만든다는 것을 발견하기 때문입니다. 그러므로 우리 안에 있는 이러한 뻔뻔함을 철저히 훈련해야 합니다.

4. "음란에는 세 종류가 있습니다. 첫째 음란은 이성간의 결합에서 발생합니다. 둘째 음란은 이성과의 접촉 없이 발생합니다. 하나님은 이것 때문에 족장 유다의 아들 오난을 죽이셨습니다(창 38:9-10). 성경에서 이것은 더러움 impurity이라고 불립니다. 바울은 이것에 대해서 '내가 결혼하지 아니한 자들과 과부들에게 이르노니 나와 같이 그냥 지내는 것이 좋으니라 만일 절제할 수 없거든 결혼하라 정욕이 불같이 타는 것보다 결혼하는 것이 나으니라'(고전 7:8-9)고 말합니다. 셋째 음란은 영혼과 정신 안에서 발생하는 것으로서 주님이 '음욕을 품고 여자를 보는 자마다 마음에 이미 간음하였느니라'(마 5:28)고 말씀하신 것입니다.

5. "바울은 이 세 종류의 음란을 동일한 방식으로 제거해야 한다고 말합니다: '땅에 있는 지체를 죽이라 곧 음란과 부정과 사욕과 악한 정욕과 탐심이니'(골 3:5). 그는 에베소서에서 이것들 중 둘에 대해 말합니다: '음행과 온갖 더러운 것과 탐욕은 너희 중에서 그 이름조차도 부르지 말라'(엡 5:3); '너희도 정녕 이것을 알거니와 음행하는 자나 더러운 자나 탐하는 자 곧 우상 숭배자는 다 그리스도와 하나님의 나라에서 기업을 얻지 못하리니'(엡 5:5). 6. 이 세 종류의 음란을 동등하게 주의를 기울여 감시해야 합니다. 그 중 한 가지만 범해도 그리스도의 나라에 들어가지 못합니다.

"탐욕에도 세 종류가 있습니다. 첫째 탐욕은 우리가 재산을 버리는 것을 허락하지 않습니다. 둘째 탐욕은 한층 더 큰 시기심을 동원하여 이미 가난한 사람들에게 나누어준 것을 되찾으라고 설득합니다. 셋째 탐욕은 전에 소유하지 못했던 것을 바라고 획득할 것을 요구합니다.

7. "분노에도 세 종류가 있습니다. 첫째는 안에서 타오르는 것인데 헬라어로 θυμος입니다. 둘째는 말과 행동으로 표출되는 것인데 이것을 οργη라고 합니다. 바울은 이것들에 대해서 '이제는 너희가 이 모든 것을 벗어 버리라 곧 분함과 노여움과 악의와 비방과 너희 입의 부끄러운 말이라' (골 3:8)라고 말합니다. 셋째는 단기간에 끝나지 않고 여러 날 또는 여러 계절 동안 계속되는 것으로서 헬라어로 μηνις라고 합니다. 8. 우리는 이것들 모두를 동일하게 두려워하고 정죄해야 합니다.

"슬픔에는 두 종류가 있습니다. 첫째, 분노가 멈춘 후에, 또는 받은 상처에서, 또는 소원이 좌절되거나 수포로 돌아갔을 때 생기는 슬픔이 있습니다. 또 다른 하나의 슬픔은 정신적으로 비이성적인 극심한 괴로움이나 절망에서 생겨납니다. 권태에는 두 종류가 있습니다. 하나는 감정적으로 끓어오르고 있는 사람들을 잠들게 하고, 또 하나는 수도사로 하여금 수실을 버리고 도망치라고 권합니다.

"허영의 형태는 가지각색이고 다양하며 여러 개로 세분되지만, 그 종류는 두 가지입니다. 첫째 형태는 우리로 하여금 육욕적이고 외적인 것들 때문에 우쭐하게 만드는 데 사용됩니다. 둘째 형태는 영적이고 은밀한 것들 때문에 헛된 칭찬을 받으려는 희망을 갖게 하는 데 사용됩니다.

~ 12 ~
어떻게 허영이 유익을 줄 수 있는지에 관하여

1. "그러나 어떤 면에서 초심자들, 즉 아직 육욕적인 악덕들의 자극을 받고 있는 사람들에게는 허영이 유익합니다. 만일 그들이 음란의 영으로부터 거듭 공격을 받을 때 들은 말 덕분에 사제직의 권위 또는 그들이 흠이 없고 거룩하다고 믿는 사람들의 견해를 생각한다면, 또는 이러한 생각 때문에 그들이 욕망의 더러운 충동들을 저급하다거나 자신의 이름이나 지위에 어울리지 않는다고 판단하여 거부한다면, 그들은 작은 악에 의해 큰 악을 억제하게 될 것입니다. 음란의 불 속에 떨어지는 것보다는 허영의 공격을 받는 편이 낫습니다. 음란 때문에 멸망한 사람은 구출될 수 없으며, 혹 구출된다 해도 간신히 구출될 것입니다. 2. 어느 선지자는 하나님의 이름으로 '내 이름을 위하여 내가 노하기를 더디 할 것이며 내 영광을 위하여 내가 참고 너를 멸절하지 아니하리라'(사 48:9)고 말하면서 이러한 의미를 훌륭하게 표현했는데, 그것은 '네가 허영의 칭찬에 얽매이는 한 치명적인 대죄를 범하여 지옥 깊은 곳에 떨어지는 일이 없을 것이다' 라는 의미입니다.

"이 정념은 매우 강력하기 때문에 서둘러 음란을 몰아내려 하는 사람을 억제할 수 있습니다. 많은 사람들의 경험에 의하면 이 질병에 걸린 사람은 지칠 줄 모르기 때문에 이틀이나 사흘 동안의 금식을 예사로 여깁니다. 3. 이 사막에는 시리아에서 공주수도사로 생활할 때 닷새 동안 음식을 먹지 않고 지낼 수 있었는데 지금은 제3시가 되면 너무 배가 고파서 9시가 될 때까지 제대로 금식할 수 없다고 인정하는 사람들이 있습니다. 공주수도원에서는 배고픔을 느끼지 않았고 한 주일 내내 음식 먹는 것을 경멸하면서 살았었는데 이제 제3시에 배고픔을 느끼는 이유를 물었을 때 마카리우스는 다음과 같이 대답했습니

다: '이곳에는 당신이 금식하는 것을 보고 칭찬하며 지지해주는 사람이 없지만, 과거 그곳에서는 사람들의 관심과 허영이라는 음식이 당신을 가득 채워주었기 때문입니다.'

4. "허영이 출현하면 음란이 쫓겨간다는 사실을 보여주는 예가 열왕기에 있습니다. 앗시리아의 왕 느부갓네살이 애굽에서 올라와 포로생활을 하던 이스라엘 백성을 애굽 왕 느고에게서 구출하여 자기 나라로 데려갔습니다. 그것은 그들에게 자유를 주어 고국으로 돌아가게 하려는 것이 아니라 애굽 땅에서 포로로 잡혀 지내던 곳보다 한층 더 멀리 떨어진 그의 나라로 이송될 사람들을 인도하게 하기 위해서였습니다(왕하 23~24장 참조). 이 일을 다음과 같이 이해할 수 있습니다. 음란에 예속되기보다는 허영에 예속되는 편이 더 견딜 만하지만 허영의 지배에서 도망치는 편이 더 어렵습니다. 5. 왜냐하면 비교적 오랫동안 포로로 잡혀 지낸 사람이 고향으로 돌아가 자유를 회복하는 것이 그리 쉽지 않을 것이기 때문입니다. 선지자가 그에게 '네가 어찌하여 남의 나라에서 늙어 가느냐?'(바룩 3:10)라고 책망한 것이 당연하지 않습니까? 세상의 악덕들이 제거되지 않은 사람을 남의 나라에서 늙은 사람이라고 지칭할 수 있습니다.

"교만에는 육욕적인 것과 영적인 것 두 종류가 있는데, 영적인 교만이 더 위험합니다. 왜냐하면 그것은 특히 일부 덕목에 있어서 진보한 사람들을 공격하기 때문입니다.

~ 13 ~
각각의 악덕들의 공격의 차이점

"이 여덟 가지 악덕들이 인류를 괴롭히지만, 그것들이 각 사람을 공격하는 방법은 동일하지 않습니다. 어떤 사람에게서는 음란의 영이 우세하고, 어떤 사람에게서는 분노가, 또 어떤 사람에게서는 허영이, 또 다른 사람에게서는 교만이 지배합니다. 우리 모두가 이 모든 악덕들의 공격을 받지만, 공격받는 방식은 각기 다릅니다.

~ 14 ~
악덕들의 공격에 대처하는 싸움에 관해

1. "그러므로 각 사람은 자신을 특별히 공격하는 악덕을 찾아내어 주로 그것을 공격하고 싸워야 합니다. 그는 그 싸움에 정신을 집중하고 그것을 지켜보며, 매순간 신음의 화살과 마음의 탄식을 무기로 삼아 휘두르며, 철야와 마음의 묵상으로 대적하며, 끊임없이 눈물을 흘리며 하나님께 기도하면서 그 공격을 정지시켜 달라고 요구해야 합니다. 2. 물론 정념을 완전히 제거하기 위해서 밤낮 정신을 집중하고 신중해야 하지만, 자신의 부지런함과 노력에 의해 싸움에서 승리할 수 없다는 것을 이해하기 전에는 정념에 대해 승리할 수 없습니다.

"그 정념에서 벗어났음을 발견할 때 그는 마음의 은밀한 곳들을 강력하게 비추고 밝히며 아직도 남아 있는 한층 더 끔찍한 것을 찾아내어 성령의 무기를 가지고 그것을 대적해야 합니다. 그리하여 더 강한 원수들을 정복하면 남은 원수들을 한층 더 신속하고 쉽게 정복할 수 있을 것입니다. 왜냐하면 연속적인 승리로 말미암아 정신이 강해졌고, 약한 원수들과의 싸움은 이후 전쟁에서 보다 쉽게 승리하는 데 도움이 되기 때문입니다. 3. 이 세상 왕들 앞에서 상을 받기 위해 짐승들과 싸우는 데 익숙한 사람들의 경우가 그러합니다. 이런 사람들은 강하고 사나운 짐승들을 먼저 공격합니다. 그것들을 죽인 후에 남아 있는 짐승들, 그것들만큼 무섭거나 공격적이지 않은 짐승들을 보다 쉽게 죽일 수 있습니다. 마찬가지로 강력한 악덕들을 정복한 후 약한 악덕들의 공격을 받을 때 우리는 어렵지 않게 완전한 성공을 거둘 것입니다.

"그러나 주로 하나의 악덕을 대적하여 싸울 뿐 다른 악덕들의 공격에 주의를 기울이지 않는 것처럼 보이는 사람이 예기치 못한 순간에 더 쉽게 상처를 입을 수 있다고 생각하지 마십시오. 4. 그런 일은 결코 발생하지 않을 것입니다. 왜냐하면 마음의 정화에 관심을 갖고 특정한 악덕을 대적하기 위해 정신을 무장한 사람이 다른 악덕들을 두려워하지 않으며 그것들과 관련하여 경계하지 않는다는 것은 불가능한 일이기 때문입니다. 다른 악덕들에 감염됨으로 말미암아 정화의 상을 받을 자격이 없게 된 사람이 어찌 자신에게서 제거하고자 하는 정념을 정복하고 승리할 자격이 있을까요? 어쨌든 마음이 주로 특정의 정념을 대적하는 싸움에 관심을 기울이고 있을 때 우리는 보다 더 부지런히 그것을 지켜보며 신속한 승리를 얻기 위해서 주로 그것에 대해 열심히 기도하고 특별히 주의를 기울여 간구할 것입니다. 5. 모세는 우리 자신의 힘을 신뢰하지 말고 이 전쟁 계획을 고수하라고 가르칩니다: '너는 그들을 두려워하지 말라 너희의 하나님 여호와 곧 크고 두려운 하나님이 너희 중에 계심이니라 네 하나님 여호와께서 이 민족들을 네 앞에서 조금씩 쫓아내시리니 너는 그들을 급히 멸하지 말라 들짐승이 번성하여 너를 해할까 하노라 네 하나님 여호와께서 그들을 네게 넘기시고 그들을 크게 혼란하게 하여 마침내 진멸하시고' (신 7:21-23).

~ 15 ~
하나님의 도움이 없으면 악덕들을 대적할 수 없다는 것,
그리고 그것들과의 싸움에서 이겼을 때 교만하지 말아야 한다는 것

1. "모세는 그들을 이기고 승리했음을 자랑하지 말라고 경고합니다: '네가 먹어서 배부르고 아름다운 집을 짓고 거주하게 되며 또 네 소와 양이 번성하며 네 은금이 증식되며 네 소유가 다 풍부하게 될 때에 네 마음이 교만하여 네 하나님 여호와를 잊어버릴까 염려하노라 여호와는 너를 애굽 땅 종 되었던 집에서 이끌어 내시고 너를 인도하여 그 광대하고 위험한 광야 곧 불뱀과 전갈이 있고 물이 없는 간조한 땅을 지나게 하셨으며'(신 8:12-15). 솔로몬도 다음과 같이 말합니다: '네 원수가 넘어질 때에 즐거워하지 말며 그가 엎드러질 때에 마음에 기뻐하지 말라 여호와께서 이것을 보시고 기뻐하지 아니하사 그의 진노를 그에게서 옮기실까 두려우니라'(잠 24:17-18). 즉 하나님이 우리의 교만한 마음을 보시고 원수에 대한 공격을 중지하실 것이며 우리가 그분에게서 버림을 받아 과거 하나님의 은혜에 의해 정복했던 정념에 다시 시달릴까 두렵다는 말입니다. 2. 시편 기자는 마음이 교만한 사람들을 겸손하게 만들기 위해 이미 정복했던 악덕들에 다시 넘기신다는 것을 알았기 때문에 '주의 멧비둘기의 생명을 들짐승에게 주지 마시며'(시 74:19)라고 말했을 것입니다.

"그러므로 우리 자신의 힘으로 큰 원수들을 정복할 수 없으며 하나님의 도움을 받아야 한다는 것, 그리고 날마다 우리의 승리를 하나님 덕분으로 돌려야 한다는 것을 많은 성경 본문들을 통해서 배우고 경험에 의해 확신할 수 있어야 합니다. 하나님은 모세를 통해서 이것을 환기시켜 주십니다: '네 하나님 여호와께서 그들을 네 앞에서 쫓아내신 후에 네가 심중에 이르기를 내 공의로움으로 말미암아 여호와께서 나를 이 땅으로 인도하여 들여서 그것을 차지하

게 하셨다 하지 말라 이 민족들이 악함으로 말미암아 여호와께서 그들을 네 앞에서 쫓아내심이니라 네가 가서 그 땅을 차지함은 네 공의로 말미암음도 아니며 네 마음이 정직함으로 말미암음도 아니요 이 민족들이 악함으로 말미암아 네 하나님 여호와께서 그들을 네 앞에서 쫓아내심이라'(신 9:4-5). 3. 이 말씀은 우리가 행하는 모든 것을 자신의 자유의지와 노력 덕분으로 간주하려는 것이 위험하고 주제넘은 견해임을 분명하게 표현합니다. '네 하나님 여호와께서 그들을 네 앞에서 쫓아내신 후에 네가 심중에 이르기를 내 공의로움으로 말미암아 여호와께서 나를 이 땅으로 인도하여 들여서 그것을 차지하게 하셨다 하지 말라.' 4. 그는 영혼의 눈과 귀가 열린 사람들에게 자신을 분명히 표현하셨습니다. 즉 우리가 육욕적인 악덕들을 대적하는 싸움에서 괄목할 만한 성공을 거두었으며 더러움과 이 세상 생활방식에서 해방되었음을 의식하게 될 때 그 싸움에서의 승리로 인해 교만해져서 자신의 노력과 자유의지로 말미암아 악한 영들과 육욕적인 악덕들을 정복할 수 있다고 생각하지 말아야 합니다. 하나님의 도우심이 우리를 강하게 해주고 보호해주지 않았다면, 우리는 결코 승리할 수 없었을 것입니다.

~ 16 ~

이스라엘에게 영토를 양도한 일곱 족속의 의미,
어떤 곳에서는 그들을 일곱이라고 말하고
다른 곳에서는 많은 족속들이라고 말하는 이유

1. "그것들은 이스라엘 백성이 애굽을 떠날 때 주기로 약속하셨던 땅의 주인인 일곱 족속들입니다. 바울의 말에 의하면 그들에게 발생한 모든 일이 우리의 교훈을 위해 기록되었습니다(고전 10:6 참조). 그렇기 때문에 '네 하나님 여호와께서 너를 인도하사 네가 가서 차지할 땅으로 들이시고 네 앞에서 여러

민족 헷 족속과 기르가스 족속과 아모리 족속과 가나안 족속과 브리스 족속과 히위 족속과 여부스 족속 곧 너보다 많고 힘이 센 일곱 족속을 쫓아내실 때에 네 하나님 여호와께서 그들을 네게 넘겨 네게 치게 하시리니 그 때에 너는 그들을 진멸할 것이라'(신 7:1-2)고 기록되었습니다. 2. 덕보다 악덕이 더 많기 때문에 '많고 힘이 센 족속'이라고 기록되었습니다. 그러므로 그것들을 '너보다 많고 힘이 센 일곱 족속'이라고 언급합니다. 이 일곱 가지 악덕의 뿌리와 줄기에서 나오는 육욕적인 정념들의 백성이 이스라엘보다 더 많기 때문입니다. 3. 거기에서 살인, 논쟁, 이단, 도둑질, 거짓 증언, 신성모독, 과식, 술취함, 비방, 어리석음, 야한 말, 거짓말, 위증, 어리석은 말, 저속한 말, 가만히 있지 못함, 탐욕, 앙심, 소란, 분개, 멸시, 불평, 유혹, 낙심 등 많은 것들이 솟아나옵니다.

"그것들을 하찮게 여길 수도 있지만, 바울이 그것들에 대해 무엇이라고 말하고 어떻게 판단했는지 들어보아야 합니다. 바울은 '그들 가운데 어떤 사람들이 원망하다가 멸망시키는 자에게 멸망하였나니 너희는 그들과 같이 원망하지 말라'(고전 10:10)고 말하며, 시험에 대해서 '그들 가운데 어떤 사람들이 주를 시험하다가 뱀에게 멸망하였나니 우리는 그들과 같이 시험하지 말자'(고전 10:9)라고 말합니다. 그는 낙심에 대해서 '그들이 감각 없는 자가 되어 자신을 방탕에 방임하여 모든 더러운 것을 욕심으로 행하되'(엡 4:19)라고 말합니다. 4. 바울은 '너희는 모든 악독과 노함과 분냄과 떠드는 것과 비방하는 것을 모든 악의와 함께 버리고'(엡 4:31)라고 말하며 정죄합니다.

"이러한 악덕들이 덕보다 훨씬 더 많지만, 여덟 가지 주요 악덕들이 정복될 때 다른 모든 악덕들이 그것들과 함께 완전히 제어되고 영원히 제거됩니다. 5. 이는 과식과 술취함에서 탐식이 나오고; 음란에서 음탕한 말, 야한 말, 어리석음, 어리석은 말 등이 나오고; 탐욕에서 거짓말, 사기, 강도, 위증, 더러운 소득, 거짓 증언, 폭력, 냉대, 욕심이 나오고; 분노에서 살인, 소란, 분개가 나오며; 슬픔에서 원한, 비겁, 앙심, 절망이 나오고; 권태에서 게으름, 무례, 불안정, 졸음, 두리번거림, 정신과 육체의 불안정, 수다, 호기심 등이 나오고; 허영에서 언쟁, 이단, 허풍, 진기한 것에 대한 신뢰가 나오고; 교만에서 멸시, 시기, 불순종, 신성모독, 불평, 비방 등이 나오기 때문입니다.

"이것들이 강력하게 우리를 공격합니다. 6. 우리의 지체들 안에서 맹위를 떨치는 바 육욕적인 정념들 안에 있는 즐거움이 덕을 향한 열심보다 강력합니다. 덕은 몸과 마음을 엄격히 훈련함으로써 획득할 수 있습니다. 그러나 영의 눈으로 무수히 많은 원수의 군대들을 본다면, 그것들이 육적이고 세상적인 우리보다 훨씬 더 많고 강력하다는 것을 분명히 보게 될 것입니다. 이는 그것들에게 영적인 하늘의 본성이 주어졌기 때문입니다. 그것들과 관련하여 바울은 '우리의 씨름은 혈과 육을 상대하는 것이 아니요 통치자들과 권세들과 이 어둠의 세상 주관자들과 하늘에 있는 악의 영들을 상대함이라'(엡 6:12)고 말하며, 시편에서 의인은 '천 명이 네 왼쪽에서, 만 명이 네 오른쪽에서 엎드러지나'(시 91:7)라고 말합니다."

~ 17 ~

일곱 족속들과 여덟 가지 악덕을 비교하는 데 관한 질문

게르마누스가 물었습니다: "모세가 이스라엘 백성을 대적한 일곱 족속을 열거했는데, 왜 우리를 공격하는 악덕들이 여덟 가지입니까? 또 악덕들의 땅을 차지하는 것이 우리에게 무슨 유익이 있습니까?"

~ 18 ~
여덟 족속이 어떻게 여덟 가지 악덕에 상응하는지에 관하여

1. 세라피온 사부는 다음과 같이 대답했습니다: "우리를 공격하는 주요 악덕이 여덟 가지라는 것이 일반적인 견해입니다. 상징적으로 족속들이라고 불리는 것들 모두가 한 곳에서 열거되지는 않습니다. 왜냐하면 신명기에서 모세, 또는 하나님이 모세를 통해서 이미 애굽을 떠나 강력한 족속인 애굽인들에게서 해방된 사람들에게 말씀하고 계시기 때문입니다. 이것은 탐식이라는 세상의 올무에서 해방된 우리에게 적용되며, 우리가 탐식과 폭식의 악덕에서 해방되었음을 인정합니다. 2. 비슷한 이유 때문에 우리는 나머지 일곱 족속들과 싸웁니다. 이미 정복된 첫째 악덕은 이 일곱 족속에 포함되지 않습니다. 그것의 영토는 이스라엘에게 주어지지 않으며, 하나님은 이스라엘에게 영원히 그것을 버리고 떠나라고 명령하셨습니다. 그러므로 적절히 금식해야 합니다. 왜냐하면 육체적인 연약함이나 허약함을 통해 행한 지나친 금욕이 애굽 땅, 배불리 먹고픈 육체적 욕망, 즉 우리가 세상을 버릴 때에 거부했던 것들에게로 돌아가게 만들기 때문입니다. 덕의 광야로 갔지만 애굽에서의 환락을 갈망하는 사람들이 상징적으로 이것을 통과했습니다.

~ 19 ~
한 족속을 버리고 일곱 족속을 멸망시키라고 명하신 이유

1. "이스라엘 백성이 태어난 곳의 족속은 완전히 멸망하는 것이 아니라 그 땅을 잃도록 명령되었지만, 나머지 일곱 족속은 완전히 멸망하도록 명령되었습니다. 이는 영적 열심을 가지고 덕의 광야에 들어간 사람이 탐식을 완전히 멀리할 수 없으며 날마다 어느 정도 그것과 접촉하게 되기 때문입니다. 우

리가 지나친 식욕을 제거하려고 노력해도, 타고난 본성적 성품인 식욕은 항상 우리 안에 있을 것입니다. 그것을 완전히 죽일 수 없으므로 거부하고 피해야 합니다. 2. 이것에 대해서 성경은 '정욕을 위하여 육신의 일을 도모하지 말라'(롬 13:14)고 말합니다. 그것을 완전히 죽이지 말고 다만 그것의 욕구들이 없는 상태를 유지하라는 명령대로 행하는 한 우리는 애굽 족속을 죽이지 않습니다. 우리는 분별력을 가지고서 불필요한 음식이나 진수성찬을 생각하지 않고 평범한 음식과 의복에 만족함으로써 그것에게서 물러납니다.

3. "율법도 상징적으로 동일하게 명령합니다: '애굽 사람을 미워하지 말라 네가 그의 땅에서 객이 되었음이니라'(신 23:7). 육신을 위해 필요한 음식을 거부하면 육신이 상하고 영혼이 죄에 말려들게 됩니다.

"그러나 모든 면에서 해로운 이 일곱 가지 악덕들의 움직임을 영혼 깊은 곳에서 완전히 근절해야 합니다. 그것들과 관련하여 '너희는 모든 악독과 노함과 분냄과 떠드는 것과 비방하는 것을 모든 악의와 함께 버리고'(엡 4:31), '음행과 온갖 더러운 것과 탐욕은 너희 중에서 그 이름조차도 부르지 말라 이는 성도에게 마땅한 바니라 누추함과 어리석은 말이나 희롱의 말이 마땅치 아니하니'(엡 5:3-4)라고 기록되어 있습니다. 4. 우리는 본성에 더해진 이 악덕들의 뿌리를 잘라낼 수 있지만, 탐식의 실천을 근절할 수는 없을 것입니다. 아무리 진보한 사람도 타고난 상태를 바꿀 수는 없기 때문입니다. 그것은 우리처럼 하찮은 사람들의 삶과 행위뿐만 아니라 완전한 사람들의 삶과 행위에 의해 입증됩니다. 완전한 사람들은 나머지 정념들의 충동들을 근절했으며 열정적인 정신과 가난해진 몸으로 사막에 들어갔음에도 불구하고 매일의 음식에 대한 염려 및 일 년 동안 먹을 빵을 굽는 일에서 해방되지 못합니다.

~ 20 ~
독수리에 비유된 탐식의 본질

"영적이며 선한 수도사까지도 피할 수 없이 얽어매는 이 정념을 독수리로 비유할 수 있습니다. 구름 위로 높이 날아오르는 독수리는 땅에 있는 사람들에게 보이지 않지만, 배가 고프면 낮은 계곡이나 땅으로 내려와 죽은 짐승의 썩은 고기를 먹습니다. 이로 보건대 다른 악덕들의 영들과는 달리 탐식의 영을 완전히 잘라내거나 죽일 수 없으며, 고결한 정신을 통해 그것의 자극과 불필요한 욕구를 억제하고 절제할 수 있을 뿐입니다.

~ 21 ~
탐식의 지속력에 대한 철학자들과의 토론

1. "어느 원로가 철학자들과 함께 이 악덕의 본질에 대해 논하고 있었습니다. 철학자들은 기독교적 단순함을 지닌 이 원로를 촌뜨기처럼 다룰 수 있다고 여기고 있었습니다. 그러나 이 원로는 다음과 같은 수수께끼를 냄으로써 자신을 훌륭히 표현했습니다: 그는 '나의 아버지는 많은 빚을 남기고 돌아가셨습니다. 나는 채권자들에게 진 의무를 이행하여 그들의 빚독촉에서 벗어났지만, 한 명의 채권자만은 날마다 빚을 갚아도 만족시킬 수 없습니다'라고 말했습니다. 2. 원로의 의도를 알지 못한 철학자들은 진지하게 그 말의 의미를 물었고, 그분은 다음과 같이 대답했습니다: '나는 본성 때문에 많은 악덕들에게 둘러싸여 지냈습니다. 그러나 주님이 나에게 자유를 향한 갈망을 채워주셨기 때문에 나는 이 세상, 그리고 아버지가 돌아가시면서 남겨준 재산을 모두 버림으로써 성가신 채권자들과 같은 이 악덕들 모두를 만족하게 만들었고, 이제 그것들을 완전히 제거했습니다. 그러나 탐식의 충동을 제거하는 데는 성공

하지 못했습니다. 3. 나는 그것을 약간 억제했지만 날마다 그것의 압박하는 힘을 피하지 못하고 끊임없는 독촉에 시달려야 하며 결코 얻지 못할 자유를 위해 끊임없이 경비를 지출해야 합니다. 나는 정해진 때가 되면 그것이 요구하는 바 만족시킬 수 없는 통행료를 지불합니다.'

"이 말을 듣고 그들은 무식한 촌뜨기라고 여겨 멸시했던 이 사람이 철학의 으뜸되는 부분, 즉 윤리에 대해 탁월한 이해를 가졌다고 말했습니다. 또 세상의 교육이 줄 수 없는 것, 그들이 오랫동안 연구하고 노력했지만 얻지 못했던 것을 그가 본성적으로 획득할 수 있었음에 놀랐습니다.

"탐식에 대해서는 이만큼만 말하겠습니다. 이제 다시 악덕들의 일반적인 관계에 대해 말하겠습니다.

~ 22 ~
이스라엘이 열 족속을 몰아낼 것이라고 하나님이 아브라함에게 예고하신 이유

"하나님은 아브라함에게 장래에 대해 말씀하시면서 그의 자손들에게 일곱 족속이 아닌 열 족속의 땅을 주시겠다고 약속하셨습니다(창 15:18-21). 우상숭배와 신성모독이 추가됨으로써 이 숫자가 완성되었습니다. 불경한 이교도들과 신을 모독하는 유대인들의 무리는 하나님을 알고 세례를 받게 되기 전까지 영적으로 애굽에 거주하며 이것들에게 예속되어 있었습니다. 하나님의 은혜에 의해 그곳을 떠나 탐식을 정복하고 영적인 광야로 가는 사람은 세 족속의 공격에서 벗어났으며, 모세가 열거한 일곱 족속들과 싸우게 될 것입니다.

~ 23 ~
우리가 악덕들의 영역을 차지하는 것이 어떻게 유익한지에 관해

1. "우리는 이런 식으로 자신의 행복을 위해 악한 족속들의 땅을 차지하라는 명령을 받았습니다. 각각의 악덕은 우리 마음 안에 제 자리를 가지고 있습니다. 그것들은 권리를 주장하면서 우리의 영혼 깊은 곳에 있는 이스라엘—즉 가장 거룩한 실체들에 대한 관상—을 파괴하지만, 그것은 저항을 중지하지 않습니다. 이는 덕들이 악덕들과 함께 살 수 없기 때문입니다. 의와 악이 어떻게 하나가 되며 빛과 어둠이 어떻게 어울릴 수 있겠습니까(고후 6:14). 2. 그러나 이스라엘 백성이 악덕들을 정복하고 나면 우리 마음속에서 정욕과 음란의 영이 차지하던 곳을 순결이 차지할 것이며, 진노가 장악하고 있던 곳을 인내가 차지할 것이며, 치명적인 슬픔이 점령하고 있던 곳을 즐거움이 가득한 유익한 슬픔이 차지할 것이며, 권태가 차지하고 있던 불모지를 강인함이 경작할 것이며, 교만이 멸시하던 것을 겸손이 존중할 것입니다. 따라서 이 모든 악덕들이 쫓겨난 후 기질들 안에서 대응하는 덕들이 그것들이 차지했던 곳들을 점령할 것입니다. 이것들이 이스라엘 자손, 하나님을 보는 영혼의 자손이라고 불려 마땅합니다. 그것들이 마음에서 모든 정념들을 몰아낸 후 차지한 것들은 다른 사람의 재산을 양도받은 것이 아니라 자신의 소유를 되찾은 것으로 간주되어야 합니다.

~ 24 ~
가나안 족속들의 영역을 셈 자손에게 주겠다는 약속

1. "옛 전승에 의하면 세상이 나뉘었을 때 셈의 자손들에게 이스라엘 자손들이 들어가게 될 가나안 족속의 땅이 배정되었습니다. 후일 함의 후손들이 침

입하여 폭력에 의해 그 땅을 차지했습니다. 이 일에 있어서 하나님은 의롭게 판단하여 남의 땅을 차지하고 있던 족속들을 몰아내시고 다른 족속들에게 조상들의 땅, 세상이 나뉠 때 그들의 후손에게 배정되었던 땅을 되돌려주셨습니다.

2. "분명한 이유 때문에 이 사건이 우리와 관련이 있다고 이해됩니다. 이는 하나님의 뜻은 본질상 우리 마음을 악덕들의 소유가 아니라 덕들의 소유로 정하셨기 때문입니다. 아담의 타락 이후 버릇없이 자라난 악덕들, 즉 가나안 족속들이 덕들을 그 땅에서 몰아냈습니다. 하나님의 은혜, 그리고 우리의 노력과 부지런함에 의해 덕들이 땅을 되찾은 것은 남의 땅을 차지한 것이 아니라 자신의 땅을 돌려받은 것이라고 간주되어야 합니다.

~ 25 ~
여덟 가지 악덕의 의미에 관한 본문들

1. "복음서에서는 이 여덟 가지 악덕을 다음과 같이 에둘러 언급합니다: '더러운 귀신이 사람에게서 나갔을 때에 물 없는 곳으로 다니며 쉬기를 구하되 쉴 곳을 얻지 못하고 이에 이르되 내가 나온 내 집으로 돌아가리라 하고 와 보니 그 집이 비고 청소되고 수리되었거늘 이에 가서 저보다 더 악한 귀신 일곱을 데리고 들어가서 거하니 그 사람의 나중 형편이 전보다 더욱 심하게 되느니라 이 악한 세대가 또한 이렇게 되리라'(마 12:43-45). 신명기에서는 이스라엘 백성이 출발한 땅의 애굽 족속을 제외한 일곱 족속이 언급되었고, 마태복음에서는 처음 그 사람에게서 떠났다고 언급된 영을 제외하고 일곱 영이 돌아왔다고 언급됩니다.

2. "솔로몬은 이 일곱 가지 악의 근원에 대해 다음과 같이 말합니다: '그 말

이 좋을지라도 믿지 말 것은 그 마음에 일곱 가지 가증한 것이 있음이니라'(잠 26:25). 다시 말해서 이미 정복되었던 탐식의 영이 당신을 달래기 시작하여 당신에게 처음에 지녔던 열심을 조금 늦출 것 및 그 영이 금욕과 엄격함의 경계를 넘어서는 것을 허락해줄 것을 요구해올 때 그것이 복종했다고 해서 우유부단하게 행하지 말며, 비록 일시적으로 육적인 충동들의 영향을 받지 않게 해주는 것처럼 보여도 그것의 평화로운 듯한 태도에 현혹되어 과거의 방종함 및 폭식하려는 욕구로 돌아가지 말아야 합니다. 당신이 정복했던 영은 이것을 통해서 '나는 떠났던 내 집에 돌아갈 것이다' 라고 말하며, 그 즉시 그것에서 나오는 일곱 가지 악덕의 영들은 처음에 정복되었던 정념보다 더 쓰라린 것이 될 것이며, 곧 당신을 더 좋지 않은 죄들에게 끌고갈 것입니다.

~ 26 ~
폭식을 정복한 후 나머지 덕목들을 얻기 위해 노력해야 한다는 것

1. "그러므로 우리는 금식과 금욕을 행하는 동시에 폭식의 정념을 정복한 순간부터 영혼에 필요한 덕들이 부족하지 않도록 노력해야 합니다. 욕망의 영이 돌아와 혼자 우리 안에 들어오는 데 만족하지 않고 이 일곱 가지 악덕들의 근원과 함께 들어와 우리의 마지막 상태를 처음 상태보다 더 좋지 못하게 만드는 일을 피하려면 마음속 깊은 곳을 덕들로 채워야 합니다. 2. 이 일이 발생하면, 이 세상을 버렸다고 자랑하는 영혼은 더 악하고 더러워질 것이며, 내면에 있는 여덟 가지 악덕의 지배 때문에 수도사가 되기 전 세상에 실 때보다 더 심각한 고통을 맞을 것입니다. 이 일곱 영들이 처음에 떠난 영보다 더 악하다고 합니다. 더 심각한 정념들—즉 음란, 탐욕, 분노, 슬픔, 교만—을 도입하지 않는 한 탐식이라고 알려진 바 폭식하려는 욕구 자체는 해롭지 않을 것입니다.

이것들은 본질상 영혼에 치명적으로 해롭습니다. 3. 그러므로 금욕, 즉 육체적인 금식만으로 완전함과 순수함을 획득하고자 하는 사람이 다른 악덕들과 싸울 능력을 갖추기 위해서 과식함으로써 육체를 들어올리지 않고 금식에 의해 육을 제어하면서 자신을 연단해야 한다는 것을 깨닫지 않는 한 바라는 것을 얻을 수 없을 것입니다.

~ 27 ~

싸움의 순서가 악덕들의 목록에 등장하는 순서와 동일하지 않다는 것

1. "우리 모두가 동일한 방식으로 공격을 받지 않으므로 각 사람이 동일한 전쟁 계획을 따라야 하는 것이 아님을 알아야 합니다. 우리는 각기 자신이 공격받는 특별한 방식에 주목하면서 싸움에 임해야 합니다. 그러므로 어떤 사람은 먼저 세 번째 위치에 놓인 악덕과 싸워야 하며, 어떤 사람은 넷째 혹은 다섯째 악덕과 싸워야 합니다. 이 악덕들이 우리 안에서 지배할 수 있는 위치를 차지하고 상이한 전략을 요구하는 정도에 맞추어 전투 계획을 작성해야 합니다. 그 계획에 따른 싸움에서 승리한 후에 오는 진보가 깨끗한 마음과 완전함을 가져다줄 것입니다."

2. 이제까지 세라피온 사부는 여덟 가지 주요 악덕들의 본질을 설명하고, 우리의 마음속에 숨겨져 있는 정념들의 종류, 그것들의 원인과 관계에 대해 논했습니다. 이는 우리가 날마다 그것들에게 정복되며, 그것들을 완전히 이해하지 못하거나 분별하지 못하기 때문입니다. 그분이 그것들에 대해 명쾌하게 설명하셨으므로 마치 거울로 보듯이 분명해졌습니다.

담화 6

사부 테오돌의 담화

살해된 거룩한 사람들에 관하여

~ 1 ~

사막에 대한 묘사; 거룩한 사람들의 학살에 대한 질문

1. 아모스 선지자가 태어난 곳인 팔레스타인의 드고아 근처(암 1:1 참조)에 아라비아와 사해, 그리고 소돔으로 이어지는 사막이 있습니다. 요단강의 물은 사해로 흘러들어갑니다. 그런데 그곳에서 오랫동안 살아온 거룩한 사람들이 방랑하는 사라센 강도들에 의해 살해되었습니다. 2. 우리는 그 지방 주교들과 아라비아의 주민들 모두가 정중히 그분들의 시신을 가져다가 순교자들이 묻힌 곳에 안치했는데, 결국 두 도시에서 온 많은 사람들이 심각한 싸움에 연루되었으며 상황이 악화되면서 거룩한 약탈이 무력 충돌로 발전했다는 소식을 들었습니다. 그들은 두 곳 중 어디가 그분들의 유해를 매장할 장소로 더 적절한지 파악하려는 경건한 열심을 가지고 서로 싸웠는데, 한쪽에서는 그분들이 살았던 장소와 가깝다는 점을 자랑하고, 다른 쪽에서는 그분들의 출신지와 가깝다는 점을 자랑했습니다.

그 소식을 들은 우리는 우리 자신 때문에, 그리고 비방받는 형제들 때문에 매우 불안했으며, 많은 덕을 지닌 훌륭한 사람들이 강도들에게 살해된 이유 및 주님이 종들에게 그러한 죄가 범해지도록 허락하셔서 훌륭한 사람들을 불신자들에게 넘겨주신 이유가 궁금했습니다. 우울해진 우리는 실천적인 생활 방식으로 유명한 거룩한 테오돌을 찾아갔습니다. 3. 테오돌은 니트리아와 스케테 사이에 위치한 첼레Cellae에서 살고 있었습니다. 그곳은 니트리아 수도원들로부터 8km 떨어진 곳이었고, 우리가 거주하는 스케테 사막과 그곳 사이에는 11km에 달하는 황무지가 가로놓여 있었습니다. 우리는 앞서 말한 사람들의 죽음에 대한 염려를 그분에게 털어놓았습니다. 그리고 자신의 거룩함에 의해 이런 종류의 시련에서 사람들을 해방시켜 주었어야 했던 훌륭한 사람들이 불신자들에 의해 살해되는 것을 하나님이 허락하신 것, 그리고 자기의 종들에게 악한 일이 발생하도록 내버려두신 것에 대한 놀람을 표현했습니다. 테오돌은 다음과 같이 대답했습니다:

~ 2 ~

사부 테오돌의 답변

1. "이 질문은 믿음과 지식이 없는 사람들, 그리고 현세에서 주어지는 것이 아니라 장래를 위해 유보되는 바 거룩한 사람들의 공덕과 상급이 이 짧은 삶에 주어져 있다고 생각하는 사람들을 당황하게 만듭니다. 2. 그런 사람들의 잘못된 견해를 받아들여서는 안 됩니다. 왜냐하면 우리는 이 세상에서만 그리스도에게 소망을 두는 것이 아니기 때문입니다. 만일 그렇지 않다면 바울의 말처럼 '만일 그리스도 안에서 우리가 바라는 것이 다만 이 세상의 삶뿐이면 모든 사람 가운데 우리가 더욱 불쌍한 자일 것입니다'(고전 15:19). 왜냐하면 우리가 현세에서 약속들을 전혀 받지 못하며 다음 세상에서도 믿음의 부족 때문에 그것들을 잃을 것이기 때문입니다. 우리는 그것에 관한 사실들을 알지 못

하기 때문에, 만일 우리 자신이 이런 사람에게 내어줌을 당하거나 하나님께서 거룩한 사람들 및 바르게 사는 사람들을 시련에서 벗어나게 해주시지 않는다거나 현세에서 선을 선으로 보상하시고 악을 악으로 갚아주시지 않는다고 간주한다면 우리가 당황하고 근심하며 시험에 빠질 것입니다. 3. 그럴 경우 우리는 스바냐 선지자가 '마음속에 스스로 이르기를 여호와께서는 복도 내리지 아니하시며 화도 내리지 아니하시리라 하는 자' (습 1:12)라고 말하면서 책망했던 사람들처럼 정죄되어 마땅할 것입니다. 아니면 '너희가 말하기를 모든 악을 행하는 자는 여호와의 눈에 좋게 보이며 그에게 기쁨이 된다 하며 또 말하기를 정의의 하나님이 어디 계시냐 함이니라' (말 2:17)고 불평하며 하나님을 모독한 사람들과 함께 발견될 것입니다. 그들은 조금 뒤에 '하나님을 섬기는 것이 헛되니 만군의 여호와 앞에서 그 명령을 지키며 슬프게 행하는 것이 무엇이 유익하리요 지금 우리는 교만한 자가 복되다 하며 악을 행하는 자가 번성하며 하나님을 시험하는 자가 화를 면한다 하노라' (말 3:14-15)라고 말하며 또다시 하나님을 모독합니다.

4. "이 좋지 않은 잘못된 판단의 뿌리요 원인인 무지를 피하려면 먼저 선한 것과 악한 것이 무엇인지 알아야 합니다. 그 다음에 많은 사람들의 거짓된 이해가 아닌 성경에 대한 참된 이해를 굳게 붙잡는다면 믿음 없는 사람들의 잘못된 판단에 미혹되지 않을 것입니다.

~ 3 ~

이 세상에 존재하는 세 가지—선한 것, 악한 것,
그리고 썩 좋지는 않은 것—에 관해

1. "이 세상에는 선한 것, 악한 것, 그리고 썩 좋지는 않은 것 등 세 가지가 있

습니다. 우리는 무엇이 선한 것이고 무엇이 악한 것이며 무엇이 썩 좋지는 않은 것인지 알아야 합니다. 그리하면 참 지식에 의해 강화된 믿음이 어떤 유혹을 받아도 손상되지 않을 것입니다.

"인간사에 관한 한 영혼의 덕 외에 다른 것을 주된 선이라고 믿어서는 안 됩니다. 영혼의 덕은 성실한 믿음에 의해 우리를 거룩한 실체들에게로 인도하며 쉬지 않고 불변의 선에 매달리게 해줍니다. 반면에 죄 외에 다른 것을 악하게 여겨서는 안 됩니다. 죄는 우리를 선하신 하나님에게서 분리시키며 악한 마귀와 합류하게 만듭니다.

2. "썩 좋지는 않은 것이란 사용자의 의지와 욕구에 따라 진행 방향이 결정되는 것입니다. 예를 들면 부, 권력, 명예, 육체적인 힘, 건강, 아름다움, 삶과 죽음, 가난, 질병, 모욕 등 사용자의 욕구와 성품에 따라 결과가 결정되는 것들입니다. 바울은 '선을 행하고 선한 사업을 많이 하고 나누어 주기를 좋아하며 너그러운 자가 되게 하라 이것이 장래에 자기를 위하여 좋은 터를 쌓아 참된 생명을 취하는 것이니라'(딤전 6:18-19)고 말하며, 복음서에서는 '불의의 재물로 친구를 사귀라'(눅 16:9)고 말합니다. 이처럼 많은 재산이 좋은 결과를 낳는 경우가 빈번합니다. 3. 그러나 가난한 사람들에게 나누어주기 위해서가 아니라 비축하기 위해서나 사치하기 위해서 모은 재산은 다시 악한 것으로 변화될 수 있습니다.

"권력과 명예와 육체의 힘과 건강 등이 썩 좋지는 않은 것으로서 어느 쪽으로든 방향을 바꿀 수 있다는 사실은 구약성경에서 많은 거룩한 사람들이 이 모든 것을 소유하여 부유하고 존경받고 육체적으로 강했고 하나님께 받아들여질 만했다는 사실에서 분명히 증명됩니다. 4. 반면에 열왕기에는 이것들을 악하게, 또는 자신의 악을 위해 사용한 사람들이 벌을 받거나 죽임을 당했음이 지적되어 있습니다.

"삶과 죽음이 썩 좋지는 않은 것임은 세례 요한의 탄생과 유다의 탄생에서 드러납니다. 세례 요한의 삶이 매우 유익했기 때문에 그의 탄생도 사람들에게 기쁨이 되었습니다: '많은 사람도 그의 태어남을 기뻐하리니'(눅 1:14). 그러나 유다의 삶에 대해서는 '그 사람은 차라리 태어나지 아니하였더라면 제게 좋을 뻔하였느니라'(마 26:24)고 기록되었습니다. 5. 거룩한 사람들의 죽음 및 요한의 죽음에 대해서 '그의 경건한 자들의 죽음은 여호와께서 보시기에 귀중한 것이로다'(시 116:15)라고 언급됩니다. 그러나 유다 및 그를 닮은 사람들의 죽음에 대해서는 '악이 악인을 죽일 것이라'(시 34:21)고 언급됩니다.

"부스럼 투성이였던 불쌍한 나사로가 복받은 것은 육체의 병이 유익한 것이 될 수 있음을 보여줍니다. 성경에서는 그가 가난과 육체의 병을 참고 견뎠기 때문에 아브라함의 품을 복된 운명으로 소유할 자격을 소유했다는 것 외에 다른 덕을 언급하지 않습니다(눅 16:20-22). 6. 일반적으로 가난과 박해와 모욕 등은 나쁜 것으로 간주되지만, 거룩한 사람들이 하나님의 친구가 된 후에 그것들을 피하려 하지 않았을 뿐만 아니라 그것들을 영생의 대가로 여겨 힘을 다해 추구했다는 사실을 볼 때 그것들이 필요하며 유익하다는 것을 분명히 알 수 있습니다. 바울은 이에 동의하여 '이는 내 능력이 약한 데서 온전하여짐이라 하신지라 그러므로 도리어 크게 기뻐함으로 나의 여러 약한 것들에 대하여 자랑하리니 이는 그리스도의 능력이 내게 머물게 하려 함이라 그러므로 내가 그리스도를 위하여 약한 것들과 능욕과 궁핍과 박해와 곤고를 기뻐하노니 이는 내가 약한 그 때에 강함이라'(고후 12:9-10)고 말합니다.

7. "그러므로 세상에서 많은 재산과 명예와 권세를 가진 것을 덕과 관련하여 이해되는 주된 선을 소유한 것이 아니라 썩 좋지는 않은 것을 소유한 것으로

여겨야 합니다. 그것들이 선한 행위와 영생의 열매를 맺을 가능성을 제공하므로, 바르게 사용하는 의로운 사람들에게는 그것들이 유익하고 선한 듯합니다. 반면에 그것들을 악하게 사용하는 사람들에게는 무가치하고 악하며 사망의 원인을 제공합니다.

~ 4 ~
원하지 않는 사람에게 악을 초래할 수 있는 사람이 없다는 것

1. "이 구분을 불변의 확고한 것으로 여기십시오. 또 하나님에 대한 경외심과 사랑에서 나오는 덕만이 선한 것이라는 것, 그리고 죄 및 하나님으로부터의 분리만이 악한 것임을 알아야 합니다. 이제 하나님이 스스로, 또는 다른 사람에 의해서 거룩한 사람들에게 악이 임하는 것을 허락하시는지를 다루겠습니다. 우리는 이런 일이 발생한 적이 없음을 발견할 것입니다. 죄를 원하지 않고 저항하는 사람에게 죄라는 악을 초래할 수 있는 사람이 없으며, 나태한 마음과 타락한 의지 때문에 받아들이는 사람에게만 죄를 초래할 수 있습니다. 2. 마귀가 악한 계획을 사용함으로써 욥에게 죄를 가져다주려 했고 욥의 재산을 모두 빼앗았고 일곱 자녀들의 갑작스런 죽음을 통해 끔찍한 슬픔을 겪게 한 후에 머리부터 발끝까지 종기가 생겨 견딜 수 없는 고통을 당하게 했지만, 욥이 굴복하지 않았고 하나님을 모독하지 않았기 때문에 마귀는 욥을 죄로 더럽게 만들 수 없었습니다."

~ 5 ~
반론: 어떻게 하나님이 악을 만드셨다고 말할 수 있는가?

게르마누스가 말했습니다: "나는 여호와라 다른 이가 없느니라 나는 빛도

짓고 어둠도 창조하며 나는 평안도 짓고 환난도 창조하나니' (사 45:6-7); '여호와의 행하심이 없는데 재앙이 어찌 성읍에 임하겠느냐' (암 3:6)라는 말씀에서 보듯이, 성경에서는 종종 하나님이 악을 지으셨다거나 인간에게 죄를 가져다주셨다고 말합니다."

~ 6 ~
답변

1. 이 반론에 대해 테오돌은 다음과 같이 말했습니다: "종종 성경은 고통에 대해서보다 악에 대해서 더 막연하게 말합니다. 이는 그것들이 본질적으로 악이기 때문이 아니라 그 일을 당한 사람들이 자기에게 유익하게 해석하여 그것들을 악하다고 생각하기 때문입니다. 인간들과의 교제에 있어서 하나님의 심판은 인간의 말과 정서로 표현되어야 합니다. 병들어 고생하는 환자들은 의사가 행하는 건전한 목적의 수술과 뜸질을 악한 것으로 간주합니다. 말에게 있어서 박차가 기분 좋은 것이 아니며, 나쁜 일을 행한 사람에게 있어서 처벌이 기분 좋은 것이 아닙니다. 2. 가르침을 받는 사람에게 있어서 모든 형태의 징계가 혹독하게 느껴집니다. 바울은 '무릇 징계가 당시에는 즐거워 보이지 않고 슬퍼 보이나 후에 그로 말미암아 연단받은 자들은 의와 평강의 열매를 맺느니라' (히 12:11); '주께서 그 사랑하시는 자를 징계하시고 그가 받아들이시는 아들마다 채찍질하심이라 하였으니 너희가 참음은 징계를 받기 위함이라 하나님이 아들과 같이 너희를 대우하시나니 어찌 아버지가 징계하지 않는 아들이 있으리요' (히 12:6-7)라고 말합니다.

"다음의 말씀에서 보듯이 이런 까닭에 때때로 어떤 일들은 고통이 아닌 악이라고 언급됩니다: '하나님이 뜻을 돌이키사 그들에게 내리리라고 말씀하신 재앙을 내리지 아니하시니라'(욘 3:10); '그는 은혜로우시며 자비로우시며 노하기를 더디하시며 인애가 크시사 뜻을 돌이켜 재앙(우리의 죄 때문에 우리에게 내려야 하시는 곤경과 시련)을 내리지 아니하시나니'(욜 2:13). 3. 또 다른 선지자는 이런 일들이 어떤 사람들에게 유익하다는 것을 알기에 그들의 구원을 시기하지 않고 그들의 유익을 바라고 기도했습니다. 여호와는 '보라 내가 재앙을 그들에게 내리리니 그들이 피할 수 없을 것이라'(렘 11:11)고 말씀하십니다. 즉 그들이 번영할 때 멸시했던 하나님께 서둘러 돌아오게 하기 위한 징계에 사용된 수단이 슬픔과 적막함이었습니다.

"그러므로 그것들을 최고의 재앙이라고 이해할 수 없습니다. 왜냐하면 그것들이 많은 사람들에게 가치 있는 것이요 영원한 기쁨의 원인이기 때문입니다. 결과적으로 원수들이나 사람들에 의해 우리에게 초래된다고 생각되는 재앙들을 악한 것이라고 여길 것이 아니라 썩 좋지는 않은 것들이라고 여겨야 합니다. 왜냐하면 원수들이나 사람들이 격분하고 있는 영혼에게 그것들을 가한다고 생각하는 것이 아니라 그것들을 참고 견디는 사람이 누구인지 생각하기 때문입니다. 4. 따라서 거룩한 사람이 죽었을 때 그에게 재앙이 임했다고 여길 것이 아니라 썩 좋지는 않은 일이 발생했다고 여겨야 합니다. 물론 그것이 죄인에게는 재앙이지만, 의인에게는 재앙으로부터의 해방입니다. '이러한 자는 죽기를 바라도 오지 아니하니 땅을 파고 숨긴 보배를 찾음보다 죽음을 구하는 것을 더하다가 무덤을 찾아 얻으면 심히 기뻐하고 즐거워하나니'(욥 3:21-22). 이런 까닭에 의인은 새로 고난을 당한 것이 아니므로 이 일을 통해 손해를 보지 않습니다. 그는 원수의 사악함의 결과로 영생의 상을 받지 못하는 것이 아니라 자연이 그에게 요구하는 일을 겪으며, 고난으로부터 얻는 풍성한 이익과 큰 상으로 인간이 지고 있는 사망의 빚을 갚습니다."

~ 7 ~
의인이 죽을 때 상을 받는다는 점에서
그 사람의 죽음에 책임 있는 사람이 비난을 받아야 하는가?

게르마누스가 말했습니다: "만일 살해된 의인이 재앙을 당하지 않고 고난에 대한 상을 받는다면, 그를 살해한 사람은 모진 짓을 한 것이 아니라 봉사를 한 셈인데 어찌 그를 죄인이라고 부를 수 있습니까?"

~ 8 ~
답변

테오돌 사부는 이렇게 말했습니다: "지금 우리는 선한 일이나 악한 일이나 썩 좋지는 않은 일을 행한 사람의 성향에 대해 말하는 것이 아니라 그것들의 본질에 대해 말하고 있습니다. 불경하고 악한 사람이 자신의 악함으로 의인을 해칠 수 없기 때문에 벌을 받지 않는 것이 아닙니다. 의인의 인내와 덕 때문에 주어지는 상은 고문과 죽음을 가한 사람을 위한 것이 아니라 자신에게 가해진 것을 인내하며 견딘 사람을 위한 것입니다. 이런 까닭에 고난을 가한 사람은 악행의 원인인 잔인함 때문에 벌받을 것이며, 인내한 사람은 영혼의 능력 안에서 시련과 슬픔을 참고 견딤으로써 악한 의도로 가해진 일들을 자신에게 더 좋은 상태와 영생의 복이 되게 만들었으므로 재앙을 당한 것이 아닙니다.

~ 9 ~
마귀에 의해 시험을 받은 유다에게 배신 당한 주님의 예,
그리고 형통함과 역경 모두 의인의 구원에 기여한다는 것

1. "마귀는 시련에 의해 욥을 더 훌륭하게 만들었습니다. 욥의 인내 때문에

마귀가 상 받은 것이 아니라 용감하게 시련을 참고 견딘 욥이 상을 받았습니다. 유다의 배반으로 말미암아 인류가 구원을 획득했지만 유다는 영원한 형벌을 면하지 못할 것입니다. 우리가 고려해야 할 것은 행위의 결과가 아니라 행위자의 성향입니다. 그러므로 마음이 약하고 나태하여 스스로 재앙을 초래하지 않는 한 누구도 우리에게 재앙을 초래할 수 없다고 믿어야 합니다. 바울은 '우리가 알거니와 하나님을 사랑하는 자 곧 그의 뜻대로 부르심을 입은 자들에게는 모든 것이 합력하여 선을 이루느니라'(롬 8:28)는 말로 이러한 견해를 확인해줍니다. 2 '모든 것'에는 운 좋은 것들뿐만 아니라 불운하다고 생각되는 것들도 포함됩니다.

"바울은 다른 곳에서 '진리의 말씀과 하나님의 능력으로 의의 무기를 좌우에 가지고 영광과 욕됨으로 그러했으며 악한 이름과 아름다운 이름으로 그러했느니라 우리는 속이는 자 같으나 참되고 근심하는 자 같으나 항상 기뻐하고 가난한 자 같으나 많은 사람을 부요하게 하고 아무것도 없는 자 같으나 모든 것을 가진 자로다'(고후 6:7-10)라고 말하면서 자신이 이런 일을 겪었다고 묘사합니다. 3 그러므로 만일 완전한 사람이 자신에게 임하는 일들을 넓은 마음으로 참고 견딘다면, 바울이 오른쪽에 있다고 언급한 좋은 것들, 즉 영광과 아름다운 이름이라고 언급한 것들, 그리고 욕됨과 악한 이름으로서 왼쪽에 있다고 언급한 불운한 것들 모두가 완전한 사람을 위한 의의 무기가 됩니다. 왜냐하면 이것들과 싸우면서 자신을 공격하고 있다고 여기는 역경들을 무기로 사용하고, 그것들을 마치 그 소유자들을 대적하는 활이나 칼이나 방패처럼 사용한다면, 그는 원수의 치명적인 창 앞에서 승리하며 인내와 덕이 강해질 것이며, 형통함으로 인해 교만하지 않고 역경으로 인해 낙심하지 않으며 항상 평탄한 왕의 대로를 따라 나아갈 것이며, 기쁠 때에 평온한 상태—즉 오른편—

에서 벗어나지 않고 역경이나 슬픔이 밀려올 때에 왼편으로 밀려나지 않을 것입니다. 이는 주님의 법을 사랑하는 사람에게는 언제나 평안이 깃들고, 아무런 장애물이 없기 때문입니다(시 119:165).

4 "그러나 본성과 상황의 다양성에 따라 변하는 사람들에 대해서 '어리석은 사람은 달처럼 변한다'(집회서 27:11)라고 언급됩니다. 완전한 사람들과 지혜로운 사람들에 대해서 '하나님을 사랑하는 자 곧 그의 뜻대로 부르심을 입은 자들에게는 모든 것이 합력하여 선을 이루느니라'고 기록되고, 약한 자와 어리석은 자들에 대해서는 '너는 미련한 자의 앞을 떠나라'(잠 14:7)고 기록되어 있습니다. 미련한 사람은 번영에 의해 개선되지 않으며, 역경에 의해 잘못을 고치지도 않습니다. 재앙을 담대하게 참고 견디는 것과 번영할 때에 절제하는 것은 동일한 덕에 속한 것이며, 이것들 중 하나에 정복되는 사람은 참고 견디지 못합니다. 사람은 역경을 당할 때보다 번영할 때 더 쉽게 실족합니다. 역경은 때때로 망설이는 사람을 억제하고 겸손하게 하며, 유익한 가책을 일으켜 잘못을 고치게 하며, 죄를 덜 범하게 해줍니다. 그러나 번영은 유혹과 아첨으로 정신을 교만하게 만들며, 행복하고 안전하다고 느끼는 사람들을 내던져 멸망하게 만듭니다.

~ 10 ~

양손잡이로 묘사되는 바 완전한 사람의 덕에 관하여

1. "성경에서는 이런 사람을 양손잡이라고 언급합니다. 사사기에서 에훗이 그러한 사람이라고 묘사됩니다: '왼손잡이 에훗이라'(삿 3:15). 만일 우리가 오른손잡이요 운 좋은 것이라고 간주되는 것들과 왼손잡이요 불운한 것이라고 간주되는 것들을 선하고 바르게 사용한다면 이 특성을 영적으로 소유할 수

있을 것이며, 바울의 말처럼 우리에게 닥치는 모든 것이 '의의 무기'가 될 것입니다. 우리는 속사람이 두 부분, 또는 두 손 안에 존재한다는 것을 압니다. 소위 왼손이라고 부르는 것 없이 거룩한 사람이 존재할 수 없으며, 바르게 사용하여 두 가지를 오른손에 넣는다는 사실 안에서 완전한 덕이 분별됩니다.

2. "이것을 좀 더 이해하기 쉽게 말해보겠습니다. 거룩한 사람은 오른손, 즉 영적 업적들을 가지고 있습니다. 그가 영적 열심을 가지고 자신의 소원들과 욕망들을 제어할 때, 마귀의 공격을 받지 않고 안전하게 있으면서 아무런 노력이나 어려움 없이 육에 속한 악덕들을 거부하고 잘라버릴 때, 땅에서 들어올려져 현세의 세상에 속한 모든 것을 연기와 그림자처럼 곧 사라질 것으로 여겨 무시할 때, 열광적인 정신으로 장래의 것들을 바라고 분명히 볼 때, 영적 테오리아에 의해 효과적으로 충족될 때, 하늘의 성례전이 자신에게 밝게 개방됨을 볼 때, 순수하고 신속하게 하나님께 기도할 때, 영적으로 뜨거운 열정을 가진 영혼이 보이지 않는 영원한 것들에게로 이동함으로써 자신이 육체 안에 있다고 믿을 수 없는 상태에 이를 때, 그는 오른손을 소유합니다.

3. "또 시련의 소용돌이에 휩싸일 때, 펄펄 끓는 감정과 충동에 의해 육체의 욕구들이 달아오를 때; 뜨거운 도발이 불같은 진노를 일으킬 때; 교만이나 허영의 공격을 받을 때; 치명적인 슬픔 때문에 낙심할 때; 권태의 술책과 공격으로 말미암아 방해를 받을 때; 영적 뜨거움이 없이 미지근함과 불합리한 슬픔 때문에 따분해져서 따뜻하고 선한 생각들과 시편 찬송과 기도와 독서 등이 떠나가며 수실에서의 독수도생활이 두려워지고 온갖 고결한 관습이 견딜 수 없이 싫어질 때, 그는 왼손을 소유합니다. 이런 종류의 공격을 받는 수도사는 자신이 왼편에서 공격을 받고 있음을 깨닫습니다.

4. "위에서 오른편이라고 언급한 쪽에 있는 사람은 허영이 접근할 때 기뻐하

지 않으며, 왼편에 있는 것들을 대적하여 용감하게 싸우며, 어떤 일을 당해도 낙심하지 않습니다. 그는 역경을 당할 때 덕을 발휘하기 위해 인내의 무기를 붙잡고, 양손을 오른손처럼 사용하여 승리합니다.

5. "욥은 이것을 획득할 자격이 있는 사람이었습니다. 일곱 자녀를 둔 부자 아버지인 그가 자녀들이 아버지인 욥이 아니라 하나님의 마음에 들게 되기를 원하여 날마다 자녀들을 성결하게 하기 위해 번제를 드렸을 때(욥 1:5 참조); 나그네들에게 집을 개방하고 앞 못 보는 이에게 눈이 되어 주고 발을 저는 이에게 발이 되어 주었을 때(욥 29:15); 자기가 기른 양의 털로 옷을 만들어 병자들에게 입혔을 때(욥 31:20); 고아를 자기 자녀처럼 기르고 과부들을 돌보았을 때(욥 31:18); 원수가 고통받는 것을 보고 기뻐하지 않았을 때, 욥의 오른편에 왕관이 씌워졌습니다.

6. "한편 욥은 한층 더 고귀한 덕으로 말미암아 왼편으로 역경들을 이기고 승리했습니다. 즉 그가 일곱 자녀를 한꺼번에 잃었을 때 여느 아버지들처럼 비탄에 잠기지 않고 참 하나님의 종처럼 자기를 지으신 창조주의 뜻 안에서 기뻐했을 때; 재산을 모두 잃어 가난하고 헐벗게 되었고 건강을 잃어 병들고 명예를 잃고 치욕과 멸시를 당하면서도 영혼의 힘을 타락하지 않은 상태로 보존했을 때; 부와 재산을 잃고 발바닥에서 정수리까지 종기가 나서 재 가운데 앉아서 질그릇 조각으로 몸을 긁었을 때 욥은 재앙을 이기고 승리했습니다.

7. "욥은 이 모든 일을 당하면서 낙심하여 자기를 지으신 하나님을 모독하거나 불평하지 않았습니다. 그는 무거운 짐과 호된 시련에 흔들리지 않았습니다. 그는 원래 소유하고 있던 것 중에서 유일하게 남은 물건인 겉옷을 벗음으로써 자신이 당한 끔찍한 강탈에 자발적인 박탈을 더했습니다(욥 1:20 참조).

8. 또 그는 전에 누리던 영광 중에서 유일하게 손상되지 않은 부분인 머리털을

밀어 자기를 괴롭히는 자에게 던졌습니다. 그는 사나운 원수가 남겨준 것을 스스로 제거하고 '우리가 하나님께 복을 받았은즉 화도 받지 아니하겠느냐 내가 모태에서 알몸으로 나왔사온즉 또한 알몸이 그리로 돌아가올지라 주신 이도 여호와시요 거두신 이도 여호와시오니 여호와의 이름이 찬송을 받으실지니이다'(욥 2:10; 1:21)라고 말했습니다.

"요셉도 양손잡이로 언급될 충분한 이유가 있습니다. 그는 부유할 때 아버지보다 더 많이 감사했고 형들보다 더 경건했고, 하나님께 더 받아들여질 만했습니다. 또 역경에 처했을 때 순결했고, 하나님께 신실했고, 갇힌 자들에게 관대했고, 모욕을 당할 때 초연했고, 원수들에게 친절했고, 그를 시기하여 죽이려 했던 형들을 존중했을 뿐만 아니라 후히 대해 주었습니다(창 37:2~47:12).

9. "이 사람들 및 그들을 닮은 사람들을 양손잡이라고 말할 수 있습니다. 왜냐하면 그들은 어느 손이든지 오른손처럼 사용했고, 바울이 열거한 일들을 겪으면서 한결같이 '의의 무기를 좌우에 가지고 영광과 욕됨으로 그러했으며 악한 이름과 아름다운 이름으로 그러했느니라'(고후 6:7-8)고 말할 수 있었기 때문입니다.

"솔로몬은 신부의 입장에서 오른손과 왼손을 언급합니다: '그가 왼팔로 내 머리를 고이고 오른팔로 나를 안는구나'(아 2:6). 신부는 두 팔 모두 유익하다고 지적하지만 역경들이 마음의 안내에 종속되어야 하기 때문에 왼팔로 머리를 고인다고 말합니다. 두 팔은 얼마 동안 우리를 훈련하고 구원을 위해 가르쳐주며 완전히 인내하게 만드는 한도까지만 유익합니다. 그러나 신부는 애무와 영원한 보호를 위해서 신랑이 오른팔로 붙들고 안아주기를 바랍니다.

10. "그러므로 우리가 현재 물건의 풍부함이나 부족함 때문에 변하지 않는다

면—즉 풍부하다고 해서 방탕한 쾌락에 빠지지 않고, 부족하다고 해서 낙심하거나 불평하지 않으며, 어떤 경우든지 하나님께 감사하고 성공과 실패에서 동일한 열매를 끌어낸다면, 우리는 양손잡이가 될 것입니다. 양손잡이였던 이방인의 교사 바울은 이것을 증언하여 '내가 궁핍하므로 말하는 것이 아니니라 어떠한 형편에든지 나는 자족하기를 배웠노니 나는 비천에 처할 줄도 알고 풍부에 처할 줄도 알아 모든 일 곧 배부름과 배고픔과 풍부와 궁핍에도 처할 줄 아는 일체의 비결을 배웠노라 내게 능력 주시는 자 안에서 내가 모든 것을 할 수 있느니라' (빌 4:11-13)고 말했습니다.

~ 11 ~
세 가지 방식으로 발생하는 두 종류의 시련

1. "위에서 두 종류의 시련, 즉 번영과 역경이 있다고 말했습니다. 그런데 사람이 세 가지 방식으로 시험을 받는다는 것을 알아야 합니다. 즉 믿음의 증명을 위해서, 정화를 위해서, 그리고 죄 때문에 시험을 받습니다.

"아브라함은 욥을 비롯하여 많은 거룩한 사람들처럼 믿음의 증명을 위해서 무수히 많은 시험을 당했습니다. 신명기에서 모세는 백성들에게 '네 하나님 여호와께서 이 사십 년 동안에 네게 광야 길을 걷게 하신 것을 기억하라 이는 너를 낮추시며 너를 시험하사 네 마음이 어떠한지 그 명령을 지키는지 지키지 않는지 알려 하심이라' (신 8:2)고 말했습니다. 시편에서는 '므리바 물 가에서 너를 시험하였도다' (시 81:7)라고 말했습니다.

2. "그러나 하나님은 의로운 자들을 작은 죄 또는 그들이 자랑하는 순결 때문에 겸손하게 하시며 더러운 생각들과 내면에 쌓인 찌꺼기들을 깨끗이 제거하기 위해서, 그리고 그들로 하여금 심판을 통과하여 순금처럼 되며, 후일 심

판의 불에 의해 형벌의 괴로움으로 정화되어야 할 것이 하나도 남지 못하게 하기 위해서 그들로 하여금 시련을 받게 하십니다. 성경은 이와 관련하여 다음과 같이 말합니다: '의인은 고난이 많으나'(시 34:19); '내 아들아 주의 징계 하심을 경히 여기지 말며 그에게 꾸지람을 받을 때에 낙심하지 말라 주께서 그 사랑하시는 자를 징계하시고 그가 받아들이시는 아들마다 채찍질하심이라 하였으니 너희가 참음은 징계를 받기 위함이라 하나님이 아들과 같이 너희를 대우하시나니 어찌 아버지가 징계하지 않는 아들이 있으리요 징계는 다 받는 것이거늘 너희에게 없으면 사생자요 친아들이 아니니라'(히 12:5-8). 요한계시록에서는 '무릇 내가 사랑하는 자를 책망하여 징계하노니'(계 3:19)라고 말합니다. 3. 예레미야는 하나님의 입장에서 이 백성들에게 '내가 너와 함께 있어 너를 구원할 것이라 너를 흩었던 그 모든 이방을 내가 멸망시키리라 그럴지라도 너만은 멸망시키지 아니하리라 그러나 내가 법에 따라 너를 징계할 것이요 결코 무죄한 자로만 여기지는 아니하리라'(렘 30:11)고 말합니다. 다윗은 이 유익한 정화를 구하면서 '여호와여 나를 살피시고 시험하사 내 뜻과 내 양심을 단련하소서'(시 26:2)라고 기도합니다. 이사야도 이 시련의 가치를 깨닫고 '여호와여 주께서 전에는 내게 노하셨사오나 이제는 주의 진노가 돌아섰고 또 주께서 나를 안위하시오니 내가 주께 감사하겠나이다'(사 12:1)라고 말합니다.

4. "죄 때문에 시련이 임하기도 합니다. 하나님은 이스라엘 백성에게 고난을 보내겠다고 경고하시면서 '내가 들짐승의 이와 티끌에 기는 것의 독을 그들에게 보내리로다'(신 32:24); '내가 너희 자녀들을 때린 것이 무익함은 그들이 징계를 받아들이지 아니함이라'(렘 2:30)고 말씀하셨습니다. 시편에서는 '악인에게는 많은 슬픔이 있으나'(시 32:10)라고 말하며, 복음서에서는 '보라 네가

나았으니 더 심한 것이 생기지 않게 다시는 죄를 범하지 말라'(요 5:14)고 말합니다.

"시련이 임하는 네 번째 이유가 있습니다. 성경의 권위를 따르면 하나님의 사역과 영광을 드러내기 위해서 고난이 임합니다: '이 사람이나 그 부모의 죄로 인한 것이 아니라 그에게서 하나님이 하시는 일을 나타내고자 하심이라'(요 9:3); '이 병은 죽을 병이 아니라 하나님의 영광을 위함이요 하나님의 아들이 이로 말미암아 영광을 받게 하려 함이라'(요 11:4).

5. "악의 한계를 초월한 사람들에게 임하는 보복이 있습니다. 예를 들면 다단과 아비람과 고라(민 16장), 그리고 바울이 '이 때문에 하나님께서 그들을 부끄러운 욕심에 내버려 두셨으니, 그들을 그 상실한 마음대로 내버려 두사 합당하지 못한 일을 하게 하셨으니'(롬 1:26, 28)라고 말하면서 언급한 사람들이 이런 식으로 정죄되었습니다. 이것은 다른 형벌들보다 더 심각한 것으로 간주되어야 합니다. 시편 기자는 이들에 대해서 '사람들이 당하는 고난이 그들에게는 없고 사람들이 당하는 재앙도 그들에게는 없나니'(시 73:5)라고 말합니다. 6. 이는 그들이 하나님의 심판을 받아 구원받거나 일시적인 고난에 의해 치유될 자격이 없는 사람들이기 때문입니다. 그들은 '감각 없는 자가 되어 자신을 방탕에 방임하여 모든 더러운 것을 욕심으로 행하는' 사람(엡 4:19), 마음이 완악하며 자주 죄를 범하는 습관이 있기 때문에 이 매우 짧은 시대에 형벌을 받아 정화될 수 없는 사람들입니다. 하나님은 선지자를 통해 그들을 책망하십니다: '내가 너희 중의 성읍 무너뜨리기를 하나님인 내가 소돔과 고모라를 무너뜨림같이 하였으므로 너희가 불붙는 가운데서 빼낸 나무 조각같이 되었으나 너희가 내게로 돌아오지 아니하였느니라 여호와의 말씀이니라'(암 4:11). 또 예레미야는 '내가 그들을 그 땅의 여러 성문에서 키로 까불러 그 자

식을 끊어서 내 백성을 멸하였나니 이는 그들이 자기들의 길에서 돌이키지 아니하였음이라'(렘 15:7); '주께서 그들을 치셨을지라도 그들이 아픈 줄을 알지 못하며 그들을 멸하셨을지라도 그들이 징계를 받지 아니하고 그들의 얼굴을 바위보다 굳게 하여 돌아오기를 싫어하므로'(렘 5:3)라고 말합니다.

7. "예레미야는 현세의 약으로 그들을 치료할 수 없고 구원할 수 없음을 알고 있었기 때문에 '풀무불을 맹렬히 불면 그 불에 납이 살아져서 단련하는 자의 일이 헛되게 되느니라 이와 같이 악한 자가 제거되지 아니하나니 사람들이 그들을 내버린 은이라 부르게 될 것은 여호와께서 그들을 버렸음이라'(렘 6:29-30)고 선언합니다. 여호와는 악행을 행하여 냉담해진 사람들에게 이 유익한 정화의 불을 사용했으나 효과가 없었다고 불평하시며, 죄악의 녹이 두껍게 덮혀 있는 예루살렘에게 말씀하시듯 다음과 같이 말씀하십니다: '가마가 빈 후에는 숯불 위에 놓아 뜨겁게 하며 그 가마의 놋을 달궈서 그 속에 더러운 것을 녹게 하며 녹이 소멸되게 하라 이 성읍이 수고하므로 스스로 피곤하나 많은 녹이 그 속에서 벗겨지지 아니하며 불에서도 없어지지 아니하는도다 너의 더러운 것들 중에 음란이 그 하나이니라 내가 너를 깨끗하게 하나 네가 깨끗하여지지 아니하니 내가 네게 향한 분노를 풀기 전에는 네 더러움이 다시 깨끗하여지지 아니하리라'(겔 24:11-13). 8. 그러므로 온갖 치료법을 사용해본 후 그들의 병에 효력을 발휘할 다른 치료법이 남아 있지 않다는 것을 안 유능한 의사처럼, 여호와는 그들의 엄청난 규모의 악에 압도되신 듯합니다. 그리하여 하나님은 어쩔 수 없이 자비로운 징계를 포기하시고 '네게 대한 내 분노가 그치며 내 질투가 네게서 떠나고 마음이 평안하여 다시는 노하지 아니하리라'(겔 16:42)고 말씀하십니다.

"그러나 빈번한 범죄에 의해 마음이 냉담해지지 않았으므로 독하고 신랄하고 얼얼한 약이 필요하지는 않으며 유익한 말로 행하는 교훈으로 충분히 구원을 이룰 수 있는 사람들에 대해서 '그들이 갈 때에 내가 나의 그물을 그 위에 쳐서 공중의 새처럼 떨어뜨리고 전에 그 회중에 들려 준 대로 그들을 징계하리라'(호 7:12)고 기록되어 있습니다.

9. "심각하게 죄를 범한 사람들의 경우 그들의 죄를 속해주거나 죄에 상응하는 것을 폐지하기 위해서가 아니라 그들의 삶의 잘못을 고치고 그들 안에 두려움을 고취하기 위해서 비난과 벌이 주어지는 원인들이 있습니다. 느밧의 아들 여로보암, 아히야의 아들 바아사, 아합과 이세벨의 경우에 하나님의 심판으로서 이런 일이 발생했습니다: '내가 재앙을 네게 내려 너를 쓸어 버리되 네게 속한 남자는 이스라엘 가운데에 매인 자나 놓인 자를 다 멸할 것이요 또 네 집이 느밧의 아들 여로보암의 집처럼 되게 하고 아히야의 아들 바아사의 집처럼 되게 하리니 이는 네가 나를 노하게 하고 이스라엘이 범죄하게 한 까닭이니라 하셨고 이세벨에게 대하여도 여호와께서 말씀하여 이르시되 개들이 이스르엘 성읍 곁에서 이세벨을 먹을지라 아합에게 속한 자로서 성읍에서 죽은 자는 개들이 먹고 들에서 죽은 자는 공중의 새가 먹으리라고 하셨느니라'(왕상 21:21-24). 또 '네 시체가 네 조상들의 묘실에 들어가지 못하리라'(왕상 13:22)는 위협이 선포되었습니다.

10. "순간적으로 단기간에 임하는 이 형벌은 백성을 영원히 빗나가게 하려고 금송아지를 만들고 그들로 하여금 악하게 하나님을 떠나고 모독하게 만드는 데 기여한 사람의 불경한 거짓말을 씻어내기에 충분하지 못할 것입니다. 그러나 이 형벌들의 두려움은 그것들을 두려워하는 사람들, 또 미래를 등한히 하거나 완전히 믿지 못하는 사람들로 하여금 현실을 고려함으로써 감동받게 하는 데 기여할 수 있습니다. 그들은 이 가혹함이 제공하는 경고 덕분에 신적

위엄을 지니신 하나님이 인간사와 매일의 활동에 충분한 관심을 가지고 계시다는 것, 그리고 하나님은 그들이 크게 두려워하는 것들에 의해서 모든 행동을 명령하시는 분임을 깨달을 수 있습니다.

11. "어떤 사람들은 크게 심각한 잘못을 범하지 않았음에도 불구하고 하나님을 모독하는 핑계와 기만을 일삼는 사람들이 받는 사형선고를 받습니다. 안식일에 나무한 사람(민 15:32-36), 그리고 자신의 재산 일부를 남겨둔 아나니아와 삽비라(행 5:1-11 참조)의 경우에 이런 일이 발생했습니다. 그들이 심각한 죄를 범한 것이 아니라, 그들이 범한 새로운 죄가 발각되었을 때 다른 사람들에게 죄의 두려움과 형벌에 대한 본보기로 제공되어야 했습니다. 그리하면 그 후 동일한 일을 범하려는 유혹을 받는 사람이 비록 현세에서 형벌이 미루어진다 해도 장래의 심판 때에 자신이 다른 사람들처럼 정죄될 것을 알게 될 것입니다.

12. "이제까지 여러 종류의 시련과 형벌에 대해 다루었습니다. 이제 다시 어떻게 완전한 사람이 어떤 시련을 당해도 항상 변함이 없을 수 있는지 다루겠습니다.

~ 12 ~

의인이 밀랍 같지 않고 견고한 도장 같다는 것

"의인의 정신은 그 위에 찍히는 것에 따라 형태와 모양이 형성되어 다른 것이 찍힐 때까지 그것을 유지하는 부드러운 밀랍 같아서는 안 됩니다. 그런 정신은 자신의 특성을 유지하지 못하며 항상 그 위에 찍히는 것의 형태를 취합니다. 우리의 정신은 단단한 도장 같아서 자신의 특성을 침범할 수 없는 상태로 유지하며, 자신에게 벌어지는 모든 것을 자신과 닮은 모양으로 변화시키고 형성하되 자신은 그것의 영향을 받아 변화되지 말아야 합니다."

~ 13 ~
정신이 항상 동일한 상태에 머물 수 있는지에 관한 질문

게르마누스는 "우리의 정신이 항상 동일한 상태에 머물며 그 상태를 유지할 수 있습니까?"라고 질문했습니다.

~ 14 ~
답변

1. 테오돌 사부는 다음과 같이 말했습니다: "바울의 말처럼 '마음과 영이 새로워진 사람(엡 4:23)은 날마다 앞에 있는 것을 잡으려고' (빌 3:13) 나아갑니다. 반대로 태만한 사람은 방향을 돌려 더 좋지 못한 상태에 빠집니다. 그러므로 정신은 결코 동일한 상태에 머물 수 없을 것입니다. 조류 때문에 앞으로 나가지 못하는 배를 앞으로 나가게 하기 위해 열심히 노력하는 사람처럼, 그는 두 팔로 힘차게 노를 저어 급류를 거슬러 올라가거나 두 손을 내려놓고 급류에 밀려 내려갈 것입니다.

2. "우리가 아무것도 획득하지 못했음을 아는 것은 좌절의 표식일 것입니다. 더 고귀한 것들을 향해 전진했음을 의식하지 못하는 날은 완전히 퇴보한 날입니다. 인간의 정신은 항상 동일한 상태에 머물 수 없으며, 거룩한 사람들이라도 육체 안에 사는 동안 최고의 덕을 소유하여 변함없이 거하지는 못할 것입니다. 그들에게 항상 무엇이 더해지거나 제거되며, 또 변화의 정념에 예속되지 않는 피조물 안에는 완전함이 존재하지 않을 것입니다. 욥기에서는 '사람이 어찌 깨끗하겠느냐 여인에게서 난 자가 어찌 의롭겠느냐 하나님은 거룩한

자들을 믿지 아니하시나니 하늘이라도 그가 보시기에 부정하거든'(욥 15:14-15)이라고 말합니다.

3. "우리는 하나님만이 불변하시다고 고백합니다. 거룩한 선지자는 하나님께 대해 다음과 같이 기도합니다: '주는 한결같으시고'(시 102: 27). 하나님 스스로 '나 여호와는 변하지 아니하나니'(말 3:6)라고 말씀하십니다. 아무것도 더할 수 없고 아무것도 제할 수 없으신 하나님은 본질상 항상 선하시고 항상 완전하시고 항상 온전하십니다. 그러므로 갑자기 우리의 진보가 멈추고 퇴행이 발생하지 않게 하려면 변함없는 관심을 가지고 덕을 획득하기 위해 노력해야 하며, 덕의 실천에 전념해야 합니다. 이는 정신은 항상 동일한 상태에 머물 수 없어 덕을 증가시키거나 감소시키기 때문입니다. 진보를 향한 열망이 멈출 때 퇴보의 위험이 등장할 것이므로, 얻지 못했다는 것은 곧 잃은 것을 의미합니다.

~ 15 ~
수실을 떠나는 데서 발생하는 피해

"그러므로 우리는 항상 수실에 머물러야 합니다. 처음으로 수실에 거주하기 시작한 초심자처럼 수실에서 나와 돌아다니다가 돌아가곤 하는 사람의 마음은 불안하고 흔들릴 것입니다. 수실에 머물며 강한 정신을 획득했으나 해이해진 사람은 노력하고 고통을 겪어야 회복할 수 있을 것입니다. 그리하여 돌아온 사람은 수실을 떠나지 않았다면 더할 수 있었을 것인 바 자신이 잃은 진보에 대해 생각하지 않을 것입니다. 그러나 만일 그가 퇴보했던 데서부터 원래의 상태를 되찾았다는 것을 생각할 수 있다면, 그는 기뻐할 것입니다. 그가 흘려보낸 세월을 다시 불러올 수 없듯이, 한 번 잃어버린 이득을 다시 획득할 수도 없습니다. 나중에 이 강력한 정신을 아무리 계발한다 해도, 그것은 순간의 진보이지 잃어버렸던 이익을 되찾는 것이 아닙니다.

~ 16 ~
고귀하고 거룩한 덕들의 무상함에 관해서

1. "앞에서 말했듯이 거룩한 천사들도 변한다는 사실이 그들 중 악한 의지 때문에 타락한 천사들에 의해 선포됩니다. 그러므로 피조된 복된 상태 안에 머문 자들이 악하게 행동하지 않았다고 해서 불변의 본성을 소유하고 있다고 생각되어서는 안 됩니다. 불변의 본성을 소유하는 것, 그리고 불변하시는 하나님의 은혜로 말미암는 바 선 안에서의 견인을 향한 열심 때문에 변하지 않는 것은 서로 다릅니다. 2. 근면함으로 말미암아 획득되고 유지되는 것은 태만함으로 말미암아 상실될 수 있습니다. 그렇기 때문에 '누구를 막론하고 죽기 전에는 행복하다고 말하지 말아라. 그의 행불행은 최후 순간에야 알 수 있다'라고 말합니다(집회서 11:28). 비록 일반적으로 승리한다 해도 이 싸움과 씨름에 개입되어 있는 사람은 불확실한 결과에 대한 두려움과 염려에서 자유로울 수 없기 때문입니다.

3. "하나님만이 불변하시고 선하십니다. 그분은 수고하고 노력함으로써 선을 소유하시는 것이 아니라 본성적으로 선을 소유하시며, 선이 아닌 다른 것이 되실 수 없는 분이십니다. 인간은 흔들리지 않고 확고하게 덕을 소유할 수 없습니다. 그리고 획득한 덕을 확실히 유지하려면 그것을 획득할 때와 동일한 관심을 가지고 노력하여 보존해야 합니다.

~ 17 ~
갑자기 멸망하는 사람은 없다는 것

1. "작은 실수가 갑작스런 멸망의 원인이라고 생각하지 마십시오. 초기에 악한 가르침 때문에 길을 벗어났거나 오랫동안 지속된 영적 무관심 때문에 정신의 덕이 점차 감소했기 때문에 악이 서서히 증가하면서 비참한 상태에 빠지는 것입니다. '교만은 패망의 선봉이요 거만한 마음은 넘어짐의 앞잡이니라' (잠 16:18). 건물이 갑자기 무너지는 것이 아니라 기초가 약하거나 관리 소홀 때문에 무너집니다. 지붕에 생긴 작은 구멍을 오랫동안 방치해두면 태풍이 일어나 폭우가 내릴 때 결국 지붕이 무너집니다. '게으른즉 서까래가 내려앉고 손을 놓은즉 집이 새느니라' (전 10:18).

2. "솔로몬은 이와 동일한 일이 영혼에게 발생한다는 것을 다음과 같이 표했습니다: '다투는 여자는 비 오는 날에 이어 떨어지는 물방울이라' (잠 27:15). 그는 영적인 부주의함을 방치된 지붕으로 비유합니다. 마치 새는 정념의 작은 물방울들이 영혼을 관통하는 듯합니다. 이렇게 새어드는 작고 하찮은 물방울들을 방치한다면, 덕이라는 건축물을 약하게 만들 것이며 나중에는 죄악의 소나기가 되어 쏟아져 들어올 것입니다. 결국 태풍이 부는 날, 즉 시련의 때에 우리의 정신은 마귀의 앞뒤를 가리지 않는 공격을 받아 덕의 거처―신중하게 깨어 지낼 때 자기 집에서처럼 휴식하던 곳―에서 쫓겨날 것입니다.

3. 담화가 끝났습니다. 우리는 이 영적 식사를 하면서 무한히 즐거움을 느꼈습니다. 우리가 거룩한 사람들의 죽음 때문에 느낀 슬픔보다 이 담화에서 얻은 영혼의 기쁨이 더 컸습니다. 우리는 의심하던 문제에 대한 가르침을 받았을 뿐만 아니라, 그 질문을 제기한 후에 지혜가 부족하여 질문할 수도 없었던

것들을 이해하게 되었습니다.

담화 7

사부 세레누스의 첫째 담화

영혼의 변덕스러움, 그리고 악령들에 관하여

~ 1 ~

사부 세레누스의 순결

내가 누구보다 더 존경하는 거룩하고 금욕적인 사부 세레누스Serenus를 소개하고 싶어 그분의 담화를 이 작은 책에 수록하고자 합니다. 하나님의 은혜에 의해 그분의 얼굴, 그리고 활동과 행동에서는 특히 순결의 은사가 빛났습니다. 그분은 잠잘 때에도 본성적 충동에 시달리지 않았습니다. 먼저 그분이 어떻게 하나님의 은혜의 도움으로 육체적인 순결을 획득했는지 설명할 필요가 있다고 생각합니다. 왜냐하면 그것은 인간 본성의 가능성을 초월하는 일이었기 때문입니다.

~ 2 ~

사부 세레누스의 질문: 우리의 생각들의 상태에 관하여

1. 사부 세레누스는 지칠 줄 모르고 밤낮 기도하고 금식하고 철야하면서 마음과 영혼의 내적 청결을 구했습니다. 그분은 자신이 기도에 대한 응답을 얻었다는 것, 그리고 자기 마음에서 육체적 정욕에 속한 감정들이 소멸되었다는

것을 깨달았을 때 달콤한 순결의 맛에 도취된 듯 한층 더 열심히 순결을 갈망했고 더욱 열정적으로 금식하며 기도했습니다. 그리하여 그의 속사람에게 하나님의 선물로서 이 정념의 소멸이 주어졌고 동시에 외적인 깨끗함도 성취되었으므로 젖먹이와 아이들에게서 생겨나는 본성적이고 단순한 움직임의 시달림도 받지 않게 되었습니다. 그분은 이것이 자신의 노력 때문이 아니라 하나님의 은혜에 의해 이루어졌음을 깨달았습니다. 그분은 인간이 몰약이나 약이나 수술 도구에 의해 제거할 수 없는 육체의 충동들을 하나님이 쉽게 근절하실 수 있다고 믿었습니다. 왜냐하면 인간의 수고와 노력으로 획득할 수 없는 영의 깨끗함이 선물로 그분에게 주어졌기 때문입니다.

2. 그분이 지칠 줄 모르고 끊임없이 눈물을 흘리며 간구하던 중 밤에 환상 중에 천사가 나타났습니다. 천사는 그분의 배를 열고 불같이 생긴 종양을 꺼내어 던진 후 내장을 원래의 자리에 집어넣었습니다. 그리고 말했습니다: "보아라. 네 육체의 충동들이 제거되었다. 오늘 너는 구하던 바 영속적인 몸의 깨끗함을 얻었다." 그것이 하나님의 은혜로 말미암아 주어졌다는 사실을 간단히 이야기했습니다. 3. 그분이 소유했던 덕들에 대해서는 언급할 필요가 없다고 생각합니다. 이는 그분에 대한 이야기로 말미암아 그분이 특별히 소유했던 것을 다른 사람들이 소유하지 못했던 것처럼 보일 수 있기 때문입니다.

우리는 그분과 담화하면서 가르침을 받으려고 사순절 기간에 그분을 만나러 갔습니다. 그분은 온유하게 우리의 생각의 본질 및 속사람의 상태, 그리고 오랫동안 사막에서 지낸 것이 속사람의 깨끗함에 어떤 식으로 기여했는지 등에 대해 물으셨고, 우리는 다음과 같이 말씀드렸습니다:

~ 3 ~
우리의 답변: 영혼의 변덕스러움에 관하여

1. "사부께서는 사막에서 지낸 세월이 우리의 속사람을 완전하게 했을 것이라고 생각하시지만, 그동안 우리는 자신에게 불가능한 존재 상태가 무엇인지를 깨달았습니다. 그 세월은 우리를 노력하며 추구하는 존재로 만들지 못했습니다. 우리는 추구해온 깨끗함을 안정적으로 확보하지 못했고, 혼란과 수치만 증가했습니다. 2. 우리는 날마다 훈련하며 열심히 묵상하며 발전했고, 불확실하게 출발했지만 확실하고 견고한 상태에 이르렀고, 처음에는 전혀 알지 못하거나 희미하게 알았던 것들에 완벽하고 쉽게 능통하게 되었습니다. 그럼에도 불구하고 이 깨끗함 속에서 수고하며 노력하면서 나로서는 불가능한 존재 상태가 무엇인지 알게 되었습니다. 이런 까닭에 나는 마음의 통회의 결과로서 고된 작업이 나의 운명이 될 것이며 항상 울어야 할 이유가 있을 것이라고 생각합니다. 그러나 나는 되어서는 안 되는 존재 상태로 존재하는 것을 멈추지 않습니다.

3. "이미 알고 있는 것을 이용할 수 없다면, 선한 것이 무엇인지 배운들 무슨 소용이 있습니까? 우리의 마음이 목표를 향하고 있다고 생각할 때 정신이 강력한 자극을 받아 서서히 목표에서 벗어나 전처럼 방황하고 도망치며, 일상적인 분심에 전념하며, 너무 많은 것들에게 사로잡히기 때문에, 우리는 원하는 대로 그것을 바로잡을 가능성이 없어 절망합니다. 이 훈련이 불필요한 것처럼 보입니다.

4. "잠시 어리석게 분심에 빠졌던 정신이 다시 하나님 경외와 영적 관상으로 돌아온다 해도 거기에 자리잡지 못하고 한층 더 빨리 사라집니다. 우리의 정신이 제안된 의도에서 벗어나 방황하고 있음을 깨닫고 다시 테오리아의 상태

로 복귀하면, 우리가 마음을 집요하게 집중시킴으로써 그것을 속박하려 하지만, 그 일을 시도하고 있는 동안 정신은 뱀장어보다 더 빠르게 빠져나가 도망칩니다.

5. "이런 까닭에 날마다 열심히 이런 종류의 일을 실천하지만 우리의 마음이 힘을 얻지 못하는 것을 볼 때, 우리는 낙심하며 인류 안에 존재하는 영혼의 방황이 자신의 허물이 아니라 본성의 허물이라는 견해를 갖게 됩니다."

~ 4 ~
영혼의 상태와 능력에 관한 세레누스 사부의 담화

1. 세레누스 사부는 다음과 같이 말했습니다: "어떤 것에 대해 충분히 논의하고 그것의 특징을 분석하기 전에 성급하게 그것의 본질을 이해했다고 주장하며, 사람들의 경험이나 관습 자체의 특성과 상태에 기초를 두고서 견해를 제시하는 것이 아니라 자신의 미숙한 경험에 기초를 두고서 추측하는 것은 위험한 추정입니다. 수영할 줄 모르는 사람이 자신의 경험을 토대로 하여 육신을 가진 사람은 물에 뜰 수 없다고 주장한다고 가정해 보십시오. 자신의 경험에서 비롯된 그의 견해는 참되다고 판단되어서는 안 됩니다. 왜냐하면 물에 뜨는 것은 불가능한 일이 아닐 뿐만 아니라 사람들이 쉽게 이룰 수 있음이 증인들과 증거에 의해 입증되기 때문입니다.

2. "그러므로 정신νους이 항상 변하며 다양하게 변화될 수 있다고 αεικινητος και πολυκινητος 이해되어야 합니다. 솔로몬의 지혜서에서는 '썩어 없어질 육체는 영혼을 내리누르고 이 세상살이는 온갖 생각을 일으키게 하여 사람의 마음을 무섭게 만듭니다'(지혜서 9:15)라고 말합니다. 정신은 본질상 가만히 있지 못하지만, 자신이 어디로 이동하며 무엇이 자신을 선점할 것인지 예견하지 못

할 경우에 자체의 변덕스러움 때문에 사방으로 돌아다니다가 오랜 실천과 습관화 덕분에 익숙해지면 무엇이 자신의 기억을 공급해주며, 자신이 어떤 목적을 향해 쉬지 않고 날아야 하며, 왜 한 곳에 고정하여 머무는 능력을 획득해야 하는지 경험하여 알게 됩니다. 그 때 정신은 자신을 분심시키는 원수의 제안들을 몰아내고 자신이 원하는 상태에 머물 수 있게 됩니다.

3. "그러므로 마음이 방황하는 원인이 인간의 본성에 있다거나 그것을 지으신 하나님 때문이라고 여기지 마십시오. 성경의 판단이 옳습니다: '하나님은 사람을 정직하게 지으셨으나 사람이 많은 꾀들을 낸 것이니라' (전 7:29). 생각들의 질은 우리에게 의존합니다. 선한 생각이 그것을 아는 사람 가까이에 오지만 사려 깊은 사람이 그것을 발견합니다. 만일 무엇을 발견하는 일이 우리의 분별력과 노력에 따라 결정된다면, 그것을 발견하지 못하는 것은 본성의 잘못이 아닌 우리의 게으름과 무분별 때문이라고 여겨야 합니다. 시편 기자는 이 견해에 동의하면서 '주께 힘을 얻고 그 마음에 시온의 대로가 있는 자는 복이 있나이다' (시 84:5)라고 말합니다.

"그러므로 우리 마음에 오르막길, 즉 하나님에게 닿는 생각들을 세우든지 세상의 육욕적인 것들에게로 내려가는 내리막길을 세우는 것은 우리의 능력 안에 있습니다. 4. 만일 그것들이 우리의 능력 안에 있지 않다면, 주님이 바리새인들을 '너희가 어찌하여 마음에 악한 생각을 하느냐' (마 9:4)라고 책망하시지 않았을 것입니다. 그리고 선지자를 통해서 '내 목전에서 너희 악한 행실을 버리며 행악을 그치고' (사 1:16); '네 악한 생각이 네 속에 얼마나 오래 머물겠느냐 (렘 4:14)라고 말씀하시지 않았을 것입니다. 또 이사야를 통해서 '때가 이르면 뭇 나라와 언어가 다른 민족들을 모으리니' (사 66:18)라고 경고하신 데서 볼 수 있듯이 심판날에 우리의 행위의 특성 및 생각들의 특성을 밝히라고 요구하시지 않을 것입니다. 그리고 '이런 이들은 그 양심이 증거가 되어 그 생각들이 서로 혹은 고발하며 혹은 변명하여 그 마음에 새긴 율법의 행위를 나타내느니라 곧 나의 복음에 이른 바와 같이 하나님이 예수 그리스도로 말미암아 사람들의 은밀한 것을 심판하시는 그 날이라'(롬 2:15-16)는 말씀대로 무섭고 두려운 심판을 받을 때 그것들의 증언이 우리를 정죄하거나 옹호해주지 못할 것입니다.

~ 5 ~
복음서에 등장하는 백부장의 비유에서 취한 영혼의 완전함

1. "복음서에서 백부장이 이 완전한 정신을 훌륭하게 표현했습니다. 그는 덕과 견고함으로 말미암아 자신을 공격하는 생각들에 이끌려 빗나가지 않고 자신의 판단에 따라 선한 생각들을 받아들이고 악한 생각들을 어려움 없이 몰아냈습니다. 그것이 다음과 같이 표현되어 있습니다: '나도 남의 수하에 있는 사람이요 내 아래에도 군사가 있으니 이더러 가라 하면 가고 저더러 오라 하면 오고 내 종더러 이것을 하라 하면 하나이다'(마 8:9).

2. "만일 우리가 방해와 악덕들을 대적하여 용감하게 싸워 그것들을 우리의 권위와 분별력 아래 둘 수 있다면, 그리고 육체 안에서 싸우면서 정념들을 제거하며 불안정한 생각들을 이성의 지배 아래 두며 주님의 십자가 군기에 의해 적대 세력들을 마음의 영역에서 몰아낼 수 있다면, 그 승리에 대한 상으로서 영적 백부장의 지위로 승진하게 될 것입니다. 출애굽기에서 모세는 백부장을 신비적으로 지칭하여 '너는 또 온 백성 가운데서 능력 있는 사람들 곧 하나님을 두려워하며 진실하며 불의한 이익을 미워하는 자를 살펴서 백성 위에 세워 천부장과 백부장과 오십부장과 십부장을 삼아'(출 18:21)라고 말합니다. 3.

이처럼 권위 있는 지위에 오른 사람은 명령하는 힘과 능력을 소유함으로써 원하지 않는 생각들에게 이끌려 길을 벗어나지 않고 영적으로 즐거워하는 생각들 안에 머물 수 있을 것이며, 악한 생각들을 명하여 나가게 하며 선한 생각들을 권하여 들어오게 할 수 있을 것입니다. 또 우리의 종—즉 우리의 몸—에게 순결과 금욕에 관한 것들을 명령할 것이며, 몸은 반박하지 않고 그것들을 시행하며 더 이상 우리 안에서 정욕적인 충동들을 일으키지 않고 영에게 복종할 것입니다.

4. "백부장이 소유한 무기 및 그것들의 용도에 대해 바울은 '우리의 싸우는 무기는 육신에 속한 것이 아니요 오직 어떤 견고한 진도 무너뜨리는 하나님의 능력이라'(고후 10:4)고 말합니다. 그는 그것들이 육욕적이고 약한 것이 아니라 하나님께 강력한 영적 무기라고 말했습니다. 그 다음에 그것들이 어떤 싸움에 사용될 것인지 지적합니다: '모든 이론을 무너뜨리며 하나님 아는 것을 대적하여 높아진 것을 다 무너뜨리고 모든 생각을 사로잡아 그리스도에게 복종하게 하니 너희의 복종이 온전하게 될 때에 모든 복종하지 않는 것을 벌하려고 준비하는 중에 있노라'(고후 10: 4b-6).

5. "이것들에 대해서는 나중에 하나씩 다루어야 합니다. 지금은 복음의 백부장들로서 주님을 위해 싸우기를 원하는 사람들이 진군할 때 준비해야 하는 무기들의 종류와 특성들을 설명하겠습니다. 바울은 '믿음의 방패를 가지고 이로써 능히 악한 자의 모든 불화살을 소멸하고'(엡 6:16)라고 말합니다. 믿음은 방탕한 욕망의 불화살을 막으며 장래의 심판에 대한 두려움과 하늘나라에 대한 믿음을 통해 그것들을 소멸합니다. 6. 바울은 '사랑의 호심경을 붙이고'(살전 5:8)라고 말합니다. 이것은 우리의 가슴속에 있는 중요한 기관들을 가려주고 치명적인 방해의 상처로부터 보호해주고, 원수들의 공격을 무디게 만들며

마귀가 던지는 무기가 우리의 속사람을 꿰뚫지 못하게 해줍니다. 왜냐하면 그것은 모든 것을 참으며 모든 것을 믿으며 모든 것을 바라며 모든 것을 견디기 때문입니다(고전 13:7). 그리고 구원의 소망의 투구를 써야 합니다(살전 5:8b). 투구는 머리를 보호해줍니다. 우리의 머리는 그리스도이므로(엡 1:22; 골 1:18 참조), 우리는 시련과 박해를 당할 때 항상 장래의 선한 것들에 대한 희망을 투구로 착용하여 머리를 보호하며 특히 그분에 대한 믿음을 상처를 입지 않고 온전하게 유지해야 합니다. 7. 신체의 다른 부분을 잃어도 목숨을 부지할 수 있지만, 머리가 없으면 잠시도 살지 못합니다. 거기에 '성령의 검 곧 하나님의 말씀'(엡 6:17b)을 가져야 합니다. 그것은 '좌우에 날선 어떤 검보다도 예리하여 혼과 영과 및 관절과 골수를 찔러 쪼개기까지 하며 또 마음의 생각과 뜻을 판단하며'(히 4:12) 우리 안에 있는 온갖 세상적이고 육욕적인 것들을 찔러 쪼갭니다.

8. "이러한 무기를 착용한 사람은 원수의 큰 공격을 받아도 상처를 입지 않을 것이며, 포로와 종이 되어 적대적인 생각들의 영역으로 끌려가지 않을 것이며, '네가 어찌하여 남의 나라에서 늙어 가며 원수들의 땅에서 사느냐?'(바룩 3:10)라는 말을 듣지 않을 것입니다. 그는 승리하여 자신이 거하고자 하는 생각들의 영역에서 살 것입니다.

"백부장으로 하여금 육욕적이지 않고 하나님께 강력한 이 무기들의 무게를 감당할 수 있게 해준 힘과 인내를 이해하고 싶습니까? 자신의 영적 군대를 위해 튼튼한 사람들을 모집하여 시험하시는 왕의 말을 들어보십시오. 그분은 '약한 자도 이르기를 나는 강하다 할지어다 사면의 민족들아 너희는 속히 와서 모일지어다'(욜 3:10-11)라고 말씀하십니다. 주님의 전투에는 약한 자들과 고난받는 자들만 참여할 수 있습니다. 복음의 백부장은 이 약함 속에서 확신을 가지고 '내가 약한 그 때에 강함이라' (고후 12:10); '내 능력이 약한 데서 온전하여짐이라' (고후 12:9)고 말했습니다. 어느 선지자는 이 약함에 대해 '그 중에 약한 자가 그 날에는 다윗 같겠고' (슥 12:8)라고 말합니다. 인내하며 견디는 사람은 '너희에게 인내가 필요함은 너희가 하나님의 뜻을 행한 후에 약속하신 것을 받기 위함이라' (히 10:36)고 언급된 인내를 가지고 싸움에 임할 것입니다.

~ 6 ~
생각들을 깨어 있는 상태로 유지하는 것에 관하여

1. "만일 우리가 자기의 의지와 이 세상에 속한 욕망을 죽인 적이 있다면 자신의 경험에 의해서 우리가 주님을 굳게 붙들어야 하며 또 그것이 가능하다는 것을 발견할 것이며, 또 자신 있게 '나의 영혼이 주를 가까이 따르니' (시 63:8); '내가 주의 증거들에 매달렸사오니' (시 119:31); '주와 합하는 자는 한 영이니라' (고전 6:17)고 말한 사람들의 권위에 의해 가르침을 받을 것입니다.

2. "그러므로 지루하다고 해서 이러한 영혼의 방황에 대한 통제를 늦추지 말아야 합니다. 자기의 토지를 경작하는 자에게는 먹을 것이 많지만 게으른 자는 가난할 것입니다(잠 28:19 참조). 낙심하여 해이해져서도 안 됩니다. 열심히 일하면 수입이 있지만 잡담만 하고 있으면 가난하게 되며(잠 14:23), 하나님의 나라는 침략당하고 있으며 침략하는 사람이 그 나라를 빼앗습니다(마 11:12).

3. "노력하지 않으면 덕을 완성할 수 없고, 통회하는 마음이 없으면 원하는 안정된 정신을 획득할 수 없습니다. '사람은 고생을 위하여 났으니' (욥 5:7). '온전한 사람을 이루어 그리스도의 장성한 분량이 충만한 데까지' (엡 4:13) 이

르려면 한층 더 신중하게 깨어 지키고 항상 세심하게 수고해야 합니다.

4. "현세에서 장성한 분량에 대해 깊이 생각하고 가르침을 받고 세상에 사는 동안 그것을 맛본 사람, 그리스도의 귀한 지체로 지정되었으며 그리스도의 몸과 결합할 수 있게 해주는 연합의 보증을 육체 안에 소유하고 있는 사람, 한 가지만 바라고 갈망하며 자신에게 약속된 것을 현세에서 소유하기 위해 이 한 가지만 생각하고 행동하는 사람 외에는 다음 세상에서 이 장성한 분량에 이르지 못할 것입니다. 장래에 거룩한 사람들의 복된 생활방식과 관련하여 그에게 '하나님이 만유의 주'(고전 15:28)가 되신다고 언급됩니다."

~ 7 ~
영혼의 변덕스러움과
사악한 존재를 거룩한 곳에서 밀어내는 것에 대한 질문

게르마누스가 말했습니다: "만일 적들이 정신을 둘러싸고서 그것이 원하지 않는 것, 즉 정신의 변덕스러운 본질이 끊임없이 강요하는 것을 향해 밀어내지 않는다면, 정신의 변덕스러움이 어느 정도 억제될 수 있을 것입니다. 강력하고 무섭고 많은 군대가 정신을 에워싸고 있으므로, 이 점과 관련하여 하늘의 신탁과 같은 당신의 말씀에 의해 힘을 얻지 못한다면 우리의 연약한 육체가 정신의 변덕스러움을 억제할 수 없을 것입니다."

~ 8 ~
답변: 하나님의 도우심과 자유의지의 힘에 관하여

1. 세레누스 사부가 말했습니다: "속사람의 싸움을 경험한 사람들은 대적들이 항상 앞에 누워 자신을 기다리고 있다고 확신합니다. 그러나 우

리 자신의 진보에 의해 적들이 상쇄되므로 악으로 유도할 뿐 강요하지는 않는다고 주장합니다. 만일 적들이 강력한 강요의 수단을 가지고 있다면 누구도 그들이 마음속에 들어오게 만들고자 하는 죄를 완전히 피할 수는 없을 것입니다. 2. 그러므로 적들에게 선동할 능력이 주어졌듯이 우리에게는 거부할 능력과 받아들일 자유가 주어졌습니다. 그러나 우리가 그들의 힘과 공격을 두려워한다면, 하나님의 도우심과 보호를 참작해야 합니다. 하나님의 도우심과 관련하여 성경에서는 '너희 안에 계신 이가 세상에 있는 자보다 크심이라' (요일 4:4)고 말합니다. 우리를 대적하는 많은 적들보다 우리를 위해 싸우시는 하나님의 도우심이 훨씬 더 큽니다. 하나님은 선한 것들을 제안하실 뿐만 아니라 그것들을 후원하고 촉진하시는 분이므로 때때로 의식하지 못하는 사이에 우리를 구원으로 이끄십니다.

3. "그러므로 마귀는 의도적으로 자신을 마귀에게 바치기로 동의한 사람만 속일 수 있습니다. 전도자는 이것을 다음과 같이 표현합니다: '악한 일에 관한 징벌이 속히 실행되지 아니하므로 인생들이 악을 행하는 데에 마음이 담대하도다' (전 8:11). 이런 까닭에 사람이 범죄하는 것은 악한 생각의 공격을 받을 때 즉시 저항하여 대적하지 않기 때문입니다. 성경은 '마귀를 대적하라 그리하면 너희를 피하리라' (약 4:7)고 말합니다."

~ 9 ~

영혼과 마귀들의 관계에 대한 질문

게르마누스가 말했습니다: "영혼과 악한 영들 사이의 모호한 관계가 무엇인지 알고 싶습니다. 그러한 관계가 악한 영들로 하여금 영혼과 연합되어 영혼에게 말을 걸고 영혼 안에 들어와 원하는 것을 속삭일 수 있게 만들며, 영혼에게 자기들이 원하는 것을 강요하고 영혼의 생각과 움직임을 보고 살필 수 있게 만들며, 그들과 정신이 밀접하게 연합됨으로써 하나님의 은혜가 없으면 그것들의 선동에서 비롯된 것과 우리 자신의 의지에서 비롯된 것을 거의 구분할 수 없게 만듭니다."

~ 10 ~
답변: 더러운 영들이 인간의 정신과 연합하는 방법에 대하여

세레누스 사부는 다음과 같이 답변했습니다: "다른 영과 알아차리지 못할 정도로 결합된 영은 허락된 곳에서 은밀하고 설득력 있게 영향력을 발휘할 수 있습니다. 사람들 사이에서처럼 영들 사이에도 실질적인 동류성과 관계가 존재합니다. 왜냐하면 영혼의 본성에 대한 이해가 영들의 본질에도 적용될 수 있기 때문입니다. 그러나 영이 다른 영 안에 들어가 결합하여 그 영에게 포함될 수는 없습니다. 그것은 신성에만 속한 것으로서 신성만이 무형적이요 단순한 본성입니다."

~ 11 ~
더러운 영들이 영혼 안에 들어올 수 있거나
귀신들린 사람의 영혼과 연합하는지에 관한 반론

게르마누스가 말했습니다: "귀신들린 사람이 더러운 영들의 영향을 받아 말하고 행동할 때 발생하는 것은 이것과 반대라고 생각합니다. 그렇다면 귀신들의 도구가 되어 본성적 상태에서 떠나 귀신의 움직임과 감정을 취하고 자신의 음성과 몸짓과 소원을 갖지 않고 다른 사람의 음성과 몸짓과 소원을 취하는 사람의 영혼에 더러운 영이 결합되어 있다고 여겨야 하지 않습니까?"

~ 12 ~

답변: 귀신들린 사람들 안에서 더러운 영들이 지배하는 방식에 관하여

1. 세레누스 사부는 이렇게 답변했습니다: "귀신들린 사람에게 발생한다고 말씀하신 것—더러운 영에게 사로잡힌 사람이 원하지 않는 말과 행동을 하며 의식하지 못하는 일을 행하는 것—은 앞에서 말한 우리의 견해와 반대되는 것이 아닙니다. 그런 사람들은 단 한 가지 방식으로 영들의 침입을 당합니다. 귀신들린 사람들 중에 어떤 사람은 자신이 무슨 말을 하고 무슨 행동을 하는지 알지 못하지만, 어떤 사람은 나중에 그것을 알고 기억합니다. 더러운 영들이 침입할 때 영혼의 본질 속으로 뚫고 들어가서 마치 영혼에게 연합되고 영혼으로 옷입혀진 듯이 영혼의 입을 통해 말한다고 생각해서는 안 됩니다. 더러운 영들이 그렇게 할 수 있다고 믿어서는 안 됩니다. 이것이 일종의 영혼의 축소를 통해 발생하는 것이 아니라 육체의 약화를 통해서 발생합니다. 그 때 더러운 영이 영혼의 활력이 담겨 있는 기관들 안에 들어와 무겁게 짓누르고 지적 능력들을 압도하여 이해력을 어둡게 만듭니다. 2. 술, 더위, 추위 등 외적인 원인에서 초래된 좋지 않은 상태로 말미암아 이런 일이 발생하기도 합니다. 마귀는 욥의 육체를 압도할 능력을 받았지만, 하나님께서 '내가 그를 네 손에 맡기노라 다만 그의 생명은 해하지 말지니라' (욥 2:6)고 명하셨기 때문에 그의 육체를 해하지 못했습니다. 다시 말해서 하나님은 욥의 영혼의 거처를 약화시킴으로써 미치게 만들지 말며, 마음의 통치를 눌러 질식시킴으로써 저항하는 사람의 지혜와 이해력을 흐리게 하지 말라고 명하셨습니다.

~ 13 ~
한 영이 다른 영혼 안에 뚫고 들어갈 수 없다는 것, 그리고 오직 하나님만이 형체가 없으시다는 것

1. "영이 육체와 섞인다고 해서(그것은 쉽게 이루어질 수 있습니다) 영이 영혼과 연합될 수 있다고, 즉 그 영혼으로 하여금 영의 본성을 지니게 만들 수 있다고 믿을 수 없습니다. 그것은 삼위일체 하나님만이 가능한 일입니다. 삼위 하나님은 모든 지적 본성을 관통하시므로 그것을 포옹하고 둘러쌀 수 있을 뿐만 아니라 그 안으로 흘러들어가며 몸 안에 부어질 수도 있습니다.

"우리는 천사들과 대천사들을 비롯한 세력들, 우리의 영혼, 그리고 공기 등이 영적인 것처럼 어떤 본질들이 영적이라고 선언하지만 그것들을 무형적인 것이라고 여길 수 없습니다. 2. 그것들은 자기들에게 알맞은 몸을 가지고 존속하는데, 그 몸은 우리의 몸보다 훨씬 세련된 몸입니다. 바울은 '하늘에 속한 형체도 있고 땅에 속한 형체도 있으나'(고전 15:40), '육의 몸으로 심고 신령한 몸으로 다시 살아나나니'(고전 15:44)라고 말합니다.

"그러므로 하나님 외에는 형체가 없는 무형의 것이 존재하지 않으며, 하나님만 완전하시고 편재하시며 만물 안에 존재하시기 때문에 모든 영적이고 지적인 본질이 하나님에게만 뚫고 들어갈 수 있습니다. 따라서 하나님은 인간의 모든 생각과 내면의 성향 및 정신의 깊은 곳을 조사하고 살피실 수 있습니다. 3. "바울은 하나님과 관련하여 다음과 같이 말합니다: '하나님의 말씀은 살아 있고 활력이 있어 좌우에 날선 어떤 검보다도 예리하여 혼과 영과 및 관절과 골수를 찔러 쪼개기까지 하며 또 마음의 생각과 뜻을 판단하나니 지으신 것이 하나도 그 앞에 나타나지 않음이 없고 우리의 결산을 받으실 이의 눈앞에 만물이 벌거벗은 것같이 드러나느니라'(히 4:12-13). 다윗은 '그는 그들 모두의 마음을 지으시며 그들이 하는 일을 굽어살피시는 이로다'(시 33:15); '주는 마음의 비밀을 아시나이다'(시 44: 21)라고 말합니다. 솔로몬도 '주는 계신 곳 하늘에서 들으시며 사유하시되 각 사람의 마음을 아시오니 그의 모든 행위대로 갚으시옵소서 주만 홀로 사람의 마음을 아심이니이다'(대하 6:30)라고 말합니다.

~ 14 ~

반론: 마귀가 인간의 생각을 어느 정도 들여다본다고 믿을 수 있는가?

게르마누스가 말했습니다: "사부께서는 이런 이유 때문에 이 영들이 우리의 생각을 들여다볼 수 없다고 말씀하십니다. 성경에 '주권자가 네게 분을 일으키거든'(전 10:4), '마귀가 벌써 시몬의 아들 가룟 유다의 마음에 예수를 팔려는 생각을 넣었더라'(요 13:2)고 기록된 것을 볼 때 이것은 터무니없는 견해라고 생각됩니다. 영들이 선동하고 제안할 때 생각의 씨앗이 솟아나는 것을 보건대 어떻게 우리의 생각들이 영들에게 개방되어 있지 않다고 믿을 수 있습니까?"

~ 15 ~

답변: 인간의 생각과 관련하여 귀신들이 할 수 있는 것과 할 수 없는 것

1. 세레누스 사부가 답변했습니다: "더러운 영들이 우리의 생각의 특징을 이해할 수 있음은 아무도 의심하지 않습니다. 그 영들은 감지할 수 있는 외적 암시들, 즉 우리의 몸짓이나 말, 그리고 우리의 마음이 선호하고 있는 욕구들을 토대로 하여 그것들을 알게 됩니다. 그렇지 않으면 영혼의 깊은 곳에서 아직 모습을 드러내지 않은 생각을 조사할 수 없습니다. 2. 그 영들은 자기들이 암시

하는 생각들을 영혼의 본성, 즉 우리의 내면 깊은 곳에 감추어져 있는 내면의 작업들로부터 찾아내는 것이 아니라 겉사람의 움직임과 조짐들로부터 찾아냅니다.

"예를 들어 더러운 영들이 탐식을 암시하는 경우를 생각해보십시오. 만일 수도사가 호기심을 가지고 창문이나 태양을 바라보거나 시간을 묻는 것을 더러운 영들이 본다면 그가 폭식하려는 욕구에 사로잡혀 있음을 알 것입니다. 만일 더러운 영들이 음란을 선동하는 동안 수도사가 방탕한 욕구의 공격을 받아들이거나 그의 육체가 자극을 받는 것을 보거나 더러운 암시의 공략을 받고서도 한숨 쉬지 않는 것을 본다면, 그것들은 자기가 쏜 방탕한 욕구의 화살이 그의 영혼 깊은 곳에 박혔다고 이해합니다. 3. 만일 더러운 영들이 그를 선동하여 슬퍼하거나 화를 내거나 격분하게 만들었다면, 그의 몸짓과 감지할 수 있는 움직임에 의해, 예를 들어 그가 신음하는지, 침묵하는지, 화를 내며 한숨을 쉬는지, 얼굴이 창백해지거나 빨개지는지 등을 보고서 그것들이 그의 마음을 지배했는지 분별하며, 누가 어떤 악에 굴복했는지 파악합니다. 그 영들은 각 사람이 고개를 끄덕이거나 몸을 움직이는 것에 의해 특정의 악덕에 동의하여 추구하고 즐긴다는 것을 이해합니다.

4. "공중의 권세잡은 자들은 이것들을 파악할 수 있습니다. 왜냐하면 통찰력이 있는 사람들에게도 이런 일이 자주 발생하기 때문입니다. 그것들은 우리의 태도와 표현, 표면적인 특징들을 보고서 속사람의 상태를 알아냅니다. 영들은 영적 본성을 가지고 있기 때문에 인간들보다 더 지혜롭고 영리하며, 그렇기 때문에 이것들을 더 쉽게 파악할 수 있습니다.

~ 16 ~
비교: 더러운 영들이 어느 정도
인간의 생각을 이해하도록 가르침을 받을 수 있는가?

"이것은 다른 사람의 집에 있는 비밀 창고를 털기 위해 조사하는 도둑을 상기시켜줍니다. 도둑은 어둔 밤에 모래를 뿌려 그것들이 떨어질 때 울려 퍼지는 작은 소리 덕분에 어디 있는지 파악할 수 없도록 감추어져 있는 보물들을 발견합니다. 그는 모래가 떨어질 때 나는 소리에 의해 보물이 무엇인지 정확하게 파악합니다. 마찬가지로 더러운 영들이 우리 마음의 보물창고를 탐험하려면 우리의 내면에 모래알과 같은 해로운 암시들을 뿌립니다. 그리고 마치 감추어진 방에서 울려 퍼지는 소리처럼 그들이 암시한 것들의 특성에 따라 출현하는 육적인 성향들을 보고서 속사람의 내면 깊은 곳에 감추어져 있는 것이 무엇인지 알아냅니다.

~ 17 ~
각각의 귀신이 모든 정념을
인간에게 도입하지는 않는다는 사실에 관하여

"각각의 귀신들이 사람들 안에 모든 정념들을 각인하는 것이 아니라 특별한 영들이 특별한 악덕들을 품고 낳는다는 사실을 알아야 합니다. 불순과 방탕한 욕망을 좋아하는 귀신이 있고, 신성모독을 즐기는 귀신이 있으며, 분노와 격분에 몰두하는 귀신도 있습니다. 슬픔을 즐기는 귀신이 있고, 허영과 교만을 즐기는 귀신도 있습니다. 각각의 귀신들은 자신이 좋아하는 악덕을 사람들의 마음에 암시하지만, 모든 귀신들이 동등하게 자기의 악을 강요하는 것이 아닙니다. 그것들은 때와 장소와 사람에 따라 선택적으로 등장하고 자극합니다."

~ 18 ~
귀신들 가운데 공격 명령과 교대 체계가 존재하는지에 관한 질문

게르마누스가 말했습니다: "그렇다면 더러운 영 가운데 악이 정돈되고 어떤 훈련이 있으므로 어떤 선택이 있고 공격에 이성적인 논리가 있다고 믿어야 합니까? 성경에서는 '거만한 자는 지혜를 구하여도 얻지 못하거니와'(잠 14:6), '우리의 원수들이 스스로 판단하도다'(신 32:31), '지혜로도 못하고, 명철로도 못하고 모략으로도 여호와를 당하지 못하느니라'(잠 21:30)고 말합니다."

~ 19 ~
답변: 공격의 교대와 관련하여 귀신들 가운데 어느 정도 합의가 존재하는가?

1. 세레누스 사부가 말했습니다: "악인들 가운데 영속적인 합의가 없으며, 악인들이 공통적으로 즐기는 악덕들과 관련해서도 완전한 조화가 존재할 수 없습니다. 당신이 말했듯이 훈련되지 못한 것들 안에서는 훈련과 정책이 관찰되지 않습니다. 그러나 공동으로 시도할 때나 피할 수 없을 때, 또는 공동 이익을 위해서 필요할 경우에 악인들은 일시적으로 합의하여 모여야 합니다.

2. "악한 영들의 군대에서 그들은 자기들끼리 시간대를 정하고 교대하며, 심지어 특정 장소에 출몰하여 끊임없이 그곳을 점유한다고 알려져 있습니다. 왜냐하면 그들은 특정 시간에 고정된 시련들에 의해서, 특정 악덕들을 통해서 공격해야 하므로 한 사람이 동시에 허영에 의해 길을 벗어나고 음란의 정욕에 빠질 수 없으며, 또 영적 교만에 의해 자고한 동시에 육욕적 탐식의 수치에 빠질 수 없습니다. 또 한 사람이 어리석게 킬킬거리고 웃으면서 화를 내거나 강력한 슬픔에 사로잡힐 수 없습니다. 하나의 영이 홀로 정신을 공격하기 시작하여 완패한 후 떠날 때 정신을 다른 영에게 넘겨주어 더욱 사나운 공격을 받

게 만들지만, 혹시 승리하더라도 정신을 다른 영에게 넘겨주어 미혹되게 만듭니다.

~ 20 ~
대립하는 세력들이 동일한 힘을 소유하지 않는다는 것, 그리고 시련을 가하는 능력이 그들의 주도 하에 있지 않다는 것

"또 우리는 사람들 모두가 동일한 흉포함과 욕망, 동일한 담대함과 악함을 소유하지는 않는다는 것을 모르지 않습니다. 초심자들과 약한 사람들은 약한 영들의 공격을 받는데, 이 악령들이 정복되면 그것들보다 더 튼튼한 도전자들이 그리스도의 경주자를 대적하여 싸웁니다. 싸움은 참여한 사람의 힘과 진보에 비례하여 더 어려워집니다. 우리의 싸움을 주관하시는 결정권자요 감독자이신 그리스도께서 참가자들의 힘의 균형을 이루시고 그것들의 사나운 공격을 억제하시며 시험을 당할 때 피할 길을 예비하여 견뎌낼 수 있게 하시지 않으면 거룩한 사람이라도 큰 원수들의 악을 견딜 수 없고 그들의 공격을 감당할 수 없을 것입니다(고전 10:13 참조).

~ 21 ~
귀신들이 힘들이지 않고 인간들을 대적하는 것이 아님에 관하여

1. "그러나 우리는 악한 영들이 전혀 노력하지 않으면서 이 싸움에 참여한다고 여기지 않습니다. 그것들은 특히 강력한 경쟁자들, 즉 거룩하고 완전한 사람들을 대적하여 싸울 때 불안과 슬픔을 느낍니다. 만일 그렇지 않다면 그것들이 씨름하거나 싸우지 않고서도 단순하고 안전하게 인간들을 미혹할 수 있을 것입니다. 바울은 '우리의 씨름은 혈과 육을 상대하는 것이 아니요 통치자

들과 권세들과 이 어둠의 세상 주관자들과 하늘에 있는 악의 영들을 상대함이라'(엡 6:12); '싸우기를 허공을 치는 것같이 아니하며'(고전 9:26); '나는 선한 싸움을 싸우고'(딤후 4:7)라고 말했습니다. 2.싸움과 경쟁과 전쟁에는 불가피하게 쌍방의 수고와 노력과 불안이 있으며, 승리한 자에게는 기쁨이 따르고 패배한 자에게는 비탄과 슬픔이 임합니다. 그러나 힘들게 싸우는 사람을 상대하는 사람이 한가하고 안이하게 대적하며 자신의 의지를 적을 대적할 유일한 무기로 사용한다면, 그것은 전쟁이나 경쟁이나 싸움이 아니라 불공정하고 불합리하고 졸렬한 경기에 불과할 것입니다.

3. "악한 영들은 인류를 공격할 때 승리하기 위해서 인간들만큼 수고하고 애씁니다. 또 그 영들에게 정복될 때 우리 앞에 기다리고 있는 재앙이 방향을 돌려 그들에게 임할 것입니다: '나를 에워싸는 자들이 그들의 머리를 들 때에 그들의 입술의 재난이 그들을 덮게 하소서'(시 140:9); '그의 재앙은 자기 머리로 돌아가고 그의 포악은 자기 정수리에 내리리로다'(시 7:16); '멸망이 순식간에 그에게 닥치게 하시며 그가 숨긴 그물에 자기가 잡히게 하시며 멸망 중에 떨어지게 하소서'(시 35:8). 악한 영들도 우리만큼 슬퍼하며, 그것들이 우리를 정복하는 것과 비슷하게 정복되고 패배하여 수치스럽게 떠나갑니다.

4. "속사람의 눈이 건강한 사람은 날마다 악한 영들의 싸움과 멸망을 관찰하며, 사람이 몰락하고 멸망할 때마다 그것들이 기뻐하는 것을 보며, 또 그것들이 결국 자신을 이기고 기뻐하게 될까 두려워하여 주님께 이렇게 말합니다: '여호와 내 하나님이여 나를 생각하사 응답하시고 나의 눈을 밝히소서 두렵건대 내가 사망의 잠을 잘까 하오며 두렵건대 나의 원수가 이르기를 내가 그를 이겼다 할까 하오며 내가 흔들릴 때에 나의 대적들이 기뻐할까 하나이다'(시 13:3-4); '여호와 나의 하나님이여 주의 공의대로 나를 판단하사 그들

이 나로 말미암아 기뻐하지 못하게 하소서 그들이 마음속으로 이르기를 아하 소원을 성취하였다 하지 못하게 하시며 우리가 그를 삼켰다 말하지 못하게 하소서'(시 35:24-25); '그들은 연회에서 망령되이 조롱하는 자같이 나를 향하여 그들의 이를 갈도다 주여 어느 때까지 관망하시려 하나이까 내 영혼을 저 멸망자에게서 구원하시며 내 유일한 것을 사자들에게서 건지소서'(시 35:16-17); '사자가 자기의 굴에 엎드림같이 그가 은밀한 곳에 엎드려 가련한 자를 잡으려고 기다리며 자기 그물을 끌어당겨 가련한 자를 잡나이다'(시 10:9); '그들의 먹이를 쫓아 부르짖으며 그들의 먹이를 하나님께 구하다가'(시 104:21).

5. "악한 영들이 우리를 속이기 위해 온갖 시도를 했지만 성공하지 못했을 때 우리를 조소하는 자들이 자기 수치로 말미암아 놀라며, 우리의 재난을 기뻐하는 자들이 함께 부끄러워 낭패를 당하며, 우리를 향하여 스스로 뽐내는 자들이 수치와 욕을 당해야 합니다(시 40:15; 35: 26). 예레미야는 '나를 박해하는 자로 치욕을 당하게 하시고 나로 치욕을 당하게 마옵소서 그들은 놀라게 하시고 나는 놀라게 하지 마시옵소서 재앙의 날을 그들에게 임하게 하시며 배나 되는 멸망으로 그들을 멸하소서'(렘 17:18)라고 말합니다. 우리가 악한 영들을 정복할 때에 그것들은 이중의 멸망을 당해야 합니다. 첫째는 인간들이 거룩함을 구하는 데 반해 옛날 거룩함을 소유했던 존재들이 그것을 잃고 인류의 저주의 원인이 되었기 때문이며, 둘째는 영적 존재들이 육적이고 세속적인 존재들에 의해 정복되었기 때문입니다.

6. "어느 거룩한 사람은 원수의 멸망과 자신의 승리를 보고 기뻐하며 '내가 내 원수를 뒤쫓아가리니 그들이 망하기 전에는 돌아서지 아니하리이다 내가 그들을 쳐서 능히 일어나지 못하게 하리니 그들이 내 발 아래에 엎드러지리이다'(시 18:37-38)라고 외쳤고, '여호와여 나와 다투는 자와 다투시고 나와 싸

우는 자와 싸우소서 방패와 손 방패를 잡으시고 일어나 나를 도우소서 창을 빼사 나를 쫓는 자의 길을 막으시고 또 내 영혼에게 나는 네 구원이라 이르소서'(시 35:1-3)라고 기도했습니다. 7. 정념들을 모두 정복하여 제거한 사람은 '네 손이 네 대적들 위에 들려서 네 모든 원수를 진멸하기를 바라노라'(미 5:9)는 축복을 받을 자격이 있습니다.

"성경에 기록되어 있는 이러한 말씀들을 읽으면서 그것들이 우리를 공격하려고 기다리고 있는 악한 영들을 대적하여 기록된 것으로 여기지 않는다면, 우리가 더 관대해지지 못하고 인내하지 못하며 복음의 완전함과 반대되는 잔인한 감정을 품게 될 것입니다. 8. 왜냐하면 그럴 경우 우리는 원수를 위해 기도하지 말며 원수를 사랑하지 말라는 가르침을 받을 뿐만 아니라 증오심을 가지고 그들을 미워하고 저주하고 그들에게 불리한 기도를 쏟아내라는 가르침을 받게 되기 때문입니다. 거룩한 사람들과 하나님의 친구들이 그러한 정신으로 그렇게 말했다고 이해하는 것은 악하고 불경한 태도입니다. 그리스도가 세상에 오시기 전 그들이 율법의 명령을 초월하고 하나님의 계획을 예견하고서 복음의 교훈에 순종하고 사도적 완전함을 추구하는 편을 선택했기 때문에 그들에게 율법이 부과되지 않았습니다.

~ 22 ~
해를 가할 능력이 귀신들의 주도 아래 있지 않다는 사실에 관하여

1. "악한 영들에게 인간을 해칠 능력이 없다는 사실이 욥의 사례에 의해 증명됩니다. 원수는 하나님의 섭리에 의해 허락된 것 이상으로 욥을 시험하지 못했습니다(욥 1:12 참조). 복음서에서 더러운 영들의 고백도 그것을 증명합니다: '만일 우리를 쫓아 내시려면 돼지 떼에 들여 보내 주소서'(마 8:31). 그것들

이 하나님의 허락 없이 말 못하는 더러운 짐승들 안에 들어갈 능력을 갖지 못했음을 고려해보면, 그것들이 하나님의 형상으로 피조된 사람들 안에 자의로 들어갈 수 없다고 믿어야 합니다. 2. 만일 그것들이 사람들을 해치고 공격할 능력과 자유를 가지고 있다면, 이 사막에서 꾸준히 거주하고 있는 젊은이들을 비롯하여 누구도 많은 원수들이 에워싸고 있는 사막에서 홀로 살 수 없을 것입니다. 주님이 빌라도에게 하신 말씀이 이것을 확인해줍니다: '위에서 주지 아니하셨더라면 나를 해할 권한이 없었으리니' (요 19:11).

~ 23 ~
귀신들의 힘의 약화에 관하여

1. "우리는 자신의 경험과 원로들의 기록을 통해서 지금 귀신들이 은수사 생활 초기에 소수의 수도사들만이 사막에서 살던 때와 동일한 능력을 소유하지 못한다는 것을 충분히 깨달았습니다. 그때에는 귀신들이 매우 흉포했기 때문에 나이가 지긋하고 안정된 소수의 사람들만 사막에서의 삶을 참고 견딜 수 있었습니다. 여덟 명 내지 열 명이 모여 살곤 했던 공주수도원에서 그것들의 야만성이 맹위를 떨쳤고 눈에 보이게 자주 공격했으므로 밤이면 사람들이 같은 시간에 잠을 자지 못했습니다. 몇 명이 잠자는 동안 다른 사람들은 철야하면서 시편을 찬송하고 기도하고 성경을 읽었습니다. 2. 그 다음에 파수 보던 사람들과 먼저 잠들었던 사람들이 교대하여 경계했습니다.

"이런 까닭에 다음과 같은 두 가지 중 하나가 세월에 따른 경험 때문에 강해진 우리들뿐만 아니라 우리보다 젊은 사람들에게 안전함과 확신을 주었음을 의심할 수 없습니다: 십자가의 능력이 사막에 들어와 빛나는 은혜에 의해 도처에서 귀신들의 사악함을 둔화시켰거나, 우리의 태만함이 귀신들을 처음 공격을 시작했을 때보다 온건하게 만들었을 것입니다. 이는 그것들이 과거에 그리스도의 탁월한 군사들을 공격할 때처럼 강력하게 우리를 대적하여 싸우기를 거부하며, 이제 눈에 보이는 시련이 중지되었으므로 속임수를 사용하여 한층 더 불길하게 우리를 파멸시키기 때문입니다.

3. "아주 미지근해진 사람들이 수실을 떠나 사방으로 돌아다니면서 더 많은 어려움과 더 큰 악덕에 빠지지 않게 하려면 관대하게 경고하며 달래야 합니다. 그들이 어느 정도 게으르더라도 사막에 남아있을 수만 있다면, 큰 성과를 거둘 수 있을 것입니다. 원로들은 강력한 치료법으로서 '당신의 수실에 머무십시오. 계속 그곳에 머물면서 원하는 대로 먹고 마시고 잠자십시오'라고 말하곤 합니다.

~ 24 ~
귀신들이 소유하려는 사람의 몸 속에 들어가기 위해 어떻게 준비하는가?

"더러운 영들은 먼저 사람의 생각과 정신을 사로잡지 않고서는 그의 몸을 지배하지 못하며 그 사람 속에 들어갈 수 없습니다. 그것들은 사람에게서 하나님에 대한 경외심과 기억과 영적 묵상을 제거한 후 하나님의 보호하심과 도우심을 모두 빼앗겨 쉽게 정복된 사람을 담대하게 공격하고, 그 다음에 자기들에게 넘겨진 재산인 듯 그 사람 안에 자기 집을 만듭니다.

~ 25 ~
악덕에 사로잡힌 사람들이 귀신들린 사람들보다 더 불쌍하다는 것

1. "육적으로 더러운 영들이 가득한 것처럼 보이지 않지만 영혼이 영들에게 사로잡힌 사람들, 즉 악덕과 쾌락에 빠진 사람들은 더 심각하고 난폭하게 괴

롭힘을 당합니다. 베드로는 '누구든지 진 자는 이긴 자의 종이 됨이라'(벧후 2:19)고 말합니다. 그러나 이 점에 있어서 그들은 치명적인 병자들입니다. 그들은 종임에도 불구하고 자신이 이긴 자들의 공격과 지배를 받는다는 것을 알지 못합니다.

2. "거룩한 사람들도 작은 죄 때문에 육적으로 사탄이나 큰 고난에게 넘겨집니다. 왜냐하면 관대하신 하나님이시지만 심판날에 그들에게서 작은 흠이 발견되는 것을 허락하시지 않기 때문입니다. 선지자의 말에 의하면 하나님은 그들을 정련된 금이나 은처럼 형벌적 정화가 필요하지 않은 상태로 영원으로 데려가기 위해 현세에서 그들의 더러움을 모두 제거하고 정화하십니다. 선지자는 '내가 또 내 손을 네게 돌려 네 찌꺼기를 잿물로 씻듯이 녹여 청결하게 하며 네 혼잡물을 다 제하여 버리고 내가 네 재판관들을 처음과 같이, 네 모사들을 본래와 같이 회복할 것이라 그리한 후에야 네가 의의 성읍이라, 신실한 고을이라 불리리라'(사 1:25-26)고 말합니다. 지혜자는 '도가니는 은을, 풀무는 금을 연단하거니와 여호와는 마음을 연단하시느니라'(잠 17:3)고 말하고, 시락은 '실로 황금은 불 속에서 단련되고 사람은 굴욕의 화덕에서 단련되어 하느님을 기쁘게 한다'(집회서 2:5)라고 말하며, 히브리서 기자는 '주께서 그 사랑하시는 자를 징계하시고 그가 받아들이시는 아들마다 채찍질하심이라'(히 12:6)고 말합니다.

~ 26 ~

미혹된 선지자의 죽음, 그리고 폴 사부의 정화를 위한 질병

1. "열왕기하서에 기록되어 있는 바 단 한 번 불순종함으로써 자신의 행동이나 의지의 악이 아니라 다른 사람의 기만적인 행위로 말미암아 범죄했기 때문

에 사자에게 잡아먹힌 선지자의 사례가 이것을 예증해줍니다. 성경은 그 사람에 대해 다음과 같이 말합니다: "이는 여호와의 말씀을 어긴 하나님의 사람이로다 여호와께서 그에게 하신 말씀과 같이 여호와께서 그를 사자에게 넘기시매 사자가 그를 찢어 죽였도다'(왕상 13:26). 이 일이 발생했을 때 사자가 그의 시신을 먹지 않은 것은 현세에서의 그의 범죄와 부주의한 잘못에 대한 형벌일 뿐만 아니라 그의 의라는 공적으로 드러납니다. 그의 의 때문에 하나님은 그를 잠시 괴롭히는 자에게 넘겨주셨습니다.

2. "우리 시대에 칼라무스Calamus 사막에서 생활한 폴 사부와 모세 사부의 경우에 이것이 증명됩니다. 폴은 파네피시스 근처의 사막에서 살았는데, 이 사막은 짠 강물의 범람에 의해 형성되었다고 합니다. 북풍이 불 때마다 습지의 물이 범람하여 그 근처의 땅을 덮으면 오래된 마을들이 완전히 고립되어 마치 섬처럼 되었습니다.

3. "사부 폴은 이 사막의 침묵과 정적 속에서 마음을 깨끗하게 하여 여인의 얼굴뿐만 아니라 의복조차 바라보지 않았습니다. 그는 같은 사막에 사는 아르케비우스 사부와 함께 어느 원로의 수실로 가는 도중에 우연히 여인을 만났는데, 괴로워하면서 자신이 목적했던 방문을 포기하고 마치 사자나 용을 피해 도망치는 사람처럼 황급히 수도원으로 돌아갔습니다. 아르케비우스 사부가 소리치면서 자기들이 처음 계획했던 것이 무엇인지 질문하려 했지만 소용이 없었습니다.

4. "비록 그것이 순결과 순수함을 향한 열심 때문에 발생한 일이었지만, 올바른 지식을 따른 것이 아니었기 때문에(롬 10:2), 그리고 규율 준수와 엄격함이 지나쳤기 때문에(그는 여성들과 친하게 지내지 않았을 뿐만 아니라 여성의 모습 자체를 혐오했습니다), 즉시 발작이 일어나 그의 몸이 마비되어 사지

를 움직일 수 없게 되었습니다. 손과 발뿐만 아니라 혀가 굳어 말을 할 수 없게 되었고, 청력도 상실했습니다. 그에게는 감각을 잃어 움직일 수 없는 육체 외에 인간성이 남지 않았습니다. 5. 이런 상태에서 남자들이 그를 제대로 간병할 수 없어 여자들의 보호를 받아야 했기 때문에 그는 여성들의 공주수도원으로 이송되었습니다. 그곳에서 여자들이 친절하게 먹을 것과 마실 것을 마련해 주고 그에게 필요한 모든 것을 충족시켜주면서 임종할 때까지 거의 4년 동안 보살펴주었습니다. 온 몸이 마비되어 관절 하나도 움직일 수 없이 무감각했지만, 그에게서 고결한 은혜가 흘러나왔으므로 시체와 다름없는 그의 몸에 발랐던 기름을 바르면 병자들이 즉시 치유되었습니다. 그리하여 그의 사지의 질병은 하나님의 사랑과계획에 따라 정해진 것이며 그의 순결과 선한 증거로서 성령의 능력에 의해 그에게 치유의 은혜가 주어졌음을 불신자들도 믿게 되었습니다.

~ 27 ~
모세 사부의 시련

"한편 이 사막에 살았다고 언급된 두 번째 인물인 사부 모세가 무서운 마귀에게 넘겨졌습니다. 그는 귀신에 사로잡혀 사람의 배설물을 입에 집어넣곤 했습니다. 그는 매우 특별한 사람이었음에도 불구하고 사부 마카리우스와 논쟁하면서 뱉은 한 마디 거친 말 때문에 그에 대한 벌로 이런 일이 발생했습니다. 그가 신속하게 치유된 것에 의해서, 그리고 그 치유의 장본인인 마카리우스를 통해서 주님은 일종의 은혜로서—즉 일시적인 죄의 허물이 그에게 남아있지 못하게 하려고—그에게 정화의 채찍을 내리셨음을 보여주셨습니다. 사부 마카리우스의 겸손한 기도 덕분에 악한 영은 즉시 그에게서 떠나 도망쳤습니다.

~ 28 ~
더러운 영에게 넘겨진 사람들을 멸시해서는 안 된다는 것

"이로 보건대 다양한 시련이나 악한 영들에게 넘겨진 사람들을 혐오하거나 멸시하지 말며, 두 가지 사실을 받아들여야 합니다. 첫째, 하나님의 허락 없이 사람들이 시험을 받지 않습니다. 둘째, 외관상 슬픈 일이나 기쁜 일이나 우리에게 임하는 모든 일은 자애로운 아버지요 인정 많은 의사이신 하나님께서 우리를 위해 정하신 것입니다. 그러므로 그들에게 시련이 임한 것은 겸손을 위해 교사들에게 맡겨진 것과 같습니다. 바울의 말에 의하면 이 세상을 떠날 때 '육신은 멸하고 영은 주 예수의 날에 구원을 받게 하려'(고전 5:5) 사탄에게 넘겨졌던 사람들이 다음 세상에서는 한층 더 정화된 상태를 소유하거나 보다 가벼운 벌을 받게 될 것입니다."

~ 29 ~
더러운 영에게 시달리는 사람들을 주의 만찬에 참석하지 못하게 하는 이유에 관한 반론

게르마누스가 말했습니다: "당신의 말씀을 따르면 이처럼 치욕스러운 시련이 그들의 정화와 유익을 위해 주어진 것이라고 믿어야 하지만, 우리가 생활하는 지역에서 모든 사람들이 그들을 멸시하고 두려워할 뿐만 아니라 '거룩한 것을 개에게 주지 말며 너희 진주를 돼지 앞에 던지지 말라'(마 7:6)는 말씀을 근거로 그들을 성찬에 참여하지 못하게 하는 이유는 무엇입니까?"

~ 30 ~
질문에 대한 답변

1. 세레누스 사부가 말했습니다: "만일 우리가 바른 지식을 가지고 있어 모든 일이 영혼의 유익을 위해 하나님에 의해 정해지고 성취된다고 믿는다면, 그들을 멸시하지 않을 뿐만 아니라 우리 자신의 지체를 위해서 기도하듯이 그들을 위해 쉬지 않고 기도할 것이며, 또 우리가 없으면 우리의 선조들이 약속의 충만에 이를 수 없다고 기록된 것처럼 우리의 지체인 이분들이 없으면 우리가 완전함을 획득할 수 없다는 것을 알기 때문에 자신의 존재의 깊은 곳에서 마음을 다해 그들과 함께 고난받을 것입니다(왜냐하면 한 지체가 고통을 받으면 모든 지체가 함께 고통을 받기 때문입니다[고전 12:26]). 바울은 그들에 관해서 '이 사람들은 다 믿음으로 말미암아 증거를 받았으나 약속된 것을 받지 못하였으니 이는 하나님이 우리를 위하여 더 좋은 것을 예비하셨은즉 우리가 아니면 그들로 온전함을 이루지 못하게 하려 하심이라' (히 11:39-40)고 말합니다.

2. "우리는 그들에게 성찬을 영원히 금해야 한다고 생각하지 않습니다. 오히려 가능하다면 그들에게 매일 성찬을 베풀어야 한다고 생각합니다. '거룩한 것을 개에게 주지 말라'는 말씀은 성찬이 몸과 영혼의 정화와 보호보다 귀신들을 위한 음식이 된다는 믿음을 지지하지 않습니다. 사람이 성찬을 받을 때 마치 일종의 불처럼 성찬이 그 사람의 지체를 점유하고 그 안에 숨으려고 애쓰는 영을 태우기 때문에 그 영이 도망칩니다. 최근에 안드로니쿠스 사부를 비롯하여 많은 사람들이 치유된 것이 이런 경우입니다. 원수는 자신이 공격하고 있는 사람에게 하늘의 약이 끊어지는 것을 볼 때 한층 더 무섭게 매도할 것이며, 그에게서 영적 치료책이 제거되는 것을 볼 때 더 무섭고 빈번하게 시험

할 것입니다.

~ 31 ~
일시적인 시련을 받을 자격이 없는 사람이 더 불쌍하다는 사실에 관하여

1. "온갖 죄와 부끄러운 행위로 자신을 더럽히고 있음에도 불구하고 귀신에 사로잡혔다는 표식을 나타내지 않을 뿐만 아니라 그러한 행위에 상응하는 시련이나 교정의 형벌을 경험하지 않는 사람들이야말로 불쌍하고 가련하게 여겨져야 할 사람들입니다. '고집과 회개하지 아니한 마음을 따라 진노의 날 곧 하나님의 의로우신 심판이 나타나는 그 날, 그 벌레가 죽지 아니하며 그 불이 꺼지지 아니할 날에 임할 진노를 쌓는'(롬 2:5; 사 66:24) 사람들은 현세에서 빠르고 효과적인 약을 받을 자격이 없습니다.

2. "선지자는 거룩한 사람들이 갖가지 환난과 시련을 당하는 데 반해 죄인들은 이 세상에서 치욕의 채찍질을 당하지 않고 오히려 매사에 형통하고 부요하게 지내는 것을 보고서 '나는 거의 넘어질 뻔하였고 나의 걸음이 미끄러질 뻔하였으니 이는 내가 악인의 형통함을 보고 오만한 자를 질투하였음이로다 그들은 죽을 때에도 고통이 없고 그 힘이 강건하며 사람들이 당하는 고난이 그들에게는 없고 사람들이 당하는 재앙도 그들에게는 없나니'(시 73:2-5)라고 외쳤습니다. 이것은 현세에서 징벌받을 자격이 없어 자녀의 운명과 훈련에 동참하지 못한 사람들이 장래에 귀신들과 함께 벌 받아야 한다는 의미입니다.

3. "예레미야도 불신자들의 형통함을 두고 하나님과 논쟁할 때 하나님의 공의를 의심한다고 고백하면서 '여호와여 내가 주와 변론할 때에는 주께서 의로우시니이다'라고 말한 후 그 큰 불평등의 이유를 묻습니다: '그러나 내가 주께 질문하옵나니 악한 자의 길이 형통하며 반역한 자가 다 평안함은 무슨 까닭이

니이까 주께서 그들을 심으시므로 그들이 뿌리가 박히고 장성하여 열매를 맺었거늘 그들의 입은 주께 가까우나 그들의 마음은 머니이다'(렘 12:1-2).

4. "예레미야를 통해 말씀하시는 하나님은 그들의 멸망을 탄식하시며 그들을 치유할 의사와 교사들을 지휘하시며, 그들을 자극하여 비슷한 탄식의 길을 걷게 하시고 '바벨론이 갑자기 넘어져 파멸되니 이로 말미암아 울라 그 상처를 위하여 유향을 구하라 혹 나으리로다'(렘 51:8)라고 말씀하십니다. 그러나 인간을 구원할 책임을 맡은 천사들은 절망하여 대답하며, 선지자는 그들의 정신과 회개하지 않는 마음을 보고 있는 사도들과 영적인 사람들과 교사들을 대신하여 다음과 같이 말합니다: '우리가 바벨론을 치료하려 하여도 낫지 아니한즉 버리고 각기 고향으로 돌아가자 그 화가 하늘에 미쳤고 궁창에 달하였음이로다'(렘 51:9). 이사야는 중병에 걸린 예루살렘에게 하나님의 이름으로 말합니다: '(너희가) 발바닥에서 머리까지 성한 곳이 없이 상한 것과 터진 것과 새로 맞은 흔적뿐이거늘 그것을 짜며 싸매며 기름으로 부드럽게 함을 받지 못하였도다'(사 1:6).

~ 32 ~
공중의 권세 잡은 세력들의 다양한 추격과 욕구에 관하여

1. "인간 사회의 직업이 다양하듯이 더러운 영들이 맡은 임무도 다양합니다. 장난꾸러기요 우스갯소리를 잘하는 영들은 특정 장소와 길에 우글거리고 있으면어 자기들이 속일 수 있는 통행인들을 괴롭히는 데서 즐거움을 취하기보다 단순히 그들을 조롱하고 망상을 제공하는 데 만족하며, 사람들에게 해를 끼치기보다 지루하게 만들려고 노력합니다. 어떤 영들은 해를 끼치지 않은 채 사람들을 사로잡고 밤을 보냅니다. 또 어떤 영들은 사납고 흉포하여 사로잡은

사람들의 몸을 난폭하게 찢고 괴롭히는 데 만족하지 못하며, 멀리서 지나가는 사람들을 공격하여 죽이려 합니다. 그것들이 복음서에 묘사된 바 무척 사나워서 아무도 그 길을 지나다닐 수 없게 만든 영들입니다(마 8:28 참조). 이런 영들은 전쟁과 유혈사태에서 끝없이 흉포함을 즐깁니다.

2. "또 어떤 영은 사람의 마음을 교만으로 사로잡아 부패하게 만들기 때문에 그런 영에 잡힌 사람은 때로는 꼿꼿하게 자세를 취하고 거만하게 잘난 체하고, 때로는 얌전하고 친절한 사람처럼 민주적이고 호감이 가는 태도를 취합니다. 또 어떤 때는 자신이 유명하며 사람들의 존경을 받는다고 여기면서 높은 권력자들을 경모하는 듯한 자세를 취하고, 어떤 때는 자신이 사람들의 존경을 받고 있다고 생각하여 교만한 자세나 겸손한 자세로 의식적인 행동을 취합니다.

3. "어떤 영은 거짓말을 할 뿐만 아니라 사람들로 하여금 하나님을 모독하도록 선동합니다. 우리는 귀신이 아리우스와 유노미우스를 통해 신을 모독하는 불경한 가르침을 퍼뜨렸다고 공공연하게 고백하는 말을 들었습니다. 열왕기에서도 이런 종류의 영이 다음과 같이 선언합니다: '내가 나가서 거짓말하는 영이 되어 그의 모든 선지자들의 입에 있겠나이다'(왕상 22:22). 사도 바울은 이런 영에게 미혹된 사람들을 책망합니다: '어떤 사람들이 믿음에서 떠나 미혹하는 영과 귀신의 가르침을 따르리라'(딤전 4:1).

4. "복음서에서는 또 다른 종류의 귀신들, 즉 말 못하게 하는 귀신들이 있다고 증언합니다(눅 11:14; 막 9:17 참조). 호세아 선지자는 음란한 욕망과 방탕함을 선동하는 영들이 있다고 지적하면서 '그들이 음란한 마음에 미혹되어 하나님을 버리고 음행하였음이니라'(호 4:12)고 말합니다. 시편 기자는 밤에 공격하는 귀신들과 낮에 공격하는 귀신들과 정오에 공격하는 귀신들이 있다고 가

르칩니다(시 91:5-6 참조).

"이처럼 다양한 영들이 있기 때문에 성경을 샅샅이 살펴보면서 이사야 선지자가 타조, 들양, 승냥이, 들개 등으로 지칭한 것들이 어떤 영인지(사 13:21-22; 34:12-14), 시편 기자가 독사라고 지칭한 것이 무엇이며 사자라고 지칭한 것이 무엇인지(시 91:13), 복음서에서 무엇을 사자라고 부르고 무엇을 용이라고 부르고 무엇을 전갈이라고 불렀는지(눅 10:19 참조), 이 세상의 임금이 무엇인지(요 14:30), 바울이 '어둠의 세상 주관자들과 하늘에 있는 악의 영들'(엡 6:12)이라고 말한 것이 무엇인지 살펴보려면 많은 시간이 필요할 것입니다. 이런 명칭들이 우연히 주어졌다고 생각하지 마십시오. 우리의 관점에서 보면 덜 해롭기도 하고 더 위험하기도 한 이러한 야생 짐승들의 이름을 사용함으로써 더러운 영들의 흉포함과 사나움을 나타내줍니다. 게다가 더러운 영들에게는 한 종류의 악에서의 뛰어남이 제공하는 지배와 맹렬함에 따라서 이 짐승들의 이름이 주어졌습니다. 따라서 어느 영에게는 야생적인 격분과 난폭성 때문에 사자라는 이름이 주어지고, 또 눈치채기도 전에 사람을 죽이는 치명적인 독 때문에 어떤 영에게는 독사라는 이름이 주어지며, 또 어떤 영은 비교적 온건한 악의를 지녔기 때문에 타조라고 불립니다."

~ 33 ~
공중의 악한 세력들의 다양성이 어디로부터 오는지에 관한 질문

게르마누스가 말했습니다: "바울이 '우리의 씨름은 혈과 육을 상대하는 것이 아니요 통치자들과 권세들과 이 어둠의 세상 주관자들과 하늘에 있는 악의 영들을 상대함이라'(엡 6:12)고 더러운 영들의 계층을 열거했습니다. 우리는 그것들의 엄청난 다양성이 어디에 근거하며, 어떻게 그렇게 많은 종류의 악이 존재하는지 알고 싶습니다. 그것들은 악을 위해 싸우도록, 그리고 이 악의 계층들과 협력하기 위해서 만들어졌습니까?"

~ 34 ~
질문에 대한 답변을 뒤로 미룸

세레누스 사부가 말했습니다: "당신의 질문에 대답하려면 밤새도록 이야기해야 할 것입니다. 우리는 새벽이 가까워지고 있다는 것을 의식하지 못하고 있으며 해가 뜰 때까지 담화를 계속해야 할 듯합니다. 제기된 질문에 대한 답변을 찾으려면 매우 넓고 깊은 질문의 바다를 건너야 할 터인데 지금은 시간이 촉박하여 그 바다를 건널 수 없습니다. 그러므로 다음날 밤에 그것에 대해 다시 살펴보는 편이 좋겠습니다. 그렇게 한다면 이 질문을 제기한 당신과의 진지한 대화를 통해 영적인 기쁨과 풍성한 열매가 나에게 주어질 것이며, 우리를 위해 적절한 미풍을 마련하시는 성령과 함께 제기된 질문의 핵심으로 쉽게 들어갈 수 있을 것입니다. 이미 밤이 깊었으니 잠시 잠을 잠으로써 졸음을 몰아낸 후에 주일을 지키기 위해 함께 교회로 갑시다. 예배를 마치고 돌아와서 당신이 원하는 대로 우리의 공동 교훈을 위해 주님이 주실 것들을 토론할 수 있을 것입니다."

담화 8

사부 세레누스 두 번째 담화

공중의 권세들에 관하여

~ 1 ~

사부 세레누스의 환대

1. 주일 예배를 마친 후 우리는 세레누스 사부의 수실로 돌아가서 식사를 했습니다. 소금물에 약간의 기름을 넣은 것이 그분의 평소 식사였는데, 이날 그분은 일종의 소스에 평소보다 많은 기름을 넣으셨습니다. 누구나 음식을 먹기 직전에 기름을 몇 방울 넣는데 그것은 기름의 향기를 즐기기 위해서가 아니라, 그렇게 함으로써 엄격하게 금욕할 때에 알랑거리며 은밀하게 기어들어오는 마음의 거만함을 약화시키기 위해서, 그리고 교만의 유혹을 물리치기 위해서입니다. 왜냐하면 보는 사람들이 없을 때 은밀하게 실천하는 금욕이 그것을 감추는 사람을 교묘하게 유혹하는 일을 중단시키지 못하기 때문입니다. 2. 그분은 각 사람에게 약간의 소금과 올리브 열매 세 개를 주셨습니다. 마지막으로 병아리콩이 담긴 바구니를 내놓으셨고, 우리는 거기서 콩 다섯 개, 자두 두 개, 그리고 무화과 한 개를 꺼냈습니다. 그 사막에서는 그보다 더 많은 양을 먹으면 책망을 받습니다.

식사를 마친 후 우리는 약속대로 질문에 대답해 달라고 요구했고, 세레누스 사부는 "지금까지 답변을 미루어왔던 질문을 제시하십시오"라고 말했습니다.

~ 2 ~
공중의 악한 세력들의 다양성에 대한 질문

게르마누스가 말했습니다: "바울이 '우리의 씨름은 혈과 육을 상대하는 것이 아니요 통치자들과 권세들과 이 어둠의 세상 주관자들과 하늘에 있는 악의 영들을 상대함이라'(엡 6:12); '천사들이나 권세자들이나 현재 일이나 장래 일이나 능력이나 높음이나 깊음이나 다른 어떤 피조물이라도 우리를 우리 주 그리스도 예수 안에 있는 하나님의 사랑에서 끊을 수 없으리라'(롬 8:38-39)고 말하면서 열거한 바 인간을 대적하는 다양한 세력들이 어디서 오는 것인지 알고 싶습니다. 우리를 대적하는 악한 적들은 어디서 옵니까? 하나님께서 등급과 계층별로 인간을 대적하여 싸우게 하려는 목적으로 이 세력들을 만드셨다고 믿어야 합니까?"

~ 3 ~
답변: 성경에 기록된 다양한 종류의 양식에 관하여

1. 세레누스 사부는 다음과 같이 말했습니다: "성경은 어떤 것들에 대해서 지성이 부족한 사람들도 명확하게 이해할 수 있도록 말했기 때문에 그 의미가 감추어져 모호하지 않을 뿐만 아니라 설명조차 필요하지 않으며, 단번에 그 의미를 이해할 수 있습니다.

"그러나 어떤 것들은 신비에 덮여 있어 이해하기 어렵기 때문에, 이해하려면 애써 관찰해야 합니다. 2. 하나님이 이렇게 정해놓으신 데는 몇 가지 이유가 있습니다: 첫째는 만일 하나님의 성례전들을 덮어주는 영적 이해의 베일이 없으면, 신자들과 방탕한 자들 모두 동등하게 그것들을 알고 이해할 것이며, 그렇기 때문에 덕과 지혜에 관해서 게으른 자들과 열심 있는 자들의 구분이 없어집니다. 따라서 이해해야 할 방대한 영역이 놓여 있기 때문에 믿음의 가족들 사이에서 게으른 자들의 나태함이 책망받고 열심 있는 사람들의 노력이 입증되도록 하기 위함입니다.

3. "그러므로 성경은 인간의 음식으로 사용되기 위해 조리해야 할 필요가 없는 것들을 많이 생산하지만 쓴맛이 제거되지 않거나 조리를 통해 부드럽고 소화가 잘 되도록 만들어지지 않으면 사람들이 사용하기에 적합하지 못하거나 해로울 수 있는 것들을 생산하는 넓고 비옥한 밭에 비유됩니다. 그러나 어떤 것들은 본래 매우 좋은 것들이어서 조리되면 건강에 더 좋지만 조리되지 않은 날 것이라도 거부감을 주지 않습니다. 또 어떤 것들은 이성이 없는 짐승들과 야생동물들과 새들의 먹이로만 유익할 뿐 사람들의 음식으로 적합하지 않습니다. 그것들은 조리되지 않은 날것 상태로도 동물들의 건강에 유익을 줍니다.

4. "이러한 배열은 성경이라는 비옥한 낙원에서 분명히 발견됩니다. 그곳에서 어떤 말씀들은 문자적 차원을 분명하게 비추어주므로 다른 고귀한 해석이 필요하지 않기 때문에 오직 문자의 소리에 의해서 듣는 사람들을 풍성하게 먹여주고 영양을 공급해줍니다. 예를 들면 다음과 같습니다: '이스라엘아 들으라 우리 하나님 여호와는 오직 유일한 여호와이시니'(신 6:4), '너는 마음을 다하고 뜻을 다하고 힘을 다하여 네 하나님 여호와를 사랑하라'(신 6:5).

"그러나 어떤 말씀들은 풍유적 해석을 통해 이해하기 쉽게 되지 않거나 면밀히 살피는 영적인 불에 의해 부드럽게 되지 않으면 부패하여 속사람에게 유익한 음식이 되지 못하므로 그것을 먹는 것이 유익하기보다 해롭습니다. 그런 말씀의 예를 들면 다음과 같습니다: '허리에 띠를 띠고 등불을 켜고 서 있으라' (눅 12:35); '검 없는 자는 겉옷을 팔아 살지어다' (눅 22:36); '또 자기 십자가를 지고 나를 따르지 않는 자도 내게 합당하지 아니하니라' (마 10:38). 하나님께 열심이 있으나 올바른 지식을 따른 것이 아닌(롬 10:2) 5. 일부 엄격한 수도사들은 이 말씀을 문자적으로 이해하여 나무 십자가를 만들어 항상 어깨에 메고 다님으로써 보는 사람들의 덕을 함양하기보다 조롱하게 만들었습니다.

"한편 어떤 말씀은 역사적으로 해석할 수도 있고 풍유적으로 해석할 수도 있으며, 어떤 해석이든 영혼에게 도움을 줍니다. 예를 들면 다음과 같습니다: '누구든지 네 오른편 뺨을 치거든 왼편도 돌려 대며' (마 5:39); '이 동네에서 너희를 박해하거든 저 동네로 피하라' (마 10:23); '네가 온전하고자 할진대 가서 네 소유를 팔아 가난한 자들에게 주라 그리하면 하늘에서 보화가 네게 있으리라 그리고 와서 나를 따르라' (마 19:21).

6. "또 그것은 '가축을 위한 풀' (시 104:14)을 생산하는데, 성경의 들판은 완전히 그 꼴로 채워져 있습니다. 다시 말해서 그것은 장식되지 않은 단순한 역사적 이야기를 생산하는데, 단순한 사람들과 완전한 추론이 불가능한 사람들─이런 사람들에 대해 '여호와여 주는 사람과 짐승을 구하여 주시나이다' (시 36:6)라고 기록되어 있습니다─은 자신의 지위와 능력에 따라 이것에 의해 일상생활의 수고와 노동을 할 수 있을 만큼 튼튼해지고 활력을 얻습니다.

~ 4 ~
성경의 이해에 관한 두 가지 견해

1. "분명한 해석이 제공된 이 마지막 말씀들과 관련하여 우리도 자신감을 가지고 자기 나름의 이해를 추구하며 담대하게 자신의 견해를 제시할 수 있습니

다. 그러나 성령께서 우리의 묵상과 훈련을 위해 남겨두신 것, 그리고 표적과 추측에 의해 이해되도록 하기 위해 성경 안에 감추어두신 것들은 매우 천천히 신중하게 검토되어야 합니다. 그것들을 논박하거나 받아들이는 사람이 그것들과 관련하여 어떤 주장이나 확인을 할 수 없습니다. 2. 때때로 동일한 문제에 대해 상이한 견해들이 제시된다면 두 가지 견해 모두 이성적인 것으로 판단할 수 있으며 절대적으로든 조건부로 받아들여도 믿음이 손상되지 않을 수 있습니다. 다시 말해서 어느 것도 완전히 믿거나 거부되지 않으며, 두 가지 견해 모두 신앙을 대적하지 않는다고 판단될 경우에 두 번째 견해가 반드시 첫 번째 견해를 폄하하지는 않습니다.

"엘리야가 요한의 모습으로 온 것 및 그가 주님의 재림의 선구자가 되리라는 것(마 11:14 참조); 예루살렘 성전의 가장 높은 곳에 세워진 주피터 형상의 흉측한 것, 그것이 이 적그리스도가 올 때에 교회 안에 다시 세워질 것이며, 복음 안에서 따르며 예루살렘 포수 이전에 성취되었다고 이해되고 세상이 끝나기 전에 성취될 것이라고 이해되는 다른 모든 것들(단 9:27; 마카비하 6:2; 마 24:15) 등이 그러한 경우입니다. 이것들은 서로 반대되지 않으며, 또 첫 번째 이해가 두 번째 이해를 무효화하지도 않습니다.

~ 5 ~

제기된 질문이 상이하다고 간주되는 것들 사이에 놓여야 한다는 사실에 관하여

"당신의 질문은 사람들이 자주 하는 질문이 아니며 대부분의 사람들에게는 분명한 질문이 아니지만, 그리고 우리가 제시하는 것이 어떤 사람들에게는 모호한 것처럼 보일 수도 있지만, 무관심하다고 간주되는 사람들이 납득할 수 있도록 우리의 견해를 완화해야 합니다. 그럼에도 불구하고 단순한 의심과 추

측에 기초를 두어서는 안 됩니다. 모든 것은 분명한 성경 본문에 의해 증명되어야 합니다.

~ 6 ~
하나님이 악을 창조하지 않으셨다는 것에 관하여

"우리는 결코 하나님이 본질적으로 악한 것들을 지으셨다고 고백하지 않습니다. 성경은 '하나님이 지으신 그 모든 것을 보시니 보시기에 심히 좋았더라'(창 1:31)고 말합니다. 만일 하나님이 이것들을 악한 상태로 지으시고 악한 계층을 점유하여 항상 인간을 속이고 파괴할 준비를 갖추도록 만드셨다고 말한다면, 그것은 위에서 언급한 성경의 가르침을 거스르는 것이요 하나님을 악의 창시자라고 부르며 헐뜯는 셈이 될 것입니다. 즉 하나님이 악한 의지와 본성을 존재하게 하시고 그것들이 항상 악 속에 머물며 선한 의의 성향으로 넘어갈 수 없게 하셨다는 말이 될 것입니다. 성경에서 취한 교부들의 전통에서 이 다양성의 근거를 발견할 수 있습니다.

~ 7 ~
통치자들과 권세들의 기원

1. "신자들은 눈에 보이는 세상이 세워지기 전에 하나님께서 영적이고 거룩한 세력들을 만드셨음을 의심하지 않습니다. 신자들은 그것들이 복된 영광을 위해 무로부터 존재하게 되었음을 알았으며, 하나님의 자비 덕분에 영원히 하나님께 감사하며 쉬지 않고 그분을 찬양했습니다. 2. 하나님이 먼저 이 세상을 세우심으로써 창조의 사역을 시작하셨다고 생각해서는 안 됩니다. 그것은 그분이 그 이전의 무수한 세대 동안 섭리하시거나 감독하시지 않으셨다고 여기

는 것이며, 또 그분이 홀로 계셨고 너그러움을 알지 못하셨기 때문에 자비를 베풀 대상이 없었다고 믿어야 한다는 말과 같습니다. 그것은 측량할 수 없고 이해할 수 없고 영원한 위엄을 가지신 분에 대해 품을 수 없는 야비하고 부적절한 생각입니다. 주님은 이러한 세력들에 대해 다음과 같이 말씀하셨습니다: '그 때에 새벽 별들이 기뻐 노래하며 하나님의 아들들이 다 기뻐 소리를 질렀느니라' (욥 38:7). 3. 따라서 별들이 창조될 때 그곳에 있었던 존재들이 태초에 하늘과 땅이 만들어지기 전에 존재하고 있었음이 증명됩니다. 왜냐하면 그들이 무에서 나온 피조물을 보고 놀라 큰 소리로 창조주를 찬양했다고 기록되어 있기 때문입니다.

"(그리스도가 만물의 시작이시며, '만물이 그로 말미암아 지은 바 되었으니 지은 것이 하나도 그가 없이는 된 것이 없느니라' [요 1:3]는 말씀에 따라 아버지께서 그리스도 안에서 만물을 지으셨다고 여기는 우리의 이해를 버리고) 모세가 말한 바 유대인의 역사적 이해에 따라 시작된 태초, 즉 창세기의 태초 이전에 하나님이 하늘의 모든 세력들을 지으셨습니다. 4. 바울은 그것들을 계층별로 열거하여 다음과 같이 제시합니다: '만물이 그에게서 창조되되 하늘과 땅에서 보이는 것들과 보이지 않는 것들과 혹은 왕권들이나 주권들이나 통치자들이나 권세들이나 만물이 다 그로 말미암고 그를 위하여 창조되었고' (골 1:16).

~ 8 ~
마귀와 천사들의 타락

1. "에스겔과 이사야의 탄식은 그들 중 몇이 타락했음을 가르쳐줍니다. 그들 중 아침에 일어난 루시퍼라고 알려진 두로의 왕에 대해 슬퍼하며 탄식합니다.

여호와는 루시퍼에 대해 에스겔에게 다음과 같이 말씀하십니다: 2. '여호와의 말씀이 또 내게 임하여 이르시되 인자야 두로 왕을 위하여 슬픈 노래를 지어 그에게 이르기를 주 여호와의 말씀에 너는 완전한 도장이었고 지혜가 충족하며 온전히 아름다웠도다 네가 옛적에 하나님의 동산 에덴에 있어서 각종 보석 곧 홍보석과 황보석과 금강석과 황옥과 홍마노와 창옥과 청보석과 남보석과 홍옥과 황금으로 단장하였음이여 네가 지음을 받던 날에 너를 위하여 소고와 비파가 준비되었도다 너는 기름 부음을 받고 지키는 그룹임이여 내가 너를 세우매 네가 하나님의 성산에 있어서 불타는 돌들 사이에 왕래하였도다 네가 지음을 받던 날로부터 네 모든 길에 완전하더니 마침내 네게서 불의가 드러났도다 네 무역이 많으므로 네 가운데에 강포가 가득하여 네가 범죄하였도다 너 지키는 그룹아 그러므로 내가 너를 더럽게 여겨 하나님의 산에서 쫓아냈고 불타는 돌들 사이에서 멸하였도다 네가 아름다우므로 마음이 교만하였으며 네가 영화로우므로 네 지혜를 더럽혔음이여 내가 너를 땅에 던져 왕들 앞에 두어 그들의 구경 거리가 되게 하였도다 네가 죄악이 많고 무역이 불의하므로 네 모든 성소를 더럽혔음이여 내가 네 가운데에서 불을 내어 너를 사르게 하고 너를 보고 있는 모든 자 앞에서 너를 땅 위에 재가 되게 하였도다' (겔 28:11-18).

3. "이사야도 루시퍼에 대해 다음과 같이 말합니다: '너 아침의 아들 계명성이여 어찌 그리 하늘에서 떨어졌으며 너 열국을 엎은 자여 어찌 그리 땅에 찍혔는고 네가 네 마음에 이르기를 내가 하늘에 올라 하나님의 뭇 별 위에 내 자리를 높이리라 내가 북극 집회의 산 위에 앉으리라 가장 높은 구름에 올라가 지극히 높은 이와 같아지리라 하는도다' (사 14:12-14).

"성경은 복의 정상에서 떨어진 존재들만 언급하는 것이 아니라 하늘의 별

삼분의 일을 휩쓸어서 땅으로 내던진 용에 대해서도 말합니다(계 12:4 참조). 어느 사도는 더욱 분명하게 '또 자기 지위를 지키지 아니하고 자기 처소를 떠난 천사들을 큰 날의 심판까지 영원한 결박으로 흑암에 가두셨으며'(유 1:6)라고 말합니다. 또 시편 기자는 '그러나 너희는 사람처럼 죽으며 고관의 하나같이 넘어지리로다'(시 82:7)라고 말합니다. 이것은 많은 왕들이 쓰러질 것을 의미합니다.

"이 말씀들은 이 존재들이 다양한 이유를 이해할 수 있게 해줍니다. 이 적대적 세력들은 원래 그들 각자가 창조되었을 때부터 하늘의 거룩한 제5계층의 역力천사Virtues들을 거울 삼아 계층의 다양성을 소유하고 있었거나, 아니면 하늘에서 떨어진 세력들이 하늘에 남아 있는 세력들을 왜곡되게 모방하여 과거의 등급과 계층을 사용했다고 합니다."

~ 9 ~

반론: 하와의 미혹에 의해 마귀의 몰락이 초래되었다는 것

게르마누스가 말했습니다: "지금까지 우리는 마귀가 천사의 상태에서 쫓겨나게 된 파괴적인 범죄의 원인과 출발점이 시기심이며, 그 때 교활하게 아담과 하와를 속였다고 믿었습니다."

~ 10 ~

답변: 마귀의 타락의 근원

1. 세레누스 사부가 말했습니다: "창세기를 읽어보면 그것이 마귀의 범죄와 몰락의 기원이 아니었음을 알 수 있습니다. 아담과 하와를 속이기 전에 마귀에게 뱀의 이름이 주어졌습니다: '뱀은 여호와 하나님이 지으신 들짐승 중에

가장 간교하니라'(창 3:1). 그러므로 그가 첫사람을 속이기 전에 이미 천사의 거룩함을 버렸기 때문에 뱀이라는 이름을 받았을 뿐만 아니라 교활한 악 때문에 지상의 들짐승들 중 가장 간교하다고 언급되었음을 알 수 있습니다. 성경은 선한 천사를 그렇게 지칭하지 않으며, 그 복된 상태에 남아 있는 자들에 대해서 '뱀은 여호와 하나님이 지으신 들짐승 중에 가장 간교하니라'고 말하지 않았을 것입니다. 2. 뱀이라는 명칭은 가브리엘이나 미가엘에게 적용될 수 없었을 뿐만 아니라 선한 인간에게도 적절하지 못한 명칭입니다. 그러므로 뱀이라는 명칭을 사용한 것과 들짐승들과 비교한 것은 천사의 권위가 아닌 죄인의 치욕을 시사합니다.

"마지막으로 마귀로 하여금 사람을 속이도록 선동한 시기심과 기만이 이미 그의 멸망의 원인이었습니다. 왜냐하면 그는 흙의 점액에서 갓 형성된 인간이 자신이 타락하기 전 천사였을 때 소유했던 영광을 소유할 운명을 가지고 있음을 알았기 때문입니다.

3. "결과적으로 그는 이미 교만에 의해 타락해 있었습니다. 그 때문에 그는 뱀이라고 불려야 했으며, 시기심의 결과로서 두 번째 타락이 발생했습니다. 그가 어느 정도 의를 소유하고 있어 인간과 대화하며 조언해줄 수 있었기 때문에 하나님은 그를 깊은 곳에 내던지도록 결정하셨습니다. 그는 전처럼 위를 올려다보며 똑바로 서서 돌아다니지 못한 채 배로 땅바닥을 기어다니며 흙과 악덕의 행위를 먹어야 했습니다. 그때부터 그는 감추어진 적개심을 드러내며 자신과 인간 사이에 적대감과 불화를 두었는데, 그 결과 인간이 그를 위험한 적으로 여겨 두려워했기 때문에 허울만 그럴 듯한 우정을 통해 인간을 해칠 수 없게 되었습니다(창 3:14-15 참조).

~ 11 ~
미혹하는 자와 미혹된 자의 형벌

1. "이것은 악한 권고를 거부해야 한다고 가르쳐줍니다. 속임수의 창시자는 적절한 정죄와 형벌을 받고, 미혹을 받아 잘못된 길로 간 사람도 속인 자보다는 가볍지만 형벌을 면하지 못할 것입니다. 이것이 여기에 표현되어 있습니다. 속임을 당한 아담(바울은 '아담이 속은 것이 아니고 여자가 속아 죄에 빠졌음이라'[딤전 2:14]고 말합니다)은 얼굴에 땀을 흘려야 먹을 것을 먹을 수 있다는 선고를 받았는데, 이것은 아담이 아닌 땅에게 주어진 저주요 불모였습니다(창 3:17-19 참조). 2. 아담을 설득하여 그 일을 행하게 만든 여인은 많은 신음과 슬픔을 당해야 했고, 영원히 남편의 지배를 받아야 한다는 선고를 받았습니다(창 3:16). 그러나 이 범죄를 선동한 장본인인 뱀은 영원히 저주를 받았습니다(창 3:14-15 참조). 그러므로 악한 권고를 경계해야 합니다. 왜냐하면 그것은 권고하는 자에게 형벌을 초래하지만, 속임을 당한 사람에게도 죄가 있어 벌이 임하기 때문입니다.

~ 12 ~
귀신들의 무리에 관하여,
그리고 그것들이 공중에서 야기하는 소란에 관하여

1. "하늘과 땅 사이에 펼쳐져 있는 대기에는 영들로 꽉 차 있으며 이 영들은 대기 안에서 목적 없이 조용히 날아다니는 것이 아니기 때문에, 하나님은 그것들이 인간의 눈에 보이지 않도록 섭리하셨습니다. 육신의 눈으로 그것들을 응시할 수 없는 인간들은 그것들의 견딜 수 없는 두려움에 압도될 것이며, 그것들이 자유자재로 취할 수 있는 끔찍한 표현들과 무서운 융합 때문에 기절할

것입니다. 또는 그것들이 끊임없이 보여주는 본보기 때문에 날마다 악해지며 그것들을 모방함으로써 멸망할 것입니다. 따라서 인간과 공중의 더러운 권세들 사이에 일종의 해로운 친근함과 위험한 관계가 발달하며, 한편 인간들 사회에서 행해지는 부끄러운 일들이 벽과 거리와 난처한 상황에 의해 감추어집니다. 2. 만일 사람들이 공개적으로 끊임없이 그것들을 본다면, 매순간 그것들이 죄에 연루되어 있음을 보기 때문에 한층 더 비이성적으로 격분하게 될 것입니다. 우리의 경우와는 달리 육체의 피곤이나 매일의 양식을 위한 염려나 가정의 활동 등은 그것들이 시작한 것을 멈추게 하지 못합니다.

~ 13 ~
대립되는 권세들이 인간들을 상대로 일으키는 전쟁을 자기들끼리도 수행한다는 사실에 관하여

1. "그것들은 자기들끼리 대적하는 일이 있더라도 인간을 맹공격하기를 원합니다. 마찬가지로 그것들은 일종의 호혜적인 악 때문에 친근해진 사람들 때문에 지칠 줄 모르고 투쟁하면서 끊임없이 불화와 싸움을 선동합니다. 이것이 다니엘이 본 환상에 묘사되어 있습니다. 그 환상에서 천사 가브리엘은 다음과 같이 말합니다: '다니엘아 두려워하지 말라 네가 깨달으려 하여 네 하나님 앞에 스스로 겸비하게 하기로 결심하던 첫날부터 네 말이 응답 받았으므로 내가 네 말로 말미암아 왔느니라 그런데 바사 왕국의 군주가 이십일 일 동안 나를 막았으므로 내가 거기 바사 왕국의 왕들과 함께 머물러 있더니 가장 높은 군주 중 하나인 미가엘이 와서 나를 도와 주므로 이제 내가 마지막 날에 네 백성이 당할 일을 네게 깨닫게 하러 왔노라' (단 10:12-14).

2. "페르시아의 군주는 하나님의 백성을 대적한 페르시아 민족에게 친절한

적대적 권세였습니다. 그는 다니엘이 하나님께 요청한 것에 대한 응답으로 대천사가 알선하려 하는 유익을 방해했습니다. 이는 천사의 유익한 위로가 다니엘에게 너무 빨리 주어지는 것 및 대천사 가브리엘이 양도한 하나님의 백성을 위로하는 것을 못하게 하려는 시기심에서 비롯된 것이었습니다. 가브리엘은 미가엘이 도와주지 않으면 맹렬한 공격 때문에 다니엘에게 올 수 없었을 것이라고 말했습니다. 또 미가엘이 페르시아의 군주에게 저항하여 싸움에 참여함으로써 가브리엘을 공격에서 보호해주었고 이십일 일 후에 다니엘을 가르치러 가게 해주었다고 말했습니다.

3. "그 다음에 다음과 같이 기록되어 있습니다: '그가 이르되 내가 어찌하여 네게 왔는지 네가 아느냐 이제 내가 돌아가서 바사 군주와 싸우려니와 내가 나간 후에는 헬라의 군주가 이를 것이라 오직 내가 먼저 진리의 글에 기록된 것으로 네게 보이리라 나를 도와서 그들을 대항할 자는 너희의 군주 미가엘뿐이니라'(단 10:20-21); '그 때에 네 민족을 호위하는 큰 군주 미가엘이 일어날 것이요'(단 12:1). 4. 그리고 헬라 군주라고 불리는 사람이 일어나 이스라엘 백성과 페르시아 민족 모두를 대적하는 듯이 보이지만 이스라엘 백성을 복종시키려 할 것이라고 기록되어 있습니다.

"적대적 권세들이 이러한 도발들에 의해서 고취하는 바 민족들 간의 불화와 싸움과 적대감이 그들 자신에게 작용합니다. 그들은 자기의 의뢰인들의 승리에 기뻐하거나 패배에 의해 괴로움을 느끼며, 그들 중 하나가 자신이 지배하는 백성들을 위해 다른 민족의 지도자를 대항하고 공격적으로 경쟁하며 싸우는 한 자기들끼리 평화를 유지하지 못합니다.

~ 14 ~
악한 영들에게 권세들과 통치자들이라는 명칭이 주어진 경위

1. "그것들이 통치자들과 권세들이라고 불리는 다른 이유들이 있습니다. 그것들은 상이한 민족들을 지배하고 다스리며, 복음서에서 군대라고 증언하는 하급 영들과 귀신들 위에 군림합니다(눅 8:30 참조). 그것들이 지배할 대상이 없으면 주관자라고 불릴 수 없고, 군주로서 군림할 대상이 없으면 권세들과 통치자들이라고 불릴 수 없습니다. 2. 복음서에서 바리새인들이 공공연하게 그것에 대해 말했습니다: '그가 귀신의 왕 바알세불을 힘입어 귀신을 쫓아낸다 하고'(눅 11:15). 그것들은 '어둠의 세상 주관자들'(엡 6:12)이라고 불리며, '이 세상의 임금'(요 14:30)이라고도 불립니다. 그러나 바울은 다음 세상에서 만물이 그리스도께 복종할 때, '그가 모든 통치와 모든 권세와 능력을 멸하시고 나라를 아버지 하나님께 바칠 때'(고전 15:24) 이러한 계급이 완전히 제거될 것이라고 주장합니다. 만일 그것들이 이 세상에서 통치와 권세와 능력들이 권위를 발휘하는 대상의 지배로부터 제거되지 않는다면 이 일은 결코 일어나지 않을 것입니다.

~ 15 ~
이유 없이 하늘의 거룩한 천사들과 대천사들의 권세들에게
그 이름들이 주어지지 않았다는 사실에 관하여

"선한 천사들에게 동일한 호칭들이 부여된 데는 이유가 있으며, 그 호칭들은 의무나 공적이나 권위와 관련된 것들입니다. 어떤 것들은 메시지를 전하는 의무를 지니기 때문에 천사들—즉 사자使者들—이라고 불립니다. 명칭의 본질을 고려해보면 대천사는 다른 천사들을 지배하는 자들임을 알 수 있습니다.

주천사主天使, dominion는 일부 천사들을 지배하기 때문에 비롯된 명칭이며, 권천사權天使, principality는 군주로서 다스리며, 좌천사座天使, throne는 하나님의 친밀한 종으로서 하나님의 위엄이 일종의 보좌 위에 앉듯이 특별한 방식으로 그들 안에 거하시며 안전하게 그들 안에 쉬십니다.

~ 16 ~
어느 형제가 본 환상에서 귀신들이
자기들의 통치자들에게 복종한 것에 관하여

1. "한편 더러운 영들은 더 악한 세력들의 지배를 받고 예속됩니다. 복음서에서 주님은 비방하는 바리새인들에게 '내가 바알세불을 힘입어 귀신을 쫓아내면'(눅 11:19)이라고 말씀하십니다. 거룩한 사람들의 경험과 환상들도 우리에게 많은 것을 가르쳐줍니다.

"이 사막을 횡단하여 여행하던 우리의 형제들 중 하나가 해질 무렵에 동굴을 발견하고 그곳에서 저녁 예배를 드리려고 멈추었습니다. 그는 그곳에서 평소에 하던 대로 시편을 찬송하면서 자정을 넘겼습니다. 2. 예배를 마친 후 잠시 피곤한 몸을 쉬고 있는데 갑자기 사방에서 무수히 많은 귀신들의 군대가 다가오는 것이 보였습니다. 그것들은 떼를 지어 어떤 것들은 지도자의 앞에, 어떤 것들은 지도자의 뒤에서 길게 줄을 지어 행진했습니다. 다른 귀신들보다 키가 크고 무섭게 생긴 지도자가 도착하여 마치 판사석에 앉듯이 준비된 보좌에 앉아 각각의 귀신의 행위를 조사하기 시작했습니다. 그는 공격하고 있는 사람을 아직 이기지 못했다고 말한 귀신들을 게으르고 나태하다고 판단하고는 진노하여 오랜 헛수고를 질책하고 모질게 쫓아내라고 명령했습니다. 반면에 맡은 사람들을 타락시켰다고 말한 귀신들은 용감하고 영광스러운 전사요 모든 귀신들의 모범으로 인정받아 크게 찬양을 받으며 모든 귀신들이 있는 곳으로 들어갔습니다.

3. "그 과정에서 특별히 악한 영이 자신이 거둔 엄청난 승리를 보고하려고 쾌활하게 들어왔습니다. 그는 유명한 수도사의 이름을 언급하면서 자신이 15년 동안 끊임없이 공격한 끝에 마침내 그를 정복한 날 밤에 음란죄를 범하게 만들었다고 주장했습니다. 이 영은 그로 하여금 헌신한 처녀를 범하게 만들었을 뿐만 아니라 그녀와 결혼하도록 설득했습니다. 그 영이 보고를 마치자 모든 영들이 매우 기뻐했고, 그는 어둠의 왕자에게서 칭찬과 영광의 면류관을 받고 그곳을 떠났습니다.

4. "날이 밝자 귀신들은 모두 사라졌습니다. 그 형제는 더러운 영이 말한 것을 믿지 않았습니다. 그는 그 영이 속임수로 그 순진한 형제를 미혹하여 음란죄의 낙인을 찍으려 한 것이라고 생각하고 다음과 같은 복음의 말씀을 기억했습니다: '진리가 그 속에 없으므로 진리에 서지 못하고 거짓을 말할 때마다 제 것으로 말하나니'(요 8:44). 그 형제는 더러운 영이 타락하게 만들었다고 말한 수도사가 살고 있는 펠리시움으로 갔습니다. 그 수도사는 그 형제가 잘 알고 있는 사람이었습니다. 그곳에 도착한 그는 더러운 귀신이 그들 무리와 대장에게 그 수도사의 멸망에 대해 보고하던 날 밤에 그 수도사가 수도원을 떠나 도시로 가서 문제의 그 처녀와 죄를 범했다는 사실을 알게 되었습니다.

~ 17 ~
각 사람에게 항상 두 명의 천사들이 붙어있다는 사실에 관하여

1. "성경은 각 사람에게 선한 천사와 악한 천사가 붙어있다고 증언합니다. 주님은 선한 천사에 대해서 '삼가 이 작은 자 중의 하나도 업신여기지 말라 너

희에게 말하노니 그들의 천사들이 하늘에서 하늘에 계신 내 아버지의 얼굴을 항상 뵈옵느니라'(마 18:10)고 말씀하십니다. 시편 기자는 '여호와의 천사가 주를 경외하는 자를 둘러 진 치고 그들을 건지시는도다'(시 34:7)라고 말합니다. 사도행전에서는 베드로를 언급하면서 '그의 천사라'(행 12:15)고 말합니다. 『목자의 책』*The Book of the Shepherd*에서는 두 종류의 천사에 대해 명쾌하게 가르칩니다. 2. 그러나 욥을 시험했던 자를 생각해보면 항상 욥을 해칠 음모를 꾀했던 자가 그를 유혹하여 죄 짓게 만들 수 없었음을 알 수 있습니다. 그는 여호와께 힘을 달라고 요청했습니다. 이는 욥의 힘 때문이 아니라 항상 욥을 보호하시는 여호와의 방어가 그를 능가했기 때문이었습니다. 또 유다에 대해서 '사탄이 그의 오른쪽에 서게 하소서'(시 109:6)라고 기록되어 있습니다.

~ 18 ~
두 명의 철학자들의 사례에서 증명된 바
적대적인 영들에게서 발견되는 다양한 악에 관하여

1. "우리는 마술을 통해서 그것들의 게으름, 그리고 용기와 흉포할 정도의 악을 경험한 두 명의 철학자들로부터 귀신들의 차이점들과 관련하여 많은 것을 배웠습니다. 복된 안토니를 무식하다고 멸시했으며 마술과 속임수에 의해 그를 수실에서 몰아내려 했었던 그들은 안토니에게 아주 악한 영들을 보냈습니다. 그들은 날마다 무척 많은 사람들이 마치 하나님의 친구를 찾듯이 안토니를 찾아오는 것을 시기하여 이렇게 공격했습니다. 2. 한 번은 안토니가 가슴과 이마 위에 십자가 표식을 그었고, 또 한 번은 겸손하게 엎드려 기도에 몰두했기 때문에 이 흉포한 귀신들은 그에게 접근하지 못하고, 목적을 이루지 못한 채 자기들을 보낸 자들에게 돌아갔습니다. 그래서 그들은 한층 더 악한 귀

신들을 안토니에게 보냈지만, 이것들 역시 성공하지 못하고 돌아왔습니다. 그들은 또다시 더 강한 귀신들을 보냈지만 승리할 수 없었습니다. 온갖 마술을 동반한 강력한 함정들은 기독교 신앙고백 안에 내재해있는 큰 능력을 증명해줄 뿐이었습니다. 그들은 이 잔인하고 강력한 어둠의 세력들이 해와 달을 덮을 수 있다고 생각했지만, 그것들은 안토니를 해칠 수 없었을 뿐만 아니라 그를 수도원에서 몰아낼 수도 없었습니다.

~ 19 ~
귀신들이 먼저 사람들의 마음을 사로잡지 못한다면
결코 승리하지 못한다는 사실에 관하여

1. "크게 놀란 그들은 즉시 안토니를 찾아가서 자기들이 행한 많은 공격들 및 은밀한 시기심의 원인과 책략들을 고백하고 기독교인이 되게 해달라고 청했습니다. 안토니는 그들이 언제 공격했는지 묻고서 그 시각에 자신이 격렬한 생각들의 충동을 느꼈다고 밝혔습니다.

2. "이 경험을 토대로 하여 안토니는 우리가 전날 담화하면서 제시한 견해, 즉 귀신들은 사람의 정신이나 영혼 속에 들어갈 수 없다는 것, 그리고 먼저 영혼에게서 거룩한 생각과 영적인 관상을 빼앗아 공허하고 텅 비게 만들지 못한다면 억지로 밀고 들어갈 능력이 없다는 것을 증명해주었습니다.

"더러운 영들이 두 가지 방식으로 사람들에게 복종한다는 것을 알아야 합니다. 그것들은 하나님의 은혜와 능력을 통해서 신자들의 거룩함에 복종하거나, 또는 불신자들이 제물을 바치거나 노래를 불러 달랠 때 마치 친구에게 하듯이 그들에게 아양을 떱니다. 3. 이러한 미혹된 견해를 가진 바리새인들은 주님이 이런 식으로 귀신들에게 명령하셨다고 생각하고서 '이가 귀신의 왕 바알세불을 힘입지 않고는 귀신을 쫓아내지 못하느니라'(마 12:24)고 말했습니다. 이것은 마술사들과 주술사들이 귀신의 왕을 기쁘게 하고 즐겁게 한다고 여겨지는 제사를 드리고 그의 이름을 부르면서 그에게 복종한 귀신들을 지배할 힘을 소유한다—왜냐하면 귀신들은 그의 종들이기 때문입니다—는 관습에 따른 것이 었습니다."

~ 20 ~
창세기에서 사람들의 딸과 교제했다고 언급된 배교한 천사들에 관한 질문

게르마누스가 말했습니다: "하나님의 섭리로 말미암아 조금 전에 창세기를 읽음으로써 항상 배우고 싶었던 것을 제대로 추구할 수 있게 되었습니다. 이제 사람의 딸들과 교제했다고 언급되는 배교한 천사들에 대해 알고 싶습니다(창 6:2 참조). 문자적으로 이해할 때 영적 본질을 가진 존재에게 이것이 가능한 일입니까? 또 조금 전에 언급하신 마귀와 관련된 복음의 증언—'그가 거짓말쟁이요 거짓의 아비가 되었음이라'—과 관련하여 그의 아비가 누구인지 말씀해주시기 바랍니다."

~ 21 ~
질문에 대한 답변

1. 세레누스 사부가 말했습니다: "당신은 두 가지 좋은 질문을 하셨습니다. 질문하신 순서대로 능력이 닿는 한 답변하겠습니다. 영적 본질을 가진 존재들이 여인들과 육적인 관계를 가질 수 있다고 생각할 수 없습니다.

"혹시 이런 일이 문자 그대로 발생할 수 있었다면, 오늘날 가끔이라도 발생하지 않는 이유는 무엇이며, 또 성 관계 없이 귀신들에 의해 잉태되어 여인에

게서 태어난 사람이 없는 이유는 무엇입니까? 그것들은 더러운 방탕함을 즐기므로, 만일 조금이라도 가능하다면 인간들을 통하기보다 직접 그 일에 참여하는 편을 선호할 것입니다. 전도서 기자는 '이미 있던 것이 후에 다시 있겠고 이미 한 일을 후에 다시 할지라 해 아래에는 새 것이 없나니 무엇을 가리켜 이르기를 보라 이것이 새 것이라 할 것이 있으랴 우리가 있기 오래 전 세대들에도 이미 있었느니라'(전 1:9-10)고 말합니다.

2. "여기에 질문에 대한 대답이 있습니다: 의인 아벨이 죽은 후 그를 대신하여 셋이 태어남으로써 인류는 형제를 죽인 악인에게 기원을 두지 않게 되었습니다. 셋은 아벨의 계보뿐만 아니라 그의 선과 의도 계승했습니다. 그의 의를 따른 자손들은 항상 죄를 범한 가인의 후손들과 관계 단절 상태를 유지했습니다. 이것이 족보의 구분에서 나타납니다: '아담은 아들을 낳아 이름을 셋이라 하였고, 셋은 에노스를 낳았고, 에노스는 게난을 낳았고, 게난은 마할랄렐을 낳았고, 마할랄렐은 야렛을 낳았고, 야렛은 에녹을 낳았고, 에녹은 므두셀라를 낳았고, 므두셀라는 라멕을 낳았고, 라멕은 아들을 낳고 이름을 노아라 하여'(창 5:3-29). 한편 가인의 족보는 다음과 같이 분리됩니다: '(가인이) 아내와 동침하매 그가 임신하여 에녹을 낳은지라, 에녹이 이랏을 낳고, 이랏은 므후야엘을 낳고, 므후야엘은 므드사엘을 낳고, 므드사엘은 라멕을 낳았더라 라멕이 야발을 낳았으니 그는 장막에 거주하며 가축을 치는 자의 조상이 되었고, 그의 아우의 이름은 유발이니 그는 수금과 통소를 잡는 모든 자의 조상이 되었으며'(창 4:17-21).

3. "의로운 셋의 후손들은 자신의 계보 내에서 친족들과 결혼했고, 오랫동안 조상들의 거룩함을 유지했습니다. 셋의 계보는 조상의 전통에 의해서인 듯 자체 내에 불경의 씨앗을 보유하고 있는 악인들의 신성모독과 악의에 감염되

지 않았습니다. 그들 세대에 속한 사람들 사이의 분리가 유지되는 한 선한 뿌리에서 나온 셋의 자손들은 그 거룩함 때문에 하나님의 천사들 또는 하나님의 아들들이라고 불렸고, 가인의 자손들은 그들 자신이나 조상들의 악함 및 세속적인 행위 때문에 사람의 아들들이라고 언급됩니다.

4. "이 유익하고 거룩한 구분이 존속해 왔으나, 가인의 자손에게서 태어난 자들의 딸들을 본 셋의 아들들이 그 아름다움을 보고 욕망을 느껴 아내로 취했습니다. 그 여인들은 부모의 악함을 남편들에게 전했으며, 처음부터 그들로 하여금 타고난 거룩함과 조상의 순진함을 멀리하게 만들었습니다. '내가 말하기를 너희는 신들이며 다 지존자의 아들들이라 하였으나 그러나 너희는 사람처럼 죽으며 고관의 하나같이 넘어지리로다'(시 82:6-7)라는 말이 그들에게 매우 적합합니다. 그들은 조상들로부터 전해내려왔으며 자연적인 것들에 대한 연구에 몰입한 첫 사람이 파악하여 후손들에게 전해준 자연철학이라는 참된 학문을 버린 자들입니다.

5. "첫 사람은 아직 완전히 형성되지 않은 초기의 세상을 응시했으며, 하나님의 생기 주입에 의해 풍부한 지혜와 예언의 은혜가 그에게 채워졌습니다. 그리하여 그는 시작 단계인 이 세상의 소작인으로서 동물들의 이름을 지어줄 수 있었고, 온갖 종류의 짐승들과 뱀의 독과 맹렬함을 식별할 뿐만 아니라 약초와 나무의 특성들과 돌들의 성질 및 자신이 아직 경험하지 못한 계절의 변화 등도 구분했습니다. 그는 현실적으로 '그분은 나에게 만물에 대한 어김없는 지식을 주셔서 세계의 구조와 구성요소의 힘을 알게 해주셨고, 시대의 시작과 끝과 중간, 동지와 하지의 구분과 계절의 변화를 알게 해주셨으며, 해가 바뀌는 것과 별들의 자리를 알게 해주셨고, 동물들의 성질과 야수들의 본능, 그리고 요귀들의 힘과 인간의 생각, 또 각종 식물들과 그 뿌리의 특성을 알게

해주셨다. 만물을 만드신 하느님의 지혜의 가르침을 받아서 나는 드러나 있는 것은 물론 감추어진 모든 것까지도 알게 되었다'(지혜서 7:17-21)라고 말할 수 있었습니다.

6. "셋의 자손은 조상의 전통 덕분에 악한 혈통과의 구분을 유지하는 한 대대로 이 보편적 지식을 향유했고, 거룩하게 받은 것을 하나님 예배와 일반적인 선을 위해 실천했습니다. 그러나 그들은 악한 세대와 혼합되면서 귀신들이 선동할 때 배운 악하고 해로운 행위에 빠져들었고, 그 이후로 담대하게 마법과 요술을 제정하고 후손들에게 하나님 예배를 버리고 비바람과 불과 공중의 귀신들을 섬기라고 가르쳤습니다.

7. "대홍수 때 이 이상한 것들을 섬기는 일이 사라지지 못하여 후대에 알려진 경위에 대해 간단히 언급해야 합니다. 옛 전승이 증언하는 바와 같이 이러한 미신들과 신을 모독하는 악한 기술들에 대한 가르침을 받은 노아의 아들 함은 의로운 아버지와 거룩한 형제들과 함께 들어가야 할 방주에 그것들에 관한 책을 가지고 갈 수 없음을 알았기 때문에 물속에서도 훼손되지 않는 여러 종류의 금속판과 단단한 돌에 이 악한 기술들과 불경한 해설을 새겼습니다. 8. 홍수가 끝난 후 그는 그것들을 감추었을 때와 동일한 호기심을 가지고 그것들—신성모독과 끝없는 악의 온상—을 찾아내어 후손들에게 전했습니다.

"따라서 천사들이 마술을 비롯한 기술들을 사람들에게 전수했다는 견해에는 일말의 진리가 담겨 있습니다. 셋의 아들들과 가인의 딸들에게서 한층 더 악한 자손들이 태어났는데, 그들은 강력한 사냥꾼이요 흉포한 사람들이었습니다. 그들은 거대한 체격과 잔인함과 악의 때문에 용사라고 불렸습니다(창 6:4 참조). 9. 그들은 이웃을 약탈하고 사람들을 잡아먹은 최초의 사람들이었습니다. 그들이 자신의 수고와 노동의 결과에 만족하기보다 약탈에 의해 생계를 유지함으로써 죄가 크게 증가했기 때문에 홍수만이 세상을 정화할 수 있었습니다. 방탕한 욕망의 자극을 받은 셋의 아들들이 세상이 형성될 때부터 자연적 본능에 의해 지켜져온 계명을 범했기 때문에 율법의 문자에 의해 그 계명이 다시 제정되어야 했습니다: '네가 그들의 딸들을 네 아들들의 아내로 삼음으로 그들의 딸들이 그들의 신들을 음란하게 섬기며 네 아들에게 그들의 신들을 음란하게 섬기게 할까 함이니라. 너희는 그들과 서로 통혼하지 말며 그들도 너희와 서로 통혼하게 하지 말라 그들이 반드시 너희의 마음을 돌려 그들의 신들을 따르게 하리라' (출 34:16; 왕상 11:2)."

~ 22 ~
반론: 가인의 딸들과의 악한 연합이
어떻게 율법 이전의 셋의 자손들에게 전가될 수 있는가?

게르마누스가 말했습니다: "만일 그 계율이 그들에게 주어졌었다면 이처럼 대담하고 나쁜 행위인 결혼이 당연히 비난을 받았을 수도 있습니다. 그러나 이 분리를 유지하는 것이 규정으로 확정되어 있지 않고 그것을 금지한 명령이 존재하지 않았는데, 어떻게 인종의 혼합을 이유로 그들을 나쁘게 여길 수 있었겠습니까? 일반적으로 율법은 과거의 죄가 아니라 미래의 죄를 정죄합니다."

~ 23 ~
답변: 태초부터 인간은 본성의 법 때문에 심판과 형벌을 받아야 했다.

1. 세레누스 사부는 다음과 같이 말했습니다: "하나님은 사람을 지으실 때 그 내면에 본성적인 것, 즉 법에 대한 지식을 두셨습니다. 태초에 그러했듯이

각 사람이 하나님의 계획에 따라 이 법을 지켰다면, 후일 기록으로 반포된 다른 법을 주실 필요가 없었을 것입니다. 내면에 주어져 있는 건강의 수단이 계속 시행되고 있을 때 외적인 건강의 수단을 제공할 필요가 없기 때문입니다. 그러나 앞에서 말했듯이 죄를 범할 자유와 죄의 실천에 의해 내면의 수단이 이미 완전히 부패했으므로, 그것의 보복자요 관리인으로서, 그리고 성경의 표현을 빌리자면 그것의 조력자로서 모세 율법의 엄중함이 부과되었습니다. 그렇게 함으로써 인간이 현세의 형벌에 대한 두려움을 통해 자연적 지식의 선을 완전히 소멸시키지 않을 것입니다. 선지자의 말대로 돕기 위해 율법을 주셨습니다. 2. 바울은 어린아이들이 일종의 망각 때문에 본성에 의해 가르침을 받는 교육에서 벗어나지 않도록 율법이 가르치고 보호하는 초등교사로서 주어졌다고 묘사합니다(갈 3:24).

"태초부터 각 사람 안에 율법에 대한 완전한 지식이 부어졌음은 율법이 주어지기 전, 심지어 대홍수 이전에 모든 거룩한 사람들이 문자를 읽지 않고서도 율법의 계명들을 지켰다는 사실에 의해 증명됩니다. 만일 아벨이 본성에 의해 내면에 놓여 있는 법의 가르침을 받지 않았다면, 율법이 아직 명령하지 않았을 때에 어떻게 양의 첫 새끼와 그 기름을 하나님께 제물로 바쳐야 한다는 것을 알 수 있었겠습니까(창 4:4 참조). 만일 노아가 본성적 지식의 가르침을 받지 않았다면, 정결한 짐승과 부정한 동물을 구분하기 위한 율법의 명령이 주어지지 않았을 때에 어떻게 그것들을 구분했겠습니까(창 7:2 참조). 3. 율법을 가르침을 받은 적이 없는 에녹이 어떻게 하나님과 동행하는 법을 배웠겠습니까(창 5:22 참조). 셈과 야벳이 어디에서 '네 아버지의 하체이니 너는 범하지 말라'(레 18:7)는 말씀을 읽었기에 뒷걸음쳐 들어가서 아버지의 하체를 덮었습니까(창 9:23 참조). 아브람이 경고를 받아 자기에게 제공된 원수들의 전리품을 거부하고 노력에 대한 보상을 받지 않으려 한 것은 어쩐 영문이며(창 14:22-24), 왜 그 얻은 것의 십분의 일을 멜기세덱에게 주었습니까(창 14:20)? 또 복음이 아직 빛을 발하기 전에 아브람과 롯이 나그네들과 여행자들을 환대하고 발을 씻어준 것은 어쩐 일입니까?(창 18-19장). 4. 오늘날 복음서를 암송한 사람들도 획득하지 못하고 있는 바 순결, 겸손의 지식, 온유, 자비, 환대, 경건한 믿음 등을 욥이 획득한 것은 어쩐 일입니까?

"거룩한 사람들 중에서 율법 이전에 율법을 지키지 않았다고 기록된 사람은 누구입니까? 그들 중에 '이스라엘아 들으라 우리 하나님 여호와는 오직 유일한 여호와이시니' 라는 말씀을 지키지 않은 자가 누구입니까? '너를 위하여 새긴 우상을 만들지 말고 또 위로 하늘에 있는 것이나 아래로 땅에 있는 것이나 땅 아래 물 속에 있는 것의 어떤 형상도 만들지 말라' (출 20:4)는 말씀을 이루지 않은 자가 누구입니까? 5. 그들 중에 '네 부모를 공경하라' (출 20:12), '살인하지 말라 간음하지 말라 도둑질하지 말라 네 이웃에 대하여 거짓 증거하지 말라 네 이웃의 집을 탐내지 말라 네 이웃의 아내나 그의 남종이나 그의 여종이나 그의 소나 그의 나귀나 무릇 네 이웃의 소유를 탐내지 말라' (출 20:13-17), 그리고 이것들보다 훨씬 더 큰 것들, 즉 율법의 명령들뿐만 아니라 복음의 명령들보다 앞선 것들을 지키지 않은 자가 누구입니까?

~ 24 ~

대홍수 이전에 죄를 지은 사람들이 벌을 받았다는 사실에 관하여

1. "우리는 하나님이 태초부터 만물을 완전하게 창조하셨다는 것, 그리고 만물이 처음 피조될 때의 상태에 머물렀다면, 마치 하나님의 원래 계획이 사려 없고 불완전한 것인 듯이 그 계획에 다른 것을 추가할 필요가 없었으리라는

것을 이해합니다. 그러므로 우리는 율법과 홍수 이전에 죄를 범한 사람들에 대한 하나님의 공정한 심판에 동의합니다. 왜냐하면 아무런 구실이 없이 본성의 법을 범한 사람들은 벌을 받아야 마땅하기 때문입니다.

"이러한 배려를 알지 못하여 구약성경의 하나님을 폄하하고 우리의 신앙을 비방하며 '왜 너희 하나님은 법이 없이 수많은 세기를 흐르도록 방치했다가 수천 년이 지난 후에 법 제정을 원하느냐?'라고 조롱하는 사람들의 비방에 우리는 동조하지 않을 것입니다. 2. 그러나 만일 하나님이 나중에 더 좋은 것을 고안하셨다면, 태초에 하나님이 사물을 제대로 알지 못하셨으며 경험을 통해서 사태를 파악하신 후에 비로소 상황을 정확하게 보시고 처음에 계획하셨던 것을 개선하기 시작하셨다고 보일 수도 있을 것입니다. 그러나 이것은 하나님의 무한한 예지와 일치하지 않으며, 또 하나님을 모독하는 이단자들이 아니고서는 하나님에 대해 그런 것들을 제안하지 않습니다. 전도서 기자는 '하나님께서 행하시는 모든 것은 영원히 있을 것이라 그 위에 더 할 수도 없고 그것에서 덜 할 수도 없나니 하나님이 이같이 행하심은 사람들이 그의 앞에서 경외하게 하려 하심인 줄을 내가 알았도다'(전 3:14)라고 말합니다.

"그러므로 율법이 제정된 것은 의인 때문이 아니라 법을 어기는 자와 순종하지 않는 자와 경건하지 않은 자와 죄인과 거룩하지 않은 자와 속된 자들 때문입니다(딤전 1:9). 3. 내면에 주입된 본성의 법을 완전히 이해하는 건전한 사람들에게는 그 법의 보조로서 외부로부터 추가되는 성문법이 필요하지 않습니다. 이런 까닭에 이 성문법이 태초부터 주어질 필요가 없었음이 분명합니다. 왜냐하면 본성의 법이 유효하며 완전히 범해지지 않는 한 그것이 불필요했기 때문입니다. 또 그 법이 일종의 규제장치로서 작용하기 전에 복음의 완전함이 수여될 수 없었습니다. 4. 왜냐하면 자신에게 가해진 악행을 동일하게 보복하는 데 만족하지 못하여 가벼운 공격에 대해 치명적인 발길질로 보복하는 사람들, 그리고 자신을 공격하여 이빨 하나를 상하게 한 사람에게 목숨을 요구하는 사람들은 '누구든지 네 오른편 뺨을 치거든 왼편도 돌려 대며'라는 말을 들을 수 없었습니다. 또 '너희 이웃을 사랑하라'(마 5:43)는 말이 내면적으로 친구들을 사랑하는 것이 큰 유익이요 선한 것으로 간주되는 사람들이 아니라 원수들을 외면하는 사람들, 원수들과 다른 점은 단지 그들을 압제하고 죽이려 하지 않고 미워하는 데 그친다는 사람들에게 적용될 수 있습니다.

~ 25 ~
복음서에서 마귀에 대해 말한 것, 즉 "그가 거짓말쟁이요 거짓의 아비가 되었음이라"는 말을 어떻게 이해해야 하는가?

1. "그러나 당신이 관심을 두는 바 '마귀가 거짓말쟁이요 거짓의 아비'(요 8:44)라는 것, 즉 주님이 마귀와 그 아비 모두를 거짓말쟁이라고 부르신 듯하다는 것은 상상할 수 없을 정도로 터무니없는 생각입니다. 조금 전에 말했듯이 혼이 혼을 잉태할 수 없듯이, 영이 영을 발생시킬 수 없습니다. 그러나 바울이 '또 우리 육신의 아버지가 우리를 징계하여도 공경하였거든 하물며 모든 영의 아버지께 더욱 복종하며 살려 하지 않겠느냐'(히 12:9)라고 말하면서 육과 영이라는 두 본질에 관해 분명히 지적한 것처럼 육이 인간의 정액에서 나왔음을 의심해서는 안 됩니다. 2. 그가 인간을 '육신의 아버지'라고 부르고 하나님만을 우리 영의 아버지라고 부른 것은 아주 분명한 구분입니다.

"이 육신의 형성에 있어서 인간의 몫은 해산의 수고뿐이라고 간주되지만, 가장 중요한 부분의 형성은 만물의 창조주이신 하나님의 몫입니다. 다윗은 '주의 손이 나를 만들고 세우셨사오니'(시 119:73)라고 말합니다. 또 욥은 '주께서 나를 젖과 같이 쏟으셨으며 엉긴 젖처럼 엉기게 하지 아니하셨나이까 피부와 살을 내게 입히시며 뼈와 힘줄로 나를 엮으시고'(욥 10:10-11)라고 말합니다. 여호와는 예레미야에게 '내가 너를 모태에 짓기 전에 너를 알았고'(렘 1:5)라고 말씀하십니다.

   3. "그러나 전도서에서 지혜자는 각각의 본질이 발현한 근원과 출발점을 조사하고 그것들이 향해 가는 종착점을 고려함으로써 두 본질의 본성과 기원을 정확하게 이해했으며, 몸과 혼의 구분에 대해 다음과 같이 말합니다: '흙은 여전히 땅으로 돌아가고 영은 그것을 주신 하나님께로 돌아가기 전에 기억하라'(전 12:7). 그는 사람의 정액에서 생겨나 그의 행위에 의해 뿌려지는 듯이 보이기 때문에 티끌이라고 불리는 육신의 재료가 흙에서 취해졌듯이 다시 흙으로 돌아갈 것이라고 분명하게 말합니다. 한편 그는 남녀 관계에서 잉태된 것이 아니라 하나님에 의해 주어진 영이 그 창조주에게 돌아갈 것을 지적했습니다. 4. 이것도 처음에 아담에게 혼을 불어넣으신 하나님의 호흡에 의해 분명히 표현됩니다(창 2:7 참조).

   "원하실 때마다 무에서 영을 만드시는 하나님만이 '영들의 아버지'라고 불리실 수 있으며 인간이 '육신의 아버지'라고 불릴 수 있음을 이 본문들을 통해서 알 수 있습니다. 이것은 마귀에게도 적용됩니다. 그는 선한 영이요 천사로 피조되었기 때문에 자기의 창조주이신 하나님 외에 다른 것을 아버지로 소유할 수 없습니다. 그가 교만해져서 마음속으로 '가장 높은 구름에 올라가 지극히 높은 이와 같아지리라'(사 14:14)고 말할 때 거짓말쟁이가 되고 진리 안에 서지 않았습니다(요 8:44 참조). 그는 자신의 악의 창고에서 거짓말을 생산하여 거짓말쟁이가 되었을 뿐만 아니라 인간에게 신이 될 것이라고 약속하며 '너희 눈이 밝아져 하나님과 같이 되리라'(창 3:5)고 말하여 진리 안에 머물지 않음으로써 거짓의 아비가 되었습니다. 처음부터 그는 살인자가 되어 아담을 죽을 운명으로 몰아넣었고 가인을 선동하여 아벨을 죽이게 했습니다(창 4:8 참조).

5. "이제 날이 밝아오고 있습니다. 거의 이틀 밤 동안 계속해온 우리의 담화를 마쳐야 할 때가 되었습니다. 드디어 깊이를 알 수 없는 질문들의 바다에서 벗어나 침묵의 안전한 항구에 도달했습니다. 지금까지 하나님의 성령이 우리를 감화해주셨지만 우리 앞에는 측량할 수 없는 광대함이 펼쳐져 있습니다. 솔로몬은 '이미 있는 것은 멀고 또 깊고 깊도다 누가 능히 통달하랴'(전 7:24)고 말합니다. 그러므로 하나님에 대한 경외심과 없어지지 않는 사랑이 우리 안에 확고히 머물면서 모든 일에 우리를 지혜롭게 만들며 마귀의 공격에 해를 입지 않도록 지켜주실 것을 하나님께 구해야 합니다. 이렇게 보호받는 사람은 사망의 올무에 빠지지 않습니다. 완전한 사람들과 불완전한 사람들 사이에는 다음과 같은 차이점이 있습니다. 완전한 사람들에게 있어서 사랑은 안정되어 요동함이 없고 성숙합니다. 그것은 집요하게 깃들이며 그들로 하여금 보다 쉽고 확실하게 거룩함을 유지하게 만듭니다. 그러나 불완전한 사람들의 경우에 사랑이 약하고 쉽게 식기 때문에 그들로 하여금 자주 신속하게 죄의 올무에 빠지게 만듭니다."

이 담화를 통해서 마음이 뜨거워진 우리는 도착할 때보다 더 큰 영적 열정 및 그분의 가르침을 실천하려는 갈망을 품고 그분의 수실을 떠났습니다.

담화 9

사부 이삭의 첫째 담화

기도에 관하여(I)

~ 1 ~
머리말

 이제 우리가 주님의 도우심을 받아 제시하는 이삭 사부의 담화는 기도의 영구적이고 끊임없는 지속성에 대해 『제도집』The Institutes 제2권에서 한 약속의 성취입니다. 교황 레온티우스와 거룩한 헬라디우스 형제여, 그것들을 발표하고 나면 카스토르 교황의 명령과 당신들의 소원이 충족될 것이라고 생각합니다. 책이 이렇게 방대해진 것을 용서해주십시오. 해야 할 말들을 줄이기 위해 많은 내용을 생략했음에도 불구하고 처음 의도했던 것보다 방대해졌습니다. 사부 이삭은 다양한 제도들에 대해 많은 말을 한 후에 마지막으로 다음과 같이 말씀하셨습니다:

~ 2 ~
기도의 본질에 관한 사부 이삭의 말씀

 1. "수도사의 목적과 완전한 마음은 그로 하여금 중단 없이 항상 끈질기게 기도하게 하며, 인간의 약함이 허용하는 한 정신의 변함없고 지속적인 평정과

항구적인 순수함을 추구합니다. 그것 때문에 우리는 지칠 줄 모르고 육체적 노고와 영의 통회를 추구하고 몰두합니다. 그 둘 사이에는 뗄 수 없는 연결이 존재합니다. 모든 덕목들의 구조가 완전한 기도를 지향하듯이, 이 갓돌 아래 결합되고 결속되지 않은 것들은 결코 안정되고 견고하게 서지 못할 것입니다. 2. 그러한 덕목들이 없으면 지금 언급하고 있는 바 끊임없이 계속되는 항구적이고 평온한 기도가 획득되거나 완전해질 수 없듯이, 기도가 끊임없이 계속되지 않으면 그 기초가 되는 덕목들도 완전함을 이룰 수 없습니다.

"그러므로 기도하기 위해서 거부하거나 획득해야 하는 것들을 먼저 순차적으로 제시하고 논의하지 않는다면, 그리고 그 영적이고 고귀한 망대의 건설과 관련된 것들을 신중하게 생각하고 준비하지 않는다면(눅 14:28), 기도의 효력을 제대로 다루지 못하거나 기도의 주된 목적에 도달하지 못할 것입니다. 3. 그러나 먼저 악덕들을 완전히 몰아내지 않는 한 이미 준비된 것들이 유익하지 못할 것이며, 가장 높은 곳에 위치하는 완전의 갓돌들이 그것들 위에 놓이지 못할 것입니다. 불안정하고 쓸모없는 정념들의 쓰레기를 파낸 후 마음의 생생하고 견고한 땅에 있는 복음의 반석 위에 단순함과 겸손의 견고한 기초를 놓을 수 있을 것입니다(마 7:24-25 참조). 그것들이 건설된 후 영적인 덕들의 망대를 확고하게 세울 수 있으며, 그 견고함을 확신하고서 가장 높은 하늘에 닿을 수 있을 것입니다. 4. 정념들의 소나기와 박해의 격류가 공격하고 적대적인 영들의 사나운 태풍이 덤벼도 견고한 기초 위에 세워진 망대는 무너지지 않을 것이며, 어떤 종류의 힘도 그것을 방해하지 못할 것입니다.

~ 3 ~
순수하고 성실하게 기도하는 법

1. "그러므로 순수하고 열정적으로 기도하려면 다음의 것들을 지켜야 합니다. 첫째, 육적인 일들에 대한 불안을 완전히 제거해야 합니다. 그 다음에는 염려뿐만 아니라 사업과 일에 대한 기억을 모두 거부해야 합니다. 분심, 한담, 수다, 저속한 익살 등을 제거해야 합니다. 특히 분노와 슬픔의 방해를 제거해야 합니다. 그리고 육적인 욕정과 탐욕을 근절해야 합니다. 2. 사람들 가운데 출현할 수 있는 이러한 악덕들 및 그와 유사한 것들이 완전히 몰려나고 근절되고 단순함과 순진함 속에서 완전해지는 정화가 이루어진 후에 깊은 겸손의 견고한 기초가 놓여야 하는데, 그것이 하늘까지 솟아오를 망대를 지탱해줄 수 있을 것입니다. 그 위에 덕목들의 영적 건물이 세워져야 합니다. 그리고 길을 벗어나 방황하는 정신을 억제하면 차츰 하나님에 대한 관상과 영적 비전 상태로 올라가기 시작할 것입니다.

3. "우리가 기도할 때 기억의 작용의 결과로서 우리 영혼이 기도하기 전에 생각한 것들이 떠오르기 마련입니다. 이런 까닭에 기도하기 전에 제대로 기도하는 사람이 되어야 합니다. 기도할 때의 정신은 기도하기 전의 상태에 의해 형성되며, 우리가 기도할 때 기도하기 전의 행위와 말과 생각들의 형상이 우리 눈앞에 나타납니다. 기도하기 전의 상태에 따라 이러한 현상은 우리를 성나게 하거나 슬프게 만들며, 과거의 일이나 정욕을 기억하게 하며, 이전에 행해진 어리석은 말이나 행동을 생각하고 바보같이 웃게 만들며, 우리를 이전의 대화로 돌아가게 만듭니다. 4. 그러므로 기도하기 전에 기도하는 동안 방해할 가능성이 있는 모든 것을 마음속 깊은 곳에서 몰아내기 위해 노력해야 합니다. 그리하면 바울이 말한 바 '쉬지 말고 기도하라'(살전 5:17), '각처에서 남자들이

분노와 다툼이 없이 거룩한 손을 들어 기도하기를 원하노라'(딤전 2:8)고 한 것을 실천할 수 있을 것입니다. 악덕이 정화된 후 덕에 헌신된 정신이 끊임없이 전능하신 하나님을 관상하지 않는다면, 우리는 이 명령을 성취할 수 없을 것입니다.

~ 4 ~
깃털처럼 가벼운 영혼

1. "영혼의 특성을 아주 가벼운 깃털에 비유할 수 있습니다. 외부의 액체가 묻어 해를 입거나 더럽히지 않은 깃털은 타고난 가벼움 덕분에 가벼운 바람에 의해서 하늘 높이 올라갑니다. 그러나 액체가 묻은 깃털은 본래의 가벼움에 의해 공중으로 날아갈 수 없을 뿐만 아니라 물의 무게 때문에 땅위 가장 낮은 곳에 떨어집니다.

2. "마찬가지로 만일 우리의 정신이 자신을 공격하는 세속적인 악덕과 염려에 짓눌리며 방탕이라는 액체로 더럽히지 않았다면, 본래의 깨끗함에 의해 가벼워지며 영적 묵상의 미풍에 의해 높은 곳으로 올라갈 것입니다. 그것은 세상의 낮은 곳을 떠나 보이지 않는 거룩한 곳으로 옮겨질 것입니다. 이런 까닭에 주님은 다음과 같이 경고하십니다: '너희는 스스로 조심하라 그렇지 않으면 방탕함과 술취함과 생활의 염려로 마음이 둔하여지고'(눅 21:34).

3. "만일 우리의 기도가 하늘뿐만 아니라 하늘 위까지 올라가기를 원한다면, 정신을 세상적인 악덕과 정념들로부터 정화하여 원래의 가벼운 상태로 되돌리기 위해 노력해야 합니다. 그렇게 하면 기도가 악덕의 무게에 짓눌리지 않고 하나님에게 올라갈 수 있을 것입니다.

~ 5 ~
정신이 짓눌리는 이유

1. "주님이 정신(마음)이 둔해진다고 지적하신 이유를 알아야 합니다. 주님은 간음이나 살인이나 신성모독이나 약탈 등 사람들이 인정하는 저주받을 치명적 악덕을 지적하신 것이 아니라 과식과 술취함과 세상의 염려와 걱정 등을 언급하셨습니다. 세속적인 사람은 이것들을 그리 두려워하거나 저주받을 것으로 판단하지 않기 때문에 어떤 사람들, 심지어 수도사라고 자처하는 사람들조차 정신을 둔하게 하는 이러한 행동에 참여합니다. 2. 이 세 가지 행동을 문자 그대로 상습적으로 행한다면 정신이 하나님에게서 분리되어 땅에 떨어지겠지만, 우리처럼 이 세상의 생활방식과 매우 멀리 떨어져 있으며 가시적인 염려와 술취함과 과식에 빠질 이유가 없는 사람들은 그것들을 쉽게 피할 수 있습니다.

"그에 못지않게 위험한 또 다른 과식, 피하기가 어려운 영적 술취함, 그리고 재산을 모두 버리고 술과 좋은 음식을 완전히 삼가며 사막에서 살고 있음에도 불구하고 종종 우리를 사로잡는 염려와 세상의 불안이 있습니다. 이것들에 대해 선지자는 '취하는 자들아 너희는 깨어 울지어다 포도주를 마시는 자들아 너희는 울지어다 이는 단 포도주가 너희 입에서 끊어졌음이니'(욜 1:5)라고 말합니다. 3. 또 다른 선지자는 '너희는 놀라고 놀라라 너희는 맹인이 되고 맹인이 되라 그들의 취함이 포도주로 말미암음이 아니며 그들의 비틀거림이 독주로 말미암음이 아니니라'(사 29:9)고 말합니다. 그의 말에 의하면 그들을 취하게 한 포도주는 '뱀의 독이요 독사의 맹독'(신 32:33)입니다. 이 포도주가 어디서 나오는지 들어보십시오: '그들의 포도나무는 소돔의 포도나무요 고모라의 밭의 소산이라'(신 32:32a). 4. 포도나무의 열매와 그 소산을 알고 싶습니까?

'그들의 포도는 독이 든 포도이니 그 송이는 쓰며'(신 32:32b).

"만일 우리에게서 악덕들이 완전히 제거되고 정화되지 않았다면, 그리고 온갖 과다한 정념들을 삼가지 않았다면, 우리 마음이 둔해질 것입니다. 이는 포도주에 취하거나 과식했기 때문이 아니라 그보다 훨씬 좋지 않은 술취함과 과식 때문입니다. 종종 이 세상 활동에 전혀 관계하지 않는 우리가 세상의 염려의 공격을 받는다는 사실이 원로들의 규칙에 의해 증명됩니다. 그분들은 매일 육신을 위해 필요한 최소한의 분량을 초과하여 섭취하고 소유하는 것이 세상의 염려와 불안의 원인이 된다는 것을 알았습니다. 5. 예를 들면 다음과 같습니다: 육신에 필요한 것을 공급하기 위한 것 이상의 돈을 벌기 위해 지치도록 노동하는 것; 낮과 밤에 입을 옷 두 벌이면 충분한데도 불구하고 서너 벌의 옷을 소유하는 것; 한두 개의 방으로 충분한데도 불구하고 세상적인 야심과 넓은 공간을 향한 욕망 때문에 4-5개의 방을 짓고 필요한 것 이상의 비싼 설비를 갖추는 것. 위와 같은 경우에 우리는 할 수 있을 때마다 세상적인 정욕을 드러낼 것입니다.

~ 6 ~
어느 원로가 부산하게 활동하는 형제에 대해 본 환상

1. "이런 일이 귀신들의 선동에 의해 발생한다는 것을 우리는 경험에 의해 깨달았습니다. 인정받은 원로가 어느 형제의 수실 앞을 지나가게 되었습니다. 그 형제는 앞에서 말한 정신의 질병을 앓고 있었습니다. 그는 부산하게 불필요한 것들을 만들고 수선하는 등 정신 집중을 방해하는 일상적인 일에 빠져있었습니다. 이 원로는 멀리서 그가 망치로 단단한 바위를 치고 있는 것을 보았습니다. 그의 곁에 에티오피아 사람이 서 있었는데 두 사람의 손이 함께 묶여

있어서 함께 망치를 내리치고 있었습니다. 그는 무서운 낙인을 가지고 그 형제를 계속 다그치고 있었습니다. 이 원로는 그 잔인한 마귀를 보고 놀라고, 또 그 환상의 미혹하는 힘에 놀라 꽤 오랫동안 그곳에 머물러 있었습니다. 2. 그 형제는 완전히 기진맥진하여 일을 끝내고 쉬려 했으나 이 영의 선동에 힘을 얻어 다시 망치를 들고 그 일을 계속했습니다. 귀신의 재촉을 받은 형제는 지칠 줄 몰랐고 자신이 하는 일이 얼마나 힘든지 느끼지 못했습니다.

"마침내 그 귀신의 잔인한 조롱에 노한 원로는 형제의 수실에 가서 인사하고 '형제여, 지금 무슨 일을 하고 있습니까?'라고 물었습니다. 형제는 '우리는 이 바위를 깨려고 힘들게 일하고 있는데 깨뜨릴 수 없습니다'라고 말했습니다. 3. 이 말을 듣고 원로가 말했습니다: '당신은 "우리"라고 말했습니다. 당신이 바위를 내리치고 있을 때 혼자가 아니라 당신이 보지 못한 또 다른 사람이 함께 있었습니다. 그는 당신이 일하는 동안 곁에 있으면서 당신을 도와준 것이 아니라 힘껏 당신을 누르고 있었습니다.'

"그러므로 단순히 할 수 없는 일을 삼가는 것은 세상의 야망이라는 질병이 우리 마음에 깃들어 있지 않음을 증명해주지 못합니다. 이것은 영적인 사람들과 세상 사람들 사이에서 우리를 중요한 사람처럼 보이게 만들 것들을 무시하는 것에도 적용됩니다. 우리는 자신에게 힘을 공급하는 것들과 선의 모양을 지니고 있는 것들을 엄격한 마음으로 거부해야 합니다. 4. 실제로 작고 하찮은 것처럼 보이며 우리와 같은 신앙인들이 무관심하게 여기는 것들도 그 특성상 일반적으로 자신의 지위에 걸맞게 행동하는 세상 사람들의 정신을 도취시키는 것들 못지않게 우리의 정신을 힘들게 만듭니다. 그것들은 최고의 선으로부터 잠시라도 분리되는 것을 즉각적인 죽음이요 완전한 멸망으로 여겨야 하는 수도사들이 세상의 더러움을 버리고 하나님을 갈망하며 그분에게 정신을 집중하는 것을 허락하지 않습니다.

5. "정신이 육체적인 정념의 속박에서 벗어나 평온함을 찾았을 때, 그리고 마음이 유일한 지고선에게 집중했을 때 '쉬지 말고 기도하라', '각처에서 남자들이 분노와 다툼이 없이 거룩한 손을 들어 기도하라'는 바울의 말이 성취될 것입니다. 정신의 생각들이 깨끗해지고 세상의 둔함을 벗어나 영적이고 거룩한 것들의 모양으로 재형성된다면, 무엇을 받아들이고 무엇을 생각하며 무엇을 행하든지 그 생각들은 순수하고 성실한 기도가 될 것입니다."

~ 7 ~
선한 생각을 하는 것보다
그 생각을 유지하는 것이 더 어려운 이유에 대한 질문

1. 게르마누스가 말했습니다: "우리가 이러한 영적 생각들을 처음 품었을 때처럼 쉽게, 그리고 그 때와 동일한 방식으로 계속 누릴 수 있으면 얼마나 좋을까요? 우리가 성경을 묵상하거나 어떤 영적 행위를 회상하거나 거룩한 신비를 어렴풋이 봄으로써 마음에 그러한 생각들을 품어도, 그것들은 어느새 도망친 것처럼 즉시 사라집니다. 또 우리의 정신이 영적인 생각들을 위한 많은 기회들을 발견할 때면 다른 생각들이 다시 기어들어오며 이제까지 붙들려 있던 생각들은 신속히 미끌어져 빠져나갑니다. 따라서 정신은 자체의 불변성을 소유하지 못합니다. 2. 정신이 어떻게든 거룩한 생각들을 고수하는 것처럼 보일 때조차 그 생각들과 관련하여 자체의 능력으로 불변성을 소유하지 못합니다. 정신이 자체의 노력에 의해서가 아니라 우연히 그러한 생각들을 품었다고 여길 수 있습니다. 거룩한 생각들을 계속 품는 것이 우리의 능력 밖의 일인데, 어떻게 그러한 생각들의 기원이 우리의 행위에 있다고 생각할 수 있겠습니까?

3. "이 문제를 다루기 위해서 기도의 본질과 관련된 설명을 미루지 말고 이미 시작한 담화를 계속해야 합니다. 나중에 이 문제를 다룰 기회가 있을 것입니다. 지금 우리는 기도의 특성에 대해 배우고자 합니다. 바울은 '쉬지 말고 기도하라' 면서 기도를 중단하지 말라고 말합니다. 그러므로 우리는 먼저 기도의 특징, 즉 우리가 항상 실천해야 할 기도의 종류에 대해서 배우고, 그 다음에 그 기도를 소유하며 쉬지 않고 실천하는 방법에 대해 배우기를 원합니다. 사부께서는 수도사의 목적과 완전의 정상은 완전한 기도라고 말씀하셨습니다. 이 거룩한 말씀과 매일의 경험에 의하면 마음으로 힘껏 노력하지 않으면 그러한 기도를 획득할 수 없음이 증명됩니다."

~ 8 ~

답변: 기도의 다양한 특성에 관하여

1. 사부 이삭이 말했습니다: "나는 깨끗한 마음과 영혼, 그리고 성령의 계몽이 없이 온갖 종류의 기도를 파악할 수 있다고 생각하지 않습니다. 이는 한 영혼, 그리고 모든 영혼 안의 상태가 다양하듯이 다양한 특성들이 만들어질 수 있기 때문입니다. 2. 그러므로 우리 마음이 둔하기 때문에 모든 종류의 기도를 확인할 수 없다는 것을 알지만, 그럼에도 불구하고 우리의 제한된 경험이 허락하는 한도까지 그것들을 분석해 보겠습니다. 각 사람의 정신이 획득한 정결함의 분량에 따라, 그리고 정신에게 발생한 일 때문에 처하게 되었거나 자체의 노력에 의해 쇄신된 상태의 본질에 따라서 이것들은 매 순간 변화합니다. 그러므로 한 사람이 드리는 기도들이 한결같을 수 없습니다. 3. 사람이 행복할 때 기도하는 방법과 슬프고 낙심했을 때 기도하는 방법이 다르며, 영적 성공을 누릴 때 기도하는 방법과 많은 공격을 받을 때 기도하는 방법이 다르며, 죄

사함을 구할 때 기도하는 방법과 은혜나 덕 또는 어떤 악덕의 제거를 구할 때 기도하는 방법이 다르며, 지옥을 생각하며 장래의 심판을 두려워함으로써 가책을 느낄 때 기도하는 방법과 장래의 유익을 향한 소망을 느낄 때 기도하는 방법이 다르며, 궁핍하고 위험에 처했을 때 기도하는 방법과 안전하고 평화로울 때 기도하는 방법이 다르며, 거룩한 신비의 계시를 받을 때 기도하는 방법과 덕이 발달하지 못하고 생각이 건조할 때 기도하는 방법이 다릅니다.

~ 9 ~
네 종류의 기도

1. "그러므로 우리가 짧은 시간 동안 우리의 약한 지성과 둔한 마음으로 가능한 한도까지 기도가 지닌 여러 가지 특징을 분석한 후에도 한층 더 크고 어려운 문제가 남습니다. 즉 우리는 바울이 '그러므로 내가 첫째로 권하노니 모든 사람을 위하여 간구와 기도와 도고와 감사를 하되'(딤전 2:1)라고 말하면서 분류한 네 종류의 기도를 차례로 설명해야 합니다. 바울이 이렇게 구분한 데는 충분한 이유가 있습니다.

2. "먼저 간구와 기도와 도고와 감사의 의미를 찾아내야 합니다. 그런 후에 기도할 때 이 네 종류의 기도를 동시에 사용해야 하는지, 즉 하나의 기도 행위 안에 그것들 모두를 결합하여 사용해야 하는지; 아니면 개별적으로 하나씩 차례로 그 기도들을 드려야 하는지, 예를 들어 어떤 때는 간구를 하고, 어떤 때는 기도하고, 또 다른 때에는 도고나 감사를 해야 하는지; 그리고 한 사람이 정신이 노력하는 강도에 따라 그 성숙함에 의존하여 때에 따라 간구와 기도와 도고와 감사를 드려야 하는지 살펴보아야 합니다.

~ 10 ~
기도의 특성과 관련된 이 기도들의 순서

"먼저 그 명칭들과 단어들의 특성을 다루고, 기도와 간구와 도고의 차이점을 분석해야 합니다. 그 다음에 그것들을 함께 드려야 하는지 개별적으로 분리하여 드려야 하는지 조사해보아야 합니다. 세 번째로 바울의 권위에 따라 제시된 순서가 함축된 의미를 지니는지, 아니면 그 구분들이 바울에 의해 대수롭지 않게 만들어졌다고 받아들여야 하는지 살펴보아야 합니다.

"나는 이 마지막 제안이 매우 불합리하다고 여깁니다. 성령께서 이유 없이 지나가는 말로 바울을 통해 무엇인가를 말씀하셨다고 생각해서는 안 됩니다. 그러므로 그것들을 처음 제시된 순서대로 다루겠습니다.

~ 11 ~
간구에 대하여

"'내가 첫째로 권하노니 모든 사람을 위하여 간구를 하되.' 간구란 죄와 관련하여 애원하거나 탄원하는 것으로서, 자신의 현재나 과거의 악행 때문에 가책을 느끼는 사람이 그것에 의해 용서를 청합니다.

~ 12 ~
기도에 관하여

1. "기도란 우리가 하나님께 무엇인가를 드리거나 서원하는 행동으로서 헬라어로 ευχη라고 불립니다. 헬라어로 τας ευχας του τω κυριω αποδωσω가 '나는 나의 서원을 여호와께 갚으리로다' (시 116:14)로 번역됩니다. 단어의 본질을 따르자면 그것은 '나는 주님께 기도하겠습니다' 라고 표현될 수 있습니

다. 전도서에서 '네가 하나님께 서원하였거든 갚기를 더디게 하지 말라'(전 5:4)는 헬라어로 εαν ευξη ευχην τω κυριω인데, 그것은 '네가 하나님께 기도하려면 지체하지 말고 기도하라'는 의미입니다.

2. "우리는 다음과 같은 방식으로 기도할 것입니다. 이 세상을 버리고 세상의 모든 행위와 생활방식에 대해 죽기로 약속할 때 우리는 진심으로 주님을 섬기겠다고 기도합니다. 세상의 명예를 멸시하고 세상의 부를 경멸하면서 철저히 통회하는 마음으로 영적으로 가난한 상태에서 주님께 매달리겠다고 기도합니다. 또 기도하면서 몸의 순결과 흔들림이 없는 인내를 항상 유지하겠다고, 그리고 치명적인 분노와 슬픔의 뿌리를 우리 마음에서 완전히 제거하겠다고 약속합니다. 우리가 나태하여 약해졌을 때, 그리고 이전의 악덕들로 돌아가 이러한 일들을 행하지 않을 때 우리는 기도와 서원에 대해 책임을 져야 할 것이며 '서원하고 갚지 아니하는 것보다 서원하지 아니하는 것이 더 나으니'(전 5:5)라는 말을 듣게 될 것입니다. 이 말씀은 '기도한 대로 실천하지 않느니 차라리 기도하지 않는 편이 낫다'는 말입니다.

~ 13 ~
도고에 관하여

"세 번째는 도고(중보기도)입니다. 이것은 우리가 영적으로 뜨거워져서 사랑하는 사람들이나 세계 평화를 위해서 간구하며 '임금들과 높은 지위에 있는 모든 사람을 위하여'(딤전 2:2) 기도하는 등 다른 사람들을 위해 익숙하게 행하는 기도입니다.

~ 14 ~
감사에 관하여

"네 번째는 감사입니다. 그것은 정신이 하나님이 주신 과거의 혜택들을 생각하거나 현재의 유익을 생각하거나 하나님을 사랑하는 사람들을 위해 예비된 것들을 예견하면서 말할 수 없는 기쁨 안에서 드리는 것입니다. 이때 엄청나게 많은 기도를 드리기도 하는데, 우리의 영은 순수한 눈으로 거룩한 사람들을 위해 저장되어 있는 상을 바라보고 감동을 받아 한없이 기뻐하며 하나님께 말없이 감사합니다.

~ 15 ~
누구에게나 이 네 종류의 기도가 한꺼번에 필요한지, 아니면 개별적이며 차례로 필요한지에 대하여

1. "이 네 종류의 기도는 종종 다채로운 기도의 기회를 제공합니다. 죄로 인한 가책에서 드리는 간구, 그리고 깨끗한 양심 때문에 자기의 서원을 지키고 성실하게 드리는 기도의 상태, 그리고 열렬한 사랑에서 나오는 중보기도, 그리고 하나님의 위대하심과 인자하심 및 하나님이 주시는 유익들에 대한 감사의 기도 등에서부터 매우 열정적이고 뜨거운 기도가 생겨나기도 합니다. 따라서 이 네 종류의 기도는 모든 사람에게 필요하고 유익한 것이며, 우리는 기분의 변화에 따라서 어떤 때는 간구, 어떤 때는 기도, 어떤 때는 중보기도를 드리게 될 것입니다.

"그럼에도 불구하고 간구는 아직 상처가 있거나 악덕들에 대한 기억들로 말미암아 괴로움을 당하고 있는 초심자들과 더 깊이 관련되어 있는 듯합니다. 서원의 기도는 영적 진보와 고결한 성향과 관련하여 어느 정도 정신이 진보한 상태에 있는 사람들과 관련이 있습니다. 중보기도는 서원한 것을 행위에 의해 실천하고 있으면서 약한 이웃을 생각할 때 사랑에서 우러나 그들을 위해 중보하려는 마음을 품는 사람들과 관련됩니다. 감사는 마음으로부터 양심의 괴로움을 느껴온 사람이 염려에서 해방되어 깨끗한 정신으로 하나님이 과거에 주셨고 현재 주시며 미래에 주실 자비와 인자하심을 생각하며 마음이 뜨거워져서 사람의 입으로 표현할 수 없는 뜨거운 기도에 몰입하는 것과 관련됩니다.

2. "그러나 때때로 깨끗한 성향에 다가가 그 안에 뿌리를 내리기 시작한 정신이 이 모든 기도를 한꺼번에 품고서 마치 맹렬한 불길처럼 그것들 모두를 신속하게 처리하면서 순수하고 활기차게 말없이 기도를 하나님께 쏟아내기도 합니다. 이런 기도는 우리는 알지 못하지만 성령이 말할 수 없이 탄식하면서 개입하여 그 순간에 친히 하나님께 기도하는 것으로서 입으로 표현할 수 없을 뿐만 아니라 나중에 정신이 기억할 수도 없는 기도입니다.

3. "이런 까닭에 어떤 상태에 있든지 간에 사람은 때때로 자신이 순수하고 강력한 기도를 드리고 있음을 깨닫습니다. 가장 낮은 종류인 첫 번째 기도, 장래의 심판을 기억하는 것과 관련된 기도를 행할 때부터 형벌과 심판에 대한 두려움을 느끼는 사람은 이따금 가책을 느끼기 때문에 자신의 풍부한 간구에서 오는 영적 기쁨이 충만하게 되며, 깨끗한 마음으로 하나님의 인자하심을 살펴 그것들을 극복하는 사람은 말할 수 없는 기쁨과 즐거움 속에 녹아듭니다. 주님의 말씀에 의하면, 용서받은 것을 많이 깨달은 사람일수록 그만큼 더 많이 사랑합니다(눅 7:47 참조).

~ 16 ~
어떤 종류의 기도에 헌신해야 하는가?

"그러나 우리의 삶이 진보하여 덕 안에서 완전하게 자람에 따라서 우리는 장래의 선에 대한 관상이나 뜨거운 사랑의 결과로서 쏟아져나오는 기도, 또는 초심자의 표준에 맞추어 말하자면 어떤 덕을 획득하거나 악덕을 죽이기 위해 만들어지는 종류의 기도들을 선호하게 됩니다. 따라서 서서히 조금씩 일련의 중보기도를 통과하지 못한 정신은 고귀한 유형의 기도에 도달할 수 없을 것입니다.

~ 17 ~
주님이 제정하신 네 가지 형태의 기도

1. "주님은 친히 본을 보이심으로써 우리에게 이 네 종류의 기도를 가르치시고 자신에 대한 말을 이루셨습니다: '예수께서 행하시며 가르치시기를 시작하심'(행 1:1). 주님이 '내 아버지여 만일 할 만하시거든 이 잔을 내게서 지나가게 하옵소서'(마 26:39)라고 하신 것, 시편에서 주님의 자격으로 '내 하나님이여 내 하나님이여 어찌 나를 버리셨나이까'(시 22:1)라고 하신 것 등은 간구입니다.

2. "주님이 '아버지께서 내게 하라고 주신 일을 내가 이루어 아버지를 이 세상에서 영화롭게 하였사오니'(요 17:4), '그들을 위하여 내가 나를 거룩하게 하오니 이는 그들도 진리로 거룩함을 얻게 하려 함이니이다'(요 17:19)라고 하신 것은 기도(서원)입니다.

"주님이 '아버지여 내게 주신 자도 나 있는 곳에 나와 함께 있어 아버지께서 창세 전부터 나를 사랑하시므로 내게 주신 나의 영광을 그들로 보게 하시기를 원하옵나이다'(요 17:24)라고 하신 것과 '아버지 저들을 사하여 주옵소서 자기들이 하는 것을 알지 못함이니이다'(눅 23:34)라고 하신 것은 중보기도(도고)입니다.

3. "주님이 '천지의 주재이신 아버지여 이것을 지혜롭고 슬기 있는 자들에게는 숨기시고 어린아이들에게는 나타내심을 감사하나이다 옳소이다 이렇게 된 것이 아버지의 뜻이니이다'(마 11:25-26)라고 하신 것과 '아버지여 내 말을 들으신 것을 감사하나이다 항상 내 말을 들으시는 줄을 내가 알았나이다'(요 11:41-42)라고 하신 것은 감사입니다.

"주님은 때에 따라 드려야 하는 네 종류의 기도를 구분하셨지만, 또한 하나의 완전한 기도에 그것들 모두가 포함될 수 있음을 보여주십니다. 요한복음 끝부분에서 주님이 길게 쏟아놓으신 기도가 그렇습니다(요 17장 참조). 신중하게 탐구하는 사람이라면 그 본문을 읽음으로써 이 사실을 알 수 있을 것입니다. 바울은 빌립보서에서 이 네 종류의 기도를 순서를 달리하여 동일한 의미를 표현하면서 하나의 기도에 그것들을 포함하여 드릴 수 있음을 보여줍니다: '모든 일에 기도와 간구로, 너희 구할 것을 감사함으로 하나님께 아뢰라'(빌 4:6). 그는 기도와 간구 안에서 감사가 중보기도와 섞여야 함을 가르치려 했습니다.

~ 18 ~

주님의 기도에 관하여

1. "이 네 종류의 기도에 한층 더 복되고 고귀한 상태가 따릅니다. 그것은 뜨거운 사랑에 의해 하나님만 바라봄으로써 형성되는데, 하나님 사랑에 몰입한 정신은 이 뜨거운 사랑에 의해서 친근하게, 그리고 아버지에게 하듯이 특별히

헌신하면서 하나님께 기도합니다.

2. "주님이 가르치신 기도의 구조는 우리가 끊임없이 이 상태를 추구해야 한다는 것을 가르쳐줍니다: '우리 아버지여'(마 6:9). 우주의 주인이신 하나님을 아버지라고 고백하는 것은 우리가 종의 상태에서 양자의 상태로 받아들여졌음을 고백하는 것입니다.

"우리는 아버지로부터 멀리 떨어져 이 세상의 나그네로 체류하는 현세의 거처를 두려워하면서 '하늘에 계신'(마 6:9)이라는 말을 추가합니다. 이것은 큰 갈망을 가지고 서둘러 아버지가 거하시는 곳으로 가며 우리의 신앙고백과 양자의 지위에 합당하지 못하게 만드는 것들 또는 부모에게서 받은 유산을 박탈당하고 하나님의 공의로운 진노를 초래할 일과 관계를 갖지 않도록 하기 위함입니다.

3. "아들의 신분과 지위를 획득한 우리에게는 착한 아들들에게서 발견되는 뜨거운 헌신이 있어야 합니다. 그리하여 우리는 자신의 유익을 위해서가 아니라 아버지의 영광을 위해 정력을 쏟으며 '이름이 거룩히 여김을 받으시오며'(마 6:9)라고 말할 것입니다. 그럼으로써 우리의 소원과 기쁨이 아버지의 영광이라고 증언합니다. 왜냐하면 우리가 '스스로 말하는 자는 자기 영광만 구하되 보내신 이의 영광을 구하는 자는 참되니 그 속에 불의가 없느니라'(요 7:18)고 말씀하신 분을 본받는 자가 되었기 때문입니다.

"마지막으로 이러한 성향으로 채워진 '택한 그릇'(행 9:15)은 여러 배나 큰 규모의 가정이 유익을 얻으며 이스라엘 백성의 구원이 아버지의 영광을 증가시킬 수 있다면 자신이 저주를 받아 그리스도에게서 끊어지기를 원했습니다.

4. 그는 그리스도를 위해 죽을 수 있는 사람은 자기 생명을 위해 죽을 수 없다는 것을 알고 있었습니다. 바울은 또 '우리가 약할 때에 너희가 강한 것을 기

빼하고'(고후 13:9)라고 말합니다.

"택한 그릇이 그리스도의 영광과 형제의 회심과 이교도들의 행복을 위해서 저주가 되는 편을 택하는 것은 얼마나 놀라운 일이겠습니까? 선지자 미가는 자신이 거짓말쟁이가 되고 성령의 감화를 빼앗기더라도 자신이 예언하여 예고한 재앙과 포로됨을 유대 백성이 피할 수 있기를 원했습니다. 모세는 죽게 된 형제들과 함께 죽기를 거부하지 않고 '이 백성이 자기들을 위하여 금 신을 만들었사오니 큰 죄를 범하였나이다 그러나 이제 그들의 죄를 사하시옵소서 그렇지 아니하시오면 원하건대 주께서 기록하신 책에서 내 이름을 지워 버려 주옵소서'(출 32:31-32)라고 말했습니다.

5. "하나님을 예배하는 것이 우리의 완전함이라고 이해한다면 '이름이 거룩히 여김을 받으시오며'를 만족스럽게 이해할 수 있습니다. '이름이 거룩히 여김을 받으시오며'라고 기도하는 것은 다시 말해서 '아버지여, 당신을 예배하는 것이 얼마나 큰 일인지 이해할 자격이 있게 되며, 또 우리의 영적인 생활 방식 안에서 당신이 예배되시게 해주십시오'라고 기도하는 것입니다. 사람들이 우리의 착한 행실을 보고 하늘에 계신 우리 아버지께 영광을 돌릴 때(마 5:16) 이것이 우리 안에서 효과적으로 성취됩니다.

~ 19 ~
"나라가 임하시오며"에 관하여

"깨끗한 마음으로 드리는 두 번째 청원은 아버지의 나라가 즉시 임하기를 원하는 것입니다. 아버지의 나라는 그리스도께서 날마다 거룩한 사람들 안에서 다스리시는 곳을 의미합니다. 악덕들의 멸절에 의해 우리 마음에서 마귀들의 통치가 몰려나가고 하나님이 덕의 향기를 통해 우리 내면을 지배하기 시작하실 때, 사랑과 평화와 겸손이 우리 마음을 다스리며 음란이 정복되고 격분과 교만이 극복될 때 아버지의 나라가 임합니다. 그것은 정해진 때—그리스도께서 그들에게 '내 아버지께 복 받을 자들이여 나아와 창세로부터 너희를 위하여 예비된 나라를 상속받으라'(마 25:34)고 말씀하실 때—에 완전한 사람들과 하나님의 아들들에게 보편적으로 약속된 것을 의미합니다. 우리는 이것을 바라고 소망하면서 '나라가 임하시오며'(마 6:10a)라고 기도합니다. 왜냐하면 우리는 양심의 증언에 의해서 그리스도께서 오실 때 우리가 그분의 동료가 되리라는 것을 알기 때문입니다. 죄인은 이것을 말하거나 원하지 못합니다. 왜냐하면 재판관이 왔을 때 자신이 상이 아닌 벌을 받으리라는 것을 아는 사람은 재판관의 자리를 보려 하지 않기 때문입니다.

~ 20 ~

"뜻이 이루어지이다"에 관하여

1. "세 번째 청원은 아들들의 것입니다: '뜻이 하늘에서 이루어진 것같이 땅에서도 이루어지이다'(마 6:10b). 세상의 것들이 하늘의 것들과 동등하기를 바라는 것만큼 큰 기도는 있을 수 없습니다. '뜻이 하늘에서 이루어진 것같이 땅에서도 이루어지이다' 라고 기도하는 것은 인간이 천사처럼 되는 것, 그리고 하나님의 뜻이 하늘에서 천사들에 의해 이루어지듯이 세상에 있는 모든 사람들이 자기 뜻대로 하지 않고 하나님의 뜻을 행해야 한다는 것이 아닐까요? 다행한 것이든지 불운한 것이든지 눈에 보이는 모든 것을 우리의 행복을 위해서 하나님이 규제하신다는 것, 그리고 하나님이 자기 백성들의 구원과 이익과 관련하여 우리가 자신을 위하는 것보다 더 많이 예비하시고 보살피신다는 것을 믿는 사람만이 이렇게 기도할 수 있을 것입니다.

2. "'하나님은 모든 사람이 구원을 받으며 진리를 아는 데에 이르기를 원하시느니라'(딤전 2:4)는 바울의 말을 따르자면 이것은 모든 사람의 구원이 하나님의 뜻이라고 이해되어야 합니다. 이사야는 하나님의 뜻에 대해서 '나의 뜻이 설 것이니'(사 46:10)라고 말합니다. 그러므로 '뜻이 하늘에서 이루어진 것 같이 땅에서도 이루어지이다'라고 기도하는 것은 곧 '아버지, 하늘에 있는 사람들이 당신을 아는 지식에 의해 구원받은 것처럼 땅에 있는 사람들도 구원받게 해주십시오'라고 기도하는 것입니다.

~ 21 ~
일용할 양식에 관하여

1. "그 다음에 '오늘 우리에게 일용할 양식ϵπιουσιον을 주시옵고'라고 기도합니다. 누가복음에서는 '오늘'이 '날마다'라고 표현됩니다. 마태는 모든 물질보다 우위를 차지하는 데 기여하며 모든 피조물을 능가하는 양식의 고귀한 특성을 지적합니다. 반면에 누가는 양식의 용도와 유익을 표현합니다. '날마다'는 땅이 없으면 우리가 하루하루 영성생활을 영위할 수 없음을 보여줍니다.

2. "'오늘'이라는 표현은 날마다 양식을 먹어야 한다는 것, 그리고 오늘 양식이 주어지지 않는다면 어제 양식이 공급된 것만으로 충분하지 못하다는 것을 보여줍니다. 우리에게 날마다 양식이 필요하다는 사실은 우리에게 항상 이 기도를 드려야 한다고 경고해줍니다. 왜냐하면 양식을 먹음으로써 속사람의 마음이 튼튼하기 위해 양식이 필요하지 않는 날이 없기 때문입니다. '오늘'이라는 표현이 현세를 언급한다고 이해할 수도 있습니다: 즉 '우리가 이 세상에 거하는 동안 우리에게 이 양식을 주십시오. 다음 세상에서 자격이 있는 사람들에게 당신께서 그것을 주시리라는 것을 알고 있지만, 오늘 우리에게 양식을

주시기를 청합니다. 왜냐하면 현세에서 그것을 받을 자격이 없는 사람은 내세에서 그것을 받을 수 없을 것이기 때문입니다.'

~ 22 ~
"우리의 죄를 용서하여 주시옵고"에 관하여

1. "'우리가 우리에게 죄 지은 자를 사하여 준 것같이 우리 죄를 사하여 주시옵고'(마 6:12). 하나님은 말할 수 없이 자비하십니다. 하나님은 우리에게 기도의 형식을 주셨을 뿐만 아니라, 우리에게 항상 기도하라고 명령하시기 위해 주신 공식의 요건들을 통해서 노염과 슬픔을 근절하며 하나님이 받으실 만한 태도로 행동하는 방법을 가르치셨습니다. 하나님은 기도하는 사람들에게 하나님의 자비롭고 인자한 심판을 초래하는 방법을 가르쳐주심으로써 그것을 수여해 주십니다. 또 그것은 재판관의 선고를 완화하며 '우리가 우리에게 죄 지은 자를 사하여 준 것같이'라고 말하면서 자신의 용서를 본보기로 하여 우리 죄를 용서해 달라고 하나님을 설득하는 데 사용할 수 있는 능력을 수여해 줍니다.

2. "그러므로 주님에게 빚진 자들이 아니라 자기에게 빚진 자들을 용서해온 사람은 이 기도에 대한 확신을 가지고서 자신의 죄 용서를 구할 것입니다. 우리 중에는 하나님께 행해진 것들에 대해서는 아무리 큰 죄라도 관대하고 자비하게 행동하지만 자신에 대해서 범해진 지극히 작은 죄의 빚에 대해서는 가혹하고 냉혹한 채권자로 행동하는 사람들이 있습니다. 3. 그러므로 자기에게 범죄한 형제를 진심으로 용서하지 않는 사람이 '우리가 우리에게 죄 지은 자를 사하여 준 것같이 우리 죄를 사하여 주시옵고'라고 기도하는 것은 용서를 구하는 것이 아니라 정죄를 구하는 것이며, 장차 자신에게 더 가혹한 심판을 초

래하게 될 것입니다. 그가 자신의 청원에 따라 다루어질 때 자신의 행동에 따른 결과로 분노와 피할 수 없는 정죄를 받게 되지 않겠습니까? 그러므로 자비로운 심판을 원한다면 우리에게 죄를 범한 사람들을 자비로이 대해야 합니다. 장차 우리는 악행으로 우리에게 해를 끼친 사람들을 용서한 분량만큼 용서받을 것입니다.

4. "이것을 두려워하는 사람들은 교회에서 회중 전체가 이 기도를 드릴 때 자신의 말로 의무를 지우지 않고 변명할 구실을 만들기 위해 침묵하여 이 구절을 넘어갑니다. 그런 사람들은 간구하는 자들을 어떻게 심판할 것인지 미리 보여주려 하시는 온세상의 심판자와 이런 식으로 다투려는 것이 헛된 일임을 이해하지 못합니다. 만물을 심판하시는 하나님은 그들을 가혹하게 대하기를 원하지 않으시므로 자신의 심판이 취할 형식을 나타내 보여주셨습니다. 따라서 어떤 일에 있어서든 형제들이 우리에게 범죄했다면, 우리가 하나님에게서 기대하는 심판을 고려하여 그들을 판단해야 합니다. 왜냐하면 심판은 자비를 베풀지 않는 사람에게 무자비하지만, 자비는 심판을 이기기 때문입니다(약 2:13 참조).

~ 23 ~

"시험에 들게 하지 마시옵고"에 관하여

1. "주님이 가르치신 기도의 다음 부분은 '우리를 시험에 들게 하지 마시옵고'(마 6:13a)입니다. 여기에서 중요한 문제가 발생합니다. 만일 우리가 시험에 드는 것을 허락하지 말아 달라고 기도한다면, 우리가 얼마나 견고하고 착실한지를 어떻게 시험해볼 수 있겠습니까? 성경에서는 '시험을 참는 자는 복이 있나니 이는 시련을 견디어 낸 자가 주께서 자기를 사랑하는 자들에게 약

속하신 생명의 면류관을 얻을 것이기 때문이라'(약 1:12)고 말합니다. 따라서 '우리를 시험에 들게 하지 마시옵고'는 '우리가 시험받는 것을 허락하지 마십시오'라는 의미가 아니라 '우리가 시험받을 때 패배하지 않게 해주십시오'라는 의미입니다. 2. 욥은 시험을 받았지만 시험에 종속되지 않았습니다. 그는 하나님의 판단이 어리석었다고 여기지 않았으며, 자신을 시험하는 자의 뜻에 부응하는 악한 입으로 하나님을 모독하지도 않았습니다. 아브라함도 시험을 받았고(창 22:1-18 참조) 요셉도 시험을 받았지만(창 39:7-13 참조), 그들 모두 시험하는 자에게 동의하지 않았으므로 시험에 들지 않았습니다.

"그 다음에 '다만 악에서 구하시옵소서'(마 6:13b)라고 기도하라고 가르치셨습니다. 그것은 다음과 같은 의미입니다: 우리가 감당할 수 있는 능력 이상으로 시련당하는 것을 허락하지 마시고 시련과 함께 그것을 벗어날 길도 마련해 주셔서 그 시련을 견디어 낼 수 있게 해주십시오(고전 10:13 참조).

~ 24 ~

주님의 기도 안에 포함된 것 외에 다른 것을 구하지 말아야 한다는 사실

"우리는 기도의 대상이신 재판관이 제안하신 기도의 분량과 형태를 알고 있습니다. 그 기도 안에는 부에 대한 요구, 명예에 대한 언급, 권력과 힘을 달라는 요구, 육체의 건강이나 현세의 실존에 대한 언급이 포함되어 있지 않습니다. 영원한 것을 지으신 하나님은 무상한 것과 저급한 것과 일시적인 것을 요구받는 것을 원하시지 않습니다. 그러므로 영원한 것들을 구하지 않고 무상하고 덧없는 것을 요청하는 사람은 하나님의 위엄과 후하심에 해를 가하며, 천한 기도로 심판관이신 하나님을 달래기보다 오히려 불쾌하게 만듭니다.

~ 25 ~
보다 숭고한 기도의 본질

"이 기도는 주님의 권위 위에서 제정되었기 때문에 충분한 완전함을 포함하는 듯이 보이지만, 그럼에도 불구하고 그분과 친밀한 사람들을 앞에서 더 고귀하다고 규정한 상태로 끌어올려줍니다. 그것은 그들을 극소수의 사람들만 알고 경험하는 바 말이 필요없는 뜨거운 기도에게로 이끌어갑니다. 이것은 인간의 이해를 초월하며 혀의 움직임이나 소리 또는 단어의 발음으로 식별되는 것이 아닙니다. 하늘의 빛을 받아 조명된 정신은 그것을 의식합니다. 정신은 이해력이 정지된 후 마치 샘에서 물이 솟아나듯이 뿜어내며 하나님께 말하는데, 그 순간 자아의식적인 정신이 쉽게 표현하거나 생각할 수 있는 것보다 더 많은 것을 표현합니다. 주님은 한적한 곳에서 홀로 기도하실 때 이러한 형태의 기도로 이 상태를 표현하셨고(눅 5:16 참조), 고민하면서 기도하실 때에 주님의 강력한 목적의 본보기로서 땀이 핏방울처럼 흘렀습니다(눅 22:44 참조).

~ 26 ~
죄책감의 다양한 원인

1. "뜨거워진 정신을 순수하고 열정적인 기도로 옮겨가게 해주는 다양한 유형의 가책들 및 그것들의 기원과 원인들을 경험에 의해 만족하게 설명할 수 있는 사람이 누구입니까? 주님의 조명을 받아 지금 생각할 수 있는 한도까지 그러한 사람들 몇을 본보기로 제시하겠습니다. 이따금 우리가 찬양하는 동안 어떤 시편 구절이 뜨거운 기도의 원인을 제공합니다. 또 어느 형제가 조를 바꾸어 부르는 찬양이 무감각한 정신을 자극하여 열정적인 기도를 드리게 만들기도 합니다. 2. 성가대의 선창자가 부르는 진지하고 분명한 찬양이 듣는 사람

들의 열심을 북돋는다는 것을 우리는 알고 있습니다. 또 완전한 사람의 권면과 영적 담화가 참석한 사람들의 성향을 자극하여 풍성한 기도를 드리게 만들기도 합니다. 또 형제나 사랑하는 친구의 몰락에서 비롯된 철저한 가책에 사로잡히기도 합니다. 우리 자신의 미지근함과 태만을 기억하는 것 역시 우리 안에 영적으로 유익한 열정을 도입해줍니다. 하나님의 은혜에 의해 미지근하고 둔한 정신을 일깨울 수 있는 많은 원인들이 있습니다.

~ 27 ~
죄책감의 다양한 특성

"영혼의 깊은 곳에서 이처럼 다양한 종류의 가책들을 어떻게, 어떤 방식으로 꺼낼 것인지 조사하는 것은 꽤 어려운 일입니다. 종종 영의 형언할 수 없는 기쁨과 즐거움에서 유익한 가책의 열매가 나옵니다. 심지어 억제하기 어려운 큰 기쁨 때문에 그것이 큰 소리로 터져나오며, 마음의 즐거움과 큰 기쁨이 이웃의 수실에 도달합니다. 그러나 때로 정신이 깊은 침묵 안에 감추어져 있기 때문에 돌연한 조명에 의해 초래된 혼미함이 단어들의 형성을 방해할 때 어리벙벙해진 영은 모든 표현을 내면에 유지하거나 신음하면서 자기의 소원을 하나님께 털어놓습니다. 때때로 풍부한 가책과 슬픔이 가득해진 정신은 하염없이 눈물만 쏟아냅니다.

~ 28 ~
눈물을 흘리는 것이 우리의 능력으로 되는 일이 아니라는 사실에 대한 질문

1. 게르마누스가 말했습니다: "나는 하찮은 사람이지만 이러한 가책의 느낌을 모르지 않습니다. 종종 과거에 지은 죄를 기억하고 눈물을 흘릴 때면 주님

의 방문 때문에 말할 수 없는 기쁨을 느끼는데, 그 큰 기쁨은 내 죄들이 용서받지 못할 것이라고 절망해서는 안 된다고 명령합니다. 그 상태만큼 고귀한 상태가 없다고 생각합니다. 우리에게 그 상태로 돌아갈 능력이 있으면 얼마나 좋을까요! 2. 때때로 나는 힘을 다해 그와 유사한 눈물 어린 가책을 일으키기를 원하면서 내가 범한 모든 잘못과 죄를 눈앞에 두지만, 내 눈이 부싯돌처럼 단단해졌기 때문에 눈물이 한 방울도 흐르지 않습니다. 그러므로 나는 하염없이 흐르는 눈물을 기뻐하며, 내가 원할 때 그것을 되찾을 수 없음을 유감스럽게 여깁니다."

~ 29 ~
눈물을 동반하는 여러 종류의 죄책감에 관하여

1. 이삭 사부가 말했습니다: "하나의 감정이나 덕의 자극 때문에 언제나 눈물이 쏟아져나오는 것은 아닙니다. 악한 가시가 가책으로 우리 마음을 찌를 때 만들어지는 눈물이 있습니다. 그것에 대해서 다음과 같이 기록되어 있습니다: '내가 탄식함으로 피곤하여 밤마다 눈물로 내 침상을 띄우며 내 요를 적시나이다' (시 6:6); '너는 밤낮으로 눈물을 강처럼 흘릴지어다 스스로 쉬지 말고 네 눈동자를 쉬게 하지 말지어다' (애 2:18).

2. "또 영원한 것들에 대한 관상과 장래의 영광을 향한 갈망에서 나오는 눈물이 있습니다. 그것 때문에 억제할 수 없는 기쁨과 강력한 행복에서 눈물의 샘물이 분출해 나옵니다. 그때 영혼은 살아 계신 하나님을 갈망하면서 '내가 어느 때에 나아가서 하나님의 얼굴을 뵈올까 내 눈물이 주야로 내 음식이 되었도다' (시 42:2-3)라고 말합니다. 영혼은 날마다 슬피 탄식하면서 '메섹에 머물며 게달의 장막 중에 머무는 것이 내게 화로다 내가 화평을 미워하는 자

들과 함께 오래 거주하였도다' (시 120:5-6)라고 말합니다.

3. "대죄에 대한 의식에서 비롯된 것이 아니라 지옥과 끔찍한 심판에 대한 두려움 때문에 흘러나오는 눈물이 있습니다. 이러한 두려움에 사로잡힌 선지자는 하나님께 기도하면서 이렇게 말합니다: '주의 종에게 심판을 행하지 마소서 주의 눈앞에는 의로운 인생이 하나도 없나이다' (시 143:2).

"또 자기의 양심에서 생겨난 것이 아니라 다른 사람의 죄와 완고함 때문에 생겨나는 눈물이 있습니다. 사무엘이 사울 때문에 운 것(삼상 15:35), 복음서에서 주님이 눈물 흘리신 것(눅 19:41), '어찌하면 내 머리는 물이 되고 내 눈은 눈물 근원이 될꼬 죽임을 당한 딸 내 백성을 위하여 주야로 울리로다' (렘 9:1)라고 말한 예레미야의 눈물이 이런 종류에 속합니다. 4. 시편 기자는 이 눈물과 관련하여 '나는 재를 양식같이 먹으며 나는 눈물 섞인 물을 마셨나이다(시 102:9)라고 노래합니다. 여기에 묘사된 것들은 시편 6편에서 참회자의 입장에서 감정의 자극을 받아 흘린 눈물이 아니라 이 세상에서 의인들을 짓누르는 염려와 곤경들, 그리고 현세의 불행 때문에 흘린 눈물입니다. 이 시편 본문뿐만 아니라 '고난당한 자가 마음이 상하여 그의 근심을 토로하는 기도' 라는 표제도 이것을 분명히 나타내줍니다.

~ 30 ~
자발적으로 흐르지 않는 눈물을
억지로 강요하지 말아야 한다는 사실에 관하여

1. "이 눈물들, 그리고 굳어진 마음이 마른 눈에서 억지로 짜내는 눈물 사이에는 엄청난 차이가 있습니다. (아직 완전한 지식을 획득하지 못했거나 과거나 현재의 악덕들을 완전히 씻어버리지 못한 사람들이 선한 의지를 가지고 눈

물을 흘리려 하기 때문에) 억지로 짜내는 눈물이 전혀 무익하지는 않다고 여기지만, 고결한 성향을 획득한 사람들은 이런 식으로 눈물을 짜내려 해서는 안 됩니다. 또 힘들게 겉사람의 눈물을 흘리려고 노력해서는 안 됩니다. 어찌하여 눈물을 짜내도, 그 눈물은 자발적이고 풍부한 눈물이 되지 못할 것입니다. 2. 억지로 눈물을 짜내려 하는 것은 기도하는 사람의 정신을 끌어내려 낮아지게 하며, 인간의 염려 속에 깊이 감추며, 기도하는 사람의 경외하는 정신이 확고하게 자리잡아야 하는 거룩한 고지에서 쫓아내려는 경향을 나타낼 것이며, 또 기도를 느슨하게 만든 후 판에 박힌 강요된 눈물 앞에서 정신을 약하게 만듭니다.

~ 31 ~
기도의 상태에 관한 안토니 사부의 견해

"참된 기도와 어울리는 성향을 알기 위해서 거룩한 안토니의 견해를 소개하겠습니다. 안토니는 종종 아주 오랫동안 기도했습니다. 기도하는 그의 정신이 황홀한 상태에 빠져 있는 동안에 날이 밝기 시작할 때면 우리는 그가 영적으로 뜨거워져서 '태양아, 어찌하여 나를 방해하느냐? 너는 이 찬란한 참 빛에 접근하지 못하게 하기 위해서 떠오르는 것이냐?'라고 말하는 소리를 들을 수 있었습니다. 그는 인간의 말이라기보다 하늘의 말인 듯한 언어로 기도를 마쳤습니다. 그는 '그것은 수도사가 이해하거나 실천하는 완전한 기도가 아닙니다'라고 말했습니다. 만일 우리가 자신의 경험에 비추어 이 훌륭한 견해에 무엇인가 추가하려 한다면, 응답받는 기도의 표식들을 지적할 것입니다.

~ 32 ~
응답받은 기도의 표식

"기도할 때 망설임의 방해를 받지 않으며 일종의 절망 때문에 자신의 청원에 대한 확신을 잃은 것이 아니라 자신의 기도 덕분에 자신이 바라고 있는 것을 얻었다고 생각할 때, 자신의 기도가 효과적으로 하나님께 도달했음을 의심하지 마십시오. 하나님이 자신을 보시며 자신을 위해 행동하실 수 있다고 믿는 사람은 그 믿음만큼 기도의 응답을 받을 것입니다. 주님은 '무엇이든지 기도하고 구하는 것은 받은 줄로 믿으라 그리하면 너희에게 그대로 되리라'(막 11:24)고 말씀하셨습니다."

~ 33 ~
반론: 거룩한 사람들만 기도가 응답되었다는 확신을 가질 수 있다는 것

게르마누스가 말했습니다: "기도의 응답에 대한 확신은 깨끗한 양심에서 나온다고 생각합니다. 그러나 마음이 죄책감이라는 가시에 찔려 아픔을 느끼고 있는 사람이 기도의 응답을 받을 것이라고 추정할 근거가 되는 특성들을 소유하고 있지 못하면서 어떻게 확신을 가질 수 있습니까?"

~ 34 ~
기도가 응답되는 원인들에 관하여

1. 이삭 사부는 다음과 같이 말했습니다: "복음서와 선지서의 말씀들은 기도가 응답되는 데는 다양한 이유가 있는데, 그것은 영혼의 다양하고 상이한 상태에 기초를 둔다고 증언합니다. 주님은 '너희 중의 두 사람이 땅에서 합심하여 무엇이든지 구하면 하늘에 계신 내 아버지께서 그들을 위하여 이루게 하시

리라'(마 18:19)고 말씀하셨습니다. 또 다른 예에서는 믿음을 겨자씨에 비유하셨습니다: '진실로 너희에게 이르노니 만일 너희에게 믿음이 겨자씨 한 알만큼만 있어도 이 산을 명하여 여기서 저기로 옮겨지라 하면 옮겨질 것이요 또 너희가 못할 것이 없으리라'(마 17:20). 2. 주님이 '내가 너희에게 말하노니 비록 벗 됨으로 인하여서는 일어나서 주지 아니할지라도 그 간청함을 인하여 일어나 그 요구대로 주리라'(눅 11:8)고 말씀하신 바 끈질기게 반복하여 청원하는 기도를 드릴 때 이러한 확신을 갖게 됩니다. 구제의 열매로도 이것을 소유합니다: '네 곳간을 적선으로 채워라. 그러면 네가 모든 불행에서 벗어나리라'(집회서 29:12). '흉악의 결박을 풀어 주며 멍에의 줄을 끌러 주며'(사 58:6)라는 말씀에 의하면 자비를 행하고 생활을 바르게 고칠 때 그것을 소유합니다. 3. 이사야는 무익한 금식을 책망한 뒤에 '네가 부를 때에는 나 여호와가 응답하겠고 네가 부르짖을 때에는 내가 여기 있다 하리라'(사 58:9)고 말합니다. 다음과 같은 말씀에 의하면 실제로 이따금 큰 불행이 응답을 보장해줍니다: '내가 환난 중에 여호와께 부르짖었더니 내게 응답하셨도다'(시 120:1); '너는 이방 나그네를 압제하지 말며 그들을 학대하지 말라 그가 내게 부르짖으면 내가 들으리니 나는 자비로운 자임이니라'(출 22:21, 27).

"이처럼 기도의 응답이라는 은혜가 다양한 방식으로 주어지므로 유익하고 영원한 것들을 요청할 때 자신의 무력감 때문에 낙심하지 마십시오. 4. 만일 우리에게 앞에서 언급한 덕들이 전혀 없으며 형제들 간의 합심이 이루어지지 않았고 겨자씨만한 믿음이 없으며 이사야가 묘사한 자비로운 행위가 없어도, 최소한 원하는 모든 사람에게 주시는 끈질김을 소유할 수 있지 않습니까? 주님은 오로지 그것 때문에 자신에게 구한 모든 것을 주시겠다고 약속하셨습니다. 그러므로 확신 없이 망설이지 말고 끈질기게 기도해야 하며, 계속 기도함으로써 우리가 구한 것을 하나님이 주실 것을 의심하지 말아야 합니다.

5. "우리에게 영원한 것을 주려 하시는 주님은 마치 끈질기게 강압적으로 요청해야 한다는 듯이 우리를 격려하십니다. 주님은 끈질기게 구하는 사람을 멸시하거나 거부하시지 않을 뿐만 아니라 환영하고 칭찬하시며, 그가 바라는 것을 주시겠다고 약속하십니다: '구하라 그러면 너희에게 주실 것이요 찾으라 그러면 찾아낼 것이요 문을 두드리라 그러면 너희에게 열릴 것이니 구하는 이마다 받을 것이요 찾는 이는 찾아낼 것이요 두드리는 이에게는 열릴 것이니라'(눅 11:9-10); '너희가 기도할 때에 무엇이든지 믿고 구하는 것은 다 받으리라'(마 21:22); '너희가 못할 것이 없으리라'(마 17:20).

6. "지금까지 언급한 바 응답받는 모든 원인들이 충족되지 못한다면, 최소한 끈질김이라는 급박함이 우리를 활발하게 해주어야 합니다. 그것은 노력이나 자격 여부에 의존하는 것이 아니며 원하는 사람의 능력 안에 있습니다. 간구하면서 자신의 기도가 응답될 것인지 의심했다 해도 응답받지 못할 것이라고 의심하지 마십시오. 우리는 다니엘의 예를 통해서 끈질기게 주님께 구해야 한다는 가르침을 받습니다. 하나님은 다니엘이 기도를 시작한 첫날부터 그의 기도를 들으셨지만, 그의 청원에 대한 답을 주신 것을 21일이 지난 후였습니다(단 10:2-4 참조). 7. 이런 까닭에 비록 우리가 기대하는 만큼 빨리 응답되지 않는다고 생각되더라도 시작한 기도를 멈추지 말아야 합니다. 이는 응답의 은혜가 주님의 계획에 따른 좋은 이유 때문에 연기되었을 수 있기 때문입니다. 또 우리에게 하나님의 선물을 가져다주기 위해 전능자의 면전을 떠난 천사가 마귀의 저항에 부딪혀 지연되었을 수도 있기 때문입니다. 만일 우리가 시작한 청원기도에 더 이상 집중하지 않는다는 것을 천사가 발견한다면 그는 자신이 맡고 있는 선물을 향한 바람을 지속시키지 못할 것입니다. 만일 다니엘이 강

한 덕을 가지고 21일 동안 끈질기게 기도하지 않았다면 그에게도 이런 일이 발생했을 것입니다.

8. "절망 때문에 낙심하여 신뢰를 잃지 마십시오. 기도로 구하던 것을 얻지 못했다고 생각될 때 주님의 약속을 의심하지 마십시오: '너희가 기도할 때에 무엇이든지 믿고 구하는 것은 다 받으리라'(마 21:22). 요한은 다음과 같은 말로 이 문제의 불확실함을 분명히 해소해 주었습니다: '그를 향하여 우리가 가진 바 담대함이 이것이니 그의 뜻대로 무엇을 구하면 들으심이라'(요일 5:14).

9. "그는 우리의 편의와 안락함을 따른 것이 아니라 주님의 뜻과 일치하는 것들과 관련하여 기도를 들어주실 것이라는 확신을 가지라고 명령합니다. 우리는 주님의 기도에서 이것을 참작하여 '뜻이 이루어지이다'라고 기도하라는 가르침을 받습니다. 만일 바울이 '우리는 마땅히 기도할 바를 알지 못하나'(롬 8:26)라고 말한 것을 기억한다면, 우리가 종종 자신의 구원에 어긋나는 것들을 구한다는 것, 그리고 우리보다 더 분명하고 참되게 우리의 행복을 보시는 하나님은 우리가 구한 것을 거부하시기도 한다는 것을 깨달을 것입니다.

10. 이방인의 교사인 바울이 하나님의 결정에 의해 주어진 사탄의 사자를 제거해 달라고 기도했을 때의 상황이 이 경우에 해당됩니다: '이것이 내게서 떠나가게 하기 위하여 내가 세 번 주께 간구하였더니 나에게 이르시기를 내 은혜가 네게 족하도다 이는 내 능력이 약한 데서 온전하여짐이라 하신지라'(고후 12:8-9).

"인간이 되신 주님은 자신의 본보기에 의해 기도의 형식을 제공하기 위해 기도하시면서 이러한 인식을 표현하셨습니다. 그래서 주님의 뜻이 아버지의 뜻과 다르지 않았지만 '내 아버지여 만일 할 만하시거든 이 잔을 내게서 지나가게 하옵소서 그러나 나의 원대로 마시옵고 아버지의 원대로 하옵소서'(마

26:39)라고 기도하셨습니다. 11. 주님은 길 잃은 양을 찾고 자기 목숨을 많은 사람의 대속물로 주기 위해 세상에 오셨습니다(마 18:12; 20:28). 이것에 대해 주님은 '이를 내게서 빼앗는 자가 있는 것이 아니라 내가 스스로 버리노라 나는 버릴 권세도 있고 다시 얻을 권세도 있으니'(요 10:18)라고 말씀하십니다. 시편에서 다윗은 주님의 뜻과 아버지의 뜻의 일치에 관해서 '나의 하나님이여 내가 주의 뜻 행하기를 즐기오니'(시 40:8)라고 노래합니다. 아버지에 대해서 '하나님이 세상을 이처럼 사랑하사 독생자를 주셨으니'(요 3:16)라고 말하며, 아들에 대해서는 '우리 죄를 대속하기 위하여 자기 몸을 주셨으니'(갈 1:4)라고 말합니다. 12. 아버지에 대해서 '자기 아들을 아끼지 아니하시고 우리 모든 사람을 위하여 내주신 이'(롬 8:32)라고 말하며, 아들에 대해서는 '그가 곤욕을 당하여 괴로울 때에도 그의 입을 열지 아니하였음이여'(사 53:7)라고 말합니다. 아버지의 뜻과 아들의 뜻이 완전히 연합되었으므로 주님의 부활의 신비 안에서 그 둘의 작용이 조화를 이루었습니다. 바울은 '그를 죽은 자 가운데서 살리신 하나님 아버지'(갈 1:1)라고 밝히며, 아들이신 그리스도는 자신의 몸이라는 성전을 일으킬 것이라면서 '너희가 이 성전을 헐라 내가 사흘 동안에 일으키리라'(요 2:19)고 말씀하십니다. 13. 지금까지 언급한 주님의 예들은 우리도 청원을 이와 비슷한 기도로 마쳐야 하며 '나의 원대로 마시옵고 아버지의 원대로 하옵소서'라는 말을 더해야 한다고 가르쳐줍니다. 정신을 집중하여 기도하는 사람은 형제들의 공동체들이 성찬예배의 결론으로서 실천하곤 하는 세 가지를 지키지 못합니다.

~ 35 ~
방에 들어가서 문을 닫고 기도해야 한다.

1. "우리는 기도할 때 골방에 들어가 문을 닫고 은밀한 중에 계신 아버지께 기도해야 한다는 복음의 명령을 지키되(마 6:6 참조) 다음과 같은 방식으로 실천해야 합니다. 2. 방에 들어간다는 것은 우리가 모든 생각과 염려의 시끄러운 소리를 떠나 마음으로 들어가 은밀한 중에 계신 주님께 친밀하게 기도하는 것입니다. 우리가 입을 다물고 완전히 침묵하면서 음성이 아니라 마음을 살피시는 하나님께 기도하는 것이 방문을 닫는 것입니다. 마음과 정신에 집중하여 하나님께만 간구함으로써 원수가 우리의 청원의 본질을 알지 못하게 하는 것이 은밀한 중에 기도하는 것입니다. 3. 그러므로 우리가 중얼거리거나 소리침으로써 옆에 서있는 형제들을 방해하거나 기도하는 사람들의 정신을 산만하게 만들지 않으려면, 그리고 우리가 청원하는 것이 기도하는 우리를 해치려 하는 원수에게 드러나지 않게 하려면, 침묵으로 기도해야 합니다. 그렇게 함으로써 '네 품에 누운 여인에게라도 네 입의 문을 지킬지어다'(미 7:5)라는 명령을 이행해야 합니다.

~ 36 ~
짧은 침묵기도의 가치

1. "이런 까닭에 우리가 꾸물거리는 동안 매복해 있는 원수가 우리 마음에 무엇인가를 심어놓지 못하게 하려면 자주 간단하게 기도해야 합니다. 하나님께서 구하시는 제사는 상한 심령이므로(시 51:17) 이것이 참된 제사입니다.

"이것이 참 봉헌이요, 순수한 전제요, '의로운 제사'(시 51:19)요, 감사로 드리는 제사요(시 50:23), 살진 제물이요, 통회하며 겸손한 마음으로 드리는 번제(시 66:15)입니다. 우리가 덕 안에서 튼튼해졌을 때 이 훈련된 영 덕분에 '나의 기도가 주의 앞에 분향함과 같이 되며 나의 손 드는 것이 저녁 제사같이 되게 하소서'(시 141:2)라고 찬송할 수 있을 것입니다.

2. "이제 밤이 되었으므로 담화를 마쳐야 합니다. 이 주제에 대해 많은 것을 다루었고 오랫동안 담화한 것 같지만, 이 주제의 고귀하고 어려운 본질을 고려한다면 지금까지 다룬 것은 극히 적습니다."

3. 우리는 거룩한 이삭 사부의 말에 만족하기보다는 오히려 놀랐습니다. 우리는 저녁 예배를 드린 후 잠시 잠자리에 들고 아침 일찍 자세히 논의하기를 기대하면서 집으로 돌아갔습니다. 우리는 약속된 것에 대한 확신과 이러한 가르침을 받은 데 대한 기쁨을 느꼈습니다. 왜냐하면 기도의 탁월함을 이해하게 되었을 뿐만 아니라 이제까지 기도를 획득하고 영구히 유지하게 해주는 덕과 그 순서를 제대로 파악하지 못하고 있었음을 알았기 때문입니다.

담화 10

사부 이삭의 두 번째 담화

기도에 관하여(Ⅱ)

~ 1 ~
여는 말

서술에 필요한 요소들 때문에 우리는 하나님의 선물에 의해 기록된 바 은수자들의 고귀한 제도집이라는 아름다운 몸에 흠집을 내는 것처럼 보일 수 있는 것을 삽입하고 짜넣어야 합니다. 그러나 여기에서도 일부 순진한 사람들은 특히 전능하신 하나님이라는 중요한 교의의 기초를 다룬 창세기의 전능하신 하나님의 형상과 관련하여 많은 가르침을 받을 수 있다고 확신합니다. 그것을 알지 못하는 것은 보편 신앙을 크게 모독하고 해치는 일이 될 것입니다.

~ 2 ~
부활절 명칭과 관련하여 이집트에서 유지되고 있는 관습에 관하여

1. 이집트에서는 전통적으로 다음과 같은 관습을 지키고 있습니다: 주현절—그 지역 사제들은 이날 주님이 육신을 따라 탄생하시고 세례를 받으셨다고 이해합니다. 그것은 그들이 이 축일에 서방에서처럼 두 성례를 분리하지 않고 각각의 성례를 기념한다는 것을 의미합니다—이 되면 알렉산드리아의 감독이

이집트에 있는 모든 교회에게 편지를 보냅니다. 그 편지에서 각 지방뿐만 아니라 모든 수도원을 위해 사순 시기와 부활절의 시작을 지적합니다.

2. 사부 이삭과의 담화가 시작되고 나서 며칠 후 이 관습에 따라 알렉산드리아의 감독 테오필루스의 편지가 도착했습니다. 그는 부활절이 시작됨을 알리는 동시에 신인동성동형론자들의 어리석은 이단을 논박했습니다. 그런데 이집트 전역에서 살고 있는 거의 모든 수도사들이 이 편지를 좋지 않게 받아들였고, 대부분의 원로들은 형제들 전체가 테오필루스 감독을 심각한 이단에 물든 사람으로 여겨 증오해야 한다고 결정했습니다. 왜냐하면 성경은 아담이 하나님의 형상으로 피조되었다는 사실을 증명하지만, 이것이 전능하신 하나님이 인간의 형태를 지니셨음을 부인함으로써 성경 말씀을 거역하는 것처럼 보였기 때문입니다. 스케테 사막에 거주하는 사람들, 그리고 완전함과 지식에 있어서 이집트의 수도원에 살고 있는 사람들이 이 편지를 거부했기 때문에 우리 공동체의 사제인 파프누티우스 사부를 제외하고 그 사막에 있는 세 개의 교회를 담당한 사제들 모두 자기들의 공동체에서 개인적으로든지 공적으로든지 그 편지 읽는 것을 허락하지 않았습니다.

~ 3 ~

사부 세라피온, 그리고 그가 그릇된 순진함 때문에 받아들인
'신인동성동형론'이라는 이단에 관하여

1. 이 오류에 개입된 사람들 중에 오랫동안 엄격하게 살면서 실질적인 훈련을 완벽하게 행한 세라피온이라는 사람이 있었습니다. 훌륭한 삶과 지긋한 나이 때문에 거의 모든 수도사들보다 우위에 있었던 그가 신인동성동형론이라는 교의에 대해 무지했다는 사실은 참믿음을 지닌 사람들에게 해를 끼쳤습니

다. 2. 파프누티우스 사제는 그것이 옛 사람들이 가르치거나 전해준 적이 없는 새로운 견해였기 때문에 여러 번 권면했지만 그를 바른 신앙의 길로 이끌 수 없었습니다. 그 때 유식한 포티누스라는 부제가 그 사막에서 생활하는 형제들을 만나기 위해 카파도키아 지방을 떠나 그곳에 도착했습니다. 파프누티우스는 테오필루스 감독의 편지에 담겨 있는 믿음을 확인하려는 의도를 가지고 기뻐하며 그를 맞이했습니다. 그는 형제들 앞에 그를 앉히고 동방의 보편 교회들이 "우리의 형상을 따라 우리의 모양대로 우리가 사람을 만들고"(창 1:26)라는 말씀을 어떻게 해석하는지 질문했습니다. 3. 포티누스는 교회의 지도자들이 하나님의 형상과 모양을 그 편지의 내용처럼 다루지 않고 영적으로 다루고 있다고 설명했습니다. 그리고 이 문제를 다루면서 볼 수 없고 측량할 수 없고 이해할 수 없는 위엄이 인간의 형상과 모양으로 둘러싸인 것, 무형의 단순하고 침착한 본성이 정신에 의해 포착되거나 눈으로 파악될 수 있다는 것은 이런 종류의 사례에 해당되지 않는다는 것을 성경에서 취한 많은 예를 들어 보여주고 증명해주었습니다. 이 유식한 사람의 강력한 진술에 감동된 늙은 세라피온은 전통적인 보편 신앙으로 돌아왔습니다.

4. 그가 이 점에 대해 무조건 동의하였으므로 파프누티우스 사부를 비롯하여 우리 모두는 덕에 있어서 크게 진보한 노인이 무지와 순진함 때문에 바른 신앙의 길을 떠나는 것을 허락하지 않으신 하나님으로 인해 크게 기뻐했습니다. 우리는 모두 일어서서 하나님께 감사의 기도를 드렸습니다. 기도하는 동안 세라피온은 정신적으로 큰 혼란을 느꼈습니다. 그는 자신이 항상 상상해왔던 하나님의 신인동성동형론적인 이미지가 마음에서 사라졌다는 것을 깨닫고 흐느끼며 눈물을 흘렸고 땅바닥에 엎드려 크게 신음하면서 "슬프도다. 나는 불쌍한 사람이다. 5. 그들이 내게서 하나님을 빼앗아갔으니 내가 붙잡을 대상

이 없으며, 나는 누구를 경모해야 할지 모르겠다"라고 소리쳤습니다. 우리는 이 모습을 보고 큰 충격을 받았습니다. 앞서 나눈 기도에 대한 담화의 영향을 마음에 품고 있었던 우리는 사부 이삭에게 돌아가서 다음과 같이 말했습니다:

~ 4 ~
우리가 사부 이삭에게 돌아가서
세라피온이 받아들인 이단에 대해 제기한 질문

"기도의 상태라는 주제로 나눈 담화로 말미암아 생겨난 갈망은 우리로 하여금 다른 것들을 버리고 서둘러 사부님에게 돌아갈 것을 요구했지만, 사부 세라피온이 빠져있었던 이 심각한 오류가 우리에게 큰 충격을 주었습니다. 그분이 무지함 때문에 50년 동안 사막에서 살면서 행한 수고를 수포로 돌아가게 만들었을 뿐만 아니라 영원한 죽음의 위험에 직면하게 되었음을 생각할 때 우리는 엄청난 절망감에 직면했습니다. 따라서 우선 그처럼 심각한 오류가 그에게 기어들어온 이유를 알려 주신 후에 사부께서 설명하신 기도의 차원에 도달하는 방법을 가르쳐 주십시오. 사부님의 담화는 우리의 둔한 정신을 자극해주었을 뿐 아직 그것을 성취하는 방법을 보여주지 않았습니다."

~ 5 ~
답변: 신인동성동형론이라는 이단의 기원에 관하여

1. 사부 이삭은 다음과 같이 말씀하셨습니다: "신격의 본질과 본성에 대해 제대로 가르침을 받지 못한 단순한 사람이 지금까지 미혹되어왔다는 것, 그리고 그가 습관화된 과거의 잘못과 단순함 때문에 초기의 잘못을 그대로 유지할 수 있었다는 것은 그리 놀라운 일이 아닙니다. 그는 당신들이 생각하는 것처

럼 귀신들의 새로운 미혹에 이끌린 것이 아니라 초기 이교도들의 특징이었던 무지에 이끌렸던 것입니다. 과거에 그 잘못된 믿음이 이교도들로 하여금 인간의 형상을 한 귀신들을 예배하게 만들었듯이, 오늘날 이교도들은 참 신의 불가해하고 형언할 수 없는 위엄을 어떤 형상의 한계 아래서 예배해야 한다고 주장합니다. 그들은 자기들이 언제나 청원하면서 접근할 수 있고 자기들의 정신 안에 가둘 수 있고 항상 눈앞에 둘 수 있는 형상을 취하지 않은 것들을 이해할 수 없다고 여깁니다. 2. 바울은 이런 사람들의 잘못을 지적하여 '썩어지지 아니하는 하나님의 영광을 썩어질 사람과 새와 짐승과 기어다니는 동물 모양의 우상으로 바꾸었느니라'(롬 1:23)고 말하며, 예레미야는 '나의 백성은 그의 영광을 무익한 것과 바꾸었도다'(렘 2:11)라고 말합니다.

"여기에서 시작된 이 잘못된 믿음이 어떤 사람들의 생각속에 뿌리를 내렸지만, 이교의 미신에 물든 적이 없고 '우리의 형상을 따라 우리의 모양대로 우리가 사람을 만들자'라는 말씀에 적합하게 된 사람들의 정신도 무지와 순진함 때문에 이 잘못된 믿음에 물들었습니다. 이 가증한 해석의 결과로서 소위 신이 인간의 윤곽과 형태를 소유한다고 주장하는 신인동성동형론이라는 이단이 생겨났습니다. 3. 보편 신앙의 가르침을 받은 사람은 이것을 하나님을 모독하는 이교 신앙으로 여겨 미워할 것이며, 신의 형상이나 육체적인 윤곽을 간구에 섞지 않을 것이며, 어떤 단어도 기억하지 않고 모든 종류의 형상과 행위를 허락하지 않는 가장 순수한 형태의 기도를 획득할 것입니다.

~ 6 ~

각 사람에게 예수 그리스도가 비천한 분으로, 또는 영화되신 분으로 나타나는 이유

1. "정신은 자체의 깨끗함에 비례하여 기도 안에서 형성되고 세워집니다. 세

상의 물질에 대한 생각을 멀리하는 정신은 그 깨끗한 상태로 말미암아 진보하며 영혼의 내적 응시에 의해 예수님—아직 육체 안에 계신 비천한 모습, 또는 영광스럽게 오시는 모습—을 보게 됩니다. 2. 바울처럼 '비록 우리가 그리스도도 육신을 따라 알았으나 이제부터는 그같이 알지 아니하노라'(고후 5:16)고 말할 수 없는 사람들은 왕의 권세로 오시는 예수님을 보지 못할 것입니다. 세상의 비천한 일들과 생각들을 버리고 사막의 높은 산—세상의 생각과 소란함이 없으며 악덕이 완전히 제거된 곳, 순수한 믿음과 원대한 덕을 품은 곳, 깨끗한 영혼의 시선으로 바라볼 자격을 갖춘 사람들에게 하나님의 얼굴의 영광과 밝음의 형상을 보여주는 곳—으로 올라가는 사람들만 깨끗한 눈으로 하나님을 봅니다. 3. 도시나 마을에 거주하는 사람들, 즉 활동적인 삶과 그 의무를 행하는 사람들도 예수님을 볼 수 있지만, 주님이 함께 덕의 산으로 올라갈 수 있는 사람들—즉 베드로와 야고보와 요한—에게 나타나실 때 지니셨던 광채를 지닌 모습의 주님은 보지 못합니다. 하나님은 사막에서 모세에게 나타나셨고, 엘리야에게 말씀하셨습니다(출 3:2; 왕상 19:9-18).

4. "사막 및 사막의 혜택은 외적인 것입니다. 주님은 침범할 수 없는 거룩의 근원이시기 때문에 완전한 깨끗함을 얻기 위해서 사막으로 들어갈 필요가 없었지만(완전한 깨끗함은 군중들에 의해 더럽힐 수 없었으며, 또 더러움을 완전히 씻어 성화한 사람은 인간적인 접촉에 의해 더럽히지 않기 때문입니다). 이것을 확증하고 우리에게 본을 보여주려고 홀로 산에 올라가서 기도하셨습니다(마 14:23), 그럼으로써 우리가 깨끗하고 성실한 마음으로 기도하기를 원한다면 군중들의 소란함과 혼란을 버리고 떠나야 한다는 것을 가르쳐주셨습니다. 따라서 우리는 육신 안에서 지내는 동안 장차 거룩한 사람들에게 약속된 복된 형상을 예비할 수 있을 것이며, 우리를 위해 하나님이 만유의 주로서

만유 안에 계실 것입니다(고전 15:28).

~ 7 ~
우리의 목적인 완전한 복이 어디에 존재하는가?

1. "그 때 주님이 제자들을 위해 '나를 사랑하신 사랑이 그들 안에 있고 나도 그들 안에 있게 하려 함이니이다'(요 17:26), '아버지께서 내 안에, 내가 아버지 안에 있는 것같이 그들도 다 하나가 되어 우리 안에 있게 하사'(요 17:21)라고 아버지께 드린 기도가 우리 안에서 결실을 맺을 것입니다. 그 때 주님의 기도가 성취되면서 먼저 우리를 사랑하신(요일 4:10) 하나님의 완전한 사랑이 우리 마음의 성향 안에 들어올 것인데, 그것은 결코 헛된 것으로 여겨지지 않을 것입니다. 2. 그 때 우리의 사랑, 소원, 노력, 일, 생각, 삶과 말과 호흡 전체가 하나님이 될 것이며, 지금 아버지와 아들이, 아들과 아버지가 누리는 일치가 우리의 이해력과 정신 안에 주입됨으로써 주님이 성실하고 순수하고 완전한 사랑으로 우리를 사랑하시는 것처럼 우리도 뗄 수 없는 영원한 사랑으로 주님에게 결합됨으로써 우리가 호흡하는 것과 이해하는 것과 말하는 것 모두가 하나님이 될 것입니다. 우리는 주님 안에서 앞에서 말했던 목적을 성취할 것입니다. 주님은 그 목적이 우리 안에 이루어지기를 원하여 다음과 같이 기도하셨습니다: '우리가 하나가 된 것같이 그들도 하나가 되게 하려 함이니이다 곧 내가 그들 안에 있고 아버지께서 내 안에 계시어 그들로 온전함을 이루어 하나가 되게 하려 함은… 아버지여 내게 주신 자도 나 있는 곳에 나와 함께 있어 아버지께서 창세 전부터 나를 사랑하시므로 내게 주신 나의 영광을 그들로 보게 하시기를 원하옵나이다'(요 17:22-24).

3. "이 육신 안에 장차 받을 복된 형상을 소유할 자격을 갖추며, 이 육신 안

에서 하늘나라의 생활방식과 영광의 약속을 맛보기 시작하는 것이 독수도사의 목표요 완전한 의도가 되어야 합니다. 육적인 욕망이 깨끗이 제거된 정신이 날마다 영적인 것을 향해 올라가 마침내 그의 생활방식 전체와 마음의 소원이 끊임없이 드리는 기도가 되는 것이 완전함의 종착점입니다."

~ 8 ~

끊임없이 하나님을 의식하는 데 도달할 수 있게 해주는
완전함을 배우는 것에 대한 질문

1. 게르마누스가 말했습니다: "우리는 지난번에 중지한 담화를 계속하기 위해 서둘러 이곳에 돌아왔는데, 그 담화에 대한 놀라움이 더 커졌습니다. 우리의 낙심이 커질수록, 이 가르침은 완전한 복을 갈망하도록 자극합니다. 왜냐하면 우리는 그처럼 고귀한 것과 관련된 훈육을 얻기 위해 노력하는 방법을 알지 못하기 때문입니다. 그러므로 우리가 수실에 있으면서 오랫동안 묵상하기 시작했던 것에 대한 설명을 참고 들어주십시오. 사부님이 연약한 자들의 어리석은 것을 불쾌하게 여기시지 않으신다는 것을 알고 있지만, 우리의 말이 길어질 수도 있습니다. 그것들 안에 있는 어리석은 것들을 고치고 바로잡기 위해서는 그것들을 공개해야 합니다.

2. "우리는 모든 기술과 훈련의 완성에 다음과 같은 과정이 필요하다고 생각합니다: 기초에서부터 쉽게 시작하여 젖을 먹듯이 서서히 양육하면 기술이 성장하여 점차 낮은 곳에서 높은 고지로 올라갈 수 있습니다. 보다 수준 높은 원리를 습득하여 전문직의 입구에 들어간 후에는 노력하지 않고서도 직접 내면의 깊은 곳과 가장 높은 고지에 도달할 것입니다. 3. 먼저 알파벳 문자를 배우지 않은 아이가 어떻게 음절들의 집합을 발음할 수 있겠습니까? 또 간단한 구

절들을 연결할 수 없는 사람이 어떻게 빨리 읽는 기술을 획득할 수 있겠습니까? 문법을 제대로 배우지 못한 사람이 어떻게 수사학과 철학에 능통할 수 있겠습니까? 그러므로 항상 하나님을 붙들도록 가르쳐주는 고귀한 훈육에 속한 기본 요소들이 있습니다. 이것들을 확실히 알고 나면 완전함의 고지가 자리잡을 것입니다.

4. "문제가 되는 원리들은 다음과 같습니다. 먼저 우리가 어떤 종류의 묵상에 의해 하나님을 이해하고 생각할 수 있는지 알아야 합니다. 그렇게 하면 그것이 온전함의 정점임을 의심하지 않기 때문에 그것을 변함없이 유지할 수 있을 것입니다. 결과적으로 하나님에 대한 이러한 깨달음을 정신 안에 품고 유지하는 방법을 알기 원합니다. 우리가 그 상태에서 벗어났음을 알게 될 때 이것을 볼 것이며, 다시 정신을 차릴 때 그곳으로 돌아갈 수단을 갖게 될 것이며, 도중에 지체하거나 어렵게 찾지 않고서 다시 그것을 취할 수 있을 것입니다.

5. "우리가 깊은 잠에서 깨어나듯이 영적인 테오리아에서 벗어나 정신을 차리고 사라진 영적 의식을 회복시킬 방법을 찾을 때 탐색의 지연 때문에 방해받는 일이 발생합니다. 우리는 그것을 발견하기 전에 다시 목표를 잊어버리며, 영적인 것을 보기 전에 이미 품고 있던 마음의 조심성이 사라집니다. 정신이 많이 방황하고 우회한 후에 다시 불러들여지며 거듭된 파선 후에 안전한 항구에 들어가듯이, 들어갈 수 있는 공식으로서 특별한 것을 항상 눈앞에 둘 수 없기 때문에 이러한 혼동이 우리를 괴롭힙니다. 6. 또 정신은 끊임없이 이 무지와 궁핍함의 속박을 받으며 상이한 것들에게 치받혀 마치 술취한 것처럼 항상 이리저리 방황합니다. 정신은 자체의 노력에 의해서가 아니라 우연히 접하게 된 영적인 것을 흔들림 없이 굳게 붙들지 못합니다. 정신은 항상 이것 저

것에게로 이동하기 때문에 그것들의 도착과 출발을 의식하지 못하며 그것들의 종착점과 출발점도 알지 못합니다."

~ 9 ~
답변: 경험에 의해 획득되는 지력의 효능에 관하여

1. 사부 이삭은 다음과 같이 말했습니다: "당신의 꼼꼼하고 세심한 탐색은 순수함에 접근해 있다는 전조입니다. 정신이 근면하고 철저하게 노력하며 방심하지 않고 관심을 가져 이런 것들에 대한 질문의 깊이를 성찰하며 항상 규모있는 삶을 위해 노력하고, 경험에 의해 이 순수함의 입구를 찾아내어 문을 두드리지 않는 한 누구도 이런 것들을 조사하고 분별하는 일에 관심을 두지 못하며 그것들에 대해 질문하지 못할 것입니다. 내가 보니 당신은 지금 우리가 다루고 있는 참된 기도의 문 앞에 서 있었던 것이 아니라 경험의 손으로 그곳의 가장 깊은 곳을 만지며 이미 그 일부를 붙잡고 있습니다. 2. 당신이 이미 대기실에서 걸어다니고 있으므로 내면의 방으로 데리고 들어가는 데 어려움이 없을 것이라고 생각하며, 이제부터 내가 설명하려는 것들을 이해하는 데 있어서 방해나 어려움이 없을 것이라고 생각합니다. 3. 조사해야 할 것을 사려 깊게 인식하고 있는 사람은 이미 학습에 근접해 있으며, 자신이 알지 못하는 것을 이해하기 시작한 사람은 지식에서 그리 멀리 떨어져 있지 않습니다. 그러므로 경박하다거나 기밀을 털어놓았다는 책망을 받을 염려 없이 기도의 완전함에 대해 이야기하면서 다루지 않았던 것들을 이야기하겠습니다. 나는 그것들의 힘이 이미 당신에게 알려져 있으며, 당신은 하나님의 은혜로 말미암아 우리가 하는 말의 도움을 받지 않고서도 그것들을 실천하고 있다고 생각합니다.

~ 10 ~

쉬지 않고 드리는 기도에 대한 가르침

1. "나는 (항상 주의를 집중하며 날마다 밀랍에 새겨진 패턴을 사용하여 베껴쓰지 않는 한 알파벳 문자들의 윤곽을 파악하거나 형태를 추적해내지 못하는) 어린아이 교육으로 비유된 가르침에 따라 이 영적 테오리아를 위한 공식을 당신에게 전해야 합니다. 항상 시선을 변함없이 그것에 두고 그것을 깊이 묵상하는 방법을 배우며 그것을 사용하고 묵상함으로써 한층 더 높은 통찰의 단계로 올라갈 수 있어야 합니다.

2. "그렇게 하면 당신이 추구하고 있는 훈련과 기도를 위한 공식이 당신에게 제시될 것입니다. 항상 하나님을 의식하기를 갈망하는 수도사는 온갖 종류의 생각들을 몰아낸 후에 마음으로 쉬지 않고 그것을 묵상하는 습관을 지녀야 합니다. 육체의 염려와 관심에서 완전히 해방되지 않고서는 그것을 굳게 붙들 수 없을 것입니다. 노령의 교부들이 이것을 우리에게 전해주었듯이, 우리도 갈망하는 사람들에게 그것을 전해줍니다. 영구히 하나님에 대한 의식을 소유하는 데 절대적으로 필요한 공식은 '하나님이여 나를 건지소서 여호와여 속히 나를 도우소서'(시 70:1)입니다.

3. "성경에서 이 구절을 선택한 데는 이유가 있습니다. 그 구절은 인간 본성에 적용될 수 있는 모든 감정들을 동원하며, 온갖 상태와 공격에 정확하게 적용됩니다. 그 구절에는 위기에 직면했을 때 하나님에게 드리는 기원, 겸손하고 절실한 죄고백, 빈틈없는 관심, 끊임없는 두려움, 자신의 연약함에 대한 의식, 응답에 대한 확신, 항상 하나님의 보호하심이 가까이에 있다는 자신감 등이 포함되어 있습니다. 4. 쉬지 않고 보호자를 부르는 사람은 그분이 항상 곁에 있다고 확신합니다. 그 구절에는 뜨거운 사랑, 함정들에 대한 의식, 원수들

에 대한 두려움이 포함되어 있습니다. 그는 자신이 항상 이런 것들에게 에워싸여 있음을 알기 때문에 보호하시는 분의 도우심이 없으면 자유로울 수 없다고 고백합니다. 이 구절은 마귀들의 공격을 받고 있는 사람들을 위한 난공불락의 성벽이요, 꿰뚫을 수 없는 호심경이요 튼튼한 방패입니다. 그 구절은 무기력함과 불안에 시달리는 사람들, 또는 슬픔이나 온갖 종류의 생각에 시달리는 사람들이 낙심하여 치료를 포기하는 것을 허락하지 않으며, 기도의 대상이신 하나님이 항상 우리의 갈등을 보고 계시며 구하는 자들에게서 멀리 계시지 않음을 보여줍니다. 5. 그 구절은 영적으로 성공하여 마음으로 기뻐하는 사람들이 행운 때문에 교만해지지 말아야 한다고 경고해주며, 하나님의 보호하심이 없으면 그것이 유지되지 못한다고 증언합니다. 왜냐하면 그 구절은 하나님에게 속히 오셔서 우리를 도와 달라고 간청하기 때문입니다.

"이 구절은 어떤 상황에 처해 있든지 우리 모두에게 필요하고 유익합니다. 매사에 항상 도움을 바라는 사람은 자신이 어렵고 슬플 때에 거기서 벗어나기 위해서, 그리고 기쁘고 순조로울 때에 그 상태에 머물기 위해서 도우시는 하나님을 필요로 한다는 것을 나타냅니다. 그는 역경에서든지 형통할 때든지 하나님의 도우심이 없으면 연약한 인간이 견뎌낼 수 없다는 것을 압니다.

6. "만일 내가 탐식이라는 정념에 잡혀 있어 사막에서 당치도 않은 음식을 바라며 황량한 사막에 있으면서도 호화로운 음식을 원하게 된다면, '하나님이여 나를 건지소서 여호와여 속히 나를 도우소서'라고 기도해야 합니다. 만일 정해진 시간 전에 음식을 먹고 싶은 유혹을 받거나 인정된 분량의 금욕을 유지하기 위해 마음으로 큰 슬픔과 씨름하게 된다면, 신음하면서 '하나님이여 나를 건지소서 여호와여 속히 나를 도우소서'라고 소리쳐야 합니다. 7. 만일 육체의 공격 때문에 보다 엄격한 금식이 필요할 때 위가 약하거나 변비 때

문에 그것을 실천하지 못하게 된다면, 엄격한 금식에 의지하지 않고서 육체의 정욕의 감정들을 가라앉히기 위해서 '하나님이여 나를 건지소서 여호와여 속히 나를 도우소서'라고 기도해야 합니다. 만일 정해진 시간에 식사하면서 본성이 요구하는 온갖 종류의 음식 때문에 음식 먹기가 두려워진다면 탄식하면서 '하나님이여 나를 건지소서 여호와여 속히 나를 도우소서'라고 기도해야 합니다.

8. "마음의 안정을 위해 독서에 집중하기를 원하지만 두통 때문에 방해를 받는다면, 제3시에 잠이 몰려와서 독서를 할 수 없다면, 또 정해진 휴식 시간보다 더 오랜 휴식을 원한다면, 예배 때에 너무 졸려서 시편 찬송에 참여하지 못하게 된다면, '하나님이여 나를 건지소서 여호와여 속히 나를 도우소서'라고 기도해야 합니다. 만일 여러 날 동안 잠을 자지 못해 지친다면, 만일 잠을 자지 못하여 밤의 휴식을 취할 수 없다면, 한숨을 쉬면서 '하나님이여 나를 건지소서 여호와여 속히 나를 도우소서'라고 기도해야 합니다.

9. "만일 악덕들을 대적하여 싸우고 있을 때 갑자기 성적인 자극을 받는다면, 또 잠자려고 누웠을 때에 성적인 자극이 기분 좋게 달래면서 나의 동의를 받으려 할 때, 이 이상한 불이 타올라 순결의 향기로운 꽃들을 태우지 못하게 하려면 '하나님이여 나를 건지소서 여호와여 속히 나를 도우소서'라고 소리쳐야 합니다. 방탕한 욕망의 자극이 사라졌다고 생각될 때, 그리고 성적 욕구가 식었다고 생각될 때면 하나님의 은혜에 의해 형성된 이 덕이 더 오래 내 안에 머물도록 하기 위해 '하나님이여 나를 건지소서 여호와여 속히 나를 도우소서'라고 말해야 합니다.

10. "분노, 탐심, 또는 슬픔 등의 충동 때문에 동요될 때, 귀중한 온유함을 포기해야 하는 압박을 받을 때 격분하여 앙심을 품지 않으려면 큰 소리로 신음

하면서 '하나님이여 나를 건지소서 여호와여 속히 나를 도우소서'라고 소리쳐야 합니다. 무기력, 허영, 또는 교만 등에 도취될 때, 사람들이 태만하다거나 미온적이라는 생각을 품을 때에 원수의 악한 속삭임에 넘어가지 않으려면 통회하는 마음으로 '하나님이여 나를 건지소서 여호와여 속히 나를 도우소서'라고 기도해야 합니다. 11. 끊임없이 영의 가책을 받아 교만을 버리고 겸손과 단순의 은혜를 획득했다면, '교만한 자의 발이 내게 이르지 못하게 하시며 악인들의 손이 나를 쫓아내지 못하게 하소서'(시 36:11)라고 기도하며 내가 거둔 승리를 기뻐함으로써 더욱 심각한 상처를 받지 않도록 하려면 힘을 다해서 '하나님이여 나를 건지소서 여호와여 속히 나를 도우소서'라고 외쳐야 합니다.

"만일 마음이 변덕스럽고 분심되어 방황하는 영혼의 생각들을 제어할 수 없다면, 어리석은 공상을 하며 말과 행위를 회상하지 않고서는 끊임없이 기도할 수 없다면, 만일 내가 엄청난 무력함 때문에 영적인 생각을 전혀 할 수 없다고 느낀다면, 벗어버릴 수 없는 이 정신적인 더러움에서 벗어나기 위해 신음하고 탄식하면서 '하나님이여 나를 건지소서 여호와여 속히 나를 도우소서'라고 간절히 외칠 것입니다. 12. 반면에 만일 성령이 찾아오신 덕분에 내가 영혼의 목표, 견고한 생각, 마음의 기쁨, 말할 수 없는 정신적인 기쁨 등을 얻었다면, 만일 풍성한 영적 생각들과 더불어 주님의 갑작스런 조명 덕분에 전에는 알지 못했던 거룩한 생각들이 넘쳐흐름을 감지한다면, 그것들을 오래 유지하기 위해서 '하나님이여 나를 건지소서 여호와여 속히 나를 도우소서'라고 소리쳐야 합니다.

13. "만일 밤에 귀신들에 대한 두려움 때문에 잠을 자지 못한다면, 만일 더러운 영들에 대한 환상 때문에 불안을 느낀다면, 만일 공포 때문에 구원과 생명에 대한 소망이 사라진다면, 안전한 항구와 같은 이 구절에 피하면서 힘을 다

해 '하나님이여 나를 건지소서 여호와여 속히 나를 도우소서'라고 외쳐야 합니다. 만일 내가 주님의 위로를 받아 힘을 되찾고 그분의 현존에 의해 위로를 받으며 수천 명의 천사들에게 둘러싸인 듯한 느낌을 받음으로써 전에는 죽음보다 더 두려워하여 가까이 오기만 해도 정신적으로나 육체적으로 공포를 느끼곤 했던 자들을 대적하여 싸우려는 갈망을 느낀다면, 하나님의 은혜로 이 상태의 활력이 내 안에 오래 거하게 하기 위해서 '하나님이여 나를 건지소서 여호와여 속히 나를 도우소서'라고 힘껏 외쳐야 합니다.

14. "역경에서 보호받고 구출되며 형통할 때 교만하지 않으려면 쉬지 않고 이 구절로 기도해야 합니다. 항상 마음으로 이 구절을 묵상해야 합니다. 일을 하거나 봉사하거나 여행하는 동안에도 중단 없이 이 구절을 암송해야 합니다. 잠잘 때나 음식을 먹을 때나 육체적인 욕구를 충족시킬 때에도 이 구절을 묵상해야 합니다. 이 구절로 드리는 기도가 유익한 공식이 된다면 귀신들의 공격을 받아도 해를 입지 않을 뿐만 아니라 모든 악덕과 세속적인 더러움이 제거될 것이며, 눈에 보이지 않는 거룩한 것들을 보는 테오리아에 이를 것이며, 극소수의 사람들만 경험하는 뜨거운 기도에 도달할 것입니다. 15. 이 구절을 쉬지 않고 묵상함으로써 잠잘 때에도 이 구절을 생각할 수 있게 하십시오. 잠에서 깨어날 때 제일 먼저 이 구절을 생각하십시오. 잠자리에서 일어날 때 우선 무릎을 꿇고 이 구절로 기도한 후에 하루의 일과를 시작하며, 항상 이 구절과 동행하십시오. '집에 앉았을 때에든지 길을 갈 때에든지 누워 있을 때에든지 일어날 때에든지'(신 6:7) 이 구절을 묵상해야 합니다. 이 구절을 우리의 입의 문설주와 바깥 문에 기록하고 집의 벽과 마음의 후미진 곳에 두어 우리가 엎드려 기도할 때 이 구절이 우리의 찬송이 되며, 기도를 마치고 일어나 생업에 종사할 때 이 구절이 우리가 끊임없이 드리는 기도가 되어야 합니다.

~ 11 ~
위의 가르침에 의해 획득되는 완전한 기도에 대하여

1. "이 구절을 공식으로 사용하여 끊임없이 묵상하면 마침내 정신이 튼튼해져서 온갖 생각들을 거부하고 부인하게 될 것입니다. 이 구절의 가난에 의해 고난받는 정신은 팔복 중에서 으뜸인 복음의 복을 쉽게 획득할 것입니다. 이는 성경에서 '심령이 가난한 자는 복이 있나니 천국이 그들의 것임이요'(마 5:3)라고 말하기 때문입니다. 그러므로 이런 종류의 가난을 소유하여 바람직하게 가난한 사람은 '가난한 자와 궁핍한 자가 주의 이름을 찬송하게 하소서'(시 74:21)라는 예언적인 말을 성취할 것입니다. 2. 실제로 자신에게 보호함도 없고 힘도 없다는 것을 깨닫는 사람, 날마다 다른 사람의 너그러움에서 비롯된 도움을 구하는 사람, 자신의 생명과 재산이 매일 매 순간 하나님의 도우심에 의해 유지된다는 것을 이해하는 사람, 자신이 날마다 겸손하게 하나님께 '나는 가난하고 궁핍하오나 주께서는 나를 생각하시오니 주는 나의 도움이시요 나를 건지시는 이시라 나의 하나님이여 지체하지 마소서'(시 40:17)라고 외치는 하나님의 거지라고 고백하는 사람의 가난이 가장 위대하고 거룩한 가난이 아닐까요?

"그는 '높은 산들은 산양을 위함이여 바위는 너구리의 피난처로다'(시 104:18)라는 말씀대로 하나님의 조명 덕분에 하나님에 대한 많은 지식을 획득한 후 더욱 고귀하고 거룩한 신비들로 채워지기 시작합니다. 3. 단순함과 순진함 안에 거하는 사람은 누구에게도 해를 끼치거나 성가시게 하지 않기 때문에, 이것은 앞에서 말한 의미에 매우 적합합니다. 그는 자신의 단순함에 만족하며, 매복하여 기다리는 자들의 먹이가 되지 않도록 자신을 방어하기만을 원합니다. 말하자면 그는 영적으로 너구리처럼 되었기 때문에 복음적 바위

―주님의 수난을 기억하는 것―의 그늘에 의해 보호되며, 앞서 언급한 구절을 항상 묵상함으로써 강해져서 원수의 올무에 저항합니다. 이러한 영적인 너구리와 관련하여 잠언에서는 '약한 종류로되 집을 바위 사이에 짓는 사반'(잠 30:26)고 말합니다.

4. "부당한 일을 당해도 보복하지 않을 뿐만 아니라 내적으로 온건하고 조용한 짜증이 발생하는 것을 허락하지 않는 사람이 가장 연약한 사람이 아닐까요? 이 상태에서 진보하는 사람은 순진이라는 단순성을 소유할 뿐만 아니라 분별의 덕으로 무장하며 사탄을 짓밟은 후에 독사들을 죽이는 자가 되었습니다. 그는 간절한 정신으로 이성적인 수사슴의 형태를 따르며, 예언적이고 사도적인 산―가장 높고 귀한 신비들―에서 풀을 뜯어 먹습니다. 그는 거기에 항상 존재하는 풀밭에서 잘 자라고 시편의 모든 성향들을 받아들이면서 그것들을 반복하며, 그것들이 시편 기자가 지은 것이 아니라 그 자신의 발언이요 기도인 듯이 마음으로 깊이 가책을 느끼면서 그것들을 다루기 시작할 것입니다. 그는 그것들이 자신을 겨냥한 것이라고 간주할 것이며, 그 말씀들이 과거에 예언자에 의해 예언자 안에서 성취되었을 뿐만 아니라 날마다 자기 자신 안에서 증명되고 성취됨을 깨달을 것입니다.

5. "우리의 경험이 성경의 사상을 감지할 뿐 아니라 예견할 때에 성경이 더욱 분명해지며, 그것의 깊은 내용들이 우리에게 계시되며 성경해석이 아니라 증거에 의해 말씀의 의미가 드러납니다. 각각의 시편이 노래된 성향과 동일한 성향을 마음에 지닐 때 우리는 시편 기자처럼 되어 앞질러 그 의미를 파악할 것입니다. 즉 우리는 말씀을 묵상하면서 공격을 받을 때 우리 안에서 발생했거나 발생하는 것을 기억하며 말씀에 대한 지식보다 그 능력을 먼저 받아들입니다. 우리는 말씀을 반복하여 묵상하면서 우리의 태만 때문에 우리 안에 생

겨난 것, 근면 때문에 얻는 것, 하나님의 섭리로 말미암아 주어진 것, 원수의 제안 때문에 빼앗긴 것, 망각 때문에 잃은 것, 인간적인 약함 때문에 발생한 것, 무지 때문에 찾아내지 못한 것 등을 기억합니다. 6. 우리는 이 모든 성향들이 시편에 표현되어 있음을 발견하므로, 우리에게 발생하는 모든 것을 거울을 들여다보듯이 보며 효과적으로 인식합니다. 우리의 성향들을 교사로 삼아 이런 식으로 가르침을 받은 사람은 이것을 들어야 하기보다 보아야 하는 것으로 파악하며, 마음의 내적 성향을 토대로 하여 기억된 것이 아니라 선천적으로 사물의 본성 안에 존재하는 것을 끌어낼 것입니다. 따라서 우리는 기록된 본문을 통해서가 아니라 경험에 의해 그것의 의미를 꿰뚫어 알 것입니다. 그러므로 우리의 정신은 앞에서 다루었던 썩지 않을 기도에 도착할 것입니다. 이것은 어떤 형상을 봄으로써 이루어지는 것이 아니며, 단어나 구절에 의해 파악될 수도 없습니다. 정신이 집중될 때 행복한 마음속에서 싫증나지 않는 영의 즐거움과 함께 그것이 형성되며, 모든 감정과 가시적인 것들을 초월한 정신은 말할 수 없이 탄식하고 신음하면서 그것을 하나님께 쏟아냅니다."

~ 12 ~

영적인 생각들을 변함없이 유지하는 방법에 대한 질문

게르마누스가 말했습니다: "사부님은 우리가 부탁한 이 영적 훈육뿐만 아니라 완전함에 대해 분명하고 명쾌하게 가르쳐 주셨습니다. 한 구절을 묵상함으로써 가시적인 것들의 한계를 넘어서며 짧은 묵상에 의해 하나님 의식을 붙드는 것이 가장 완전하고 고귀한 것이요, 간단한 구절 안에 모든 기도의 성향들을 포용하는 것이 아닐까요? 그러므로 한 가지 더 설명해 주시기를 부탁드립니다. 사부께서 공식으로 제시해주신 이 구절을 굳게 붙드는 방법을 가르쳐

주십시오. 그리하면 하나님의 은혜로 우리가 세속적인 생각의 어리석음에서 벗어났듯이 영적인 생각들을 굳게 붙들 수 있을 것입니다.

~ 13 ~
생각들의 불변성에 관하여

1. "우리의 정신은 어떤 시편 구절을 이해한 후에 어느 사이엔가 미끌어져 나가 다른 성경구절을 향해 방황합니다. 정신이 내면에서 한 구절을 묵상하기 시작하면 그것이 완전하게 밝혀지지 않았음에도 불구하고 또 다른 구절에 대한 기억 때문에 먼저 본문에 대한 기억이 차단됩니다. 여기에서 정신은 다른 기억의 안내를 받아 다른 곳으로 이동하므로 이 시편에서 저 시편으로 혼란스럽게 이동하고, 복음서 본문에서 사도서신으로 도약하고, 이 예언서에서 저 예언서로 배회하고, 거기에서 또다시 목적 없이 변덕스럽게 성경 전체를 이리저리 살피며 특정의 영적 역사서에게로 이끌려갑니다. 정신은 자체의 행동에 의해서 어떤 것을 보유하거나 거부하지 못하며, 완전한 판단이나 성찰에 의해 어떤 것에 대한 결론에 이르지 못합니다. 이는 정신이 영적 의미를 만지고 맛볼 뿐 그것을 만들어내거나 소유하지 못하기 때문입니다.

2. "그러므로 항상 목적 없이 이동하는 정신은 예배 시간에도 술취한 듯이 상이한 것들에 의해 분심되고 어떤 기능도 능숙하게 이행하지 못합니다. 예를 들면 기도하는 동안 정신은 어느 시편이나 읽을거리를 기억합니다. 짧은 기도문을 읊조리는 동안 시편 본문에 담긴 것이 아닌 다른 것을 묵상합니다. 독서하는 동안 정신은 행하고자 하는 것과 과거에 행했기를 원하는 것을 생각합니다. 이처럼 정신은 규모 있는 적절한 태도로 받아들이거나 거부하지 않으며, 정신을 흡족하게 해주는 것을 붙들거나 그 안에 머물 능력을 갖지 못했기 때

문에 우연히 급습하는 것들에게 반응하는 듯합니다. 결과적으로 우선 사부께서 공식으로 제시해주신 이 구절을 굳게 붙드는 방법을 가르쳐 주십시오. 그리하면 우리의 생각의 출발점과 종착점이 제멋대로 이동하지 않도록 통제할 수 있을 것입니다."

~ 14 ~
답변: 확고한 마음과 생각을 획득하는 방법에 관하여

1. 사부 이삭은 다음과 같이 말했습니다: "얼마 전 기도의 상태에 대해 말하면서 이 주제에 대해서 충분히 설명했다고 생각하지만, 그것을 다시 설명해 달라고 부탁하시니 마음의 견고함에 대해 간단하게 이야기하겠습니다. 방황하는 정신을 안정시켜주는 것은 철야와 묵상과 기도 등 세 가지입니다. 항상 그것들에 충실하고 주의를 기울인다면 영혼의 견고함이 만들어집니다. 2. 그러나 탐욕 때문이 아니라 공주수도원의 거룩한 관습을 위해 꾸준히 일함으로써 먼저 현세의 염려와 불안을 완전히 부인하지 않고서는 이것을 손에 넣을 수 없습니다. 그렇게 할 때 '쉬지 말고 기도하라'(살전 5:17)는 명령을 이행할 수 있을 것입니다. 무릎을 꿇는 기도 시간에만 기도하는 습관을 가진 사람은 거의 기도하지 못합니다. 온갖 종류의 마음의 방황으로 분심된 사람은 무릎을 꿇고서도 기도하지 않습니다. 그러므로 기도할 때에 원하는 기도 시간을 초월해야 합니다. 기도하는 정신은 필연적으로 그 전에 행하던 것에 의해 형성되며, 기도하기 전에 품었던 생각들에 의해 하늘로 올려지거나 땅으로 끌어내려집니다."

3. 사부 이삭은 기도의 특성에 대해 여기까지 이야기하셨습니다. 우리는 초

심자가 유지해야 하는 기도 공식으로 제시한 구절을 묵상하는 데 대한 그의 가르침을 존경했고 그대로 실천하기를 원했습니다. 왜냐하면 그것이 짧고 쉽다고 생각했기 때문입니다. 그러나 성경 전체를 통독하면서 이 구절 저 구절을 묵상하곤 하던 습관보다 그것이 더 어렵다는 것을 경험했습니다. 무식함 때문에 마음의 완전함을 얻지 못하는 것이 아니며, 단순함이 마음과 영혼의 깨끗함을 얻는 것을 방해하지도 않습니다. 누구든 끊임없이 이 구절을 묵상함으로써 정신을 하나님께 집중시킨다면 마음의 깨끗함에 근접할 수 있습니다.

제2부

담화 11-17

제2부 서문

1. 거룩한 형제 호노라투스Honoratus와 유케리우스Eucherius여, 당신들의 본보기에 의해 가르침을 받은 많은 거룩한 사람들의 완덕의 분량은 큰 빛처럼 밝게 세상을 비춰주는 당신들의 완덕에 필적할 수 없습니다. 우리에게 처음으로 은수사 생활의 제도들을 전수해준 고결한 사람들의 칭찬을 받고 있음에도 불구하고 당신들 중에서 큰 공주수도원을 맡고 계신 분은 당신의 거룩한 생활방식을 날마다 응시함으로써 가르침을 받는 자신의 공동체가 이 교부들의 계율 안에서 가르침 받기를 바라고 계십니다. 또 한 분은 그분들과 함께 살면서 교육을 받기 위해 이집트로 가기를 원하셨기 때문에 마비되어 느릿느릿하게 움직이는 이 지방을 떠나 의의 해가 가까이 있는 것처럼 보이며 익은 덕의 열매가 넘쳐나는 그 지방으로 마치 순결한 멧비둘기처럼 날아가셨습니다. 2. 나는 사랑의 강권 때문에 전자의 갈망과 후자의 노력을 생각했으며, 그렇기 때문에 글을 기록하는 위험을 피하려 하지 않았습니다. 이는 전자의 후손들 가운데서 그의 권위가 더해지고, 후자에게서 위험한 항해의 의무를 제거하기 위한 것이었습니다. 우리가 12권으로 구성된 『공주수도사들의 제도집』The Institutes of the Cenobia을 카스토르 주교에게 헌정하지 못했고, 헬라디우스Helladius 주교와 레온티우스Leontius 주교의 명령을 받아 우리가 함께 저술한 바 스케테 사막에 살고 있는 교부들의 10개의 담화가 당신들의 뜨거운 믿음을 만족시켜주지 못했으므로, 나는 우리의 여행의 목적을 알리기 위해서 (우리가 처음으로 만났으며 다른 사막에서 살고 있었던) 세 명의 교부들이 행한 7개의 담화

를 당신들에게 헌정해야 한다고 생각했습니다. 그럼으로써 이전의 저서에서 다소 애매하게 다루어졌던 바 완덕에 관한 것들을 보충할 수 있을 것입니다. 3. 이것들도 당신들의 거룩한 열망을 만족시켜 주지 못한다면, 스토이카 제도 Stoechadian Islands에 살고 있는 형제들에게 보낼 또 다른 일곱 개의 담화가 그 열망을 충족시켜 줄 것이라고 생각합니다.

담화 11

사부 카이레몬의 담화

완전함(완덕)에 관하여

~ 1 ~

텐네수스 마을에 대한 묘사

우리가 시리아의 공주수도원에서 살 때의 일이었습니다. 우리는 믿음의 기초 훈련을 받은 후 점차 더 큰 완전함의 은혜를 원하기 시작했으므로 즉시 이집트로 가기로 결정했습니다. 우리는 명성이 널리 알려진 거룩한 사람들을 만나기 위해 테베 지방의 외진 사막을 건넜습니다. 우리는 그들을 본받지는 못하더라도 최소한 그들을 알고 지내고 싶었습니다. 긴 여행 끝에 마침내 텐네수스Thennesus라는 이집트의 소도시에 도착했습니다. 그곳이 바다와 소금기 많은 습지로 둘러싸여 있었기 때문에 그곳 주민들은 해상 교역에 의해 부를 축적했습니다. 실제로 그곳에는 흙이 없었기 때문에 집을 지으려면 멀리서 배로 흙을 실어와야 했습니다.

~ 2 ~

아르케비우스 감독에 관하여

1. 하나님의 은혜로 그곳에 도착한 우리는 복되고 훌륭한 아르케비우스 주

교를 만났습니다. 그분은 은수자隱修者였다가 파네피시스 마을의 주교가 되신 분이었습니다. 그분은 평생 자신이 선택한 독수도 생활을 엄격하게 유지하여 겸손한 자세를 조금도 늦추지 않았고 자신의 명성 때문에 잘난 체하지도 않았습니다. 그분은 자신이 주교직에 적합하지 않다고 밝히곤 했고, 또 자신이 37년 동안 은수자 생활을 하면서 그에 합당한 깨끗함을 획득하지 못했기 때문에 자격을 잃고 쫓겨났다고 불평하곤 했습니다.

주교로 선출되어 텐네수스에 계시던 그분은 이집트의 가장 후미진 곳에 거주하는 거룩한 교부들을 찾아내려는 우리의 갈망을 아셨기 때문에 친절하게 우리를 맞이해주셨습니다. 2. 그분은 이렇게 말씀하셨습니다: "우리 수도원에서 멀지 않은 곳에 거주하시는 거룩한 원로들을 방문해 보십시오. 그분들은 늙었지만 얼굴이 밝게 빛나기 때문에 그분들을 보기만 해도 많은 것을 배울 수 있을 것입니다. 그분들은 말이 아니라 거룩한 삶의 본보기에 의해서 가르쳐주실 것입니다. 유감스럽게도 나는 이미 거룩한 삶을 상실했기 때문에 그것을 가르쳐줄 수 없습니다. 내가 소유하지 못한 진주를 쉽게 얻을 수 있는 곳을 지적해주려는 나의 열심이 나의 부족함을 어느 정도 보상해줄 것이라고 생각합니다."

~ 3 ~

카이레몬과 네스테로스와 요셉에 살던 사막에 대한 묘사

1. 여행을 떠나는 그곳 수도사들의 관습대로 그분은 지팡이와 가방을 메고 출발하여 우리를 파네피시스로 안내해주셨습니다. 그곳 및 인근 지역은 과거에는 부유했지만 갑작스런 지진이 발생했을 때 바닷물이 밀려들어와 마을들이 모두 파괴되었고 비옥했던 땅은 짠 습지가 되었습니다. '여호와께서는 강

이 변하여 광야가 되게 하시며 샘이 변하여 마른 땅이 되게 하시며 그 주민의 악으로 말미암아 옥토가 변하여 염전이 되게 하시며'(시 107:33-34)라는 말씀이 이 지역에 대한 예언인 듯했습니다. 2. 이 습지들과 바닷물의 범람으로 인해 높은 지역에 위치한 여러 도시들이 섬들이 되었고, 그 지역 주민들은 다른 곳으로 도피했습니다. 이 섬들이 거룩한 독수도자들이 갈망하는 은둔처가 되었는데, 그곳에 카이레몬, 네스테로스, 요셉 등 아주 늙은 은수자들이 살고 있었습니다.

~ 4 ~
사부 카이레몬, 그리고 요청된 가르침에 대한 그의 변명

아르케비우스Archebius는 우리를 먼저 카이레몬에게 데려가려 했습니다. 왜냐하면 카이레몬이 나머지 두 사람보다 나이가 많았고, 또 아르케비우스의 수도원에서 가까운 곳에 거주했기 때문입니다. 카이레몬은 100세가 넘은 분이었습니다. 그는 영적으로는 활동적이었지만 허리가 굽고 두 손이 땅에 닿을 듯이 늘어져서 마치 갓난아기로 돌아간 것 같았습니다. 우리는 그분의 얼굴과 태도를 보면서(그의 사지는 이미 약해져서 죽어가고 있었지만 그분은 엄격함을 버린 적이 없었습니다), 우리가 방문한 것이 영적인 가르침을 갈망한 때문이라고 밝히고 겸손히 가르침을 부탁했습니다. 그분은 탄식하면서 이렇게 말씀하셨습니다: "늙어 약해져서 이전의 엄격함을 유지하지 못하며 말하는 데 자신감을 잃은 내가 어떻게 여러분을 가르칠 수 있겠습니까? 어떻게 나 자신이 행하지 않는 것을 가르치려 할 수 있겠습니까? 내가 미지근하게 행한다고 알고 있는 것에 대해 다른 사람을 가르쳐야 합니까? 나 때문에 다른 사람이 엄격함을 늦추는 일이 없도록 하기 위해서 나보다 젊은 사람들이 나와 함께 사는 것을 허락한 적이 없습니다. 가르치는 자가 스스로 성취함으로써 듣는 사람들이 마음으로 권위를 인정하지 않는다면 그 권위는 무가치할 것입니다."

~ 5 ~
그의 변명에 대한 우리의 답변

우리는 놀라서 다음과 같이 말했습니다: "이 장소의 척박함, 그리고 튼튼한 젊은이들도 견딜 수 없을 정도의 고독한 생활만으로도 충분히 우리에게 교훈이 되며, 당신이 아무 말 하지 않아도 우리는 많은 가르침을 받고 가책을 느낍니다. 그러나 잠시 침묵을 깨고 우리가 당신에게서 본 덕을 본받고 모방함으로써 받아들이는 데 도움이 될 것들을 말씀해 주십시오. 당신이 보셨듯이 미온적인 우리는 바라는 것을 얻을 자격이 없지만, 적어도 이렇게 먼곳까지 찾아온 노력을 고려한다면 그것을 얻어야만 합니다. 우리는 베들레헴의 공주수도원에서 처음 훈련을 받은 후 당신의 가르침을 받기 위해서, 그리고 우리 자신의 발전을 위해서 서둘러 이곳을 찾아왔습니다."

~ 6 ~
사부 카이레몬의 제안: 악덕은 세 가지 방식으로 극복된다.

1. 이윽고 카이레몬 사부는 다음과 같이 말했습니다: "사람들이 악을 행하지 못하도록 억제하는 것이 세 가지 있습니다. 즉 지옥이나 현세의 법에 대한 두려움, 천국에 대한 소망과 갈망, 그리고 선을 향한 성향과 덕을 향한 사랑입니다. 성경은 두려움이 악의 접촉을 미워한다고 말합니다: '여호와를 경외하는 것은 악을 미워하는 것이라' (잠 8:13). 희망도 악덕의 급습을 막아줍니다. '우리 영혼이 여호와를 바람이여 그는 우리의 도움과 방패시로다' (시 33:20). 사

랑도 죄의 멸망을 두려워합니다. '사랑은 언제까지나 떨어지지 아니하되' (고전 13:8); '사랑은 허다한 죄를 덮느니라' (벧전 4:8).

2. "그러므로 바울은 이 세 가지 덕의 완성 안에 구원의 총체를 포함시키면서 '그런즉 믿음, 소망, 사랑, 이 세 가지는 항상 있을 것인데' (고전 13:13)라고 말합니다. 믿음은 장래의 심판과 형벌에 대한 두려움을 통해 우리로 하여금 악의 접촉을 피하게 하며, 소망은 현세의 것들로부터 우리의 정신을 거두어들이고 육체의 쾌락을 멸시하고 하늘의 상을 기다리게 하며, 사랑은 정신적으로 그리스도의 사랑과 영적 덕의 열매로 우리를 뜨겁게 하며 이것들과 반대되는 것을 철저히 무시하게 만듭니다.

"이 세 가지는 우리로 하여금 불법한 것을 삼가게 만든다는 점에서 하나의 목적을 향하는 듯이 보이지만, 그 탁월함의 분량은 상이합니다. 3. 처음 두 가지는 완전함을 향하는 경향을 지니고 있지만 아직 덕에 대한 사랑을 획득하지 못한 사람에게 속한 것이며, 세 번째 것은 특히 하나님, 그리고 하나님의 형상과 모양을 받은 사람들에게 속한 것입니다. 두려움이나 상에 대한 희망에 의해 움직이는 것이 아니라 선을 향한 성향에 의해 움직이는 사람이 선한 것을 행합니다. 솔로몬은 '여호와께서 온갖 것을 그 쓰임에 적당하게 지으셨나니' (잠 16:4)라고 말합니다. 하나님은 자신의 선하심을 위해서 자격이 있는 자들과 자격이 없는 자들에게 선한 것을 풍성히 주십니다. 인간의 악행이 하나님을 피곤하게 만들지 못하며 인간의 악이 하나님을 괴롭히지도 못합니다. 하나님은 항상 완전히 선하시며 본성상 불변하십니다.

~ 7 ~
사랑의 고지로 올라가는 단계들 및 그 안의 안정성

1. "완전함을 지향하는 사람은 두려움의 첫 단계—'너희도 명령받은 것을 다 행한 후에 이르기를 우리는 무익한 종이라 우리가 하여야 할 일을 한 것뿐이라 할지니라'(눅 17:10)고 언급된 바 종의 두려움—에서 소망의 단계로 올라갈 것입니다. 이 단계의 사람은 삶을 기대하며 죄 사함이나 형벌에 대한 두려움에 시달리지 않고 자신의 선행을 의식하기 때문에 종으로 비유되지 않고 품꾼으로 비유됩니다. 그는 마음에 드는 상을 받기 위해 노력하는 듯이 보이지만 아버지의 관대한 행위를 신뢰하며 아버지의 재산이 자기의 것임을 의심하지 않는 아들의 성향을 획득하지 못합니다.

2. "아버지의 재산뿐만 아니라 아들이라는 명칭까지 포기했던 탕자는 감히 이것을 바라지 못하고 '지금부터는 아버지의 아들이라 일컬음을 감당하지 못하겠나이다'(눅 15:19a)라고 말했습니다. 그는 돼지들이 먹는 쥐엄열매, 즉 더러운 악덕으로 배불리기를 거부한 후에 자신을 되돌아보면서 유익한 두려움에 의한 가책을 느꼈습니다. 그는 종처럼 되었기 때문에 품꾼의 삶을 생각하고 그 지위를 바라면서 '내 아버지에게는 양식이 풍족한 품꾼이 얼마나 많은가 나는 여기서 주려 죽는구나 내가 일어나 아버지께 가서 이르기를 아버지 내가 하늘과 아버지께 죄를 지었사오니 지금부터는 아버지의 아들이라 일컬음을 감당하지 못하겠나이다 나를 품꾼의 하나로 보소서'(눅 15:17-19)라고 말합니다. 3. 그러나 급히 달려와 아들을 맞이한 아버지는 그의 겸손한 회개의 말에 대해 큰 사랑의 말로 응답하셨습니다. 그에게 적게 주는 것에 만족하지 못한 아버지는 지체하지 않고 나머지 두 단계를 그에게 주고 전처럼 아들로 회복시켜 주셨습니다.

"이런 까닭에 사랑의 은혜에 의해서 아버지의 것이 모두 자기 것이라고 믿는 아들들의 세 번째 단계로 올라가는 우리는 하늘 아버지의 형상과 모양을 받고 참 아들이 말씀하신 것처럼 '무릇 아버지께 있는 것은 다 내 것이라'(요 16:15)라고 말할 자격을 얻기 위해 노력해야 합니다. 4. 바울도 이것에 대해 "바울이나 아볼로나 게바나 세계나 생명이나 사망이나 지금 것이나 장래 것이나 다 너희의 것이요"(고전 3:22)라고 말합니다. 주님도 우리에게 이 모양을 획득하라고 명령하십니다: 하늘에 계신 너희 아버지의 온전하심과 같이 너희도 온전하라'(마 5:48). 종종 현세에서 지옥에 대한 두려움과 내세의 것들을 향한 갈망을 제거하는 바 미지근함이나 기쁨이나 쾌락 때문에 정신이 해이해질 때 선을 향한 성향이 제거됩니다. 5. 그것들 안에 우리를 이끌어주는 어느 정도의 진보가 있기 때문에 처음에 형벌에 대한 두려움이나 상을 향한 희망을 통해 악덕에 저항하기 위해서 사랑의 단계에 이를 수도 있습니다: '사랑 안에 두려움이 없고 온전한 사랑이 두려움을 내쫓나니 두려움에는 형벌이 있음이라 두려워하는 자는 사랑 안에서 온전히 이루지 못하였느니라 우리가 사랑함은 그가 먼저 우리를 사랑하셨음이라'(요일 4:18-19).

6. "그 때 하나님이 우리의 구원을 위해서 먼저 우리를 사랑하신 것처럼 우리도 하나님을 향한 사랑 때문에 하나님을 사랑하지 않는다면, 참된 완전함에 이르지 못할 것입니다. 이런 까닭에 우리가 선을 향한 성향을 획득하며 인간의 본성이 가능한 한도까지 선한 것을 굳게 잡으려면 열정적인 정신을 가지고 이 두려움에서 희망으로, 희망에서 하나님 사랑과 덕에 대한 사랑으로 올라가기 위해 노력해야 합니다.

~ 8 ~
사랑에 의해 악덕을 피하는 사람들의 탁월함

1. "지옥에 대한 두려움이나 장래에 받을 상에 대한 희망으로 말미암아 내면에 있는 악덕의 불을 끄는 사람과 거룩한 사랑을 향한 성향 때문에 악과 불순을 두려워하며 약속된 장래의 상을 기대하지 않고 다만 현재의 선을 의식하고 즐거워하며 형벌을 피하려는 것보다는 덕에 대한 즐거움에서 비롯되어 모든 일을 행하는 사람, 순결에 대한 사랑과 갈망 때문에 선을 고수하는 사람 사이에는 큰 차이가 있습니다. 2. 선한 상태에 있는 사람은 보는 사람이 없다고 해서 죄를 범할 수 없으며, 고결한 것을 향한 성향을 고수하기 때문에 반대되는 것을 마음에 받아들이지 않을 뿐만 아니라 매우 미워하면서 바라보므로 은밀하게 숨어있는 쾌락과 관련된 생각들에 의해 더럽히지도 않습니다.

"현재의 선을 즐거워하는 사람이 악덕과 육체의 전염을 미워하는 것은 장래의 상을 의식함으로 말미암아 불법한 욕망을 억제하는 것과 다릅니다. 현재의 손해를 두려워하는 것과 장래의 형벌을 두려워하는 것도 각기 다른 일입니다. 마지막으로 선 자체 때문에 선한 것을 떠나려 하지 않는 것이 악에 대한 두려움 때문에 악에 동의하려 하지 않는 것보다 한층 더 위대한 일입니다. 3. 전자는 선을 원하는 상태인 반면에 후자는 원하지 않는 사람이 형벌에 대한 두려움이나 상에 대한 바람에 의해서 강압되고 강요되는 상태입니다. 두려움 때문에 악덕의 감언이설을 거부하는 사람은 두려움이라는 장애물이 제거될 때 자신이 사랑하는 것에게로 돌아갈 것이며, 결국 선 안에 견고하게 머무는 상태에 이르지 못할 것입니다. 그는 확고하고 항존하는 순수한 평화를 소유하지 못하기 때문에 공격으로부터 자유롭지 못할 것입니다. 4. 전쟁터에는 부상의 위험이 존재합니다. 전투에 참여한 사람은 원수의 칼에 찔리기도 하며 용감하게 싸워 적에게 치명적인 상처를 입힙니다. 그러나 악덕의 공격을 극복한 사람, 고결한 것들을 바라는 성향을 획득하여 안전하게 평화를 누리는 사람은 자신이 완전하게 소유하고 있는 선의 상태를 고수할 것입니다. 왜냐하면 그는 내적 순결의 손상이 가장 해롭다는 것을 알기 때문입니다. 5. 덕을 위반하는 것과 악덕의 전염을 심각한 형벌로 여기는 사람에게 가장 귀중한 것은 현재의 순결입니다. 그는 다른 사람이 본다고 해서 선을 더하지 않으며 홀로 있다고 해서 선을 덜하지도 않습니다. 그는 항상 양심을 자신의 행위와 생각의 증인으로 삼고 양심을 흡족하게 하기 위해 노력합니다. 그는 자신이 양심을 속이거나 피할 수 없음을 알고 있습니다.

~ 9 ~
그 사랑이 종을 자녀로 만들 뿐만 아니라
하나님의 형상과 모양을 수여한다는 것

1. "자신의 노력에 의존하는 것이 아니라 하나님의 도우심에 의해 이 상태를 소유할 자격을 가진 사람은 두려워하는 종의 상태와 고용주의 후함을 기대하기보다 삯의 지불을 기대하는 삯꾼의 소원을 버리고 양자의 상태로 옮겨가기 시작할 것입니다. 그 상태에서는 두려움이나 탐욕이 존재하지 않으며 부족함 없는 사랑이 존재합니다. 이 두려움과 사랑에 관하여 하나님은 어떤 사람들을 책망하시고 각 사람에게 적합한 것을 보여주십니다: '아들은 그 아버지를, 종은 그 주인을 공경하나니 내가 아버지일진대 나를 공경함이 어디 있느냐 내가 주인일진대 나를 두려워함이 어디 있느냐 (말 1:6). 2. 주인의 뜻을 알고도 준비하지 아니하고 그 뜻대로 행하지 않은 종은 많이 맞을 것이므로(눅 12:47) 두려워해야 합니다.

"이 사랑에 의해 하나님의 형상과 모양을 획득하는 사람은 선 자체에 대한 즐거움 때문에 선을 기뻐할 것입니다. 그는 인내와 온유라는 성향을 소유하므로 죄인들의 악덕으로 인해 노하지 않을 것입니다. 그는 긍휼히 여기고 슬퍼하면서 그들의 연약함을 용서해 달라고 청할 것입니다. 그는 자신도 오랫동안 비슷한 정념들의 자극을 받다가 주님의 자비로 말미암아 구원받았음을 기억합니다. 그는 자신의 노력에 의해 육체의 공격에서 해방된 것이 아니라 하나님의 보호하심에 의해 구원되었기 때문에 잘못을 범하는 사람들에게 진노가 아닌 자비를 보여주어야 함을 깨달을 것이며, 평온한 마음으로 하나님께 다음과 같이 거듭 기도할 것입니다: '주께서 나의 결박을 푸셨나이다 내가 주께 감사제를 드리고 여호와의 이름을 부르리이다' (시 116:16-17); '여호와께서 내게 도움이 되지 아니하셨더면 내 영혼이 벌써 침묵 속에 잠겼으리로다' (시 94:17). 3. 그리고 이렇게 겸손한 마음을 소유하고 있기 때문에 '너희 원수를 사랑하며 너희를 박해하는 자를 위하여 기도하라' (마 5:44)는 복음의 명령을 성취할 수 있을 것입니다.

"우리는 부수적으로 따르는 상, 하나님의 형상과 모양을 나타낼 뿐만 아니라 아들이라고 불리는 상을 받을 자격을 획득하게 될 것입니다. 주님은 '이같이 한즉 하늘에 계신 너희 아버지의 아들이 되리니 이는 하나님이 그 해를 악인과 선인에게 비추시며 비를 의로운 자와 불의한 자에게 내려주심이라' (마 5:45)고 말씀하십니다. 요한은 자신이 이 성향을 획득했음을 알고서 '우리로 심판 날에 담대함을 가지게 하려 함이니 주께서 그러하심과 같이 우리도 이 세상에서 그러하니라' (요일 4:17)고 말했습니다. 4. 평화로이 하나님을 모방하면서 선한 사람들과 악한 사람들, 의로운 사람들과 불의한 사람들에게 마음에서 우러난 사랑을 부어주지 않는다면, 어떻게 약하고 연약한 인간 본성이 하나님을 닮을 수 있겠습니까? 그러한 본성은 선을 향하는 성향 때문에 선을 행하며 하나님의 양자가 됩니다. 이것에 대해 요한은 다음과 같이 말합니다: '하나님께로부터 난 자마다 죄를 짓지 아니하나니 이는 하나님의 씨가 그의 속에 거함이요 그도 범죄하지 못하는 것은 하나님께로부터 났음이라' (요일 3:9); '하나님께로부터 난 자는 다 범죄하지 아니하는 줄을 우리가 아노라 하나님께로부터 나신 자가 그를 지키시매 악한 자가 그를 만지지도 못하느니라' (요일 5:18).

5. "이것이 모든 종류의 죄를 언급하는 것이 아니라 중한 죄들만 언급한다는 것을 이해해야 합니다. 요한은 이것들을 피하거나 제거하기를 원하지 않는 사람들을 위해 기도하지 말라고 말합니다: '누구든지 형제가 사망에 이르지 아니하는 죄 범하는 것을 보거든 구하라 그리하면 사망에 이르지 아니하는 범죄자들을 위하여 그에게 생명을 주시리라 사망에 이르는 죄가 있으니 이에 관하여 나는 구하라 하지 않노라' (요일 5:16). 그러나 그는 사망에 이르지 않는다고 선언한 죄, 충실하게 그리스도를 섬기는 사람들이 아무리 신중하게 행동해도 면할 수 없는 죄들과 관련하여 다음과 같이 말합니다: '만일 우리가 죄가 없다고 말하면 스스로 속이고 또 진리가 우리 속에 있지 아니할 것이요' (요일 1:8); '만일 우리가 범죄하지 아니하였다 하면 하나님을 거짓말하는 이로 만드는 것이니 또한 그의 말씀이 우리 속에 있지 아니하니라' (요일 1:10). 6. 거룩한 사람들도 말, 생각, 무지, 망각 등에 의해 불가피하게, 의도적으로, 급작스럽게 범하는 작은 죄들을 피할 수 없기 때문입니다. 이것들은 사망에 이른다고 언급되는 죄들과 다르겠지만 죄책과 책망을 면할 수 없습니다."

~ 10 ~
원수를 위해 기도하는 것이 사랑의 완성이라는 것, 그리고 영혼이 아직 정화되지 않았음을 알아내는 방법

"위에서 말한 선의 성향과 하나님을 본받는 상태에 이른 사람은 이미 하나님의 긍휼을 자기 것으로 만들었으며, 자기를 박해하는 사람들을 위해서 '아버지 저들을 사하여 주옵소서 자기들이 하는 것을 알지 못함이니이다'(눅 23:34)라고 기도할 것입니다. 그러나 자비의 성향에서 우러나 사람들의 죄를 안타까워하는 것이 아니라 엄격하게 심판하려는 것은 영혼에게서 아직 죄의 찌끼가 완전히 제거되지 않았음을 보여주는 분명한 증거입니다. '너희가 짐을 서로 지라 그리하여 그리스도의 법을 성취하라'(갈 6:2)는 바울의 말처럼 율법을 완전히 성취하지 못한 사람이 어떻게 완전한 마음을 획득할 수 있겠습니까? 그런 사람은 '온유하며 시기하지 아니하며 자랑하지 아니하며 교만하지 아니하며 악한 것을 생각하지 아니하며 모든 것을 참는'(고전 13:4-7) 사랑을 소유한 사람이 아닙니다. 의인은 집짐승의 생명을 보살펴주지만, 악인은 자비를 베풀어도 잔인합니다(잠 12:10). 모질고 잔인할 정도로 엄하게 사람들을 정죄한 사람이 그들과 동일한 죄에 빠지기 쉽습니다. 악한 사자는 재앙에 빠지며(잠 13:17), 가난한 사람의 부르짖음에 귀를 막으면 자기가 부르짖을 때 아무도 대답하지 않을 것입니다(잠 21:13)."

~ 11 ~
두려움과 소망이라는 성향이 불완전하다고 말한 이유에 대한 질문

게르마누스가 말했습니다: "사부께서는 하나님의 완전한 사랑에 대해 말씀해주셨습니다. 그러나 사랑을 칭송하시면서도 하나님에 대한 두려움과 영원한 상에 대한 희망이 불완전한 것이라고 말씀하셨기 때문에 우리는 혼란을 느낍니다. '너희 성도들아 여호와를 경외하라 그를 경외하는 자에게는 부족함이 없도다'(시 34:9)라고 말한 선지자는 다른 견해를 가진 듯합니다. 또 그는 상 받을 것을 염두에 두고 의로운 행위를 행했다고 인정하면서 '내가 주의 율례들을 영원히 행하려고 내 마음을 기울였나이다'(시 119:112)라고 말합니다. 또 히브리서 기자는 '믿음으로 모세는 장성하여 바로의 공주의 아들이라 칭함 받기를 거절하고 도리어 하나님의 백성과 함께 고난받기를 잠시 죄악의 낙을 누리는 것보다 더 좋아하고 그리스도를 위하여 받는 수모를 애굽의 모든 보화보다 더 큰 재물로 여겼으니 이는 상 주심을 바라봄이라'(히 11:24-26)고 말합니다. 다윗이 상 받기를 기대하고서 주의 법을 행했다고 자랑하며 모세가 장차 받을 상을 예견했기 때문에 바로의 공주의 아들로 입양된 것을 멸시하고 그리스도를 위해 고난 받는 편을 택했다고 기록되었는데, 왜 이것들을 불완전하다고 여겨야 합니까?"

~ 12 ~
완전함의 차이에 대한 답변

1. 카이레몬은 다음과 같이 말했습니다: "성경은 자유의지를 자극하여 각 사람의 정신의 상태와 용량에 맞추어 각기 상이한 완전의 단계에 이르게 합니다. 모든 사람이 동일한 덕과 의지와 열심을 소유하지 않으므로, 모두에게 동일하게 완전한 면류관이 주어질 수 없습니다. 그러므로 거룩한 말씀이 세우는 완전함의 분량과 단계는 각기 다릅니다.

2. "복음서에 기록된 여덟 가지 복이 이것을 분명히 증명해줍니다. 하늘나라를 소유할 사람, 땅을 소유할 사람, 위로받을 사람, 그리고 배부르게 될 사람

이 복되다고 언급됩니다. 그러나 우리는 하늘나라에 사는 것과 땅을 소유하는 것, 위로를 받는 것과 의로 배부르게 되는 것, 긍휼히 여김을 받을 사람과 하나님을 볼 자격을 얻을 사람 사이에는 큰 차이가 있다고 생각합니다(마 5:3-8). 3. 이는 해의 영광이 다르고, 달의 영광이 다르고, 별들의 영광이 다르며 고 별마다 영광이 다르며 죽은 사람들의 부활도 그와 같기 때문입니다(고전 15:41-42 참조).

"그러므로 성경은 하나님을 경외하는 사람들을 칭찬하고 '여호와를 경외하는 자마다 복이 있도다'(시 128:1)라고 말하며 완전한 복을 약속합니다. 4. 또 '사랑 안에 두려움이 없고 온전한 사랑이 두려움을 내쫓나니 두려움에는 형벌이 있음이라 두려워하는 자는 사랑 안에서 온전히 이루지 못하였느니라'(요일 4:18)고 말합니다. 하나님을 섬기는 것은 영광스러운 일입니다. 성경에는 다음과 같이 기록되어 있습니다: '여호와를 경외함으로 섬기고'(시 2:11); '네가 나의 종이 되어'(사 49:6); '주인이 올 때에 그 종이 이렇게 하는 것을 보면 그 종이 복이 있으리로다'(마 24:46). 그러나 주님은 제자들에게 '너희는 내가 명하는 대로 행하면 곧 나의 친구라 이제부터는 너희를 종이라 하지 아니하리니 종은 주인이 하는 것을 알지 못함이라 너희를 친구라 하였노니 내가 내 아버지께 들은 것을 다 너희에게 알게 하였음이라'(요 15:14-5)고 말씀하셨습니다.

5. "따라서 완전함에 여러 등급이 있음을 알 수 있습니다. 주님은 우리에게 높은 곳에서 더 높은 곳으로 나아가라고 말씀하십니다. 하나님 경외 안에서 복되고 완전한 사람, 힘을 얻고 더 얻으며(시 84:7) 하나의 완전에서 또 다른 완전으로 나아가는 사람, 즉 열정적인 정신을 가지고 두려움에서 소망으로 나아가는 사람은 더 복된 상태인 사랑의 상태로 초대됩니다. 또 '충성되고 지혜 있는 종'(마 24:45)은 친구의 친밀함과 양자의 상태로 옮겨갑니다.

6. "우리가 거룩한 사람들에게 약속된 상이나 영원한 형벌에 대한 의식이 중요하지 않다고 선언하는 것이 아닙니다. 그것들은 유익한 것으로서 그것들을 깊이 생각하는 사람들을 복의 출발점으로 인도합니다. 그러나 보다 더 완전한 확신과 영속적인 기쁨이 들어 있는 사랑은 그들을 종의 두려움과 삯꾼의 희망에서 끌어내어 하나님의 사랑과 양자의 상태로, 완전함에서 더 완전한 상태로 이끌어갑니다. 그렇기 때문에 주님은 '내 아버지 집에 거할 곳이 많도다' (요 14:2)라고 말씀하셨습니다. 하늘에 별들이 많지만 해와 달, 새벽별과 나머지 별들의 밝음에는 큰 차이가 있습니다.

7. "바울은 두려움과 희망뿐만 아니라 크로 놀라운 것으로 간주되는 모든 은사들보다 사랑을 선호하며 그것이 다른 모든 것보다 탁월함을 보여줍니다. 그는 영적인 덕목들을 열거하고 다음과 같은 말로 그의 특성들을 묘사하기 시작합니다: '너희는 더욱 큰 은사를 사모하라 내가 또한 가장 좋은 길을 너희에게 보이리라 내가 사람의 방언과 천사의 말을 할지라도 사랑이 없으면 소리 나는 구리와 울리는 꽹과리가 되고 내가 예언하는 능력이 있어 모든 비밀과 모든 지식을 알고 또 산을 옮길 만한 모든 믿음이 있을지라도 사랑이 없으면 내가 아무것도 아니요 내가 내게 있는 모든 것으로 구제하고 또 내 몸을 불사르게 내줄지라도 사랑이 없으면 내게 아무 유익이 없느니라' (고전 12:31~13:3).

8. 그러므로 사랑은 무엇보다 귀중하고 완전하고 고귀하고 영구합니다. 예언도 사라지고 방언도 그치고 지식도 사라지지만 사랑은 없어지지 않습니다. 사랑이 없으면 가장 탁월한 은사들뿐만 아니라 순교의 영광도 무가치합니다.

~ 13 ~
큰 사랑에서 생겨나는 두려움

1. "이 완전한 사랑 안에 굳게 자리잡은 사람은 사랑에 대한 더 고귀한 두려움의 단계로 올라갈 것인데, 그것은 형벌에 대한 두려움이나 상에 대한 희망에 의해 생겨나는 것이 아니라 사랑의 위대함에 의해 생겨나는 것입니다. 이 열망하는 성향을 가진 아들은 근면한 아버지를 두려워하며, 동생은 형을 두려워하며, 친구는 친구를 두려워하고, 아내는 남편을 두려워합니다. 왜냐하면 그들이 공격이나 모욕을 두려워하는 것이 아니라 사랑을 거스르는 작은 범죄를 두려워하기 때문입니다. 그러므로 그들은 자신을 향한 상대방의 뜨거운 사랑이 미지근해지지 않도록 하기 위해 헌신적으로 행동하고 말하는 데 몰두합니다.

2. "이사야 선지자는 이 두려움을 '구원과 지혜와 지식이 풍성할 것이니 여호와를 경외함이 네 보배니라'(사 33:6)고 표현했습니다. 그는 하나님의 참된 지혜와 지식 안에 존재하는 우리 구원의 보배가 하나님에 대한 두려움에 의해서만 보존될 수 있다고 말함으로써 이 두려움의 권위와 가치를 나타냅니다. '온 땅은 여호와를 두려워하며 세상의 모든 거민들은 그를 경외할지어다'(시 33:8)라는 시편 기자의 말처럼 하나님에 대한 두려움은 죄인들에게 요구되는 것이 아니라 거룩한 사람들에게 요구됩니다. 3. 이러한 두려움을 가지고 하나님을 경외하는 사람의 완전함에는 부족한 것이 없습니다. 요한은 형벌의 두려움과 관련하여 '두려워하는 자는 사랑 안에서 온전히 이루지 못하였느니라'(요일 4:18)고 말합니다.

"지혜와 지식의 보배인 바 부족한 것이 없는 두려움과 '지혜의 근본'(시 111:10)이라고 불리는 불완전한 두려움 사이에는 큰 차이가 있습니다. 후자는 본질적으로 형벌을 포함하는 것으로서 완전한 사랑이 임할 때 완전한 사람들의 마음에서 쫓겨나갑니다. 이는 온전한 사랑이 두려움을 내쫓기 때문입니다 (요일 4:18). 4. 실제로 지혜의 근본이 두려움 안에 존재한다면, 그리스도의 사랑만이 그것의 완성일 것입니다. 그리스도의 사랑은 자체 안에 완전한 사랑에 대한 두려움을 포함하며, 지혜의 근본이라고 불리는 것이 아니라 지혜와 지식의 보배라고 불립니다.

"두려움에 두 단계가 있습니다. 초보자, 즉 아직 멍에와 종의 두려움 아래 있는 사람들을 위한 두려움이 있습니다. 이것과 관련하여 종이 제 주인을 두려워한다고 기록되어 있습니다(말 1:6 참조). 복음서에서는 '이제부터는 너희를 종이라 하지 아니하리니 종은 주인이 하는 것을 알지 못함이라'(요 15:15), 5. 그는 '종은 영원히 집에 거하지 못하되 아들은 영원히 거하나니'(요 8:35)라고 말합니다. 이것은 형벌에 대한 두려움에서 벗어나 사랑의 완전한 자유 및 하나님의 아들의 친구로서의 확신을 가지라고 가르칩니다. 주님의 사랑의 능력 덕분에 종의 두려움을 벗어난 사도 바울은 저급한 것들을 멸시했으며 자신에게 위대한 것들이 주어졌다고 고백하면서 '하나님이 우리에게 주신 것은 두려워하는 마음이 아니요 오직 능력과 사랑과 절제하는 마음이니'(딤후 1:7)라고 말합니다. 6. 하늘 아버지의 완전한 사랑으로 뜨거워진 사람, 종이었으나 하나님의 양자가 된 바울은 '너희는 다시 무서워하는 종의 영을 받지 아니하고 양자의 영을 받았으므로 우리가 아빠 아버지라고 부르짖느니라'(롬 8:15)고 권면합니다.

"이사야 선지자는 성육신의 계획에 따라 인간의 모양을 취하신 주님에게 임한 일곱 가지 성령을 묘사하면서 이 두려움에 관해 말했습니다: '그의 위에 여호와의 영 곧 지혜와 총명의 영이요 모략과 재능의 영이요 지식과 여호와를 경외하는 영이 강림하시리니'(사 11:2). 그는 특별한 것을 언급하는 듯이 '여호와를 경외하는 영이 강림하시리니'라고 말합니다. 7. 그가 다른 사람들에 대해 말할 때처럼 '여호와의 영이 강림하시리니'라고 말한 것이 아니라 '여호와를 경외하는 영이 강림하시리니'라고 말한 점에 주목해야 합니다. 그것이 매우 압도적이기 때문에 정신을 부분적으로 장악하는 것이 아니라 그것의 능력에 사로잡힌 사람 안에서 정신 전체를 장악합니다. 그것은 '결코 떨어지지 아니하는' 사랑에 매달리므로, 사로잡힌 사람을 채우고 영원히 뗄 수 없이 소유합니다. 때때로 형벌에 대한 두려움은 세속적인 기쁨과 즐거움에 의해 약해지지만, 그것은 약해지지 않습니다.

8. "이것이 인류를 대속하실 뿐만 아니라 완전의 길과 덕의 본보기를 제공하기 위해서 인간의 모습으로 오신 주님에게 채워졌다고 언급되는 완전한 두려움입니다. '죄를 범하지 아니하시고 그 입에 거짓도 없으신'(벧전 2:22) 참 하나님의 아들은 종처럼 형벌을 두려워하실 수 없었습니다."

~ 14 ~
완전한 사랑에 대한 질문

게르마누스가 말했습니다: "사부께서 완전한 사랑에 대한 말씀을 마치셨으니, 이제 순결의 목적에 대해 다소 자유로이 질문하겠습니다. 우리는 사랑의 권위를 의심하지 않습니다. 사랑이 없으면 완전한 순결이 존재할 수 없습니다. 그러나 음탕한 감흥이 우리 마음의 온전한 상태를 공격하지 못하게 하며 우리가 육체 안에 사는 동안 이 육욕적인 정념을 멀리하여 부글거리는 감정들과 충동에 시달리지 않기 위해서 그것을 영속적으로 획득할 수 있는지 알고 싶습니다."

~ 15 ~
우리가 요청한 설명을 뒤로 미룸

카이레몬 사부가 말했습니다: "우리로 하여금 주님에게 매달리게 해주는 성향을 배우고 가르치는 것은 최고의 복의 표식이며 가치있는 일입니다. 따라서 시편 기자의 말처럼 밤낮 그것을 묵상해야 하며(시 1:2 참조) 항상 이 하늘 양식을 씹음으로써 의에 주리고 목마른 우리 마음을 충족시켜야 합니다.

"그러나 주님의 은혜로우신 섭리와 조화를 이루려면 우리의 몸이 도중에 탈진하지 않도록 배려해야 합니다. 왜냐하면 마음은 원하지만 육신이 약하기 때문입니다(마 26:41 참조). 이제 식사를 함으로써 이것을 충족시킨 후에 당신들이 세심하게 알려는 것에 집중합시다."

담화 12

사부 카이레몬의 두 번째 담화

순결에 관하여

~ 1 ~

순결에 관한 카이레몬 사부의 담화

1. "우리는 가르침 받기를 원했기 때문에 즐겁기보다는 부담스럽게 여기면서 식사를 마쳤습니다. 사부 카이레몬은 우리가 담화를 계속하겠다는 약속을 이행해줄 것을 기다리고 있다는 것을 아시고 다음과 같이 말씀하셨습니다:

"당신들의 마음이 학습에 집중되어 있다는 것뿐만 아니라 질문을 제기하는 방식도 마음에 듭니다. 당신들은 합리적으로 규모있게 질문하셨습니다. 영구적이고 완전한 순결에 대해 주어지는 말할 수 없이 큰 상에는 고귀하고 충만한 사랑이 동반될 것이며, 그 두 가지를 받을 때 동등한 기쁨이 있을 것입니다. 2. 그것들은 서로 긴밀하게 연합되어 있으므로 둘 중 하나만 소유하는 것은 불가능합니다.

"이 점과 관련하여 당신들이 요청하신 것—즉 육체가 본성적인 것으로 감지하는 정욕의 불을 완전히 끌 수 있는지에 대해 논의해야 한다는 것—은 어려운 일입니다. 이와 관련하여 먼저 바울의 견해를 신중하게 살펴보아야 합니다. 바울은 '땅에 있는 지체를 죽이라'(골 3:5)고 말합니다. 그러므로 우리는 먼저 바울이 죽이라고 명령한 지체가 무엇인지 살펴보아야 합니다. 바울은 잔인하게 우리의 손이나 발이나 생식기를 잘라버리라고 명령하는 것이 아닙니다. 그는 지체들 안에 존재하는 죄의 몸이 완전한 거룩함을 향한 열심에 의해 신속하게 죽기를 바랍니다.

"그는 이 몸에 대해 '죄의 몸이 죽어 다시는 우리가 죄에게 종 노릇 하지 아니하려 함이니'(롬 6:6)라고 말합니다. 또 '오호라 나는 곤고한 사람이로다 이 사망의 몸에서 누가 나를 건져내랴'(롬 7:24)고 탄식하면서 죄의 몸에서 해방되기를 청합니다.

~ 2 ~
죄의 몸과 그 지체들

1. "이 죄의 몸이 악덕들의 많은 지체들로 만들어지며, 말이나 생각이나 행위에 의해 범해진 모든 죄가 이 몸에 속한다고 언급됩니다. 그 몸의 지체들은 땅에 있다고 말해야 옳습니다. 그것들을 이용하지 않는 사람은 '우리의 시민권은 하늘에 있는지라'(빌 3:20)고 고백할 수 있습니다. 바울은 이 몸의 지체들을 다음과 같이 묘사합니다: '땅에 있는 지체를 죽이라 곧 음란과 부정과 사욕과 악한 정욕과 탐심이니 탐심은 우상 숭배니라'(골 3:5).

2. "그는 첫째 지체로 육체적 교합에서 발생하는 음란을 언급했습니다. 그는 두 번째 지체를 부정이라고 불렀는데, 그것은 때때로 여인과의 접촉이 없이 부주의한 정신의 태만함 때문에 잠자거나 깨어 있는 사람에게 다가옵니다. 그러므로 율법은 그것을 금하며, 부정한 사람이 거룩한 고기를 먹는 것을 금할 뿐만 아니라 그들과의 접촉에 의해 거룩한 것들이 더럽히지 않도록 하기 위해 그들을 진영 밖으로 쫓아내라고 명합니다: '만일 몸이 부정한 자가 여호와

께 속한 화목제물의 고기를 먹으면 그 사람은 자기 백성 중에서 끊어질 것이요'(레 7:20), '부정한 자가 만진 것은 무엇이든지 부정할 것이며 그것을 만지는 자도 저녁까지 부정하리라'(민 19:22). 3. 신명기에서는 '너희 중에 누가 밤에 몽설함으로 부정하거든 진영 밖으로 나가고 진영 안에 들어오지 아니하다가 해 질 때에 목욕하고 해 진 후에 진에 들어올 것이요'(신 23:10-11)라고 명합니다. "바울이 세 번째로 언급하는 죄의 지체는 사욕입니다. 그것은 영혼의 깊은 곳에서 자라며 육적인 정념이 없는 사람 안에서도 발생할 수 있습니다.

4. '바울은 그 다음에 큰 죄에서 작은 죄로 내려가면서 악한 정욕을 네 번째 지체로 언급합니다. 이것은 앞에서 언급된 음란의 정념뿐만 아니라 일반적으로 모든 악한 정욕을 언급할 수 있습니다. 그것은 타락한 의지의 질병에 불과합니다. 복음서에서 주님은 그것에 대해 '음욕을 품고 여자를 보는 자마다 마음에 이미 간음하였느니라'(마 5:28)고 말씀하십니다. 매력적인 여인의 모습을 보면서 방황하는 정신의 욕망을 품는 것이 한층 더 큰 죄입니다. 5.이런 까닭에 정신이 항상 온전하지 못하다면, 육체적 금욕에 속하는 순결만으로는 완전한 깨끗함을 유지할 수 없음이 증명됩니다.

"바울은 이것들을 언급한 뒤에 마지막 지체로 탐심을 언급하면서, 다른 사람들의 재산을 탐내지 않을 뿐만 아니라 자신의 재산도 무시해야 한다는 것을 증명합니다. 사도행전은 이렇게 행한 많은 신자들에 대해 다음과 같이 말합니다: '믿는 무리가 한마음과 한 뜻이 되어 모든 물건을 서로 통용하고 자기 재물을 조금이라도 자기 것이라 하는 이가 하나도 없더라 그 중에 가난한 사람이 없으니 이는 밭과 집 있는 자는 팔아 그 판 것의 값을 가져다가 사도들의 발 앞에 두매 그들이 각 사람의 필요를 따라 나누어 줌이라'(행 4:32, 34-35). 6. 그는 이 완전함이 소수의 사람들의 것처럼 보이지 않도록 하기 위해서 탐심이 우상숭배라고 언명합니다. 가난한 사람들을 위해 기부하지 않으며 믿음이 없이 돈에 집착하여 그것을 그리스도의 명령보다 우위에 두는 사람은 세상의 물건을 하나님 사랑보다 선호함으로써 우상숭배의 죄를 범합니다.

~ 3 ~
음란과 부정을 죽임

1. "많은 사람들이 그리스도를 위해 소유를 버리는 것은 자신이 소유하고 있는 돈뿐만 아니라 그것에 대한 욕망까지 마음에서 영원히 잘라버렸음을 보여줍니다. 그렇다면 음란의 불도 동일한 방식으로 소멸시킬 수 있다고 여겨야 합니다. 왜냐하면 바울이 가능한 것과 불가능한 것을 결합하지 않았을 것이기 때문입니다. 그는 두 가지 모두 가능하다는 것을 알고 있었으며, 그것들도 비슷한 방식으로 죽이라고 명령했습니다. 2. 그는 음란과 부정을 우리의 지체에서 근절할 수 있다고 확신했기 때문에 그것들을 죽여야 한다고 말할 뿐만 아니라 우리 가운데서 그것들이 언급되어서는 안 된다고 말합니다: '음행과 온갖 더러운 것과 탐욕은 너희 중에서 그 이름조차도 부르지 말라 이는 성도에게 마땅한 바니라 누추함과 어리석은 말이나 희롱의 말이 마땅치 아니하니'(엡 5:3-4). 또 그는 이것들이 동등하게 파괴적이며 우리를 하나님의 나라에서 멀어지게 만든다고 가르칩니다: 3. '너희도 정녕 이것을 알거니와 음행하는 자나 더러운 자나 탐하는 자 곧 우상 숭배자는 다 그리스도와 하나님의 나라에서 기업을 얻지 못하리니'(엡 5:5); '미혹을 받지 말라 음행하는 자나 우상 숭배하는 자나 간음하는 자나 탐색하는 자나 남색하는 자나 도적이나 탐욕을 부리는 자나 술 취하는 자나 모욕하는 자나 속여 빼앗는 자들은 하나님의 나라를 유업으로 받지 못하리라'(고전 6:9-10).

"바울이 탐욕과 어리석음과 저속한 말과 술취함과 도둑질 등 쉽게 제거할 수 있는 것들과는 다른 방식으로 음란과 부정을 제거해야 한다고 명령하지 않았으므로 음란과 부정이 우리의 지체 안에서 제거될 수 있음이 분명합니다.

~ 4 ~

인간의 노력으로 완전한 순결을 획득할 수 없다는 것

1. 비록 우리가 온갖 종류의 엄격한 금욕—즉 굶주림과 갈증, 철야, 꾸준한 작업, 끊임없는 독서—을 행하지만, 그것들을 꾸준히 행하는 동안 경험의 학교에서 그것의 썩지 않음이 하나님의 풍성한 은혜에 의해 주어진다는 것을 배우지 못한다면, 이러한 노력을 통해서 영속적인 순결을 획득할 수 없습니다.
2. 이런 까닭에 모든 사람은 끊임없이 이러한 수행을 계속해야 한다는 것을 깨달아야 합니다. 고생스럽게 그것들을 행함으로 말미암아 주님의 자비를 얻고 나면 하나님의 은사 덕분에 육체의 공격 및 악덕들의 지배에서 해방될 자격을 얻을 것입니다. 그러나 이것들을 통해서 혼자 힘으로 더럽히지 않은 육체적인 순결을 획득할 것이라고 생각하지 말아야 합니다.
3. "그런 사람은 탐욕스럽게 돈을 추구하는 사람처럼 뜨거운 사랑과 갈망을 가지고 순결을 추구해야 합니다. 야심차게 명예를 추구하는 사람이나 아름다운 여인을 뜨겁게 사랑하는 사람처럼 열정적으로 자신의 갈망을 이루려 해야 합니다. 영구적인 온전함을 향한 끝없는 갈망이 있는 한 그는 바람직한 음식을 멸시하며, 꼭 필요한 음료를 역겨워하며, 본성적으로 필요한 잠을 거부할 것입니다. 또 열광하면서도 의심하는 정신은 그것을 순수함을 미혹하는 사기꾼, 순결을 질투하고 대적하는 자로 간주합니다. 따라서 매일 아침 자신의 온전함을 의식하는 사람은 자신에게 주어진 순수함으로 말미암아 기뻐해야 하

며, 그것이 자신의 노력과 근면함에 의한 것이 아니라 주님의 보호하심에 의해 획득된 것임을 알아야 하며, 자비하신 주님이 허락하시는 한 자신의 몸이 꾸준히 그것을 유지할 것임을 깨달아야 합니다.

4. "이 믿음을 안정적으로 소유한 사람은 교만하게 자신의 덕에 대한 지식을 신뢰하지 않을 것입니다. 또 오랫동안 성욕이 잠잠하다는 사실 때문에 안심하고 약해지지도 않을 것입니다. 왜냐하면 잠시라도 하나님의 보호하심이 사라진다면 부정한 정액의 배출에 의해 자신이 더럽히리라는 것을 알기 때문입니다. 그러므로 우리는 통회하며 겸손한 마음으로 쉬지 않고 이 상태를 유지할 수 있게 해달라고 기도해야 합니다.

5
우리 안에서 들끓는 감정들과 충동들에 의해 발생되는 싸움의 가치

1. "지금까지 말한 것을 확신할 수 있게 해주며 우리를 대적하여 해로운 것처럼 보이는 이 육체의 싸움이 우리의 유익을 위해 우리 지체 안에 놓여졌음을 깨닫는 데 도움이 되도록 지금까지 말한 것이 진실이라는 증명을 원하십니까? 육체적인 고자들을 생각해 보십시오. 그것이 그들로 하여금 덕의 추구에 있어 부정적이고 미온적이게 만듭니까? 그들은 자신의 순결이 파괴될 위험이 없다고 여깁니까? 2. 이것은 그들 모두가 완전한 금욕을 행하지 않는다는 말이 아닙니다. 만일 그들 중 일부가 절제된 정신을 가지고 자기 앞에 놓인 완전함의 종려나무를 얻기 위해 분투한다면 그들은 어떤 식으로든 본성을 극복할 것입니다. 이것을 향한 뜨거운 갈망은 굶주림과 목마름, 철야, 가난, 온갖 종류의 육체적인 수고를 인내하며 즐거운 마음으로 견뎌내라고 강권받는 사람을 영원히 밝혀줄 것입니다. 배고픈 사람은 쓴 것도 달게 먹습니다(잠 27:7).

3. "우리가 제거하려는 해로운 성향이 유익한 성향들로 대치되지 않는 한 현세의 것들을 향한 욕망들을 억제하거나 제거할 수 없습니다. 선하게 사용되어야 하는 갈망, 두려움, 기쁨, 또는 슬픔 등의 감정이 없으면 정신의 활력이 존속할 수 없습니다. 그러므로 우리 마음에서 육욕적인 욕망을 몰아내려면 그것들 대신에 영적인 즐거움을 심어야 합니다. 그리하면 언제나 그것들과 결속되어 있는 우리의 정신이 항상 그것들 안에 깃들이며 현세의 일시적인 즐거움의 유혹을 뿌리칠 수 있을 것입니다.

4. "날마다 훈련함으로써 이 상태에 도달한 정신은 경험의 가르침에 의해 우리가 익숙한 음조로 노래하는 구절— '내가 여호와를 항상 내 앞에 모심이여 그가 나의 오른쪽에 계시므로 내가 흔들리지 아니하리로다'(시 16:8)—의 정서를 이해할 것입니다. 그러나 그 구절의 힘은 소수의 노련한 사람들만 이해합니다. 우리가 말하고 있는 바 몸과 영혼의 순결에 도달하여 그 상태에서 다시 실족하지 않도록 지켜주신다는 것과 항상 그의 오른손—즉 그의 거룩한 행위들—을 보호해주신다는 것을 이해하는 사람만 이 노래의 힘과 주제를 이해할 것입니다. 5. 하나님은 거룩한 자들을 왼편이 아닌 오른편에 두십니다. 죄인들과 악인들은 하나님이 현존하시는 곳에 오른손을 두지 못하기 때문에 하나님을 보지 못하며, 시편 기자처럼 '내 눈이 항상 여호와를 바라봄은 내 발을 그물에서 벗어나게 하실 것임이로다'(시 25:15)라고 노래하지 못합니다. 이 세상에 있는 모든 것을 해롭거나 불필요한 것, 또는 최고의 덕들보다 열등한 것으로 간주하는 사람, 그리고 자기 마음밭을 경작하는 일과 순결을 유지하는 일에 관심과 노력과 시선을 집중하는 사람만 이렇게 고백할 수 있습니다. 이러한 수행에 의해 연마되고 그 진보에 의해 정련된 정신은 몸과 영혼이 완전히 거룩해질 것입니다.

~ 6 ~
인내로 음란의 불을 끄는 것

1. "마음의 인내와 온유함이 증가함에 따라 몸의 정결함이 증가하며, 노염이라는 정념을 몰아내는 데 비례하여 순결을 더 굳게 붙들 것입니다. 먼저 정신의 움직임들을 억제하지 못하면, 몸에서 치밀어오르는 화가 사그라들지 않을 것입니다. 주님이 권하신 팔복에서 이것이 분명하게 언명됩니다: '온유한 자는 복이 있나니 그들이 땅을 기업으로 받을 것임이요' (마 5:5). 2. 마음이 먼저 끈질긴 온유함 안에 고정되지 않으면, 우리는 땅을 소유하지 못할 것입니다. 즉 이 반역적인 몸이라는 땅을 지배할 수 없을 것입니다. 마찬가지로 온유라는 무기를 갖추지 못한 사람은 자기의 육체를 거슬러 음란의 반역을 억제할 수 없을 것입니다. 온유한 자들은 땅을 차지하며(시 37:11), 의인은 땅을 차지하고 언제나 거기에서 살 것입니다(시 37:29). 시편 기자는 이 땅을 얻는 방법을 가르쳐줍니다: '여호와를 바라고 그의 도를 지키라 그리하면 네가 땅을 차지하게 하실 것이라' (시 37:34).

3. "끈기고 변함이 없는 온유함을 통해 여호와의 어려운 길과 명령을 따르며 육욕적인 정념들의 더러움에서 벗어난 사람만이 땅을 확실히 획득할 수 있습니다. '온유한 자들은 땅을 차지하며' 땅을 소유할 뿐만 아니라 '풍성한 화평으로' 즐거워할 것입니다(시 37:11b). 육체 안에서 정욕의 싸움이 벌어지고 있는 사람은 이것을 영속적으로 누리지 못할 것입니다. 그런 사람은 귀신들의 사나운 공격을 받으며 방탕의 불화살에 맞아 땅을 상실합니다. 그리하여 마침내 하나님이 땅 끝까지 전쟁을 그치게 하시고 활을 부러뜨리고 창을 꺾고 방패를 불사르실 것입니다(시 46:9). 다시 말해서 주님이 땅에 오셔서 불로 밤낮 싸우는 악한 영들이 정념의 불화살로 위협하면서 사용하는 무기들과 활을 산

산조각 내십니다.

4. "주님이 전쟁을 폐하시고 온갖 감정과 충동에서 해방시켜 주시면 그는 정결한 상태를 획득할 것입니다. 그 때 그는 공격받을 때 자기 육체를 위해 느끼던 공포에 시달리지 않고 마치 그것이 가장 깨끗한 장막인 듯 기뻐하기 시작할 것입니다. 왜냐하면 그의 장막에 불행이 찾아오지 않을 것이며 재앙이 가까이하지 못할 것이기 때문입니다(시 91:10). 그는 인내에 의해 그 예언을 성취할 것이며, 온유함 덕분에 땅을 소유할 뿐만 아니라 풍성한 화평으로 즐거워할 것입니다.

5. "그러나 싸움에 대해 불확실성이 있는 곳에는 풍성한 화평이 존재할 수 없습니다. 왜냐하면 시편에서 그들이 '화평 안에서' 즐거워할 것이라고 말하는 것이 아니라 '풍성한 화평으로' 즐거워할 것이라고 말하기 때문입니다. 이로 보건대 마음의 효과적인 약은 인내입니다. 솔로몬은 '평온한 마음은 육신의 생명'(잠 14:30)이라고 말합니다. 평온한 마음은 분노, 슬픔, 권태, 허영, 교만, 그리고 음탕함을 근절합니다. 솔로몬은 '오래 참으면 관원도 설득할 수 있나니'(잠 25:15)라고 말합니다. 항상 온유하고 평온한 사람은 분노의 불에 휩싸이지 않으며, 권태와 슬픔에 빠지지 않고, 허영과 교만에 빠지지 않습니다. '주의 법을 사랑하는 자에게는 큰 평안이 있으니 그들에게 장애물이 없을 것입니다'(시 119:165). 6. 그러므로 '노하기를 더디하는 자는 용사보다 낫고 자기의 마음을 다스리는 자는 성을 빼앗는 자보다 나으니라'(잠 16:32)는 말이 타당합니다.

"이 견고하고 영구한 평화를 획득할 자격을 얻지 못하는 한 우리는 많은 공격을 받을 것이며, 종종 신음하고 눈물을 흘리면서 '주의 진노로 말미암아 내 살에 성한 곳이 없사오며 나의 죄로 말미암아 내 뼈에 평안함이 없나이다 내 상처가 썩어 악취가 나오니 내가 우매한 까닭이로소이다 내가 아프고 심히 구부러졌으며 종일토록 슬픔 중에 다니나이다'(시 38:3, 5-6)라고 반복하여 고백할 것입니다.

7. "오랜 세월 동안 몸의 순결을 유지하고 육체적인 접촉에서 완전히 벗어났기를 바랐음에도 불구하고 또다시 마음의 교만 때문에 육체적인 욕구들이 공격하는 것, 또는 미혹하는 꿈으로 말미암아 과거처럼 정액을 배출하는 일이 다시 시작되는 것을 볼 때 우리는 슬퍼할 것입니다. 오랫동안 마음과 몸의 깨끗함이 지속되었으므로 기뻐하며 더 이상 그 고결함을 잃지 않을 것이라고 믿는 사람은 내면적으로 자랑하며, 8. '내가 형통할 때에 말하기를 영원히 흔들리지 아니하리라 하였도다'(시 30:6)라고 말합니다. 그러나 그의 유익을 위해 행하시는 여호와에게서 버림을 받고 자신이 확신했던 정결한 상태가 자신을 버리고 있다는 것을 깨달으며 자신의 영적 진보가 흔들리고 있음을 볼 때 그는 즉시 온전함의 근원이신 분에게 돌아가야 합니다. 그는 자신의 약함을 인정하고 '여호와여 주의 은혜로 나를 산같이 굳게 세우셨더니 주의 얼굴을 가리시매 내가 근심하였나이다'(시 30:7)라고 고백해야 하며, 욥처럼 '내가 눈 녹은 물로 몸을 씻고 잿물로 손을 깨끗하게 할지라도 주께서 나를 개천에 빠지게 하시리니 내 옷이라도 나를 싫어하리이다'(욥 9:30-31)라고 고백해야 합니다. 9. 죄에 의해 더러움 속에 몸을 던진 사람은 자기를 지으신 분에게 이렇게 말할 수 없습니다.

"완전히 깨끗한 상태에 도달하여 종종 이러한 불일치들에 의해 훈련을 받음으로써 마침내 하나님의 은혜에 의해 자신이 추구하는 깨끗함 안에 확실히 자리잡은 사람은 '내가 여호와를 기다리고 기다렸더니 귀를 기울이사 나의 부르짖음을 들으셨도다 나를 기가 막힐 웅덩이와 수렁에서 끌어올리시고 내 발을 반석 위에 두사 내 걸음을 견고하게 하셨도다'(시 40:1-2)라고 말할 수 있습니다.

~ 7 ~
순결의 차이점들과 단계

1. "침범할 수 없는 깨끗함에 오르는 데에는 여러 등급의 순결이 있습니다. 우리의 능력으로는 그 등급들을 분간하고 그것들에 대해 말할 수 없지만, 우리의 담화 계획에 그것이 요구되므로, 우리의 미약한 경험이 미치는 한도까지 가능한 한 그것들을 다루겠습니다. 완전한 것들은 완전한 자들의 것으로 남겨두어야 하며, 열정적으로 수고한 덕분에 더 깨끗한 순결을 소유한 사람들 및 분명한 시력의 힘 때문에 탁월한 사람들에 대해 결론을 내리려 해서는 안 될 것입니다.

2. "순결의 등급별로 고상함에 큰 차이가 있지만 나는 순결을 크게 여섯 단계로 구분하렵니다. 인간의 이해력으로나 정신으로 이해할 수 없고 말로 표현할 수 없는 많은 중간 단계들에 대해서는 생략하렵니다. 그것들에 의해서 순결의 완전함이 서서히 성장하고 날마다 진보합니다. 날마다 눈에 보이지 않게 자라서 아무도 알지 못하게 알맞은 상태에 도달하는 몸처럼 영혼의 힘과 순결도 성장합니다.

3. "순결의 첫 단계는 수도사가 깨어 있을 때 육욕적인 공격을 받아 해를 입지 않는 것입니다. 둘째 단계는 그의 정신이 즐거운 생각들을 깊이 생각하지 않는 것입니다. 셋째 단계는 여인을 바라봄으로써 욕망을 느끼지 않는 것입니다. 넷째 단계는 깨어 있는 동안 육체의 움직임을 허락하지 않는 것입니다. 다섯째 단계는 토론이나 독서로 말미암아 인간 세대에 대한 생각이 일어날 때

기분 좋은 행동에 동의하려는 생각을 품지 않으며, 평온하고 깨끗한 정신을 가지고 그것을 단순한 행동이요 인간 본성의 피할 수 없는 사역으로 간주하는 것입니다. 이 기억을 벽돌을 굽는 것 정도로 생각하며 그 이상의 것으로 중시하지 마십시오.

4. "순결의 여섯째 단계는 잠잘 때에도 여인의 모습에 미혹되지 않는 것입니다. 우리는 이러한 망상이 악하다고 믿지 않지만, 그것은 뿌리 깊은 욕망의 표식입니다. 이 망상은 여러 가지 방식으로 발생할 수 있습니다. 사람은 깨어있을 때 행동하고 생각하는 방식에 따라 잠잘 때에 유혹을 받습니다. 성관계를 경험한 적이 있는 사람들이 타락하는 방식과 여인과의 결합 경험이 전혀 없는 사람들이 타락하는 방식이 다릅니다. 후자는 비교적 단순하고 깨끗한 꿈에 시달리기 때문에 크게 노력하지 않고서도 쉽게 깨끗함을 얻을 수 있습니다. 5. 그러나 전자는 더 더럽고 노골적인 심상들의 미혹을 받습니다. 결국 잠든 정신은 자신이 얻기 위해 노력하고 있는 순결의 분량에 따라 점차 전에 즐기던 것들을 미워하게 되며, 주님은 용감한 사람들의 수고에 대한 상으로 약속하신 것을 허락하십니다: '(내가) 활과 칼을 꺾어 전쟁을 없이하고 그들로 평안히 눕게 하리라'(호 2:18).

6. "마지막으로 세레누스 사부를 비롯하여 그와 비슷한 소수의 사람들의 특징인 깨끗함에 도달할 사람들이 있습니다. 이 단계는 소유될 수 없을 뿐만 아니라 탁월한 사람들 외에는 믿을 수 없는 단계이기 때문에, 그리고 하나님의 선물로 특별히 주어진 것을 일반적인 교훈—정신이 순결의 깨끗함으로 인침을 받으면 육체의 자연스러운 움직임까지도 제거되며 우리가 역겨운 정액을 생산하지 않을 것이라는 사실—으로 제시할 수 없기 때문에, 나는 이 단계를 앞의 여섯 단계에서 제외했습니다.

7. "꿈에 의해 야기된 망상이 이러한 육체의 현상을 만들어내기 때문이 아니라 과다한 정액이 병든 마음 안에서 유혹적인 것을 발생시킨다고 주장하는 사람들의 견해에 대해서 침묵해서는 안 됩니다. 그들은 이러한 정액의 증가가 중지되고 배출됨에 따라 미혹도 잠잠해진다고 말합니다.

~ 8 ~
미숙한 사람들은 순결의 본질과 그 효과에 대해 논의할 수 없다는 것

1. "주님의 말씀의 인도하심 아래 깨끗한 마음과 오랜 경험을 통해서 육체와 영의 한계에 도달해본 사람 외에는 누구도 그것들이 가능한지 불가능한지 확실히 알거나 증명할 수 없습니다. 바울은 이것에 대해 '하나님의 말씀은 살아있고 활력이 있어 좌우에 날선 어떤 검보다도 예리하여 혼과 영과 및 관절과 골수를 찔러 쪼개기까지 하며 또 마음의 생각과 뜻을 판단하나니'(히 4:12)라고 말합니다.

2. "그러한 실체들의 경계에 놓인 사람은 마치 관찰자나 판사처럼 공정한 평가에 의해 인간의 상황에서 피할 수 없는 필수적인 부분과 나쁜 습관들과 젊은이의 부주의함에 의해 도입된 것을 분별할 것입니다. 그것들의 효과와 본질에 관한 한 그는 군중의 그릇된 견해에 이끌려 빗나가지 않을 것이며, 미숙한 사람들의 검증되지 않은 주장에 굴복하지도 않을 것입니다. 그는 자신의 경험이라는 확실한 저울로 깨끗함의 분량을 재고 세심하게 조사하므로, 그는 결코 그의 태만 때문에 한층 더 빈번하게 발생하는 욕구에 의해 더러운 행위로 몰아가는 본성적 상태에 대해 변명하는 사람들의 오류에 현혹되지 않습니다. 그는 그들이 본성의 힘에 의해 말하고 책임질 수 없는 사정射精을 행하며, 자신의 무절제함을 육체적으로 피할 수 없다거나 창조주의 탓으로 돌리며, 자신의 허

물들을 본성의 수치로 만드는 것을 봅니다. 3. 잠언은 이러한 사람들에 대해 잘 표현합니다: '사람이 미련하므로 자기 길을 굽게 하고 마음으로 여호와를 원망하느니라'(잠 19:3).

"혹시 내 말을 믿지 못하는 사람이 있다면 이 훈련과 관련된 기관들의 책임을 맡기 전에 미리 결정된 지위에서 우리와 논쟁하지 않기를 부탁합니다. 그가 습관적으로 절제하며 몇 달 동안 이것들을 관찰해왔다면 지금까지 우리가 말한 것에 대해 책임 있는 판단을 내릴 수 있을 것입니다. 그러나 먼저 특별한 기술이나 훈련을 통달하는 것과 관련된 모든 것을 힘껏 노력하여 추구하지 않은 사람은 그것을 완전히 자기의 것으로 만들지 못할 것입니다. 4. 그것은 무씨와 아마 씨에서 기름을 짜듯이 곡식에서 꿀 같은 것을 만들어낼 수 있다고 말하는 것과 흡사합니다. 이것을 전혀 알지 못하는 사람은 그것이 사물의 본질에 어긋나는 것이라고 외칠 것이며, 내가 뻔한 거짓말을 만들어내는 사람이라고 조롱하지 않겠습니까? 그것을 보고 맛보고 행했다고 증언해줄 무수히 많은 증인들을 그 사람 앞에 세우며, 그러한 물질들이 기름이나 꿀과 같은 것으로 변화되는 방법을 설명한다고 가정해 보십시오. 만일 그 사람이 어리석은 주장을 고집하며 그러한 씨앗에서 단것이나 기름을 만들어낼 수 있음을 부인한다면, 내가 말한 것의 진실, 신뢰할 수 있는 많은 사람들의 증언과 분명한 문서와 경험의 증거가 뒷받침해주는 진실이 터무니없는 것이 아니라 그의 비이성적이고 고집스런 주장이 더 놀랍지 않을까요?

5. "그러므로 항상 마음으로 경청함으로써 깨끗한 상태—정신이 이 정념의 자극에서 완전히 벗어났지만 잠자는 동안 육체가 몽설과 비슷한 현상을 나타내는 상태—에 도달할 때, 그는 본성이 활동중이라는 것을 깨달을 것입니다. 그가 잠에서 깨어나 자신의 육체가 오랜만에 무의식 중에 오염되었음을 발견

할 때에만 본성의 욕구를 탓해야 합니다. 그는 분명히 밤에도 낮과 동일한 상태에 있으며 동일하게 기도하고 독서하며, 사람들의 무리에 둘러싸여 있을 때나 혼자 있을 때 동일한 상태에 도달했습니다. 그는 결코 사람들의 눈에 뜨이는 것을 부끄러워해야 할 비밀을 소유하고 있지 않으며, 누구도 그에게서 사람들의 시선을 피해야 할 것을 발견하지 못하는 상태에 도달했습니다.

6. "그러므로 그는 순결의 빛 안에서 항상 즐거워하기 시작한 후 시편 기자처럼 '내가 혹시 말하기를 흑암이 반드시 나를 덮고 나를 두른 빛은 밤이 되리라 할지라도 주에게서는 흑암이 숨기지 못하며 밤이 낮과 같이 비추이나니 주에게는 흑암과 빛이 같음이니이다'(시 139:11-12)라고 말할 수 있을 것입니다. 그것이 인간 본성의 상태를 넘어서는 것처럼 보이기 때문에 시편 기자는 그것을 획득하는 방법에 대해 '주께서 내 내장을 지으시며 나의 모태에서 나를 만드셨나이다'(시 139:13)라고 덧붙여 말합니다. 다시 말해서 자신의 노력이나 덕에 의해 이 깨끗함을 획득한 것이 아니라 주께서 그의 내장 안에 있는 음탕한 쾌락의 불을 죽이셨기 때문이라고 말합니다."

~ 9 ~

잠자는 동안에 몸의 움직임을 피할 수 있는지에 관한 질문

게르마누스가 말했습니다: "우리는 깨어 있는 동안 하나님의 은혜 덕분에 영속적인 몸의 깨끗함을 소유할 수 있음을 경험했으며, 또 육체의 방해에 저항하려는 결심과 엄격함 때문에 깨어 있는 사람들이 육체의 방해를 받지 않을 수 있음을 부인하지 않습니다. 그런데 우리가 잠자는 동안에도 이러한 방해로부터 자유로울 수 있는지 알고 싶습니다. 우리는 두 가지 이유 때문에 그것이 불가능하다고 생각합니다. 부끄러워서 표현할 수 없지만 치료를 위해 필

요하므로 염치없이 그것들에 대해 언급하는 것을 용서해 주십시오. 첫째 이유는 우리가 잠이 들어 정신이 활발하게 활동하지 않을 때에는 이 은밀한 방해를 관찰할 수 없다는 것입니다. 둘째 이유는 잠자는 동안 방광에 소변이 가득 차게 되면 해이해져 있던 지체들이 깨어나게 된다는 점입니다. 동일한 법칙에 의해 어린아이들과 고자들에게도 이런 일이 발생합니다. 이런 까닭에 만일 음탕한 쾌락이 정신의 동의를 손상시키지 않는다면 우리 지체의 천함이 이 무질서에 의해 정신을 부끄럽게 만들 것입니다."

~ 10 ~
답변: 잠자는 동안 발생하는 육체의 장애가 순결을 해치지 않는다는 것

1. 카이레몬 사부가 말했습니다: "깨어 있는 사람들이 엄격한 훈련의 도움을 받아야 진정한 순결의 덕을 유지할 수 있다고 생각하시는 것을 보니 당신은 아직 그 덕을 인식하지 못한 듯합니다. 당신은 잠든 사람들이 단호한 정신에 의해 완전함을 유지할 수 없다고 생각합니다. 그러나 순결은 당신이 생각하는 것처럼 엄격한 방어 덕분에 존속하는 것이 아니라 사랑 및 자체의 순결 안에서의 즐거움에 의해 존속합니다. 부정적인 쾌락이 저항하는 대상은 순결이 아니라 금욕입니다.

2. "그러므로 하나님의 은혜로 내면에 순결의 성향을 받은 사람들에게는 잠자는 동안에 발생하는 엄격함의 중단이 해롭지 않습니다. 이것은 깨어 있는 사람들의 경우에도 신뢰할 수 없음이 입증됩니다. 왜냐하면 어떤 것을 힘들게 억제하는 사람에게 제공되는 안도감은 일시적인 것에 불과할 뿐이며 영속적이고 안전한 평화가 아니기 때문입니다.

3. "이런 까닭에 자신이 육체의 동요로 말미암아 고통을 받고 있다고 느끼는

한 우리는 아직 순결의 고지에 도달한 것이 아니며 여전히 유약한 금욕 아래 수고하고 있으며 의심스러운 결과를 지닌 싸움에 참여하고 있음을 압니다.

"그런데 당신은 육체의 동요를 피할 수 없다는 것을 규명하기 원했으며, 생식기가 없는 고자들이 육체의 동요로부터 자유로울 수 없다는 사실에 의해 그 사실을 규명하고자 했습니다. 그들이 생식 능력이 없을 뿐이지 격렬한 육체의 감정들과 성욕의 영향을 받는다는 것을 알아야 합니다. 4. 따라서 그들이 적게 노력하고도 순결을 획득할 수 있다고 생각해서는 안 됩니다. 만일 우리가 획득하기 위해 노력하는 순결을 그들이 획득하기를 원한다면, 겸손과 마음의 통회와 엄격한 절제를 계속해야 합니다.

~ 11 ~
금욕과 순결이 매우 다르다는 것

1. "이런 까닭에 영속적인 평온을 특징으로 하는 완전한 순결과 금욕의 고된 기본 원리들이 구분됩니다. 참된 순결의 완성인 완전한 순결은 육욕적인 성욕의 움직임을 대적하여 싸우는 것이 아니라 그것을 극도로 두려워하고 싫어하며, 항구적이고 침범할 수 없는 깨끗함을 유지합니다. 그것이 곧 거룩입이다.

"그러나 육체가 영을 대적하여 성욕을 자극하는 일을 멈추고 영의 소원과 덕에 굴복하면, 육체와 영은 안정된 평화에 의해 서로 결합되기 시작하며, 서로 연합한 형제들처럼(시 133:1) 동거합니다. 그 둘은 주님이 '너희 중의 두 사람이 땅에서 합심하여 무엇이든지 구하면 하늘에 계신 내 아버지께서 그들을 위하여 이루게 하시리라'(마 18:19)고 약속하신 복을 소유합니다. 2. 그러므로 대리자인 영적 야곱의 단계를 넘어서는 사람은 엉덩이뼈를 다친 후에 마음의 성향이 악덕들을 대체하는 것과 금욕에서부터 이스라엘의 권위를 향해 꾸준히 올라갈 것입니다.

"다윗은 성령의 예언적 활동을 통해 이 순서를 식별하고서 '하나님은 유다에 알려지셨으며'(시 76:1a)라고 말했습니다. 유다는 죄 고백을 의미하므로 이것은 하나님이 죄 고백 아래 붙들려 있는 영혼 안에서 알려지신다는 의미입니다. '그의 이름이 이스라엘에 알려지셨도다'(시 76:1b)에서 이스라엘이란 하나님을 보는 사람, 또는 어떤 사람의 해석에 따르면 하나님의 의로운 자를 의미합니다. 3. 다윗은 그 다음에는 보다 더 고귀한 것들에게로 우리를 인도하며 주님이 기뻐하시는 장소를 보여주려고 '그의 장막은 살렘에 있음이여'(시 76:2)라고 말합니다. 즉 악덕들과의 전쟁과 싸움 안에 있는 것이 아니라 순결의 평화와 영속적인 마음의 평온함 안에 있다고 말합니다. 육욕적인 정념들을 제거함으로써 이 평화의 장소에 도달할 자격을 갖춘 사람은 이 단계에서 더 나아가 영적인 시온이 되어 하나님을 주시하게 될 것이요, 그분의 거처가 될 것입니다. 하나님은 금욕의 싸움 안에 거하시는 것이 아니라 지속적인 덕의 관찰 안에 거하십니다. 그곳에서 그분은 음탕의 불화살로 우리를 겨냥하는 활의 힘을 간신히 억제하는 것이 아니라 영구히 제거하십니다. 4. 그 때 하나님이 금욕의 전쟁터에 거하시는 것이 아니라 순결의 평화 안에 거하시므로 그분의 거처는 덕의 관찰과 관상이라는 것을 알 수 있습니다. 따라서 야곱의 모든 장막보다 시온의 문을 선호하는 데는 이유가 있습니다. '여호와께서 야곱의 모든 거처보다 시온의 문들을 사랑하시는도다'(시 87:2).

"당신은 소변이 조금씩 흘러들어가 방광에 가득 차게 되면 휴면 상태의 지체들을 깨워 일으키기 때문에 육체의 동요를 피할 수 없다고 주장합니다. 물론 이러한 현상은 이따금 잠자는 동안에만 발생하므로 순결을 획득하는 데 방해가 되지 않습니다. 그러나 동요된 지체들을 순결의 명령에 의해서 적절한 휴면 상태로 되돌릴 수 있음을 알아야 합니다. 그것들은 따가운 느낌이나 성욕의 기억이 없이 진정되어야 합니다. 5. 그러므로 육신의 법이 정신의 법과 일치하려면 음료수를 지나치게 많이 마시는 것도 억제하여 매일 지체 속으로 서서히 흘러들어가는 액체의 양이 당신이 피할 수 없다고 여기는 육적인 움직임의 빈도를 최대한 줄일 뿐만 아니라 침착하고 둔하게 만들게 되어야 합니다. 모세가 떨기나무에 붙은 불을 보았듯이, 그것이 차가운 불을 밝히며 뜨거운 열이 없이 수분을 만들어내므로 우리의 육체라는 떨기나무가 마치 무해한 불에 둘러싸인 듯이 불에 타지 않을 것입니다. 또 그것은 갈대아인들의 풀무 속에 던져졌으나 이슬을 머금은 성령이 불길을 흡음으로써 머리카락이나 옷자락조차 그을리지 않은 세 청년과 같을 것입니다(단 3:27). 그러므로 우리는 선지자가 거룩한 사람들에게 '네가 물 가운데로 지날 때에 내가 너와 함께 할 것이라 강을 건널 때에 물이 너를 침몰하지 못할 것이며 네가 불 가운데로 지날 때에 타지도 아니할 것이요 불꽃이 너를 사르지도 못하리니'(사 43:2)라고 말하면서 약속한 것을 이 몸 안에 소유하기 시작할 것입니다.

~ 12 ~
주님이 특별히 거룩한 사람들 안에서 이루시는 놀라운 일들에 관하여

1. "경험하지 못한 사람들에게는 알려지지 않은 이 크고 놀라운 것들을 하나님은 이 부패한 그릇 안에 살고 있는 신실한 자들에게 후히 주십니다. 깨끗한 마음을 가진 시편 기자는 이것을 '내가 알거니와 여호와께서는 위대하시며'(시 135:5)라고 선포합니다. 만일 시편 기자가 다른 마음의 성향에 대해서나 하나님의 다른 업적에 대해서 선포했다고 여긴다면, 그는 전혀 새롭거나 위대한 것을 말한 것이 아니라고 이해됩니다. 2. 왜냐하면 창조세계의 방대함

을 보면서 하나님의 솜씨가 놀랍다는 것을 알지 못하는 사람이 없기 때문입니다. 그러나 하나님이 날마다 활동하심으로써 거룩한 사람들 안에서 이루시며 아낌없이 부어주시는 것은, 오로지 그것을 누리는 영혼, 양심의 깊은 곳에서 자신이 받은 혜택들을 특별하게 판단하기 때문에 그것들에 대해 말하지 못할 뿐만 아니라 뜨거운 열정을 버리고 다시 세상의 물질적인 실체들을 응시하게 될 때 그것들을 이해하거나 생각하지 못하는 영혼만이 그것을 압니다.

3. "자신의 내면에서 만족을 모르는 폭식과 과식의 욕망이 억제되어 간혹 소량의 좋지 않은 음식을 마지못해 먹게 되는 것을 보는 사람은 하나님의 솜씨에 놀라지 않을 수 없을 것입니다. 과거에 본성적인 것이므로 끌 수 없다고 여겼던 음탕의 불이 식었기 때문에 자신이 몸의 단순한 움직임에 의해서 흥분하지 않음을 주목할 때 우리는 하나님의 솜씨에 말문을 잃을 것입니다. 거칠고 잔인했던 사람, 하급자들이 비굴하게 복종할 때에도 격분하던 사람이 매우 관대해져서 모욕을 당할 때 동요하지 않을 뿐만 아니라 박해를 받을 때 기뻐하는 것을 볼 때 우리는 하나님의 능력 앞에서 두려움을 느끼지 않을 수 없을 것입니다. 4. 자신이나 어떤 사람이 인색함에서 후함으로, 낭비에서 절제로, 교만에서 겸손으로, 세심함에서 대범함으로 이동하며 세속적인 것들의 부족함과 가난을 즐거워하는 것을 볼 때, 하나님의 솜씨에 경탄하며 자신의 전 존재로 '알거니와 여호와께서는 위대하시며'(시 135:5)라고 외치지 않을 수 없을 것입니다.

"이것들은 시편 기자를 비롯한 여러 사람들의 영혼이 놀라운 관상의 은사에 의해 알게 된 놀라운 하나님의 솜씨들입니다. 이것들은 하나님이 세상에 창조하신 행적들입니다. 시편 기자는 그것들을 묵상하면서 사람들에게 '와서 여호와의 행적을 볼지어다 그가 땅을 황무지로 만드셨도다 그가 땅 끝까지 전쟁을 쉬게 하심이여 활을 꺾고 창을 끊으며 수레를 불사르시는도다'(시 46:8-9)라고 말하면서 그분을 경모하라고 촉구합니다.

5. "인색한 세리들이 순식간에 사도들이 되며, 모진 박해자들이 인내심 강한 복음의 전도자들로 변화되어 자기들이 잔인하게 박해했던 믿음을 전파하게 되는 것이 가장 크고 놀라운 일일 것입니다. 이것들이 예수께서 '내 아버지께서 이제까지 일하시니 나도 일한다'(요 5:17)라고 말씀하시면서 선포하신 하나님의 일들입니다. 다윗은 영적으로 이러한 하나님의 일들에 대해 말하면서 '홀로 기이한 일들을 행하시는 여호와 하나님 곧 이스라엘의 하나님을 찬송하며'(시 72:18)라고 노래했습니다. 아모스 선지자는 그것들에 대해 '묘성과 삼성을 만드시며 사망의 그늘을 아침으로 바꾸시고 낮을 어두운 밤으로 바꾸시며 바닷물을 불러 지면에 쏟으시는 이를 찾으라 그의 이름은 여호와시니라'(암 5:8)고 말하며, 시편 기자는 '지존자의 오른손의 해 곧 여호와의 일들을 기억하며'(시 77:10-11)라고 말합니다. 6. 이와 같은 하나님의 구원 사역과 관련하여 시편 기자는 '우리를 위하여 행하신 것을 견고하게 하소서'(시 68:28)라고 기도합니다.

"이제 거룩한 사람들이 보는 바 특정 순간에 특별한 방법으로 작용하는 하나님의 은밀한 섭리들, 낙담했던 마음이 영감되어진 기쁨에 의해 희망을 얻게 되는 데 작용하는 거룩한 영적 즐거움의 부어짐, 이따금 무기력함에 빠져 깊이 잠든 사람들을 깨워 일으켜 열정적으로 기도하게 해주는 바 말할 수 없이 특별한 위로들과 황홀한 기쁨에 대해 말씀드리겠습니다. 7. 이것이 사도 바울이 '눈으로 보지 못하고 귀로 듣지 못하고 사람—세상의 악덕들에 의해 둔해져 있는 사람, 인간적 감정에 매달리며 하나님의 선물들을 보지 못하는 사람—의 마음으로 생각하지도 못하였다'(고전 2:9)라고 말한 기쁨입니다. 바울은 자기 자신 및 인간적인 생활방식에서 벗어난 사람들을 위해 '하나님이 성령으로 이것을 우리에게 보이셨으니'(고전 2:10)라고 말합니다.

~ 13 ~
경험하는 사람들만이 순결의 감미를 안다는 것

1. "이 모든 예에서 정신이 보다 고상한 깨끗함을 향해 진보될수록 그만큼 더 초연하게 하나님을 볼 것이며, 그것을 말할 능력이나 설명할 단어를 발견하는 것이 아니라 자체 내에서 놀랍게 성장할 것입니다. 미숙한 사람이 정신적으로 이 즐거움의 능력을 이해할 수 없듯이, 경험한 사람이 그것을 말로 설명할 수 없을 것입니다. 그것은 단 것을 맛보지 못한 사람에게 꿀의 단맛을 설명하려는 것과 같습니다. 듣는 사람은 실제로 맛본 적이 없는 달콤한 맛을 귀로 파악하지 못할 것이며, 그 맛을 알고 있어 설명하려는 사람은 그 맛을 조금도 지적하지 못할 것입니다. 그는 매력적인 단맛에 대한 개인적인 지식에 의해서 자신이 경험했던 기분 좋은 맛에 내면에서 잠잠히 감탄할 수 있습니다.

2. "그러므로 지금까지 언급해온 덕의 상태에 이를 자격이 있는 사람은 정신 안에서 고요히 하나님이 특별한 은혜에 의해 자기 백성에게서 이루시는 모든 일을 살펴보고 숙고한 후에 마음의 심오한 감정으로 '하나님이 하시는 일이 놀라우며, 내 영혼이 그것들을 매우 잘 알고 있습니다'라고 소리칠 것입니다. 육체 안에 살고 있는 육적인 인간이 육적인 욕망들을 거부하며, 많은 상이한 일들과 공격들 가운데서 동일한 정신상태를 유지하며, 온갖 변화하는 우연 속에서 변함없이 머무는 것이 하나님의 놀라운 일입니다.

3. "이 덕과 관련하여 경험이 풍부한 어느 노인이 알렉산드리아에서 불신자들의 무리에게 에워싸였습니다. 사람들은 그를 밀치면서 심한 욕과 모욕을 그

에게 퍼붓고 조롱하면서 '당신이 믿는 그리스도가 당신을 위해 무슨 기적을 행했습니까?'라고 말했습니다. 그는 '당신들이 가하는 모욕, 또 그보다 더 큰 모욕을 받아도 내가 화를 내지 않고 동요하지도 않는 것이 그분이 행하시는 기적입니다'라고 대답했습니다."

~ 14 ~
금욕의 특성 및 순결을 보호할 수 있는 기간에 대한 질문

게르마누스가 말했습니다: "세상적이고 인간적인 순결이 아닌 거룩한 천상의 순결에 대한 존경이 갑자기 우리를 놀라게 했기 때문에 우리의 정신이 이것을 요청하기보다 두려워 무력해집니다. 그러니 우리가 이것을 성취할 수 있음을 믿고 얼마 후에 용기를 내어 그것을 요청할 수 있도록 이 훈련의 특징 및 그것을 획득하고 완성하는 데 필요한 기간에 대해 포괄적으로 가르쳐 주십시오. 확실하게 그 상태에 도달할 수 있는 접근 방법이 제시되지 않는 한 육체 안에 사는 사람들이 이것을 이해할 수 없다는 것이 우리의 견해입니다."

~ 15 ~
답변: 순결의 가능성을 인식하는 데 필요한 기간에 관하여

1. 카이레몬 사부가 말했습니다: "사람들마다 의지와 능력이 다르므로 지금 언급하고 있는 이 순결의 성취에 필요한 기간을 정하는 것은 다소 무모한 일입니다. 그것을 가시적인 훈련과 유형적인 기술로 쉽게 결정할 수 없습니다. 각 사람은 정신의 집중력과 특징적인 능력에 따라 신속하게 그것들을 파악할 수도 있고 다소 서서히 파악할 수도 있습니다. 그럼에도 불구하고 가능성을 실현할 수 있는 상황 내에서 훈련의 형태와 소요 시간을 확정할 수 있습니다.

2. "무익한 대화를 버리고, 분노와 세상적인 염려를 완전히 죽이고, 매일 두 덩이의 빵만 먹는 데 만족하며, 배불리 마시지 않으며, 하루에 세 시간이나 네 시간만 잠을 자며, 하나님의 자비에 의해서가 아니라 자신의 노력과 금욕에 의해 그것을 획득할 것이라고 여기지 않는 사람은 이 덕의 완성이 불가능하지 않다는 것을 여섯 달 안에 알게 될 것입니다.

3. "자신의 노력에 의해 그것을 바라지 않게 되는 것은 이미 순결에 가까이 접근했다는 증거입니다. '여호와께서 집을 세우지 아니하시면 세우는 자의 수고가 헛되며'(시 127:1)라는 말씀의 힘을 이해한 사람은 자신이 노력에 의해서가 아니라 하나님의 자비에 의해서 순결을 획득했음을 깨달아 알기 때문에 자기의 순결을 자랑하지 않을 것입니다. 그는 하나님의 덕이 명하지 않으면 인간적인 덕이 존재할 수 없음을 알기 때문에 사람들을 모질게 대하지 않을 것입니다.

~ 16 ~
순결의 목적과 치료에 관하여

1. "이런 까닭에 힘껏 음란의 영을 대적하여 싸우는 사람이 자신의 노력을 통해 그것을 제거하기를 기대하지 않는 것은 괄목할 만한 승리입니다. 모든 사람들이 보기에 이 믿음은 쉽고 자명해 보이지만, 순결의 완성이 그렇듯이 초심자들은 무척 어렵게 그것을 파악합니다. 순결이 아주 경미하게 그들에게 미소를 짓는 즉시 슬그머니 스며들어오는 교만 때문에 그들은 양심 깊은 곳에서 잘난 체합니다. 그들은 자신이 열정에 의해 이것을 성취했다고 생각합니다. 따라서 그들은 점차 하늘의 보호를 박탈당하며, 하나님의 능력에 의해 소멸되었던 정념들이 그들을 압제하므로 마침내 자신의 능력과 수고에 의해서

순결이라는 선을 획득할 수 없음을 경험에 의해 깨닫습니다.

2. "밤새도록 계속해온 순결의 목적에 관한 담화를 빨리 끝내기 위해서 이제까지 장황하게 다룬 것들을 종합하겠습니다. 순결의 완성은 이것입니다: 즉 수도사가 깨어 있을 때 음탕한 쾌락이 접근하지 않으며, 피곤한 정신이 부주의하여 쾌락적인 자극에 의해 흥분되었던 것처럼 잠들었을 때 육적인 성욕을 일으키지 않은 채 침착한 상태로 돌아감으로써 환상에 불과한 꿈에 이끌려 몽설하지 않게 되는 것입니다.

3. "이제까지 순결의 목적에 대해서 말이 아닌 경험에 의해 힘이 닿는 한 표현해 왔습니다. 게으르고 태만한 사람들은 이것들을 불가능하다고 생각하겠지만, 열정적이고 영적인 사람들은 이것을 인정하고 받아들일 것이라고 확신합니다. 사람들이 각기 다르듯이 사람들의 정신도 각기 다른 것, 즉 천국이나 지옥, 그리스도나 벨리알을 향해 기웁니다. 주님은 다음과 같이 말씀하십니다: '사람이 나를 섬기려면 나를 따르라 나 있는 곳에 나를 섬기는 자도 거기 있으리니' (요 12:26); '네 보물 있는 그 곳에는 네 마음도 있느니라' (마 6:21)."

4. 이상은 카리레몬 사부가 완전한 순결에 대해 말씀하신 것입니다. 그분은 이런 식의 말로 고귀한 순결에 대한 가르침을 마치셨습니다. 그런 후에 놀라 염려하는 우리에게 밤이 깊어 고요해졌으므로 자신의 지체들에게서 자연스러운 잠을 빼앗지 말라면서, 나른해진 몸 때문에 지친 정신이 거룩하고 강렬한 열정을 상실할 수 있다고 권면하셨습니다.

담화 13

사부 카이레몬의 세 번째 담화

하나님의 보호하심에 관하여

~ 1 ~

순결의 목적과 치료에 관하여

우리는 잠시 눈을 붙인 후에 아침예배에 참석하여 카이레몬 사부를 기다렸습니다. 게르마누스 사부는 아직 검증되지 않은 순결을 향한 큰 갈망으로 우리를 채워준 지난 밤의 토론에서 카이레몬 사부가 인간적 노력의 가치를 무력하게 만들었다는 사실에 매우 당황해 있었습니다. 카이레몬 사부는 인간이 선한 결과를 얻기 위해 전력을 다해 노력해도 하나님의 후히 주심을 통하지 않고는 선을 소유할 수 없다고 말씀하셨는데, 우리가 이 문제에 대해 골똘히 생각하고 있을 때 카이레몬 사부가 도착하셨습니다. 그분은 우리가 무언가에 대해 조용히 이야기하고 있었음을 알아채셨습니다. 그분은 평소보다 더 빨리 기도와 시편 찬송을 마친 후 우리에게 무엇이 문제인지 물으셨습니다.

2

노력하여 얻은 덕이 사람의 노력의 결과로 간주되지 않는 이유에 대한 질문

게르마누스가 말했습니다: "어젯밤에 담화하면서 분석한 가장 탁월한 덕의

고귀함 때문에 우리는 실질적으로 그것이 실행 가능한지 믿지 못하게 되었습니다. 수고에 대한 상급, 즉 강력한 노력에 의해 획득되는 순결의 완성이 수고하는 자의 노력의 결과로 귀속되지 않는다는 것은 무리한 말인 듯합니다. 예를 들어 농부가 항상 열심히 밭을 경작한 것을 보았으면서도 그 수확을 농부의 부지런함 덕분으로 돌리지 않는 것은 터무니없는 일일 것입니다."

~ 3
하나님의 도우심이 없으면
완전한 순결을 비롯하여 선한 것을 획득할 수 없다는 것

1. 카이레몬 사부가 말씀하셨습니다: "당신이 제시한 예를 근거로 해보면 하나님의 도움이 없으면 사람이 수고함으로써 아무것도 성취할 수 없음이 더욱 분명해집니다. 농부가 힘껏 노력하여 밭을 경작했어도 기후가 좋지 않고 강수량이 적었다면 그의 수고가 헛수고가 된다는 것을 안다면, 밭의 수확을 농부의 수고 덕분으로 돌릴 수 없을 것입니다. 우리는 종종 잘 익은 과일을 들고 있는 사람에게서 낚아채는 것, 그리고 하나님의 인도하심에 의한 도움이 없었기 때문에 지속적이고 강도 높게 노력해도 수고한 사람이 수확을 얻지 못하는 것을 보곤 합니다.

2. "따라서 선하신 하나님이 자주 밭을 갈지 않는 게으른 농부들에게 풍성한 수확을 주시지 않듯이, 하나님의 자비를 얻지 못한다면 우리가 밤새도록 걱정하는 것이 유익하지 못할 것입니다. 교만하게 하나님의 은혜에 개입하거나 참견하려 하거나 자신의 수고에 대한 응답으로 풍성한 수확을 거두었다고 뽐내며 자신의 수고가 하나님의 후하심을 초래했다고 생각하면 안 됩니다. 3. 하나님의 자비와 보호하심이 우리를 튼튼하게 하여 농사하는 데 수반되는 모든 짐

을 견딜 수 있게 해주시지 않았다면, 수확을 얻으려는 갈망 때문에 열심히 일하고 노력할 능력이 없었을 것임을 깊이 생각해야 합니다. 마찬가지로 종종 농부가 가뭄이나 홍수 때문에 얻지 못하기도 하지만, 만일 자비하신 하나님이 풍성한 수확을 산출해내기 위한 수단을 제공해 주시지 않았다면 그의 의지와 능력이 쓸모없었을 것입니다. 4. 비록 하나님이 튼튼한 가축, 육신의 건강, 모든 활동의 성공적인 결과 등을 허락하셨지만, 하늘이 놋이 되고 땅이 철이 되지 않으며(신 28:23), 풀무치가 남긴 것을 메뚜기가 갉아 먹고, 메뚜기가 남긴 것을 느치가 썰어 먹고, 느치가 남긴 것을 황충이 말끔히 먹어 버리지 못하게 하려면(욜 1:4) 기도해야 합니다. 이 일에 있어서만 농부의 노력에 하나님의 도우심이 필요한 것은 아닙니다. 밭에서 풍성한 농산물이 생산된다 해도 자신이 기다리며 바라던 것이 수포로 돌아갈 때 좌절하지 않을 뿐만 아니라 이미 수확하여 창고나 타작마당에 쌓아둔 곡식을 빼앗아갈 예기치 못한 사고를 피해야 합니다.

5. "이로 보건대 선행 행동들과 생각들의 기원은 하나님 안에 있음이 분명합니다. 하나님은 우리가 거룩한 뜻을 품도록 감화하시며 우리에게 바라는 올바른 것들을 성취할 능력과 기회를 주십니다. 온갖 좋은 선물과 모든 완전한 은사는 위에서, 곧 빛들을 지으신 아버지께로부터 내려옵니다(약 1:17). 하나님은 우리 안에서 선한 것을 시작하시고 행하시고 이루십니다. 바울은 '심는 자에게 씨와 먹을 양식을 주시는 이가 너희 심을 것을 주사 풍성하게 하시고 너희 의의 열매를 더하게 하시리니'(고후 9:10)라고 말합니다.

6. "우리는 날마다 우리를 끌어당기는 하나님의 은혜에 겸손히 순응해야 합니다. 그렇지 않아 곧은 목과 할례받지 못한 귀로 그 은혜에 저항한다면(행 7:51 참조), '너는 또 그들에게 말하기를 여호와의 말씀에 사람이 엎드러지면

어찌 일어나지 아니하겠으며 사람이 떠나갔으면 어찌 돌아오지 아니하겠느냐 이 예루살렘 백성이 항상 나를 떠나 물러감은 어찌함이냐 그들이 거짓을 고집하고 돌아오기를 거절하도다'(렘 8:4-5)라는 예레미야의 말을 들어야 할 것입니다."

~ 4 ~
반론: 하나님의 은혜가 없이 순결을 소유한 이방인들이 얼마나 되는가?

게르마누스가 말했습니다: "이것은 자유의지의 파괴를 지향하며, 우리가 성급하게 거부할 수 없는 바 그것에 대한 선한 이해에 반대되는 듯합니다. 하나님의 도움을 받을 자격이 없는 많은 이방인들이 절제와 인내의 덕뿐만 아니라 그보다 더 놀라운 순결의 덕을 소유하고 있음을 볼 수 있습니다. 그들의 자유의지가 속박되었다는 것, 그리고 우리가 특정인들의 가르침이나 독서를 통해서 알고 있는 것처럼 그들이 하나님 및 하나님의 은혜를 알지 못한 채 세상의 지혜를 따르고 있을 때 하나님의 선물에 의해 그것들이 그들에게 주어졌다는 것을 어떻게 믿을 수 있습니까? 사람들은 그들이 힘들게 노력함으로써 가장 순수한 순결을 소유했다고 말합니다."

~ 5 ~
답변: 철학자들의 가상의 순결에 관하여

1. 카이레몬 사부가 말씀하셨습니다: "당신은 우리가 알아야 할 진리에 대한 큰 사랑을 가지고 있지만, 몇 가지 어리석은 제안을 하고 있습니다. 다행히도 그것에 대한 반응이 보편 신앙의 힘을 더 분명하게 해주고 더 굳건히 자리잡게 해줄 것입니다. 어제 당신은 거룩하고 깨끗한 순결이 인간에게 주어질 수

없다고 주장했는데, 지금은 이방인들도 자신의 능력에 의해 그것을 소유한다고 주장합니다. 지혜로운 사람이 왜 그처럼 모순된 주장을 하십니까? 2. 당신이 진리를 밝혀내려는 열심 때문에 이런 주장을 하고 있음이 분명하므로, 이 점에 관해 우리의 주장에 주목하기를 기대합니다.

"첫째, 우리에게 요구되는 깨끗한 마음을 철학자들이 획득했다고 믿어서는 안 됩니다. 우리는 음행이나 온갖 더러운 것들을 입에 담지 말라는 명령을 받고 있습니다(엡 5:3). 철학자들은 적은 분량의 순결, 즉 육체의 금욕을 소유했으며 그것에 의해서 음탕한 욕망을 억제하여 성적인 관계를 피했지만 행동으로나 생각으로 영속적인 몸의 순결과 내적인 깨끗한 마음을 획득할 수 없었습니다. 3. 유명한 철학자 소크라테스는 그들이 주장하는 것처럼 부끄러움 없이 자신에 대해 이렇게 고백했습니다. 언젠가 관상을 잘 보는 사람이 그를 보고서 ομματα παιδεραστοι—'이는 소년들을 타락시키는 자의 눈이다'—라고 말했습니다. 그의 제자들이 스승을 모욕한 데 대해 보복하려고 그 사람에게 다가갔을 때 소크라테스는 παυσασθε, εταιροι, ειμι γαρ, επεχω δε—'친구들이여, 진정하십시오. 나는 그런 사람이지만, 자제하고 있습니다. 우리의 주장과 그들의 말로 보건대 그들은 실질적인 부도덕의 행위, 즉 악한 교제를 억눌렀지만 마음에서 이 정념을 향한 욕망과 즐거움이 근절되지는 않았음이 분명합니다.'—라고 말했다고 합니다

4. "디오게네스는 언급하기조차 두려운 말을 했습니다: 그가 말한 것은 이 세상의 철학자들이 기억해야 할 것이라고 이야기하는 것으로서 우리는 수치심 없이는 그것을 말하거나 들을 수 없습니다. 전하는 바에 의하면 그는 간음죄로 처벌받게 된 사람에게 '공짜로 사야 하는 것을 너의 죽음으로 사서는 안 된다το δωρεαν πωλοιμενον θανατω μη αγοραξε' 라고 말했다고 합니다. 그러므로 그

들은 우리가 갈망하는 진정한 순결의 덕을 알지 못했음이 분명합니다. 우리의 영적인 할례는 하나님의 선물에 의해서만 소유할 수 있으며, 또 그것은 철저히 통회하는 영으로 하나님께 헌신한 사람들 안에만 존재합니다.

~ 6 ~
은혜가 없으면 인간이 노력할 수 없다는 것

1. "인간은 연약하기 때문에 하나님의 도움이 없이 홀로 구원과 관련된 것을 성취할 수 없습니다. 인간의 연약함은 순결을 획득하고 유지하는 데서 가장 분명히 드러납니다. 이제 완전한 순결과 관련한 어려움에 관해 간단히 논하겠습니다.

2. "영적으로 뜨거운 사람이라도 사람들의 칭찬을 받지 않은 채 자력으로 거친 사막에서 생활하면서 마른 빵을 먹고 견뎌내기 어려울 것입니다. 하나님의 위로가 없이 지속적인 갈증을 참아내며, 달콤하고 기분 좋은 아침을 맞지 못한 채 하루에 4시간만 잠잘 수 있을까요? 하나님의 은혜가 없다면 과연 누가 소득을 얻지 못한 채 계속 독서하거나 열심히 일할 수 있을까요? 3. 하나님의 감화가 없으면 우리가 항상 이런 것들을 바랄 수 없듯이, 하나님의 도움이 없으면 이것들이 성취될 수도 없습니다.

"이것들을 경험의 가르침에 의해 증명하며 확실한 말과 논거에 의해 더욱 분명히 해야 합니다. 많은 경우에 뜨거운 갈망과 완전한 의지가 존재함에도 불구하고 우리가 선한 이유로 작성하여 실행하려는 계획에 취약점이 개입되어 그 계획을 파괴하지 않습니까? 하나님의 자비에 의해 성취할 능력이 주어지지 않는다면 계획이 수포로 돌아가지 않습니까? 충실하게 덕을 추구하려는 갈망을 가지고 있는 사람들은 무수히 많지만, 그 일을 해내거나 견뎌낼 수 있는 사람을 찾기가 매우 어렵습니다. 4. 나는 지금 질병 때문에 방해를 받는 것에 대해 말하는 것이 아니라 우리에게 원하는 모든 일을 행할 능력이 없는 경우에 대해 말하고 있습니다. 우리는 행할 수 있는 경우에도 자신의 의지에 의해 침묵하거나 금식하거나 독서하는 것이 아니라 자신의 의지와는 상관없이 상충되는 이해관계에 의해 유익한 수행에서 벗어나는 일이 빈번하기 때문에 이런 일들을 행할 충분한 시간이나 공간을 달라고 하나님께 구해야 합니다.

5. "실제로 하나님이 행할 기회를 주시지 않는다면, 우리에게 능력이 있는 것만으로는 부족합니다. 이에 대해서 바울은 '나 바울은 한 번 두 번 너희에게 가고자 하였으나 사탄이 우리를 막았도다'(살전 2:18)라고 말합니다. 따라서 우리는 때때로 자신이 선한 이유 때문에 영적 관심사로부터 이탈하게 되므로 본의 아니게 강력하게 추구하던 일을 중단하게 되며, 육체의 연약함에 굴복하게 됨에 따라 유익한 인내를 배우게 된다는 것을 느낍니다. 바울은 이러한 하나님의 계획에 대해 비슷한 말을 합니다: '이것이 내게서 떠나가게 하기 위하여 내가 세 번 주께 간구하였더니 나에게 이르시기를 내 은혜가 네게 족하도다 이는 내 능력이 약한 데서 온전하여짐이라 하신지라'(고후 12:8-9); '우리는 마땅히 기도할 바를 알지 못하나'(롬 8:26).

~ 7 ~
하나님의 목적 및 섭리에 관하여

1. "죽을 운명이 아니라 영원히 살도록 인간을 지으신 하나님의 목적은 변하지 않고 존속합니다. 자비하신 하나님은 '모든 사람이 구원을 받으며 진리를 아는 데에 이르기를 원하시므로'(딤전 2:4) 우리 안에서 선한 의지가 조금이라도 빛나는 것을 보시면(이것도 하나님이 우리 마음의 단단한 부싯돌로 일으킨

것입니다) 그것을 감화하여 육성하고 강화하십니다. 이와 관련하여 성경은 다음과 같이 말씀합니다: '이와 같이 이 작은 자 중의 하나라도 잃는 것은 하늘에 계신 너희 아버지의 뜻이 아니니라'(마 18:14); '하나님은 생명을 빼앗지 아니하시고 방책을 베푸사 내쫓긴 자가 하나님께 버린 자가 되지 아니하게 하시나이다'(삼하 14:14).

2. "참되신 하나님은 거짓으로 맹세하시지 않습니다: '주 여호와의 말씀이니라 나의 삶을 두고 맹세하노니 나는 악인이 죽는 것을 기뻐하지 아니하고 악인이 그의 길에서 돌이켜 떠나 사는 것을 기뻐하노라'(겔 33:11a). 지극히 작은 자 하나라도 멸망하는 것을 원하지 않으시는 하나님이 보편적으로 모든 사람의 구원이 아닌 소수의 구원만 원하신다고 생각하는 것은 하나님께 대한 큰 모독입니다. 그러므로 멸망하는 자들의 멸망은 하나님의 뜻을 거스른 것입니다. 하나님은 그들 각 사람에게 이렇게 말씀하십니다: '돌이키고 돌이키라 너희 악한 길에서 떠나라 어찌 죽고자 하느냐'(겔 33:11b); '암탉이 그 새끼를 날개 아래에 모음같이 내가 네 자녀를 모으려 한 일이 몇 번이더냐 그러나 너희가 원하지 아니하였도다'(마 23:37); '이 예루살렘 백성이 항상 나를 떠나 물러감은 어찌함이냐 그들이 거짓을 고집하고 돌아오기를 거절하도다'(렘 8:5); '그들이 얼굴을 바위보다 굳게 하여 돌아오기를 싫어하므로'(렘 5:3).

3. "그리스도의 은혜는 항상 가까이에 있으며 모든 사람들에게 '수고하고 무거운 짐 진 자들아 다 내게로 오라 내가 너희를 쉬게 하리라'(마 11:28)고 말하며 권합니다. 왜냐하면 그리스도는 모든 사람이 구원을 받고 진리의 지식에 이르기를 원하시기 때문입니다. 만일 그리스도께서 모든 사람이 아닌 소수의 사람들만 부르신다면, 모든 사람이 원죄와 자범죄라는 짐을 지고 있는 것이 아니며, 또 '모든 사람이 죄를 범하였으매 하나님의 영광에 이르지 못하더

니'(롬 3:23)라는 말씀이 진실이 될 수 없고, '이와 같이 모든 사람이 죄를 지었으므로 사망이 모든 사람에게 이르렀느니라'(롬 5:12)고 믿을 수 없을 것입니다. 4. 멸망하는 사람들은 하나님의 뜻에 반하여 멸망하므로, 하나님이 사망 자체를 만드신 것이 아닙니다. 성경은 '하나님은 죽음을 만들지 않으셨고 산 자들의 멸망을 기뻐하시지 않는다'(지혜서 1:13)라고 증언합니다.

"이것이 종종 좋은 것 대신에 나쁜 것을 요청하는 우리의 기도가 응답되지 않거나 응답이 지체되는 이유입니다. 반면에 하나님은 관대한 의사처럼 우리의 뜻을 거스르더라도 우리의 유익을 위해서라면 우리가 나쁘다고 여기는 것을 우리에게 적용하십니다. 때로 하나님은 우리의 악한 성향들과 치명적인 충동들을 억제하여 좋지 않은 결과를 예방하시며, 서둘러 사망을 향해 가는 우리를 돌이켜 구원받게 하시고 우리가 알지 못하는 사이에 지옥의 아가리에서 우리를 탈출시키십니다.

~ 8 ~
하나님의 은혜와 자유의지에 관하여

1. "호세아 선지자는 악한 열심을 가지고 우상숭배를 향하는 창녀라는 예루살렘의 이미지에 의해 이러한 관심과 하나님의 신비를 표현했습니다: '나는 나를 사랑하는 자들을 따르리니 그들이 내 떡과 내 물과 내 양털과 내 삼과 내 기름과 내 술들을 내게 준다 하였음이라'(호 2:5). 하나님은 그녀의 의지가 아닌 그녀의 구원을 염두에 두고서 겸손히 대답하십니다: '그러므로 내가 가시로 그 길을 막으며 담을 쌓아 그로 그 길을 찾지 못하게 하리니 그가 그 사랑하는 자를 따라갈지라도 미치지 못하며 그들을 찾을지라도 만나지 못할 것이라 그제야 그가 이르기를 내가 본 남편에게로 돌아가리니 그 때의 내 형편이 지

금보다 나았음이라 하리라'(호 2:6-7).

2. "하나님이 우리에게 돌아와 구원을 받으라고 촉구하실 때 우리가 그분을 멸시하고 무시하는 태도가 다음과 같이 묘사됩니다: '내가 말하기를 내가 어떻게 하든지 너를 자녀들 중에 두며 허다한 나라들 중에 아름다운 기업인 이 귀한 땅을 네게 주리라 하였고 내가 다시 말하기를 너희가 나를 나의 아버지라 하고 나를 떠나지 말 것이니라 하였노라 그런데 이스라엘 족속아 마치 아내가 그의 남편을 속이고 떠나감같이 너희가 확실히 나를 속였느니라 여호와의 말씀이니라'(렘 3:19-20). 하나님은 예루살렘을 배우자를 버린 음녀로 비유하셨고, 하나님 자신의 사랑과 영속적인 자비를 여인을 열렬히 사랑하는 사람에 비유하셨습니다. 항상 인류에게 나타내시는 하나님의 사랑과 은혜로우심, 상처를 받아도 없어지지 않으며 우리의 악함에 정복되는 듯 원래의 의도에서 물러서지 않으며 우리의 구원을 향한 관심을 버리지 않는 하나님의 사랑과 은혜로우심을 가장 잘 표현하는 비유는 여인을 뜨겁게 사랑하며 여인이 자신을 무시하고 소홀히 대한다고 느낄수록 더 뜨겁게 그녀를 갈망하는 남자입니다.

"하나님의 보호하심은 항상 우리에게 임해 있으며, 피조물을 향한 창조주의 사랑이 크기 때문에 그분의 섭리는 피조물 곁에 있을 뿐만 아니라 항상 그 앞에 선행합니다. 이것을 경험한 선지자는 '나의 하나님이 그의 인자하심으로 나를 영접하시며'(시 59:10)라고 말합니다. 그분은 우리 안에 선한 의지가 모습을 드러내는 것을 보시면 즉시 그것을 설명하여 이해시키고 격려하시고 구원의 원동력으로 삼으시며, 하나님이 심으시고 우리의 노력을 통해 솟아나는 것을 증가하게 하십니다. 하나님은 이렇게 말씀하십니다: '그들이 부르기 전에 내가 응답하겠고 그들이 말을 마치기 전에 내가 들을 것이며'(사 65:24);

'그가 네 부르짖는 소리로 말미암아 네게 은혜를 베푸시되 그가 들으실 때에 네게 응답하시리라'(사 30:19). 하나님은 거룩한 갈망들을 감화하실 뿐만 아니라 우리의 삶에 순탄한 순간들과 좋은 결과들을 얻을 수 있는 가능성을 마련하시며, 길을 잃은 자들에게 구원의 길을 보여주십니다.

~ 9 ~
선한 의지와 하나님의 은혜의 능력에 관하여

1. "이런 까닭에 어떻게 하나님께 구하는 자가 받으며 찾는 자가 하나님을 찾으며 두드리는 자에게 문이 열리는지(마 7:7 참조), 반대로 찾지 아니한 자들에게 찾은 바 되고 묻지 아니한 자들에게 나타나시며, 순종하지 아니하고 거슬러 말하는 백성에게 종일 손을 벌리시며(롬 10:20-21 참조), 멀리서 거역하는 사람들을 부르시고 원하지 않는 자들을 구원으로 인도하시며, 죄를 원하는 자들에게서 그 욕망을 성취하는 수단을 제거하시며 악한 것을 향해 서둘러 가는 사람들을 방해하시는지 인간의 이성으로는 쉽게 분별할 수 없습니다.

2. "그러나 '너희가 즐겨 순종하면 땅의 아름다운 소산을 먹을 것이요'(사 1:19)라고 언급된 바 구원의 총체가 우리의 의지에 기인하는 것으로 간주되는지 누가 분명히 이해할 수 있습니까? '원하는 자로 말미암음도 아니요 달음박질하는 자로 말미암음도 아니요 오직 긍휼히 여기시는 하나님으로 말미암음이니라'(롬 9:16)는 말씀은 무엇입니까? 또 다음의 말씀들은 무엇을 의미합니까?: '하나님께서 각 사람에게 그 행한 대로 보응하시되'(롬 2:6); '너희 안에서 행하시는 이는 하나님이시니 자기의 기쁘신 뜻을 위하여 너희에게 소원을 두고 행하게 하시나니'(빌 2:13); '이것은 너희에게서 난 것이 아니요 하나님의 선물이라 행위에서 난 것이 아니니 이는 누구든지 자랑하지 못

하게 함이라'(엡 2:8-9); '하나님을 가까이하라 그리하면 너희를 가까이하시리라'(약 4:8); '나를 보내신 아버지께서 이끌지 아니하시면 아무도 내게 올 수 없으니'(요 6:44). 3. '네 발이 행할 길을 평탄하게 하며 네 모든 길을 든든히 하라'(잠 4:26)는 것은 무엇을 의미합니까? 또 우리가 드리는 다음과 같은 기도는 무엇을 의미합니까?: '나를 인도하시고 주의 길을 내 목전에 곧게 하소서'(시 5:8); '나의 걸음이 주의 길을 굳게 지키고 실족하지 아니하였나이다'(시 17:5). '마음과 영을 새롭게 할지어다'(겔 18:31)라는 권면과 '내가 그들에게 한 마음을 주고 그 속에 새 영을 주며 그 몸에서 돌 같은 마음을 제거하고 살처럼 부드러운 마음을 주어 내 율례를 따르며 내 규례를 지켜 행하게 하리니 그들은 내 백성이 되고 나는 그들의 하나님이 되리라'(겔 11:19-20)는 약속은 무엇입니까? 4. '예루살렘아 네 마음의 악을 씻어 버리라 그리하면 구원을 얻으리라'(렘 4:14a)는 말씀은 무엇을 명령하는 것입니까? '하나님이여 내 속에 정한 마음을 창조하시고 내 안에 정직한 영을 새롭게 하소서'(시 51:10); '나를 정결하게 하소서 내가 정하리이다'(시 51:7)에서는 무엇을 요청합니까? 하나님에 대해 '지식으로 사람을 교훈하시는 이'(시 94:10); '여호와께서 맹인들의 눈을 여시며'(시 146:8)라고 언급하는 것은 무슨 일입니까? 우리는 왜 '여호와 내 하나님이여 나의 눈을 밝히소서 두렵건대 내가 사망의 잠을 잘까 하오며'(시 13:3)라고 기도합니까?

"이것들은 모두 하나님의 은혜와 우리의 의지의 자유를 인정한 사례들입니다. 왜냐하면 사람이 간혹 자신의 활동에 의해 덕을 향한 갈망을 품을 수 있지만 항상 하나님의 도움이 필요하기 때문입니다. 5. 사람이 원할 때마다 건강할 수 없으며, 자신의 의지로 바란다고 해서 질병이 치유되는 것도 아닙니다. 생명의 사용권을 주신 하나님이 건강과 행복을 주시지 않는다면, 바라던 건강의 은혜를 소유하는 것이 무슨 의미가 있습니까? 하나님의 인도하심이 없으면 덕의 완성에 이를 수 없지만, '원함은 내게 있으나 선을 행하는 것은 없노라'(롬 7:18)는 바울의 말은 자비하신 창조주께서 주신 선한 본성에서 때때로 선한 의지의 출발점이 시작된다는 것을 증언해줍니다.

~ 10 ~
자유의지의 약함에 관하여

1. "성경은 인간의 의지의 자유를 입증하면서 '모든 지킬 만한 것 중에 더욱 네 마음을 지키라'(잠 4:23)고 말합니다. 그러나 바울은 '모든 지각에 뛰어난 하나님의 평강이 그리스도 예수 안에서 너희 마음과 생각을 지키시리라'(빌 4:7)라고 말하면서 인간의 의지의 약함을 털어놓습니다. 다윗은 의지의 자유가 지닌 힘을 '내가 주의 율례들을 영원히 행하려고 내 마음을 기울였나이다'(시 119:112)고 표현합니다. 그러나 그는 의지의 약함을 가르치면서 '내 마음을 주의 증거들에게 향하게 하시고'(시 119:36)라고 기도합니다. 솔로몬도 '우리의 마음을 주께로 향하여 그의 모든 길로 행하게 하시오며 우리 조상들에게 명령하신 계명과 법도와 율례를 지키게 하시기를 원하오며'(왕상 8:58)라고 말합니다. 2. 시편 기자는 의지의 힘을 언급하면서 '여호와여 내 입에 파수꾼을 세우시고 내 입술의 문을 지키소서'(시 34:13)라고 말합니다. '네 혀를 악에서 금하며 네 입술을 거짓말에서 금할지어다'(시 141:3)라는 기도는 의지의 약함을 증언합니다. 여호와는 의지의 힘을 언급하여 '사로잡힌 딸 시온이여 네 목의 줄을 스스로 풀지어다'(사 52:2)라고 선포하십니다. 선지자는 의지의 약함을 다음과 같이 표현합니다: '여호와께서는 갇힌 자들에게 자유를 주시는도다'(시 146:7); '주께서 나의 결박을 푸셨나이다 내가 주께 감사제를 드

리고 여호와의 이름을 부르리이다'(시 116:16-17). 3. 복음서에서 주님은 자유의지에 의해 주님에게 오라고 부르십니다: '수고하고 무거운 짐 진 자들아 다 내게로 오라 내가 너희를 쉬게 하리라'(마 11:28). 그러나 주님은 '나를 보내신 아버지께서 이끌지 아니하시면 아무도 내게 올 수 없으니'(요 6:44)라고 말씀하시면서 자유의지의 약함을 증언하십니다. 바울은 자유의지를 언급하면서 '상을 받도록 이와 같이 달음질하라'(고전 9:24)고 말합니다. 그러나 세례 요한은 '만일 하늘에서 주신 바 아니면 사람이 아무것도 받을 수 없느니라'(요 3:27)라고 말하여 자유의지의 약함을 증언합니다. 4. 어느 선지자는 '너희는 스스로 삼가서'(렘 17:21)라고 말하면서 영혼을 신중하게 지키라고 명령하지만, 또 다른 선지자는 '여호와께서 성을 지키지 아니하시면 파수꾼의 깨어 있음이 헛되도다'(시 127:1)라고 선포합니다. 바울은 빌립보 교인들의 자유의지를 언급하면서 '두렵고 떨림으로 너희 구원을 이루라'(빌 2:12)고 말하지만, 자유의자의 약함을 보여주기 위해서 '너희 안에서 행하시는 이는 하나님이시니 자기의 기쁘신 뜻을 위하여 너희에게 소원을 두고 행하게 하시나니'(빌 2:13)라고 덧붙여 말합니다.

~ 11 ~

하나님의 은혜가 우리의 선한 의지보다 선행하는지,
아니면 뒤따르는지에 관하여

1. "이것들이 구분할 수 없을 정도로 서로 섞이고 혼합되었기 때문에 무엇이 무엇을 의존하고 있는지—즉 우리가 선한 의지의 출발점들을 나타냈기 때문에 하나님이 우리에게 자비를 베푸시는지, 아니면 하나님이 자비하시기 때문에 우리가 선한 의지의 출발점을 획득하는지—가 많은 사람들이 관심을 가

지는 큰 문제입니다. 이 두 가지 견해 중 하나를 고수하며 필요 이상으로 거리낌없이 주장하는 많은 사람들이 자가당착에 빠졌습니다. 만일 자유의지의 출발점이 우리에게 있다고 말한다면, 박해자 바울과 세리 마태의 경우는 어떻게 됩니까? 바울은 무죄한 사람들을 박해하는 데 몰두하여 있던 중에 구원으로 인도되었고(행 9:1-6 참조), 세리 마태는 폭력과 공공 재산을 강탈하는 데 몰두하는 중에 구원을 받지 않았습니까?(마 9:9 참조). 2. 그러나 만일 선한 의지의 출발점이 하나님의 은혜에 의한 감화라고 말한다면, 삭개오의 믿음(눅 19:2-10 참조)과 십자가에 달린 강도의 믿음(눅 23:40-43 참조)에 대해서 무엇이라고 말해야 합니까? 그들이 자신의 갈망에 의해서 하늘나라와의 관계를 소유할 힘을 가졌고(마 11:12 참조) 특별한 소명의 상징들을 기대했습니까? 그러나 덕의 완성 및 하나님의 명령 수행을 우리의 의지에 귀속되는 것으로 간주한다면, 어떻게 '하나님이여 우리를 위하여 행하신 것을 견고하게 하소서'(시 68:28); '우리의 손이 행한 일을 우리에게 견고하게 하소서'(시 90:17)라고 기도하겠습니까? 우리는 발람이 이스라엘을 저주하게 되었지만 그가 원하는 때 저주하도록 허락되지 않았음을 압니다(민 22:5~24:25 참조). 하나님은 아비멜렉이 사라와 접촉하여 하나님께 범죄하는 일을 막으셨습니다(창 20:6).

"요셉이 형들의 시기심 때문에 타국으로 팔려간 결과 이스라엘 자손이 이집트에서 살게 되었고, 동생을 죽이려 했던 형들은 장차 임할 기근에 대한 대비책을 확보했습니다. 3. 요셉은 형들에게 자기의 정체를 밝히면서 다음과 같이 말하여 이 사실을 분명히 나타냅니다: '당신들이 나를 이 곳에 팔았다고 해서 근심하지 마소서 한탄하지 마소서 하나님이 생명을 구원하시려고 나를 당신들보다 먼저 보내셨나이다'(창 45:5); '하나님이 큰 구원으로 당신들의 생명을 보존하고 당신들의 후손을 세상에 두시려고 나를 당신들보다 먼저 보내셨나니 그런즉 나를 이리로 보낸 이는 당신들이 아니요 하나님이시라 하나님이 나를 바로에게 아버지로 삼으시고 그 온 집의 주로 삼으시며 애굽 온 땅의 통치자로 삼으셨나이다'(창 45:7-8). 또 아버지가 돌아가신 후 두려워하는 형들에게 '두려워하지 마소서 내가 하나님을 대신하리이까 당신들은 나를 해하려 하였으나 하나님은 그것을 선으로 바꾸사 오늘과 같이 많은 백성의 생명을 구원하게 하시려 하셨습니다'(창 50:19-20)라고 말했습니다. 4. 다윗도 '그가 또 그 땅에 기근이 들게 하사 그들이 의지하고 있는 양식을 다 끊으셨도다 그가 한 사람을 앞서 보내셨음이여 요셉이 종으로 팔렸도다'(시 105:16-17)라고 말하며 이 일이 하나님의 섭리에 의해 이루어졌음을 선포합니다.

"서로 반대되는 것처럼 보이는 이 두 가지―하나님의 의지와 자유의지―는 서로 일치합니다. 둘 중 하나를 인간에게서 제거함으로써 교회의 신앙 규칙을 위반하지 않으려면 두 가지 모두를 신앙에 의해 받아들여야 합니다. 5. 우리가 선한 것을 원하기 위해 돌아서는 것을 보실 때 하나님이 오셔서 우리를 지도하시고 힘 주십니다. 하나님은 우리가 부르짖는 소리를 듣는 즉시 응답하시며 '환난 날에 나를 부르라 내가 너를 건지리니 네가 나를 영화롭게 하리로다'(시 50:15)라고 말씀하십니다. 반면에 우리가 선한 것을 원하지 않거나 미지근해지는 것을 보시면 우리 마음에 유익한 권면을 주심으로써 우리 안에 선한 의지가 형성되거나 회복되게 하십니다.

~ 12 ~
선한 의지를 항상 은혜에 귀속시키거나 인간에게 귀속시키지 말아야 한다는 것

1. "하나님이 인간을 선한 것을 원하거나 행할 수 없도록 지으셨다고 믿어서는 안 됩니다. 만일 인간이 악을 원하고 행할 수 있지만 스스로 선을 원하거나

행할 수 없도록 하셨다면 자유의지를 허락하시지 않았을 것입니다. 첫 사람 아담이 범죄한 후 하나님이 '이 사람이 선악을 아는 일에 우리 중 하나같이 되었으니'(창 3:22)라고 하신 말씀이 어떻게 유효하겠습니까? 2. 아담이 그 전에는 선을 전혀 알지 못했다고 생각해서는 안 됩니다. 만일 그렇지 않다면 그가 감각 없는 비이성적인 동물처럼 조성되었다고 말해야 할 것인데, 이것은 보편 신앙에 어긋나는 어리석은 말입니다. 지혜로운 솔로몬의 말에 의하면 하나님은 인간이 항상 선에 대한 지식만 누리도록 지으셨지만 인간은 많은 생각들을 찾아냈고 선과 악을 알기에 이르렀습니다. 그러므로 죄를 범한 후 아담은 과거에 품지 않았던 악에 대한 지식을 품었지만 이전에 받은 바 선에 대한 지식을 잃지 않았습니다. 3. 마지막으로 바울은 아담이 범죄한 후에 인류가 선에 대한 지식을 잃지 않았음을 진술합니다: '율법 없는 이방인이 본성으로 율법의 일을 행할 때에는 이 사람은 율법이 없어도 자기가 자기에게 율법이 되나니 이런 이들은 그 양심이 증거가 되어 그 생각들이 서로 혹은 고발하며 혹은 변명하여 그 마음에 새긴 율법의 행위를 나타내느니라'(롬 2:14-15).

"하나님은 이러한 이해를 가지고서 유대인들이 고집스럽게 자초한 의도적인 맹목을 책망하십니다: '너희 못 듣는 자들아 들으라 너희 맹인들아 밝히 보라 맹인이 누구냐 내 종이 아니냐 누가 내가 보내는 내 사자같이 못 듣는 자겠느냐 누가 내게 충성된 자같이 맹인이겠느냐 누가 여호와의 종같이 맹인이겠느냐?'(사 42:18-19). 4. 그리고 그들이 눈먼 것을 그들 자신의 의지 탓이 아니라 본성의 탓으로 돌리지 못하게 하기 위해 '눈이 있어도 보지 못하고 귀가 있어도 듣지 못하는 백성을 이끌어 내라'(사 43:8)고 말씀하시며, '눈이 있어도 보지 못하며 귀가 있어도 듣지 못하는' 자라고 말씀하십니다(렘 5:21). 주님은 '그들이 보아도 보지 못하며 들어도 듣지 못하며 깨닫지 못함이니라'(마

13:13)고 말씀하십니다. 여기에서 '너희가 듣기는 들어도 깨닫지 못할 것이요 보기는 보아도 알지 못하리라 하여 이 백성의 마음을 둔하게 하며 그들의 귀가 막히고 그들의 눈이 감기게 하라 염려하건대 그들이 눈으로 보고 귀로 듣고 마음으로 깨닫고 다시 돌아와 고침을 받을까 하노라'(사 6:9-10)고 한 이사야의 예언이 성취됩니다. 5. 마지막으로 주님은 바리새인들을 책망하실 때 그들 안에 선이 놓일 수 있는 가능성을 지적하기 위해서 '어찌하여 옳은 것을 스스로 판단하지 아니하느냐'(눅 12:57)라고 말씀하셨습니다. 만일 그들이 본성적인 판단에 의해 옳은 것을 분별할 수 있음을 알지 못하셨다면 이렇게 말씀하지 않았을 것입니다.

"그러므로 거룩한 사람들의 선행을 주님에게 기인하는 것으로 여기며 악하고 비뚤어진 것들만 인간 본성에 기인한다고 여기지 않도록 조심해야 합니다. 이 점에 있어서 주님과 솔로몬의 증언이 우리를 논박합니다. 성전이 완공되었을 때 솔로몬은 '내 아버지 다윗이 이스라엘의 하나님 여호와의 이름을 위하여 성전을 건축할 마음이 있었더니 여호와께서 내 아버지 다윗에게 이르시되 네가 내 이름을 위하여 성전을 건축할 마음이 있으니 이 마음이 네게 있는 것이 좋도다 그러나 너는 그 성전을 건축하지 못할 것이라 하시더니'(왕상 8:17-19)라고 말했습니다. 6. 그렇다면 이러한 다윗 왕의 생각을 선한 것으로서 하나님에게서 온 것이라고 여겨야 합니까, 아니면 사람에게서 온 악한 것이라고 여겨야 합니까? 만일 이 생각이 하나님에게서 온 선한 것이라면, 왜 그 생각을 주신 분이 그것의 성취를 거부하셨습니까? 만일 그것이 사람에게서 온 악한 것이라면, 왜 하나님이 그것을 칭찬하셨습니까? 그러므로 그것이 사람에게서 온 선한 것이라고 믿어야 할 것입니다.

"우리의 일상적인 생각들을 이런 식으로 판단할 수 있습니다. 자신을 선하게 여기는 태도가 다윗에게만 주어진 것이 아니며, 본성이 선한 생각을 부인하지도 않습니다. 7. 그러므로 모든 영혼 안에 창조주의 자비에 의해 뿌려진 덕의 씨앗이 존재한다는 것을 의심할 수 없습니다. 그러나 하나님의 도움에 의해 싹을 내지 않는 한 그것들이 자라서 완전함을 이룰 수 없습니다. 바울의 말에 의하면 '심는 이나 물 주는 이는 아무것도 아니로되 오직 자라게 하시는 이는 하나님뿐입니다'(고전 3:7). 『목자』The Shepherd라는 책에서도 인간이 어느 정도 자유의지를 발휘할 수 있다고 가르칩니다. 그 책에서는 각 사람에게 선한 천사와 악한 천사가 붙어있으며, 각기 어느 천사를 따를 것인지 선택할 수 있다고 말합니다.

8. "결국 인간에게는 하나님의 은혜를 사랑하거나 등한히 할 수 있는 자유의지가 항상 존재합니다. 만일 우리가 자신의 구원을 보살피거나 태만히 할 수 있다는 것을 알지 못했다면 '두렵고 떨림으로 너희 구원을 이루라'(빌 2:12)고 말하지 않았을 것입니다. 그는 '너희 안에서 행하시는 이는 하나님이시니 자기의 기쁘신 뜻을 위하여 너희에게 소원을 두고 행하게 하시나니'(빌 2:13)라고 덧붙입니다. 또 디모데에게 '네 속에 있는 은사 곧 장로의 회에서 안수 받을 때에 예언을 통하여 받은 것을 가볍게 여기지 말며'(딤전 4:14), '네 속에 있는 하나님의 은사를 다시 불일 듯하게 하기 위하여 너로 생각하게 하노니'(딤후 1:6)라고 경고합니다. 9. 이런 까닭에 그는 고린도 교인들에게 '너희를 권하노니 하나님의 은혜를 헛되이 받지 말라'(고후 6:1)고 말하면서 결실이 없다고 해서 하나님의 은혜에 합당하지 못하다고 여기지 말라고 권면합니다. 시몬은 구원의 은혜를 헛되이 받았기 때문에 그 받은 것이 무가치했습니다. 그는 '그러므로 너의 이 악함을 회개하고 주께 기도하라 혹 마음에 품은 것을 사하여 주시리라 내가 보니 너는 악독이 가득하며 불의에 매인 바 되었도다'(행 8:22-

23)라고 말하는 베드로의 가르침에 순종하지 않았습니다.

10. "'나의 하나님이 그의 인자하심으로 나를 영접하시며'(시 59:10)라는 말씀은 하나님이 인간의 의지를 앞지른다는 것을 의미합니다. 반면에 다음의 말씀들은 하나님이 우리의 의지를 시험하려는 유익한 의도로 잠잠하실 때에는 우리의 의지가 하나님보다 선행한다는 것을 보여줍니다: '아침에 나의 기도가 주의 앞에 이르리이다'(시 88:13); '내가 날이 밝기 전에 부르짖으며'(시 119:147); '내가 새벽녘에 눈을 떴나이다'(시 119:148).

11. "하나님은 '순종하지 아니하고 거슬러 말하는 백성에게 내가 종일 내 손을 벌렸노라'(롬 10:21)고 말씀하시면서 우리를 부르시고 초대하십니다. 우리는 하나님께 '내가 매일 주를 부르며 주를 향하여 나의 두 손을 들었나이다'(시 88:9)라고 말함으로써 하나님을 초대합니다. '여호와께서 기다리시나니 이는 너희에게 은혜를 베풀려 하심이요'(사 30:18)라는 말씀처럼 하나님은 우리를 기다리십니다. 우리는 '내가 여호와를 기다리고 기다렸더니 귀를 기울이사 나의 부르짖음을 들으셨도다'(시 40:1), '여호와여 내가 주의 구원을 바라며'(시 119:166)라고 말하면서 하나님을 기다립니다. '내가 그들 팔을 연습시켜 힘 있게 하였으나 그들은 내게 대하여 악을 꾀하는도다'(호 7:15)라고 말씀하시는 하나님은 우리를 튼튼하게 해주십니다. 또 '너희는 약한 손을 강하게 하며 떨리는 무릎을 굳게 하라'(사 35:3)고 말씀하시면서 우리에게 자신을 튼튼하게 하라고 권면하십니다. 12. 예수님은 '누구든지 목마르거든 내게로 와서 마시라'(요 7:37)고 외치십니다. 선지자도 '내가 부르짖음으로 피곤하여 나의 목이 마르며 나의 하나님을 바라서 나의 눈이 쇠하였나이다'(시 69:3)라고 외칩니다. 주님은 '내가 그를 찾아도 못 만났고 불러도 응답이 없었노라'(아 5:6)고 말씀하십니다. 신부는 눈물을 흘리면서 '내가 밤에 침상에서 마음으로

사랑하는 자를 찾았노라 찾아도 찾아내지 못하였노라'(아 3:1)라고 말하며 신랑이신 주님을 찾습니다.

~ 13 ~
인간의 노력으로 하나님의 은혜를 보상할 수 없다는 것

1. "하나님의 은혜는 선을 위해서 항상 우리의 의지와 협력하며 매사에 그것을 도우시고 방어하십니다. 따라서 때때로 게으르고 무기력한 상태로 잠들어 있는 자에게 선물을 주는 것처럼 보이지 않기 위해서 선한 의지에 속한 노력을 기대하거나 요구합니다. 하나님의 은혜는 인간의 나태함이 제거되며 하나님의 후한 은혜가 비합리적인 것처럼 보이지 않도록 해줄 기회를 찾으며, 특정의 갈망과 수고를 구실로 삼아 은혜를 나누어줍니다. 그럼에도 불구하고 하나님의 은혜는 값없이 주어지는 것으로서 보잘것없이 빈약한 노력에 대해 측량할 수 없이 후한 영광과 영원한 복을 선물로 줍니다.

2. "십자가에 달린 강도에게 믿음이 선행했기 때문에 낙원에서의 복된 삶이 값없이 그에게 약속되었다고 말할 수 없습니다. 또 '내가 여호와께 죄를 범하였노라'(삼하 12:13a)고 간단히 표현한 다윗 왕의 회개 때문에 그가 지은 두 가지 중한 죄가 제거된 것이 아니라 하나님의 자비 덕분에 선지자 나단을 통해 '여호와께서도 당신의 죄를 사하셨나니 당신이 죽지 아니하려니와'(삼하 12:13b)라는 말을 들을 수 있었다고 여겨야 합니다. 그가 간음에 살인을 추가한 것은 자유의지에 기인한 것이지만, 선지자의 책망을 받은 것은 겸손하신 하나님의 은혜에 속한 일이었습니다. 3. 또 겸손하게 죄를 인정한 것은 그의 행위였지만 그 큰 죄의 용서를 약속받은 것은 자비로우신 여호와의 선물이었습니다.

"자신이 받은 무수한 박해를 말하며 장래에 받을 큰 상을 바라보는 바울에 대해 묵상하면서 하나님이 주시는 비할 수 없이 큰 상과 이 간단한 고백에 대해 무엇이라고 말해야 할까요? 바울은 '우리가 잠시 받는 환난의 경한 것이 지극히 크고 영원한 영광의 중한 것을 우리에게 이루게 함이니' (고후 4:17)라고 말합니다. 그는 이것에 대해 다른 곳에서 '현재의 고난은 장차 우리에게 나타날 영광과 비교할 수 없도다' (롬 8:18)라고 말합니다. 4. 연약한 인간이 아무리 노력해도 장래에 받을 상과 동일한 수준에 이를 수 없을 것이며, 하나님의 은혜가 감소하여 자신이 항상 자유로운 상태에 머물 수 있을 만큼 노력하지도 못할 것입니다. 그러므로 이방인의 교사인 바울은 자신이 하나님의 은혜에 의해 사도의 지위를 얻었다고 증언하면서 '내가 나 된 것은 하나님의 은혜로 된 것이니' (고전 15:10a)라고 말하지만, '내게 주신 그의 은혜가 헛되지 아니하여 내가 모든 사도보다 더 많이 수고하였으나 내가 한 것이 아니요 오직 나와 함께 하신 하나님의 은혜로라' (고전 15:10b)고 말하면서 자신이 하나님의 은혜에 응답했다고 밝힙니다. 5. '내가 수고하였다' 라는 말은 바울 자신의 의지에 따른 노력을 지적합니다. '내가 한 것이 아니요 오직 나와 함께 하신 하나님의 은혜로라' 는 말은 하나님의 보호하시는 능력을 가리킵니다. '나와 함께 하신' 은 하나님의 은혜가 게으르고 부주의한 사람과 함께 한 것이 아니라 수고하고 애쓰는 사람과 함께 일한다는 것을 선포합니다.

~ 14 ~
하나님이 시련에 의해 인간 의지의 힘을 증명하신다는 것

1. "마귀가 노련한 하나님의 경주자인 욥을 대적하여 싸우려 했을 때 하나님의 의가 이것을 예비했습니다. 만일 욥이 자신의 힘에 의해서가 아니라 오로

지 하나님의 은혜의 보호를 받아 원수와 싸웠다면, 또 만일 잔인한 원수가 만들어낸 시련과 멸망이라는 큰 짐을 스스로 인내하며 감당하지 않고 하나님의 도우심에 의해 감당했다면, 마귀가 '욥이 어찌 까닭 없이 하나님을 경외하리이까 주께서 그와 그의 집과 그의 모든 소유물을 울타리로 두르심 때문이 아니니이까 주께서 그의 손으로 하는 바를 복되게 하사 그의 소유물이 땅에 넘치게 하셨음이니이다 이제 주의 손을 펴서 그의 모든 소유물을 치소서 그리하시면 틀림없이 주를 향하여 욕하지 않겠나이까' (욥 1:9-11)라고 했던 과거의 비방을 정당하게 되풀이하였겠습니까? 2. 그러나 싸움이 끝난 후에 원수는 이런 종류의 불평을 되풀이하지 못했으므로, 자신이 하나님의 능력에 정복된 것이 아니라 욥의 능력에 의해 정복되었다고 고백했습니다. 그러나 그에게 하나님의 은혜가 부족했다고 여겨서는 안 됩니다. 하나님은 욥을 시험한 자에게 시험할 능력을 주셨으며, 욥을 시험한 자는 욥에게 저항할 힘이 있음을 알았기 때문에 그를 원수의 공격에서 보호하지 않아 인간적인 덕이 존재할 수 없게 만들었습니다. 하나님은 원수가 욥을 미치게 만들며 불공평하고 악한 싸움에 의해 약해진 상태에서 욥을 정복하지 못하도록 하셨습니다.

3. "복음서에 기록된 백부장의 이야기는 종종 주님이 우리의 믿음을 시험하여 더 강하고 영광스럽게 만드신다는 것을 가르쳐줍니다. 주님은 자신이 말씀의 힘에 의해 백부장의 종을 낫게 해주리라는 것을 알고 계셨음에도 불구하고 친히 그의 집에 가는 편을 택하여 '내가 가서 고쳐 주리라' (마 8:7)고 제안하셨습니다. 그러나 백부장의 믿음의 열정이 주님의 제안을 능가하여 '주여 내 집에 들어오심을 나는 감당하지 못하겠사오니 다만 말씀으로만 하옵소서 그러면 내 하인이 낫겠사옵나이다' (마 8:8)라고 대답했습니다. 이에 주님은 그를 칭찬하시고 이스라엘 모든 백성들 가운데서 그를 지목하여 '내가 진실로 너희

에게 이르노니 이스라엘 중 아무에게서도 이만한 믿음을 보지 못하였노라'(마 8:10)고 말씀하셨습니다. 4. 만일 그리스도께서 친히 주셨던 것을 백부장에게서 발견해내지 않으셨다면 그것은 칭찬할 만한 일이 아니었을 것입니다.

"의로우신 하나님은 위대한 족장 아브라함의 믿음을 시험하셨습니다: '그 일 후에 하나님이 아브라함을 시험하시려고 그를 부르시되'(창 22:1). 하나님은 아브라함에게 고취하셨던 믿음을 시험하려 하신 것이 아니라 주님의 부르심과 조명을 받았던 아브라함이 자신의 자유의지에 의해 나타낼 수 있는 믿음을 시험하고자 하셨습니다. 그렇기 때문에 그의 믿음의 견고함이 시험받은 데는 이유가 있었습니다. 아브라함을 시험하기 위해 잠시 떠나갔던 하나님의 은혜가 회복되었을 때 아브라함은 '그 아이에게 네 손을 대지 말라 그에게 아무 일도 하지 말라 네가 네 아들 네 독자까지도 내게 아끼지 아니하였으니 내가 이제야 네가 하나님을 경외하는 줄을 아노라'(창 22:12)는 말을 들었습니다.

5. "모세는 이런 종류의 시련이 우리의 믿음을 입증하기 위해 임한다고 말합니다: '너희 중에 선지자나 꿈 꾸는 자가 일어나서 이적과 기사를 네게 보이고 그가 네게 말한 그 이적과 기사가 이루어지고 너희가 알지 못하던 다른 신들을 우리가 따라 섬기자고 말할지라도 너는 그 선지자나 꿈 꾸는 자의 말을 청종하지 말라 이는 너희의 하나님 여호와께서 너희가 마음을 다하고 뜻을 다하여 너희의 하나님 여호와를 사랑하는 여부를 알려 하사 너희를 시험하심이니라'(신 13:1-3). 6. 하나님께서 이런 선지자나 꿈 꾸는 자가 일어나는 것을 허락하실 때 시험하려는 대상을 보호하기 위해서 그가 시험하는 자를 자기 힘으로 대면할 여유를 주지 않으실 것이라고 믿어야 합니까?

"하나님이 아시는 바 시험받을 사람들이 약하여 자력으로 시험하려는 자에게 저항할 수 없어야 하는 이유는 무엇입니까? 만일 그들 안에 유죄라든지 칭찬할 만하다고 판단받을 근거가 되는 적절한 저항 능력이 있다는 것을 알지 못하셨다면, 하나님은 그들이 시험받는 것을 허락하지 않으셨을 것입니다. 7. 그런 의미에서 바울은 '그런즉 선 줄로 생각하는 자는 넘어질까 조심하라 사람이 감당할 시험밖에는 너희가 당한 것이 없나니 오직 하나님은 미쁘사 너희가 감당하지 못할 시험당함을 허락하지 아니하시고 시험당할 즈음에 또한 피할 길을 내사 너희로 능히 감당하게 하시느니라'(고전 10:12-13)고 말했습니다. 그는 '선 줄로 생각하는 자는 넘어질까 조심하라'라고 말하면서 자유의지를 환기시킵니다. 바울이 아는 바에 의하면 은혜를 받은 자유의지는 자체의 노력에 의해서든지 태만함으로써 넘어질 수 있었습니다. 그러나 그는 '사람이 감당할 시험밖에는 너희가 당한 것이 없나니'(고전 10:13)라고 말하면서 그들의 정신의 약함과 한결같지 못함을 책망합니다. 이러한 정신으로는 무수히 많은 악한 영들에게 저항할 수 없습니다. 바울은 자기 자신 및 완전한 사람들이 날마다 악한 영들을 대적하고 있음을 알고 있었습니다. 그는 에베소서에서 '우리의 씨름은 혈과 육을 상대하는 것이 아니요 통치자들과 권세들과 이 어둠의 세상 주관자들과 하늘에 있는 악의 영들을 상대함이라'(엡 6:12)고 말합니다. 그러나 그는 하나님이 그들이 시험받는 것을 허락하시는 것을 원하지 않으시며 그들이 감당하지 못할 시험을 받지 않기를 원하시기 때문에 '오직 하나님은 미쁘사 너희가 감당하지 못할 시험당함을 허락하지 아니하시고'라고 말합니다. 8. 전자는 자유의지의 힘을 가리키며, 후자는 시련에 의해 초래되는 싸움을 중재하시는 하나님의 은혜를 가리킵니다.

"이 모든 경우에서 하나님의 은혜가 항상 인간의 의지를 일으키시되 매사에 그것을 보호하고 방어하지는 않음이 증명됩니다. 따라서 인간이 승리했을 때 하나님의 은혜를 인식하고, 패배했을 때 자신의 약함을 인식하도록 하기 위해, 그리고 자신의 힘에 소망을 두지 않으며 항상 하나님의 도우심에 소망을 두고 의지하는 법을 배우게 하기 위해서, 하나님은 인간이 자신의 노력에 의해 영적 원수들을 대적하게 만들지 않으십니다. 이것을 우리의 해석에 의해서가 아니라 성경의 분명한 증언들에 의해 입증하려면 눈의 아들 여호수아의 말을 기억해 보십시오: '여호와께서 가나안의 모든 전쟁들을 알지 못한 이스라엘을 시험하려 하시며 이스라엘 자손의 세대 중에 아직 전쟁을 알지 못하는 자들에게 그것을 가르쳐 알게 하려 하사 남겨 두신 이방 민족들은'(삿 3:1-2); '이는 이스라엘이 그들의 조상들이 지킨 것같이 나 여호와의 도를 지켜 행하나 아니하나 그들을 시험하려 함이라'(삿 2:22).

9. "이제 유한한 것을 비할 수 없는 창조주의 자비에 비유해보겠습니다. 이는 그것이 동등하게 선하기 때문이 아니라 인자함과 관련하여 어느 정도 유사함이 있기 때문입니다. 세심하고 착한 어머니가 아기에게 걸음마를 가르치려고 오랫동안 아기를 품에 안고 다니는 모습을 상상해 보십시오. 유모는 처음에는 아기가 기어다니도록 내버려두다가 다음에는 손을 잡아 일으켜 한 걸음씩 발을 내딛도록 도와 줍니다. 그 다음에는 손을 놓고 아기가 비틀거릴 때만 붙잡아주고 비틀거리다가 넘어지면 일으켜 세워줍니다. 그녀는 아기가 넘어지지 않도록 막아주거나 살짝 넘어지도록 내버려두었다가 일으켜 세웁니다. 그러나 아기가 자라 소년이 되고 청년이 되면, 그녀는 훈련하기 위해서 그에게 짐을 지우고 어려움을 가하며 또래들과 어울리게 합니다. 은혜의 품에 안고 다니시며 자유의지의 결정에 의해 덕을 훈련하는 것을 보시는 하늘 아버지는 우리가 부를 때 들으시며, 찾을 때 버리지 않으시며, 위험에서 구해주십니다.

~ 15 ~
다양한 소명의 은혜

1. "인류를 구원으로 이끌기 위한 하나님의 판단은 헤아릴 수 없고 그의 길은 찾을 수 없습니다(롬 11:33). 이것을 복음적인 소명의 예들에 의해서 증명할 수 있습니다. 주님은 은혜의 자발적인 겸손에 의해 베드로와 안드레를 비롯한 제자들을 선택하셨는데, 이들은 치유와 구원을 생각하지 않고 있었습니다. 주님의 모습을 어렴풋이라도 보려 했으나 키가 작았기 때문에 뽕나무에 올라간 삭개오를 주님은 받아들이셨을 뿐만 아니라 그의 집을 방문하는 영광을 부여해 주셨습니다(눅 19:2-6 참조). 2. 주님은 자신을 원하지 않고 대적하던 바울을 끌어당기셨습니다. 또 아버지를 장사지낸 후에 주님을 따르겠다는 사람에게 잠시의 여유도 주지 않고 자신을 따르라고 명령하셨습니다(마 8:21-22). 기도와 구제에 힘쓰던 고넬료에게 구원의 길이 상으로 주어졌고, 천사가 그를 찾아와 베드로를 초대하여 구원의 말을 들으면 그와 온 가족이 구원을 받을 것이라고 말해주었습니다(행 10장 참조).

"이처럼 지극히 지혜로우신 하나님은 각 사람에게 능력에 따라 헤아릴 수 없이 큰 자비에 의해 구원을 베풀어주십니다. 주님은 획일적인 능력에 따라 치유를 행하려 하시는 것이 아니라 각 사람 안에서 발견하시거나 친히 주신 믿음의 분량에 따라 치유를 행하십니다. 3. 행하시려는 의지만 있으면 그리스도께서 자기의 나병을 고쳐주실 수 있다고 믿은 사람의 의지의 동의에 의해 치료해주시며 '내가 원하노니 깨끗함을 받으라'(마 8:3)고 말씀하셨습니다. 어떤 사람이 예수님께 자기 집에 오셔서 안수하여 죽은 딸을 살려 달라고 간청했을 때 예수님은 그의 기대대로 행해 주셨습니다(마 9:18-25). 행복이 주님의 구두 명령에 존재한다고 믿고서 '다만 말씀으로만 하옵소서 그러면 내 하인이 낫겠사옵나이다'(마 8:8b)라고 말했을 때 주님은 '가라 네 믿은 대로 될지어다'(마 8:13)라는 명령에 의해 건강을 회복시켜 주셨습니다. 4. 주님의 옷자락을 만짐으로써 치유를 원한 사람에게 주님은 건강의 은사를 주셨습니다(마 9:20-22 참조). 주님은 병 낫기를 청하는 사람들의 병을 고쳐주셨습니다. 어떤 경우에는 자발적으로 병을 고쳐주셨습니다. 주님은 어떤 사람에게 희망을 가지라고 권하시면서 '네가 낫고자 하느냐'(요 5:6)라고 물으셨습니다. 또 주님은 희망을 버린 사람들을 도와주셨습니다. 주님은 사람들의 욕구를 충족시키기 전에 그들이 원하는 것이 무엇인지 알고자 하여 '너희에게 무엇을 하여 주기를 원하느냐'(마 20:32)라고 물으셨습니다. 또 원하는 것을 얻는 방법을 알지 못하는 사람에게 '네가 믿으면 하나님의 영광을 보리라'(요 11:40)고 말씀하시면서 그 방법을 보여주셨습니다. 5. 주님이 많은 사람들을 위해 치유의 능력을 발휘하셨으므로 복음서 기자는 '예수께서 나오사 큰 무리를 보시고 불쌍히 여기사 그 중에 있는 병자를 고쳐 주시니라'(마 14:14)고 회상합니다. 그러나 어떤 사람들 가운데서는 그리스도의 선한 행위가 완전히 정지되었으므로 '거기서는 아무 권능도 행하실 수 없어 다만 소수의 병자에게 안수하여 고치실 뿐이었고 그들이 믿지 않음을 이상히 여기셨더라'(막 6:5-6)고 말합니다. 하나님의 후하심은 인간의 믿음의 분량에 따라 형성되므로 주님은 어떤 사람에게는 '너희 믿음대로 되라'(마 9:29)고 말씀하시고, 어떤 사람에게는 '네 믿음이 크도다 네 소원대로 되리라'(마 15:28)고 말씀하시며, 또 어떤 사람에게는 '네 믿음이 너를 구원하였느니라'(눅 18:42)고 말씀하셨습니다.

~ 16 ~
하나님의 은혜가 인간의 믿음의 한계를 초월한다는 것

1. "모든 것이 자유의지에 달려 있다고 간주하며 하나님이 각 사람의 공덕에 따라 은혜를 주신다고 이해하는 경건하지 못한 견해를 따라 구원이 완전히 우리의 믿음에 의존한다고 말하기 위해 이런 말을 한다고 생각하지 마십시오. 그러나 하나님의 은혜는 때때로 인간의 불성실함의 한계를 뛰어넘어 넘치도록 주어집니다. 2. 복음서에서 자기 아들이 죽은 후에 살리는 것보다 죽기 전에 병을 치료하는 편이 더 쉽다고 여겨 급히 주님을 찾아와서 '주여 내 아이가 죽기 전에 내려오소서'(요 4:49)라고 말한 관원의 경우가 이에 해당됩니다. 그리스도께서는 '너희는 표적과 기사를 보지 못하면 도무지 믿지 아니하리라'(요 4:48)고 말씀하시며 그의 믿음 없음을 책망하셨지만 그의 약한 믿음에 비례하여 은혜를 베푸시지는 않았습니다. 주님은 관원의 믿음대로 친히 그곳에 가심으로써 열병을 몰아내신 것이 아니라 '가라 네 아들이 살아 있다'(요 4:50)라는 능력의 말씀에 의해 열병을 고치셨습니다.

3. "또 주님은 중풍병자를 고쳐주시고 넘치는 은혜를 주시면서 단순히 육신의 병 치료를 요청한 사람에게 먼저 영혼의 건강을 주셨습니다: '작은 자야 안심하라 네 죄 사함을 받았느니라'(마 9:2). 그 때문에 주님이 인간의 죄를 용서할 수 있다고 믿지 않는 서기관들의 불신앙을 입증하기 위해서 '너희가 어찌하여 마음에 악한 생각을 하느냐 네 죄 사함을 받았느니라 하는 말과 일어나 걸어가라 하는 말 중에 어느 것이 쉽겠느냐 그러나 인자가 세상에서 죄를 사하는 권능이 있는 줄을 너희로 알게 하려 하노라 하시고 중풍병자에게 말씀하시되 일어나 네 침상을 가지고 집으로 가라'(마 9:4-6)고 말씀하심으로써 중풍병자의 사지를 온전하게 해주셨습니다.

4. "38년 동안 무력하게 연못가에 누워 지내면서 물이 움직여 병낫기를 바라고 있던 사람의 경우에 주님은 자발적인 관대하심의 폭을 나타내셨습니다. 주님은 그의 내면에 구원의 치유를 향한 갈망을 일으키려고 '네가 낫고자 하느냐'(요 5:6)라고 물으셨습니다. 그가 사람들이 도와주지 않는다고 불평하며 '물이 움직일 때에 나를 못에 넣어 주는 사람이 없어 내가 가는 동안에 다른 사람이 먼저 내려가나이다'(요 5:7)라고 말했으나 주님은 그의 불신앙과 무지를 용서하셨으며, 자비를 베풀어 그가 기대했던 방식이 아니라 주님이 의도하신 방식으로 '일어나 네 자리를 들고 걸어가라'(요 5:8)고 말씀하시어 건강을 회복시켜 주셨습니다.

5. "하나님의 은혜가 종들을 통해서 비슷한 일을 행할 때 주님의 능력에 의해 이러한 일들이 이루어지는 것은 얼마나 놀라운 일입니까? 베드로와 요한이 성전으로 들어가다가 나면서부터 절름발이여서 한 걸음도 걸을 수 없는 사람이 구걸하는 것을 보았습니다. 그들은 그 사람에게 동전을 준 것이 아니라 걸을 수 있는 능력을 주었고, 작은 구제를 원한 사람에게 바랄 수 없는 건강이라는 상을 베풀었습니다. 베드로는 '은과 금은 내게 없거니와 내게 있는 이것을 네게 주노니 나사렛 예수 그리스도의 이름으로 일어나 걸으라'(행 3:6)고 말했습니다.

~ 17 ~

헤아릴 수 없는 하나님의 계획에 관하여

1. "복음서에 기록된 이러한 예들을 통해서 하나님이 온갖 불가해한 방법으로 인류에게 구원을 주신다는 것을 인식할 수 있을 것입니다. 주님은 구원을 갈망하는 사람을 감화하여 더 큰 열심을 갖게 하시며, 구원을 원하지 않는 사

람들을 그들의 뜻에 반하여 강요하십니다. 이따금 주님은 우리가 자신의 유익을 위해 원하는 일을 이루도록 도와주시며, 때로는 거룩한 소원을 품게 하시고 선행을 시작하여 인내하며 이루게 해주십니다. 2. 이런 까닭에 우리는 기도할 때 주님이 우리의 구주요 보호자이실 뿐만 아니라 도우시는 분이요 조력자이심을 선포합니다. 주님이 먼저 우리를 부르시며 원치 않고 알지 못하는 우리를 구원으로 이끄시기 때문에 우리의 보호자요 구주시지만, 노력하는 우리에게 도움을 주시고 피난처를 구할 때에 우리를 방어하시고 도와주시기 때문에 우리의 피난처요 도우시는 분이라고 불립니다.

"바울은 하나님의 풍성한 계획을 생각하고 자신이 하나님의 무한히 크고 깊은 선하심의 바다에 빠졌음을 깨닫고서 '깊도다 하나님의 지혜와 지식의 풍성함이여, 그의 판단은 헤아리지 못할 것이며 그의 길은 찾지 못할 것이로다 누가 주의 마음을 알았느냐 누가 그의 모사가 되었느냐'(롬 11:33-34)라고 외쳤습니다. 3. 인간의 이성으로 그 깊은 바다를 측량할 수 있다고 생각하는 것은 위대한 이방인의 교사를 놀라게 했던 이 지식의 놀라운 측면을 무효화하려는 것입니다. 하나님의 구원 계획을 정신적으로 생각하거나 논할 수 있다고 확신하는 것은 바울이 말한 진리를 거부하는 것이요, 하나님의 판단이 불가해하지 않으며 하나님의 길을 찾을 수 있다고 선포하는 것입니다.

4. "하나님이 무한한 자비로써 우리에게 유익을 주시며 인간적인 사랑의 행동에 의해 표현하려 하시는 이 사랑과 계획은 사랑 많은 어머니의 부드러운 가슴에 비유되었습니다. 그분은 인간의 본성 안에서 이것보다 더 귀한 것을 발견하지 못했기 때문에 이것을 예로 사용하면서 '여인이 어찌 그 젖 먹는 자식을 잊겠으며 자기 태에서 난 아들을 긍휼히 여기지 않겠느냐 그들은 혹시 잊을지라도 나는 너를 잊지 아니할 것이라'(사 49:15)고 말씀하십니다.

~ 18 ~
인간의 의지에 의해 구원받을 수 없다는 교부들의 이해

1. "이것을 근거로 하면, 헛된 말에 의해서가 아니라 경험의 지도 아래 은혜의 방대함과 인간 의지의 하찮음을 측량하는 사람은 '빠른 경주자들이라고 선착하는 것이 아니며 용사들이라고 전쟁에 승리하는 것이 아니며 지혜자들이라고 음식물을 얻는 것도 아니며 명철자들이라고 재물을 얻는 것도 아니며 지식인들이라고 은총을 입는 것이 아니니'(전 9:11), '이 모든 일은 같은 한 성령이 행하사 그의 뜻대로 각 사람에게 나누어 주시는 것'(고전 12:11)임을 이해합니다. 2. 그러므로 바울의 말처럼 믿음과 확실한 경험을 통해서 우주의 하나님이 사랑 많은 아버지요 인자한 의사 같이 모든 사람 안에서 공평하게 모든 일을 행하신다는 것을 알 수 있습니다. 하나님은 때로는 구원의 시작을 감화하시고 각 사람 안에 선한 의지를 두시며, 때로는 일의 수행과 덕의 완성을 허락하십니다. 때로는 의식하지 못하고 원하지 않는 사람들을 갑작스런 멸망과 타락 직전에 불러 돌이키게 하시며, 때로는 구원의 기회와 원인을 제공하시며 부주의하고 난폭한 노력이 치명적인 결과를 초래하지 못하도록 막아주십니다. 때로는 급히 달려가는 사람들을 도와주시고, 때로는 원하지 않고 저항하는 사람들을 이끌어 선한 의지를 갖게 하십니다.

3. "하나님의 말씀을 통해서 우리가 항상 원하지 않으며 저항하지는 않을 때 하나님이 우리에게 모든 것을 허락해주신다는 것, 그리고 구원이 우리의 고결한 행위에 기인하는 것이 아니라 하나님의 은혜에 기인한다고 여겨야 함을 알 수 있습니다. '거기에서 너희의 길과 스스로 더럽힌 모든 행위를 기억하고 이미 행한 모든 악으로 말미암아 스스로 미워하리라 이스라엘 족속아 내가 너희의 악한 길과 더러운 행위대로 하지 아니하고 내 이름을 위하여 행한 후에야

내가 여호와인 줄 너희가 알리라 주 여호와의 말씀이니라'(겔 20:43-44).

4. "그러므로 쓸데없는 논쟁이 아니라 실질적인 행위로 마음의 완전함에 대해 가르친 모든 교부들의 견해에 의하면 하나님의 은사의 첫째 측면은 사람이 선을 향한 뜨거운 갈망을 품게 되지만 자유의지의 선택이 충분히 작용하는 것입니다. 앞서 말한 덕의 실천이 결과를 맺되 선택의 가능성이 제거되지 않는다는 것이 하나님의 은사의 둘째 측면입니다. 덕을 획득한 사람이 그 안에서 인내하되 자유가 예속되지 않는 방식으로 행한다는 것이 세 번째 측면입니다.

5. "따라서 우주의 하나님이 만물 안에서 모든 일을 행하시며 일으키시고 보호하시고 힘을 주시지만 한 번 주신 자유의지를 제거하시지 않는다고 여겨야 합니다. 혹시 인간의 추론과 논쟁을 통해 얻은 것이 이러한 이해와 반대되는 것처럼 보인다면, 믿음의 파괴를 초래하지 않도록 그것을 피해야 합니다. 이해에서 믿음이 나오는 것이 아니라 믿음에서 이해가 나옵니다: '너희가 굳게 믿지 아니하면 너희는 굳게 서지 못하리라'(사 7:9). 인간의 지성과 이성으로는 한편으로는 하나님이 우리 안에서 모든 일을 행하신다는 것과 다른 한편으로는 모든 것이 자유의지에 귀속된다는 것을 완전히 이해할 수 없습니다."

카이레몬 사부는 이 대화를 통해 우리를 강하게 해주심으로써 우리로 하여금 어려운 여정의 짐을 느끼지 않게 하셨습니다.

담화 14

사부 네스테로스의 첫째 담화

영적 지식에 관하여

~ 1 ~

네스테로스 사부의 말씀: 경건한 사람의 지식에 관하여

1. 우리가 한 약속과 여정의 순서에 따라 모든 면에서 탁월하며 가장 지식이 많은 네스테로스 사부의 가르침을 다루겠습니다. 그분은 우리가 성경을 암송하고 이해하기를 원한다는 말을 듣고서 다음과 같이 말씀하셨습니다:

2. "이 세상에 여러 종류의 예술과 학문이 있듯이 지식에도 여러 종류가 있습니다. 비록 그것들 모두가 무익하거나 현세에 대해서만 가치있는 것을 제공하지만, 관심을 가진 사람들이 이해하는 데 사용하는 바 나름의 질서와 교육 방법을 갖지 않은 것은 하나도 없습니다. 그러한 학문들을 가르칠 때에 자체의 정의된 원리를 따를진대, 현재의 이익보다는 눈에 보이지 않는 신비들의 은밀한 관상을 지향하며 영원한 상을 구하는 우리 종교의 가르침은 한층 더 명확한 질서와 방법을 소유하지 않겠습니까? 우리 종교의 지식은 두 종류입니다. 첫째는 프락티케πρακτικη, 즉 실천적인 지식으로서 행위의 교정과 악덕의 정화에서 성취됩니다. 나머지 하나는 테오레티케θεωρητικη로서 신적인 것들의 관상, 그리고 거룩한 의미들을 이해하는 것입니다.

~ 2 ~
영적인 것들에 대한 지식 획득에 관하여

"그러므로 테오레티케를 획득하고자 하는 사람은 힘과 능력을 다해 실천적 지식을 추구해야 합니다. 왜냐하면 프락티케(실천적인 지식)는 이론적인 것이 없어도 소유할 수 있지만, 실천적인 것이 없이 이론적인 것을 붙잡을 수 없기 때문입니다. 보잘것없는 인간이 고귀한 것으로 올라갈 수 있도록 특정의 단계들이 구분되고 마련되었습니다. 만일 우리가 언급해온 방법에 따라 이 단계들을 차례로 따른다면, 첫 단계를 취하지 않고서는 도달할 수 없는 고지로 날아갈 수 있을 것입니다. 그러므로 악덕의 전염을 거부하지 않는 사람이 하나님을 보려고 노력하는 것은 헛수고입니다. '우리를 가르쳐 주시는 성령은 거짓을 물리치고 죄로 물든 몸 안에 머무르지 않습니다'(지혜서 1:4-5).

~ 3 ~
실천적인 완전은 두 가지 형태로 존재한다.

1. "이 실천적인 완전은 두 가지 형태로 존재합니다. 그 첫째 형태는 악덕들의 본질 및 그것들을 치유하는 방법을 아는 것과 관련됩니다. 둘째 형태는 일련의 덕목들을 분별하고 완성함으로써 정신이 강압을 받아 자의적인 법에 예속되기보다는 본성적인 선을 즐겁게 누리고 그것들에게 복종함으로써 좁고 협착한 길을 즐겁게 걸어올라가는 것과 관련됩니다. 자신의 악덕들의 본질을 이해하지 못하고 그것들을 근절하기 위해 노력해본 적이 없는 사람이 어떻게 실천적 훈련의 둘째 단계인 덕의 방법을 획득하거나 보다 고등한 테오리아의 단계에서 발견되는 하늘의 영적 실체들의 신비를 획득할 수 있겠습니까?

2. "평지를 정복하지 못한 사람은 고지로 올라갈 수 없습니다. 또 내면의 것

을 이해하지 못하는 사람은 외부의 것을 이해하지 못할 것입니다. 악덕을 몰아내려면 덕의 획득을 위해 행할 때보다 두 배나 노력해야 한다는 것을 알아야 합니다. 우리는 자신의 추측에 의해 이것에 도달하는 것이 아니라, 친히 지으신 피조물의 능력과 지성을 아시는 하나님의 말씀의 가르침을 받습니다. 하나님은 '보라 내가 오늘 너를 여러 나라와 여러 왕국 위에 세워 네가 그것들을 뽑고 파괴하며 파멸하고 넘어뜨리며 건설하고 심게 하였느니라'(렘 1:10)고 말씀하십니다. 하나님은 해로운 것들을 몰아내는 데 필요한 네 가지—뽑기, 파괴하기, 파멸시키기, 넘어뜨리기—를 지적하십니다. 그러나 덕을 완성하고 의와 관련된 것을 획득하기 위해서는 건설하고 심는 일만 필요합니다. 따라서 영적인 덕을 심고 모으는 것보다 몸과 영혼의 타고난 정념들을 뽑아내고 제거하는 일이 한층 더 어렵습니다.

~ 4 ~
실천적인 삶은 많은 직업과 활동으로 이루어진다.

1. "프락티케는 두 가지 양식으로 존재하며, 많은 직업과 활동으로 나뉩니다. 과거의 엘리야와 엘리사, 우리 시대의 안토니를 비롯한 여러 사람들이 동일하게 선택한 삶을 추구하며 사막의 침묵에 의해 하나님을 가까이 했듯이, 어떤 사람들은 철저히 외딴 사막과 깨끗한 마음을 중시합니다. 2. 어떤 사람은 형제들을 가르치며 공주수도원을 보살피는 일에 헌신합니다. 트무이스Thmuis 근처에 있는 큰 공주수도원의 지도자인 사부 요한이 여기에 해당됩니다. 어떤 사람들은 나그네들을 환대하는 의무에 매력을 느낍니다. 옛날 족장 아브라함과 롯이 하나님을 기쁘시게 했고(창 18:1-8; 19:1-3), 근래에는 특별히 관대하고 인내심이 많은 마카리우스가 환대로 하나님을 기쁘시게 했습니다. 알렉산드

리아에서 쉼터를 운영한 마카리우스를 외딴 사막에서 생활한 사람들보다 열등하게 여겨서는 안 됩니다. 3. 어떤 사람들은 병자들을 돌보는 일을 택하고, 어떤 사람들은 학대받는 사람들을 위해 중재하는 일을 행하며, 어떤 사람들은 가르치는 일을, 어떤 사람들은 가난한 사람들을 구제하는 일을 행합니다. 위인들과 귀족들 중에 선하고 관대하게 행하는 사람들이 많습니다.

~ 5 ~
선택한 직업을 고수하는 것에 관하여

"그러므로 자신이 택한 목표와 받은 은혜에 따라 착수한 직업에서 완전함을 획득하기 위해 부지런하고 열심히 노력하는 것이 유익하고 바른 태도입니다. 다른 사람들의 덕을 칭찬하고 존중하는 것은 좋지만, 자신이 택한 직업을 버리지 말아야 합니다. 바울의 말처럼 교회의 몸은 하나이지만 그 지체들이 많으며(롬 12:4-5), '우리에게 주신 은혜대로 받은 은사가 각각 다르니 혹 예언이면 믿음의 분수대로, 혹 섬기는 일이면 섬기는 일로, 혹 가르치는 자면 가르치는 일로, 혹 위로하는 자면 위로하는 일로, 구제하는 자는 성실함으로, 다스리는 자는 부지런함으로, 긍휼을 베푸는 자는 즐거움으로 할 것이니라'(롬 12:6-8)는 사실을 알아야 합니다. 다른 지체들의 사역을 자기 것이라고 주장할 수 없습니다. 왜냐하면 눈이 손의 기능을, 코가 귀의 기능을 행할 수 없기 때문입니다. 따라서 모든 사람이 사도일 수 없고, 모두가 선지자일 수 없고, 모두가 교사일 수 없고, 모두가 치유의 은사를 소유할 수 없고, 모두가 방언할 수 없고, 모두가 통역자가 될 수 없습니다(고전 12:28 참조).

~ 6 ~
약한 사람들의 변덕

"그러므로 자신이 택한 직업에 확실히 자리잡지 못한 사람들은 여러 가지 관심과 덕을 칭찬받는 사람을 보면 즉시 그들의 행위를 본받기를 바라게 됩니다. 그런 사람은 인간적으로 약하기 때문에 아무리 노력해도 수포로 돌아갑니다. 왜냐하면 한 사람이 위에서 열거한 모든 덕목들을 동시에 통달할 수 없기 때문입니다. 그 덕목들 모두를 얻기 위해 노력하는 사람은 단 하나의 덕도 완전히 소유하지 못하게 될 것이며, 결국 유익을 얻지 못하고 손해를 당할 것입니다. 하나님에게 이르는 길은 다양하며, 그렇기 때문에 각 사람은 자신이 택한 길에 집중하여 완주해야 합니다. 그렇게 할 때 자신이 택한 일에 있어서 완전해질 수 있을 것입니다.

~ 7 ~
모든 사람들이 모든 것을 모방해서는 안 된다고 가르치는 순결의 예

1. "한 가지 일에 집중하지 못하는 변덕스러운 사람은 손해를 초래할 뿐만 아니라 다음과 같은 점에서 죽을 위험에 처하기도 합니다. 즉 종종 어떤 사람이 바르게 행한 것을 다른 사람들이 좋지 않은 본보기로 취하게 되며, 어떤 사람에게는 유익하게 작용했던 것을 다른 사람이 악하게 여길 수도 있습니다. 예를 들어 사부 요한이 본받아야 할 대상이 아니라 존경해야 할 대상으로 언급한 사람의 덕을 본받으려는 사람이 있습니다.

"어떤 사람이 세속적인 옷을 입고 사부 요한을 찾아와서 자기가 처음 수확한 과일 약간을 드리다가 귀신 들린 사람을 보았습니다. 2. 귀신은 사부 요한의 권고와 명령을 무시하면서 자신이 사로잡은 사람의 몸에서 떠나지 않겠다고 맹세했지만, 이 사람을 보고 겁에 질려서 공손하게 그의 이름을 부르고 떠났습니다. 사부 요한은 그가 지닌 은혜에 놀랐고, 또 그가 세속적인 옷을 입고 있는 것을 보고 한층 더 놀라 그의 생활상태와 직업에 대해 조심스럽게 묻기 시작했습니다. 3. 그 사람은 자신이 세상에서 결혼하여 살고 있다고 대답했습니다. 사부 요한은 그의 탁월한 덕과 품위를 염두에 두고서 그의 생활방식에 대해 질문했습니다. 그 사람은 자신이 시골 사람이라는 것, 노동하여 생계를 유지한다는 것, 그리고 아침에 밭에 나갈 때나 저녁에 집으로 돌아올 때 교회에 가서 일용할 양식을 주신 하나님께 감사를 드리는 것 외에 선한 것을 행한 일이 없다고 말했습니다. 또 그는 수확한 농산물의 첫 열매와 십일조를 하나님께 드렸고, 가축을 몰고 갈 때 자신의 부주의함 때문에 이웃이 피해를 입지 않도록 하기 위해 가축의 입에 입마개를 씌웠습니다. 4. 이런 일들 때문에 그 사람이 큰 은혜를 받았다는 것을 이해할 수 없었던 사부 요한은 계속 질문했습니다. 사부 요한이 자기를 존경하여 계속 질문하는 데 부담을 느낀 농부는 자신이 수도생활을 원했었지만 부모님의 강요 때문에 12년 전에 결혼했다고 고백했습니다. 아무도 모르고 있지만 지금 그의 아내는 여전히 처녀이며 그는 아내를 누이동생으로 대하고 있었습니다. 이 말을 들은 사부 요한은 그를 매우 존경했으며, 자기의 말을 무시했던 귀신이 혈기 왕성한 청년 시절뿐만 아니라 지금까지도 순결을 더럽히지 않은 채 지켜온 덕을 소유한 이 사람의 존재를 견딜 수 없어 물러간 것이 당연하다고 공개적으로 선포했습니다.

5. "사부 요한은 이 사람을 매우 존경하여 언급했지만, 수도사들이 그 사람과 동일하게 행하는 것을 장려하지는 않았습니다. 왜냐하면 다른 사람이 제대로 실천해온 일을 모방하는 사람이 큰 위험에 처하는 일이 종종 있다는 것, 그리고 주님이 소수의 사람에게 주신 특별한 은총을 모든 사람들이 소유할 수는

없다는 것을 알았기 때문이었습니다.

~ 8 ~
영적 지식에 관하여

1. "다시 지식에 대해 이야기하겠습니다. 앞에서 말했듯이 프라티케는 많은 직업과 일로 이루어집니다. 테오레티케는 역사적인 해석과 영적인 이해라는 두 부분으로 나뉩니다. 이런 까닭에 솔로몬이 교회 내의 여러 가지 은혜의 형태를 열거하면서 '자기 집 사람들은 다 홍색 옷을 입었으므로'(잠 31:21)라고 덧붙여 말했습니다. 영적 지식에는 비유적 해석tropology, 풍유적 해석allegory, 신비적 해석anagogy 등 세 종류가 있습니다.

2. "역사는 과거와 눈에 보이는 것들에 대한 지식을 수용합니다. 바울은 다음과 같이 말합니다: '기록된 바 아브라함에게 두 아들이 있으니 하나는 여종에게서, 하나는 자유 있는 여자에게서 났다 하였으며 여종에게서는 육체를 따라 났고 자유 있는 여자에게서는 약속으로 말미암았느니라'(갈 4:22-23). 그 뒤에 따르는 것들은 풍유에 속합니다. 왜냐하면 실제로 발생한 일이 또 다른 신비의 형태를 예현했다고 기록되었기 때문입니다: '이것은 비유니 이 여자들은 두 언약이라 하나는 시내 산으로부터 종을 낳은 자니 곧 하갈이라 이 하갈은 아라비아에 있는 시내 산으로서 지금 있는 예루살렘과 같은 곳이니 그가 그 자녀들과 더불어 종 노릇 하고'(갈 4:24-25). 3. 바울은 영적인 신비에서 고귀하고 신성한 하늘의 비밀로 올라가는 신비적 해석을 추가합니다: '오직 위에 있는 예루살렘은 자유자니 곧 우리 어머니라 기록된 바 잉태하지 못한 자여 즐거워하라 산고를 모르는 자여 소리 질러 외치라 이는 홀로 사는 자의 자녀가 남편 있는 자의 자녀보다 많음이라 하였으니'(갈 4:26-27). 비유적 해석

은 삶의 교정 및 실천적 가르침과 관련된 도덕적 설명입니다. 우리는 이 두 언약을 프락티케와 이론적 훈련으로 이해하거나, 또는 '예루살렘아 여호와를 찬송할지어다 시온아 네 하나님을 찬양할지어다'(시 147:12)의 예루살렘과 시온을 인간의 영혼으로 여기려는 듯합니다.

4. "위에서 언급된 네 가지 방식이 한 점에서 서로 만나기 때문에 예루살렘이 네 방식으로 이해될 수 있습니다. 그것은 역사적 해석에 의하면 유대인들의 수도요, 풍유적 해석에 의하면 그리스도의 교회요, 신비적 해석에 의하면 '우리 어머니'(갈 4:26)인 하나님의 거룩한 도성입니다. 비유적 해석에 의하면 종종 하나님으로부터 책망을 받거나 칭찬을 받는 인간의 영혼입니다. 이 네 종류의 해석에 대해 바울은 다음과 같이 말합니다: '그런즉 형제들아 내가 너희에게 나아가서 방언으로 말하고 계시나 지식이나 예언이나 가르치는 것으로 말하지 아니하면 너희에게 무엇이 유익하리요'(고전 14:6).

5. "계시는 풍유에 적용됩니다. 역사적인 이야기들이 풍유로써 감추고 있는 것들이 영적인 이해와 설명에 의해 적나라하게 드러납니다. 예를 들어 '우리 조상들이 다 구름 아래에 있고 바다 가운데로 지나며 모세에게 속하여 다 구름과 바다에서 세례를 받고 다 같은 신령한 음식을 먹으며 다 같은 신령한 음료를 마셨으니 이는 그들을 따르는 신령한 반석으로부터 마셨으매 그 반석은 곧 그리스도시라'(고전 10:1-4)는 말씀의 의미를 명확하게 하려고 노력한다고 가정해 보십시오. 우리가 매일 받는 그리스도의 몸과 피의 예현과 관련된 이 설명은 풍유적인 접근방법을 구성합니다.

6. "그러나 바울이 언급하는 또 하나의 지식은 비유적 해석입니다. 이것에 의해 신중하게 조사함으로써 실질적인 분별과 관련된 모든 것을 분별합니다. 이는 '여자가 머리를 가리지 않고 하나님께 기도하는 것이'(고전 11:13) 마땅한

지 스스로 판단하라는 명령을 받을 때처럼 그것이 선하고 유익한 것인지 알기 위해서입니다. 이 방법은 도덕적 이해를 구성합니다.

"바울이 세 번째로 소개한 예언은 신비적 해석을 시사합니다. 여기에서 단어들은 보이지 않는 것과 장래에 속한 것을 가리킵니다. '형제들아 자는 자들에 관하여는 너희가 알지 못함을 우리가 원하지 아니하노니 이는 소망 없는 다른 이와 같이 슬퍼하지 않게 하려 함이라 우리가 예수께서 죽으셨다가 다시 살아나심을 믿을진대 이와 같이 예수 안에서 자는 자들도 하나님이 그와 함께 데리고 오시리라 우리가 주의 말씀으로 너희에게 이것을 말하노니 주께서 강림하실 때까지 우리 살아 남아 있는 자도 자는 자보다 결코 앞서지 못하리라 주께서 호령과 천사장의 소리와 하나님의 나팔 소리로 친히 하늘로부터 강림하시리니 그리스도 안에서 죽은 자들이 먼저 일어나고'(살전 4:13-16). 7. 신비적 해석은 이런 종류의 권면에서 나타납니다.

"그러나 가르침은 역사적인 해석의 단순한 순서를 드러내줍니다. 그런 경우에는 단어들은 문자 그대로의 의미 외에 숨겨진 의미를 갖지 않는데, 예를 들면 다음과 같은 경우입니다: '내가 받은 것을 먼저 너희에게 전하였노니 이는 성경대로 그리스도께서 우리 죄를 위하여 죽으시고 장사 지낸 바 되셨다가 성경대로 사흘 만에 다시 살아나사 게바에게 보이시고 후에 열두 제자에게와'(고전 15:3-5); '때가 차매 하나님이 그 아들을 보내사 여자에게서 나게 하시고 율법 아래에 나게 하신 것은 율법 아래에 있는 자들을 속량하시고 우리로 아들의 명분을 얻게 하려 하심이라'(갈 4:4-5); '이스라엘아 들으라 우리 하나님 여호와는 오직 유일한 여호와이시니'(신 6:4).

~ 9 ~
실천적인 지식에서 영적인 지식으로 진보해야 한다.

1. "만일 우리가 헛된 자랑에 의해서가 아니라 교정의 은혜에 의해 영적 지식의 빛을 획득하는 데 관심을 가진다면, 먼저 '마음이 청결한 자는 복이 있나니 그들이 하나님을 볼 것임이요'(마 5:8)라고 언급된 복을 향한 갈망을 가져야 합니다. 그리하면 천사가 다니엘에게 '지혜 있는 자는 궁창의 빛과 같이 빛날 것이요 많은 사람을 옳은 데로 돌아오게 한 자는 별과 같이 영원토록 빛나리라'(단 12:3)고 말한 것도 획득할 수 있을 것입니다. 또 다른 선지자는 '마침내 여호와께서 오사 공의를 비처럼 너희에게 내리시리라'(호 10:12b)고 말합니다.

2. "우리는 부지런히 독서하면서 되도록 빨리 실천적 훈련을 완전히 파악하기 위해 총력을 기울여야 합니다. 이것이 없으면 이론적인 순결을 획득할 수 없기 때문입니다. 많이 수고하고 노력한 데 대한 상으로 그것을 획득하여 소유한 사람들은 교사들의 말에서 완전함을 발견한 것이 아니라 자신의 고결한 행동 안에서 완전함을 발견한 사람들입니다. 율법 묵상을 통하지 않고 수고의 결과로서 이러한 이해에 도달한 그들은 시편 기자처럼 '주의 법도들로 말미암아 내가 명철하게 되었습니다'(시 119:104)라고 노래합니다. 그들은 모든 정념들이 정화된 후 확신을 가지고서 '내가 인자와 정의를 노래하겠나이다 여호와여 내가 주께 찬양하리이다 내가 완전한 길을 주목하오리니 주께서 어느 때나 내게 임하시겠나이까 내가 완전한 마음으로 내 집 안에서 행하리이다'(시 101:1-2)라고 말합니다. 3. 시편으로 노래하는 사람, 깨끗한 마음으로 완전한 길을 걸어가는 사람은 자신이 부르는 시편을 이해할 것입니다.

"그러므로 마음속에 영적 지식의 성막을 마련하기 원한다면, 모든 악덕의 전염에서 자신을 정화하며 현세의 염려를 벗어버려야 합니다. 세상의 분심에 조금이라도 사로잡혀 있는 영혼은 지식의 은사를 받거나 영적인 이해를 획득하거나 거룩한 말씀들을 기억할 수 없습니다.

4. "그러므로 교만 때문에 뜨거운 갈망과 독서가 수포로 돌아가지 않게 하려면 엄격히 침묵하십시오(특히 요한 당신은 약간 나이가 어리므로 이제부터 내가 말하려는 것을 한층 더 주의 깊게 지켜야 합니다). 경청하는 마음으로 벙어리처럼 원로들의 말과 제도를 받아들이고 마음에 새겨 보존하며, 그것들을 가르치려 하기보다 실천하려고 애쓰는 것이 실천적 훈련의 출발점입니다. 가르치려는 데서 허영이 솟아나며, 실천하려고 노력하려는 데서 영적 지식의 열매가 생겨날 것입니다. 5. 따라서 무지나 알려고 하는 욕구 때문에 질문하는 것 외에는 원로들이 담화하는 동안 무엇인가를 제안하지 마십시오. 왜냐하면 허영심 때문에 거드름을 피우는 사람들은 자신의 지식을 나타내기 위해서 자신이 잘 아는 것에 대해 질문을 하기 때문입니다. 칭찬받기 위해서 꾸준히 독서하는 사람은 참된 지식의 은사를 받지 못합니다. 이 정념에 사로잡힌 사람은 어쩔 수 없이 다른 악덕들, 특히 교만에 빠지게 됩니다. 그는 실천적이고 윤리적인 것들을 망쳤기 때문에 거기서 솟아나는 영적인 지식을 획득하지 못할 것입니다. 그러므로 '네가 말이 조급한 사람을 보느냐 그보다 미련한 자에게 오히려 희망이 있느니라'(잠 29:20)는 솔로몬의 말이 임하지 않게 하려면 '듣기는 속히 하고 말하기는 더디'(약 1:19) 하십시오.

"또 직접 행동하여 경험하지 못한 것을 말로 가르치려 하지 마십시오. 6. '예수께서 행하시며 가르치시기를 시작하심부터'(행 1:1)라는 말씀에서 보듯이 우리가 이 순서를 따라야 한다는 것을 주님은 친히 본보기로 가르치셨습니다. 그러므로 행하기 전에 가르치는 사람, 주님이 '그러므로 무엇이든지 그들이 말하는 바는 행하고 지키되 그들이 하는 행위는 본받지 말라 그들은 말만 하고 행하지 아니하며 또 무거운 짐을 묶어 사람의 어깨에 지우되 자기는 이것을 한 손가락으로도 움직이려 하지 아니하며'(마 23:3-4)라고 말씀하시면서 언급하신 사람들 중 하나가 되지 않도록 조심하십시오. 만일 '계명 중의 지극히 작은 것 하나라도 버리고 또 그같이 사람을 가르치는 자는 천국에서 지극히 작다 일컬음을'(마 5:19) 받는다면, 큰 것들을 많이 소홀히 하고 가르치려 하는 사람은 하늘나라에서 작다 일컬음을 받을 뿐만 아니라 지옥에서 가장 큰 자로 간주될 것입니다.

7. "연설 기술을 획득하여 유창하게 말하는 사람들, 그리고 연설 능력과 특성을 분별하지 못하면서 영적 지식을 소유했다고 간주하는 사람들을 본받아 가르치려 하지 않도록 조심하십시오. 왜냐하면 그런 사람들은 자기가 원하는 것을 유창하고 장황하게 말할 수 있기 때문입니다. 번드레하고 유창하게 말하는 것과 거룩한 말씀 속에 깊이 들어가 깨끗한 마음의 눈으로 감추어진 심오한 신비를 보는 것은 아주 다른 일입니다. 인간의 가르침과 세상의 지식이 아닌 깨끗한 마음만이 성령의 조명을 받아 이것을 소유할 것입니다.

~ 10 ~
참된 지식 훈련에 관하여

1. "성경에 대한 참된 지식 획득을 원한다면, 먼저 겸손한 마음을 획득해야 합니다. 겸손은 사랑의 완성에 의해서 우리를 자랑하는 지식이 아닌 조명해주는 지식으로 이끌어줄 것입니다. 더러운 마음은 영적인 지식의 은사를 받을 수 없습니다. 그러므로 열심히 독서함으로써, 그리고 오만한 허영 때문에 우리 안에서 가르침의 조명에 의해 약속된 영원한 영광과 지식의 빛이 아닌 멸

망의 수단이 생겨나지 않도록 조심하십시오.

2. "세상의 염려와 편견들을 몰아낸 후에 항상 거룩한 독서에 몰두하도록 노력하십시오. 지속적인 묵상이 우리의 정신을 채우고 두 개의 돌판, 즉 이중 언약 아래서의 꾸준함이라는 측면과 금항아리, 즉 순수하고 성실한 기억을 담은 일종의 언약궤처럼 될 때까지 계속하십시오. 이 금항아리는 그 안에 담긴 만나, 즉 영적 이해와 거룩한 빵의 영속적인 단맛과 아론의 지팡이, 즉 참된 대제사장이신 예수 그리스도의 구원의 깃발을 영원히 푸르고 안전하게 보존합니다. 3. 이 지팡이는 이새의 뿌리에서 베어져 죽었으나 한층 더 큰 생명력을 가지고 자랍니다. 두 케루빔 천사들, 즉 역사적인 지식과 영적인 지식의 충만이 이것들을 지킵니다. 그들은 항상 하나님의 회유, 즉 우리의 내면의 평온를 지키고 악령들의 공격으로부터 보호해줍니다. 따라서 신적 언약궤뿐만 아니라 제사장의 나라로 나아갔으며 순결에 대한 확고한 사랑에 의해 영적 훈련에 몰두한 우리의 정신은 '그 성소에서 나오지 말며 그의 하나님의 성소를 속되게 하지 말라'(레 21:12)는 명령을 성취할 것입니다. 여기에서 성소는 그의 마음입니다. 하나님은 '내가 그들 가운데 거하며 두루 행하리라'(고후 6:16)라고, 즉 그의 마음에 항상 거하겠다고 약속하십니다.

4. "이런 까닭에 성경의 책들을 부지런히 기억하고 끊임없이 되새겨야 합니다. 이같은 지속적인 묵상은 두 가지 열매를 가져옵니다. 첫째, 정신이 독서와 그 준비에 몰두해 있기 때문에 해로운 생각들의 유혹에 사로잡히지 않습니다. 우리를 유혹하는 행위와 광경에서 벗어날 때, 특히 밤에 고요히 묵상할 때 우리는 정신이 바빠서 이해하지 못했던 것들, 암기하기 위해 노력하고 있는 것들을 분명히 보게 될 것입니다. 따라서 깨어 있을 때 파악하지 못했던 감추인 의미들에 대한 이해가 우리가 휴식할 때 및 깊이 잠들었을 때 계시될 것입

니다.

~ 11 ~
성경을 이해하는 다양한 방식에 관하여

1. "이러한 학습에 의해 정신이 새로워짐에 따라 성경의 표면도 새로워지기 시작할 것이며, 발전하는 사람과 더불어 거룩한 이해의 아름다움이 성장할 것입니다. 그것의 형태도 인간 지성의 수용력에 맞추어지며, 육욕적인 사람들에게는 세속적인 형태로 나타나고 영적인 사람들에게는 거룩한 형태로 나타날 것입니다. 따라서 짙은 구름 속에 있는 것처럼 여겼던 사람은 그것의 미묘함을 파악할 수 없고 그 영광을 견뎌낼 수 없을 것입니다. 지금 말하려는 것을 분명히 하기 위해서는 모든 거룩한 명령들이 우리의 상태에 따라 인류 전체를 위해 만들어졌음을 증명해 줄 수 있는 율법의 한 구절을 언급하는 것으로 충분합니다.

2. "율법에 '간음하지 말라'(출 20:14)고 기록되어 있습니다. 육적으로 부정한 정념들에 얽혀 있는 사람들은 문자 그대로 유익한 방식으로 이것을 지킵니다. 그러나 이미 이 더러운 행위와 부정한 성향을 버린 사람은 영적인 방식으로 이 명령을 지켜야 합니다. 따라서 그는 우상숭배와 관련된 예식들뿐만 아니라 이방인들의 미신 및 시대의 모든 징조와 전조와 표적들도 거부하며, 특별한 단어나 이름으로 점치는 일에 관여하지 말아야 합니다. 이런 것들은 믿음의 온전함을 더럽게 만듭니다. 3. 예루살렘이 이런 간음에 의해 더럽혀서 '모든 높은 산에 오르며 모든 푸른 나무 아래로 가서 거기서 행음하였도다'(렘 3:6)라고 기록되어 있습니다. 하나님은 선지자를 통해 예루살렘을 책망하여 '하늘을 살피는 자와 별을 보는 자와 초하룻날에 예고하는 자들에게 일어나

네게 임할 그 일에서 너를 구원하게 하여 보라'(사 47:13)고 말씀하십니다. 하나님은 이 간음과 관련하여 '그들이 음란한 마음에 미혹되어 하나님을 버리고 음행하였음이니라'(호 4:12)고 책망하십니다.

"이 두 가지 간음을 벗어난 사람은 세 번째 간음을 피해야 하는데, 그것은 율법과 유대교의 미신 안에 포함되어 있습니다. 4. 바울은 이것들에 대해서 '너희가 날과 달과 절기와 해를 삼가 지키니'(갈 4:10), '붙잡지도 말고 맛보지도 말고 만지지도 말라'(골 2:21)고 말합니다. 이것들이 율법의 미신들에 대해 언급되었음이 분명합니다. 이것들에 빠진 사람은 그리스도에 대하여 간음한 것이므로 '내가 너희를 정결한 처녀로 한 남편인 그리스도께 드리려고 중매함이로다'(고후 11:2)라는 말을 들을 자격이 없습니다. 바울은 이런 사람들에게 '뱀이 그 간계로 하와를 미혹한 것같이 너희 마음이 그리스도를 향하는 진실함과 깨끗함에서 떠나 부패할까 두려워하노라'(고후 11:3)고 말합니다.

5. "세 번째 간음의 더러움을 피한 사람이 피해야 할 네 번째 간음이 있습니다. 그것은 이단적인 가르침입니다. 이에 대해 바울은 '내가 떠난 후에 사나운 이리가 여러분에게 들어와서 그 양 떼를 아끼지 아니하며 또한 여러분 중에서도 제자들을 끌어 자기를 따르게 하려고 어그러진 말을 하는 사람들이 일어날 줄을 내가 아노라'(행 20:29-30)고 말합니다.

"이것을 피한 사람은 더 교묘한 죄에 의해서 방황하는 생각 안에 존재하는 간음에 빠지지 않도록 조심해야 합니다. 완전한 사람은 악한 생각들뿐만 아니라 쓸모없는 생각들 및 어느 정도 하나님에게서 벗어난 생각들을 가장 더러운 간음으로 간주합니다."

~ 12 ~
세속적인 글을 잊는 방법에 관한 질문

나는 이 말을 들으면서 은밀한 가책을 느껴 깊이 신음하면서 말했습니다: "사부님이 길게 하신 말씀은 나로 하여금 전보다 더 큰 절망을 느끼게 합니다. 연약한 사람들의 영혼이 일반적으로 외부로부터 공격을 받아 포로가 되는 상태 외에 문학적 지식에서 비롯되는 바 특별히 구원을 방해하는 걸림돌이 있기 때문입니다. 이런 점에서 스승님의 고집과 꾸준히 집중하여 실천한 독서로 말미암아 약해진 내 정신은 기도시간에도 마치 그러한 시에 감염된 듯이 어려서 학습한 전쟁이야기와 우화를 묵상합니다. 내가 시편을 노래하거나 죄사함을 구할 때 염치없이 시가 떠오르거나 전쟁 영웅들의 모습이 눈앞을 스칩니다. 그러한 이미지들에 대한 백일몽이 항상 나를 조롱하며 정신이 고귀한 통찰에 이르지 못하도록 막기 때문에 날마다 울어도 그것을 제거할 수 없습니다."

~ 13 ~
답변: 기억의 얼룩을 제거하는 방법

1. 네스테로스 사부는 다음과 같이 말씀하셨습니다: "당신이 세속 학문을 공부할 때처럼 부지런하고 절박하게 영적인 글을 읽고 묵상하려면, 당신으로 하여금 정화에 대해 낙심하게 만든 사실에서 효과적이고 신속한 치료책이 나올 수 있습니다. 당신의 정신이 그러한 시에 몰두하여 마침내 내면에서 다른 것들을 수확했을 때와 비슷한 열심과 관심을 가지고 영적인 글을 읽으며, 세상의 무익한 것들 대신에 영적이고 거룩한 실체들을 품으십시오. 2. 당신의 정신이 그것들의 깊이와 높이를 파악하고 함양되면 점차 이전의 생각들이 몰려나가 완전히 폐지될 것입니다. 인간의 정신이 생각들을 모두 다 받아들일 수 없

으므로 영적인 일에 몰두하지 않는 한 과거에 학습한 것들에게 에워싸일 것입니다. 정신이 돌아갈 대상, 그리고 쉬지 않고 활동할 대상이 없으면, 필연적으로 어릴 때 주입된 것들을 의지하며 오랫동안 습관적으로 묵상하여 품게 된 것을 항상 생각하게 될 것입니다.

3. "당신의 내면에 있는 이 영적 지식을 영속적으로 굳게 강화해야 합니다. 스스로의 노력에 의하지 않고 다른 사람을 통해 지식을 획득한 사람들, 천상의 향기인 듯이 그것을 잡아챈 사람들처럼 일시적으로만 그것을 향유해서는 안 됩니다. 그것을 정신 안에 깊이 저장하며 뚜렷하고 가시적인 것으로 만들어야 합니다. 그렇게 하기 위해서는 담화중에 잘 아는 것이 언급된다고 해서 그것을 멸시하는 거만한 태도를 취하지 않도록 조심해야 합니다. 오랫동안 바라온 구원의 말씀을 듣기를 바랄 때처럼 열렬하게 그것을 마음에 받아들여야 합니다. 4. 참 지식을 갈망하는 사람의 영혼 안에서는 거룩한 것들이 자주 반복되어도 포만감과 혐오감을 느끼는 일이 없을 것입니다. 영혼은 날마다 마치 자신이 추구해온 새로운 것인 듯이 그것들을 받아들입니다. 그것들을 받아들이는 빈도가 잦아질수록 더 열심히 그것들을 듣고 말할 것이며, 반복되는 빈번한 담화에 싫증을 느끼는 것이 아니라 그 담화에 의해 획득된 지식으로 말미암아 튼튼해질 것입니다. 지나치게 자주 주어진다고 해서 유익한 말을 거만하고 부주의한 태도로 받아들이는 것은 정신이 교만하고 미지근하다는 증거입니다. 배부른 사람은 꿀을 마다하지만, 배고픈 사람은 쓴 것도 달게 먹습니다(잠 27:7).

5. "이 말을 경청하여 깊은 침묵으로 봉인하여 정신 속에 깊이 저장해둔다면, 나중에 '사람의 마음을 기쁘게 하는 포도주'(시 104:15)처럼 경건한 생각들과 오래된 인내에 의해 데워져서 당신의 가슴이라는 그릇에서 강력한 향기

를 풍기며 나올 때면 경험의 샘과 덕의 수로에서 샘솟는 물처럼 솟아날 것이며, 당신의 마음의 심연에서 지속적인 시냇물을 뿜어낼 것입니다. 6. 이 일을 이룬 사람에게는 '너는 네 우물에서 물을 마시며 네 샘에서 흐르는 물을 마시라 어찌하여 네 샘물을 집 밖으로 넘치게 하며 네 도랑물을 거리로 흘러가게 하겠느냐'(잠 5:15-16); '너는 물 댄 동산 같겠고 물이 끊어지지 아니하는 샘 같을 것이라 네게서 날 자들이 오래 황폐된 곳들을 다시 세울 것이며 너는 역대의 파괴된 기초를 쌓으리니 너를 일컬어 무너진 데를 보수하는 자라 할 것이며 길을 수축하여 거할 곳이 되게 하는 자라 하리라'(사 58:11-12)는 말이 이루어질 것입니다. 7. '네 스승은 다시 숨기지 아니하시리니 네 눈이 네 스승을 볼 것이며 너희가 오른쪽으로 치우치든지 왼쪽으로 치우치든지 네 뒤에서 말소리가 네 귀에 들려 이르기를 이것이 바른 길이니 너희는 이리로 가라 할 것이며'(사 30:20-21)라는 약속이 당신에게 임할 것입니다. 따라서 당신의 마음의 목표와 묵상뿐만 아니라 의지의 방황하는 모든 생각들이 거룩한 법에 관한 지속적이고 거룩한 생각이 될 것입니다.

~ 14 ~

부정한 영혼은 영적 지식을 전달하거나 받을 수 없다.

1. "경험이 없어 이것을 알거나 가르치지 못하는 사람에게는 그것이 불가능한 일입니다. 자신이 받아들일 수 없는 것을 어떻게 다른 사람에게 전달할 수 있겠습니까? 그가 이러한 일들에 대해 무엇인가를 가르치는 체해도 그의 말은 듣는 사람들의 귀만 울릴 뿐 효과가 없고 무익할 것입니다. 그의 말은 경험에서 나온 것이 아니라 허영심에서 비롯된 것이기 때문에 사람들의 마음속을 꿰뚫지 못할 것입니다. 이는 그것이 선한 양심이라는 보물창고에서 나온 것이

아니라 거만하고 헛된 자랑에서 나오는 것이기 때문입니다. 2. 더러운 영혼은 애써 독서를 해도 영적 지식을 획득할 수 없습니다. 최상의 기름이나 꿀이나 귀한 액체를 악취나는 더러운 그릇에 담지 않습니다. 악취가 가득했던 항아리에 향기로운 몰약을 담는다고 해서 좋은 냄새가 나지는 않습니다. 왜냐하면 더러운 것이 깨끗해지기보다 깨끗한 것이 더 쉽게 더러워지기 때문입니다. 3. 그러므로 악취가 나는 악덕을 씻어내지 않는 한 '머리에 있는 보배로운 기름이 수염 곧 아론의 수염에 흘러서 그의 옷깃까지 내림 같고'(시 133:2)라고 언급된 축복의 기름이 우리 마음에 부어지지 못할 것이며, 또 꿀과 송이꿀보다 더 단(시 19:10) 성경 말씀과 영적 지식을 손상하지 않고 보존하지 못할 것입니다. 의와 악의 사이에 공통점이 있습니까? 빛과 어둠 사이에 무슨 교제가 있습니까? 그리스도와 벨리알 사이에 합의점이 있습니까?"

~ 15 ~
반론: 부정한 사람들이 지식을 소유하지만 거룩한 사람들은 소유하지 못하고 있다는 취지

게르마누스가 말했습니다: "이러한 이해는 진리에 기초를 두거나 신빙성 있는 추론의 뒷받침을 받는 것처럼 보이지 않습니다. 비록 그리스도에 대한 믿음을 받지 않았거나 모독적이고 악한 가르침에 의해 그것을 부패하게 만든 사람들의 마음이 더럽지만, 많은 유대인들과 이단자들 및 여러 가지 악덕에 연루된 가톨릭 신자들이 성경에 대한 완전한 지식을 획득하고 방대한 영적 지식을 자랑하는 데 반해 마음에서 죄의 얼룩을 완전히 제거한 많은 거룩한 사람들이 경건하고 단순한 믿음에 만족할 뿐 심오한 지식의 비밀들을 알지 못하는 것은 어찌된 일입니까? 그렇다면 영적 지식이 깨끗한 마음에 속한다고 주장하는 이 견해가 어떻게 성립됩니까?"

~ 16 ~
답변: 악인들이 참 지식을 소유할 수 없다.

1. 네스테로스 사부가 말씀하셨습니다: "하나의 견해를 표현하고 있는 단어들 모두를 신중하게 따져보지 않는 사람은 그 진술의 요지를 제대로 인식하지 못합니다. 앞에서 이런 부류에 속하는 사람들은 논쟁과 화려한 문체를 구사하는 기술만 소유할 뿐이지 성경의 깊이와 영적 의미의 비밀들을 간파하지 못한다고 말했습니다. 진정으로 하나님을 예배하는 사람들만 참 지식을 소유하며, '어리석고 지각이 없으며 눈이 있어도 보지 못하며 귀가 있어도 듣지 못하는 백성이여 이를 들을지어다'(렘 5:21); '네가 지식을 버렸으니 나도 너를 버려 내 제사장이 되지 못하게 할 것이요'(호 4:6)라고 언급되는 사람들은 참 지식을 소유하지 못합니다. 2. 그리스도 안에 '지혜와 지식의 모든 보화가 감추어져 있느니라'(골 2:3)고 기록되어 있는데, 어떻게 그리스도를 발견하는 일을 멸시하는 사람, 그리스도가 발견되었을 때 모독하는 사람, 또는 더러운 행위로 보편 신앙을 더럽힌 사람이 참 지식을 획득했다고 믿을 수 있습니까? 하나님의 영은 속임을 피하시며 죄에 속한 몸 안에 거하시지 않습니다.

"그러므로 '너희가 자기를 위하여 공의를 심고 인애를 거두라 너희 묵은 땅을 기경하라 지금이 곧 여호와를 찾을 때니 마침내 여호와께서 오사 공의를 비처럼 너희에게 내리시리라'(호 10:12)는 말씀에서 표현된 순서에 따라 영적 지식을 획득해야 합니다. 3. 첫째, 우리 자신을 위해 의를 심어야 합니다. 즉 의로운 행위에 의해 실천적 완전함을 증가시켜야 합니다. 그 다음에 삶의 소망을 거두어야 합니다. 즉 육욕적인 악덕들을 몰아냄으로써 영적인 덕의 열매를 거두어야 합니다. 그리하면 지식의 빛으로 자신을 조명할 수 있을 것입니다. 시편 기자는 '행위가 온전하여 여호와의 율법을 따라 행하는 자들은 복이 있음이여 여호와의 증거들을 지키고 전심으로 여호와를 구하는 자는 복이 있도다' (시 119:1-2)라고 말하면서 이 순서를 따라야 한다고 주장합니다. 그는 '여호와의 증거들을 지키고 전심으로 여호와를 구하는 자는 복이 있도다' 라고 말한 뒤에 '행위가 온전하여 여호와의 율법을 따라 행하는 자들은 복이 있음이여' 라고 덧붙인 것이 아니라, 먼저 '행위가 온전하여 여호와의 율법을 따라 행하는 자들은 복이 있음이여' 라고 말합니다. 이렇게 함으로써 실천적인 생활방식에 의해 그리스도의 길을 이해하지 않은 사람은 제대로 하나님의 증거를 찾아 지키지 못한다는 것을 분명히 보여줍니다.

4. "따라서 당신이 말한 더러운 사람들은 이것을 소유하지 못합니다. 그들은 바울이 '디모데야 망령되고 헛된 말과 거짓된 지식의 반론을 피함으로 네게 부탁한 것을 지키라τας σντιθεδεις της ψευδωνυμου γνωδεως' (딤전 6:20)고 언급한 바 이름뿐인 거짓된 지식ψευδωνυμον을 소유합니다. 잠언에서는 가식적이고 허튼 지식을 획득한 것처럼 보이는 사람들, 부지런히 거룩한 책들을 읽고 성경을 외우려 하지만 육욕적인 악덕을 버리지 않은 사람들에 대해 '아름다운 여인이 삼가지 아니하는 것은 마치 돼지 코에 금 고리 같으니라' (잠 11:22)고 말합니다. 5. 거룩한 말과 성경의 귀중한 아름다움으로 장식한 사람이 더러운 행위와 생각에 매달림으로써 그것을 파괴한다면, 다시 말해서 더러운 흙에 뿌리를 내리거나 방탕한 욕망의 더러운 늪에 빠져 더럽힌다면 무슨 유익이 있겠습니까? 제대로 사용될 때 장식이라고 추정되었던 것이 그것들을 치장하지 못할 뿐만 아니라 더 큰 더러움과 접촉함으로써 오염될 것입니다. '죄인의 입에는 지혜의 찬미가 맞지 않습니다' (집회서 15:9). 선지자는 이런 사람에게 '네가 어

찌하여 내 율례를 전하며 내 언약을 네 입에 두느냐'(시 50:16)라고 말합니다.
6. 이처럼 하나님에 대한 부동의 경외심(이에 대해 '여호와를 경외하는 것은 지혜의 훈계라' [잠 15:33]고 언급됩니다)을 소유하지 못한 사람들과 항상 성경을 묵상함으로써 성경에 대한 이해에 도달하려고 노력하는 사람들에 대해 '미련한 자는 무지하거늘 손에 값을 가지고 지혜를 사려 함은 어찜인고'(잠 17:16)라고 언급됩니다.

"그러나 일부 촌스럽고 거의 무식한 사람들이 육적인 악덕의 더러움에 물든 세상의 학문을 멀리하는 분량에 비례하여 참된 영적 지식이 놀랍게 융성한다는 것을 알 수 있습니다. 7. 사도들과 많은 거룩한 사람들의 사례에서 이것이 증명됩니다. 그들은 쓸모없이 잎사귀만 풍성한 것이 아니라 영적 지식의 참 열매를 맺은 사람들이었습니다. 그들에 대해 '그들이 베드로와 요한이 담대하게 말함을 보고 그들을 본래 학문 없는 범인으로 알았다가 이상히 여기며'(행 4:13)라고 기록되어 있습니다.

"이러한 지식의 사라지지 않는 향기를 획득하고자 한다면 무엇보다 하나님에게서 순결을 얻기 위해 노력하십시오. 8. 내면이 육적인 정념들 및 특히 간음을 향한 사랑의 지배를 받는 사람은 영적 지식을 소유할 수 없을 것입니다. 지혜는 현명한 마음에 깃들입니다(잠 14:33 참조). '주님을 두려워하는 사람은 정당한 판정을 받을 것이요 그들의 선행은 빛처럼 찬란할 것입니다'(집회서 32:16). 사도 바울도 앞에서 언급한 이 순서를 따름으로써 영적 지식을 획득할 수 있다고 가르칩니다. 그는 덕목들의 목록을 작성하며 그것들의 순서를 제시하려고 '자지 못함과 먹지 못함 가운데서도 깨끗함과 지식과 오래 참음과 자비함과 성령의 감화와 거짓이 없는 사랑'(고후 6:5-6)이라고 언급했습니다. 그는 덕들의 목록을 제시하면서 사람이 자지 못함과 금식에서 순결로 나아가며, 순결에서 지식으로, 지식에서 오래참음으로, 오래참음에서 자비함으로, 자비함에서 성령에게로, 성령에게서 거짓이 없는 사랑으로 나아간다고 가르치려 했습니다. 9. 그러므로 이 훈련과 순서에 의해서 영적 지식을 획득할 때 무가치하고 무모한 학식이 아닌 생생하고 유익한 학식을 소유하게 될 것입니다. 그 때 성령의 소나기가 내려 당신이 사람들의 마음에 심어준 유익한 말씀의 씨가 싹을 낼 것이며, '네가 땅에 뿌린 종자에 주께서 비를 주사 땅이 먹을 것을 내며 곡식이 풍성하고 기름지게 하실 것이며'(사 30:23)라고 한 선지자의 약속이 이루어질 것입니다.

~ 17 ~
완전의 방법을 알아서는 안 되는 사람들

1. "허영에 사로잡힌 더러운 사람들에게 이런 것들—독서를 통해 배운 것이 아니라 나이가 들어 힘들게 경험하여 배운 것—에 대해 함부로 말하지 않도록 조심하십시오. 그렇지 않으면 지혜로운 솔로몬이 금한 일을 자초하게 될 것입니다: '악한 자여 의인의 집을 엿보지 말며 그가 쉬는 처소를 헐지 말지니라'(잠 24:15); '미련한 자가 사치하는 것이 적당하지 못하며'(잠 19:10). 2. 이는 '미련한 자는 명철을 기뻐하지 아니하고 자기의 의사를 드러내기만 기뻐하며'(잠 18:2), '좋은 말로만 하면 고치지 아니하나니 이는 그가 알고도 따르지' 않기 때문입니다(잠 29:19). 미련한 사람에게 아무 말도 하지 마십시오. 그가 당신의 지혜로운 말을 업신여길 수 있습니다(잠 23:9 참조). 복음서 기자는 '거룩한 것을 개에게 주지 말며 너희 진주를 돼지 앞에 던지지 말라 그들이 그것을 발로 밟고 돌이켜 너희를 찢어 상하게 할까 염려하라'(마 7:6)고 합니다.

"그러므로 '내가 주께 범죄하지 아니하려 하여 주의 말씀을 내 마음에 두었나이다'(시 119:11)라고 노래하려면 그러한 사람들에게 영적 의미의 신비를 감추어야 합니다. 3. 당신이 '성경의 비밀들을 누구에게 나누어주어야 합니까?'라고 질문할 수도 있습니다. 지혜로운 솔로몬이 그 질문에 대답해줍니다: '독주는 죽게 된 자에게, 포도주는 마음에 근심하는 자에게 줄지어다 그는 마시고 자기의 빈궁한 것을 잊어버리겠고 다시 자기의 고통을 기억하지 아니하리라'(잠 31:6-7). 다시 말해서 과거의 행위 때문에 벌받고 있어 슬픔과 괴로움을 느끼는 사람들을 위해 사람의 마음을 즐겁게 하는 포도주와 같은 영적 지식의 기쁨을 넉넉히 쏟아내십시오. 그리고 이처럼 지속적인 슬픔과 치명적인 낙담에 사로잡힌 사람들이 너무 많은 근심에 잠기지 않도록(고후 2:7) 유익한 말을 해주어 회복시켜 주십시오. 4. 한편 미온적이고 태만하며 마음으로 슬퍼하지 않는 사람들에 관해서는 다음과 같이 기록되어 있습니다: '모든 수고에는 이익이 있어도 입술의 말은 궁핍을 이룰 뿐이니라'(잠 14:23).

"그러므로 '이자를 받으려고 돈을 꾸어 주지 않은 자'(시 15:5)라고 칭찬받은 사람과 조금이라도 연결되려면 허영심 때문에 교만해지지 않도록 조심하십시오. 사람들의 칭찬을 받기 위해서 ('여호와의 말씀은 순결함이여 흙 도가니에 일곱 번 단련한 은 같도다'[시 12:6]라고 언급된) 하나님의 말씀을 전하는 사람은 이자를 받고 돈을 꾸어주는 자이며, 이런 사람은 칭찬이 아닌 벌을 받게 될 것입니다. 이는 그가 장차 오시는 주님이 이자와 원금을 받으시도록 한 것이 아니라 일시적인 소득을 얻기 위해 주님의 돈을 허비했기 때문입니다(마 25:27 참조).

~ 18 ~
영적 지식이 결실을 맺지 못하는 상황

"다음과 같은 두 가지 상황에서는 영적인 것들에 대한 가르침이 효과를 나타내지 못합니다: 가르치는 자가 경험하지 못한 것을 헛된 말로 권할 때, 그리고 듣는 사람이 마음에 악과 악덕이 가득하여 영적인 사람의 유익하고 거룩한 가르침을 받아들이지 않을 때. 선지자는 후자에 관해 '이 백성의 마음을 둔하게 하며 그들의 귀가 막히고 그들의 눈이 감기게 하라 염려하건대 그들이 눈으로 보고 귀로 듣고 마음으로 깨닫고 다시 돌아와 고침을 받을까 하노라'(사 6:10)고 말합니다."

~ 19 ~
간혹 자격 없는 사람이 구원의 말씀이라는 은혜를 받는다.

"'모든 사람이 구원을 받으며 진리를 아는 데에 이르기를 원하시는'(딤전 2:4) 자비하신 하나님은 때때로 흠없는 생활방식에 의해 복음 전파를 감당할 자격이 있음을 나타내지 못한 사람으로 하여금 많은 사람들의 구원을 위한 영적 가르침의 은혜를 얻게 하십니다.

귀신들을 몰아내려는 목적으로 주시는 치유의 은사가 어떻게 주어지는지에 대해서도 설명해야 합니다. 그러나 식사 시간이 되었으므로 그것에 대해서는 저녁에 다루겠습니다. 지나친 육체적 수고를 하지 않고 서서히 이해할 때 마음이 더 효과적으로 파악하는 법입니다."

담화 15

사부 네스테로스의 두 번째 담화

거룩한 은사에 관하여

~ 1 ~

은사들의 삼중 배열에 관하여

1. 저녁 예배 후 우리는 평소처럼 자리에 앉아서 약속된 담화를 기다렸습니다. 우리는 네스테로스 사부를 존경하는 마음으로 잠시 침묵했고, 사부는 다음과 같이 말씀하셨습니다:

2. "우리는 앞의 담화에서 영적 은사들의 배열이라는 어려운 주제를 다루었습니다. 우리 선조들의 전통에 의하면 영적 은사들은 삼중으로 배열됩니다. 첫째는 치유의 목적을 위한 것으로서 택함을 받은 의로운 사람들에게 기적의 은혜가 주어지는 경우입니다. 이것은 '병든 자를 고치며 죽은 자를 살리며 나병환자를 깨끗하게 하며 귀신을 쫓아내되 너희가 거저 받았으니 거저 주라'(마 10:8)고 말씀하신 주님의 권위에 따라 기적과 표적을 행한 사도들 및 많은 거룩한 사람들에게서 나타납니다.

3. "둘째로 교회의 발전을 위해서, 또는 환자들이나 치유가 필요한 이들을 데려오는 사람들의 믿음 때문에 죄인들 및 자격 없는 사람들에게서 건강을 주는 능력이 나오기도 합니다. 복음서에서 주님은 이에 대해 '그 날에 많은 사람

이 나더러 이르되 주여 주여 우리가 주의 이름으로 선지자 노릇 하며 주의 이름으로 귀신을 쫓아 내며 주의 이름으로 많은 권능을 행하지 아니하였나이까 하리니 그 때에 내가 그들에게 밝히 말하되 내가 너희를 도무지 알지 못하니 불법을 행하는 자들아 내게서 떠나가라 하리라'(마 7:22-23)고 말씀하셨습니다. 4. 반면에 청원하는 사람들이나 병자들에게 믿음이 부족할 경우에 주님은 치유의 은사를 소유한 사람이 건강 부여 능력을 발휘하는 것을 허락하시지 않습니다. 복음서 기자 마가는 이에 대해 '거기서는 아무 권능도 행하실 수 없어 다만 소수의 병자에게 안수하여 고치실 뿐이었고 그들이 믿지 않음을 이상히 여기셨더라'(막 6:5-6)고 말합니다. 주님도 '또 선지자 엘리사 때에 이스라엘에 많은 나병환자가 있었으되 그 중의 한 사람도 깨끗함을 얻지 못하고 오직 수리아 사람 나아만뿐이었느니라'(눅 4:27)고 말씀하십니다.

5. "치유의 세 번째 유형은 귀신들의 속임수에 의한 것입니다. 명백한 죄에 얽힌 사람이 기적을 행하여 하나님의 거룩한 친구로 여겨지고 존경받을 때 그의 악덕들을 모방하는 것이 바람직한 것처럼 보일 것입니다. 그리하여 멸시받을 때 신앙의 거룩함이 손상될 것이며, 치유의 은사를 소유하고 있다고 믿는 사람이 교만해질 때에 한층 더 심각하게 해를 입을 것입니다. 이런 까닭에 귀신들은 거룩한 공덕이나 영적인 열매를 소유하지 못했다고 알려진 사람들의 이름을 들먹이면서 그들의 훌륭함이 자기들을 괴롭히고 있다고 하면서 자기들이 사로잡고 있는 육체로부터 도망치는 체합니다. 이에 대해 신명기에서는 '그가 네게 말한 그 이적과 기사가 이루어지고 너희가 알지 못하던 다른 신들을 우리가 따라 섬기자고 말할지라도 너는 그 선지자나 꿈 꾸는 자의 말을 청종하지 말라 이는 너희의 하나님 여호와께서 너희가 마음을 다하고 뜻을 다하여 너희의 하나님 여호와를 사랑하는 여부를 알려 하사 너희를 시험하심이

니라'(신 13:2-3)고 말합니다. 복음서에서는 '거짓 그리스도들과 거짓 선지자들이 일어나 큰 표적과 기사를 보여 할 수만 있으면 택하신 자들도 미혹하리라'(마 24:24)고 말합니다.

~ 2 ~
어떤 점에서 거룩한 사람들을 존경해야 하는가?

1. "그러므로 기적을 행하여 기만하는 사람들을 존경해서는 안 됩니다. 그들이 악덕들을 근절하고 잘못된 행동을 고침으로써 완전해졌는지 살펴보아야 합니다. 하나님의 은혜는 다른 사람의 믿음 등 여러 가지 이유 때문에 주어지는 것이 아니라 우리 자신의 열심 때문에 주어집니다. 2. 바울은 이 실천적 지식을 사랑이라고 언급합니다. 바울은 사도의 권위 위에서 사람의 방언과 천사의 말, 산을 옮길 만한 모든 믿음, 예언하는 능력과 지식, 재산을 나누어 구제하는 것, 순교 등보다 사랑을 선호합니다. 그는 다양한 은사들을 모두 열거했습니다: '어떤 사람에게는 성령으로 말미암아 지혜의 말씀을, 어떤 사람에게는 같은 성령을 따라 지식의 말씀을, 다른 사람에게는 같은 성령으로 믿음을, 어떤 사람에게는 한 성령으로 병 고치는 은사를, 어떤 사람에게는 능력 행함을, 어떤 사람에게는 예언함을, 어떤 사람에게는 영들 분별함을, 다른 사람에게는 각종 방언 말함을, 어떤 사람에게는 방언들 통역함을 주시나니'(고전 12:8-10). 그런 후에 그는 사랑에 대해 말하려 하면서 '내가 또한 가장 좋은 길을 너희에게 보이리라'(고전 12:31)는 간단한 말로 사랑이 모든 은사들보다 위에 있음을 표현했습니다. 3. 따라서 복과 완전함은 기적을 행함 안에 존재하는 것이 아니라 깨끗한 사랑 안에 존재합니다. 그런 것들은 모두 폐지되고 파괴되겠지만 사랑은 영원히 남을 것입니다(고전 13:8 참조). 그렇기 때문에 우

리의 교부들은 기적 행하는 것을 중시하지 않았습니다. 그들은 성령의 은혜에 의해 그것을 소유하였지만 피할 수 없는 극단적인 경우가 아닌 한 그 능력을 발휘하려 하지 않았습니다.

~ 3 ~
죽었다가 사부 마카리우스에 의해 살아난 사람

1. "우리는 스케테 사막에 거주한 최초의 인물인 마카리우스 사부가 죽은 사람을 살려낸 일을 기억합니다. 배교자 유노미우스를 따르던 어느 이단자가 변증법에 의해 가톨릭 신앙의 순수함을 파괴하려고 많은 사람들을 미혹하고 있었습니다. 이 파괴적인 행위 때문에 걱정하던 몇 명의 신자들이 마카리우스를 찾아와 이집트를 불신앙으로 인한 파선에서 구해 달라고 요청했습니다. 2. 그 이단자는 변증학적 기술로 마카리우스에게 말을 걸면서 그를 아리스토텔레스 학파의 요소들로 얽어매려 했습니다. 그러나 마카리우스는 다음과 같이 간단히 말하여 그의 수다를 종식시켰습니다: '하나님의 나라는 말에 있지 아니하고 오직 능력에 있습니다(고전 4:20). 그러니 이제 공동묘지로 가서 우리가 발견하는 첫 번째 무덤 안에 묻혀 있는 사람에게 주님의 이름으로 기도합시다. 기록된 대로 우리의 믿음을 행위로 나타냅시다(약 2:14-26). 그리하면 그의 증언에 의해 바른 믿음의 분명한 증거가 드러날 것이며, 우리는 어리석고 장황한 논의가 아닌 기적의 능력 및 잘못될 수 없는 판단에 의해 분명한 진리를 확인할 수 있을 것입니다.' 3. 구경꾼들이 둘러선 가운데 이 말을 들은 이단자는 수치심을 느꼈습니다. 그는 확실한 조건 하에서 다음날 그곳에 가겠다고 동의하는 체했습니다. 다음날 많은 사람들이 호기심 때문에 정해진 장소에 가서 기다렸습니다. 그러나 자신의 불신앙을 의식하고 겁에 질린 이 이단자는 도망

쳐 이집트를 떠났습니다. 마카리우스는 군중들과 함께 제9시까지 기다렸습니다. 그는 이 이단자가 양심 때문에 나타나지 않았음을 깨닫고서 그의 잘못된 가르침을 따르던 사람들을 데리고 묘지로 갔습니다.

4. "이집트에서는 나일강의 범람 때문에 죽은 자의 시신을 방부 처리하여 평지보다 약간 높은 곳에 위치한 작은 무덤에 안치하는 관습이 있었습니다. 그 지역은 거의 일년 내내 강이 범람하여 큰 바다처럼 변하기 때문에 배를 타지 않고서는 그곳에 도착할 길이 없었습니다. 그 지역의 땅은 항상 매우 축축해서 시신을 매장하기 어려웠습니다. 혹시 시신을 매장해도 지나친 습기 때문에 시신이 땅위로 드러나곤 했습니다. 5. 마카리우스는 오래 된 시신에게 다가가서 '죽은 자여, 저 이단자요 멸망의 아들인 자가 나와 함께 이곳에 와서 곁에 서있었다면, 그리고 내가 나의 하나님이신 그리스도의 이름을 소리쳐 불렀다면, 당신이 그에게 속아 미혹되었던 이 사람들 앞에서 살아났을 것인지 말해 주십시오'라고 말했습니다. 그 시신이 살아나 그의 말에 동의했습니다. 마카리우스 사부는 그가 세상에 살았을 때 무슨 일을 했으며 어느 시대에 세상에 살았는지, 그리고 그 때 그리스도의 이름을 알았는지 등을 물었습니다. 그는 자신이 아주 오래전에 살았는데 당시 그리스도의 이름을 들어본 적이 없다고 밝혔습니다. 6. 마카리우스는 그에게 '세상 끝날 그리스도께서 일으켜주실 때까지 편히 잠드십시오'라고 말했습니다.

"이집트 전체가 위험에 처해 있는 상태, 그리고 그리스도에 대한 포괄적인 헌신과 성실한 사랑 때문에 어쩔 수 없이 이 기적을 행할 필요가 없었다면, 마카리우스가 지닌 이 큰 능력과 은혜는 감추어져 있었을 것입니다. 교만으로 인한 과시가 아니라 그리스도와 그의 백성 전체 행복을 향한 사랑이 그에게서 이 능력을 끌어낸 것입니다. 열왕기에는 엘리야의 예가 기록되어 있습니다.

엘리야는 장작더미에 올려놓은 제물 위에 하늘에서 불이 내려와 위험에 처한 백성의 믿음을 거짓 선지자들의 교활에서 구해 달라고 부탁했습니다(왕상 18:20-40 참조).

~ 4 ~
사부 아브라함이 여인에게 행한 기적

"사부 아브라함의 행위에 대해서 말하겠습니다. 그는 행동이 단순하고 순진하여 '단순한 사람$\alpha\pi\lambda$ους' 이라고 불렸습니다. 그가 오순절 기간에 추수하기 위해서 사막을 떠나 이집트로 갔다가 한 여인을 만났습니다. 그 여인은 젖이 부족하여 죽게 된 아기를 데리고 있었습니다. 그는 그 여인에게 십자성호를 그어 축성한 물 한 컵을 마시게 했는데 물을 마신 후 말랐던 그녀의 가슴에서 갑자기 젖이 넉넉히 흘러나왔습니다.

~ 5 ~
사부 아브라함이 절름발이를 고쳐준 일

"아브라함 사부가 어느 마을에 갔을 때의 일입니다. 많은 사람들이 무릎이 굳어 여러 해 동안 걷지 못하고 기어다니는 사람을 그에게 데려왔습니다. 그들은 그를 시험하면서 '아브라함 사부여, 당신이 하나님의 종인지 보여주십시오. 이 사람을 전처럼 건강하게 해주신다면 당신이 예배하는 그리스도의 이름이 헛된 것이 아님을 우리가 믿겠습니다' 라고 말했습니다. 그는 즉시 그리스도의 이름을 부르면서 몸을 굽혀 그 사람의 말라버린 발을 잡아당겨 폈습니다. 오랫동안 기어다니던 그 사람은 걷는 능력을 회복하여 기뻐하면서 떠나갔습니다.

~ 6 ~
행한 기적에 의해 사람의 가치를 판단해서는 안 된다는 것

1. "이 사람들은 자신의 높은 덕에 의해서가 아니라 주님의 자비하심에 의해 놀라운 일을 행했음을 인정하고 사도들처럼 '형제들아, 이 일을 왜 놀랍게 여기느냐 우리 개인의 권능과 경건으로 이 사람을 걷게 한 것처럼 왜 우리를 주목하느냐?' (행 3:12)라고 말했습니다. 그들은 자신이 행한 기적에 대한 존경에서 생겨나는 인간적인 영광을 거부했으며, 기적을 행한 것을 자신의 공으로 여기지 않았습니다. 그들은 하나님이 주신 은사와 놀라운 일들보다는 정신의 수고와 행위의 능력에 의해 맺은 덕의 열매 때문에 칭찬을 받아야 한다고 생각했습니다. 2. 앞에서 말했듯이 정신적으로 부패하고 믿음이 타락했으면서도 주님의 이름으로 귀신을 쫓아내고 놀라운 일을 행하는 사람들이 많았습니다. 제자들이 이들에 대해 '주여 어떤 사람이 주의 이름으로 귀신을 내쫓는 것을 우리가 보고 우리와 함께 따르지 아니하므로 금하였나이다' (눅 9:49)라고 말했을 때 그리스도는 '금하지 말라 너희를 반대하지 않는 자는 너희를 위하는 자니라' (눅 9:50)고 대답하셨습니다. 그럼에도 불구하고 '주여 주여 우리가 주의 이름으로 선지자 노릇 하며 주의 이름으로 귀신을 쫓아 내며 주의 이름으로 많은 권능을 행하지 아니하였나이까' (마 7:22)라고 말하는 사람들에게 '내가 너희를 도무지 알지 못하니 불법을 행하는 자들아 내게서 떠나가라' (마 7:23)고 대답하실 것입니다. 3. 주님은 거룩함 때문에 기적과 놀라운 일을 행하는 영광을 받은 사람들에게 자랑하지 말라고 경고하시면서 '귀신들이 너희에게 항복하는 것으로 기뻐하지 말고 너희 이름이 하늘에 기록된 것으로 기뻐하라' (눅 10:20)고 말씀하십니다.

~ 7 ~
은사의 능력은 기적에 있는 것이 아니라 겸손에 있다.

1. "마지막으로 모든 기적과 놀라운 일들의 창시자이신 주님은 제자들을 가르치시면서 가까운 추종자들이 자신에게서 배워야 할 것을 분명히 보여주셨습니다. 주님은 거룩한 능력으로 귀신들을 쫓아내는 방법이나 나병을 낫게 하는 방법이나 시각 장애인의 눈을 뜨게 하는 방법이나 죽은 사람을 살리는 방법을 배우라고 하신 것이 아닙니다. 주님이 제자들을 통해서 이러한 일들을 행하신다 해도 인간이 처한 상태가 아니라 하나님을 찬양해야 하며, 목회자나 종이 아닌 하나님이 영광 받으셔야 합니다. 주님은 '나는 마음이 온유하고 겸손하니 나의 멍에를 메고 내게 배우라'(마 11:29)고 말씀하십니다. 2. 이것은 모든 사람이 배우고 실천할 수 있지만, 모든 사람에게 항상 기적과 놀라운 일들이 필요하지는 않으며 또 모든 사람에게 그것들이 주어지는 것도 아닙니다.

"겸손이 모든 덕의 교사입니다. 그것은 거룩한 덕이라는 건물의 견고한 기초입니다. 그것은 주님의 놀라운 선물입니다. 주님이 행하신 기적들 때문이 아니라 그분의 인내와 겸손 때문에 온유하신 주님을 따르려는 사람은 그리스도께서 행하신 기적들을 행하면서 교만해지지 않을 것입니다. 3. 그러나 더러운 영들에게 명령하고 싶고 병자들에게 치유의 은사를 베풀고 싶고 사람들에게 놀라운 일들을 보여주고 싶어 안달하는 사람은 비록 그리스도의 이름으로 그러한 일들을 행한다 해도 실제로는 그리스도와 멀리 떨어져 있는 사람입니다. 이는 그가 교만한 마음 때문에 겸손의 교사를 따르지 않기 때문입니다. 주님은 아버지께로 가실 때가 되었을 때 제자들에게 마치 유언을 하시듯이 '새 계명을 너희에게 주노니 서로 사랑하라 내가 너희를 사랑한 것같이 너희도 서로 사랑하라'(요 13:34)고 말씀하시고 '너희가 서로 사랑하면 이로써 모든 사람이 너희가 내 제자인 줄 알리라'(요 13:35)고 덧붙이셨습니다. 4. 주님은 '너희도 기적과 놀라운 일들을 행하면' 이라고 말씀하신 것이 아니라 '너희가 서로 사랑하면' 이라고 말씀하셨습니다. 온유하고 겸손한 사람이 아니면 이 명령을 지킬 수 없습니다.

"그러므로 우리의 선조들은 사람들 앞에서 귀신을 쫓아내며 군중들 가운데서 거만하게 이 은혜를 과시하는 사람들을 의롭다고 여기지 않았고 허영심에서 자유하다고 여기지도 않았습니다. 그들이 행한 기적은 무익한 것이었습니다. '선물한다고 거짓 자랑하는 자는 비 없는 구름과 바람 같습니다'(잠 25:14). 이런 까닭에 어떤 사람이 우리 앞에서 이런 일들을 행한다면 그 사람이 행하는 놀라운 일 때문이 아니라 그의 훌륭한 행동 때문에 그가 칭찬받을 만하다고 여겨야 하며, 귀신들이 그에게 복종했는지 질문할 것이 아니라 바울이 묘사한 사랑의 요소들을 그가 소유하고 있는지 질문해야 합니다.

~ 8 ~
다른 사람에게서 귀신이 쫓겨나가는 것보다
자신에게서 악덕들이 쫓겨나는 것이 더 놀라운 일이라는 것

"다른 사람의 몸에서 더러운 영들을 쫓아내는 것보다 자신의 육체에서 음탕의 잔재를 찢어내는 것이 더 큰 기적입니다. 공중의 권세 잡은 자들에게 명령하는 것보다 사나운 분노의 움직임을 인내로써 억제하는 것이 더 훌륭한 기적입니다. 다른 사람에게서 질병과 열병을 몰아내는 것보다 자기 마음에서 슬픔을 몰아내는 것이 더 좋은 일입니다. 마지막으로 다른 사람의 몸의 병을 고쳐주는 것보다는 자기 영혼의 질병을 고치는 것이 더 훌륭한 덕이요 업적입니다. 영혼이 육체보다 고귀한 만큼 영혼의 행복이 더 중요하며, 영혼의 본질이 더 고귀하고 탁월한 만큼 영혼의 멸망은 더 심각하고 위험한 일입니다.

~ 9 ~
고결한 삶이 기적적인 행위를 어느 정도 능가하는지에 대하여

"제자들은 이러한 치유와 관련하여 '귀신들이 너희에게 항복하는 것으로 기뻐하지 말라'는 말을 들었습니다. 그것은 그들의 능력으로 행한 것이 아니라 주님의 이름의 능력으로 되어진 일이었습니다. 그러므로 그들은 하나님의 힘과 능력에서 오는 복과 영광을 자신의 것이라고 주장하지 말라는 경고를 받습니다. 그들은 삶과 마음의 내적 순결을 자기 것으로 주장해야 하는데, 이는 그것에 의해 그들의 이름이 하늘에 새겨질 자격을 얻기 때문입니다.

~ 10 ~
완전한 순결에 관한 경험의 계시

1. "방금 말한 것을 옛 사람들의 증언과 하나님의 명령을 통해서 증명하기 위해서, 파프누티우스가 경험과 말에 의해 기적들 및 순결의 은혜에 대해 생각한 것이나 천사의 계시를 통해서 알게 된 것을 살펴보겠습니다. 오랫동안 엄격하게 훈련하며 살아온 파프누티우스는 자신이 정욕의 함정에서 완전히 벗어났다고 생각했습니다. 이는 그가 오랫동안 공공연하게 대적해온 귀신들의 공격을 초월했다고 느꼈기 때문입니다. 그런데 그가 자기를 찾아온 사람들을 위해 편두콩 요리를 하다가 화덕에서 손을 데었습니다. 2. 속이 상한 그는 오랫동안 속으로 다음과 같이 생각했습니다: '귀신들과의 치열한 싸움이 끝났는데 어째서 이 화덕의 불이 나를 내버려두지 않는가? 이 일시적이고 작고 외적인 것이 나를 용서해 주지 않는데, 장차 무서운 심판 날에 꺼지지 않는 불이

나를 붙잡지 않고 지나쳐줄 것인가?' 이런 생각에 잠겨 잠시 졸고 있는데 천사가 그에게 와서 말했습니다: '파프누티우스야, 네 기억 속에서 육적인 움직임들의 동요가 완전히 정화되지 못했는데 어찌 이 세상의 불이 너를 자연스럽게 내버려두지 않는다고 슬퍼하느냐? 3. 그것의 뿌리가 네 안에서 활발하게 자라고 있는 한 이 유형의 불이 너를 내버려두는 것을 허락하지 않을 것이다. 이런 종류의 신호에 의해 내면의 움직임들이 완전히 소멸되었음을 보지 못하는 한 그것을 무해하다고 여길 수 없을 것이다. 가서 벌거벗은 아름다운 여인을 취하여라. 그 여인을 붙들고 있는 동안 네 마음의 평온함이 유지되며, 끓어오르는 정욕적인 감정들이 너를 괴롭히지 않으며, 이 유형의 불길의 접촉이 마치 바벨론의 세 청년들을 휩싼 불처럼 부드럽고 무해한지 눈여겨 보아라.' 4. 이 계시에 충격을 받은 파프누티우스는 천사가 계시해준 위험한 시험을 받아들이지 않습니다. 그는 자기의 양심과 마음의 청결함을 깊이 살펴 조사한 결과 자신의 순결로는 이 시련을 통과할 수 없다고 결론짓고서 이렇게 말했습니다: '더러운 영들이 나를 대적하여 싸우고 있는데 내가 귀신들과의 가장 잔인한 대결과 비교할 수 없이 약하다고 여기는 뜨거운 불 때문에 격분을 느끼는 것은 놀라운 일이 아닙니다.' 주님의 기적과 지극히 높으신 하나님의 능력에 의해 귀신들의 공격을 정복하고 주님의 이름을 부름으로써 귀신 들린 자들의 몸에서 귀신을 몰아내는 것보다 자기 내면에 있는 육체의 정욕을 제거하는 것이 더 큰 덕이요 고귀한 은혜입니다."

이로써 네스테로스 사부는 은사들의 작용에 관한 이야기를 마치셨습니다. 우리는 그분의 가르침을 마음에 품고 서둘러 약 96km 떨어진 곳에 위치한 요셉 사부의 독거처로 이동했습니다.

담화 16

사부 요셉의 첫째 담화

우정에 관하여

~ 1 ~

사부 요셉의 질문

이제 요셉 사부의 가르침을 다루겠습니다. 그분은 담화 1에서 언급했던 세 분 중 한 분입니다. 그분은 훌륭한 가문 출신으로서 이집트의 트무이스라는 도시의 지도자였습니다. 그분은 이집트어뿐만 아니라 헬라어에 능통하여 우리를 비롯하여 이집트어를 알지 못하는 사람들과 통역자 없이 대화하셨습니다.

우리가 간절히 가르침을 원하는 것을 아시고서 그분은 먼저 우리가 피를 나눈 형제인지 물으셨습니다. 우리가 육체적으로 연결된 것이 아니라 영적 형제애에 의해 결합되었다는 것, 그리고 우리 두 사람이 영적 군사가 되기 위한 여정을 시작하여 공주생활을 시작한 이후로 항상 뗄 수 없는 유대로 결합되어 지내왔다는 말을 듣고서 그분은 다음과 같이 말씀을 시작하셨습니다:

~ 2 ~
성실하지 못한 우정에 관한 사부 요셉의 말씀

1. "사랑의 교제에 의해 인류를 묶어주는 우정과 동료애의 종류는 다양합니다. 어떤 사람들은 좋은 평판에 의해 친분 관계를 시작하여 우정으로 발전합니다. 또 어떤 사람들은 특정한 것에 대해 주고받은 합의나 계약에 의해 사랑의 결속을 구축합니다. 사업이나 군인생활이나 예술이나 학문과 관련하여 비슷한 관심을 공유하는 것도 우정의 끈에 의해 결속될 경우 상대방을 향한 포악한 마음이 온유해지기 때문에 숲속이나 산에 사는 사람들, 강도들이나 살인하는 사람들마저 자기들의 죄에 동참하는 사람들을 받아들이고 소중히 여깁니다.

2. "본능과 혈연관계의 법에 기초를 둔 사랑도 있습니다. 그 경우 자신이 속해 있는 부족과 배우자와 부모와 형제와 자녀들을 다른 사람들보다 선호합니다. 이런 종류의 사랑은 인간뿐만 아니라 조류와 동물에게서도 나타납니다. 그것들은 본성적 기질의 충동을 받아 새끼들을 보호하므로 새끼들 때문에 위험에 처하거나 죽는 것도 두려워하지 않습니다. 심지어 모든 동물들에게 위험하다고 전해지는 바실리스크와 유니콘과 그리핀들처럼 잔인하고 치명적인 독을 지닌 새들과 짐승들과 뱀들도 공통의 감정과 기원을 소유하기 때문에 자기들끼리는 해를 입히지 않고 평화로이 지냅니다.

3. "위에서 말한 종류의 사랑은 나쁜 동물이나 착한 동물, 심지어 사나운 짐승들과 뱀들도 공통적으로 소유하고 있기 때문에 영원히 지속되지 못합니다. 거리상 멀리 떨어지게 되면 세월이 흐름에 따라 사업상의 합의를 망각하게 되며, 말과 일에 대한 관심으로 말미암아 사랑이 종식되기도 합니다. 그런 종류의 사랑은 주로 다양한 이해관계나 정욕이나 혈연이나 여러 가지 욕구에 기초

를 두기 때문에 이간시키는 이유가 발생할 때 깨집니다.

~ 3 ~
우정이 깨지는 원인

1. "이처럼 다양한 종류의 사랑들 중에 평판이나 높은 지위나 은사나 사업상의 의무나 본성적 욕구에 기초를 둔 것이 아니라 덕을 닮은 일에 기초를 둔 파괴할 수 없는 사랑이 있습니다. 이 사랑은 어떤 이유에서도 잘라낼 수 없습니다. 시간과 거리가 그 사랑을 망치거나 파괴할 수 없으며 죽음도 찢어놓을 수 없습니다. 2. 이것이 연합된 친구들의 완전함과 덕에 의해 자라는 사랑, 깨지지 않는 참 사랑입니다. 이러한 관계가 시작된 후에는 바라는 것의 차이점이나 경쟁적인 충돌이 그 관계를 해치지 못합니다.

"이 생활을 택하여 실천하는 사람들이 많으며, 그리스도의 사랑을 위한 뜨거운 우애에 의해 연결되었으나 그것을 흔들림이 없이 한결같이 유지하지 못한 사람들도 많습니다. 이는 비록 그들의 교제의 기초가 선하지만 자신이 선택하고 합의한 생활을 한결같은 열정으로 붙들지 못했고, 또 쌍방이 동등하게 노력한 것이 아니라 한 사람만 그 사랑을 지속하기 위해 노력함으로써 쌍방의 애정이 일시적인 것이었기 때문입니다. 한 사람이 담대하고 끈기 있게 이것을 고수한다 해도 상대방이 심약하면 이 관계는 파괴됩니다.

3. "병약한 사람이 미온적으로 건강을 추구한다면, 아무리 튼튼한 사람들이 그를 도와주어도 아무 소용이 없습니다. 평화를 얻지 못하는 장애의 원인은 그들 자신에게 있습니다. 그들은 배탈이 난 사람이나 구역질의 원인을 요리사와 하인들이 태만한 탓으로 돌리는 사람들과 같습니다. 그들은 시중드는 사람이 관심을 기울여주어도 여전히 자신의 장애의 원인을 건강한 사람들에게 돌

리며 그 원인이 건강하지 못한 그들 내면에 있음을 깨닫지 못합니다.

4. "이런 까닭에 비슷한 수준의 고결함에 토대를 둔 우정의 유대만이 신뢰할 만하며 깨지지 않습니다. 그렇기 때문에 하나님은 고독한 사람들을 가족들과 함께 살게 하십니다(시 68:6). 그러므로 내면에 택한 방향이 하나요 바라는 것이 하나인 사람들 안에서만 사랑이 깨지지 않고 깃들일 수 있습니다. 이것이 침범됨이 없이 보존되기를 원한다면 악덕들을 몰아낸 후에 자신의 의지를 죽여야 하며, 동일한 삶을 선택하며 동일한 열심을 가지고서 '보라 형제가 연합하여 동거함이 어찌 그리 선하고 아름다운고'(시 133:1)라고 말한 상태를 부지런히 이루어야 합니다. 5. 이 말을 공간적으로 이해하지 말고 영적으로 이해해야 합니다. 행위와 삶의 방식을 선택함에 있어서 일치하지 않는 사람들이 한 집에 모여 사는 것이 유익하지 못하며, 서로 비슷한 덕을 소유한 사람들이 거리상으로 떨어져 있는 것이 문제점이 되지 않습니다. 하나님에게 있어서 공통된 위치보다는 공통된 행위가 형제들을 한 거처에 연합하게 해주며, 서로 뜻이 다른 곳에서 완전한 평화가 유지될 수 없습니다."

~ 4 ~
질문: 형제의 의지를 거스르면서도 유익한 일을 해야 하는가?

게르마누스가 질문했습니다: "만일 한 사람이 하나님의 관점에서 유익하다고 여기는 일을 행하려 하지만 상대방이 동의하지 않으면 어떻게 해야 합니까? 형제의 뜻을 무시하고 그 일을 추구해야 합니까, 아니면 그를 위해서 포기해야 합니까?

~ 5 ~

답변: 영속적인 우정은 완전한 사람들 가운데만 존재할 수 있다.

요셉 사부는 이렇게 말씀하셨습니다: "그 때문에 같은 덕을 소유한 완전한 사람들 사이에서만 완전한 우정의 은혜가 존속할 수 있습니다. 그들의 비슷한 뜻과 그들이 목표하는 공통된 방향은 그들로 하여금 달리 생각하거나 영성생활에서의 진보와 관련된 것에 대해 상이한 의견을 갖는 것을 허락하지 않습니다. 만일 그들이 논쟁하기 시작한다면, 그것은 우리가 언급해온 규칙에 따라 하나가 되어본 적이 없기 때문입니다. 우정의 기초에서부터 시작한 사람 외에는 누구도 완전하게 출발할 수 없으며, 당신은 우정의 위대함에 대해 질문하는 것이 아니라 그것을 획득하는 방법에 대해 질문하고 있으므로, 인내와 평화를 쉽게 획득하기 위해서 취해야 할 길과 규칙에 대해 간단히 설명하겠습니다.

~ 6 ~

우정이 침해되지 않도록 유지하는 방법

1. "참된 우정의 첫째 기초는 세상의 부와 모든 소유에 대한 멸시 안에 존재합니다. 세상 및 그 안에 있는 모든 헛된 것을 버린 후 남아 있는 시시한 가정용품을 형제를 향한 귀한 사랑보다 더 좋아하는 것은 하나님을 모독하는 불의한 행위입니다. 둘째 기초는 각 사람이 자기의 뜻을 억제하며, 자신을 지혜롭고 유식하다고 여겨 이웃의 관점보다 자신의 관점을 우위에 두지 않는 것입니다.

2. "셋째는 유익하고 필요하다고 여겨지는 것이라도 모든 것이 사랑과 평화에 종속됨을 깨닫는 것입니다.

"넷째는 정당한 것이든지 불의한 것이든지 어떤 이유에서도 화내지 않는 것입니다. 다섯째는 자기 화를 진정시키려 하듯이, 비록 근거가 없는 것이라도 형제가 우리에 대해 품은 화를 진정시키려 해야 합니다. 만일 형제의 마음에서 몰아내지 않을 경우 그 형제가 품은 화가 우리에게 위험할 수 있음을 알아야 합니다.

"마지막 기초는 일반적인 모든 악덕들과 관련하여 결정적인 것, 즉 날마다 우리 자신이 이 세상을 떠날 것이라는 사실을 생각하는 것입니다. 3. 이러한 확신은 마음에 화가 남아 있는 것을 허락하지 않을 뿐만 아니라 부당한 욕구와 죄의 움직임을 억제합니다. 그러므로 이 기초를 고수하는 사람은 화와 불화의 쓰라림을 당하지 않으며 다른 사람에게 그것을 가하지도 않을 것입니다.

"그러나 이것들이 부족할 경우에 시기하는 사람이 서서히 서로 사랑하는 친구들의 마음에 짜증이라는 독을 주입하면 그들이 빈번하게 말다툼을 하면서 사랑이 식어지기 때문에 세월이 흐르면서 심하게 상처를 입은 서로의 마음이 갈라질 것입니다.

4. "앞에서 지적된 길을 걸으며 아무것도 자기 것이라고 주장하지 않고 주로 하찮고 시시한 것들에 의해 야기되는 잠재적인 논쟁의 원인을 완전히 제거하는 사람은 친구와 의견을 달리하지 않을 것입니다. 그는 신자들의 연합과 관련하여 사도행전에서 읽은 것—'믿는 무리가 한마음과 한 뜻이 되어 모든 물건을 서로 통용하고 자기 재물을 조금이라도 자기 것이라 하는 이가 하나도 없더라'(행 4:32)—을 힘껏 지킵니다. 자기의 뜻보다 형제의 뜻을 따르는 사람, 그리고 인간이 되셔서 '내가 하늘에서 내려온 것은 내 뜻을 행하려 함이 아니요 나를 보내신 이의 뜻을 행하려 함이니라'(요 6:38)고 말씀하신 창조주를 본받는 자가 된 사람 안에 어찌 불화의 씨앗이 싹트겠습니까? 5. 자신의 지

식과 이해에 기초를 두고서 자신의 결정이 아닌 형제의 판단을 신뢰하기로 결정하며 자신의 의지에 따라서 자신의 인식을 인정하거나 반대함으로써 '그러나 나의 원대로 마시옵고 아버지의 원대로 하옵소서'(마 26:39)라는 복음의 말씀을 경건하고 겸손한 마음으로 행하는 사람이 어찌 불화를 일으키겠습니까? 또 '너희가 서로 사랑하면 이로써 모든 사람이 너희가 내 제자인 줄 알리라"(요 13:35)고 하신 주님의 말씀을 잊지 않으며 평화를 무엇보다 귀하게 여기는 사람이 어떻게 형제를 화나게 하는 일을 허락하겠습니까? 그리스도는 주님의 양무리가 이 특별한 표식에 의해 세상에서 인식되며, 이 특징에 의해 다른 모든 양들과 구분되기를 원하셨습니다. 6. 용서받을 수 없는 악한 분노에 정당한 이유가 있을 수 없다는 것, 그리고 자신이 형제에게 화를 낼 때뿐만 아니라 형제가 자신에게 화를 품고 있을 때에도 자신이 기도할 수 없다는 것을 원칙으로 삼고 있는 사람이 어찌 자신이나 다른 사람이 원한을 품도록 내버려두겠습니까? 그는 항상 겸손하신 주님의 말씀—'예물을 제단에 드리려다가 거기서 네 형제에게 원망 들을 만한 일이 있는 것이 생각나거든 예물을 제단 앞에 두고 먼저 가서 형제와 화목하고 그 후에 와서 예물을 드리라'(마 5:23-24)—을 명심합니다. 7. 만일 당신이 화나지 않았다고 말하며 '해가 지도록 분을 품지 말라'(엡 4:26), '형제에게 노하는 자마다 심판을 받게 되리라'(마 5:22)는 계명을 실천하고 있다고 말하지만 당신의 관대함으로써 완화시켜줄 수 있는 사람의 짜증을 무시한다면 당신에게 유익이 없을 것이며, 주님의 명령을 범했을 때와 마찬가지로 벌받을 것입니다. 이웃에게 화내지 말라고 말씀하신 분이 또한 형제의 짜증을 무시하지 말라고 말씀하십니다. 왜냐하면 모든 사람이 구원받기를 원하시는(딤전 2:4) 주님은 당신 자신을 죽이는 것과 다른 사람을 죽이는 것을 구분하시지 않기 때문입니다. 8. 사람의 멸망은 그 사람에게 손실이며, 당신 및 형제들의 죽음에서 유익을 얻는 사람에게는 모든 사람의 멸망이 즐거운 일입니다. 마지막으로 날마다 자신이 이 세상을 떠날 것을 기억하는 사람이 어떻게 형제에게 짜증을 낼 수 있겠습니까?

~ 7 ~

가장 선호해야 할 것이 사랑이며, 가장 멸시해야 할 것이 분노라는 것

"다른 것을 사랑보다 더 좋아해서는 안 되듯이, 격노와 격분을 다른 것보다 더 중시해서는 안 됩니다. 분노의 방해를 피하려면 외관상 필요하고 유익하게 보이는 것도 무시해야 하며, 사랑과 평화의 평온을 손상됨이 없이 유지하려면 불리한 것처럼 보이는 모든 일을 참고 인내해야 합니다. 화와 짜증이 가장 파괴적이며 사랑이 가장 유익하다고 믿어야 합니다.

~ 8 ~

영적인 사람들 사이에 불화가 발생하는 경위

"원수는 세상의 하찮은 것 때문에 화를 내게 함으로써 아직 정욕적이고 약한 형제들을 이간시키듯이 인식의 차이 때문에 영적인 사람들 사이에 불화를 일으키는데, 여기에서 사도 바울이 정죄한 분쟁과 분열이 발생합니다(갈 5:20 참조). 시기심이 많은 악한 원수는 협조하며 사는 형제들 사이에 분열의 씨를 심습니다. '미움은 다툼을 일으켜도 사랑은 모든 허물을 가리느니라'(잠 10:12)는 솔로몬의 말은 참입니다.

~ 9 ~
불화의 영적 원인 제거에 관하여

"이런 까닭에 분리되지 않는 영속적인 사랑을 유지하기 위해서 주로 영적인 생각을 가장하여 나타나는 둘째 원인을 근절하지 않으며 모든 면에서 겸손한 생각과 조화로운 뜻을 획득하지 않은 채 주로 세속적이고 헛된 것들에게서 생겨나는 불화의 첫째 원인을 제거하는 것, 정욕적인 것을 완전히 멸시하는 것, 그리고 우리에게 필요한 모든 것에 형제들이 접근하는 것을 허락하는 것은 무가치합니다.

~ 10 ~
진리를 시험하는 가장 좋은 시금석

"나는 젊었을 때 결혼생활을 원했었는데, 그러한 의식이 성경과 도덕에 대한 연구에 결합됨으로써 결혼생활만큼 현실적이고 합리적인 것이 없다고 믿었습니다. 그러나 우리가 함께 모여 토론하면서 자신의 감정을 드러내게 되었을 때 사람들이 악하고 거짓된 것이라고 여기는 것들이 드러났으며, 그 직후에 전체적으로 그것들을 악하다고 판단하여 정죄했습니다. 처음 마귀가 제안했을 때에는 그것들이 훌륭한 것처럼 보였기 때문에, 하나님의 명령인 듯이 준수되어야 하는 사부들의 명령이 우리를 온갖 논쟁에서 지켜주지 않았다면 불화가 발생했을 것입니다. 마귀의 교활함에 미혹되지 않으려면 형제의 판단보다 자신의 판단을 더 신뢰해서는 안 된다는 사부들의 명령은 일종의 법적인 힘을 지니고 있었습니다.

~ 11 ~
자기의 판단을 신뢰하는 사람은 마귀가 주는 망상을 피할 수 없다.

1. "'사탄도 자기를 광명의 천사로 가장하나니'(고후 11:14)라는 바울의 말이 사실로 증명됩니다. 마귀는 참 빛의 지식 대신에 더러운 어둠을 우리의 생각 위에 붓습니다. 온유하고 겸손한 마음으로 그것들을 받아 성숙한 형제나 인정받은 원로에게 검증을 의뢰하고 그들의 판단을 신중하게 받아들여 그것들을 거부하거나 받아들이지 않는다면, 우리는 빛의 천사 대신에 어둠의 사자를 공경하며 심각한 파멸을 경험하게 될 것입니다. 바울이 다음과 같이 말하면서 구한 통회의 마음으로 참된 겸손을 사랑하고 실천하지 않는다면, 자기의 판단을 신뢰하는 사람이 이 재앙을 피할 수 없을 것입니다: 2. '그러므로 그리스도 안에 무슨 권면이나 사랑의 무슨 위로나 성령의 무슨 교제나 긍휼이나 자비가 있거든 마음을 같이하여 같은 사랑을 가지고 뜻을 합하며 한마음을 품어 아무 일에든지 다툼이나 허영으로 하지 말고 오직 겸손한 마음으로 각각 자기보다 남을 낫게 여기고'(빌 2:1-3). 또 '형제를 사랑하여 서로 우애하고 존경하기를 서로 먼저' 하면(롬 12:10) 각 사람이 동료가 더 많은 지식과 경건을 지닌다고 여기며, 참된 신중함의 고지가 자신의 판단이 아닌 형제의 판단에 놓여있다고 믿을 수 있습니다.

~ 12 ~
담화할 때 아랫사람을 무시하지 말아야 할 이유

"그러나 육체 안에 있는 사람이라면 미혹되지 않을 수 없는 바 마귀에 의한 망상이나 인간적인 잘못의 개입 때문에 종종 재치있고 폭넓은 지식을 가진 사람이 거짓된 생각을 품는 반면, 인정받지 못하는 둔한 사람이 바르고 참된 생각을 품기도 합니다. 그러므로 지식이 있다고 해서 교만하게 자신에게 다른 사람의 충고가 필요하지 않다고 자만해서는 안 됩니다. 비록 악한 망상이 그의 판단을 흐리게 하지는 않지만 그는 거만함과 교만이라는 심각한 함정을 피하지 못할 것입니다. 자기의 내면에서 그리스도가 말씀하신다고 밝힌(고후 13:3) 그리스도의 택한 그릇(행 9:15 참조) 바울은 자신이 계시를 받고 이방인들에게 전하는 복음에 대해 동료 사도들과 논의하기 위해 예루살렘으로 올라갔었다고 말했습니다(갈 2:1-2). 따라서 이러한 교훈들에 의해서 연합과 조화가 유지된다는 것, 그리고 원수 마귀의 덫 및 그가 놓은 망상이라는 올무를 두려워할 필요가 없음이 분명합니다.

~ 13 ~

사랑이 하나님에 관련된 것일 뿐만 아니라 사실상 하나님이라는 것

"마지막으로 사도 요한은 사랑을 격찬하면서 그것이 하나님에게 속한 것일 뿐만 아니라 하나님 자신이라면서 '하나님은 사랑이시라 사랑 안에 거하는 자는 하나님 안에 거하고 하나님도 그의 안에 거하시느니라'(요일 4:16)고 말합니다. 우리는 그 신성을 경험하며 바울이 '우리에게 주신 성령으로 말미암아 하나님의 사랑이 우리 마음에 부은 바 됨이니'(롬 5:5)라고 말한 것이 우리 안에서 자라는 것을 봅니다. 바울은 마치 우리 안에 거하시는 성령이 우리 마음에 하나님을 부어주셨다고 말하는 듯합니다. 우리가 기도해야 할 바를 알지 못할 때 성령은 '말할 수 없는 탄식으로 우리를 위하여 친히 간구하시느니라 마음을 살피시는 이가 성령의 생각을 아시나니 이는 성령이 하나님의 뜻대로 성도를 위하여 간구하심이니라'(롬 8:26-27).

~ 14 ~
사랑의 단계

1. "아가페αγαπη라고 불리는 사랑은 모든 사람들에게 나타낼 수 있습니다. 그 사랑에 대해서 바울은 '그러므로 우리는 기회 있는 대로 모든 이에게 착한 일을 하되 더욱 믿음의 가정들에게 할지니라'(갈 6:10)라고 말합니다. 주님은 원수에게도 그 사랑을 베풀라고 명령하셨습니다: '너희 원수를 사랑하라'(마 5:44).

"그러나 διαθεσις, 즉 애정affection은 소수의 사람들, 행동의 유사성과 덕의 교제에 의해 연결된 사람들에게만 나타냅니다. 그러나 διαθεσις 자체는 여러 가지로 구분되는 듯합니다. 2. 부모를 향한 사랑이 있고, 부부간의 사랑이 있고, 형제 사랑이 있고, 자녀 사랑이 있습니다. 또 이러한 감정들의 망web 안에도 상당한 차이가 있으며, 심지어 부모들의 자녀 사랑도 획일적이지 않습니다. 이것은 족장 야곱의 사례에 의해 증명됩니다. 야곱은 열두 명의 아들 모두를 사랑했지만 특별히 요셉을 사랑했기 때문에 성경에서는 '그의 형들이 아버지가 형들보다 그를 더 사랑함을 보고 그를 미워하여 그에게 편안하게 말할 수 없었더라'(창 37:4)고 말합니다. 다시 말해서 의로운 사람 야곱은 아버지로서 다른 아들들을 사랑하지 않은 것이 아니지만, 요셉을 일종의 하나님의 전형으로 여겨 더 사랑하고 다정하게 대했습니다.

3. "복음서 기자 요한의 경우가 이에 해당되는데, 그에 대해 '예수의 제자 중 하나 곧 그가 사랑하시는 자'(요 13:23)라고 언급된 것이 이 경우에 해당됩니다. 그러나 그는 나머지 열한 명의 제자들도 포함시켰습니다. 그들도 특별한 사랑 안에서 선택되었기 때문에 주님이 '내가 너희를 사랑한 것같이 너희도 서로 사랑하라'(요 13:34)고 말씀하셨습니다. 다른 곳에서는 그들에 대해 '세

상에 있는 자기 사람들을 사랑하시되 끝까지 사랑하시니라'(요 13:1)고 언급됩니다. 그러나 이 경우 특정 제자를 향한 사랑이 나머지 제자들에 대한 사랑보다 많다는 의미가 아니라 그 특별한 순결과 더럽히지 않은 육체 때문에 주어진 바 그 제자를 향한 사랑이 더 크고 풍성했음을 의미합니다. 4. 그것은 끔찍한 비유에 의한 구분이 아니라 풍성한 사랑의 넘쳐흐르는 은총에 의한 구분이라는 점에서 고귀한 것으로 지목됩니다. 아가서에서 신부가 '그 사랑은 내 위에 깃발이로구나'(아 2:4)라고 말한 것도 같습니다. 그것은 아무도 미워하지 않으며, 특정인을 선한 성품들 때문에 더 사랑하는 절제된 사랑입니다. 그것은 모든 사람을 일반적인 방식으로 사랑하지만, 그럼에도 불구하고 특별한 사랑으로 포옹해야 하는 사람들을 예외로 삼으며, 이 사랑 안에 있는 최고윗사람들 가운데서 특별한 사랑에 의해 다른 사람들과 구분된 몇 사람을 선택합니다.

~ 15 ~
감정을 숨김으로써 자신이나 형제를 더욱 짜증나게 하는 사람들에 관하여

"반면에 융통성 없고 고집 센 형제들은 자신이 어느 형제에 대해 화가 났다거나 형제가 자신에 대해 화를 품고 있음을 감지하면 겸손한 배상 행위와 대화에 의해 달래주어야 할 대상을 피한 채 소동 때문에 야기된 분노에서 생겨난 정신적 고민을 감추기 위해 특정 시편을 노래하기 시작합니다. 그들은 자기의 마음에서 솟아난 비통함을 진정시키고 있다고 생각하지만, 사려 깊고 겸손한 마음으로 적절한 시기에 가책을 느꼈다면 자기의 마음을 치유하고 형제의 마음을 진정시켜줄 수 있었을 상황을 무시함으로써 악화시킵니다. 그들은 이런 종류의 하찮은 일로 말미암아 분쟁의 근거를 제거하기는커녕 교만을 키우며, 다음과 같이 말씀하신 주님의 명령을 무시합니다: '형제에게 노하는 자마다 심판을 받게 되고 형제를 대하여 라가라 하는 자는 공회에 잡혀가게 되고 미련한 놈이라 하는 자는 지옥 불에 들어가게 되리라 그러므로 예물을 제단에 드리려다가 거기서 네 형제에게 원망 들을 만한 일이 있는 것이 생각나거든 예물을 제단 앞에 두고 먼저 가서 형제와 화목하고 그 후에 와서 예물을 드리라'(마 5:22-24).

~ 16 ~
형제가 우리에게 앙심을 품고 있으면, 하나님이 우리의 기도를 거부하신다.

1. "주님은 우리가 다른 사람이 느끼는 성가심을 대수롭지 않게 다루는 것을 원하지 않으시므로, 형제가 정당한 것이든지 부당한 것이든지 우리에게 노염을 품고 있을 때 신속한 보상 행동에 의해 그의 마음에서 노염을 제거하지 않는 한 주님은 우리의 예물을 받지 않으실 것입니다. 다시 말해서 우리가 기도하는 것을 허락하지 않으실 것입니다. 주님은 '만일 네 형제와 말다툼을 하고 있다면 예물을 제단 앞에 두고 먼저 가서 형제와 화목하고 그 후에 와서 예물을 드리라'고 말씀하신 것이 아니라 '네 형제에게 원망 들을 만한 일이 있는 것이 생각나거든'이라고 말씀하십니다. 다시 말해서 대수롭지 않은 작은 것이라도 형제를 노엽게 만든 것이 기억난다면, 먼저 후한 보상 행동에 의해 형제의 마음에서 노염을 제거한 후에 기도라는 영적 예물을 드려야 한다고 말씀하십니다.

2. "복음의 말씀이 과거의 하찮은 불화나 사소한 이유들 때문에 성난 사람들에게 배상하라고 명령하는데 하물며 우리의 잘못에 의해 범해진 심각한 죄들

을 고집스럽게 은폐하고 보상하지 않으며, 교만하여 겸손히 행하는 것을 부끄럽게 여기며, 형제가 성내는 것이 자기의 책임이라는 것을 부인하며, 주님의 가르침이 이행 불가능한 것이라고 주장하여 복종하지 않는 사람은 어떻게 될까요? 그런 사람은 주님이 불가능하고 부적절한 것을 명령하셨다고 판단하는 바 '준행자가 아니요 재판관'(약 4:11)이 됩니다.

~ 17 ~

형제들보다 세상사람들에게 더 큰 인내를 발휘해야 한다고
생각하는 사람들에 관하여

1. "형제들이 모욕적인 말 때문에 화를 내거나 문제 수습을 원하는 사람의 탄원 때문에 지칠 때, '형제에게 노하는 자마다 심판을 받게 되고'(마 5:22), '해가 지도록 분을 품지 말고'(엡 4:26)라는 말씀에 따라 형제에게 노한 상태에 머물지 말라는 말을 들을 때, 그것이 눈물을 흘리는 원인이 됩니다. 2. 그 때 그들은 이교도나 세속에 사는 사람이 이런 일을 행하거나 그런 말을 했다면 당연히 참고 넘어가야 하겠지만 심각한 잘못을 범하거나 비방을 한 형제를 어찌 참아줄 수 있겠느냐고 말합니다. 이는 마치 모든 사람들이 아니라 불신자들과 신을 모독하는 사람들에게만 인내를 발휘해야 하며, 분노가 이방인에게는 해롭고 형제에게는 유익하다고 간주되는 것 같습니다. 그러나 성난 정신에서 나오는 소동은 자기 자신에게도 동일한 손해를 초래합니다. 3. 둔하고 야만적인 정신 상태에서 의미도 모른 채 그런 말을 하는 것은 무분별한 일입니다. 나그네에게 화내는 사람들이 심판을 받게 된다고 기록된 것이 아닙니다. 그들의 이해에 의하면 우리와 같은 믿음과 생활방식을 가진 사람들이 예외가 되는 듯합니다. 그러나 복음은 '형제에게 노하는 자마다 심판을 받게 된다'라고 말

합니다. 따라서 진리의 규칙에 따라 모든 사람을 형제로 받아들여야 하지만, 이 말씀에서 가리키는 것은 특별히 '형제'라고 언급된 이교도가 아니라 우리와 동일한 생활방식을 가진 신자입니다.

~ 18 ~

인내하는 체하면서 침묵함으로써 형제에게 성내는 사람들에 관하여

1. "우리를 화나게 만든 형제에게 대꾸하는 것이 아니라 침묵이나 하찮은 몸짓으로 조롱함으로써 적극적인 욕설에 의한 것보다 무뚝뚝한 행위에 의해 그를 더 성나게 만들면서도 자신이 인내하고 있다고 생각하며, 그 점에 있어서 자신이 사람들에게 정죄받을 말을 하지 않았기 때문에 하나님 앞에서 흠이 없다고 여기는 것은 어떤 종류의 행동에 속합니까? 이는 마치 하나님 앞에서 우리의 의지가 아니라 말만이 유죄로 인정되며, 악한 의도와 소원이 아니라 악한 행위만 악하게 여겨지며, 행하려 했던 것이 아니라 행한 것만 심판을 받아야 한다는 견해인 듯합니다. 2. 소동의 본질뿐만 아니라 짜증을 유발한 사람의 의도도 죄를 발생시키는 유인입니다. 그러므로 샅샅이 살피시는 재판관이신 하나님은 말다툼이 발생한 경위뿐만 아니라 짜증의 원인이 누구에게 있는지도 살피십니다. 이는 범법 행위의 순서가 아니라 죄의 목적이 고려되어야 하기 때문입니다. 사람이 칼에 찔려 죽었든지 속임수에 의해 죽게 되었든지 그가 죽었다는 사실에는 차이가 없기 때문입니다. 개천 근처에서 거의 죽은 상태로 누워있는 사람을 돕지 않는 것은 주먹으로 그를 때린 것 못지않게 큰 죄입니다. 누군가를 직접 함정에 빠뜨린 것은 잘못된 행위이며, 함정을 설치했거나 그것을 제거할 수 있었으면서도 제거하지 않은 것 역시 잘못입니다.

3. "만일 고함을 쳐야 할 상황에서 침묵하는 체하여 치유되어야 할 사람을 더

격분하게 만든다면, 상대방의 멸망과 손실에 의해 우리가 칭찬받는 것이 무가치합니다. 이것은 형제의 멸망으로 말미암아 자신이 영광 받기를 원한다고 해서 더 큰 죄인이 되는 것이 아니라고 생각하는 것과 같습니다. 그러한 침묵은 상대방의 마음에 짜증을 일으키는 동시에 자기 마음속에 있는 짜증이 진정되는 것을 허락하지 않기 때문에 쌍방 모두에게 해롭습니다. 4. 이런 종류의 사람들에게 선지자는 다음과 같이 저주합니다: '이웃에게 술을 마시게 하되 자기의 분노를 더하여 그에게 취하게 하고 그 하체를 드러내려 하는 자에게 화 있을진저 네게 영광이 아니요 수치가 가득한즉 너도 마시고 너의 할례 받지 아니한 것을 드러내라 여호와의 오른손의 잔이 네게로 돌아올 것이라 더러운 욕이 네 영광을 가리리라' (합 2:15-16). 또 다른 선지자는 '내가 광야에서 나그네가 머무를 곳을 얻는다면 내 백성을 떠나가리니 그들은 다 간음하는 자요 반역한 자의 무리가 됨이로다 여호와의 말씀이니라 그들이 활을 당김같이 그들의 혀를 놀려 거짓을 말하며 그들이 이 땅에서 강성하나 진실하지 아니하고 악에서 악으로 진행하며 또 나를 알지 못하느니라 너희는 각기 이웃을 조심하며 어떤 형제든지 믿지 말라 형제마다 완전히 속이며 이웃마다 다니며 비방함이라' (렘 9:2-4)고 말합니다.

"말보다 거짓 인내가 더 심한 분노를 일으키며, 독기를 품은 침묵은 지독한 욕설을 능가하며, 교활하게 조롱하면서 하는 칭찬보다 원수가 주는 상처를 더 쉽게 견딜 수 있습니다. 5. 이것들에 대해 선지자는 '그의 말은 기름보다 유하나 실상은 뽑힌 칼이로다' (시 55:21)라고 말합니다. 또 다른 곳에서는 '남의 말 하기를 좋아하는 자의 말은 별식과 같아서 뱃속 깊은 데로 내려가느니라' (잠 26:22); '입으로는 그 이웃에게 평화를 말하나 마음으로는 해를 꾸미는도다' (렘 9:8)라고 말합니다. 이것들에게 속는 사람은 스스로를 속이는 사람입니다. 이웃에게 아첨하는 사람은 그의 발 앞에 그물을 치는 사람입니다(잠 29:5). 함정을 파는 사람은 자기가 그 속에 빠지고, 돌을 굴리는 사람은 자기가 그 밑에 깔립니다(잠 26:27).

"마지막으로 큰 무리가 칼과 몽둥이를 들고 예수님을 잡으러 왔을 때 앞장서 나와 존경하는 체하며 인사하고 거짓 사랑으로 입을 맞춘 존속살인자가 생명의 창시자인 주님께 가장 잔인했습니다. 주님은 그에게 '유다야 네가 입맞춤으로 인자를 파느냐'(눅 22:48)라고 말씀하셨습니다. 이것은 '네가 핍박과 증오의 쓴맛을 참 사랑의 달콤함으로 가장하여 표현하였다'라는 말입니다. 주님의 이 슬픔은 '나를 책망하는 자는 원수가 아니라 원수일진대 내가 참았으리라 나를 대하여 자기를 높이는 자는 나를 미워하는 자가 아니라 미워하는 자일진대 내가 그를 피하여 숨었으리라 그는 곧 너로다 나의 동료, 나의 친구요 나의 가까운 친우로다 우리가 같이 재미있게 의논하며 무리와 함께 하여 하나님의 집 안에서 다녔도다'(시 55:12-14)라는 선지자의 말에 한층 공개적이고 강력하게 표현되어 있습니다.

~ 19 ~
화났을 때 금식하는 사람들에 관하여

1. "일부 형제들이 실천하고 있다는 것을 알지 못했다면 언급할 필요도 없는 또 다른 경건하지 못한 짜증이 있습니다. 그들은 짜증이 나거나 화나면 음식을 먹지 않습니다. 그들은 기분이 좋을 때면 제6시나 제9시까지 식사를 미룰 수 없다고 말하지만 짜증과 분이 가득할 때면 이틀 동안 굶어도 배고픔을 느끼지 않습니다. 2. 이 경우 그들은 죄 씻음으로서 겸손한 마음으로 하나님께만 드려야 하는 금식을 교만하게 실천함으로써 하나님을 모독하는 죄를 초래

합니다. 그것은 하나님이 아닌 귀신들에게 기도하고 예물을 드리는 것이므로 '그들은 하나님께 제사하지 아니하고 귀신들에게 하였으니 곧 그들이 알지 못하던 신들, 근래에 들어온 새로운 신들 너희의 조상들이 두려워하지 아니하던 것들이로다' (신 32:17)라는 책망을 받아야 합니다.

~ 20 ~

인내하는 체하면서 한편 뺨을 맞으면 다른편을 돌려 대는 사람들에 관하여

"일부 형제들에게서 인내를 가장한 모습으로 발견되는 또 다른 종류의 광기가 있습니다. 그들은 언쟁에 만족하지 않고 공격적이고 도발적인 말로 사람들을 성나게 합니다. 그들은 가벼운 공격을 받으면 마치 '누구든지 네 오른편 뺨을 치거든 왼편도 돌려 대라' (마 5:39)는 명령을 실천하려는 듯이 자기 몸의 다른 부분을 내밀어 때리게 합니다. 그러나 그들은 성경의 의도와 의미를 알지 못하고 있습니다. 그들은 분노라는 죄에 의해 복음적 인내를 실천하고 있다고 생각하는데, 상호간의 보복과 논쟁 금지가 분노의 완전한 제거가 아닙니다. 우리는 강화된 학대를 참고 견딤으로써 공격한 사람의 분을 진정시키라는 명령을 받고 있습니다."

~ 21 ~

그리스도의 명령에 순종하는 사람이 복음적 완전을 이루지 못하는 데 대한 질문

게르마누스가 질문했습니다: "복음의 가르침을 실천하며 보복하지 않을 뿐만 아니라 배가된 학대를 참고 견딜 각오가 된 사람이 왜 비난을 받아야 합니까?"

~ 22 ~
답변: 그리스도는 행위뿐만 아니라 그 배후의 뜻도 살피신다.

1. 요셉 사부는 다음과 같이 말씀하셨습니다: "조금 전에 말했듯이 드러난 행동뿐만 아니라 행위자의 정신과 의도도 고려되어야 합니다. 그러므로 사람이 성취한 것이 어떤 정신을 가지고 행해졌으며 어떤 성향에서 비롯된 것인지 철저하게 검토하여 따져본다면, 조급함과 격분에 의해서는 인내와 온유함이 발휘될 수 없음을 알 수 있을 것입니다.

2. "주님은 인내와 온유에 대해 단순히 입에 발린 말로 그 덕을 고취하는 것이 아니라 영혼 깊은 곳에 쌓아올려야 한다고 가르치셨고, '누구든지 네 오른편 뺨을 치거든 왼편도 돌려 대라'고 말씀하시면서 복음적 완전함의 공식을 주셨습니다. 주님은 영혼 깊은 곳에서 분노의 찌꺼기를 완전히 제거하기를 바라셨습니다. 따라서 만일 우리의 겉사람이 오른편 뺨을 맞는다면, 속사람도 겸손하게 오른편 뺨을 돌려 대고 겉사람과 함께 아파야 하며 때리는 사람의 불의에 자기 몸을 복종시킴으로써 겉사람이 공격받을 때 속사람이 내면에서 동요되지 않도록 해야 합니다.

3. "그러므로 그들은 말에 의해서가 아니라 내적인 마음의 평온함에 의해 인내해야 한다고 가르치며, 불리한 일이 발생할 때 내적인 마음의 평온함을 굳게 잡아 성난 동요를 멀리하고, 그들에게서 학대를 받음으로써 그들의 악함 때문에 성난 사람들로 하여금 평정을 되찾아야 한다고 명령하는 복음적 완전과 거리가 멉니다. 우리는 온유함으로 그들의 격분을 정복하며, '악에게 지지 말고 선으로 악을 이기라'(롬 12:21)는 말씀을 성취해야 합니다.

4. "교만한 정신을 가지고서 온유하고 겸손한 말을 하는 사람들은 이것을 이룰 수 없습니다. 그들은 마음에 품은 격분을 진정시키지 않을 뿐만 아니라 성

난 형제의 마음에 품은 분노보다 자기 마음 안에 있는 격분이 더 크게 타오르게 만듭니다. 그들이 어느 정도 관대하게 평정을 유지할 수 있다 해도 의의 열매를 맺지 못할 것입니다. 왜냐하면 그들은 이웃의 손해에 의해서 자신을 위한 인내의 영광을 요구하므로 '자기의 유익을 구하지 아니하며'(고전 13:5) 형제의 유익을 구하는 사도적 사랑과 거리가 멀기 때문입니다. 사도적 사랑은 이웃을 희생시키고 자신이 유익을 얻으려 하지 않으며, 다른 사람을 궁핍하게 하면서 자신이 무엇을 획득하려 하지도 않습니다.

~ 23 ~
형제의 뜻에 복종하는 사람이 완전하고 강하다.

"자기의 뜻을 형제의 뜻에 복종시키는 사람이 자기의 견해를 고집하는 사람보다 더 강력한 역할을 합니다. 전자는 이웃의 행동을 참고 용납하면서 건전하고 튼튼한 사람의 지위를 획득하지만, 후자는 병약하고 연약한 사람으로서 달래고 아첨해주어야 하기 때문에 때때로 그의 평안과 평정을 위해 필요한 것들과 관련해서도 조정이 필요한 사람입니다. 이 점에 있어서 우리는 양보함으로써 의도했던 엄격함을 어느 정도 완화한다고 해서 자신의 완전함이 감소된다고 여기지 말며, 자신이 참고 인내함으로써 훨씬 더 많은 것을 얻었음을 깨달아야 합니다. '믿음이 강한 우리는 마땅히 믿음이 약한 자의 약점을 담당하고 자기를 기쁘게 하지 아니할 것이라'(롬 15:1); '너희가 짐을 서로 지라 그리하여 그리스도의 법을 성취하라'(갈 6:2)는 바울의 가르침이 이것을 의미합니다. 약한 사람이 약한 사람을 참고 견딜 수 없듯이, 병자는 동일한 병을 앓고 있는 사람을 너그럽게 대하거나 치료해줄 수 없습니다. 사람들은 그에게 '의사야 너 자신을 고치라'(눅 4:23)고 말합니다. 병을 앓지 않는 사람이 병자를 치유해줄 수 있습니다.

~ 24 ~

약한 사람이 사람들을 학대하며 자신이 받는 학대를 인내하지 못한다.

"약한 사람들은 대체로 신속하게 욕설을 퍼붓고 불화를 일으키지만 자기 자신은 아주 작은 부당함도 참으려 하지 않습니다. 또 그들은 결과를 두려워하지 않고 격하게 논쟁하고 오만한 태도를 취하지만 작고 사소한 일조차 인내하려 하지 않습니다. 그러므로 원로들의 견해에 의하면 선택한 생활방식이 같고 동일한 덕을 소유한 사람들 가운데서 안정된 사랑이 완전하게 유지됩니다. 아무리 신중하게 유지해도 언젠가는 관련된 사람들 중 하나가 그 사랑을 손상시키기 마련입니다."

~ 25 ~

약한 자들을 인내하며 받아들이지 못하는 사람이 어떻게 강할 수 있는가?

게르마누스가 "만일 완전한 사람이 항상 약한 사람들을 참고 용납하지 못한다면, 어떻게 그의 인내심이 칭찬받을 만하겠습니까?"라고 질문했습니다.

~ 26 ~

답변: 약한 사람은 자신이 받아들여지는 것을 허락하지 않는다.

1. 요셉 사부는 다음과 같이 말씀하셨습니다: "내 말은 강하고 튼튼한 사람의 힘과 관대함이 정복될 것이라는 뜻이 아닙니다. 건강한 사람의 인내에 의해 지탱되지만 날마다 악화되는 바 약함을 지닌 사람은 자신의 조급함으로 말미암아 발생한 이웃의 인내를 의식할 때에 그의 인내의 대상이 되기보다는 자

기가 떠나는 편이 낫다고 생각하게 된다는 말입니다.

2. "그러므로 다정한 성향을 손상됨이 없이 유지하고자 하는 사람은 다음과 같은 것들을 지켜야 합니다. 첫째로 종류를 불문하고 부당한 대우를 받아 분노한 사람은 입뿐만 아니라 마음 깊은 곳의 평정을 유지해야 합니다. 만일 그곳이 조금이라도 동요되었다고 느낀다면 완전히 침묵하며 시편 기자의 말을 주시해야 합니다: '내가 괴로워 말할 수 없나이다'(시 77:4); '내가 말하기를 나의 행위를 조심하여 내 혀로 범죄하지 아니하리니 악인이 내 앞에 있을 때에 내가 내 입에 재갈을 먹이리라 하였도다 내가 잠잠하여 선한 말도 하지 아니하니 나의 근심이 더 심하도다'(시 39:1-2). 또 그는 현재의 상태를 생각하며 마음이 상하고 분개했을 때 생각했던 것들과 격분이 제안하는 것들을 말로 표현하지 말아야 합니다. 그는 괴로운 순간에도 과거에 누렸던 사랑의 기쁨을 회상하며 그것이 신속하게 돌아올 것을 알고 마음속으로 새로 형성된 평화의 회복을 고대해야 합니다. 3. 그는 머지않아 달콤한 친근함을 누릴 것을 예견하기 때문에 당면한 언쟁의 쓰라림을 느끼지 않을 것이며, 특히 사랑이 회복된 후에는 자책하거나 사람들의 책망을 받지 않을 만한 태도로 반응할 것입니다. 그리하여 분노 중에서도 자비를 베풀 것이라는 예언의 말씀을 성취할 것입니다(합 3:2 참조).

~ 27 ~

분노를 억제하는 방법

1. "그러므로 솔로몬이 '어리석은 자는 자기의 노를 다 드러내어도 지혜로운 자는 그것을 억제하느니라'(잠 29:11)고 말하면서 정죄한 상태에 휩싸이지 않으려면 분별을 인도자로 삼아 분노의 움직임을 억제하고 완화해야 합니다. 다

시 말해서 어리석은 사람은 분노에 휩싸여 보복하지만, 지혜로운 사람은 성숙하고 신중하게 생각함으로써 분노를 제거합니다.

2. "바울도 이것을 언급하면서 '너희가 친히 원수를 갚지 말고 하나님의 진노하심에 맡기라'(롬 12:19)고 말했습니다. 다시 말해서 분노에 휩싸여 직접 복수하려 하지 말고 하나님의 진노에 맡기라는 것입니다. 이것은 마음이 조급함과 심약함 안에 갇혀 거세고 지독한 소동이 발생할 때 참지 못하는 일이 없어야 한다는 것입니다. '모든 것을 참으며 모든 것을 견디는'(고전 13:7) 사랑의 넓은 항구에 분노의 파도를 받아들이며 마음을 넓혀야 합니다. 폭넓은 인내에 의해 넓어진 마음 깊은 곳에 유익한 지혜가 깃들일 때 이미 받아들여져 퍼져 있던 더러운 분노가 즉시 사라질 것입니다. 3. 그것을 다음과 같이 이해할 수 있습니다: 자신이 어떤 식으로든 부당한 대접을 받아야 한다는 것을 인정하고서 겸손하고 고요한 정신으로 상대방의 기분 나쁜 행동을 받아들이고 그의 조급함에 항복하는 것이 곧 하나님의 진노에 맡기는 것입니다.

"사도적 완전의 의미를 왜곡하여 성난 사람을 내버려두는 것이 하나님의 진노에 맡기는 것이라고 생각하는 것은 불화의 뿌리를 잘라버리는 것이 아니라 기르는 것입니다. 4. 겸손한 보상 행동에 의해 즉시 제거되지 않을 때 이웃의 분노는 감소하기는커녕 오히려 증가합니다. 솔로몬은 비슷한 것을 언급하면서 '급한 마음으로 노를 발하지 말라 노는 우매한 자들의 품에 머무름이니라'(전 7:9); '너는 서둘러 나가서 다투지 말라 마침내 네가 이웃에게서 욕을 보게 될 때에 네가 어찌할 줄을 알지 못할까 두려우니라'(잠 25:8)고 말합니다. 5. 그는 급하게 다투는 것과 노를 발하는 것을 책망하지만 느림을 인정하지 않습니다. '미련한 자는 당장 분노를 나타내거니와 슬기로운 자는 수욕을 참느니라'(잠 12:16)는 말에도 주의를 기울여야 합니다. 그가 슬기로운 사람은 분노라는 부끄러운 정념을 감추어야 한다고 말하면서 화낼 때의 급함을 책망할 뿐 더딤을 금하지 않은 것이 아닙니다. 그는 인간적인 약함의 압박 때문에 일어나는 분노를 영원히 제거하려면 그것이 발생하는 순간 지혜롭게 감추어야 한다고 주장합니다. 분노는 억제되면 약해지고 제거되지만, 공공연하게 드러내면 점점 더 악화됩니다.

"그러므로 심약함에 갇혀 진노의 거센 감정으로 채워지지 않으려면 마음을 넓게 가져야 합니다. 그렇지 않으면 우리의 좁은 마음에 지극히 넓은 하나님의 계명을 받아들일 수 없으며(시 119:96), '주께서 내 마음을 넓히시면 내가 주의 계명들의 길로 달려가리이다'(시 119:32)라고 말할 수도 없습니다. 6. '노하기를 더디 하는 자는 크게 명철하여도 마음이 조급한 자는 어리석음을 나타내느니라'(잠 14:29)는 말씀은 인내가 곧 지혜임을 가르쳐줍니다. 그러므로 성경은 하나님께 지혜를 달라고 요청한 솔로몬에 대해 '하나님이 솔로몬에게 지혜와 총명을 심히 많이 주시고 또 넓은 마음을 주시되 바닷가의 모래같이 하시니'(왕상 4:29)라고 말합니다.

~ 28 ~
마술에 기초를 둔 우정은 튼튼하지 못하다.

"경험에 의하면 마술에 기초를 두고 맺은 우정은 유지되지 못하고 깨집니다. 왜냐하면 그들이 완전을 향한 소원이나 사도적 사랑의 요구 때문에 우정을 유지하려 하는 것이 아니라 세속적인 사랑 및 협정의 압박과 의무감 때문에 우정을 유지하려 하거나, 교활한 원수가 그들을 맹세를 깬 죄인들로 만들기 위해서 그들로 하여금 우정을 깨도록 하기 때문입니다. 잘못이 없는 행위를 하는 사람들, 동일한 생활을 선택하고 동일한 덕을 소유한 사람들 사이에서만 참된 조화와 뗄 수 없는 우정이 존재한다는 견해는 신뢰할 만합니다."

요셉 사부는 우정에 대한 영적 담화를 통해서 우리로 하여금 우정을 한층 더 뜨겁게 유지하도록 고취하셨습니다.

담화 17

사부 요셉의 두 번째 담화

약속에 관하여

~ 1 ~
우리의 밤기도

밤에 담화가 끝나고 적막이 찾아왔습니다. 사부 요셉은 우리를 쉬게 하려고 조금 떨어진 곳에 있는 수도실로 데려갔습니다. 그러나 그분의 말씀을 듣고 마음이 뜨거워진 우리는 밤새도록 한잠도 자지 않고 수도실에서 약 3킬로미터 떨어진 한층 외딴 곳에 가서 앉았습니다. 밤이 되어 조용하고 다정하게 대화할 기회가 생겼을 때 게르마누스가 한숨을 쉬었습니다.

~ 2 ~
약속을 기억하는 것에 관한 게르마누스의 관심

1. 게르마누스가 말했습니다: "지금 우리는 무엇을 하고 있습니까? 우리는 중요한 시점에 처해 있는데 아주 비참한 상황 때문에 방해를 받고 있습니다. 우리의 이성과 거룩한 사람들의 생활방식은 영성생활의 진보를 이루는 데 있어서 무엇이 더 유익한지 효과적으로 가르쳐주고 있지만, 우리는 원로들에게 한 약속 때문에 유익한 것을 선택하지 못하고 있습니다. 2. 이는 약속했던 것

에 대한 의무감이 우리로 하여금 즉시 공주수도회로 돌아갈 것을 요구하지 않는다면, 우리가 목표로 선택한 생활방식과 삶이 이 위대한 사람들의 본보기에 의해 보다 완전하게 형성될 수 있기 때문입니다. 만일 우리가 그곳으로 돌아간다면 다시 이곳으로 돌아올 수 없을 것입니다. 그러나 만일 우리가 이곳에 머물면서 우리의 소원을 충족시키는 편을 선택한다면, 허락된 여행을 마친 후 되도록 빨리 고국의 수도원들과 거룩한 사람들에게 돌아가겠다고 한 약속에 충실할 수 없게 됩니다."

3. 이 문제로 혼란에 빠져 자신의 구원을 위해 어떻게 해야 할 것인지 결정하지 못하고 있는 난처한 상황을 우리는 신음으로 나타냈습니다. 우리는 자신의 유익과 목표하는 방향과는 상관없이 사람들의 만류를 거부하고 속히 돌아가야 한다는 부담을 느끼고 대담하지 못한 것을 탓하며 본성적인 소심함을 저주했습니다. 우리는 '미련한 자는 그 미련한 것을 거듭 행하느니라' (잠 26:11)고 언급된 미련함에 시달리고 있음을 슬퍼했습니다.

~ 3 ~
이와 관련하여 나에게 발생한 일

내가 말했습니다: "사부님의 충고를 받아 이 문제를 해결합시다. 우리의 문제를 사부께 말씀드리고 그분의 결정을 하늘의 응답으로 받아들여 이 상황을 끝냅시다. 주님이 이 거룩하신 분의 입을 통해 주시는 것을 조금도 의심하지 말아야 합니다. 신자들은 주님의 은사에 의해 종종 자격이 없는 사람에게서 유익한 충고를 얻으며, 불신자들은 거룩한 사람들로부터 유익한 충고를 받습니다. 이는 그것이 응답하는 자들의 자격과 질문하는 사람의 믿음에 따라 주어지기 때문입니다."

게르마누스는 이 말을 내 말이 아니라 주님의 영감을 받은 말인 듯이 진지하게 받아들였습니다. 우리는 사부가 도착하시기를, 그리고 저녁 예배시간이 되기를 기다렸습니다. 우리는 평소처럼 그분께 인사하고 정해진 대로 기도하고 시편을 낭송한 후에 잠자리로 사용하는 멍석 위에 앉았습니다.

~ 4 ~
염려가 발생하는 경위에 대한 사부 요셉의 질문과 우리의 답변

우리가 정신적으로 풀이 죽어 있는 이유가 있을 것이라고 짐작하신 요셉 사부는 족장 요셉의 말을 사용하여 말을 거셨습니다: "어찌하여 오늘 당신들의 얼굴에 근심의 빛이 있나이까"(창 40:7). 우리는 이렇게 대답했습니다: "감옥에 갇힌 바로의 종들의 경우처럼 꿈을 꾸었으나 해석할 자가 없어서가 아닙니다. 우리는 밤새 잠을 자지 못했습니다. 주께서 당신의 분별력을 사용하여 우리의 고통을 제거해주시지 않는 한 누구도 그 짐을 제거해줄 수 없습니다." 그 말을 듣고 요셉 사부는 "인간의 생각들의 치유는 주님에게서 오지 않습니까? 자비하신 하나님은 당신들의 믿음에 따라 우리의 충고에 의해 생각들에 대한 치유책을 제공해주실 수 있습니다. 당신들의 생각을 말씀해 보십시오"라고 말씀하셨습니다.

~ 5 ~
우리가 이집트에 머물기를 원하면서도 시리아
로 돌아가려는 이유에 대한 게르마누스의 설명

1. 이 말을 듣고 게르마누스가 말했습니다: "우리는 당신의 복됨을 보고서 영적으로 기쁨이 가득 차게 되었을 뿐만 아니라 크게 진보하여 공주수도원으

로 돌아간 후에는 이곳에서 배운 것을 실천하며 살겠다고 생각했습니다. 우리는 원로들을 향한 사랑 때문에 이렇게 약속할 수밖에 없었습니다. 당신의 삶과 가르침을 그 공동체에서 어느 정도 본받아 행할 수 있다고 생각했기 때문입니다. 그렇게 할 때 완전한 기쁨이 주어질 것이라고 판단했지만, 그렇게 할 경우 우리 자신에게 유익한 것을 획득하지 못하게 되리라는 것을 생각하면 참을 수 없이 슬픕니다.

2. "지금 우리는 양쪽에서 압박을 받고 있습니다. 만일 우리가 동정녀의 자궁이라는 왕궁에서 빛을 비추셨던 동굴에서 모든 형제들 앞에 한 약속을 지키려 한다면, 우리의 영성생활에 큰 손실을 초래할 것입니다. 그러나 우리의 약속을 무시하고 이곳에 머문다면, 거짓말과 위증을 하게 될까 두렵습니다. 3. 우리가 급히 돌아가서 맹세의 조건을 충족시킨 후에 다시 이곳으로 돌아오겠다는 계획은 우리의 고민을 완화시켜주지 못합니다. 영적인 일과 덕의 진보를 추구하는 사람에게는 잠시 지체하는 것도 해롭고 위험하지만, 우리는 투정을 부리며 돌아가더라도 약속을 지키고자 합니다. 우리는 그곳 원로들의 권위뿐만 아니라 그들의 사랑에 묶여 있기 때문에 그곳에 가면 이곳으로 돌아올 가능성이 없다는 것을 알고 있습니다."

~ 6 ~

시리아에서보다 이집트에서 더 진보하게 될 것인지에 대한 사부 요셉의 질문

요셉 사부는 이 말을 듣고 잠시 침묵한 후에 "당신들은 이곳에 머물면 영적인 일에 있어서 더 크게 진보할 수 있다고 확신하십니까?"라고 질문하셨습니다.

~ 7 ~

답변: 각 지방에서의 가르침의 차이에 관하여

게르마누스가 말했습니다: "우리는 젊어서부터 우리를 가르쳐 큰 일들을 시도하게 해주시고 자신의 선을 맛보게 함으로써 우리 마음에 완전함을 향한 특별한 갈망을 심어주신 분들에게 감사해야 합니다. 그러나 우리의 판단이 옳다면 이곳의 제도들과 그곳의 제도들은 비교가 되지 않습니다. 이것은 당신의 흉내낼 수 없이 깨끗한 생활방식을 말하는 것이 아닙니다. 우리는 당신의 깨끗한 생활이 당신의 정신과 당신이 목표한 방향의 엄격함에 의해서, 그리고 공간적으로 바람직한 환경에 의해 주어졌다고 믿습니다. 이런 까닭에 실제로 이곳에 머물면서 오랫동안 매일 가르침을 받음으로써 해이해진 마음을 제거하지 않는 한 급하게 전달해주신 이 훌륭한 가르침에 의해서 당신의 완전하심을 본받기에 부족하다고 확신합니다."

~ 8 ~

완전한 사람은 약속해서는 안 된다는 것,
그리고 약속을 지키지 않으면서 죄를 짓지 않을 수 있는지에 관하여

1. 요셉 사부가 말했습니다: "약속에 의해 결정한 것을 행하는 것은 선하고 완전한 일이며, 우리의 신앙고백과 조화를 이루는 일입니다. 이런 까닭에 수도사가 부주의하게 약속한 것을 억지로 실천하지 않으려면, 또 통찰력 있게 재고한 후에 자신의 약속을 깨지 않으려면, 순간적이고 충동적으로 약속을 하지 말아야 합니다. 2. 지금 우리의 관심사는 당신들의 행복한 상태가 아니라 병약함의 치유이므로 당신들이 우선적으로 행했어야 했던 것에 대해서보다는 이 파선의 위험을 피하는 방법에 대해 조언을 받아야 합니다.

"속박을 받지 않고 환경의 방해를 받지 않을 때, 그리고 우리 앞에 유익한 일들이 놓여지고 선택권이 제공될 때, 우리는 더 좋은 것을 선택해야 합니다. 그러나 상황을 복잡하게 만드는 불리한 문제가 방해할 때, 그리고 해로운 일들이 앞에 놓여 있을 때에는 문제가 적은 편을 추구해야 합니다. 3. 따라서 당신들이 주장한 대로 경솔한 약속 때문에 이 상태에 이르게 되어 어느 편을 선택하든지 심각한 피해를 보게 된다면, 되도록 피해가 견딜 만한 것이며 배상함으로써 쉽게 보상할 수 있는 편을 선택해야 합니다.

"만일 그곳 공주수도원의 생활보다 이곳에 머무름으로써 영적으로 더 큰 유익을 얻을 것이라고 믿는다면, 그리고 약속의 조건을 이행하지 않으면 당신들의 선이 크게 손상될 것이라고 믿는다면, 미온적인 생활방식으로 말미암아 날마다 지속적으로 손해를 초래할 상황에 빠지기보다는 차라리 거짓말을 하거나 약속을 이행하지 않는 편이 낫습니다. 4. 경솔하게 맺은 약속이라도 더 선한 것으로 전환될 수 있다면 변경할 수 있습니다. 그리고 악한 약속을 바로잡는 것을 신의를 버리는 것으로 여기지 말고 경솔함을 바로잡는 것으로 여겨야 합니다. 이것은 성경 본문들에 의해 입증될 수 있습니다. 많은 사람들의 경우에 약속 이행이 치명적인 것으로 드러났고, 반면에 많은 경우에 약속을 어긴 것이 유익한 일로 드러났습니다.

~ 9 ~

종종 자기의 결정을 고집하기보다 번복하는 편이 더 유익하다.

"사도 베드로와 헤롯의 예가 각기 이 두 가지 상황을 증거해줍니다. 베드로는 맹세만큼 강력한 힘을 지닌 '내 발을 절대로 씻지 못하시리이다'(요 13:8)라는 약속의 말을 포기했을 때 그리스도와의 영원한 교제를 약속받았습니다. 만일 그가 고집스럽게 자기의 약속을 고수했다면 이 은혜를 빼앗겼을 것입니다. 헤롯은 잔인하게도 자신의 경솔한 맹세를 고수했기 때문에 주님의 선구자를 죽이는 자가 되었으며, 맹세를 깨는 것을 두려워했기 때문에 저주와 영원한 죽음의 형벌을 초래했습니다(마 14:3-10 참조).

"모든 경우에 고려되어야 할 것은 목표입니다. 목표에 따라 지향하는 방향이 결정됩니다. 만일 우리가 선한 충고를 받아들인 덕분에 자신이 잘못된 길에 서있음을 깨달았다면, 약속에 매달림으로써 더 심각한 죄에 빠지기보다는 바람직하지 못한 상황을 제거하고 선한 것을 향해 움직여야 할 것입니다."

~ 10 ~
시리아의 공주수도원에서 행한 맹세에 관한 우리의 염려에 대한 질문

게르마누스가 말했습니다: "이것이 우리가 영적 유익을 위해 품은 소원과 관련되므로 우리는 당신과 꾸준히 교제하면서 가르침 받기를 원합니다. 만일 우리가 공주수도원으로 돌아간다면 목표로 삼은 이 고귀한 방향에서 멀어질 뿐만 아니라 그곳의 평범한 생활방식 때문에 많은 손해를 입을 것입니다. 그러나 '오직 너희 말은 옳다 옳다, 아니라 아니라 하라 이에서 지나는 것은 악으로부터 나느니라'(마 5:37)고 한 복음의 명령이 우리를 두렵게 합니다. 이 큰 명령을 범하는 것은 의로운 행동에 의해 보상될 수 없고, 시작이 나쁘면 끝도 옳지 못합니다."

~ 11 ~
답변: 행위의 결과보다 행위자의 의도를 고려해야 한다.

요셉 사부가 말했습니다: "모든 일에 있어서 고려되어야 할 것은 결과가 아

니라 행위자의 의지이며, 일을 행한 사람에게 무엇을 해야 했느냐고 묻기보다 어떤 의도로 그 일을 했느냐고 물어야 합니다. 어떤 사람들은 자신의 행동 때문에 비난을 받지만 나중에 그 행동의 결과가 선한 것으로 드러나며, 같은 이유에서 어떤 사람들은 탓할 만한 행동에 의해 최고의 의에 도달합니다. 좋지 않은 의도로 어떤 일에 접근했으며 선한 결과가 아닌 다른 결과를 원한 사람에게는 선한 결과가 소용이 없지만, 하나님을 무시하거나 악을 행하려는 의도가 아닌 거룩한 목적 때문에 어쩔 수 없이 출발을 잘못한 사람에게는 그 잘못된 출발이 해롭지 않습니다.

~ 12 ~
시작이 악한 사람에게는 선한 결과가 유익을 주지 못하며, 악한 행동이 선을 해치지 못한다.

1. "이 문제에 대한 이해를 돕기 위해 성경의 예를 제공할 때 가장 가치 있는 것은 주님의 수난이라는 구원의 치료책일 것입니다. 그러나 주님을 배반하여 수난이 발생하도록 묵인한 자에게는 그 수난이 무익할 뿐만 아니라 해로웠기 때문에 '그 사람은 차라리 태어나지 아니하였더라면 제게 좋을 뻔하였느니라'(마 26:24)고 선포되었습니다. 그는 행위의 결과에 따라 보응을 받은 것이 아니라 그가 행하려 했고 이룰 것이라고 믿었던 것에 따라 보응을 받았습니다. 2. 형제나 아버지에게 거짓말을 하거나 속이는 것은 물론이요 나그네에게 그런 행동을 하는 것은 매우 악합니다. 그런데 족장 야곱은 이런 행동 때문에 저주나 책망을 받지 않았고 오히려 영원한 기업을 상으로 받았습니다(창 27장 참조). 이는 그가 현재의 유익을 탐한 것이 아니라 영원한 거룩함을 기대하여 장자의 복을 받으려 했으며, 반면에 유다는 인류의 구원을 염두에 둔 것이 아

니라 탐욕 때문에 구속자를 죽음에 넘겨주었기 때문입니다.

3. "그러므로 각 사람의 행위의 열매는 그가 염두에 둔 목표와 의도에 따른 결과로 간주됩니다. 야곱은 부모를 속이려 작정한 적이 없었고, 유다는 구원을 염두에 두지 않았습니다. 행위자의 의지와는 상관없이 행위의 결과보다는 그가 염두에 두었던 것이 보상으로 주어집니다. 이런 까닭에 의로우신 재판관은 거짓말을 한 야곱을 용서할 수 있으며 칭찬받을 만하다고 여기셨습니다. 왜냐하면 거짓말을 하지 않고서는 장자의 복을 받을 수 없었을 것이기 때문입니다. 복을 받으려는 갈망에서 생겨난 것을 죄로 간주해서는 안 됩니다. 4. 만일 복의 은혜를 획득할 수 있는 다른 방법이 있었음에도 불구하고 이 방법을 택하여 형을 망하게 만들었다면, 야곱은 형과 관련해서는 악한 자요 아버지를 속이고 모독한 자가 되었을 것입니다. 하나님은 행위의 결과가 아니라 목표를 살피십니다.

"지금까지 기초적인 것들을 다루었습니다. 이제 본래의 문제로 돌아가기 위해서 먼저 당신들이 이 약속에 의해 자신을 속박하는 이유를 말하십시오."

~ 13 ~

답변: 우리에게 맹세가 요구된 이유

게르마누스가 말했습니다: "첫째 이유는 우리가 공주수도원 원로들의 가르침을 거부하여 슬프게 만드는 것을 두려워했기 때문입니다. 둘째 이유는 경솔하게도 이곳에서 보고 들음으로써 사부님에게서 완전하고 탁월한 것을 받았다면 공주수도원에 돌아가서 그것을 추구할 수 있을 것이라고 생각했기 때문입니다."

~ 14 ~

사부 요셉의 담화: 선한 것을 바라는 의도가 유지된다면
행동의 순서를 바꾸어도 비난받지 않는다.

1. 요셉 사부가 말씀하셨습니다: "앞에서 말한 것처럼 '그 생각들이 서로 혹은 고발하며 혹은 변명하여 그 마음에 새긴 율법의 행위를 나타내느니라 곧 나의 복음에 이른 바와 같이 하나님이 예수 그리스도로 말미암아 사람들의 은밀한 것을 심판하시는 그 날이라' (롬 2:15-16), '내가 그들의 행위와 사상을 아노라 때가 이르면 뭇 나라와 언어가 다른 민족들을 모으리니' (사 66:18) 등의 말씀에 의하면 정신의 목표가 사람을 정죄하기도 하고 상을 주기도 합니다. 내 생각에 당신들은 완전을 향한 갈망 때문에 맹세의 속박을 받고 있습니다. 당신들은 이런 식으로 완전을 붙들 수 있다고 믿었지만 깊이 생각한 결과 완전의 고지를 이렇게 측량할 수 없다는 것을 깨닫고 있습니다. 2. 그러므로 주된 의도에 변화가 발생하지 않는 한 이미 발생한 것처럼 보이는 것을 그 방식과 다른 것들이 해치지 않습니다. 도구를 바꾸는 것이 계획을 포기하는 것이 아니며, 지름길을 택하는 것이 여행자의 나태함을 증명하는 것이 아닙니다. 마찬가지로 경솔하게 행한 결정을 바로잡는 것이 영적인 맹세를 범하는 것이라고 판단되어서는 안 됩니다. 비록 거칠고 좋지 않게 출발한 것처럼 보여도 '금생과 내생에 약속이 있는' (딤전 4:8) 경건에 대한 사랑과 하나님 사랑을 위해 행해진 것은 떳떳할 뿐만 아니라 훌륭한 결정입니다. 3. 그러므로 의도한 종교적 목표를 고수하는 한 경솔한 결정을 깨는 것이 해롭지 않습니다. 왜냐하면 우리는 깨끗한 마음을 하나님께 바치기 위해 모든 일을 행하기 때문입니다. 만일 이곳에서 이것을 성취하는 것이 쉽다고 생각된다면, 당신들이 목적으로 삼았으나 포기하려 하는 순결의 완성이 주님의 뜻에 따라 쉽게 획득된다

면, 약속을 깨는 것이 해가 되지 않을 것입니다."

~ 15 ~
우리의 지식이 약한 사람에게
거짓말의 원인을 제공하는 것이 악한 것인지에 대한 질문

게르마누스가 말했습니다: "말의 설득력에 관한 한 우리는 약속을 깨는 데 대한 가책을 몰아낼 수 있었을 것입니다. 그러나 선지자가 '거짓말하는 자들을 멸망시키시리이다'(시 5:6), '거짓을 말하는 입은 영혼의 죽음을 가져온다'(지혜서 1:11)라고 위협적으로 말하면서 금한 바 신뢰를 깨는 일을 합법적으로 행할 수 있다는 것을 약한 자들이 발견한다면, 이러한 예들이 그들에게 거짓말을 하게 만드는 원인이 될 수 있다는 사실이 우리를 두렵게 합니다."

~ 16 ~
답변: 약한 사람들이 취한 추문 때문에 성경의 진리를 바꾸어서는 안 된다.

1. 요셉 사부가 말씀하셨습니다: "장차 멸망할 것이며 멸망을 원하는 사람에게는 그 원인이 있습니다. 이단자들의 악을 권장하며 유대인들의 불신앙을 증가시키며 교만한 이방인의 지혜를 공격하는 본문들을 성경에서 구분해내어 제거해서는 안 됩니다. 그것들을 진리의 규칙에 따라 전파하여 믿고 유지해야 합니다.

2. "그러므로 다른 사람의 불신앙 때문에 성경에 담겨 있는 바 거룩한 사람들과 선지자들의 제도들을 거부해서는 안 됩니다. 그렇게 하지 않으면 우리가 그들의 약함에게로 내려가야 한다고 믿으며 거짓말과 신성모독의 죄에 얼룩질 것입니다. 그것들을 역사적인 진리로 인정하며 그들이 그것들을 경건하

게 성취한 방법을 설명해야 합니다. 이미 말한 것이나 앞으로 말하려는 것의 진리를 풍유적으로 해석함으로써 부인하거나 약화시키려 노력해도, 악한 기질을 가진 사람들이 거짓말할 가능성을 막지 못할 것입니다. 이러한 본문들의 권위가 어떻게 의지의 부패만으로 범죄하는 사람들에게 해를 끼치겠습니까?

~ 17 ~
거룩한 사람들이 거짓말을 독초처럼 선용했다는 것

1. "거짓말을 독초처럼 여기고 사용해야 합니다. 치명적인 병에 사용하면 독초가 유익한 효과를 발휘하지만, 절박하게 필요하지 않을 때 사용하면 죽음의 원인이 됩니다. 하나님의 인정을 받은 거룩한 사람들이 거짓말을 선용함으로써 죄를 범하지 않았을 뿐만 아니라 최고의 의를 획득했다는 기록이 있습니다. 속임수가 그들에게 영광을 부여할 수 있었는데, 진실이 그들에게 정죄를 초래하겠습니까?

"라합이 여기에 해당됩니다. 성경에서는 라합의 고결함에 대해서 언급하지 않을 뿐만 아니라 그녀의 부도덕에 대해서도 언급하지 않습니다. 그녀는 정탐꾼들을 넘기지 않고 숨겨주기 위해 선택한 거짓말 때문에 하나님의 백성들과 함께 영원히 복받을 자격을 획득했습니다(수 2:1-21; 6:17-25). 2. 만일 라합이 자기 족속의 안전을 염려하여 진실을 말했다면, 그녀를 비롯하여 가족 전체가 다가오고 있는 멸망을 피하지 못했을 것이며, 또 그녀는 주님의 탄생과 관련된 사람들 속에 포함되지 못하며 족장들의 목록에 기록되지 못하며(마 1:5 참조) 그녀의 자손을 통해서 만민의 구주를 잉태하지도 못했을 것입니다. 들릴라는 자기 족속의 행복을 염려하여 자신이 알아낸 진실을 폭로했습니다. 그녀는 그 때문에 영원히 멸망했으며 모든 사람들에게 그녀가 범한 죄의 기억을 남겼습니다(삿 16:4-21 참조).

3. "진실을 말하는 것이 심각한 위험과 연결되어 있을 때 거짓말이라는 도피 수단을 의지해야 하되, 양심은 건전한 죄의식을 느껴야 합니다. 그러나 상황이 절박하지 않을 때에는 거짓말을 치명적인 것으로 여겨 피할 수 있는 온갖 예방책을 취해야 합니다. 그것은 피할 수 없는 치명적인 병에 걸렸을 때 복용해야만 건강에 유익한 독초와 같습니다. 건강한 사람이 복용한다면 즉시 그것의 파괴력이 우리의 장기를 차지할 것입니다.

4. "라합과 족장 야곱의 경우에 이것이 분명히 드러납니다. 이 치료법을 사용하지 않았다면 라합은 죽음을 피할 수 없었을 것이고 야곱은 장자의 복을 받지 못했을 것입니다. 하나님은 우리의 말과 행동을 감독하고 판단하실 뿐만 아니라 내면의 의도와 목표를 살피십니다. 5. 어떤 사람이 영원한 구원을 위해서, 또는 거룩한 관상을 염두에 두고서 무엇인가를 약속하거나 행했다면, 비록 사람들이 그것을 악하게 여기더라도 하나님은 그 사람의 마음의 내적 헌신을 감지하시며, 말을 판단하시지 않고 의도를 판단하십니다. 이는 행위의 목적과 행위자의 성향이 고려되어야 하기 때문입니다. 따라서 거짓말을 정당화할 수 있는 사람이 있고, 진실을 말함으로써 영원한 죽음에 이를 죄를 범하는 사람이 있습니다.

"족장 야곱은 이 목표를 가지고 있었기 때문에 자신의 피부를 짐승 가죽으로 감싸 털이 많은 형의 몸처럼 위장하는 것을 두려워하지 않았으며, 어머니가 부추기는 대로 거짓말을 했습니다. 그는 이렇게 할 때 솔직하게 행동하여 얻는 것보다 더 큰 유익을 얻을 수 있음을 알았습니다. 그는 아버지의 축복이 주어질 때 거짓말의 얼룩이 씻겨나가리라는 것, 성령의 숨에 의해 작은 구름처럼 신속하게 제거되리라는 것, 그리고 진실을 은폐함으로써 더 풍부하고 귀한 상을 받게 되리라는 것을 의심하지 않았습니다."

~ 18 ~
반론: 율법 아래 산 사람들만 거짓말을 해도 책망을 받지 않았다.

1. 게르마누스가 말했습니다: "구약성경에서 이러한 거짓말이 특별히 허락되었고 거룩한 사람들이 종종 떳떳한 거짓말, 또는 허용되는 거짓말을 했습니다. 초창기였기 때문에 훨씬 더 큰 일들이 그들에게 허락되었습니다. 사울을 피해 도망친 다윗에게 제사장 아히멜렉이 '어찌하여 네가 홀로 있고 함께 하는 자가 아무도 없느냐'(삼상 21:1)라고 물었을 때 다윗은 '왕이 내게 일을 명령하고 이르시기를 내가 너를 보내는 것과 네게 명령한 일은 아무것도 사람에게 알리지 말라 하시기로 내가 나의 소년들을 이러이러한 곳으로 오라고 말하였나이다'(삼상 21:2), '당신의 수중에 창이나 칼이 없나이까 왕의 일이 급하므로 내가 내 칼과 무기를 가지지 못하였나이다'(삼상 21:8)라고 대답한 것은 놀랄 일이 아니었습니다. 그가 가드 왕 아기스 앞에 끌려갔을 때 그들 앞에서 행동을 변하여 미친 체하고 대문짝에 그적거리며 침을 수염에 흘렸을 때 무슨 일이 일어났습니까?(삼상 21:13). 그들이 많은 아내와 첩을 두었지만, 그 때문에 죄가 그들에게 전가되지 않았습니다. 게다가 그들은 빈번하게 원수들을 죽였는데, 그것이 나무랄 데 없이 훌륭한 일로 간주되었습니다.

2. "복음의 관점에서는 이런 일들이 철저히 금지되며 그런 일을 행하는 것은 중요한 죄요 하나님을 모독하는 것입니다. 마찬가지로 '오직 너희 말은 옳다 옳다, 아니라 아니라 하라 이에서 지나는 것은 악으로부터 나느니라'(마 5:37)는 주님의 말씀에 따르면 경건한 형태를 취한다 해도 거짓말을 하는 것은 용서받지 못합니다. 바울도 이에 동의하여 '너희가 서로 거짓말을 하지 말라'(골

3:9)고 말합니다."

~ 19 ~
답변: 구약성경에서도 거짓말이 허락되지 않았지만
많은 사람들이 의롭게 사용했다.

1. 요셉 사부가 말씀하셨습니다: "세대의 마지막이 임박했고 인류의 증가가 완성되었으며, 복음적 완전함 덕분에 일부다처제와 관련된 과거의 자유가 불필요한 것으로 간주되어 축소되었습니다. '생육하고 번성하여 땅에 충만하라'(창 1:28)는 말씀에 의하면, 그리스도가 강림하실 때까지 이 태초의 말의 축복이 효력을 지니는 것이 당연합니다. 2. 그러므로 시대의 섭리에 따라 회당에서 유익하게 꽃을 피운 인류의 줄기에서 거룩한 순결의 꽃들이 피어나며, 향기로운 열매들이 교회 안에서 자라는 것이 당연합니다.

"구약성경은 다음과 같이 말하면서 거짓말이 정죄된다는 것을 보여줍니다: '거짓말을 뱉는 자는 망할 것이니라'(잠 19:9); '속이고 취한 음식물은 사람에게 맛이 좋은 듯하나 후에는 그의 입에 모래가 가득하게 되리라'(잠 20:17); '거짓 일을 멀리하라'(출 23:7).

3. "앞에서 말했듯이 정죄할 수 없는 반드시 필요한 일이나 유익한 섭리와 연결되어 있을 때에만 거짓말을 유익하게 이용할 수 있습니다. 다윗 왕의 경우가 여기에 해당됩니다. 다윗은 사울 왕의 박해를 피해 도망쳐 제사장 아히멜렉에게 거짓말을 했는데, 이는 유익을 얻으려는 의도가 아니었고 사울의 박해에서 목숨을 구하기 위한 것이었을 뿐 사람들에게 해를 끼치려는 마음에서 비롯된 것이 아니었습니다. 실제로 그를 적대시하는 왕이 여러 번 그에게 넘겨졌지만 그는 왕의 피로 자기의 손을 더럽히는 것을 원하지 않았습니다. 그

는 '내가 손을 들어 여호와의 기름 부음을 받은 내 주를 치는 것은 여호와께서 금하시는 것이니 그는 여호와의 기름 부음을 받은 자가 됨이니라'(삼상 24:6)고 말했습니다.

4. "그러므로 구약성경의 거룩한 사람들이 하나님의 뜻을 위해서, 영적 신비들을 예현하기 위해서, 또는 어떤 백성의 구원을 위해서 어쩔 수 없이 실천했다고 기록된 이 특별한 거짓말을 포기할 수 없습니다. 사도들도 유익을 고려하여 필요할 경우에 거짓말을 했습니다. 구약성경에서 꺼내고자 하는 것을 먼저 논의한 후에 신약성경과 구약성경의 의롭고 거룩한 사람들이 이 장치와 관련하여 의견이 완전히 일치한다는 것을 증명하기 위해서 적절한 방식으로 그것들을 소개하겠습니다.

5. "다윗 왕의 안전을 위해 압살롬을 속인 후새의 계략에 대해 무엇이라고 말해야 합니까? 비록 사기꾼이요 협잡꾼인 사람이 선한 의도로 만들어냈으며 질문하는 사람의 행복을 대적하는 계략이었지만 성경은 '여호와께서 압살롬에게 화를 내리려 하사 아히도벨의 좋은 계략을 물리치라고 명령하셨음이더라'(삼하 17:14)고 말하여 그 계략을 인정합니다. 하나님이 기뻐하시는 믿음을 가진 사람의 안전과 종교적 승리를 위해 고안되었으며 선한 목적을 위한 바른 의도와 경건한 판단으로 이루어진 속임수를 비난할 수 없습니다.

6. "후새가 다윗에게 보낸 사람들을 우물 속에 숨기고 덮을 것을 가져다가 우물 아귀에 펴 놓고 그 위에 찧은 보리를 널어놓아서 아무도 눈치를 채지 못하게 한 여종의 행위에 대해서는 무엇이라고 말해야 할까요? 그녀는 '그들이 시내를 건너가더라'(삼하 17:20)고 말하여 그들을 추적자들에게서 구했습니다. 지금 복음 아래 살고 있는 당신들이 비슷한 상황에 처했다면 어떻게 행동했을지 말해보십시오. 당신들도 그녀처럼 '그들이 시내를 건너갔습니다'라고

거짓말을 하여 그들을 숨겨줌으로써 '너는 사망으로 끌려가는 자를 건져 주며 살륙을 당하게 된 자를 구원하지 아니하려고 하지 말라'(잠 24:11)는 말씀을 실천하겠습니까? 아니면 진실을 말함으로써 그들을 죽이려는 사람들에게 넘겨주겠습니까? 7. '누구든지 자기의 유익을 구하지 말고 남의 유익을 구하라'(고전 10:24); '(사랑은) 자기의 유익을 구하지 아니하며'(고전 13:5); '각각 자기 일을 돌볼 뿐더러 또한 각각 다른 사람들의 일을 돌보아 나의 기쁨을 충만하게 하라'(빌 2:4); '나와 같이 모든 일에 모든 사람을 기쁘게 하여 자신의 유익을 구하지 아니하고 많은 사람의 유익을 구하여 그들로 구원을 받게 하라'(고전 10:33)는 바울의 말은 어떻습니까? 만일 우리가 자기의 것을 구하며 자기에게 유익한 것을 소유하려 한다면, 이런 어려움 속에서 진실을 말하여 다른 사람을 죽이는 죄를 범하게 될 것입니다. 그러나 만일 우리의 행복보다 이웃에게 유익한 것을 우선으로 하라는 사도의 명령을 이행한다면, 어쩔 수 없이 거짓말을 해야 할 경우가 발생할 것입니다. 그러므로 자신의 엄격함 및 완전함과 관련된 것을 어느 정도 완화하고 이웃에게 유익한 것을 받아들이지 않는 한 우리는 완전히 깊은 사랑을 소유하지 못할 것이며, 사도의 가르침에 따라 이웃의 것을 구하지 못할 것입니다. 따라서 우리는 바울처럼 약한 자들을 구하기 위해서 약한 자가 되어야 합니다(고전 9:22 참조).

~ 20 ~
사도들도 종종 거짓말이 유익하고 진리가 해롭다고 여겼다.

1. "야고보를 비롯하여 초대교회의 모든 지도자들이 바울에게 약한 자들을 위해 약한 체하라고 권했습니다. 그들은 바울에게 율법 규정에 따라 결례를 행하며 머리를 깎고 맹세하라고 강요했는데, 이는 그러한 위선에서 비롯된 단

기간의 피해를 무시했기 때문이요 바울의 오랜 전도 경력에서 얻어질 유익을 기대했기 때문이었습니다. 2. 이는 바울이 엄격함을 고수함으로써 얻는 이익보다 그의 단판 승부에 의해 이교도들이 얻는 유익이 더 컸기 때문입니다. 이 유익한 위선으로 말미암아 바울이 목숨을 부지하여 복음을 전파하지 못했다면, 실제로 전체 교회에 이런 일이 발생했을 것입니다. 진실을 말함으로써 입는 손해와 진실에서 주어지는 유익이 손해를 상쇄할 수 없을 때 어쩔 수 없이 거짓말을 묵인하게 될 것입니다.

3. "바울은 '유대인들에게 내가 유대인과 같이 된 것은 유대인들을 얻고자 함이요 율법 아래에 있는 자들에게는 내가 율법 아래에 있지 아니하나 율법 아래에 있는 자같이 된 것은 율법 아래에 있는 자들을 얻고자 함이요 율법 없는 자에게는 내가 하나님께는 율법 없는 자가 아니요 도리어 그리스도의 율법 아래에 있는 자이나 율법 없는 자와 같이 된 것은 율법 없는 자들을 얻고자 함이라 약한 자들에게 내가 약한 자와 같이 된 것은 약한 자들을 얻고자 함이요 내가 여러 사람에게 여러 모습이 된 것은 아무쪼록 몇 사람이라도 구원하고자 함이니'(고전 9:20-22)라고 말하면서 자신이 이러한 관점을 고수했음을 증언합니다. 그는 가르침을 받는 자들의 약한 분량에 따라 자신의 완전함을 조정하고 늦추었다는 것, 그리고 자신의 엄격함의 기준이 아니라 약한 자들의 행복에 요구되는 것을 고수한다는 것을 증명하고 있습니다.

4. "어떤 사람이 이 문제를 더 신중히 조사하며 사도적 덕의 상징들을 차례로 검토하기 위해서 어떻게 바울이 자신의 인격을 모든 면에서 모든 사람들에게 맞춘 것처럼 보일 수 있는지, 그리고 그가 언제 유대인들에게 유대인같이 되었는지 질문한다고 가정해 보십시오. 그는 내면적으로 '보라 나 바울은 너희에게 말하노니 너희가 만일 할례를 받으면 그리스도께서 너희에게 아무 유

익이 없으리라'(갈 5:2)고 말하면서 선포한 관점을 유지하고 있으면서도 디모데에게 할례를 행함으로써 유대교의 미신적인 관점을 취했습니다(행 16:3).

5. "또 언제 그가 율법 아래 있는 사람들에 대해서 율법 아래 있는 자처럼 되었고, 언제 야고보와 교회의 모든 지도자들이 그리스도에 대한 믿음을 받아들였으나 여전히 율법적 예식을 고수하는 많은 유대인 신자들이 바울을 공격할까 두려워했습니까? 그들은 위험에 처한 바울을 도와주고 충고해주었습니다: '형제여 그대도 보는 바에 유대인 중에 믿는 자 수만 명이 있으니 다 율법에 열성을 가진 자라 네가 이방에 있는 모든 유대인을 가르치되 모세를 배반하고 아들들에게 할례를 행하지 말고 또 관습을 지키지 말라 한다 함을 그들이 들었도다'(행 21:20-21); '우리가 말하는 이대로 하라 서원한 네 사람이 우리에게 있으니 그들을 데리고 함께 결례를 행하고 그들을 위하여 비용을 내어 머리를 깎게 하라 그러면 모든 사람이 그대에 대하여 들은 것이 사실이 아니고 그대도 율법을 지켜 행하는 줄로 알 것이라'(행 21:23-24). 6. 따라서 바울은 '내가 율법으로 말미암아 율법에 대하여 죽었나니 이는 하나님에 대하여 살려 함이라'(갈 2:19)고 말한 대로 율법 아래 있는 이 사람들의 구원을 위해서 잠시 자신의 엄격한 태도를 무시하고 율법에 따라 정결을 위해 머리를 깎고, 모세의 의식대로 성전에서 맹세해야 했습니다.

"언제 그가 하나님의 법을 알지 못하는 사람들의 구원을 위해 율법 없는 자처럼 되었는지 알기를 원하십니까? 그는 이방인들의 악이 성행하던 아테네에 있을 때 '내가 두루 다니며 너희가 위하는 것들을 보다가 알지 못하는 신에게라고 새긴 단도 보았으니'(행 17:23a)라고 말했습니다. 7. 바울은 자신이 율법 없는 자인 듯이 그들의 미신에 대해 말하면서 불경한 그들의 글을 그리스도에 대한 믿음을 소개할 기회로 사용했고, '그런즉 너희가 알지 못하고 위하는 그것을 내가 너희에게 알게 하리라'(행 17:23b)고 말했습니다. 조금 뒤에 그는 마치 율법을 전혀 알지 못하는 사람처럼 모세나 그리스도의 말이 아닌 이방 시인의 글을 언급하고 '너희 시인 중 어떤 사람들의 말과 같이 우리가 그의 소생이라 하니'(행 17:28)라고 말했습니다. 이처럼 그는 이방인들이 논박할 수 없는 이방 시인들의 글을 이용하여 그들에게 접근함으로써 거짓된 것과 참된 것을 확실히 구분하고, 계속해서 '이와 같이 하나님의 소생이 되었은즉 하나님을 금이나 은이나 돌에다 사람의 기술과 고안으로 새긴 것들과 같이 여길 것이 아니니라(행 17:29)고 말했습니다.

8. "바울은 명령이 아닌 양보에 의해서 자제할 수 없는 사람들이 다시 합하는 것을 허락했을 때(고전 7:5 참조), 그리고 고린도 교인들에게 단단한 음식이 아닌 젖을 먹이고(고전 3:2 참조) 자신이 그들 가운데 거할 때에 약하고 두려워하고 심히 떨었다고 말할 때 약한 자들에게 약한 자처럼 되었습니다.

"그러나 그는 모든 백성을 구원하기 위해 모든 사람들에게 모든 것이 되어 다음과 같이 말했습니다: '먹는 자는 먹지 않는 자를 업신여기지 말고 먹지 않는 자는 먹는 자를 비판하지 말라'(롬 14:3); '결혼하는 자도 잘하거니와 결혼하지 아니하는 자는 더 잘하는 것이니라'(고전 7:38). 다른 곳에서는 '누가 약하면 내가 약하지 아니하며 누가 실족하게 되면 내가 애타지 아니하더냐'(고후 11:29)라고 말했습니다. 9. 그는 고린도 교인들에게 '유대인에게나 헬라인에게나 하나님의 교회에나 거치는 자가 되지 말고 나와 같이 모든 일에 모든 사람을 기쁘게 하여 자신의 유익을 구하지 아니하고 많은 사람의 유익을 구하여 그들로 구원을 받게 하라'(고전 10:32-33)고 명령했던 것을 이런 식으로 실천했습니다. 디모데에게 할례를 행하지 않고, 머리를 깎지 않고, 유대인의 결례를 행하지 않고, 맨발로 걷지 않고 율법의 맹세를 하지 않았으면 유익했을 것입니다. 그러나 그는 자신에게 유익한 것보다 많은 사람에게 유익한 것을 추구했기 때문에 이 모든 일을 행했습니다. 그것은 하나님을 염두에 두고 행한 것임에도 불구하고 속임수가 개입되어 있었습니다. 10. 그리스도의 법으로 말미암아 하나님에 대해 살기 위해 율법에 대해 죽은 사람, 그리고 그리스도를 얻기 위해서 자신이 중시했던 율법을 배설물로 여기며 율법의 의를 해로 여긴 사람(빌 3:6-8 참조) 바울은 바른 마음의 성향으로 율법에 속한 것들을 제공할 수 없었습니다. '만일 내가 헐었던 것을 다시 세우면 내가 나를 범법한 자로 만드는 것이라'(갈 2:18)고 말한 그는 자신이 정죄한 것에 빠지지 않았습니다.

"이루어진 행위보다 행위자의 성향이 중시되므로, 어떤 사람에게 진실이 해가 되고 거짓말이 도움이 되기도 합니다. 11. 다윗이 도망친 것에 대해 사울 왕은 신하들에게 '이새의 아들이 너희에게 각기 밭과 포도원을 주며 너희를 천부장, 백부장을 삼겠느냐 너희가 다 공모하여 나를 대적하며 내 아들이 이새의 아들과 맹약하였으되 내게 고발하는 자가 하나도 없고'(삼상 22:7-8)라고 불평했습니다. 그 때 에돔 사람 도엑이 '이새의 아들이 놉에 와서 아히둡의 아들 아히멜렉에게 이른 것을 내가 보았는데 아히멜렉이 그를 위하여 여호와께 묻고 그에게 음식도 주고 블레셋 사람 골리앗의 칼도 주더이다(삼상 22:9-10)라고 진실을 말했습니다. 이 진실 때문에 그는 살아 있는 땅에서 뿌리 뽑혔으며, 선지자는 그에 대해 '그런즉 하나님이 영원히 너를 멸하심이여 너를 붙잡아 네 장막에서 뽑아 내며 살아 있는 땅에서 네 뿌리를 빼시리로다'(시 52:5)라고 말했습니다. 12. 그는 진실을 표현했기 때문에 기생 라합이 거짓말을 하여 가족들과 함께 뿌리를 내렸던 땅에서 영원히 뿌리 뽑혔습니다. 또 삼손은 거짓말에 의해 오랫동안 감추어왔던 진실을 아내에게 털어놓았는데, 그가 경솔하게 털어놓은 진실이 그의 몰락의 원인이 되었습니다. 왜냐하면 그는 '네 품에 누운 여인에게라도 네 입의 문을 지킬지어다'(미 7:5)라는 선지자의 명령을 지키지 못했기 때문입니다.

~ 21 ~
숨겨온 금욕생활을 질문자들에게 드러내야 하는가?
그리고 한 번 거부했던 것을 받아들여야 하는가?

1. "이제 아무리 조심해도 피할 수 없고 저항할 수 없기 때문에 원하든지 원하지 않든지 충족시켜야 하는 일상적인 욕구와 관련된 예를 들겠습니다. 우리가 금식하기로 결심했는데 밤중에 도착한 형제가 우리에게 식사를 했느냐고 묻는다면, 어떻게 대답해야 합니까? 금식하는 것과 검약한 생활을 감추어야 합니까, 아니면 진실을 말해 그 사실을 드러내야 합니까? 2. '이는 금식하는 자로 사람에게 보이지 않고 오직 은밀한 중에 계신 네 아버지께 보이게 하려 함이라 은밀한 중에 보시는 네 아버지께서 갚으시리라'(마 6:18), '오른손이 하는 것을 왼손이 모르게 하라'(마 6:3)고 하신 주님의 명령을 실행하기 위해 그 사실을 감춘다고 가정해 보십시오. 그것은 거짓말입니다. 그러나 금식하는 것을 공개한다면, '그들은 자기 상을 이미 받았느니라'(마 6:2)는 말씀이 우리의 기를 죽일 것입니다.

3. "형제가 자신의 방문을 반갑게 받아 달라면서 제공하는 음료수를 거절하는 것은 어떠합니까? 자기 앞에 무릎을 꿇은 형제, 이렇게 봉사함으로써만 자비하게 행동할 수 있다고 믿는 형제에게 복종하는 것이 옳습니까, 아니면 자기의 말과 의도를 엄격하게 지켜야 합니까?"

~ 22 ~

반론: 금욕생활은 반드시 숨겨야 하며, 거부했던 것을 받아들이지 말아야 한다.

게르마누스가 말했습니다: "첫째 예의 경우 우리가 금욕하는지 묻는 사람에게 사실을 드러내기보다는 감추는 편이 낫습니다. 우리는 이런 종류의 이유로 하는 거짓말을 피할 수 없음을 인정합니다. 그러나 두 번째 경우에는 반드시 거짓말을 할 필요가 없습니다. 우선 우리는 약속의 속박을 받지 않으면서 형제들이 봉사하며 제공하는 것을 사양할 수 있기 때문이며, 둘째로는 사양한 후에 결심을 확고히 유지할 수 있기 때문입니다."

~ 23 ~

답변: 이 결정과 관련하여 완강하게 고집하는 것은 비합리적이다.

요셉 사부가 말했습니다: "이 약속들은 당신들이 금욕의 첫 단계를 취한 수도원에서 이루어진 것입니다. 그곳의 지도자들은 형제들의 식사보다 자기의 뜻을 우선시하는 습관이 있으며, 마음에 품은 것을 고집스럽게 추구합니다. 그러나 사도적인 덕목의 표식들에 의해 입증된 믿음을 가지고 있으며 무슨 일을 하든지 자신의 완고한 마음을 따르기보다 성령의 지시와 판단을 따라 행하는 우리의 지도자들은 형제들의 약함에 자신을 맞추는 사람들이 약속을 고수하는 사람들보다 더 많은 결실을 얻는다고 밝혔고, 교만하게 진실을 나타내는 것보다 겸손하게 거짓말을 하여 자신의 금욕을 감추는 것이 더 고결하다고 밝혔습니다.

~ 24 ~
사부 피아문이 금욕생활을 감추기 위해 택한 방법

1. "사부 피아문은 아무도 알지 못하게 25년 동안 실천해온 금욕을 공개하기보다 자신의 습관을 깨는 편을 택했습니다. 그는 형제가 가져온 포도와 포도주를 망설이지 않고 먹었습니다. 우리의 지도자들이 자기의 기적적인 능력과 행위를 다른 사람들의 행위인 체하며 망설임 없이 행했던 것을 생각해보면, 그것들이 순전한 거짓말이었다고 판단할 수밖에 없습니다. 2. 우리에게도 젊은이들에게 신앙의 자극제로 제시할 수 있는 것이 있으면 좋겠습니다. 우리는 그러한 사람들의 속임수를 따르기를 두려워하지 말아야 합니다. 사람들에게 덕을 가르쳐줄 수 있음에도 불구하고 부적절하게 침묵함으로써 감추거나 자신에 대해 진실을 말함으로써 자랑하기보다 차라리 이런 식의 거짓말을 하는 편이 더 정당합니다. 이방인의 교사 바울도 이 점에 관하여 분명히 가르쳐줍니다. 그는 자신이 받은 큰 계시에 대해 마치 다른 사람의 일을 말하는 듯이 '내가 그리스도 안에 있는 한 사람을 아노니 그는 십사 년 전에 셋째 하늘에 이끌려 간 자라 (그가 몸 안에 있었는지 몸 밖에 있었는지 나는 모르거니와 하나님은 아시느니라) 내가 이런 사람을 아노니 (그가 몸 안에 있었는지 몸 밖에 있었는지 나는 모르거니와 하나님은 아시느니라) 그가 낙원으로 이끌려 가서 말로 표현할 수 없는 말을 들었으니 사람이 가히 이르지 못할 말이로다' (고후 12:2-4)라고 말했습니다.

~ 25 ~
약속의 번복에 관한 성경 본문

1. "시간상 모든 것을 살펴볼 수는 없습니다. 목숨을 부지하기 위해서, 복을

받기 위해서, 자비로운 마음에서, 비밀을 감추기 위해서, 하나님을 향한 열심에서, 또는 진실을 조사하기 위해서 거짓말을 함으로써 완전을 추구한 족장들과 거룩한 사람들이 셀 수 없이 많습니다. 그들을 모두 열거할 수 없듯이, 그들을 모두 생략해도 안 됩니다.

2. "요셉은 '너희는 정탐꾼들이라 이 나라의 틈을 엿보려고 왔느니라 너희 중 하나를 보내어 너희 아우를 데려오게 하고 너희는 갇히어 있으라 내가 너희의 말을 시험하여 너희 중에 진실이 있는지 보리라 바로의 생명으로 맹세하노니 그리하지 아니하면 너희는 과연 정탐꾼이니라'(창 42:9, 16)고 왕의 생명으로 맹세하면서 형제들에게 죄를 뒤집어 씌웠습니다. 만일 요셉이 이 자비로운 거짓말로 형들을 위협하지 않았다면 아버지와 동생을 다시 볼 수 없었을 것이며, 가뭄이 발생했을 때 그들을 먹일 수 없었을 것이며, 형들에게서 동생을 팔았다는 죄의식을 제거해줄 수 없었을 것입니다. 3. 그러므로 요셉이 위험을 가장함으로써 자기를 팔아버린 원수들을 회개하게 만든 것이 거룩하고 훌륭한 행동이었듯이, 거짓말로 형들을 두렵게 한 것이 책망받을 일이 아니었습니다. 심각한 죄를 뒤집어쓰게 된 형들은 당면한 상황보다는 과거에 동생에게 행한 죄를 의식하고서 서로에게 '우리가 아우의 일로 말미암아 범죄하였도다 그가 우리에게 애걸할 때에 그 마음의 괴로움을 보고도 듣지 아니하였으므로 이 괴로움이 우리에게 임하도다'(창 42:21)라고 말했습니다. 그들의 겸손 덕분에 이 고백은 그들이 동생에게 범한 죄뿐만 아니라 하나님에게 범한 죄도 속죄했습니다.

4. "하나님에게서 지혜의 은사를 받은 사람, 그리고 거짓말의 도움을 받아 첫 번째 재판을 행한 솔로몬의 경우는 어떻습니까? 그는 여인이 거짓말을 하여 감춘 진실을 밝히기 위해 교묘하게 계획된 거짓말을 사용하여 '칼을 내게

로 가져오라 산 아이를 둘로 나누어 반은 이 여자에게 주고 반은 저 여자에게 주라'(왕상 3:24-25)고 말했습니다. 이 잔인한 명령 앞에서 아이의 엄마는 큰 충격을 받았고 거짓 엄마는 그 판단을 찬양했습니다. 진실을 밝혀낸 솔로몬은 '산 아이를 저 여자에게 주고 결코 죽이지 말라 저가 그의 어머니이니라'(왕상 3:27)고 판결했습니다. 사람들은 이 판결이 하나님의 감화에 의한 것이라고 믿었습니다.

5. "마음이 평온할 때 결정한 것이나 속상했을 때 결정한 것을 반드시 실천해야 하는 것이 아니며 그렇게 할 수 없다는 것을 성경의 여러 본문들이 가르쳐줍니다. 종종 그들이 약속했던 것들을 거룩한 사람들이나 천사들, 심지어 전능하신 하나님이 바꾸신 일도 있었습니다. 다윗은 '내가 그(나발)에게 속한 모든 남자 가운데 한 사람이라도 아침까지 남겨 두면 하나님은 다윗에게 벌을 내리시고 또 내리시기를 원하노라'(삼상 25:22)고 맹세하면서 약속했습니다. 6. 그러나 나발의 아내 아비가일이 간청하자 다윗은 위협을 멈추고 부드럽게 말하며 자기의 맹세를 실천하기보다 자신의 의도를 어기는 편을 택하기로 결정하고서 '나를 막아 너를 해하지 않게 하신 이스라엘의 하나님 여호와의 살아 계심을 두고 맹세하노니 네가 급히 와서 나를 영접하지 아니하였더면 밝는 아침에는 과연 나발에게 한 남자도 남겨 두지 아니하였으리라'(삼상 25:34)고 말했습니다. 우리는 그가 속상하고 불안정한 마음에서 행한 경솔한 맹세를 본받아야 한다고 여기지 않으며, 또한 이미 결정했으나 잘못된 것을 중단하고 고쳐야 한다고 판단합니다.

7. "택함을 받은 그릇'(행 9:15) 바울은 고린도 교인들에게 '내가 마게도냐를 지날 터이니 마게도냐를 지난 후에 너희에게 가서 혹 너희와 함께 머물며 겨울을 지낼 듯도 하니 이는 너희가 나를 내가 갈 곳으로 보내어 주게 하려 함이

라 이제는 지나는 길에 너희 보기를 원하지 아니하노니 이는 만일 주께서 허락하시면 얼마 동안 너희와 함께 머물기를 바람이라'(고전 16:5-7)고 말하면서 무조건 돌아가겠다고 약속했습니다. 그는 고린도후서에서도 이 일을 기억하면서 '내가 이 확신을 가지고 너희로 두 번 은혜를 얻게 하기 위하여 먼저 너희에게 이르렀다가 너희를 지나 마게도냐로 갔다가 다시 마게도냐에서 너희에게 가서 너희의 도움으로 유대로 가기를 계획하였으니'(고후 1:15-16)라고 말했습니다. 그러나 그는 그것에 대해 재고하면서 자신이 약속했던 것을 실천하지 않겠다고 공공연하게 고백합니다. 그는 '이렇게 계획할 때에 어찌 경솔히 하였으리요 혹 계획하기를 육체를 따라 계획하여 예 예 하면서 아니라 아니라 하는 일이 내게 있겠느냐'(고후 1:17)라고 말했습니다. 8. 마지막으로 그는 맹세하면서 자신이 그곳에 감으로써 제자들에게 부담을 주기보다 약속을 어기는 편을 택하겠다고 맹세합니다: '내가 다시는 너희에게 근심 중에 나아가지 아니하기로 스스로 결심하였노니'(고후 1:23; 2:1).

"천사들이 소돔에 있는 롯의 집에 들어가기를 거부하며 '아니라 우리가 거리에서 밤을 새우리라'(창 19:2)고 말했지만, 롯의 기도 때문에 자기들이 한 말을 바꿀 수밖에 없었습니다: '롯이 간청하매 그제서야 돌이켜 그 집으로 들어오는지라'(창 19:3). 9. 만일 천사들이 롯의 집에 들어가게 될 것을 알았다면 거짓 핑계를 대며 롯의 요청을 거절했을 것입니다. 그러나 그들의 핑계가 참된 것이었다면, 그들이 말을 바꾼 것이 드러납니다. 이런 일들이 성경에 기록된 것은 우리로 하여금 이미 맺은 약속에 집착하지 말고 자신의 뜻을 약속보다 위에 두며, 율법의 제한을 받지 않고 판단함으로써 선한 권고가 지시하는 곳으로 가며, 지혜로운 분별에 의해 더 유익하다고 판단되는 일을 뒤로 미루지 않도록 하기 위함입니다.

10. "이제 더 고결한 예들을 들겠습니다. 이사야 선지자는 중병에 걸려 죽게 된 히스기야 왕에게 '여호와의 말씀이 너는 집을 정리하라 네가 죽고 살지 못하리라 하셨나이다' (왕하 20:1)라고 말했습니다. 그런데 성경에 다음과 같이 기록되어 있습니다: '히스기야가 낯을 벽으로 향하고 여호와께 기도하여 이르되 여호와여 구하오니 내가 진실과 전심으로 주 앞에 행하며 주께서 보시기에 선하게 행한 것을 기억하옵소서 하고 히스기야가 심히 통곡하더라' (왕하 20:2-3). 그 후에 하나님이 다시 이사야에게 말씀하셨습니다: '너는 돌아가서 내 백성의 주권자 히스기야에게 이르기를 왕의 조상 다윗의 하나님 여호와의 말씀이 내가 네 기도를 들었고 네 눈물을 보았노라 내가 너를 낫게 하리니 네가 삼 일 만에 여호와의 성전에 올라가겠고 내가 네 날에 십오 년을 더할 것이며 내가 너와 이 성을 앗수르 왕의 손에서 구원하고 내가 나를 위하고 또 내 종 다윗을 위하므로 이 성을 보호하리라 하셨다 하라' (왕하 20:5-6). 11. 자비롭고 인자하신 하나님이 융통성 없는 명령 때문에 가혹하신 분으로 드러나기보다 이미 하신 말씀을 깨고 히스기야 왕의 생명을 15년 연장해주기로 하셨음을 이 본문이 나타내줍니다.

"니느웨 사람들에게도 하나님의 심판이 선포되었습니다: '사십 일이 지나면 니느웨가 무너지리라' (욘 3:4). 니느웨 사람들이 즉시 회개하고 금식했기 때문에 갑작스럽고 위협적인 판결이 완화되었습니다. 만일 하나님이 그들이 회심할 것을 알고 계셨으면서도 그들의 회개를 부추기기 위해 니느웨가 멸망할 것이라고 위협하셨다고 주장한다면, 결국 형제들을 지도하는 자가 형제의 잘못을 바로잡기 위해서 감당할 수 없는 엄중한 벌로 위협하게 될 것입니다. 12. 그는 에스겔을 통해 하신 말씀대로 하나님이 그들의 회개를 보시고서 엄한 판결을 철회하셨다고 말할 수도 있었을 것입니다: '가령 내가 악인에게 말하기를 너는 죽으리라 하였다 하자 그가 돌이켜 자기의 죄에서 떠나서 정의와 공의로 행하여 저당물을 도로 주며 강탈한 물건을 돌려 보내고 생명의 율례를 지켜 행하여 죄악을 범하지 아니하면 그가 반드시 살고 죽지 아니할지라'(겔 33:14-15). 그러므로 우리는 약속을 고집할 것이 아니라 어쩔 수 없이 가한 위협을 완화해야 합니다.

13. "하나님은 이것을 니느웨 사람들에게만 보여주셨다고 믿지 않도록 하기 위해서 예레미야를 통해 모든 사람들에게 동일한 방식으로 행동하실 것이라고 밝히시며, 필요하다면 우리의 공덕 때문에 주저하지 않고 말을 바꾸시겠다고 약속하십니다: '내가 어느 민족이나 국가를 뽑거나 부수거나 멸하려 할 때에 만일 내가 말한 그 민족이 그의 악에서 돌이키면 내가 그에게 내리기로 생각하였던 재앙에 대하여 뜻을 돌이키겠고 내가 어느 민족이나 국가를 건설하거나 심으려 할 때에 만일 그들이 나 보기에 악한 것을 행하여 내 목소리를 청종하지 아니하면 내가 그에게 유익하게 하리라고 한 복에 대하여 뜻을 돌이키리라'(렘 18:7-10); '너는 여호와의 성전 뜰에 서서 유다 모든 성읍에서 여호와의 성전에 와서 예배하는 자에게 내가 네게 명령하여 이르게 한 모든 말을 전하되 한 마디도 감하지 말라 그들이 듣고 혹시 각각 그 악한 길에서 돌아오리라 그리하면 내가 그들의 악행으로 말미암아 그들에게 재앙을 내리려 하던 뜻을 돌이키리라'(렘 26:2-3).

14. "이 말씀들은 약속을 고집하지 말고 이성과 판단에 의해 완화해야 한다는 것, 그리고 항상 더 좋은 것, 더 유익하다고 입증된 편을 선호하여 택해야 한다고 나타내줍니다. 이 귀중한 판단은 무엇보다도 각 사람이 태어나기 전에 그의 목표가 하나님께 알려진다 해도 하나님은 매사를 지성과 이성과 인간의 감정에 따라 정리하시며, 하나님의 능력이나 형언할 수 없는 예지에 따라 결

정하시는 것이 아니라 인간의 행위에 기초를 두고서 그들을 거부하시거나 이끄시며, 날마다 그들에게 은혜를 주시거나 쫓아내신다는 것을 가르쳐줍니다.

15. "사울 왕을 택하신 것도 이것을 증명해줍니다. 모든 것을 미리 아시는 하나님이 사울의 비참한 종말을 알지 못한다는 것이 있을 수 없는 일이었지만, 하나님은 수천 명의 이스라엘 백성들 가운데서 사울을 택하시고 왕으로 기름 부으셨습니다(삼상 8~10장 참조). 그렇게 하시면서 그 당시 사울의 훌륭한 삶에 대해 보상하셨을 뿐이지 그가 장차 범할 죄를 고려하지 않으셨습니다. 따라서 사울이 타락한 후 하나님은 인간의 말과 감정을 가지고 그를 선택한 것을 후회하시고 불평하셨습니다: '내가 사울을 왕으로 세운 것을 후회하노니 그가 돌이켜서 나를 따르지 아니하며 내 명령을 행하지 아니하였음이니라'(삼상 15:11); '여호와께서는 사울을 이스라엘 왕으로 삼으신 것을 후회하셨더라'(삼상 15:35).

16. "여호와는 에스겔을 통해 자신이 일상의 판단에 따라 모든 사람들을 다루실 방법을 밝히시고 나중에 실천하셨습니다: '가령 내가 의인에게 말하기를 너는 살리라 하였다 하자 그가 그 공의를 스스로 믿고 죄악을 행하면 그 모든 의로운 행위가 하나도 기억되지 아니하리니 그가 그 지은 죄악으로 말미암아 곧 그 안에서 죽으리라 가령 내가 악인에게 말하기를 너는 죽으리라 하였다 하자 그가 돌이켜 자기의 죄에서 떠나서 정의와 공의로 행하여 저당물을 도로 주며 강탈한 물건을 돌려 보내고 생명의 율례를 지켜 행하여 죄악을 범하지 아니하면 그가 반드시 살고 죽지 아니할지라 그가 본래 범한 모든 죄가 기억되지 아니하리니 그가 반드시 살리라 이는 정의와 공의를 행하였음이라 하라'(겔 33:13-16).

17. "여호와께서 모든 민족들 중에서 선택하신 백성들의 갑작스런 범죄 때

문에 자비로운 시선을 거두셨을 때 모세는 그들을 위해 소리쳐 기도했습니다: '슬프도소이다 이 백성이 자기들을 위하여 금 신을 만들었사오니 큰 죄를 범하였나이다 그러나 이제 그들의 죄를 사하시옵소서 그렇지 아니하시오면 원하건대 주께서 기록하신 책에서 내 이름을 지워 버려 주옵소서 여호와께서 모세에게 이르시되 누구든지 내게 범죄하면 내가 내 책에서 그를 지워 버리리라' (출 32:31-33). 다윗은 유대 및 그리스도를 박해하는 자들에 대해 불평하면서 '그들을 생명책에서 지우소서' 라고 말하고, 그들에게 그 큰 죄를 회개할 자격이 없었기 때문에 '의인들과 함께 기록되지 말게 하소서' 라고 말했습니다 (시 69:28).

18. "마지막으로 유다의 경우에 예언적 저주의 힘이 분명히 성취되었습니다. 그는 주님을 배반한 후 스스로 목을 매어 죽었습니다(마 27:5). 이는 그의 이름이 지워진 후에 다시 회개하여 천국에서 의인들과 함께 기록되지 않도록 하기 위한 것이었습니다. 그리스도께서 유다를 택하여 사도로 임명하셨을 때 유다의 이름이 생명책에 기록되었고, 그는 다른 사람들과 함께 '귀신들이 너희에게 항복하는 것으로 기뻐하지 말고 너희 이름이 하늘에 기록된 것으로 기뻐하라' (눅 10:20)는 말씀을 들었습니다. 19. 그러나 천국에 등록되었던 그가 탐욕 때문에 타락하여 세속적인 것에게로 쫓겨났습니다. 그러므로 유다 및 그를 닮은 사람들에게 선지자의 말이 선포됩니다: '무릇 주를 버리는 자는 다 수치를 당할 것이라 무릇 여호와를 떠나는 자는 흙에 기록이 되오리니 이는 생수의 근원이신 여호와를 버림이니이다' (렘 17:13); '내 손이 그들을 쳐서 내 백성의 공회에 들어오지 못하게 하며 이스라엘 족속의 호적에도 기록되지 못하게 하며 이스라엘 땅에도 들어가지 못하게 하리니' (겔 13:9).

~ 26 ~
거룩한 사람은 완강하고 고집스러울 수 없다.

"그 교훈의 유익한 본질에 대해 침묵해서는 안 됩니다. 우리가 수도하는 자에게 어울리지 않게 분노와 같은 정념의 선동을 받아 행한 맹세라도 신중하게 고려하여 바꾸어야 하며, 이미 결정한 것과 바꾸려는 것을 비교해야 하며, 신중히 생각한 후에 바람직하다고 지적된 것을 택해야 합니다. 선하고 유익한 것을 잃는 것보다는 말을 번복하는 편이 낫습니다. 인정된 이성적인 교부들은 이런 종류의 결정을 번복하려 하지 않았지만, 유익한 권고의 개입과 이성에 의해 불 앞에 놓인 밀납처럼 부드럽게 되면 망설임 없이 선한 것에게 양보했습니다. 우리가 본 사람들 중에 약속을 고집하는 사람들은 언제나 비이성적이며 분별력이 없었습니다."

27
"나는 맹세하고 결정했다"는 말이 앞의 견해와 반대가 되는지에 관한 질문

게르마누스가 질문했습니다: "지금까지 오랫동안 논의해온 것에 비추어보면 수도사가 범죄자나 고집불통이라고 간주되지 않으려면 약속을 하지 말아야 합니다. 그렇다면 '주의 의로운 규례들을 지키기로 맹세하고 굳게 정하였나이다'(시 119:106)라는 시편 기자의 말을 어떻게 생각해야 합니까? 맹세하고 정했다는 것은 약속한 것을 양보 없이 고수한다는 의미가 아닙니까?"

~ 28 ~

답변: 어떤 조건에서 약속을 바꾸지 말아야 하며,
필요한 경우에 어떤 조건에서 철회해야 하는가?

1. 요셉 사부가 말씀하셨습니다: "나는 이것들이 없으면 구원받을 수 없는 주요한 명령이라는 관점이 아니라 이것들을 고수하거나 포기해도 우리의 상황—중단 없이 엄격하게 금식하는 것, 포도주와 기름을 영원히 먹지 않는 것, 자기의 수도처를 떠나지 않는 것, 쉬지 않고 성경을 읽고 묵상하는 것 등—을 위험하게 만들지 않는다는 관점에서 말씀드리고 있습니다. 우리는 선택한 생활과 언명한 것을 해치지 않고서도 이것들을 실천할 수 있으며, 필요할 경우에 이것들을 생략해도 비난받지 않습니다.

2. "그러나 주요한 명령들에 관해서는 확고한 약속을 해야 하며, 필요하다면 그것들을 위해 죽음도 불사해야 합니다. 그것들과 관련해서 '내가 맹세하고 굳게 정했습니다'라고 단호하게 말해야 합니다. 사랑을 유지하기 위해서 이 일을 해야 합니다. 평온함과 사랑의 완전함이 손상되지 않으려면 사랑을 위해서 모든 것을 멸시해야 합니다. 순결, 믿음, 의 등을 위해서도 맹세해야 하며, 변함없이 참고 인내하며 그것들을 고수해야 합니다. 한편 조금이라도 정죄받을 만한 것을 멀리하기로 맹세해야 합니다.

3. "약간의 유익이 있다고 언급된 육체의 훈련(딤전 4:8 참조)에 관한 결정을 할 때, 만일 그것들을 포기해야 한다고 암시하는 현실적인 유익의 가능성이 발생한다면 관련된 규칙에 구애되지 말고 거리낌 없이 유익한 편을 택해야 합니다. 이러한 육체적 훈련을 잠시 중단해도 위험하지 않지만, 다른 것들을 한 순간이라도 중지하는 것은 치명적이기 때문입니다.

~ 29 ~
숨겨야 할 것을 감추는 방법

"혹시 당신이 숨기고 싶은 것을 이야기했다면 그 말을 들은 사람이 비밀 엄수의 의무에 시달리지 않도록 예방조치를 취해야 합니다. 그것을 무관심하게 내버려둔다면 당신의 말을 들은 형제가 그 말을 폭로하고픈 유혹을 받지 않을 것이며, 비밀이 유지될 것입니다. 그 형제는 대화 중에 알게 된 것을 하찮은 것으로 간주할 것입니다. 이는 그것이 특별히 신중해야 할 상황에서 언급되지 않았기 때문입니다. 만일 당신이 그 형제에게 비밀 유지를 맹세하라고 요구한다면, 형제는 훨씬 더 큰 마귀의 공격을 받아 더 빨리 비밀을 폭로할 것입니다. 그러므로 당신은 배반당하여 슬퍼할 것이며, 그 형제는 더 빨리 맹세를 깰 것입니다.

~ 30~
공동생활의 유익에 관한 것 외에 약속하지 말아야 한다.

1. "그러므로 수도사가 율법의 의무 아래 있는 듯이 여겨 고수하는 것들을 원수가 공격하여 신속하게 범하게 만들도록 선동하지 않으려면, 육체의 훈련과 관련하여 성급하게 약속하지 말아야 합니다. 자유의 은혜 아래 살며 자기를 위한 법을 세우는 사람은 자신을 노예로 만들어 결국 죄의 상태 안에 있는 범죄자가 되며, 필요할 경우에 정당하게 칭찬받고 감사하면서 행할 수 있었던 것들을 마지 못해 행하게 됩니다. 왜냐하면 율법이 없는 곳에는 범법도 없기 때문입니다(롬 4:15)."

2. 우리는 요셉 사부의 가르침을 통해서 하나님의 명령을 받아 힘을 얻어 이

집트에 남기로 했습니다. 그 후 우리는 특별히 약속 때문에 고민하지 않았지만, 7년 후에 기꺼이 약속을 이행했습니다. 우리는 사막으로 돌아올 수 있다고 확신하고 서둘러 공주수도원으로 돌아가 먼저 원로들에게 경의를 표했습니다. 우리를 뜨겁게 사랑했기 때문에 우리가 보낸 편지에 기록한 여러 가지 핑계로도 마음을 달래지 못했던 분들이 이전의 사랑을 회복했습니다. 마침내 약속이라는 가시가 완전히 제거된 후 우리는 스케테로 돌아갔습니다.

3. 거룩한 형제들이여, 무지한 우리가 훌륭한 교부들의 지식과 가르침에 대해 힘껏 말씀드렸습니다. 혹시 우리의 미숙한 표현 때문에 그것을 분명히 알리기보다 혼란스럽게 만들었다면 이 훌륭하신 분들의 명성을 무효화하지 말고 우리의 무례함을 책망하십시오. 심판관이신 하나님 앞에서 서투르게라도 그분들의 훌륭한 가르침을 드러내는 편이 그것에 대해 침묵하는 것보다 안전한 것 같았습니다. 그 가르침의 고귀한 통찰들을 고려해보면 우리의 천박한 말이 독자들이 받을 유익을 방해할 수 없습니다. 우리는 명성보다는 유익함에 더 관심을 가지고 있습니다. 이 책에서 흡족하다고 여겨지는 것들은 모두 교부들의 것이며 흡족하지 못한 것들은 우리의 것이라고 여기시기 바랍니다.

제3부

담화 18-24

제3부 서문

1. 나는 그리스도의 은혜로 헬라디우스 주교와 레온티우스 주교가 요청한 교부들의 열 개의 담화를 출판한 후에 다시 일곱 개의 담화를 호노라투스 주교와 에우케리우스 주교에게 헌정했습니다. 요비니아누스, 마네르부스, 레온티우스, 그리고 테오돌 형제여, 나는 이제 또 일곱 개의 담화를 당신들에게 헌정해야 한다고 생각합니다, 왜냐하면 당신들 중에 레온티우스 형제는 갈리아 지방에서 엄격한 덕목들을 갖춘 공주수도원 제도를 제정했고, 나머지 세 형제들은 가르침을 통해서 수도사들을 감화하여 은수사 생활의 고귀함을 동경하게 했기 때문입니다. 2. 이 위대한 교부들의 담화집은 매우 신중하게 작성되었으며 모든 면에서 균형을 이루고 있으므로 서방 지역뿐만 아니라 그 섬 지역에서 활발하게 활동하고 있는 많은 형제들의 생활에도 적합합니다. 다시 말해서 자신이 속해 있는 회중 안에서 복종하고 있는 사람들뿐만 아니라 얼마 전에 당신들의 공주수도원을 떠나 은수사 훈련을 실천하고자 하는 사람들이 자기들의 신분 및 주거지의 본질과 관련하여 충분히 가르침을 받을 수 있습니다. 3. 이런 점에서 당신들의 노력 덕분에 이미 이러한 훈련을 실천하고 있는 사람들이 원로들의 교훈들과 제도들을 쉽게 파악할 수 있게 되었습니다. 그들은 담화집 및 그 저자들을 자기들의 수도처에 영접하고 일상적인 질문과 답변에 의해 대화하면서 이 지방에 거의 알려지지 않은 어려운 길을 자신의 방법에 의해 찾아내려 하지 않을 것이며(이것은 앞서 간 사람들의 본보기들이 많고 분명하게 길이 닦여 있는 곳에서도 위험한 일입니다).

그들의 교훈들을 통해 은수사 생활 훈련을 파악하는 데 익숙해질 것입니다. 그것은 옛 전통과 오랜 경험에 의해 마련된 것입니다.

담화 18

사부 피아문의 담화

세 종류의 수도사에 관하여

~ 1 ~

우리가 디올코스를 방문하여 피아문 사부의 영접을 받음

1. 우리는 세 분의 원로들을 만나 대화한 후 에우케리우스Eucherius 형제의 요청을 받아 그분들의 담화를 모아 정리했습니다. 그 후 우리는 거룩한 사람들이 더 많이 거주하고 있는 이집트의 오지를 찾아가려는 마음을 품고서 나일강의 일곱 개 어귀 중 하나에 위치한 디올코스Diolcos로 갔습니다. 그곳을 방문하는 것이 우리의 여정의 필수 요건이었기 때문이 아니라 그곳에 살고 있는 거룩한 사람들을 동경했기 때문이었습니다. 2. 우리는 초기 교부들이 그곳에 세운 많은 유명한 공주수도원에 대한 소문을 듣고서 더 큰 유익을 얻기를 바라 불확실한 탐색을 시작했습니다. 오랜 탐색 끝에 고결한 덕으로 유명한 사람들을 찾아냈고, 그곳에 거주하는 은수사들의 원로요 사제인 피아문Piamun 사부에게 관심을 두었습니다. 3. 그분은 산 위에 있는 동네처럼(마 5:14 참조) 우리의 얼굴을 비추어주셨습니다. 하나님의 은혜가 그분의 가치를 증명해주었습니다. 이 책이 지나치게 방대해지는 것을 피하기 위해 그분들이 우리 앞에서 행하신 놀라운 일들과 기적들에 대해서는 언급하지 않겠습니다. 왜냐하

면 우리는 하나님의 기적들에 대해서 기록하는 것이 아니라 우리가 기억하는 바 거룩한 사람들의 행위와 제도들에 대해서 기록함으로써 독자들에게 완전한 삶에 대한 가르침에 필요한 것들만 제공하기로 약속했기 때문입니다.

4. 피아문 사부는 반갑게 우리를 맞아 주셨습니다. 그리고 우리가 그곳 출신이 아님을 알고 먼저 우리가 어디 출신인지, 이집트를 찾아다니는 이유가 무엇인지 질문하셨습니다. 우리가 시리아의 공주수도원을 떠나 온전함을 찾아왔다는 것을 알고서 그분은 다음과 같이 말씀을 시작하셨습니다.

~ 2 ~

미숙한 수도사들은 원로들의 본보기를 보고 가르침을 받아야 한다.

1. "아들들이여, 한 분야의 기술을 획득하고자 하는 사람은 그 분야의 학문 연구에 전념해야 하며 그 분야에서 가장 성공한 교사들의 가르침과 제도들을 준수해야 합니다. 그렇게 하지 않는다면 그들의 노력과 배려를 본받으려는 그의 소원과 갈망이 헛된 것이므로 그들을 본받지 못할 것입니다. 2. 당신들과 같은 지방에서 온 사람들 중에 이곳 수도원의 제도와 규칙을 받아들이거나 보고 들은 것을 수실에 들어가 실천하려 하지 않고 단지 수도원들에 대해 알기 위해 여러 수도원들을 방문하며 돌아다닌 사람들이 있습니다. 그들은 자기들에게 친숙한 행위와 관심사를 고수했기 때문에, 사람들은 그들이 영적 진보를 위해 이곳에 온 것이 아니라 가난을 피하기 위해 왔다고 여겨 그들을 책망했습니다. 3. 그들은 가르침을 받지 못했을 뿐만 아니라 고집스런 마음 때문에 이 지방에 오래 머물지도 못했습니다. 그들이 자기들의 금식 방법과 시편 찬송 방식, 그리고 입는 복장도 바꾸지 않았으므로, 그들이 단지 식량을 확보하기 위해서 이 지방에 왔다고 여길 수밖에 없었습니다.

~ 3 ~

아랫사람이 원로들의 가르침에 대해 논해서는 안 된다.

1. "만일 당신들이 하나님을 향한 관심 때문에 우리의 지식을 얻기 위해 이곳에 왔다면 처음 수도생활을 시작할 때 받았던 제도들을 철저히 버리고 우리 원로들이 행하거나 가르치는 것을 겸손하게 따라야 합니다. 또 특정한 일이나 행위의 원인이 분명히 이해되지 않더라도 그것을 본받는 일을 피하거나 주저하지 말아야 합니다. 왜냐하면 모든 일에 대해 단순하고 제대로 생각하는 사람, 그리고 원로들이 가르치고 행하는 모든 것에 대해 논하지 않고 성실하게 본받으려고 노력하는 사람들이 모든 것에 대한 지식을 획득하기 때문입니다. 2. 토론에 의해 학습을 시작하는 사람은 진리의 근거를 알지 못할 것입니다. 왜냐하면 그가 교부들의 판단보다 자신의 판단을 신뢰하는 것을 원수가 보고서 그를 모든 것을 쓸모없고 해롭게 여기는 상태로 몰아갈 것이기 때문입니다. 교활한 원수는 그의 건방짐을 이용하여 그로 하여금 고집스럽게 자신의 비이성적인 이해에 집착하며 자신이 거룩하다고 여기는 것만 바르고 의롭다고 확신하게 만들 것입니다.

~ 4 ~

이집트에 존재하는 세 종류의 수도사들에 관하여

1. "그러므로 당신들은 우선 우리의 수도생활이 처음에 어디에서 어떻게 이루어졌는지 알아야 합니다. 어느 분야의 기술이든지 그 창시자의 권위를 인정하고 바라는 사람이 효과적으로 그것을 훈련하고 열심히 실천할 수 있을 것입니다.

2. "이집트에는 세 종류의 수도사들이 있습니다. 그중 두 종류의 수도사들은

훌륭하지만, 셋째 종류의 수도사들은 미온적이므로 철저히 피해야 할 대상입니다. 첫째 종류의 수도사는 공주수도사들cenobites입니다. 그들은 공동체에 모여 살면서 지도자의 판단의 지배를 받습니다. 이집트 전역에 거주하는 수도사들 중에서 이 종류의 수도사들이 가장 많습니다. 둘째 종류의 수도사는 은수도사들anchorites입니다. 그들은 처음에 공주수도원에서 가르침을 받아 생활방식이 완전해지면 사막 깊은 곳으로 들어갑니다. 우리도 이 종류의 수도생활을 선택했습니다. 셋째 종류의 수도사들은 규칙에 따라 살지 않고 자기 뜻대로 사는 사라바이트sarabaite라는 재가 수도사인데, 이들은 책망받을 사람들입니다. 이 세 종류의 수도사들에 대해 차례로 다루겠습니다.

3. "먼저 이 세 가지 수도생활의 창시자들을 알아야 합니다. 그렇게 함으로써 피해야 할 수도방식에 대한 증오심과 추구해야 할 수도방식에 대한 갈망을 일으킬 수 있을 것입니다. 각각의 방식은 그 길을 택한 사람들을 그 창시자와 발견자가 도달한 종착점으로 이끌어갈 것입니다.

~ 5 ~
공주수도회의 설립자

1. "공주수도사들의 훈련은 사도들이 복음을 전파하던 시기에 발생했습니다. 왜냐하면 사도행전에 묘사된 바와 같이 예루살렘에 많은 신자들이 있었기 때문입니다: '믿는 무리가 한마음과 한 뜻이 되어 모든 물건을 서로 통용하고 자기 재물을 조금이라도 자기 것이라 하는 이가 하나도 없더라'(행 4:32); '또 재산과 소유를 팔아 각 사람의 필요를 따라 나눠 주며'(행 2:45); '그 중에 가난한 사람이 없으니 이는 밭과 집 있는 자는 팔아 그 판 것의 값을 가져다가 사도들의 발 앞에 두매 그들이 각 사람의 필요를 따라 나누어 줌이라'(행 4:34-

35).

2. "초대교회의 상태가 이러했지만, 현재 공주수도원에서는 이러한 상태를 거의 찾아볼 수 없습니다. 사도들이 죽고 사라지면서 많은 신자들, 특히 이방인 신자들이 미지근해지기 시작했습니다. 사도들은 그들의 초보적 믿음과 뿌리 깊은 이교신앙을 고려하여 그들에게 단지 '우상의 제물과 피와 목매어 죽인 것과 음행을 멀리할 것'(행 15:29)만 요구했습니다. 그런데 믿음이 약한 이방인 신자에게 부여한 이 자유가 점차 예루살렘 교회의 완전함을 해치기 시작했습니다. 또 유대인 신자들과 외국인 신자들이 날마다 증가함에 따라 처음 받아들일 때의 뜨거운 믿음이 식었습니다. 개종하여 그리스도에 대한 믿음을 받아들인 사람들뿐만 아니라 교회의 지도자들도 점차 엄격함을 완화했습니다. 3. 어떤 사람들은 믿음이 약한 이교도들에게 주어진 자유가 자기들에게도 적용될 수 있다고 여기고, 자기들이 재산을 보유하면서 그리스도를 믿어도 손해가 없을 것이라고 생각했습니다.

"그러나 사도적 열심을 내면에 보존한 사람은 이전의 완전함을 염두에 두었습니다. 그들은 고향, 그리고 하나님의 교회와 자신들이 부주의하게 사는 것이 타당하다고 여기는 사람들을 버리고 시골이나 외딴 장소에서 개인적으로 자기들이 기억하는 바 사도들이 가르친 것을 실천하기 시작했습니다. 그리하여 오염되지 않은 제자들에게서 전해진 수도생활이 그곳에서 성행했습니다. 4. 세월이 흐름에 따라 그들이 결혼을 하지 않고 부모와의 교제 및 이 세상 생활을 단절하는 것 등 때문에 일반 신자들의 무리로부터 분리되었으며, 개인적인 엄격한 독수도 생활 때문에 수도사μοναζοντες라고 불렸습니다. 결국 그들은 공동의 유대관계 때문에 공주수도사들이라고 불리며, 그들의 수도실과 거처는 공주수도원이라고 불립니다. 이것이 가장 오래된 수도생활입니다. 이것은 시간적으로만 아니라 은혜에 있어서도 최초의 수도생활이며, 사부 폴과 안토니 시대에 이르기까지 신성한 삶으로 존속했습니다. 지금도 그 생활을 유지하는 엄격한 공주수도회가 있습니다.

~ 6 ~
은수사들의 기원과 질서

1. "후일 이 거룩한 사람들에게서 은수사들이 생겨났습니다. 거룩한 폴과 안토니 등이 이러한 수도방식의 지도자들입니다. 그들은 낙심이나 조급함 때문이 아니라 더 큰 진보와 거룩한 관상을 갈망하여 사막 깊은 곳으로 들어갔습니다. 거룩한 폴은 박해 때 친척들의 유혹을 피하기 위해 사막으로 들어갔다고 합니다.

2. "그리하여 첫째 종류의 수도생활에서 또 하나의 완전한 생활방식이 생겨났습니다. 그 생활의 추종자들은 사람들 가운데서 마귀가 숨겨놓은 함정을 짓밟고 승리하는 데 만족하지 않았기 때문에 은수도사라고 불립니다. 그들은 공개적으로 안팎의 마귀들을 대적하여 싸우려 했고, 일생을 사막에서 보낸 세례 요한을 비롯하여 엘리야와 엘리사 등 '양과 염소의 가죽을 입고 유리하여 궁핍과 환난과 학대를 받았으니(이런 사람은 세상이 감당하지 못하느니라) 그들이 광야와 산과 동굴과 토굴에 유리하였느니라'(히 11:37-38)고 언급된 사람들을 본받아 넓은 사막 깊은 곳으로 들어가기를 두려워하지 않았습니다. 3. 여호와께서도 이런 사람들에 대해 상징적으로 말씀하셨습니다: '누가 들나귀를 놓아 자유롭게 하였느냐 누가 빠른 나귀의 매인 것을 풀었느냐 내가 들을 그것의 집으로, 소금 땅을 그것이 사는 처소로 삼았느니라 들나귀는 성읍에서 지껄이는 소리를 비웃나니 나귀 치는 사람이 지르는 소리는 그것에게 들리지

아니하며 초장 언덕으로 두루 다니며 여러 가지 푸른 풀을 찾느니라(욥 39:5-8). 시편 기자는 '여호와의 속량을 받은 자들은 이같이 말할지어다 여호와께서 대적의 손에서 그들을 속량하사'(시 107:2)라고 말한 후에 '그들이 광야 사막 길에서 방황하며 거주할 성읍을 찾지 못하고 주리고 목이 말라 그들의 영혼이 그들 안에서 피곤하였도다 이에 그들이 근심 중에 여호와께 부르짖으매 그들의 고통에서 건지시고'(시 107:4-6)라고 말합니다. 4. 예레미야는 그들에 대해 다음과 같이 묘사합니다: '사람은 젊었을 때에 멍에를 메는 것이 좋으니 혼자 앉아서 잠잠할 것은 주께서 그것을 그에게 메우셨음이라'(애 3:27-28). 그들은 시편 기자처럼 '나는 광야의 올빼미 같고 황폐한 곳의 부엉이같이 되었사오며 내가 밤을 새우니 지붕 위의 외로운 참새 같으니이다'(시 102:6-7)라고 노래합니다.

~ 7 ~
사라바이트sarabaite, 재가 수도사들의 기원과 생활방식

1. "기독교계에 이 두 종류의 수도 방식이 등장하여 두 번째 방식도 점차 쇠퇴했고, 그 후 세 번째로 가장 좋지 않고 신실하지 못한 수도사들이 등장했습니다. 달리 표현하자면 해로운 식물이 새로 생명을 취했는데, 그것은 교회의 초창기에 아나니아와 삽비라를 통해 싹을 냈으나 베드로가 엄격하게 잘라버렸던 것이었습니다(행 5:1-11 참조). 수도사들은 이것을 혐오스럽고 끔찍하다고 간주해왔습니다. 베드로가 아나니아와 삽비라가 회개나 보상 행위에 의해 치유되는 것을 허락하지 않고 즉사시킴으로써 악한 싹을 근절시킨 엄격한 선고에 대한 두려움이 신자들의 의식에 주입되었으므로 누구도 그것을 실천하지 않았습니다.

2. "세월이 흐르면서 아나니아와 삽비라를 엄하게 처벌한 일이 사람들의 뇌리에서 서서히 망각되었습니다. 그 때 규칙에 따라 살지 않고 자기 뜻대로 사는 사라바이트라고 알려진 수도사들이 출현했습니다. 그들은 공주수도원 공동체를 떠나 개인적으로 생활하며 자급자족했습니다. 그들은 세상의 모든 부보다 그리스도의 철저한 결핍을 선호하는 사람들의 칭찬 및 그들과의 경쟁심 때문에 복음적 완전을 붙잡기보다 완전한 체 가장하는 편을 선호했습니다.

3. "이들은 수도사들을 본받기 위해 노력하지 않은 채 단지 수도사의 명칭을 지닌 자로 간주되기를 원하여 어쩔 수 없이 수도사가 된 사람들입니다. 그들은 공주수도원의 훈련을 동경하지 않습니다. 그들은 지도자들의 판단에 복종하지 않고, 그들의 전통 안에서 형성되지도 않으며, 자기의 뜻을 죽이는 방법을 배우지 않습니다. 또 건전한 분별의 규칙을 받아들이지도 않습니다. 그들은 공개적으로 사람들이 보는 곳에서만 금욕하며, 수도사의 특권 덕분에 자기들의 거처에 그대로 머물거나 스스로 수도처를 세워 수도원이라고 부르고 그곳에서 살면서 복음적 완전에 복종하지 않고 자기의 법 아래서 자유롭게 생활합니다. 그들이 이렇게 행하는 것은 일용할 양식을 위한 염려나 가사에 대한 걱정에 사로잡히지 않기 위해서입니다. 4. 그러나 이 세상에서 모든 소유를 버린 사람, 그리고 스스로 자신의 주인이라고 말하지 않으며 공주수도원의 지도자들에게 복종하는 사람들만이 이러한 상태에 이릅니다. 엄격한 공주수도원을 떠나 두 명 또는 세 명이 짝을 지어 수도처에서 사는 사람들, 수도원장의 보호와 판단의 지배를 받는 데 만족하지 않고 지도자들에게서 벗어나 자기 뜻대로 자유롭게 행하며 가고 싶은 곳에 가고 돌아다니려는 사람들은 공주수도원에서 생활하는 사람들보다 더 일상적인 일에 빠져 지냅니다. 5. 그들은 자신의 수고의 열매를 감독의 처분에 맡기기보다 비축할 돈을 벌기 위해 이런 식으로

행동합니다.

"이들 사이에는 큰 차이가 있습니다. 전자는 장래 일을 생각하지 않고 가장 흡족한 수고의 열매를 하나님께 드립니다. 반면에 후자는 믿음이 없어 하나님이 거짓말쟁이거나 약속하신 일용할 양식과 의복을 충분히 공급해주실 수 없거나 그렇게 하기를 원하지 않으신다고 믿고서 여러 해 동안 장래 일을 염려합니다. 전자는 모든 것의 결핍 상태를 소유하기를 동경하며 가난을 참고 견디지만, 후자는 온갖 것의 풍부함을 추구합니다. 6. 전자는 매일 일할 때 정해진 분량을 넘기려고 노력하며 수도원에서 필요한 것보다 더 많이 수확한 것은 원장의 판단에 따라 감옥이나 여행자 숙소나 병원이나 가난한 사람들을 구제하지만, 후자는 매일 폭식하고 남은 것을 낭비하거나 탐심을 도모하여 비축하기 위해 열심히 일합니다. 혹 그들이 완전하지 못한 의도로 축적한 것을 선하게 분배할 수 있다 하더라도 그들은 여전히 이 덕과 온전함의 권위에 접근하지 않습니다. 7. 전자는 날마다 상당한 양의 수익을 수도원에 들여오고 날마다 그것을 버리며, 겸손히 복종하기 때문에 자신이 수고하여 확보한 것에 대한 권한을 포기하며, 날마다 수고의 열매를 버림으로써 처음 수도생활을 시작할 때의 열심을 새롭게 합니다. 그러나 후자는 날마다 가난한 사람들을 구제할 때 교만이라는 절벽으로 미끌어져 내려갑니다. 전자는 인내하며 처음 수도생활을 시작할 때의 상태를 엄격하게 유지하고 날마다 자기의 소원들을 이 세상에 대해 못 박고 순교자처럼 생활하지만, 후자는 그것들을 지옥에 던져버립니다.

8. "이 지방에서 이 두 종류의 수도사들의 수는 거의 비슷하지만 서로 경쟁하고 있습니다. 그러나 내가 여행해본 다른 지방에서는 셋째 종류의 수도사인 사라바이트들이 많습니다. 아리우스 파 감독 루키우스가 활동하던 발렌스 황

제 시대에 가톨릭 신앙을 고집했기 때문에 이집트와 테베에서 폰투스와 아르메니아의 탄광으로 보내진 형제들을 도우면서 우리는 몇몇 도시에 공주수도회의 훈련이 드물게 존재하고 있지만 은수사라는 명칭은 전혀 알려지지 않았음을 알았습니다.

~ 8 ~
넷째 종류의 수도사

"넷째 종류의 수도사가 있습니다. 이들은 스스로 은수사들의 모양과 스타일을 닮았다고 여기며, 처음에는 공주수도원의 완전함을 동경하는 듯했지만 곧 그 열정이 식어버린 사람들 가운데서 최근에 등장했습니다. 그들은 곧 미지근해져서 이전의 행위와 악덕을 버렸던 일을 멸시하고, 겸손과 인내의 멍에를 메는 데 만족하지 못하며 원로들의 규칙 아래 머무는 것을 경멸했습니다. 그들은 독립된 수도처에서 홀로 생활하기를 원합니다. 이는 그들이 사람들 때문에 성내는 일을 피하며 사람들로부터 인내심이 강하고 온유하고 겸손한 자라고 간주되기를 원하기 때문입니다. 이러한 미온적인 형태의 삶에 감염된 사람은 결코 완전에 이르지 못합니다. 왜냐하면 그런 식으로 생활하면 아무도 그들에게 도전하지 않으므로 그들의 악덕이 근절되지 않을 뿐만 아니라 오히려 악화되기 때문입니다. 그러한 병을 깊이 감출수록 뱀은 병자의 내면에서 치유할 수 없는 병을 더 깊이 자리잡게 만듭니다. 사람들은 외딴 곳에 있는 수도처를 존중하기 때문에 독수도사의 악덕을 책망하지 않습니다. 그는 자신의 악덕이 치유되기보다 무시되는 편을 택합니다. 그러나 자기의 악덕을 숨기지 않고 맞서 싸울 때에 덕이 형성됩니다."

~ 9 ~
공주수도원과 일반 수도원의 차이점에 관한 질문

게르마누스가 질문했습니다: "공주수도원과 일반 수도원 사이에 차이가 있습니까? 아니면 그 둘은 명칭만 다를 뿐 동일합니까?"

~ 10 ~
답변

피아문 사부는 다음과 같이 대답하셨습니다: "어떤 사람들은 구분 없이 공주수도원 대신에 수도원이라고 말하는 습관이 있지만, 수도원은 수도사들이 거주하는 곳의 명칭으로서 장소를 의미하며, 공주수도원은 수도생활의 훈련과 특징을 가리킵니다. 수도사가 한 명이라도 거주하는 곳을 수도원이라고 부를 수 있지만, 몇 명의 거주자들이 연합한 공동체가 생활하지 않는 곳을 공주수도원이라고 부를 수 없습니다. 사실 사라바이트 집단이 생활하는 곳은 수도원이라고 말할 수 있습니다.

~ 11 ~
참된 겸손에 관하여; 세라피온 사부가 어떤 사람의 거짓 겸손을 폭로한 경위

1. "내가 보건대 당신들은 가장 훌륭한 종류의 수도사들—공주수도원의 훌륭한 학교—에게서 수도생활의 원리를 배웠고 은수도 훈련 및 그곳에서 배운 인내와 겸손의 덕을 향해 나아가고 있습니다. 겸손한 말이나 불필요한 몸의 훈련 등을 가장하지 말고 성실한 마음으로 그것을 추구해야 합니다.

2. "세라피온 사부가 이 가장된 거짓 겸손을 조롱한 적이 있습니다. 어떤 사람이 남루한 옷을 입고 겸손한 말투를 사용하면서 세라피온 사부를 찾아왔습

니다. 세라피온 사부는 늘 하던 대로 그에게 기도하라고 권면했는데, 그 사람은 그 권면에 응하지 않았습니다. 그는 자신을 비하하면서 자신이 매우 악한 행동을 했기 때문에 다른 사람들과 같은 공기를 호흡할 자격이 없다고 말했고, 심지어 멍석 위에 앉지 않고 땅바닥에 앉았습니다. 3. 세라피온이 발을 씻어주려 했지만 그 사람은 거절했습니다. 식사를 마치고 일상적인 대화를 할 기회가 생겼을 때 세라피온 사부는 그 사람에게 젊고 튼튼하니 게으른 부랑자처럼 경박하게 돌아다니지 말고 수실에 앉아서 원로들의 규칙을 지키며, 거저 얻어먹지 말고 스스로 수고하여 생계를 유지하라고 온건하게 경고하기 시작했습니다. 그는 사도 바울이 그런 식으로 생활하지 않았다는 것, 그리고 그가 복음을 위해 수고했기 때문에 사람들로부터 대접을 받을 권리가 있었음에도 불구하고 자신 및 자신을 위해 봉사하며 일할 수 없는 사람들의 양식을 벌기 위해 밤낮 일했다고 말했습니다(살후 3:8; 행 20:34 참조). 4. 이 말을 듣고 분개한 그 사람의 얼굴에 이제까지 마음속에 품고 있던 괴로움이 드러났습니다. 사부는 그에게 말했습니다: '아들이여, 지금까지 당신은 끔찍한 죄들을 고백함으로써 악평을 초래할 것을 두려워하지 않으면서 자신의 악한 행동에 짓눌려 지냈습니다. 나는 책망하려는 것이 아니라 사랑과 덕을 함양하려는 의도로 권면했는데, 당신은 이제까지 평온한 모습을 가장하여 감추어온 분노를 드러냈습니다. 당신이 자신을 비하하면서 "송사에서는 먼저 온 사람의 말이 바른 것 같으나 그의 상대자가 와서 밝히느니라"(잠 18:17)는 말을 기대하고 있었습니까?

5. "그러므로 마음의 겸손을 유지해야 합니다. 그것이 참된 겸손입니다. 그것은 가장된 몸짓이나 말에서 나오는 것이 아니라 마음의 깊은 겸손에서 나옵니다. 자기의 죄에 대해 사람들에게 자랑하지 않으며, 무례한 말을 들을 때 그

말을 무시하며, 모욕을 당할 때에 성내지 않고 온유하게 참고 견디는 것이 인내를 보여주는 가장 분명한 표식입니다."

~ 12 ~
참 인내를 획득하는 방법에 관한 질문

게르마누스가 말했습니다: "이 평온함을 획득하고 유지하는 방법을 알고 싶습니다. 침묵해야 할 때 입에 빗장을 걸고 말의 흐름을 저지하듯이 온유한 마음을 유지할 수 있기를 원합니다. 왜냐하면 종종 말을 억제해도 내면의 평화로운 상태를 잃기 때문입니다. 그렇기 때문에 우리는 외딴 곳에 있는 수실에서 혼자 거주함으로써만 온유함을 유지할 수 있다고 생각합니다."

~ 13 ~
답변

1. 피아문 사부가 말했습니다: "마음의 깊은 겸손 없이 참된 인내와 평온함을 획득하거나 유지할 수 없습니다. 마음의 깊은 겸손에서 나오는 인내와 평온은 외딴 수실이나 독거를 필요로 하지 않을 것입니다. 겸손의 덕에 의해 생성되고 보호되어 내면에서 유지되는 것은 외부의 도움을 필요로 하지 않습니다. 만일 우리가 누군가의 도발을 받았을 때 화를 낸다면, 우리의 내면에 겸손의 기초가 견고히 놓이지 않았음이 분명하며, 그렇기 때문에 하찮은 돌풍의 공격에도 흔들려 무너집니다. 원수의 화살 공격을 받지 않을 때 평온함을 유지하는 인내는 바람직하거나 훌륭한 인내가 아닙니다. 시련의 폭풍이 밀려와도 흔들림 없이 유지되는 인내가 영광스럽고 탁월한 인내입니다. 2. 인내는 역경에 시달리고 상처를 입었다고 생각하는 순간에 강해지며, 둔화되었다고 생

각하는 순간에 예리해집니다. 인내라는 명사는 고난과 참을성에서 유래합니다. 그러므로 무슨 일이 닥쳐도 성내지 않고 참는 사람에게만 인내라는 말을 적용할 수 있습니다. 그는 다음과 같이 칭찬받을 자격이 있습니다: '노하기를 더디 하는 자는 용사보다 낫고 자기의 마음을 다스리는 자는 성을 빼앗는 자보다 나으니라'(잠 16:32); '노하기를 더디 하는 자는 크게 명철하여도 마음이 조급한 자는 어리석음을 나타내느니라'(잠 14:29).

3. "그러므로 학대받은 사람이 불같이 화를 낸다면, 학대를 당할 때 품는 앙심이 그의 죄의 원인이 아니라 감추어져 있는 약함의 표출이라고 여겨야 합니다. 이것은 비바람과 태풍이 불 때 반석 위에 세운 집과 모래 위에 세운 집의 차이에 대한 주님의 비유와 일치합니다. 반석 위에 세운 집은 거센 공격을 받을 때 손상되지 않지만 모래위에 세운 집은 즉시 무너집니다(마 7:24-27 참조). 그 집은 폭우 때문에 무너진 것이 아니라 어리석게도 모래 위에 지어졌기 때문에 무너집니다.

4. "거룩한 사람과 죄인의 차이점은 거룩한 사람이 죄인과 비슷한 방식으로 시련을 당하지 않는다는 데 있는 것이 아닙니다. 거룩한 사람은 큰 공격에도 정복되지 않지만 죄인은 작은 시련에도 정복됩니다. 앞에서 말했듯이 의인이 시련을 받지 않은 상태에서 승리했다면 그의 인내는 칭찬받을 것이 못되며, 갈등이라는 역경이 없이 승리가 존재할 수 없습니다. '시험을 참는 자는 복이 있나니 이는 시련을 견디어 낸 자가 주께서 자기를 사랑하는 자들에게 약속하신 생명의 면류관을 얻을 것이기 때문이라'(약 1:12). 사도 바울의 말에 의하면 한가롭고 즐거울 때에 능력이 온전해지는 것이 아니라 약할 때에 온전해집니다(고후 12:9). 예레미야는 '보라 내가 오늘 너를 그 온 땅과 유다 왕들과 그 지도자들과 그 제사장들과 그 땅 백성 앞에 견고한 성읍, 쇠기둥, 놋성벽이 되게

하였은즉 그들이 너를 치나 너를 이기지 못하리니 이는 내가 너와 함께 하여 너를 구원할 것임이니라 여호와의 말이니라'(렘 1:18-19)고 말했습니다.

~ 14 ~
경건한 여인의 인내

1. "이 인내를 보여주는 두 가지 예를 들겠습니다. 하나는 간절히 인내의 덕을 추구하여 시련을 피하지 않았을 뿐만 아니라 고난의 순간을 자초한 경건한 여인의 사례입니다. 그 여인은 알렉산드리아의 훌륭한 가문 출신으로서 부모가 남겨준 집에서 주님을 섬기면서 경건하게 살고 있었습니다. 2. 그녀는 아타나시우스 감독에게 가서 교회가 부양하고 있는 과부 한 사람을 자신이 부양하겠다면서 '당신이 돌보는 자매들 중 한 사람을 나에게 주십시오'라고 말했습니다. 감독은 자선을 행하려는 그녀의 열심을 보았기 때문에 그녀의 제안을 칭찬한 후에 과부들 중에서 성품이 착하고 진지한 사람을 선발하라고 명령했습니다. 이는 그녀의 혜택을 받는 사람의 죄가 그녀의 소원보다 크지 않으며, 가난한 과부를 구제함으로써 유익을 구한 그녀가 과부의 악한 행위로 인해 마음이 상하여 믿음이 손상되지 않도록 하기 위함이었습니다.

3. "그녀는 과부를 집에 데려와서 정성껏 섬기면서 과부의 겸손함과 온유함을 경험했습니다. 또 그 과부가 매순간 그녀의 친절한 봉사에 대해 감사함으로써 자신을 존경하고 있음을 알았습니다. 며칠 후 그녀는 감독을 찾아가서 '저는 부지런히 관심을 기울여 돌보고 섬길 사람을 보내 달라고 부탁드렸습니다'라고 말했습니다. 여인의 소원과 제안을 이해하지 못한 감독은 담당 관리가 부주의하여 여인의 청원을 간과했다고 생각했습니다. 그가 내심 약간 화를 내면서 이유를 물은 결과 다른 과부들보다 더 훌륭한 과부를 그 여인에게 배

정했음을 알게 되었습니다. 감독은 은밀하게 과부들 중에서 가장 화를 잘 내고 말다툼하기 일쑤이며 술고래요 수다쟁이인 과부를 그녀에게 보내라고 명령했습니다. 4. 관리는 그러한 과부를 찾아내어 그녀에게 데려갔습니다. 그녀가 먼젓번 과부를 돌볼 때처럼 부지런히 돌봐주었으나 돌아온 것은 혹독한 욕설과 끊임없는 불평뿐이었습니다. 그녀는 자신의 편안함을 위해서가 아니라 고통과 모욕을 받기 위해서, 노동에서 벗어나 쉬기 위해서가 아니라 쉼에서 벗어나 노동하기 위해서 감독에게 과부를 요청했기 때문에 무례한 과부가 손찌검까지 하려 했습니다. 그러나 그 여인은 저항하지 않고 더욱 겸손히 자기를 낮춤으로써 성질 더러운 그 여인을 이기는 방법을 터득했기 때문에, 책망하고 격분하기보다 환대로써 진정시키기 위해 더욱 겸손하게 과부를 돌보아 주었습니다.

5. "이렇게 노력한 결과 자신이 바라던 완전한 인내를 획득한 후 그녀는 감독의 훌륭한 판단 및 자신이 이 훈련을 통해 얻은 유익에 대해 감사하기 위해 감독을 찾아갔습니다. 감독은 그녀의 소원을 존중하여 훌륭한 인내의 교사를 마련해주었던 것입니다. 그녀는 끊임없는 모욕 덕분에 날마다 강해졌고 최고의 인내를 획득했습니다. 그녀는 '마침내 감독님이 나에게 돌볼 대상을 보내주셨습니다. 전에 보내주셨던 과부는 나를 존경하고 봉사하면서 오히려 나를 보살펴주었습니다'라고 말했습니다.

"우리는 이 여인의 이야기를 기억함으로써 교훈을 받을 뿐만 아니라 겸손해져야 합니다. 우리가 야생짐승처럼 수실 안에 숨지 않으면 인내를 유지할 수 없습니다.

~ 15 ~
사부 파프누티우스의 인내

1. "또 다른 예로 파프누티우스 사부의 이야기를 하겠습니다. 그분은 지금 잘 알려져 있는 유명한 스케테 사막 깊은 곳에서 사제로 지내고 있습니다. 그분이 사막에서 지내는 것을 즐겼기 때문에 다른 은수사들은 그분을 '물소'라고 불렀습니다.

2. "그분은 어려서부터 품위가 있고 고결했기 때문에 유명한 고관들도 그의 진지함과 확고한 태도를 존경했습니다. 그는 젊었지만 생각과 덕 때문에 원로들과 동등하게 취급되었으므로 요셉의 형들이 품었던 시기심(창 37:11)이 어느 형제의 마음에 질투의 불을 질렀습니다. 그는 파프누티우스의 덕을 훼손하기 위해 어느 주일 파프누티우스가 수실을 떠나 교회에 간 동안 다음과 같은 악한 행동을 했습니다. 3. 그는 파프누티우스의 수실에 몰래 들어가 파프누티우스가 야자잎으로 짠 밧줄 속에 자기의 책 한 권을 숨겨둔 후 양심의 가책 없이 교회로 갔습니다. 예배를 마친 후 그는 형제들 앞에서 당시 스케테 사막의 사제였던 이시도어에게 가서 자기의 수실에 두었던 책을 도둑맞았다고 밝혔습니다. 4. 이제까지 들어본 적이 없는 죄가 발생했다는 소식에 모두가 크게 놀랐으므로 형제들과 이시도어는 정신이 혼란스러워져서 무슨 생각을 하고 어떤 조처를 취해야 할지 알지 못했습니다. 과거에 스케테 사막에서 이와 비슷한 일이 발생했는지 기억하는 사람이 없었고, 그 후로도 그런 일은 발생하지 않았습니다. 사건을 고발한 형제는 형제들을 교회에서 떠나지 못하게 한 후에 몇 명을 선발하여 형제들의 수실을 차례로 조사하게 해야 한다고 주장했습니다. 사제가 임명한 세 명의 원로들은 수실들을 모두 조사한 후 결국 파프누티우스의 수실에서 야자수로 만든 밧줄 속에 숨겨져 있는 책을 발견했습니다. 5.

수색을 맡은 형제들은 즉시 그 책을 교회로 가져가서 형제들 앞에 내놓았습니다. 파프누티우스는 양심에 거리낌이 없었음에도 불구하고 마치 도둑죄를 인정하는 듯 보상을 약속하고 겸손하게 회개할 장소를 달라고 요청했습니다. 그것은 이미 드러난 일이 사실이 아님을 아무도 믿으려 하지 않을 것이므로 도둑 누명을 벗기 위해서 형제의 거짓말을 입증해야 하는 일을 피하기 위한 것으로서 그의 겸손과 수치심을 고려한 행동이었습니다. 그는 낙심하지 않고 하나님의 판단을 의지하여 교회를 떠난 순간부터 한없이 눈물을 흘리며 기도하고 금식하고, 사람들 앞에서 마음을 겸손히 하고 자신을 낮추었습니다. 6. 그는 거의 두 주일 동안 육체적으로나 영적으로 철저히 자신을 낮추어 토요일과 주일 아침에 성찬을 받지 않고 교회 문턱에 엎드려 용서를 구했습니다. 감추어진 모든 것을 보고 판단하시는 하나님은 그가 자신을 학대하며 사람들에게 수치를 당하도록 내버려두지 않으셨습니다. 책을 도둑맞았다고 고발하여 파프누티우스의 명성을 해친 형제의 행동을 본 증인이 없었지만, 그를 선동한 마귀로 말미암아 그의 행동이 드러났습니다. 7. 그는 무서운 마귀에게 사로잡혀 자신이 조작한 은밀한 행위를 자백했습니다. 그는 그 더러운 영에게 오랫동안 시달렸는데 그곳에 거주하는 거룩한 사람들이 거룩한 은사의 힘으로 귀신에게 명령했지만 그는 정화되지 못했습니다. 하나님에게서 큰 능력을 받았기 때문에 귀신 들린 사람이 문앞에 도착하는 즉시 치유의 능력을 발휘하곤 하던 이시도어 사제의 특별한 은혜로도 그를 괴롭히는 잔인한 마귀를 몰아내지 못했습니다. 그리스도께서는 그 형제가 누명을 씌우려 했던 파프누티우스의 기도에 의해서 정화되며 고통이 끝나도록 섭리하시어 파프누티우스에게 영광이 돌아가게 하셨습니다

8. "파프누티우스는 소년시절에도 이러한 성품을 나타냈으며, 성장하면서

한층 더 완전해졌습니다. 그러므로 그분이 소유했던 덕의 정상에 도착하려는 사람은 그분처럼 겸손과 인내를 기초로 삼아야 합니다.

~ 16 ~
인내의 완성에 관하여

1. "이 사건을 이야기하는 데는 두 가지 이유가 있습니다. 첫째, 우리가 파프누티우스 사부의 착실함과 지조를 생각하면서 원수의 유혹을 덜 받고 평화와 인내의 성향을 더 많이 획득하도록 하기 위해서입니다. 둘째, 만일 우리가 속사람의 능력이 아닌 조용한 수실이나 한적한 사막이나 거룩한 사람과의 교제 등 외적인 것을 의지하여 인내와 확신을 방어하려 한다면 마귀의 공격과 시련에서 안전할 수 없다는 견해를 갖도록 하기 위해서입니다. 2. 복음서에서 '하나님의 나라는 너희 안에 있느니라'(눅 17:21)고 말씀하신 주님이 보호하시는 능력으로 우리 마음을 튼튼하게 해주시지 않는 한 우리가 함께 생활하는 사람들의 도움을 받아 공중의 원수의 유혹을 극복하거나 요새화된 거처에 의해 그것들과의 거리를 유지하거나 그것들에게 저항할 수 있다고 믿을 수 없습니다. 거룩한 파프누티우스에게는 이것들이 부족하지 않았지만, 그를 시험한 자는 그를 공격할 방법을 찾을 수 있었고, 사막에서 홀로 생활하는 것이나 사방을 둘러싼 담이나 공동체 내의 거룩한 사람들의 높은 덕으로도 악한 영을 물리치지 못했습니다. 3. 그러나 하나님의 거룩한 종은 외적인 것들에게 희망을 두지 않고 감추어진 모든 것을 판단하시는 분에게 희망을 두었기 때문에 그러한 공격에 흔들리지 않았습니다. 시기심 때문에 누명을 씌운 사람도 사막의 장점, 외딴 거처의 보호, 사제요 수도원장인 이시도어를 비롯하여 거룩한 사람들과의 교제를 누렸습니다. 그러나 그가 모래 위에 있음을 발견한 악한 태풍이 그

의 집을 덮쳐 무너뜨렸습니다.

"그러므로 밖에서 평화를 찾지 말며, 다른 사람의 인내가 우리의 조급함을 감해줄 수 있다고 생각하지 말아야 합니다. 4. 하나님의 나라가 우리 안에 있듯이 사람의 원수가 자기 집안 식구입니다(마 10:36). 왜냐하면 나 자신의 성향이 나를 가장 크게 대적하는데, 나의 성향은 가장 친밀한 내 가족이기 때문입니다. 그러므로 조심하면 내면의 원수들에게 시달림을 받지 않을 수 있습니다. 왜냐하면 우리의 가족이 우리를 대적하지 않는 곳에서 평온한 마음 안에 하나님의 나라가 이루어지기 때문입니다.

"이 문제를 더 세밀하게 살펴보겠습니다. 만일 내가 소란한 마음으로 나 자신을 대적하여 싸우지 않는다면, 악한 사람이 나를 괴롭힐 수 없습니다. 만일 내가 상처를 입는다면, 그것은 상대방의 공격 때문이 아니라 나 자신의 조급함 때문입니다. 5. 단단한 음식이 건강한 사람에게는 유익하지만 병자에게는 위험합니다. 그러나 음식을 먹는 사람의 약함이 음식에게 해로운 힘을 부여하지 않는다면, 음식이 그 사람을 해치지 못합니다. 그러므로 형제들 가운데서 비슷한 시련이 발생한다면 평정을 잃지 말고 세속적인 사람의 모독적인 비난에 접근해야 합니다.

"또 악하고 밉살스러운 사람들이 거룩한 사람들 속에 섞여 지내면서 거짓을 숨겨도 놀라지 마십시오. 왜냐하면 우리가 이 세상의 타작 마당을 짓밟고 있는 한 영원한 불에 던져지기로 예정된 겨와 택함을 받은 알곡이 섞여 있기 때문입니다(마 3:12 참조). 6. 사탄이 천사들 중 하나였고 유다가 사도들 중 하나였고 악한 이단의 창시자인 니골라가 택함을 받은 집사들 중 하나였음을(행 6:5; 계 2:15) 기억한다면, 거룩한 사람들의 무리에 악한 사람들이 섞여 있음에 놀라지 않을 것입니다. 어떤 사람은 니골라가 사도들이 봉사를 위해 택한 사람과 동일인이 아니라고 주장하지만, 그럼에도 불구하고 그가 완전했으며 오늘날 공주수도원에서 거의 발견할 수 없는 제자들 중 하나였음을 부인할 수 없습니다.

7. "그 사막에서 파멸했지만 회개하고 눈물을 흘림으로써 그 더러움을 제거한 형제를 본보기로 삼지 말고 파프누티우스의 예를 본보기로 삼으십시오. 위선적인 경건 때문에 시기심이 더 악화된 전자의 몰락을 닮지 말고, 후자의 겸손을 따르려 해야 합니다. 그것은 평화로운 사막에 의해 갑자기 형성된 것이 아니라 사람들 가운데서 이미 획득되어 사막에 의해 완전해진 것이었습니다.

8. "시기심은 다른 악덕들보다 더 치료하기 어렵습니다. 시기심이라는 독에 감염된 사람을 치료해주는 약이 없다고 말할 수 있을 정도입니다. 그것은 선지자 예레미야가 '내가 술법으로도 제어할 수 없는 뱀과 독사를 너희 가운데 보내리니 그것들이 너희를 물리라'(렘 8:17)고 상징적으로 언급한 전염병입니다. 예레미야는 시기심을 독사의 독에 비유합니다. 그것에 의해서 독을 처음으로 만들어낸 사람이 죽어 멸망했습니다. 그는 치명적인 독을 사람에게 쏟아내기 전에 자멸하여 자신이 시기한 대상을 죽이기 전에 자기 자신을 죽였습니다. '죽음이 이 세상에 들어온 것은 악마의 시기 때문이니 악마에게 편드는 자들이 죽음을 맛볼 것입니다'(지혜서 2:24). 9. "이 악에 감염된 사람은 회개의 치유를 받을 수 없으며, 자원하여 이 독사에게 물린 사람은 그 뱀을 부리는 거룩한 사람의 도움을 받지 못합니다. 그들은 자신의 잘못을 시기하는 것이 아니라 자신의 번영에 의해 괴롭힘을 당하므로 진실을 인정하기를 부끄러워하며, 어리석게도 자신이 공격당한 원인을 외부에서 찾습니다. 그들이 철저히 거짓되기 때문에 그에 대한 치료법이 소용이 없습니다. 이는 그들이 인정하려 하지 않는 치명적인 독이 그들의 내면에 있기 때문입니다. 10. 어느 지혜로

운 사람은 이런 사람들에 대해서 '뱀이 소리 없이 물었을 때에는 뱀을 부리는 사람도 속수무책이다'라고 말했습니다. 이처럼 소리없이 물렸을 때 지혜로운 사람들이 제공하는 약으로만 치료될 수 있습니다. 치료하기 어려운 이 골칫거리는 아첨에 의해 악화되고 배려해주면 거만해집니다. 솔로몬은 '투기 앞에야 누가 서리요'(잠 27:4)라고 말했습니다. 사람은 다른 사람의 겸손한 복종이나 덕스러운 인내나 관대함이 증가할수록 더 큰 시기심의 자극을 받습니다. 왜냐하면 그가 바라는 것은 오직 자신이 시기하는 사람의 몰락과 죽음뿐이기 때문입니다. 11. 순진한 요셉의 순종에도 불구하고 열한 명의 형들의 시기심이 수그러들지 않았기 때문에 성경은 그들에 대해 '그의 형들이 아버지가 형들보다 그를 더 사랑함을 보고 그를 미워하여 그에게 편안하게 말할 수 없었더라'(창 37:4)고 말합니다. 시기심에 사로잡힌 형들은 순종하고 복종하는 동생의 상냥함을 참고 견디지 못하여 그를 죽이려 했고, 결국 동생을 상인들에게 팔아넘겼습니다.

"이처럼 다른 악덕들보다 시기심이 더 위험하고 제거하기 어렵습니다. 왜냐하면 다른 악덕들을 소멸시키는 치료법들이 오히려 그것을 악화시키기 때문입니다. 예를 들어 자신이 입은 손해 때문에 슬퍼하는 사람은 후한 보상에 의해 치료되며, 학대를 받았기 때문에 성난 사람을 겸손히 배상함으로써 달래줄 수 있습니다. 12. 그러나 당신이 자기보다 더 친절하고 더 겸손하다는 사실 때문에 성내는 사람에게는 어떻게 행동해야 합니까? 돈으로 달랠 수 있는 탐욕이나 아첨함으로써 극복할 수 있는 복수심 때문에 분노한 것이 아니라 다른 사람의 성공과 행복 때문에 분노한 사람에게는 어떻게 행동해야 합니까? 자기를 시기하는 사람을 만족시키기 위해 자신의 행운을 포기하거나 손해를 보거나 재난에 연루되기를 원하는 사람이 어디에 있습니까? 그러므로 소생시키는 성령에 의해 우리 안에 살아 있는 모든 것이 시기심이라는 뱀에게 물려 완전히 파괴되지 않게 하려면, 능치 못한 것이 없으신 하나님의 도움을 구해야 합니다. 13. 뱀의 다른 독들―즉 정욕적인 죄들과 악덕들. 연약한 인간은 이것들에게 쉽게 연루되지만 또한 신속하고 쉽게 그것들을 제거할 수 있습니다―은 육체에 상처를 남깁니다. 세상의 육신은 그것들을 감당할 수 없이 부어오르지만, 솜씨 좋게 뱀을 부리는 사람이 거룩한 노래를 부르면서 해독제나 구원의 말이라는 약을 발라준다면, 치명적인 독이 영혼의 영원한 멸망을 초래하지 못할 것입니다. 그러나 독사가 쏟아낸 듯한 시기심이라는 독은 몸 안에 생긴 상처를 느끼기도 전에 믿음과 경건의 생명을 잘라버립니다. 14. 그렇기 때문에 하나님을 모독하는 사람은 인간이 아닌 하나님을 대적하여 일어납니다. 그는 형제에 대해 불평하는 것이 아니라 형제의 행복에 대해 불평하며, 사람의 죄를 비난하는 것이 아니라 하나님의 판단을 비난합니다.

"이것이 쓴뿌리입니다(히 12:15). 그것은 높이 솟아올라 인간에게 선한 것을 주시는 창조주를 욕합니다. 그것은 하나님께서 죄를 범한 사람들에게 독사를 보내 물게 하시겠다고 위협하실 것이라고 말하여 사람들을 괴롭힙니다. 하나님은 시기심을 만드시는 분이 아닙니다. 그러나 하나님이 겸손한 사람에게 좋은 것을 선물로 주시지만 교만하고 타락한 사람들에게는 주시지 않기 때문에, '상실한 마음대로 내버려'(롬 1:28) 둠을 받은 사람들이 시기심의 공격을 받아 사로잡히게 하는 것이 적절한 하나님의 심판입니다. 성경에는 '그들이 하나님이 아닌 것으로 내 질투를 일으키며 허무한 것으로 내 진노를 일으켰으니 나도 백성이 아닌 자로 그들에게 시기가 나게 하며 어리석은 민족으로 그들의 분노를 일으키리로다'(신 32:21)라고 기록되어 있습니다."

15. 우리는 피아문 사부의 말씀을 듣고 한층 더 큰 갈망을 느꼈기 때문에 공주수도원이라는 첫 훈련장을 떠나 다음 단계인 은수사의 삶으로 이동했습니다. 우리는 그분의 가르침 덕분에 독수도 생활에 대한 기초교육을 받았고, 후일 스케테에서 그 생활에 대한 지식을 더욱 충실하게 추구했습니다.

담화 19

사부 요한의 담화

공주수도사의 목표와 은수사의 목표

~ 1 ~

사부 폴의 공주수도원, 그리고 어느 형제의 인내

1. 며칠 후 우리는 가르침을 더 받기 위해서 서둘러 폴 사부의 공주수도원으로 돌아갔습니다. 그곳에는 200명 이상의 형제들이 살고 있었는데, 당시 이 공동체의 전임 수도원장의 추도식에 참석하기 위해 다른 공동체들로부터 온 엄청나게 많은 수도사들이 모여 있었습니다. 우리가 이것을 언급하는 것은 전체 회중 앞에서 동요됨이 없이 관대함을 나타낸 어느 형제의 인내심을 간단히 지적하기 위해서입니다. 2. 이 글의 목적은 사막을 떠나서 겸손하게 이 공주수도원에 생활한 사부 요한의 담론을 언급하려는 데 있지만, 덕을 갈망하는 사람들이 그 형제에 대한 글을 읽고서 덕을 배울 수 있다면 그것을 언급하는 것이 부적절한 일이 아닐 것이라고 생각합니다. 당시 수도사들은 큰 마당에서 열두 명씩 원을 만들고 앉아 있었습니다. 그런데 형제들 중 한 사람이 자신이 받은 음식 접시를 조금 늦게 가져왔습니다. 식탁에서 기다리고 있는 많은 형제들 사이에서 걱정스럽게 이리저리 뛰어다니던 사부 폴이 이 모습을 보고서 사람들 앞에서 손바닥으로 그를 때렸는데, 그 소리가 멀리 앉아 있는 형

제들에게 들릴 정도였습니다. 3. 인내심이 많기로 유명한 그 젊은 형제는 한마디 불평도 하지 않았고 안색도 변하지 않았습니다. 시리아의 수도원을 떠나온 지 얼마 되지 않았으며 인내가 그처럼 분명히 예증된 것을 본 적이 없는 우리뿐만 아니라 우리와 비슷한 열심을 가진 사람들 모두가 그 사건에 주목했습니다. 그 일은 영적으로 매우 진보한 사람들에게까지 귀중한 교훈을 주었습니다. 왜냐하면 수도원장의 처벌이 그의 인내를 흔들지 못했고, 많은 구경꾼들이 그로 하여금 수치심을 느끼게 하지 못했기 때문이었습니다.

~ 2 ~
사부 요한의 겸손, 그리고 우리의 질문

1. 우리는 이 공주수도원에서 겸손과 언변에 있어서 모든 거룩한 사람들을 능가하는 요한이라는 노인을 발견했습니다. 우리는 그가 이 일을 언급하지 않고 그냥 넘어가지 않을 것이라고 생각했습니다. 2. 그가 모든 덕의 뿌리요 영적 구조물의 견고한 기초이지만 우리의 제도에는 없는 이 완전함에 특별히 능숙한 사람이었음을 우리는 알고 있습니다. 겨우 2년 동안 복종한 후에 오만하고 해로운 자유에게로 도망친 우리로서는 늙도록 공주수도원에서 훈련하며 생활한다는 것을 생각할 수도 없습니다. 우리는 그 짧은 기간 동안 엄격한 규칙을 따른 것이 아니라 의지의 자유를 고려하여 원로의 통치 방식에 복종한 듯합니다. 따라서 우리가 이 사람들처럼 완전함의 고지에 올라갈 수 없음은 당연한 일입니다.

3. 이 노인을 사부 폴의 공주수도원에서 만났을 때 우리는 처음에는 그의 나이, 그리고 그가 받은 은혜에 놀랐습니다. 우리는 그가 동일한 생활을 하는 다른 사람들보다 더 좋은 명성을 누리며 지내던 자유로운 사막과 고결한 생활방

식을 버리고 공주수도원에서 생활하는 이유를 설명해 달라고 부탁했습니다. 4. 그는 자신이 은수사 생활 훈련을 감당할 수 없고 완전의 고지에 오를 자격이 없었기 때문에 하급자들의 수도생활 수준에 맞는 제도들을 실천할 수 있는지 알아보기 위해 그들의 학교로 돌아왔다고 말했습니다. 우리는 이 겸손한 답변에 반박했고, 그는 마침내 다음과 같이 말을 시작했습니다.

~ 3 ~
사부 요한이 사막을 떠난 이유

1. "나는 은수사 생활 훈련을 거부하지도 않고 부인하지도 않습니다. 당신들은 내가 그것을 버린 것을 보고 놀라지만, 나는 그것을 매우 존중하며 받아들이고 있습니다. 나는 공주수도원에서 30년동안 생활한 후에 20년 동안 은수사 생활을 했습니다. 그러므로 게으르다는 비난은 나에게 적용되지 않습니다. 2. 그러나 사막에서 경험한 순결이 이따금 육욕적인 것들에 대한 관심에 의해 더럽혀지 때문에, 쉽게 선택한 수도생활의 완성을 보다 쉽게 획득하며 고귀한 생활방식의 겸손에서 오는 위험을 감소시키기 위해 공주수도원으로 돌아왔습니다. 이는 큰 약속들을 제대로 지키지 못하는 것보다 작은 약속들을 충실하게 지키는 편이 낫기 때문입니다.

"그러니 그 사건이 허풍의 자극에 의한 것이 아니라 당신들을 교육하기 위한 배려에서 행해졌다고 생각하십시오. 나는 간절히 진리를 찾고 있는 당신들에게 진리를 남김없이 보여주어야 한다고 생각합니다. 그러므로 당신들은 그 일의 동기가 허풍이 아닌 사랑이었다고 여겨야 합니다. 3. 잠시 겸손을 내려놓고 내가 선택한 수도생활 방식에 대한 진실을 직접 말하는 것이 당신들에게 교훈이 될 수 있다고 생각합니다. 당신들은 나의 솔직한 말 때문에 내가 자만심이 강하다고 여기지 않을 것이며, 또 진실을 억누르고 거짓말을 했다는 양심의 가책을 느끼지도 않을 것입니다.

~ 4 ~
사부 요한이 은수사 생활을 하면서 실천한 덕에 관하여

1. "다른 사람들은 외진 사막을 즐거워하고 사람들과의 교제를 잊고 예레미야처럼 '재앙의 날도 내가 원하지 아니하였음을 주께서 아시는 바라'(렘 17:16)고 말할 수 있었을 것입니다. 나도 주님이 주신 은혜 덕분에 이것을 추구해왔거나 최소한 추구하려고 노력했습니다. 자비하신 주님이 주신 은사의 결과로서 나는 빈번히 몰아 상태에 들어가 내가 육적인 약함이라는 짐을 지고 있다는 것을 망각했으며, 나의 정신이 외적인 접촉들을 완전히 거부하고 물질적인 관심에서 완전히 벗어났기 때문에 나의 두 눈과 두 귀가 제 기능을 발휘하지 못할 정도였습니다. 나의 정신이 거룩한 묵상과 영적 테오리아로 가득했기 때문에 나는 종종 저녁을 먹었는지 먹지 않았는지 알지 못했고, 전날 금식했는지 음식을 먹었는지 기억하지 못하곤 했습니다. 2. 그렇기 때문에 식사를 걸렀는지 확인할 수 있도록 토요일이면 한 주일 분량의 양식, 즉 일곱 쌍의 과자를 작은 바구니에 담아두었습니다. 그렇게 함으로써 망각이라는 문제가 해소되었습니다. 이는 한 주일 동안 먹은 빵의 갯수가 주일이 돌아왔음을 지적해주며 독수도사들이 모여야 할 거룩한 날이 되었음을 상기시켜 주었기 때문입니다. 그러나 혹시 정신적인 황홀상태에 빠져 이 방식에 혼란이 초래되어도 매일의 작업 일정 덕분에 한 주일이 흘렀음을 의식할 수 있었습니다.

3. "우리의 관심사는 사막이 지닌 다른 덕목들의 수효에 있는 것이 아니라 사막과 공주수도원의 목적에 있으므로, 그것들에 대해서는 언급하지 않겠습

니다. 그 대신에 내가 사막을 떠나기로 결정한 이유를 간단히 설명하고, 독수도 생활의 열매들에 대해 간단히 언급하겠습니다.

~ 5 ~
사막의 장점

1. "사막에 거주하는 사람들이 매우 드물고 우리가 방대한 사막 덕분에 큰 자유를 누렸던 시절이 있었습니다. 그 당시 우리는 한층 더 외진 곳에서 홀로 생활하면서 자주 황홀상태에 빠지곤 했고, 환대해야 할 많은 형제들의 방문 때문에 분심되지도 않았습니다. 당시 나는 완전히 고요한 사막 깊은 곳, 그리고 천사들의 복된 상태에 비유될 수 있는 생활방식을 간절히 원했습니다. 2. 그러나 많은 형제들이 그 사막에서의 생활을 갈망하기 시작하여 넓은 사막의 자유를 방해하고 거룩한 관상의 불을 식게 만들 뿐만 아니라 육욕적인 것들의 족쇄로 나의 정신을 속박하기 시작했으므로, 나는 고귀한 독수도 생활을 제대로 하지 못하는 편보다 차라리 육체의 욕구를 충족시켜 줌으로써 공주 생활을 추구하는 편을 택했습니다. 그곳의 자유와 영적 황홀상태가 이러한 선택을 허락하지 않았지만, 그럼에도 불구하고 내일에 대한 염려를 완전히 버린 후 복음의 가르침을 실천하는 것이 나에게 위로가 될 것이며(마 6:34 참조), 또 순종의 삶이 테오리아의 고지에서 잃게 될 것을 보상해줄 것입니다. 사람이 어떤 기술이나 직업에 대한 지식을 말하면서도 그 직업에서의 완전함을 성취하지 못하는 것은 불행한 일입니다.

~ 6 ~
공주수도원의 장점

1. "이제 내가 지금의 생활에서 얼마나 많은 유익을 누리고 있는지 간단히 설명하겠습니다. 내가 설명한 후에 이 생활에서 얻는 유익이 사막에서의 유익을 보상해줄 수 있는지는 당신들의 판단에 맡기겠습니다. 또 내가 공주수도 생활을 택한 것이 독수도 생활의 깨끗함에 혐오감을 느꼈기 때문인지, 아니면 공주수도 생활을 향한 갈망에서 비롯된 것인지도 판단할 수 있을 것입니다.

"이 생활에는 매일 작업을 위한 준비가 없고, 팔고 사는 것과 관련된 분심이 없고, 일년 먹을 양식을 마련해야 할 걱정이 없고, 우리 자신과 많은 방문객들의 욕구를 충족시켜주는 것과 관련된 육적인 일에 대한 관심이 필요없으며, 사람들의 칭찬에서 오는 바 하나님 보시기에 가장 더러우며 때때로 사막의 큰 수고까지도 무가치하게 만드는 오만이 없습니다.

2. "은수사 생활에서 발견되는 치명적인 허영의 위험과 영적 교만을 넘어서서 모든 사람들에게 영향을 미치는 것, 즉 양식 마련에 대한 공통된 관심사를 다루어보겠습니다. 지금까지는 기름의 용도를 알지 못하는 엄격한 은수사 생활에 의해 정해진 한계들을 무시해왔을 뿐만 아니라 우리 시대의 완화된 기준에 만족하지 못했습니다. 이 완화된 기준에 의하면 방문객들을 위해 약 8리터의 콩과 6분의 1컵의 기름을 준비했는데, 그것이 일년 내내 먹을 수 있는 분량이었습니다. 그 결과 지금은 두 배나 세 배의 양식이 필요하게 되었습니다. 3. 일부 사람들은 해로울 정도로 기준을 완화하여 식초와 물을 혼합할 때 금욕의 덕을 준수한 사막의 제도를 따르던 선조들이 허영심을 피하기 위해 넣던 기름 한 방울을 넣지 않고, 그 대신 이집트의 치즈에 필요 이상의 기름을 부어 독특한 맛을 지닌 두 가지 음식으로 한 가지 맛을 만들어냈습니다. 이 두 가지 음식

은 한 명의 수도사가 한 번에 한 가지씩 여러 번 섭취할 수 있는 것이었습니다. 4. 이처럼 물질 소유가 증가하여 은수사들이 환대라는 미명하에 수실에 담요를 보유하기 시작했는데, 그것은 말하기도 수치스러운 일이었습니다.

"영적 테오리아에 몰두해 있는 영혼을 방해하는 것들, 즉 형제들의 방문, 그들을 영접하는 일과 전송하는 일, 답례 방문, 그리고 다양한 대화와 작업에서 비롯되는 걱정 등 성가신 것처럼 보이지 않을 때조차 생각만 해도 정신을 긴장하게 만드는 일들에 대해서는 언급하지 않고 넘어가겠습니다. 5. 이런 식으로 속박받을 때 은수사의 자유는 말할 수 없는 마음의 기쁨에 이르지 못하며, 은수사 생활의 열매를 잃게 만듭니다. 지금 내가 공동체에서 많은 사람들과 함께 지내고 있기 때문에 이것이 허락되지 않지만, 나에게는 모든 집착에서 벗어난 평온과 영혼의 평화가 부족하지 않습니다. 만일 사막에 거주하는 사람들에게 이런 일들이 있다면, 그들은 은수사 생활의 수고를 참고 견디겠지만 그 열매를 박탈당할 것입니다. 왜냐하면 평화롭고 안정된 정신만이 그러한 열매를 거둘 수 있기 때문입니다.

6. "마지막으로 만일 내가 공주수도원에서 지내면서 마음의 깨끗함을 어느 정도 잃는다 해도, 나는 사막의 다른 모든 열매들보다 우월한 복음의 교훈에 의해 보상받으므로 내일 일을 위해 염려할 필요가 없습니다. 또 죽을 때까지 수도원장에게 복종하므로 '자기를 낮추시고 죽기까지 복종하셨으니'(빌 2:8)라고 언급되신 분을 어느 정도 본받는 것처럼 보일 것입니다. 또 그분처럼 '내가 하늘에서 내려온 것은 내 뜻을 행하려 함이 아니요 나를 보내신 이의 뜻을 행하려 함이니라'(요 6:38)고 겸손히 말할 자격을 얻을 것입니다."

~ 7 ~
공주수도원에 대한 질문과 사막의 열매에 관한 질문

게르마누스가 말했습니다: "당신은 많은 사람들처럼 두 종류의 수도생활을 시작한 데 그친 것이 아니라 그 정상에 오르셨습니다. 그러므로 우리는 공주수도사의 목적과 은수사의 목적이 무엇인지 알고자 합니다. 오랫동안 경험을 교사로 삼아 두 종류의 수도생활을 추구해온 사람만이 이 문제에 대해 확신을 가지고 충분히 논할 수 있기 때문입니다. 그런 사람은 신뢰할 수 있는 교사로서 그 두 종류의 수도생활의 가치와 목적을 알려 줄 수 있을 것입니다."

~ 8 ~
답변

1. 요한 사부가 말했습니다: "한 사람이 두 종류의 수도생활 모두에서 완전할 수 없을 것이라는 사실이 내가 그렇게 행하는 데 방해가 되지는 않는다고 말할 수 있습니다. 둘 중 하나에서 성공한 사람을 발견하는 것이 대단한 일임을 고려할 때, 두 종류의 삶 모두에서 완전해진다는 것은 한층 더 어렵고 거의 불가능한 일입니다. 그러나 그 일이 드물게 발생한다고 해서 그것에 대해 즉시 개괄적으로 말할 수 없습니다. 2. 보편적인 규칙은 소수 집단에 기초를 두는 것이 아니라 많은 사람들, 모든 사람들에게 유익을 주는 것에 기초하여 작성되어야 합니다. 극소수의 사람들이 드물게 획득하는 것들, 평범한 덕의 가능성들을 초월하며 인간의 약한 상태와 본성을 초월한다고 간주되는 것들을 일반적인 교훈과 병행하여 언급해서는 안 됩니다. 그것들은 일반적인 예로 제시되는 것이 아니라 놀라운 것들로서 제시되어야 합니다. 이런 까닭에 나의 좋지 않은 지성이 허락하는 한 당신이 말하고 있는 것에 대해 간단히 말하렵니

다.

3. "공주수도사의 목적은 자기의 욕망을 모두 십자가에 못 박아 죽이는 것이며, 복음적 완전함의 명령에 따라 내일 일을 염려하지 않는 것입니다. 공주수도사만이 이 완전함에 이를 수 있습니다. 선지자 이사야는 이런 사람에 대해 다음과 같이 묘사하고 축복하고 칭찬합니다: '만일 안식일에 네 발을 금하여 내 성일에 오락을 행하지 아니하고 안식일을 일컬어 즐거운 날이라, 여호와의 성일을 존귀한 날이라 하여 이를 존귀하게 여기고 네 길로 행하지 아니하며 네 오락을 구하지 아니하며 사사로운 말을 하지 아니하면 네가 여호와 안에서 즐거움을 얻을 것이라 내가 너를 땅의 높은 곳에 올리고 네 조상 야곱의 기업으로 기르리라 여호와의 입의 말씀이니라'(사 58:13-14).

4. "그러나 은수사의 완전함은 세상에 속한 것을 완전히 내려놓은 정신을 소유하며 연약한 인간으로서 가능한 한도까지 그것을 그리스도에게 연합하는 것입니다. 예레미야 선지자는 이런 사람에 대해 다음과 같이 묘사합니다: '사람은 젊었을 때에 멍에를 메는 것이 좋으니 혼자 앉아서 잠잠할 것은 주께서 그것을 그에게 메우셨음이라'(애 3:27-28). 시편 기자도 '나는 광야의 올빼미 같고 황폐한 곳의 부엉이같이 되었사오며 내가 밤을 새우니 지붕 위의 외로운 참새 같으니이다'(시 102:6-7)라고 말합니다.

"그러므로 공주수도사와 은수사가 각기 그 생활의 목적에 도달하지 못한다면 그 생활은 수포로 돌아갑니다. 왜냐하면 그들이 선택한 삶의 덕을 실천하지 않았기 때문입니다.

~ 9 ~
참되고 완전한 온전함에 관하여

1. "그러나 이것은 모든 면에서 필수적이고 완전한 것이 아니라 완전함의 일부에 불과합니다. 완전함은 극소수의 사람들에게 하나님의 선물로 주어지는 희귀한 것입니다. 사막에서 홀로 생활하는 적막함과 공주수도원에서 형제들의 약함을 영적으로 참고 견디는 사람은 부분적으로 완전한 것이 아니라 참으로 완전합니다. 은수사가 물질을 완전히 버리고 멸시하는 상태에 이르기 어렵고 공주수도사가 테오리아에 완전히 이를 수 없으므로, 두 종류의 수도생활에서 완전히 성공한 사람을 발견하기 어렵습니다.

"그럼에도 불구하고 사부 모세와 파프누티우스, 그리고 두 명의 마카리우스가 두 종류의 삶을 완전히 소유했었다는 것; 2. 그 생활에서 완전함을 이루었다는 것을 우리는 알고 있습니다. 그들은 사막의 다른 거주자들보다 탁월했으며 깊은 사막에서 끝없이 양육되었습니다. 그들은 인간적인 우정을 구하지 않았습니다. 그러면서도 유익을 얻기 위해 찾아오는 무수히 많은 사람들을 영접하는 성가심을 참고 인내했으며, 방문객들에 대한 환대보다 그들의 삶 전체를 가르치고 실천해왔다는 인상을 주었습니다. 따라서 사람들은 어느 종류의 수도생활에 노력을 기울여야 할 것인지, 즉 자기들의 영혼이 독수도 생활에 적합한지 공동체 생활방식에 적합한지 확신할 수 없었습니다.

~ 10 ~
사막을 찾는 불완전한 사람들에 관하여

1. "그러나 사막의 계속되는 침묵 때문에 흉포해진 사람들은 사람들과 교제할 때에 매우 흥분하며, 일부 형제들의 방문 때문에 은수사 생활의 습관에서

조금이라도 벗어나게 될 때 큰 정신적인 고통을 느끼며 낙심합니다. 이것은 특히 공주수도원에서 완전히 가르침을 받지 못하고 과거의 악덕들을 완전히 정화하지 못한 채 성급하게 독수도 생활을 택한 사람들의 경우입니다. 2. 매사에 항상 불완전하고 약한 이 사람들은 방해의 바람이 부는 대로 이동합니다. 그들은 공동체에서 생활하면서 형제들 때문에 방해를 받을 때 조바심을 느끼며, 사막에서 생활할 때에는 자신이 추구해온 깊은 침묵을 참고 견디지 못합니다. 이는 그들이 사막을 원하거나 찾아야 하는 이유조차 알지 못하기 때문입니다. 그들은 형제들의 공동체를 거부하며 사람들에게서 도망치는 것을 고결한 일이요 수도생활의 완성이라고 여깁니다."

~ 11 ~
공주수도원 공동체를 쉽게 포기한 사람들의 치료에 관한 질문

1. 게르마누스가 말했습니다: "그렇다면 공주수도 생활 훈련에 대한 가르침을 거의 받은 적이 없으며 자신에게서 모든 악덕들을 제거하기 전에 사막에서 생활하기 시작하여 동일한 약점과 한계를 가지고 있는 우리에게 유익한 치료법은 무엇입니까? 또 처음 시작한 이 생활을 충분히 발달시키고 완성해야 하는 훈련장과 같은 공주생활 공동체를 너무 일찍 포기한 우리가 어떻게 해야 분심되지 않은 정신과 불변하는 견고한 인내를 획득할 수 있습니까? 2. 이제 독수도 생활을 하고 있는 우리가 어떻게 해야 오래참음과 인내를 완성할 수 있습니까? 또 우리가 사람들의 사회에서 떨어져 나왔을 때 그들로 인한 성가심을 느끼지 않는다고 해서 자신이 평정심을 소유하고 있다고 믿는다면, 내면의 움직임들을 살피는 우리의 양심이 자신이 소유하고 있는 덕목들과 부족한 덕목들을 어떻게 이해하겠습니까?"

~ 12 ~
답변: 독수도사가 자기의 악덕들을 인식할 수 있는 방법

1. 요한 사부는 다음과 같이 말씀하셨습니다: "영혼의 참된 의원에게서 치료를 구하는 사람들에게는 치료법이 부족하지 않습니다. 특히 낙심 또는 태만하여 자신의 좋지 않은 건강상태를 무시하거나 위험한 상처를 감추거나 무례한 정신으로 회개의 약을 거부하지 않는 사람들, 무지나 잘못이나 어쩔 수 없는 상황 때문에 병들었지만 겸손하고 신중한 정신으로 하늘의 의원을 의지하는 사람들이 이 경우에 해당됩니다. 만일 우리가 자신의 악덕들에 관심을 기울이지 않은 채 사막이나 외딴 장소로 간다면, 그것들의 영향력이 억제될 뿐이지 그것들을 향한 성향이 근절되지 않는다는 것을 알아야 합니다.

2. "이는 우리 안에 죄의 뿌리가 뽑히지 않은 채 감추어져 있기 때문입니다. 그것이 우리 안에 살아있다는 것을 보여주는 징후는 다음과 같습니다. 예를 들어 우리가 사막에 살면서 형제들의 방문 또는 그들이 잠시라도 지체하는 데 대해 화를 내거나 속상해한다면, 우리 안에 조급함이 살아있다고 여겨야 합니다. 또 어느 형제가 피치 못할 사정 때문에 예정된 시간보다 늦게 도착할 때 말로 표현하지 않지만 마음속으로 화를 내며 그를 비난할 경우에 우리의 양심을 살펴본다면 우리 안에 분노와 짜증이 남아있음이 드러날 것입니다. 3. 또 형제가 책이나 물건을 달라고 부탁할 때 짜증을 내거나 거절한다면, 우리가 여전히 탐욕과 금전욕의 올무에 묶여 있음이 분명합니다. 만일 성경구절을 읽으면서 갑자기 여인을 생각하고 성적인 자극을 느낀다면, 우리의 지체 안에서 간음이라는 악덕이 아직 근절되지 않았음을 알아야 합니다. 만일 자신의 엄격함을 다른 사람의 태만함과 비교하면서 정신적으로 우쭐함을 느낀다면, 교만이라는 더러운 병에 전염되어 있음이 확실합니다.

4. "그러므로 마음속에서 이러한 악덕들의 조짐을 감지할 때면 우리 안에 죄를 향한 성향이 부족한 것이 아니라 그 영향력이 부족한 것임을 인식해야 합니다. 만일 우리가 인간적인 생활방식에 개입한다면 즉시 생각의 동굴에서 이러한 정념들이 출현할 것인데, 그것들이 처음 분출할 때에 생겨난 것이 아니라 오랫동안 감추어져 있다가 그 때에 모습을 나타내었음을 증명합니다. 따라서 자신의 순결을 사람들에게 보여주려는 것이 아니라 마음의 비밀을 숨길 수 없는 분 앞에서 그것이 존중되어야 함을 나타내려고 노력하는 독수도사는 숨길 수 없는 조짐들을 통해서 각각의 악덕들의 뿌리가 자기의 내면에 심겨져 있는지 감지합니다."

~ 13 ~

악덕을 제거하지 않은 채 사막에 들어간 사람들의 치유 방법에 관한 질문

1. 게르마누스가 말했습니다: "우리는 자신의 약점들의 조짐을 드러내주는 증거들과 질병을 분별하는 방법들—즉 악덕들이 어떻게 우리 안에 숨어있는지 감지하는 방법들—을 꽤 잘 따라왔습니다. 매일의 경험 및 생각의 움직임의 결과로서 우리는 이 모든 것이 앞에서 진술된 바와 같다는 것을 깨닫습니다. 이제 남은 것은 우리의 질병의 증거와 원인을 분명하게 드러냈듯이, 그것들을 치료하기 위한 약을 지적하는 일입니다. 이 악한 질병의 원인과 근원을 처음 감지하여 자신이 병자임을 증언하는 사람이 그것들의 치료법에 대해 가장 잘 논할 수 있습니다.

2. "사부님의 가르침이 우리의 은밀한 상처들을 적나라하게 드러내주었기에 우리는 치료의 소망을 가집니다. 왜냐하면 병을 공개적으로 나타냄으로써 치료의 희망이 생기기 때문입니다. 그러나 사부님의 말씀처럼 구원의 출발점이

공동체 안에서 획득되며 먼저 공주수도 생활 훈련을 통해서 온전해지지 못한 사람은 사막에서 온전할 수 없기 때문에, 우리는 불완전한 상태에서 공주수도원을 떠났기 때문에 사막에서 완전해질 수 없을까 염려하여 낙심하고 있습니다."

~ 14 ~

답변: 치유에 관하여

1. 사부 요한은 다음과 같이 답변하셨습니다: "자신의 질병 치료에 대해 염려하는 사람들에게 유익한 치료법이 없을 수 없습니다. 그러므로 각각의 악덕의 조짐들을 감지할 때와 동일한 방식으로 그 치료법을 찾아야 합니다. 독수도사들에게 인간적인 생활방식에 속한 악덕들이 없지 않듯이, 인간적인 생활방식을 단절한 사람들이 덕을 향한 열심과 건강의 수단들을 사용할 수 있음을 부인할 수 없습니다.

2. "그러므로 어떤 사람이 앞에서 인용한 조짐들 덕분에 조급함이나 분노의 방해에 시달리고 있음을 감지한다면, 그것들과 반대되는 것들을 적용함으로써 자신을 연단해야 합니다. 그는 마치 어떤 사람에 의해 다양한 종류의 불행과 방해가 자신에게 초래된 듯이 그것들을 자기 앞에 두고서 악 때문에 자신에게 닥칠 수 있는 모든 일에 겸손히 복종하며, 종종 견딜 수 없는 상황들과 어려움들을 상상해야 하며, 끊임없이 상한 마음으로 이것들을 온유하게 대면해야 한다는 것을 묵상해야 합니다. 그러므로 그는 주님을 비롯하여 거룩한 사람들이 당한 고난을 염두에 두며, 자신이 마땅히 받아야 할 것보다 적은 수치와 형벌을 받고 있다고 인정하면서 슬픔을 참고 견딜 준비를 할 것입니다.

3. "이따금 그는 형제들의 집회에 초대받을 것입니다. 사막에서 엄격하게 생

활하는 사람에게도 이런 일이 드물게 발생합니다. 만일 그 때 하찮은 일에 의해서 마음이 어지러워지는 것을 감지한다면, 즉시 자신을 책망하고 비난하면서 다음과 같이 말해야 합니다: '선한 사람아, 너는 독수도 생활의 훈련장에서 훈련하고 있으면서 모든 악을 극복할 수 있는 체하지 않느냐? 최근에 자신이 거센 폭풍 앞에서 굴하지 않고 강하다고 믿고서 신랄한 수치와 참을 수 없을 정도의 형벌을 상상하지 않았더냐? 4. 그런데 어찌하여 하찮은 말을 듣는 즉시 너의 인내심이 뒤엎어졌느냐? 어찌 단단한 바위 위에 단단하게 세운 것처럼 보였던 집이 가벼운 바람에 흔들렸느냐? 네가 어리석게도 평안할 때에 전쟁을 바라면서 "나는 각오가 되어 있으며 흔들림이 없다"라고 외치던 확신은 어디로 갔느냐? 너는 시편 기자처럼 "여호와여 나를 살피시고 시험하사 내 뜻과 내 양심을 단련하소서"(시 26:2); "하나님이여 나를 살피사 내 마음을 아시며 나를 시험하사 내 뜻을 아옵소서 내게 무슨 악한 행위가 있나 보시고 나를 영원한 길로 인도하소서"(시 139:23-24)라고 말하지 않았더냐? 어찌하여 거대한 전쟁 기관차가 원수의 그림자를 보고 두려워하느냐?' 5. 이런 종류의 가책으로 자신을 책망하고 정죄해야 하며, 이 예기치 않았던 소란에 대해 보복하지 않고 지나쳐서는 안 됩니다. 그는 사막에서 거주하고 있으므로 잘못을 고치기 위해 엄격하게 금식하고 철야함으로써 육신을 징계하며, 금욕이라는 형벌로 자신의 경박함을 징계하면서 공주수도 생활을 하는 동안 완전히 태워 없앴어야 할 것을 이 수련의 불로 파괴해야 합니다.

"어쨌든 단호하고 한결같은 인내를 획득하기 위해서 이것을 꾸준히 유지해야 합니다. 부당한 일에 보복하는 것뿐만 아니라 기억하는 것도 금하는 하나님의 법은 우리가 불쾌한 일이나 성가신 일 때문에 화를 내는 것을 허락하지 않습니다. 6. 돌연하고 맹목적인 감정 때문에 영혼이 참되고 영원한 빛의 광채를 박탈당하여 마음이 온유하고 겸손하신(마 11:29) 분을 보지 못하게 되는 것이 가장 큰 손실입니다. 선한 것, 신중한 분별의 규칙과 훈련을 판단하는 능력을 상실하며, 술주정뱅이나 의식 없는 사람도 용서받을 수 없는 일을 자행하는 것이 가장 두렵고 비극적인 일이 아닐까요?

7. "이러한 불쾌한 일들을 생각하는 사람은 온갖 종류의 손해뿐만 아니라 잔인한 사람들이 가하는 학대와 형벌도 무시하며 참고 견딜 것입니다. 그는 성내는 것을 가장 큰 손실로 여기며 평화로운 정신과 깨끗한 마음을 가장 귀하게 여겨 존중할 것입니다. 만일 이 평온함을 어지럽게 해야만 획득되고 완전하게 된다면, 그것들 때문에 육욕적인 것들에 속한 이익뿐만 아니라 영적인 것처럼 보이는 것들에 속한 이익도 멸시해야 합니다."

~ 15 ~
순결을 다른 정념들처럼 조사해야 하는지에 관한 질문

게르마누스가 말했습니다: "다른 상처들—분노, 슬픔, 짜증—을 치료하려면 그와 반대되는 것을 적용해야 한다고 말씀하셨습니다. 간음의 영에는 어떤 치료법을 적용해야 하는지 가르쳐 주십시오. 다른 정념들의 경우처럼 더 자극적인 것을 상상함으로써 정욕의 불을 끌 수 있습니까? 우리는 방탕한 충동들이 증가하는 것뿐만 아니라 그것들이 정신의 눈앞을 재빨리 지나가는 것도 순결에 위배되는 것이라고 여기고 있습니다."

~ 16 ~
답변: 그것을 식별하는 데 사용되는 증거들

1. 요한 사부는 다음과 같이 말씀하셨습니다: "당신의 질문은 다음에 논의하

려는 주제를 언급하고 있습니다. 당신의 예리한 통찰이 우리의 가르침을 앞섰으므로, 당신의 지성이 그것을 효과적으로 파악할 것이라고 확신합니다. 답변을 예측한 질문이 제기될 때에 애매한 주제가 쉽게 이해되는 법입니다.

"인간 사회는 앞에서 다룬 악덕들의 치료를 방해하는 것이 아니라 오히려 치료에 기여합니다. 2. 우리가 빈번하게 짜증을 낼수록, 더 많은 사람들이 영속적인 가책의 슬픔을 가져다 주며 그 고통 아래 애쓰는 사람들의 신속한 회복에 기여합니다. 이런 까닭에 비록 우리는 사람들에게서 비롯된 짜증의 원인이 발생할 수 없는 사막에 거주하지만 이것들을 일으키는 원인들을 생각해야 합니다. 그렇게 하면 끊임없는 생각의 전쟁에서 그것들을 대적하여 싸울 때 신속하게 치료법이 주어질 것입니다.

3. "간음의 영이 발생하는 원인이 다른 악덕들의 원인과 같지 않듯이, 그것을 대적하는 방법도 같지 않습니다. 몸에게서 방탕의 기회 및 육체와의 밀접한 관계를 박탈해야 하듯이, 정신에게서 그것들에 대한 생각을 완전히 제거해야 합니다. 병들고 약한 마음이 이 정념을 조금이라도 기억하도록 허락하는 것은 매우 위험합니다. 때때로 거룩한 여인을 기억하거나 성경을 읽을 때에도 해로운 자극의 충동이 일어날 수 있습니다. 이런 까닭에 우리의 원로들은 지혜롭게도 젊은 사람들과 함께 있을 때 이런 종류의 글을 읽지 않고 넘어가곤 했습니다.

"한편 순결의 성향에 있어서 완전해진 사람에게는 자신을 성찰하며 양심의 판단에 의해 마음의 순결을 입증하기 위한 시험이 주어집니다. 완전한 사람도 이 정념과 관련된 유사한 시험을 받을 것입니다. 4. 자신이 이 질병의 뿌리를 완전히 뽑아버렸다고 확신하는 사람이 순결을 조사하기 위해서 방탕한 정신으로 상상할 수도 있습니다. 그러나 약한 사람들이 마음으로 여인과의 교제와 애무를 생각하는 이 성찰 방법을 시도하는 것은 적합하지 못합니다. 왜냐하면 그들에게는 그 방법이 유익을 주기보다 해로울 것이기 때문입니다. 그러므로 완전한 덕 안에 자리잡은 사람이 성적이고 방탕한 접촉을 상상해도 육체가 동요하지 않고 정신이 동의하지 않음을 감지할 때, 순결의 가장 확실한 증거를 소유하게 될 것입니다. 그는 이 순결을 고수하기 위해 자신을 연단함으로써 정신 안에 썩지 않음과 순결을 소유할 뿐만 아니라 어쩔 수 없이 여인과 육체적으로 접촉하게 될 때에 크게 두려워할 것입니다."

제9시에 저녁 식사가 준비된 것을 보신 사부 요한은 여기에서 담화를 끝내셨습니다.

담화 20

사부 피누피우스의 담화

회개의 목적, 그리고 보속의 표식에 관하여

~ 1 ~
피누피우스 사부의 겸손, 그리고 수행 장소에 관하여

1. 회개의 목적에 관한 피누피우스Pinufius 사부의 가르침에 대해 말하면서 그분의 겸손을 언급하지 않는 것은 큰 손해일 것입니다. 그분의 겸손에 대해서는 『제도집』 제4권에서 간단히 언급한 바 있습니다. 특히 그 책을 알지 못하는 사람들이 읽을 가능성을 고려하여 여기서 그분의 겸손을 언급하려 합니다. 그분의 고결함을 언급하지 않으면 발언자의 말의 권위가 상실될 것입니다.

2. 피누피우스 사부가 이집트의 파네피시스Panephysis에서 그리 멀지 않은 곳에 위치한 큰 공주수도원의 원장이요 사제로 활동할 때 그분의 덕과 기적들 때문에 그 지방 사람들 모두가 그를 존경했습니다. 그는 자신의 수고에 대한 상을 사람들의 칭찬으로 받은 것처럼 여겼고, 특히 혐오스럽고 헛된 인기 때문에 영원한 상을 빼앗길까 두려워했습니다. 그래서 그는 몰래 수도원에서 도망쳐서 타벤나Tabenna라는 수도사들의 수행지로 갔습니다. 그곳에서 종종 일부 불완전한 사람들이 교만하여 주제넘게, 공주수도원에서의 순종을 인내하지 못하여 추구하는 사막의 독수도 생활을 선택하지 않고 사람들이 몰려드는

공주수도원으로 갔습니다. 3. 그는 사람들의 눈에 뜨이지 않으려고 세속적인 옷을 입고 그 지방의 관습대로 여러 날 동안 문 앞에 누워 울었습니다. 그의 열망을 시험하기 위해서 그가 그 생활의 거룩함을 추구한 것이 아니라 늙어 배고픔을 면하기 위해서 그곳에 왔다고 말하는 사람들로부터 멸시를 받은 후에 비로소 수도원에 들어갈 수 있었습니다. 그곳에서 정원사의 책임을 맡은 젊은 형제를 돕는 일이 그에게 배정되었습니다. 그는 이 젊은 감독자가 지시하는 일을 비롯하여 자신이 맡은 일을 놀랄 만큼 겸손하게 행했습니다. 뿐만 아니라 밤이면 다른 사람들이 피하는 허드렛일을 몰래 했는데, 다음날 아침에 공동체 사람들은 누가 그 일을 행하는지 알지 못한 채 놀랐습니다.

그곳에서 거의 3년 동안 자신이 동경하던 복종의 일을 행하면서 지내던 중 그가 떠나온 이집트 지역에서 그를 알고 지내던 형제가 그곳에 도착했습니다. 4. 그 형제는 피누피우스가 입은 천박한 의복과 천한 일 때문에 즉각적으로 그를 알아보지 못하고 오랫동안 망설였지만, 그를 자세히 살펴본 후에 그의 두 발을 껴안았습니다. 이 모습을 본 모든 형제들이 매우 놀랐습니다. 결국 그는 자기의 이름을 밝혔는데, 그의 특별한 거룩함 때문에 그 이름이 형제들에게 잘 알려져 있었습니다. 그들은 그처럼 귀한 사람이요 사제인 사람에게 힘든 일을 맡긴 데 대해 가책을 느꼈습니다. 5. 그는 형제들의 보호를 받으며 자기 수도원으로 돌아가 잠시 머물렀으나, 또다시 자신의 명성과 높은 직위에 대한 관심 때문에 낙심했습니다. 그리하여 몰래 배를 타고 시리아의 팔레스타인 지방으로 갔습니다. 그곳에서 그는 우리가 머물고 있던 수도원에 초심자요 수련수사로서 받아들여졌습니다. 수도원장은 그에게 우리가 거주하는 수도처에서 생활하라고 명령했습니다. 그러나 그의 가치와 덕은 오래 숨겨지지 않았습니다. 그는 앞서와 비슷하게 신분이 드러나 칭송을 받으면서 자기의 수도원으로 돌아갔습니다.

~ 2 ~
우리가 그분을 방문함

1. 얼마 후 우리는 그분을 만나 가르침을 받으려는 소원을 품고 이집트로 갔습니다. 그분은 과거에 같은 수도처에서 함께 생활했던 동료로서 우리를 따뜻하게 맞아 정원 한쪽 끝에 세운 자신의 수도처에 거주하게 해주었습니다. 2. 집회 때 형제들 앞에서 수도원의 규칙에 복종하고 있는 어느 형제를 위해 그분이 매우 어렵고 고귀한 계율들—나는 이것을 『제도집』 제4권에 간단히 진술했습니다—을 정했을 때, 참된 금욕의 절정이 경이로우며 파악할 수 없는 것처럼 보였기 때문에 저급한 우리는 결코 그것을 획득할 수 없다고 생각했습니다. 3. 낙심한 우리는 매우 불안한 상태에서 서둘러 그분에게 돌아갔습니다. 그분은 우리에게 낙심한 이유를 물었고, 게르마누스는 신음하면서 다음과 같이 대답했습니다:

~ 3 ~
회개의 목적 및 보속의 표식에 관한 질문

1. "우리가 알지 못하던 가르침의 말씀은 고귀한 금욕의 길을 열어주었고 천국에 자리잡은 그 종착점을 밝혀주었습니다. 이제 우리의 시야에서 안개가 제거된 듯 합니다. 그런데 그것이 고귀하고 훌륭하게 보일수록, 우리는 점점 더 절망에 빠집니다. 그것의 방대함과 우리의 보잘것없는 능력을 비교하고, 우리에게 보인 높은 덕과 우리의 무지를 비교해보면서, 보잘것없는 우리가 그곳에 도착할 수 없을 뿐만 아니라 그곳에서 떨어질 수도 있다고 느낍니다. 2. 우리

는 절망하고 있으며 낮은 곳에서 더 낮은 곳으로 떨어지고 있습니다. 우리의 상처를 치유하는 데 도움이 될 수 있는 것은 단 한 가지입니다. 즉 과거에 범한 죄가 사해졌음을 확신하고 용기를 내어 완전함의 고지에 오르기 위해서 회개의 목적, 그리고 특별히 보속의 표식에 대해 가르침을 받는 것입니다."

~ 4 ~
답변: 우리의 겸손한 질문에 관하여

1. 피누피우스 사부는 다음과 같이 말씀하셨습니다: "전에 우리가 함께 생활할 때 내가 관심을 가지고 지켜보았던 당신들의 겸손이 맺은 풍성한 열매들 및 우리가 제정한 규율에 경탄하는 모습을 보니 기쁩니다. 당신들이 그 규율을 듣는 즉시 실천해도 나는 놀라지 않을 것입니다. 그 규율의 중요성은 당신들의 근면함에 비교가 되지 못하지만, 당신들은 매우 겸손하여 날마다 성취하는 것을 눈치채지 못하고 계십니다. 2. 당신들이 아직 배우지 못하여 이 거룩한 사람들의 제도들을 알지 못한다고 주장하므로, 당신들이 간절히 부탁하는 것을 되도록 간단히 말씀드리겠습니다. 내 능력과는 상관없이 오랫동안 교제해 온 당신들의 부탁을 들어드려야 합니다.

"회개의 권위와 중보 능력이 얼마나 유익하고 고결한 것인지에 대해 많은 사람들이 말이나 글로 표현해 왔습니다. 심지어 기도가 과거에 지은 죄에 대한 정확한 벌을 요구하시는 하나님 앞에 일종의 장벽을 쌓는다고 주장되기도 합니다. 3. 나는 당신들이 본성적 지혜나 성경공부를 통해서 이 모든 것을 잘 알고 있으며, 그 덕분에 대화가 시작되었다고 확신합니다. 당신들은 회개의 특성이 아니라 회개의 목적 및 배상의 표식에 관심을 가지고 있으며, 다른 사람들이 지나쳐버린 것에 대해 통찰력 있게 질문하고 계십니다.

~ 5 ~
회개의 방법 및 용서의 증거에 관하여

1. "당신들의 질문에 대해 간단히 요약하여 답변하기 위해 회개에 대한 완벽한 정의를 제시하겠습니다: 우리가 양심의 가책을 느끼며 보속을 행한 죄를 다시 범하지 말아야 합니다. 보속과 용서의 표식은 죄를 향한 성향이 우리 마음에서 쫓겨난 것입니다. 2. 우리가 자신이 행한 일들이나 유사한 악행들 때문에 신음하며 보속하는 동안 그것들의 이미지가 우리 앞에 어른거리거나 그것들에 대한 생각이 마음속 깊은 곳에서 들끓는다면 죄사함 받지 못했음을 알아야 합니다. 보속을 위해 자신을 면밀히 지켜보면서 이 악덕들의 이미지와 유혹이 자기 마음을 건드리지 못하는 것을 볼 때 자신의 악행이 용서되었고 과거에 지은 죄들이 사함받았음을 깨달아야 합니다. 3. 그러므로 회개의 판단자와 용서의 표식은 우리의 양심 안에 있습니다. 심판날이 오기 전에 양심은 육체 안에 살고 있는 우리에게 죄사함을 보여주고, 보속의 목적과 용서의 은혜를 드러내줍니다.

"이 말을 좀더 정확하게 표현해보겠습니다: 현재의 정욕적인 쾌락과 결합된 욕망과 정념들이 우리 마음에서 제거되었을 때 과거의 악덕들의 얼룩이 우리를 놓아주었다고 여길 수 있습니다."

~ 6 ~
진정한 가책을 위해 죄를 기억해야 하는지에 관한 질문

1. 게르마누스가 말했습니다: "어떻게 해야 '내가 이르기를 내 허물을 여호와께 자복하리라 하고 주께 내 죄를 아뢰고 내 죄악을 숨기지 아니하였습니다' 라고 표현된 바 거룩하고 유익한 가책이 우리 안에 생겨나 '주께서 내 죄

악을 사하셨나이다'(시 32:5)라고 말할 자격을 얻을 수 있습니까? 또 우리가 '나 곧 나는 나를 위하여 네 허물을 도말하는 자니 네 죄를 기억하지 아니하리라'(사 43:25)는 말씀에 따라 마음에서 죄의 기억을 몰아낼 때 거꾸로 그것을 기억하라는 명령을 받는다면, 어떻게 우리가 엎드려 '내가 탄식함으로 피곤하여 밤마다 눈물로 내 침상을 띄우며 내 요를 적시나이다'(시 6:6)라고 기도하면서 눈물로 죄를 고백하여 죄사함을 얻을 수 있습니까? 2. 그러므로 나는 일할 때나 기도할 때 겸손하고 통회하는 마음을 지니며 시편 기자처럼 '나의 곤고와 환난을 보시고 내 모든 죄를 사하소서'(시 25:18)라고 말하기 위해 정신을 집중하여 죄를 기억합니다."

~ 7 ~

답변: 과거의 행동에 대한 기억을 얼마나 보유해야 하는가?

1. 피누피우스 사부는 다음과 같이 말씀하셨습니다: "당신은 회개의 특성에 대해서가 아니라 회개의 목적과 보속의 표식에 대해 질문하셨는데, 그것에 대해서 적절히 답변했다고 생각합니다. 그리고 죄를 기억하는 것에 대한 당신의 말은 유익하며 필요한 것이지만, 그것은 회개하고 있는 사람들이 상한 마음으로 '무릇 나는 내 죄과를 아오니 내 죄가 항상 내 앞에 있나이다'(시 51:3), '내 죄악을 아뢰고 내 죄를 슬퍼함이니이다'(시 38:18)라고 선포하도록 하기 위한 것입니다. 우리가 행한 악한 행위를 기억하고 회개할 때 죄고백에서 비롯된 눈물의 폭포가 양심의 불을 끌 것입니다.

2. "겸손한 마음과 통회하는 영 안에 견고히 세워진 사람, 끊임없이 수고하고 신음하는 사람에게서 이러한 기억이 사라졌을 때, 자비하신 하나님의 은혜에 의해 영혼의 깊은 곳에서 양심의 가시가 제거되었을 때, 보속의 종착점에

도달하여 자신이 범한 악행의 얼룩이 제거되고 용서받을 자격을 얻었음이 분명해집니다. 그러나 이 망각은 이전의 악덕들과 성향의 소멸에 의해서, 그리고 마음의 완전한 청결에 의해서만 획득됩니다. 3. 나태하여 악덕의 제거를 소홀히 한 사람은 이 상태에 이르지 못하며, 항상 탄식하고 신음함으로써 더러운 얼룩을 완전히 제거하고 고결한 마음과 행위로 '주께 내 죄를 아뢰고 내 죄악을 숨기지 아니하였더니 곧 주께서 내 죄악을 사하셨나이다', '내가 탄식함으로 피곤하여 밤마다 눈물로 내 침상을 띄우며 내 요를 적시나이다'라고 선포하는 사람만 이 상태에 도달합니다. 그는 '여호와께서 이와 같이 말씀하시니라 네 울음 소리와 네 눈물을 멈추어라 네 일에 삯을 받을 것인즉' (렘 31:16)이라는 말을 들을 것입니다. 하나님은 이런 사람에게 '내가 네 허물을 빽빽한 구름같이, 네 죄를 안개같이 없이하였다' (사 44:22), '나 곧 나는 나를 위하여 네 허물을 도말하는 자니 네 죄를 기억하지 아니하리라' (사 43:25)고 말씀하십니다. 그는 사람들을 속박하는 죄의 줄에서 벗어나 '주께서 나의 결박을 푸셨나이다 내가 주께 감사제를 드리고 여호와의 이름을 부르리이다' (시 116:16-17)라고 찬송할 것입니다.

~ 8 ~
회개의 다양한 열매에 관하여

1. "죄를 소멸시켜 주는 회개에는 세례의 은혜와 순교라는 귀중한 은사 외에도 많은 열매들이 있습니다. 베드로가 '너희가 회개하고 돌이켜 너희 죄 없이 함을 받으라' (행 3:16)라고 말한 것과 세례 요한이 '회개하라 천국이 가까이 왔느니라' (마 3:2)고 말한 데서 볼 수 있듯이, 회개라는 특별한 이름 아래서만 영원한 구원이 약속되는 것이 아닙니다. 사랑의 성향에 의해서도 죄의 짐이 제

거됩니다. 왜냐하면 '사랑은 허다한 죄를' 덮기 때문입니다(벧전 4:8). 2. 구제의 열매를 통해 우리의 상처가 치유됩니다. 왜냐하면 '물은 뜨거운 불을 끄고 자선은 죄를' 없애기 때문입니다(집회서 3:30). 또 '밤마다 눈물로 내 침상을 띄우며 내 요를 적시나이다' (시 6:6)라는 말씀에서 보듯이 눈물을 흘림으로써 죄사함을 얻습니다. '악을 행하는 너희는 다 나를 떠나라 여호와께서 내 울음소리를 들으셨도다' (시 6:8)라는 말씀은 눈물 흘림이 헛되지 않음을 보여줍니다. 3. 죄고백을 통해서 용서가 주어집니다: '내 죄를 아뢰고 내 죄악을 숨기지 아니하였더니 곧 주께서 내 죄악을 사하셨나이다' (시 32:5); '너는 말하여 네가 의로움을 나타내라' (사 43:26b). 몸과 마음의 고통에 의해서 죄사함을 얻기도 합니다: '나의 곤고와 환난을 보시고 내 모든 죄를 사하소서' (시 25:18). 특히 행위의 잘못을 바로잡을 때에 이것이 적용됩니다: '너희는 스스로 씻으며 스스로 깨끗하게 하여 내 목전에서 너희 악한 행실을 버리며 행악을 그치고 선행을 배우며 정의를 구하며 학대 받는 자를 도와 주며 고아를 위하여 신원하며 과부를 위하여 변호하라 하셨느니라 여호와께서 말씀하시되 오라 우리가 서로 변론하자 너희의 죄가 주홍 같을지라도 눈과 같이 희어질 것이요 진홍같이 붉을지라도 양털같이 희게 되리라' (사 1:16-18). 4. 또 거룩한 사람들의 중보를 통해 죄사함이 주어집니다: '누구든지 형제가 사망에 이르지 아니하는 죄 범하는 것을 보거든 구하라 그리하면 사망에 이르지 아니하는 범죄자들을 위하여 그에게 생명을 주시리라' (요일 5:16); '너희 중에 병든 자가 있느냐 그는 교회의 장로들을 청할 것이요 그들은 주의 이름으로 기름을 바르며 그를 위하여 기도할지니라' (약 5:14). 5. 때때로 자비와 믿음에 의해 악덕의 얼룩이 제거됩니다: '선한 말은 정결하니라' (잠 15:26). 종종 우리의 전도와 경고에 의해 구원받은 사람들의 구원과 대화 덕분에 이런 일이 발생하기도 합니다: '죄인을 미혹된 길에서 돌아서게 하는 자가 그의 영혼을 사망에서 구원할 것이며 허다한 죄를 덮을 것임이라'(약 5:20). 물론 우리의 용서 행위에 의해서 우리 자신의 악행이 용서받습니다: '너희가 사람의 잘못을 용서하면 너희 하늘 아버지께서도 너희 잘못을 용서하시리라'(마 6:14).

"구세주의 자비와 관용을 받을 수 있는 기회가 많으므로, 구원을 원하는 사람이 원하는 대로 사용할 수 있는 생명 구원의 기회가 많으므로 낙심할 필요가 없습니다. 6. 만일 당신이 육체적인 약함 때문에 죄를 씻기 위한 금식을 행할 수 없다고 불평하며 '금식하므로 내 무릎이 흔들리고 내 육체는 수척하오며 나는 재를 양식 같이 먹으며 나는 눈물 섞인 물을 마셨나이다'(시 109: 24; 102:9)라고 말하지 못한다면, 구제함으로써 그 죄를 청산하십시오. 만일 가난한 사람들에게 구제할 것을 가지고 있지 못하다면(가난하다고 해서 구제의 의무가 면제되는 것이 아닙니다. 부자의 통 큰 기부보다 과부의 동전 두 푼이 낫고〔눅 21:1-4 참조〕, 주님은 냉수 한 잔에 대해서 보상하시겠다고 약속하십니다〔마 10:42 참조〕), 당신 자신의 잘못된 행위를 고침으로써 정결하게 될 수 있습니다. 7. 그러나 만일 당신이 모든 악덕을 제거함으로써 덕의 완성을 획득하지 못한다면, 사람들의 구원을 돕는 데 관심을 기울이십시오. 만일 당신에게 이 일을 행할 능력이 없다면, 사랑의 성향에 의해 죄를 덮을 수 있을 것입니다. 만일 이 점에 있어서도 정신적인 약함이 당신을 약하게 만든다면, 거룩한 사람들의 기도와 중보기도를 통해 상처를 치유해 달라고 겸손하게 간청하십시오. 마지막으로 겸손하게 '내 죄를 아뢰고 내 죄악을 숨기지 아니하였습니다' 라고 고백한 후에 '곧 주께서 내 죄악을 사하셨나이다' 라고 말할 수 없는 사람이 있습니까? 8. 만일 당신이 수치심 때문에 죄를 사람들에게 드러내지 못한다면, 끊임없이 하나님께 간구하면서 '무릇 나는 내 죄과를 아오니 내 죄가 항상 내 앞에 있나이다 내가 주께만 범죄하여 주의 목전에 악을 행하였사오니'(시 51:3-4)라고 고백하십시오. 하나님은 부끄러운 것을 드러내지 않은 채 치유하시고 책망함이 없이 용서해주시는 분이며, 하나님 앞에서는 죄가 감추어지지 못합니다. 게다가 하나님은 한층 더 쉽게 받을 수 있는 신속하고 확실한 도움을 주셨고, 치료의 수단을 우리의 결정에 맡기셨습니다. 따라서 우리는 자신의 성향에 기초를 두고 자기의 죄가 사함을 받았다고 여기며 '우리가 우리에게 죄 지은 자를 사하여 준 것같이 우리 죄를 사하여 주시옵고'(마 6:12)라고 기도할 수 있습니다.

9. "그러므로 죄 사함 받기를 원하는 사람은 이 방법들을 사용해야 합니다. 냉담하고 완고한 마음 때문에 치유와 큰 자비의 근원에서 등을 돌려서는 안 됩니다. 선하시고 자비하신 하나님이 우리의 죄를 없애주시지 않는 한, 우리가 이 모든 방법을 사용한다 해도 속죄의 효과를 나타내지 못할 것입니다. 우리가 겸손한 마음으로 경건하게 예배하는 것을 보실 때 하나님은 우리의 약하고 하찮은 노력을 하나님의 무한한 자비로 보완해주십니다. 그렇기 때문에 하나님은 '나 곧 나는 나를 위하여 네 허물을 도말하는 자니 네 죄를 기억하지 아니하리라'(사 43:25)고 말씀하십니다.

10. "그러므로 지금까지 언급한 상태에 관심을 가진 사람은 날마다 금식하고 몸과 마음을 죽임으로써 보속의 은혜를 획득할 것입니다. 성경은 '피흘림이 없은즉 사함이 없느니라'(히 9:22)고 말합니다. '혈과 육은 하나님 나라를 이어 받을 수'(고전 15:50) 없다는 점에서 이것은 참입니다. 그러므로 '성령의 검 곧 하나님의 말씀'(엡 6:17)이 이 피 흘리는 것을 막으려 하는 사람은 예레미야가 '자기 칼을 금하여 피를 흘리지 아니하는 자도 저주를 받을 것이로다'(렘 48:10)라고 말한 저주를 받을 것입니다. 11. 이것은 악이라는 재료를 활성화하

는 해로운 피를 쏟아내는 칼입니다. 그것은 우리 영혼의 지체 안에서 육욕적이고 저속하게 굳어진 모든 것을 잘라 제거합니다. 또 자기의 악에 대해 죽은 사람들을 하나님에 대해 살며 영적인 덕들이 자라도록 해줍니다. 이제 그는 과거의 죄에 대한 기억보다는 장래의 기쁨에 대한 희망 때문에 눈물을 흘리기 시작할 것입니다. 그는 과거의 악을 생각하는 것이 아니라 장차 받을좋은 것들을 생각하며, 죄로 인한 쓰라림 때문이 아니라 영원한 즐거움을 생각하고 기쁨의 눈물을 흘릴 것입니다. 그는 '뒤에 있는 것', 즉 육욕적인 악덕들은 잊어버리고 '앞에 있는 것', 즉 영적인 은사와 덕목들을 잡으려고 노력할것입니다(빌 3:13).

~ 9 ~
완전한 사람들이 자기의 죄를 잊는 것이 유익하다는 것

1. "앞에서 말했듯이 과거의 죄를 기억하는 데 몰두해서는 안 됩니다. 혹시 그러한 기억이 거세게 몰려온다면, 즉시 몰아내야 합니다. 왜냐하면 특히 사막에서 사는 사람의 경우에 그러한 기억은 정신을 순결에 대한 관상에서 끌어내려 이 세상의 더러운 것에 말려들게 하고 악덕의 악취로 질식시키기 때문입니다. 비록 당신이 이 세상 임금을 따르고 있을 때 무지나 방탕함 때문에 범한 것들을 생각하면서 은밀하게 즐거움을 느끼지 않을 것이라고 인정하지만, 그것들을 다시 생각할 때 악취를 내는 과거의 부패한 것과의 작은 접촉이 정신을 더럽게 하며 덕의 영적인 향기를 몰아낼 것입니다.

2. "그러므로 뻔뻔스럽고 무례한 여인이 말을 걸거나 포옹하려 할 때 고결하고 진지한 사람이 도망치듯이, 과거의 죄에 대한 기억이 정신을 어지럽게 할 때 두려워하며 물러나야 합니다. 만일 그가 부끄러운 쾌락에 동의하지 않지만

즉시 여인과의 접촉을 피하지 않고 잠시라도 음란한 대화를 허용한다면, 비록 부끄러운 쾌락에 동의하지 않았다 해도 구경꾼들의 좋지 않은 평가를 피할 수 없을 것입니다

3. "이런 종류의 위험한 생각에 빠지는 즉시 그 생각을 중지해야 합니다. 그렇지 않으면 더럽고 악한 생각에 잡혀있는 우리를 보고 천사들이 '여호와의 복이 너희에게 있을지어다' (시 129:8)라고 말할 수 없을 것입니다. 4. 마음이 악하고 저속한 생각에 기울어져 있을 때 정신이 선한 생각을 할 수 없습니다. '또 네 눈에는 괴이한 것이 보일 것이요 네 마음은 구부러진 말을 할 것이며 너는 바다 가운데에 누운 자 같을 것이요 돛대 위에 누운 자 같을 것이며 네가 스스로 말하기를 사람이 나를 때려도 나는 아프지 아니하고 나를 상하게 하여도 내게 감각이 없도다 내가 언제나 깰까 다시 술을 찾겠다 하리라' (잠 23:33-35)는 솔로몬의 말이 옳습니다.

5. "그러므로 악한 생각뿐만 아니라 저속한 생각들까지 모두 버리며 '나 있는 곳에 나를 섬기는 자도 거기 있으리니' (요 12:26)라는 주님의 말씀대로 거룩한 것을 향해 정신을 들어올려야 합니다. 종종 위로의 정신으로 자신이나 다른 사람의 몰락에 대해 깊이 생각하는 사람이 미묘한 화살을 맞아 기분 좋은 감정을 느끼며, 선한 것처럼 가장하여 시작된 것이 더럽고 해로운 결과를 초래하는 일이 발생합니다: '어떤 길은 사람이 보기에 바르나 필경은 사망의 길이니라' (잠 16:25).

~ 10 ~

수치스러운 행위에 대한 기억을 피해야 한다.

"그러므로 악을 기억하지 말고 덕을 향한 동경과 하늘나라에 대한 갈망에

의해 이 훌륭한 가책에 이르려고 노력해야 합니다. 하수관 위에 서거나 오물을 휘젓는 사람은 악취 때문에 질식하기 마련입니다.

~ 11 ~
보속의 표식 및 과거에 범한 악행의 용서에 관하여

1. "우리로 하여금 유감스러운 행동을 하게 만드는 움직임들과 성향들이 마음에서 근절되었을 때 비로소 과거의 죄에 대한 보속이 이루어진다는 것을 우리는 알고 있습니다. 그러나 먼저 그러한 죄에 빠지게 만든 원인들과 물질들을 잘라버리지 못한 사람이 이러한 상태에 도달할 수 있다고 생각할 수 없습니다. 예를 들어 여인들과 친하게 지내다가 간음한 사람은 여인들을 바라보는 것조차 피하려고 노력해야 합니다. 또 만일 지나친 음주와 과식 때문에 흥분했었다면, 이처럼 좋지 않은 음식에 대한 탐식을 엄격하게 규제해야 합니다.

2. 또 만일 그가 금전욕 때문에 타락하여 위증이나 도둑질이나 살인이나 하나님을 모독하는 죄를 범했다면, 그를 미혹한 탐욕의 근원을 잘라버려야 합니다. 만일 그가 교만때문에 화를 낸다면, 겸손으로 이 오만의 뿌리를 뽑아내야 합니다. 즉 각각의 죄를 없애려면 그 죄를 범하게 만드는 원인을 초기에 잘라버려야 합니다. 이러한 치유의 처방에 의해 자신이 범한 죄를 기억하지 않는 상태에 이를 수 있을 것입니다.

~ 12 ~
보속이 어떤 점에서 일시적이며, 끝없는 것인지에 관하여

1. "위에서 언급한 바 죄를 기억하지 않는 것에 대한 이러한 이해는 모세의 율법에서 정죄된 중한 죄들, 선한 생활방식에 의해 제거되는 성향들만 언급합

니다. 따라서 그것들의 회개에는 목적이 있습니다.

"그러나 '의인은 일곱 번 넘어질지라도 다시 일어나려니와'(잠 24:16)라고 언급된 작은 죄들에 대한 보속에는 목적이 없을 것입니다. 2. 우리는 날마다 무지나 망각이나 생각이나 말이나 필연에 의해서나 육체의 약함이나 꿈 속에서의 몽설 등으로 말미암아 의도적으로든지, 무의식적으로든지, 마지못해서든지 자주 작은 죄들을 범합니다. 이런 죄들 때문에 다윗은 하나님께 정화와 용서를 구하며 '자기 허물을 능히 깨달을 자 누구리요 나를 숨은 허물에서 벗어나게 하소서 또 주의 종에게 고의로 죄를 짓지 말게 하사 그 죄가 나를 주장하지 못하게 하소서'(시 19:12-13)라고 기도했습니다. 또 사도 바울은 '내가 원하는 바 선은 행하지 아니하고 도리어 원하지 아니하는 바 악을 행하는도다'(롬 7:19)라고 말했고, '오호라 나는 곤고한 사람이로다 이 사망의 몸에서 누가 나를 건져내랴'(롬 7:24)고 탄식했습니다. 3. 이런 것들의 경우에 우리가 마치 본성의 법에 의해서인 듯 쉽게 실족하기 때문에 조심스럽고 신중하게 경계해도 그것들을 완전히 피할 수 없습니다. '예수의 제자 중 하나 곧 그가 사랑하시는 자'(요 13:23)는 이것들에 대해서 '만일 우리가 죄가 없다고 말하면 스스로 속이고 또한 그의 말씀이 우리 속에 있지 아니하니라'(요일 1:8, 10)고 간단히 말했습니다.

"그러므로 완전의 고지에 도달하기를 원하는 사람이 보속의 표식들을 얻게 해주는 덕들을 얻으려고 노력하지 않는다면, 회개의 목적을 획득한 것—즉 불법한 것을 삼가는 것—이 큰 도움이 되지 못할 것입니다. 4. 깨끗한 마음과 사도적인 완전한 사랑을 통해서 주님이 기뻐하시는 덕의 향기를 소유하지 못한 채 주님이 역겨워하시는 더러운 죄를 삼간 것만으로는 부족합니다."

피누피우스 사부는 보속의 표식과 회개의 목적에 대해 위와 같이 말씀하셨습니다. 그분은 우리에게 그분의 공주수도원에 머물라고 간청하셨지만, 유명한 스케테 사막에 마음을 두고 있는 우리를 저지할 수 없음을 알고 보내주셨습니다.

담화 21

사부 테오나스의 첫째 담화

오순절 기간 중 금욕을 완화하는 것에 관하여

~ 1 ~

테오나스가 사부 요한을 찾게 된 경위

1. 위대한 테오나스Theonas 사부의 담화 내용을 기록하기 전에 독자들에게 그분의 품위와 가치를 분명히 제공하기 위해서 그분의 회심에 대해 간단히 언급할 필요가 있다고 생각됩니다.

그분은 젊어서 부모의 강요와 명령 때문에 결혼했습니다. 종교적 관심을 가지고 그분의 순결을 지켜주려 하셨던 그분의 부모들은 청년 시기의 타락을 염려했기 때문에 합법적인 결혼에 의해 청년기의 정념들을 막을 수 있을 것이라고 생각하셨습니다. 2. 그분은 5년 동안 결혼생활을 한 후 당시 거룩하게 구제금을 분배하여 유명해진 사부 요한을 찾아갔습니다. 그 지위는 야심을 품거나 바란다고 해서 오를 수 있는 것이 아니라, 믿음과 덕의 증거와 나이를 고려하여 원로들 모두가 탁월하다고 여긴 사람만 오를 수 있었습니다. 3. 공순한 신앙과 종교적 은사를 지닌 젊은 테오나스가 이 요한 사부를 찾아갔습니다. 그는 여러 재산가들과 동행했는데 그들은 재산의 십일조, 그리고 수확의 첫 열매들을 요한 사부에게 바쳤습니다. 요한 사부는 자기를 찾아와 많은 것을 기부한

이 사람들에게 보상해주고 싶어 그들에게서 육욕적인 은사들을 거두어들이는 동시에 영적인 은사들을 심어주기 시작했습니다(고전 9:11 참조). 그리하여 그분은 다음과 같은 말로 그들을 가르치기 시작하셨습니다:

~ 2 ~
테오나스와 그 일행에 대한 요한 사부의 권면

"아들들이여, 나는 여러분의 후한 기부를 기뻐하며, 또 이 기부물의 분배를 나에게 맡긴 여러분의 헌신을 감사하게 받아들입니다. 여러분이 첫 열매와 십일조를 하나님께 제물로 바쳐 가난한 사람들을 구제하도록 한 것은 믿음에서 난 행위입니다. 여러분은 이것을 바침으로써 여러분의 수확물 전체와 재산 전체가 풍성한 복을 받을 것이라고 믿으며, 또 '네 재물과 네 소산물의 처음 익은 열매로 여호와를 공경하라 그리하면 네 창고가 가득히 차고 네 포도즙 틀에 새 포도즙이 넘치리라'(잠 3:9-10)는 명령을 지킴으로써 여러분에게 이 세상에서 온갖 선한 것들이 쌓일 것이라고 믿고 있습니다. 여러분이 믿음으로 이처럼 경건한 일을 행하면서 옛 법의 의를 성취했음을 아십시오. 과거 율법 아래 있던 사람들은 그 법을 범하여 피할 수 없는 죄를 초래했으며, 그 법을 이행할 때에도 완전의 정상에 이를 수 없었습니다.

~ 3 ~
십일조와 첫 열매를 드리는 것에 관하여

"하나님의 계율에 의하면 십일조는 레위인들을 위한 것이었고(민 18:26 참조), 헌물과 첫 열매는 제사장의 것이었습니다(민 5:9-10). 첫 열매의 처리 방식에 의하면 곡식과 짐승의 50분의 1을 성전과 제사장들을 위해 바쳤습니다.

믿음이 적은 사람들은 이 분량을 줄여 소출의 60분의 1을 바쳤고, 경건한 사람들은 그 분량을 늘려 40분의 1을 바쳤습니다.

"의인들은 율법의 의를 이루기 위해서만 아니라 그것을 초월하기 위해 노력한다는 점에서 율법 아래 있지 않음이 입증되며, 또 한편으로는 계율을 이행하면서 의무적으로 행해야 하는 것에 자유의지에 속한 것을 더하기 때문에 그들의 믿음은 율법의 명령보다 더 위대합니다.

~ 4 ~
아브라함과 다윗, 그 밖의 거룩한 사람들이 율법의 명령을 넘어섰다는 것

1. "아브라함이 네 명의 왕을 정복한 후에 소돔 왕이 바친 전리품에 손대기를 거부한 것은 장차 주어질 율법의 계율을 초월한 것입니다. 그는 하나님의 이름을 부르면서 '천지의 주재이시요 지극히 높으신 하나님 여호와께 내가 손을 들어 맹세하노니 네 말이 내가 아브람으로 치부하게 하였다 할까 하여 네게 속한 것은 실 한 오라기나 들메끈 한 가닥도 내가 가지지 아니하리라'(창 14:22-23)고 말했습니다.

2. "다윗이 원수에게 당한 대로 되갚아주라는 모세의 명령(출 21:23-25 참조)대로 행하지 않았을 뿐만 아니라 자기를 박해하는 자들을 사랑으로 포용하고 그들을 위해 슬피 울며 기도하고, 심지어 그들이 살해되었을 때에 보복해준 것은(삼상 24장; 삼하 1장 참조) 율법의 계율을 초월한 것입니다.

"엘리야와 예레미야도 율법 아래 있지 않았습니다. 그들은 죄책감 없이 합법적인 결혼생활을 누릴 수 있었음에도 불구하고 순결을 지키는 편을 선택했습니다.

"엘리사를 비롯하여 동일한 방식의 삶을 선택한 거룩한 사람들은 모세의 명령을 초월했습니다. 그들에 대해 히브리서 기자는 '양과 염소의 가죽을 입고 유리하여 궁핍과 환난과 학대를 받았으니 (이런 사람은 세상이 감당하지 못하느니라) 그들이 광야와 산과 동굴과 토굴에 유리하였느니라'(히 11:37-38)고 말합니다.

3. "레갑의 아들 요나답의 후손들에 대해서 무슨 말을 해야 할까요? 예레미야가 여호와의 명령을 받고 포도주를 권했을 때 그들은 '우리는 포도주를 마시지 아니하겠노라 레갑의 아들 우리 선조 요나답이 우리에게 명령하여 이르기를 너희와 너희 자손은 영원히 포도주를 마시지 말며 너희가 집도 짓지 말며 파종도 하지 말며 포도원을 소유하지도 말고 너희는 평생 동안 장막에 살아라 그리하면 너희가 머물러 사는 땅에서 너희 생명이 길리라 하였으므로'(렘 35:6-7)라고 대답했습니다. 4. 그리하여 예레미야는 그들에게 '만군의 여호와 이스라엘의 하나님께서 이와 같이 말씀하시니라 레갑의 아들 요나답에게서 내 앞에 설 사람이 영원히 끊어지지 아니하리라 하시니라'(렘 35:19)라고 말했습니다.

"이들은 소유의 십일조를 바치는 데 만족하지 않았습니다. 그들은 재산을 멸시하고 무엇과도 바꿀 수 없는 자기 자신 및 자기 영혼을 하나님께 바쳤습니다. 복음서에서 주님은 '사람이 무엇을 주고 제 목숨과 바꾸겠느냐'(마 16:26)라고 말씀하셨습니다.

~ 5 ~
복음의 은혜 아래 행하는 사람들은 율법의 명령을 초월해야 한다.

1. "이런 까닭에 이제 우리에게는 율법 준수가 요구되지 않으며 날마다 '네

가 온전하고자 할진대 가서 네 소유를 팔아 가난한 자들에게 주라 그리하면 하늘에서 보화가 네게 있으리라 그리고 와서 나를 따르라'(마 19:21)는 말씀이 주어지지만, 소유의 십일조를 하나님에게 드릴 때 어떤 식으로든 여전히 율법 아래 있어 복음의 고지에 도달하지 못하였음을 알아야 합니다. 복음은 복종하는 사람에게 현세에서 유익을 줄 뿐만 아니라 다음 세상에서 상을 줍니다. 2. 율법을 실천하는 사람들에게는 하늘나라의 상이 약속되는 것이 아니라 현세의 위로가 약속됩니다: '사람이 이를 행하면 그로 말미암아 살리라'(레 18:5). 그러나 주님은 제자들에게 이렇게 말씀하셨습니다: '심령이 가난한 자는 복이 있나니 천국이 그들의 것임이요'(마 5:3), '네가 온전하고자 할진대 가서 네 소유를 팔아 가난한 자들에게 주라 그리하면 하늘에서 보화가 네게 있으리라'(마 19:21). 불법한 일을 삼가는 것은 정당한 것을 삼가는 것이나 우리의 약함 때문에 정당한 물건을 사용하도록 허락한 사람을 존경하면서 그 물건을 사용하지 않는 것과 마찬가지로 칭찬할 만한 일이 못됩니다.

3. "그러므로 만일 충실하게 수확의 십일조를 바치고 여호와의 옛 계율을 준수한 사람들이 복음의 정상에 오를 수 없다면, 그만큼도 행하지 않는 사람들이 복음의 정상에서 얼마나 멀리 떨어져 있는지 분명히 알 수 있습니다. 율법의 작은 계율조차 실행하지 못하는 사람이 어떻게 복음의 은혜에 참여할 수 있겠습니까? 율법을 실행하지 않는 사람들에게 '이 율법의 말씀을 실행하지 아니하는 자는 저주를 받을 것이라'(신 27:26)는 저주가 선포되었음에 비추어 보면, 모세의 고압적인 말은 율법을 실행하지 않는 사람들이 얼마나 쉽게 저주를 받을 것인지 증언해줍니다. 4. 그 명령들이 고귀하고 탁월한 것이기 때문에 '이 말을 받을 만한 자는 받을지어다'(마 19:12)라고 기록되었습니다. 모세의 단호함은 계율들의 무가치함을 가리킵니다. 그는 '네 하나님 여호와 앞에

악을 행함으로 그의 노를 일으키면 내가 오늘 천지를 불러 증거를 삼노니 너희가 요단을 건너가서 얻는 땅에서 속히 망할 것이라'(신 4:25-26)고 말합니다. 그러나 복음에서는 명령 방식이 아닌 권면 방식으로 고귀한 명령들의 장엄함이 지적됩니다: '네가 온전하고자 할진대 가서' 이것 저것을 행하라. 모세는 율법을 거부하는 사람들에게 피할 수 없는 짐을 지웠지만, 신약에서 바울은 오로지 설득에 의해서 온전함을 간절히 원하는 사람들의 관심을 사로잡습니다.

5. "매우 숭고하기 때문에 어디서든 누구든지 파악할 수 있는 것이 아닌 것은 일반적인 계율의 주제가 되지 못하며, 또 표준적인 방식으로 모든 사람에게 요구되지 못했습니다. 그러나 모든 사람들이 설득에 의해 은혜로 옮겨졌으므로 위대한 사람들은 고결함의 완성이라는 상을 받습니다. 한편 '그리스도의 장성한 분량이 충만함'(엡 4:13)을 채우지 못한 사람들은 그럼에도 불구하고 율법의 저주에서 멀리 떨어지며, 비록 자기들보다 더 큰 별의 찬란함에 압도되어 숨겨져 있는 듯이 보이지만 현세에서 악의 채찍에 넘겨지지 않으며 영원한 형벌을 받지도 않을 것입니다.

6. "그리스도는 계율의 의무에 의해 덕의 가장 높은 곳에 이르러야 한다고 강요하시는 것이 아니라 자유의지의 힘에 의해 감화하시고, 유익한 설득과 완전함을 향한 갈망에 의해 뜨겁게 하십니다. 계율이 있는 곳에 의무가 있고 형벌도 있습니다. 제정된 엄격한 법이 요구하는 것을 지키는 사람은 그 법이 위협하는 벌을 피하지만 보상과 상을 획득하지 못합니다.

~ 6 ~
복음의 은혜가 약한 자들을 넘어지지 않도록 지원해주지만,
천국은 완전한 사람들에게만 수여된다.

"따라서 복음의 말씀은 강한 사람들을 고귀하고 고상한 것에게로 들어올려주고, 약한 사람들이 깊은 곳에 빠지는 것을 허락하지 않습니다. 복음의 말씀은 완전한 사람들에게 충만한 복을 수여해주고, 약함에 정복된 사람들에게 용서를 전해줍니다. 율법은 그 계율을 실천한 사람들을 각자에게 합당한 것 사이에 두며, 그들을 죄인들의 정죄에서 잘라내며, 완전한 사람들의 영광과 거리를 두게 합니다. 현재의 삶의 상태와 비교해보면 그것이 얼마나 비참한 것인지 알 수 있을 것입니다. 현재의 삶에서 어떤 사람이 부자가 되거나 영광스럽고 존귀하다고 여김을 받지 못한 채 단지 정직한 사람들 가운데서 죄인으로 간주되지 않기 위해 수고하고 애쓴다면 무척 개탄스럽게 여겨질 것입니다.

~ 7 ~
복음의 은혜 아래 살거나 율법의 공포 아래 사는 것의 선택권은 우리에게 있다.

1. "그렇기 때문에 오늘날 복음의 은혜 아래 살거나 율법의 두려움 아래 사는 것을 선택하는 능력이 우리에게 있습니다. 따라서 모든 사람은 필연적으로 자기 행위의 특성에 따라 복음의 은혜나 율법의 두려움과 연결됩니다. 그리스도의 은혜가 율법을 넘어서는 사람들을 받아들이든지, 율법이 연약한 사람들을 마치 빚진 사람처럼 붙들고 의존하게 만듭니다. 비록 자신이 기독교인이며 주님의 은혜에 의해 자유함을 얻었다고 자랑한다 해도 율법의 계율을 범하는 사람은 복음적 완전을 획득할 수 없습니다. 2. 율법이 명하는 것을 실천하지 못한 사람이 여전히 율법 아래 있는 것으로 간주되어야 할 뿐만 아니라, 율법이

요구하는 것을 지키는 것에만 만족하며 그리스도의 부르심과 은혜에 합당한 열매를 맺지 않는 사람도 율법 아래 있다고 간주되어야 합니다. 복음은 '십일조와 처음 열매를 네 하나님 여호와께 드리라'고 말하는 것이 아니라 '네 소유를 팔아 가난한 자들에게 주라 그리하면 하늘에서 보화가 네게 있으리라 그리고 와서 나를 따르라'고 말합니다. 완전함의 위대함 때문에 복음서에서 제자에게 아버지를 매장할 시간이 허락되지 않으며(마 8:21-22 참조), 하나님 사랑이라는 덕을 선호하여 인간 사랑의 의무가 배제됩니다."

~ 8 ~
테오나스가 아내에게 금욕생활을 권했다는 것

1. 이 말을 듣고서 테오나스는 복음적 완전을 열망하게 되었습니다. 그는 비옥한 마음밭에 뿌려진 말씀의 씨앗을 깊이 갈아엎은 밭고랑에 심었습니다. 특히 사부 요한이 복음적 완전함을 획득하지 못했을 뿐만 아니라 율법의 명령들을 간신히 실천했다고 말한 사실 때문에 그는 가책을 받고 겸손해졌습니다. 그는 매년 수확한 것의 십일조를 구제금으로 바쳤지만, 처음 열매들의 처리 방식에 관해 들은 적이 없음을 안타까워했습니다. 그는 그것도 실천했음에도 불구하고 요한 사부의 말대로 자신이 복음적 완전함에서 거리가 멀다는 것을 겸손하게 인정했습니다.

2. 그는 풀이 죽어서 구원에 이르게 하는 회개를 이루는 슬픔을 느끼면서 집으로 돌아갔습니다(고후 7:10 참조). 그는 자기의 소원과 결심과 관련하여 더 이상 망설이지 않고 온통 아내의 구원에 관심을 기울였습니다. 그는 아내가 자기와 동일한 갈망을 품을 수 있도록 격려하기 시작하여, 밤낮으로 눈물을 흘리며 둘이 함께 순결하게 하나님을 섬겨야 한다고 권면했습니다. 그는 젊은

시절의 헛된 희망이 노인들뿐만 아니라 어린이들과 소년들과 청년들에게도 찾아오는 갑작스런 죽음을 대비해줄 수 없으므로 지체하지 말고 선한 삶으로 전환해야 한다고 말했습니다.

~ 9 ~

아내가 동의하지 않았으므로 테오나스가 수도원으로 도망치다.

1. 테오나스가 끈질기게 권면했지만 아내는 동의하지 않았습니다. 한창 젊은 시기의 그녀는 부부관계를 포기하지 않겠으며, 혹시 남편에게서 버림을 받아 자신이 죄를 짓게 된다면 그 책임이 결혼관계를 깨뜨린 남편에게 전가될 것이라고 말했습니다.

그리하여 그는 마침내 약하고 불안정한 인간의 본성 때문에 자칫하면 장기간 육욕적인 욕망과 수고에 휩쓸릴 수도 있는 조건을 제시했습니다. 또 그는 절대적으로 고수해야 한다고 가르침을 받은 선을 거부하기를 허락해서는 안 된다는 것, 그리고 미지의 선을 사랑하지 않는 것보다 이미 알고 있는 선을 멸시하는 것이 더 위험하다는 것을 추가했습니다. 결국 만일 그가 발견한 바 탁월하고 거룩한 선보다 저속하고 더러운 것을 선호한다면 그는 이미 죄의 유혹에 걸려든 것입니다. 2. 완전함은 여성과 남성을 막론하고 모든 연령층에게 속한 것입니다. 바울은 '이와 같이 달음질하라'(고전 9:24)고 말하면서 교회의 모든 지체들에게 고귀한 덕의 정상에 올라가라고 권합니다. 또 게으르고 나태한 사람들 때문에 준비되어 열심을 품은 사람들이 멈추어 서서는 안 됩니다. 정지한 사람들 때문에 서두르고 있는 사람들이 방해를 받는 편보다는 앞에서 달려가고 있는 사람들이 뒤에 처진 사람들을 자극하는 편이 낫습니다.

결국 그는 하나님에 대해 살기 위해서 세상에 대해 죽고 세속 생활을 버리기로 결심했습니다. 그가 그리스도와 교제하는 복을 아내와 함께 소유할 수 없다면, 온전한 몸을 가지고 정죄되는 편보다는 하나의 지체를 희생시켜 절름발이가 되어서라도 구원받는 편을 택하려 했습니다. 3. 또 그는 '모세가 너희 마음의 완악함 때문에 아내 버림을 허락하였거니와(마 19:8 참조) 어찌 그리스도께서 순결을 향한 갈망 때문에 이것을 허락하시지 않겠습니까?' 라고 덧붙여 말했습니다. 실제로 율법뿐만 아니라 주님도 아버지와 어머니와 자녀들을 공경하라고 명령하셨습니다. 그러나 주님의 이름을 위해서, 그리고 완전함을 향한 갈망 때문에 부모와 자녀를 무시할 뿐만 아니라 미워해야 한다고 명령하셨고, 여기에 '집이나 형제나 자매나 어머니나 아버지나 아내나 자식을 버린 자는 현세에 여러 배를 받고 내세에 영생을 받지 못할 자가 없느니라'(눅 18:29-30 참조)고 말씀하셨습니다. 4. 주님은 자신이 선포한 완전함을 다른 것들과 비교하는 것을 허락하지 않으셨고, 심지어 주님을 사랑하기 위해 부모와의 관계를 무시하고 단절하라고 명령하셨습니다. 사도 바울의 말에 의하면 여기에는 약속 있는 첫 계명—'네 아버지와 어머니를 공경하라 이것은 약속이 있는 첫 계명이니 이로써 네가 잘되고 땅에서 장수하리라'—이 포함됩니다(엡 6:2-3). 복음서에서는 음행한 일이 없는데 아내와 이혼하는 것은 아내로 하여금 간음하게 하는 것이라고 정죄했듯이(마 5:32), 그리스도에 대한 사랑과 순결을 향한 갈망 때문에 육체의 멍에를 거절한 사람들에게 백 배의 상을 약속합니다.

5. "만일 당신이 이 추리를 받아들여 나와 함께 가장 바람직한 형태의 삶을 취함으로써 함께 주님을 섬겨 지옥의 벌을 피할 수 있다면, 나는 우리의 부부애를 거부하지 않고 오히려 한층 더 애착을 가지고 그 사랑을 받아들이겠습니다. 나는 주님의 명령에 의해 배정된 배우자를 인정하고 존중하며, 영원한 사

랑의 언약에 의해 그리스도 안에서 그를 붙들겠습니다. 또 당신이 창조주께서 원하시는 인간으로 존재하는 한 원시 상태의 법에 의해 나와 결합된 배우자를 버리지 않을 것입니다. 6. 그러나 만일 당신이 나의 배우자가 아니라 유혹하는 자가 되려 하며 나를 돕기보다 원수를 도우려 한다면, 그리고 당신이 자신에게 제공된 구원을 버리며 나를 주님의 제자가 되지 못하게 하기 위해 결혼의 성례가 주어졌다고 생각한다면, 나는 육에 속한 사랑이 영적인 선을 방해해서는 안 된다는 취지로 용감하게 요한 사부의 말, 또는 그리스도의 말을 따르겠습니다. '무릇 내게 오는 자가 자기 부모와 처자와 형제와 자매와 더욱이 자기 목숨까지 미워하지 아니하면 능히 내 제자가 되지 못하고'(눅 14:26)."

7. 이렇게 말했음에도 불구하고 아내가 태도를 바꾸지 않고 고집을 부렸기 때문에 테오나스는 "내가 당신의 죽음을 막을 수 없듯이, 당신도 나를 그리스도에게서 떼어내지 못할 것입니다. 나에게는 하나님에게서 멀어지는 것보다 인간과 이혼하는 편이 더 안전합니다"라고 말했습니다. 하나님의 은혜로 그는 지체함으로써 자신의 뜨거운 열정이 식는 것을 허락하지 않고 즉시 자신의 결정을 실천했습니다. 그는 즉시 세상에 속한 모든 것을 버리고 수도원으로 도망쳤습니다. 수도원에서 생활한 지 얼마 안 되어 그의 거룩함과 겸손함이 탁월히 나타났기 때문에 요한 사부가 세상을 떠나고 그의 후임인 거룩한 엘리야도 세상을 떠난 후에 테오나스가 만장일치로 그들의 뒤를 이어 제3대 수도원장이 되어 구제금을 분배했습니다.

~ 10 ~

배우자와의 별거를 권장하는 듯한 인상을 피하기 위한 설명

1. 지금까지의 말이 이혼을 선동하기 위한 것이었다고 생각하지 마십시오.

우리는 결혼을 비난하지 않을 뿐만 아니라 바울처럼 '모든 사람은 결혼을 귀히 여기고 침소를 더럽히지 않게 하라'(히 13:4)고 말합니다. 우리는 단지 이 위대한 사람이 주님께 헌신하게 된 회심의 출발점에 대해 충실히 묘사하기를 원했습니다. 2. 이 글에 만족하든지 만족하지 못하든지 나를 비난하지 말며, 실제로 이렇게 행동한 사람들을 칭찬하거나 비난하지 말기를 부탁드립니다. 이 문제에 있어서 나 자신의 관점을 제공하지 않았고, 사실에 기반을 둔 이야기를 단순한 이야기 형식으로 제시했습니다. 나는 이 행동을 인정하는 사람들에게서 칭찬받기를 원하지 않으며, 이 행동을 인정하지 않는 사람들이 분노를 느끼는 것도 원하지 않습니다. 3. 이 문제에 대해서 각 사람은 나름의 견해를 가지십시오. 이 사람에게 사도적 기적들을 수여해주신 하나님의 판단보다 더 거룩하거나 공정하다고 여겨지지 않으려면 지나치게 비판적인 비평을 삼가야 합니다. 나는 그의 행동을 비난하지 않았을 뿐만 아니라 찬양하여 자선을 선택하면서 유명한 사람들보다 그를 선호했던 많은 교부들의 견해를 언급하지 않겠습니다. 또 많은 영적인 사람들의 판단이 잘못된 것이 아니었다고 확신합니다. 왜냐하면 그 판단의 창시자는 하나님이시며 많은 놀라운 일들에 의해 확인되었기 때문입니다.

~ 11 ~
이집트에서 오순절 기간 내내 금식하지 않고, 무릎 꿇고 기도하지 않는 이유에 대한 질문

이제 약속된 계획에 따라 논의를 시작하겠습니다. 오순절 기간에 테오나스 사부가 우리의 수도처를 방문했습니다. 저녁 기도가 끝난 후 우리는 잠시 바닥에 앉아서 그들이 오순절 기간 내내 기도할 때 무릎을 꿇지 않는 것, 그리고 제9시까지 금식하지 않는 이유에 대해 질문했습니다. 그리고 시리아의 수도원에서는 그처럼 신중하게 오순절을 지키는 것을 보지 못했기 때문에 한층 더 성실하게 그것을 이해하려 했습니다.

~ 12 ~

답변: 선한 것과 악한 것과 그저 그런 것의 특징에 관하여

1. 테오나스 사부는 다음과 같이 말씀을 시작하셨습니다: "이유를 알지 못하더라도 교부들의 권위 및 오늘날까지 전해져온 선조들의 관습에 복종하며 항상 정중하게 지킴으로써 그것을 보존하는 것이 우리의 의무입니다.

2. "여러분이 그 이유를 알고자 하므로, 이 관습에 대해 원로들에 의해 전해져온 것을 이야기하겠습니다. 먼저 금식의 본질과 특성에 대해 이야기해야 합니다. 그리하면 우리가 말한 것이 성경의 권위에 의해 확인될 수 있을 것입니다.

3. "전도서에서 하나님의 지혜는 모든 것, 좋은 것이나 불운하고 슬픈 것으로 간주되는 모든 것에 적절한 때가 있음을 지적합니다: '범사에 기한이 있고 천하 만사가 다 때가 있나니 날 때가 있고 죽을 때가 있으며 심을 때가 있고 심은 것을 뽑을 때가 있으며 죽일 때가 있고 치료할 때가 있으며 헐 때가 있고 세울 때가 있으며 울 때가 있고 웃을 때가 있으며 슬퍼할 때가 있고 춤출 때가 있으며 돌을 던져 버릴 때가 있고 돌을 거둘 때가 있으며 안을 때가 있고 안는 일을 멀리 할 때가 있으며 찾을 때가 있고 잃을 때가 있으며 지킬 때가 있고 버릴 때가 있으며 찢을 때가 있고 꿰맬 때가 있으며 잠잠할 때가 있고 말할 때가 있으며 사랑할 때가 있고 미워할 때가 있으며 전쟁할 때가 있고 평화할 때가 있느니라'(전 3:1-8). 조금 뒤에 '모든 소망하는 일과 모든 행사에 때가 있음이

라'(전 3:17)고 말합니다.

4. "그러므로 바른 시기에 바른 방식으로 이루어지지 않는 한 이런 것들이 영구한 선이 될 수 없게 결정되어 있습니다. 바른 시기에 행해졌으므로 선한 것으로 판명된 것이라도 좋지 않은 시기에 시도될 경우에는 불리하고 해로운 것으로 드러날 것입니다. 본질적으로 선하거나 악하여 자체와 반대되는 것을 향할 수 없는 것들, 예를 들면 정의 · 신중 · 인내 · 절제 등의 덕이나 분명한 악덕들은 여기에 해당되지 않습니다. 그러나 만일 그것들이 때때로 상이한 결과들을 소유할 수 있기 때문에 그것들을 실천하는 사람들의 특성에 따라 선한 것이 되기도 하고 악한 것이 되기도 한다면, 그것들은 본질과 관련하여 절대적인 조건으로 이해되는 것이 아니라 그것들을 실천하는 사람들의 성향 및 실천하는 시기에 따라서 유익하게 이해되기도 하고 해롭게 이해되기도 합니다.

~ 13 ~
선한 금식의 종류

1. "그러므로 이제 금식의 실천에 대한 질문을 살펴보면서, 그것이 결코 반대되는 악덕이 될 수 없는 바 정의 · 신중 · 인내 · 절제 등과 같은 방식으로 선한 것인지, 또 때때로 행했을 때 유익하며 행하지 않을 경우에 비난받지 않을 수 있는지, 행하면 반드시 비난받고 행하지 않으면 칭찬받게 되는 것인지 살펴보아야 합니다.

2. "만일 음식을 삼가는 것을 본질적인 선으로 여겨 금식을 덕목들 안에 포함시킨다면, 음식을 먹는 것은 철저히 악한 행동일 것입니다. 왜냐하면 본질적인 선에 반대되는 것은 본질적으로 악하다고 간주되어야 하기 때문입니다. 성경은 이렇게 말하는 것을 허락하지 않습니다. 3. 만일 우리가 그러한 인식

과 태도로 금식하여 음식을 먹는 것을 죄라고 여긴다면, 금식함으로써 유익을 얻지 못할 뿐만 아니라 바울의 말처럼 하나님을 모독하는 심각한 죄를 자초할 것입니다: '음식물은 하나님이 지으신 바니 믿는 자들과 진리를 아는 자들이 감사함으로 받을 것이니라 하나님께서 지으신 모든 것이 선하매 감사함으로 받으면 버릴 것이 없나니'(딤전 4:3-4); '무엇이든지 스스로 속된 것이 없으되 다만 속되게 여기는 그 사람에게는 속되니라'(롬 14:14). 그러므로 음식에 정죄받을 것을 결합하거나 추가하지 않는 한 단순히 음식을 먹는 것은 정죄되지 않습니다.

~ 14 ~
금식이 본질적으로 선하지는 않다.

1. "금식 규칙을 지킬 때 사람이 의롭게 되듯이, 음식을 먹는 것 때문이 아니라 계율 위반 때문에 벌을 받는 것이 아닌 한 금식을 중단했다고 해서 정죄되는 것이 아닙니다. 그러나 필수품이 전혀 없는 때가 있어서는 안 됩니다. 태만한 사람은 필수품이 없으면 악해지므로, 누구든 필수품 없이 지내는 것이 허락되지 않습니다. 반면에 항상 본질적으로 악한 것에게 기회를 주어서는 안 됩니다. 왜냐하면 이미 행한 해로운 것이 해롭지 않게 되거나 선한 것으로 변화될 수 없기 때문입니다.

2. "그러므로 결혼, 농사, 재산, 사막에서의 독수도, 철야기도, 성경읽기와 묵상, 금식 등 때와 조건이 결정되어 있음이 알려진 것들, 그리고 준수될 때에 우리를 성화해주지만 생략될 때 해를 끼치지 않는 것들은 그저 그런 것들입니다. 거룩한 계율과 성경은 이런 것들을 항상 추구하고 유지해야 하므로 잠시라도 그것들에 전념하지 않는 것이 악이라고 명령하지 않았습니다. 3. 명령 형

식으로 선포된 것들은 실천하지 않을 경우 죽음을 초래하지만, 명령이 아닌 권면의 형식을 취한 것들은 실천하면 유익하지만 행하지 않아도 벌을 받지 않습니다. 우리의 선조들은 이 모든 것들, 또는 적어도 그중 일부를 때와 장소와 방법과 상황에 따라 신중하게 행하며 사려 깊게 준수하라고 명령했습니다. 왜냐하면 이것들을 제대로 행하면 유익하고 선하지만, 적절하게 행하지 못하면 해롭고 위험하기 때문입니다.

"금식하고 있을 때 찾아온 형제를 그리스도를 대하듯이 맞이하여 환대해야 함에도 불구하고 금식을 계속하기 원하는 사람은 경건한 헌신의 덕을 획득함으로써 칭찬받는 것이 아니라 푸대접의 죄를 범하게 되지 않겠습니까? 4. 몸이 약해졌기 때문에 음식을 먹어 기력을 회복해야 할 사람이 금식을 완화하기를 거부한다면, 그는 자신의 구원을 확보하는 것이 아니라 자기 몸을 잔인하게 죽이는 자로 간주되지 않겠습니까? 마찬가지로 음식을 넉넉히 먹는 것이 허용되는 축제 기간에 금식을 깨지 않고 계속하는 사람은 헌신적인 사람이라기보다 비이성적인 사람으로 보일 것입니다.

5. "자신이 행하는 금식에 대한 칭찬을 기다리는 사람들, 창백한 얼굴 때문에 거룩하다는 평판을 얻으려는 사람들은 이런 일들에 문제가 있다고 여길 것입니다. 복음서에서는 그런 사람들이 현세에서 이미 상을 받았다고 선언했고(마 6:16 참조), 주님은 선지자를 통해서 그들의 금식을 저주하십니다. 하나님은 그들의 입장에서 말씀하시며 자신을 책망하십니다: '우리가 금식하되 어찌하여 주께서 보지 아니하시오며 우리가 마음을 괴롭게 하되 어찌하여 주께서 알아 주지 아니하시나이까'(사 58:3a). 그리고 즉시 대답하시면서 그들의 기도가 응답받지 못하는 이유를 제시하십니다: '보라 너희가 금식하는 날에 오락을 구하며 온갖 일을 시키는도다 보라 너희가 금식하면서 논쟁하며 다투며

악한 주먹으로 치는도다 너희가 오늘 금식하는 것은 너희의 목소리를 상달하게 하려는 것이 아니니라 이것이 어찌 내가 기뻐하는 금식이 되겠으며 이것이 어찌 사람이 자기의 마음을 괴롭게 하는 날이 되겠느냐 그의 머리를 갈대같이 숙이고 굵은 베와 재를 펴는 것을 어찌 금식이라 하겠으며 여호와께 열납될 날이라 하겠느냐'(사 58:3b-5). 6. 그 다음에 어떻게 금식하는 사람의 금식이 받아들여질 수 있는지 가르치기 시작하여 다음과 같은 조건이 결합되지 않은 금식은 가치가 없다고 말씀하십니다: '내가 기뻐하는 금식은 흉악의 결박을 풀어 주며 멍에의 줄을 끌러 주며 압제당하는 자를 자유하게 하며 모든 멍에를 꺾는 것이 아니겠느냐 또 주린 자에게 네 양식을 나누어 주며 유리하는 빈민을 집에 들이며 헐벗은 자를 보면 입히며 또 네 골육을 피하여 스스로 숨지 아니하는 것이 아니겠느냐 그리하면 네 빛이 새벽같이 비칠 것이며 네 치유가 급속할 것이며 네 공의가 네 앞에 행하고 여호와의 영광이 네 뒤에 호위하리니 네가 부를 때에는 나 여호와가 응답하겠고 네가 부르짖을 때에는 내가 여기 있다 하리라'(사 58:6-9).

7. "그러므로 금식 자체가 선한 것이 아니라 다른 행위들과 결합될 때 선하고 하나님이 기뻐하시는 것이 되므로 주님은 금식을 본질적인 선으로 간주하시지 않습니다. 반면에 '그들이 금식할지라도 내가 그 부르짖음을 듣지 아니하겠고'(렘 14:12)라는 말씀에서 보듯이 부수적인 조건들 때문에 금식이 헛되고 혐오스러운 것으로 간주될 수도 있습니다.

~ 15 ~
열등한 선 때문에 본질적으로 선한 것을 실천해서는 안 된다.

1. "금식 때문에 본질적인 선이 내재하고 있는 바 위에서 언급된 덕목들에

관한 계율들뿐만 아니라 자비와 인내와 사랑을 실천하지 말고 그 덕들 때문에 금식을 실천해야 합니다. 금식에 의해 선한 그 덕들을 획득하기 위해 노력하는 것이지, 금식을 목표로 하여 덕을 실천하는 것이 아닙니다. 육체의 고통은 유익하며, 사랑을 획득하기 위해 배고픔이라는 약을 섭취해야 합니다. 그 안에 영구한 선, 변화무쌍한 시간에 예속되지 않는 안정된 선이 놓여 있습니다. 의학이나 금세공 등 이 세상에 존재하는 기술 훈련이 그 일과 관련된 도구들을 위해 이루어지는 것이 아니라, 그 기술을 위해 도구들이 만들어집니다. 2. 기술자들에게는 도구들이 유용하지만, 기술 훈련을 받지 않은 사람들에게는 도구들이 쓸모가 없습니다. 기술자들에게는 도구들이 크게 도움이 되지만, 도구들이 고안된 이유를 알지 못한 채 소유하는 데 만족하는 사람들에게는 도움이 되지 못합니다. 왜냐하면 그들은 도구들의 가치를 임무를 성취하는 데 두는 것이 아니라 단지 소유하는 데 두기 때문입니다.

"본질적으로 가장 좋은 것이란 그것 때문에 그저 그런 일들이 행해지는 것입니다. 그러나 자체의 선이 아닌 다른 이유 때문에 이 주요한 선이 추구되어서는 안 됩니다.

~ 16 ~

본질적인 선과 그 외의 선을 구분하는 방법

1. "본질적인 선과 그저 그런 것이라고 언급된 것들은 다음과 같은 방식으로 구분됩니다: 그 선이 다른 것들 때문이 아니라 그 자체로 선한 것인지; 다른 것들을 위해서가 아니라 자체를 위해서 필요한 것인지; 변함없이 항상 선하며 항상 자체의 특성을 보유하며 자체와 반대되는 것이 될 수 없는지; 그것이 중지되거나 제거되면 심각한 악이 초래되는지; 그것과 반대되는 본질적인 악이

영구히 선하게 될 수 없는지 등.

2. "본질적인 선의 특성을 구분하는 데 사용되는 이 요소들은 금식에 적용될 수 없습니다. 왜냐하면 금식은 몸과 마음의 깨끗함을 획득하여 육체의 가시들을 둔하게 만들며 평화로운 정신이 창조주와 화해할 수 있도록 하기 위해서 실천하는 것이므로, 그 자체가 선한 것이 아니며 또 자체를 위해 필요하지도 않기 때문입니다. 또 우리는 금식을 행하지 않아도 상처를 입지 않으며 종종 부적절한 시기에 행하는 금식이 영혼을 멸망시키기도 하므로 금식은 불변하는 선이 아닙니다. 3. 또 금식과 반대되는 것처럼 보이는 것—즉 본성적으로 즐겁게 음식을 먹는 것—이 본질적인 악이 아닙니다. 폭식이나 음탕함 등의 악덕이 동반되지 않는 한 음식 섭취가 악한 것이라고 이해할 수 없습니다. 왜냐하면 '입으로 들어가는 것이 사람을 더럽게 하는 것이 아니라 입에서 나오는 그것이 사람을 더럽게 하는 것'(마 15:11)이기 때문입니다.

"따라서 필수적인 선을 무시하며 불완전하고 악하게 그것을 실천하는 사람은 그 선 자체가 아니라 다른 이유 때문에 그것을 추구하는 것입니다. 그것을 위해 다른 것들 모두가 행해져야 하며, 그것은 그 자체만을 위해 추구되어야 합니다.

~ 17 ~
금식하는 이유 및 금식의 유익

1. "우리는 항상 금식에 대한 이러한 이해를 유지하면서 힘껏 금식을 추구해야 합니다. 동시에 바른 시기에 바른 성품으로 적절한 한도까지 금식을 행하며, 그것에 모든 희망을 두지 말고 금식함으로써 마음의 정결과 사도적 사랑을 획득할 수 있도록 해야 한다는 것을 알아야 합니다. 따라서 실행하거나 생

략해야 할 특별한 때가 정해져 있지 않을 뿐만 아니라 특정의 특성과 한도가 결정되어져 있는 금식은 본질적인 선이 아니라 그저 그런 선입니다. 2. 권위 있는 계율에 의해 선한 것으로 명령되거나 해로운 것으로 금지된 것들은 결코 특별한 시기에 좌우되지 않으며, 금지되었던 것이 때로 행해지고 명령되었던 것이 때로 묵과되지 않습니다. 정의·인내·냉철·순결·사랑 등에는 분량이 정해져 있지 않습니다. 반면에 불의·무절제·분노·부정·증오 등이 거리낌 없이 허락된 적이 없습니다.

~ 18 ~

금식이 항상 적절한 것은 아니다.

1. "이제까지 금식의 특성에 대해 이야기했습니다. 항상 금식해서는 안 되며 그렇게 할 수도 없음을 증명할 수 있는 성경의 권위에 대해 말하겠습니다.

"복음서에 의하면 세례 요한의 제자들과 바리새인들은 항상 금식하곤 했지만, 하늘나라 신랑의 친구요 동료인 제자들은 금식하지 않았습니다. 요한의 제자들은 자기들이 금식 때문에 의롭다고 믿었습니다. 왜냐하면 그들은 회개를 전파하는 자로서 백성들의 본보기가 되어 인간에게 필요한 것으로 제공된 다양한 종류의 음식들을 거부했을 뿐만 아니라 평범한 빵도 먹지 않는 사람의 추종자들이었기 때문입니다. 그들이 주님께 불평하며 '우리와 바리새인들은 금식하는데 어찌하여 당신의 제자들은 금식하지 아니하나이까'(마 9:14)라고 말했습니다. 2. 주님은 그들에게 대답하시면서 금식하는 것이 항상 적절한 것은 아니라는 것, 그리고 식사의 즐거움이 동반되는 축일이나 자선 행사 때에 금식할 필요가 없다는 것을 보여주셨습니다. 주님은 '혼인집 손님들이 신랑과 함께 있을 동안에 슬퍼할 수 있느냐 그러나 신랑을 빼앗길 날이 이르리니 그 때에는 금식할 것이니라'(마 9:15)고 말씀하십니다. 이것은 주님이 부활하기 전에 하신 말씀이지만, 실질적으로 오순절 시기를 가리킵니다. 부활하신 주님은 오순절 기간에 40일 동안 제자들과 함께 마음껏 음식을 드셨고, 날마다 주님과 함께 하는 기쁨이 제자들로 하여금 금식하도록 허락하지 않았습니다."

~ 19 ~
오순절 기간 내내 금식하지 않는 이유에 대한 질문

게르마누스가 질문했습니다: "그렇다면 그리스도께서 부활하신 후에 사십 일 동안 제자들과 함께 지내신 오순절 기간에 금식을 완화하는 이유는 무엇입니까?"

~ 20 ~
답변

1. 테오나스 사부는 다음과 같이 말씀하셨습니다: "당신의 질문은 부적절한 질문이 아니며 진실한 답변을 필요로 합니다. 주님이 부활하시고 사십 일 되는 날에 승천하신 후 제자들은 주님이 아버지께로 돌아가시겠다고 밝히신 장소인 감람산을 떠나 예루살렘으로 돌아가서 열흘 동안 성령 강림을 기다렸습니다. 이런 일들이 발생한 후 오십 일이 되는 날 그들은 성령을 받았습니다(행 1:12~2:4). 2. 그리하여 구약성경에서 밭에 있는 곡식에 낫을 대는 첫날부터 시작하여 일곱 이레가 끝난 후에 제사장에게 예물을 가지고 와서 하나님께 드리라는 명령(신 16:9-10)에 상징적으로 예시되었던 이 절기의 숫자가 실현되었습니다. 이것은 그날 사도들이 백성들을 권면하면서 행한 전도에 의해 주님께 드려졌다고 인정됩니다(행 2:14-40). 이것은 새로운 가르침을 시작하고 오천

명이 음식을 배불리 먹었을 때 제공되었던 것이요, 새로 기독교인이 된 유대인들을 바쳐 성별하게 한 진정한 처음 열매의 떡이었습니다.

3. "그러므로 이 열흘은 그 앞의 사십 일과 마찬가지로 엄숙하고 즐겁게 기념되어야 합니다. 이 절기를 지키는 것과 관련된 전통은 사도적인 사람들에 의해 우리에게 전해졌고, 동일한 방식으로 지켜져야 합니다. 무릎을 꿇는 것은 회개와 애통의 표식이므로 이 기간에는 기도하는 동안에도 무릎을 꿇지 않습니다. 따라서 우리는 주님의 부활을 기념하여 금식하지 말고 무릎을 꿇지 말라는 선조들의 가르침에 따라 이 기간에는 모든 면에서 주일을 지키듯이 엄숙하게 지냅니다."

~ 21 ~
금식을 완화하는 것이 몸의 순결에 해로운가?

게르마누스가 질문했습니다: "어쩌다 한 번 오랜 기간의 축일을 즐김으로써 유혹을 받은 이 육체가 이미 잘라버린 악덕들의 줄기에서 가시를 자라게 하지 않겠습니까? 특히 청년들이 친숙한 음식을 지나치게 많이 먹거나 친숙하지 않은 음식을 너무 거리낌 없이 먹는다면, 지체들이 자극을 받아 반발할 수 있으므로 익숙하지 않은 진미를 맛본 정신이 그 종인 몸에 대한 엄격한 통제를 완화하지 않겠습니까?"

~ 22 ~
답변: 적절한 수준의 금욕 실천에 관하여

1. 테오나스 사부는 다음과 같이 대답하셨습니다: "우리가 행하는 모든 것을 이성적인 정신과 깨끗한 마음으로 살펴보고 사람들의 판단이 아닌 양심을 고

려한다면, 이처럼 잠시 동안 금식을 완화한다고 해서 엄격함이 손상되지 않을 것입니다. 그러나 더럽히지 않은 정신이 정확한 저울로 사치와 금욕의 분량을 측량하며 쾌락의 무게가 우리의 영을 짓누르고 있는지, 또는 엄한 금욕이 영을 다른 편으로 기울게 하는지 분별력을 가지고 분별하여 어느 편이든 지나친 것을 책망하며, 지나치게 가볍다고 생각되는 편에 더하고 지나치게 무겁다고 생각되는 편을 감할 때에만 이것이 가능할 것입니다.

2. "능력 있는 왕은 정의를 사랑하시므로(시 99:4) 주님은 적절한 판단력이 없이 예배하고 공경하는 행위를 원하시지 않습니다. 그러므로 지혜로운 솔로몬은 잘못된 판단에 의해 한편으로 치우치지 않도록 하기 위해서 '네 재물과 네 소산물의 처음 익은 열매로 여호와를 공경하라'(잠 3:9)고 권면합니다. 우리의 양심 안에 부패하지 않은 참된 재판관이 있으며, 사람들이 모두 현혹된다 해도 그는 결코 우리의 순결 상태에 대해 오해하지 않을 것입니다.

3. "그러므로 세심하게 노력하여 항상 마음의 집중상태를 유지해야 합니다. 만일 그 상태를 유지하지 못하여 판단이 잘못된다면, 우리는 신중하게 생각하지 못한 금욕을 동경하거나 지나친 금욕의 완화를 바랄 것이며, 정확하지 않은 저울로 우리의 능력을 측량할 것입니다. 우리는 저울의 한편에 영혼의 순결을 놓고 다른 편에 육체의 능력을 놓고서 참된 양심의 판단으로 그 둘을 측량해야 합니다. 그렇게 한다면 우리는 그중 하나를 향한 압도적인 성향에 휘둘려 공정함이라는 저울을 자신이 좋아하는 편—부당한 엄격함이나 지나친 완화—으로 기울게 만드는 일이 없을 것입니다. 또 지나친 완화나 엄격함 때문에 '네가 선을 행하면 어찌 낯을 들지 못하겠느냐 선을 행하지 아니하면 죄가 문에 엎드려 있느니라'(창 4:7)는 말을 듣는 일이 없을 것입니다.

4. "'공의와 정의를 사랑하시는'(시 33:5) 하나님은 무분별하게 위를 쓰리게

함으로써 자신이 하나님께 올바른 제물을 바치고 있다고 여기는 금식의 희생자들을 싫어하시며 '무릇 나 여호와는 정의를 사랑하며 불의의 강탈을 미워하여 성실히 그들에게 갚아 주고 그들과 영원한 언약을 맺을 것이라'(사 61:8)고 말씀하십니다. 또 자신이 사용하기 위해서, 그리고 육체의 즐거움을 위해서 자신의 헌물, 즉 의무와 행동들 중 가장 좋은 부분을 보유하고 하나님께는 쓰레기와 가장 하찮은 부분을 바치는 기만적인 사람들을 하나님의 말씀은 정죄합니다: '여호와의 일을 게을리 하는 자는 저주를 받을 것이요'(렘 48:10). 5. 하나님은 '아, 슬프도다 사람은 입김이며 인생도 속임수이니 저울에 달면 그들은 입김보다 가벼우리로다'(시 62:9)라고 말씀하시면서 그릇된 판단에 미혹된 사람을 책망하십니다. 그러므로 바울은 '너희가 드릴 영적 예배'(롬 12:1)라고 말하면서 지나침에 미혹되어 한편으로 흔들림이 없이 분별의 규칙을 유지하라고 촉구합니다. 모세도 '공평한 저울과 공평한 추와 공평한 에바와 공평한 힌을 사용하라'(레 19:36)고 명령합니다. 이와 관련하여 솔로몬도 비슷한 견해를 제공합니다: '한결같지 않은 저울 추와 한결같지 않은 되는 다 여호와께서 미워하시느니라 비록 아이라도 자기의 동작으로 자기 품행이 청결한 여부와 정직한 여부를 나타내느니라'(잠 20:10-11).

6. "또 우리 마음에 공정하지 못한 저울추를 소유하거나 양심이라는 창고에 이중 척도를 소유하지 않도록 조심해야 합니다. 즉 엄격함과 자신의 규칙과 관련된 것들을 완화하여 가볍게 하면서, 주님의 말씀을 전파하는 대상에게 자신이 감당할 수 있는 것 이상으로 엄격하고 무거운 계율들의 짐을 지우지 말아야 합니다. 그렇게 하는 것이 이중의 저울추와 척도로 주님의 계율들의 열매와 수익을 측정하는 것이 아니겠습니까? 만일 우리가 한편으로는 우리 자신을 위해서, 그리고 다른 한편으로는 형제들을 위해서 그것들을 측량한다면,

'한결같지 않은 저울 추는 여호와께서 미워하시는 것이요 속이는 저울은 좋지 못한 것이니라'(잠 20:23)는 솔로몬의 말처럼 속이는 저울과 균일하지 않은 저울 추를 소유한 데 대해 주님의 책망을 받게 될 것입니다.

7. "또 우리가 사람들의 칭찬을 받으려고 수실에 홀로 있을 때보다 형제들 앞에 있을 때에 더 엄격한 체한다면, 다시 말해서 하나님 앞에서보다 사람들 앞에서 더 금욕하고 거룩한 체한다면, 속이는 저울과 균일하지 않은 저울 추를 소유했다는 죄를 유발할 것입니다. 우리는 이 질병을 피할 뿐만 아니라 멸시해야 합니다.

"잠시 제기된 질문에서 벗어났으니 다시 본론으로 돌아가겠습니다.

~ 23 ~
음식을 먹는 시간 및 분량에 관하여

1. "오순절 기간에 허락된 한도 내에서 완화된 계율을 지킴으로써 몸과 영혼의 건강에 도움이 되도록 해야 합니다. 왜냐하면 절기의 기쁨이 육체의 고통을 완화시킬 수 없으며, 절기를 존중한다고 해서 잔인한 원수를 달랠 수도 없기 때문입니다. 2. 그러므로 절기 기간에 기존의 습관적인 엄격함을 유지하며 가장 유익한 수준의 궁핍함을 유지하기 위해서 규율을 완화할 수 있는 수준은 다음과 같습니다: 정상적으로 하루 중 제9시에 해야 할 식사를 사순절 기간에는 조금 일찍, 즉 제6시에 먹을 수 있습니다. 그러나 사순절 기간에 금욕하면서 추구했던 몸의 순결과 정신의 온전함이 오순절 때의 규율 완화 때문에 상실되며 금식에 의해 획득했던 것이 무가치하게 되지 않으려면, 일상적인 음식의 양과 질을 바꾸지 말아야 합니다. 이는 특히 교활한 원수가 축일을 지킨다는 이유로 우리의 방어가 느슨해진 것을 알아채는 순간 순결의 방어벽을 공격

하기 때문입니다.

3. "이런 까닭에 아첨하는 유혹들 때문에 정신의 활력이 약해지지 않도록, 그리고 오순절의 평온함과 휴식 속에서 우리가 쉬지 않고 노력하며 추구해온 사순절의 깨끗함을 상실하지 않도록 경계해야 합니다. 그러므로 우리에게는 평소보다 좋은 음식이나 과도한 분량의 음식이 허락되지 않으며, 평일에 우리의 순결을 온전하게 보호해주었던 바 음식의 절제를 즐거운 축일에도 실천해야 합니다. 그렇지 않으면 절기를 지키는 기쁨이 우리 안에서 위험한 정욕적 충동의 전쟁을 일으켜 슬픔에 이를 수 있고, 우리에게서 썩지 않음의 기쁨을 누리는 고귀한 정신의 축제를 빼앗아갈 수도 있습니다. 우리는 잠시 헛되고 정욕적인 즐거움을 누린 후에 오랫동안 슬피 회개하면서 깨끗한 마음을 잃었음을 슬퍼하기 시작할 것입니다. 4. '유다야 네 절기를 지키고 네 서원을 갚을지어다'(나 1:15)라는 경고가 헛된 것이 되지 않도록 조심해야 합니다. 만일 특정 일을 간헐적으로 기념하는 것이 끊임없이 지속되는 금식을 방해하지 않는다면 우리는 항상 영적인 축일을 즐길 것이며, 비열한 활동이 중지될 때 '매 안식일에 모든 혈육이'(사 66:23) 하나님을 예배할 것입니다."

~ 24 ~

다양한 사순절 의식에 관한 질문

게르마누스가 질문했습니다: "사순절을 6주간으로 하여 지키는데, 일부 지방에서는 종교적으로 더 열심인 듯이 7주간으로 지키는 이유는 무엇입니까? 전자의 경우에는 주일을 제외하고 36일이요, 후자의 경우에는 토요일과 주일을 제외하고 부활주일만 포함하여 36일입니다."

~ 25 ~
답변: 사순절 금식은 그 해의 십일조이다.

1. 테오나스 사부는 다음과 같이 말씀하셨습니다: "단순한 사람들은 이 주제에 관한 질문을 참고 받아들이지 않을 것입니다. 당신은 다른 사람이 합당하지 못하게 질문한 것을 철저하게 조사하면서 우리의 선조들이 비합리적인 것을 전수하지 않았음을 쉽게 이해하기 위해서 우리의 관습 및 이 신비에 대한 완전한 진리를 찾고 있으며 분명하지 않은 이유를 경청하기 때문입니다.

2. "모세의 율법에서 백성에게 공포된 보편적 계율은 '너희의 십일조와 처음 난 것들을 하나님께 드리라' 입니다. 우리는 소유와 소출의 십일조를 바치라는 명령을 받고 있으므로 우리의 삶, 인간적인 활동, 그리고 작업의 십일조를 바쳐야 하는데, 그것이 사순절 날수에서 성취됩니다. 3. 왜냐하면 1년의 십분의 일이 36.5일이기 때문입니다. 7주간에서 주일과 토요일을 빼면 금식해야 할 날은 35일이 됩니다. 여기에 금식을 주일 아침까지 연장하는 철야기도일을 추가하면 36일이 되며, 추가된 밤 기간을 포함시킨다면 빼야 할 것처럼 보인 닷새의 십일조와 관련하여 전체 날수를 부족함이 없이 완성하게 될 것입니다.

~ 26 ~
하나님께 첫 열매를 바치는 방법에 대하여

1. "신실하게 그리스도를 섬기는 사람들이 날마다 바쳐야 하는 바 처음 난 것에 대해서는 어떻게 말해야 할까요? 그들이 아침에 자리에서 일어나 마음 속에 어떤 생각을 품거나 사업과 관련된 기억이나 염려가 들어오는 것을 허락하기 전에 번제에 의해 생각들의 근원과 출발점을 봉헌하는 것은 이 세상에서 사용하기 위해 일상적인 부활의 형태로 그들의 처음 난 것들을 대제사장이신

예수 그리스도를 통해 드리는 것이 아닐까요? 2. 잠에서 깨어나 먼저 하나님을 부르고 그 이름을 찬양하고 입을 열어 찬송하며 기쁨의 제사를 드리는 사람들은 하나님께 입의 예배를 드리는 것입니다. 그들이 침대에서 나와 다른 일을 하기 전에 서서 기도하며 주님을 찬양하는 것은 손과 발걸음의 첫 전제를 바치는 것입니다. 그들은 손을 뻗을 때와 무릎을 굽히거나 온몸으로 부복할 때 모든 움직임의 처음 열매를 드립니다.

3. "시편에서 '내가 날이 밝기 전에 부르짖으며 주의 말씀을 바랐사오며 주의 말씀을 조용히 읊조리려고 내가 새벽녘에 눈을 떴나이다(시 119:147-148), '아침에 나의 기도가 주의 앞에 이르리이다'(시 88:13)라고 노래된 것들을 성취하려면, 죽음과 어둠에서 빛으로 나오듯이 잠에서 깨어난 후에 자신을 위해 몸이나 정신의 기능을 사용하려 하지 말아야 합니다. 4. 우리 자신, 즉 우리의 직업 및 우리가 존재하는 데 반드시 필요한 성향들과 중요한 것들, 또는 우리가 조용히 쉬거나 잠들었을 때 환상이나 어리석은 꿈에 의해 우리 안에 일으키려 하는 교묘한 제안들은 선지자가 고대했거나 우리가 고대하는 아침입니다. 우리가 깨어난 직후에 원수는 그러한 꿈으로 우리를 사로잡아 우리의 가장 좋은 처음 열매들을 자신이 취하여 첫 번째 수확자가 되려 할 것입니다.

5. "이런 까닭에 앞에서 인용한 구절의 의미를 행동으로 실천하여 신속한 예지력을 가진 원수가 우리를 시기하여 우리의 아침 첫 생각들을 더럽히며 하나님으로 하여금 우리가 드리는 처음 열매를 싸구려로 여겨 거부하시게 만들지 않으려면, 아침의 첫 생각들을 깨어 지키기 위한 온갖 대비책을 세워야 합니다. 만일 우리가 깨어 조심스런 정신으로 원수를 대비하지 않으면, 그는 악하게 누워 기다리는 일을 멈추지 않을 것이며 날마다 속임수를 가지고 우리를 기다리는 일을 멈추지 않을 것입니다. 6. 그러므로 우리 마음의 수확물의 처음

열매를 하나님께서 받으시는 제물로 드리려 한다면, 아침에 몸의 모든 감각들을 주님만 받으셔야 할 번제물로서 모든 면에서 온전하고 깨끗하게 보존하기 위해 관심을 기울여야 합니다. 세상의 많은 사람들이 신중하게 이런 종류의 헌신을 실천합니다. 그들은 새벽에 일어나 이 세상 일과 활동을 하기 전에 먼저 교회에 가서 하나님 앞에 자기의 모든 행위와 행동의 처음 열매들을 바치려고 노력합니다.

~ 27 ~

사순절로 지키는 기간이 다른 이유

"당신은 일부 지방에서 사순절을 다른 방식으로, 즉 6주간이나 7주간 지키는 것에 대해 질문했습니다. 그러나 금식에 대해서는 동일한 견해와 방식이 유지되고 있습니다. 토요일이 금식일이 되어야 한다고 생각하는 사람들도 사순절을 6주간으로 정하여 지킵니다. 그들은 한 주일에 엿새를 금식하므로, 그것이 여섯 번 되풀이되면 금식일이 36일입니다. 결과적으로 비록 사순절을 몇 주간으로 간주하느냐에 대해서는 의견이 일치하지 않지만, 금식에 대한 견해와 방식은 동일합니다.

~ 28 ~

36일 동안만 금식하면서 사순절이라고 부르는 이유

1. "이러한 추리를 완전히 망각했을 때 매년 36.5일의 금식일을 하나님께 십일조를 바치는 이 시기가 사순절이라는 명칭을 취하게 되었습니다. 아마 모세(출 34:28 참조), 엘리야(왕상 19:8 참조), 그리고 예수 그리스도(마 4:2)께서 사십 일 동안 금식하셨기 때문에 이런 명칭으로 불린 것 같습니다. 2. 이 숫자

의 신비에 이스라엘이 광야에서 보낸 사십 년(신 29:5 참조), 그리고 신비한 방식으로 이루어졌다고 묘사된 그 여정의 사십 개의 체류지(민 33:1-49 참조)를 추가할 수 있습니다. 이렇게 1년의 십일조를 바치는 것이 세관에서 사용하는 어법에서 사순절이라는 명칭을 취한 듯합니다. 왜냐하면 일반적으로 국가의 세금을 이런 명칭으로 불렀기 때문입니다. 만세의 왕이 사순절의 합법적인 공물로 우리 삶에 필요한 것을 위해 우리에게서 일정한 몫을 요구하듯이, 국가의 세금 중에서 많은 액수의 돈을 왕을 위해 확보해 두었습니다.

3. "제기된 질문과 관계가 없지만, 논의 과정에서 부각된 이유로 다음과 같은 것을 다루어야 한다고 생각합니다: 우리의 원로들은 사순절 기간에 수도사들이 적대적인 민족의 옛 관습에 따라 공격을 받으며 정착하여 사는 곳을 떠나게 만들기 위해 괴롭힘을 받는다는 것을 자주 입증하곤 했습니다. 그 이유는 이것이 과거 애굽 사람들이 이스라엘 백성들을 학대할 때 발생했던 것과 비슷하기 때문입니다. 오늘날도 하나님이 귀히 여기시는 평정에 의해 우리가 애굽 땅을 떠나며 구원을 위해 고결함이라는 광야로 들어가지 못하게 하려고 영적인 애굽인들이 과중하고 거친 노역으로 참된 이스라엘, 즉 수도사들을 괴롭힙니다. 4. 그 때 바로가 격분하여 '그들이 게으르므로 소리 질러 이르기를 우리가 가서 우리 하나님께 제사를 드리자 하나니 그 사람들의 노동을 무겁게 함으로 수고롭게 하여 그들로 거짓말을 듣지 않게 하라'(출 5:8-9)고 말할 것입니다. 죄인들에게는 종교가 혐오스러운 것이므로, 그들은 자유로운 마음의 광야에서만 드려지는 주님의 거룩한 제물이 최고의 허영이라고 간주했습니다.

~ 29 ~
완전한 사람들은 사순절의 법을 넘어선다.

1. "의롭고 완전한 사람은 사순절 법의 제약을 받지 않으며, 이 규칙에 복종하는 것에 만족하지도 않습니다. 교회의 지도자들은 일년 내내 세속적인 즐거움과 일에 휘말려 사는 사람들이 법적 의무의 구속을 받으며, 최소한 이 기간을 주님께 바치며 인생의 십분의 일을 헌정하게 만들기 위해 사순절 법을 제정했습니다.

2. "그러나 사순절 법의 속박을 받지 않으며 십일조라는 법적인 세금과 무관하기 때문에 삶의 십일조가 아니라 삶 전체를 영적인 일에 바치는 의인들은 선하고 거룩한 필요성이 대두될 때면 조금도 망설이지 않고 금식을 완화합니다. 이는 그것이 자기 자신뿐만 아니라 자신이 가진 모든 것을 주님께 바친 사람들에 의해 제해지는 것은 보잘것없는 십일조가 아니기 때문입니다. 자발적으로 바치는 것이 아니라 하나님께 십일조를 드려야 한다는 법적 필요성 때문에 어쩔 수 없이 바치는 사람은 이런 식으로 행할 때면 사기죄를 범한다는 죄의식을 느낍니다. 3. 이런 까닭에 완전한 사람은 금지된 것들을 조심하고 명령된 것을 실천하기 때문에 율법의 종이 될 수 없습니다. 또 완전한 사람은 율법에서 허락된 것들조차 이용하지 않습니다. 따라서 모세의 율법에 대해 '율법은 아무것도 온전하게 못할지라'(히 7:19)고 기록되어 있지만, 구약성경의 어떤 거룩한 사람들이 '율법은 옳은 사람을 위하여 세운 것이 아니요 오직 불법한 자와 복종하지 아니하는 자와 경건하지 아니한 자와 죄인과 거룩하지 아니한 자와 망령된 자와 아버지를 죽이는 자와 어머니를 죽이는 자와 살인하는 자며 음행하는 자와 남색하는 자와 인신 매매를 하는 자와 거짓말하는 자와 거짓맹세하는 자와 기타 바른 교훈을 거스르는 자를 위함'(딤전 1:9-10)이라

는 것을 알았기 때문에 율법의 명령을 초월하여 복음적 완전함 안에서 살았다고 기록되어 있습니다.

~ 30 ~
사순절의 기원과 근거

1. "초대교회의 완전함이 더럽히지 않고 순수하게 남아 있는 동안에는 이러한 사순절 의식이 존재하지 않았음을 알아야 합니다. 일년 내내 중단 없이 금식을 실천한 사람들은 엄격한 금식일 규정에 구애되지 않았습니다. 그들은 이 계율의 의무나 율법적 승인의 속박을 받지 않았습니다. 2. 그러나 무수히 많은 신자들이 날마다 사도적 열심을 잃기 시작하여 사도들의 제도에 따라(행 2:44-45; 4:32, 34-35 참조) 모든 신자들이 사용하도록 하기 위해 재산을 분배하기보다 자신의 부귀에 관심을 기울이기 시작했습니다. 그들은 아나니아와 삽비라(행 5:1-2 참조)의 본보기를 따르는 데 그치지 않았고, 개인적으로 자신의 수입을 보관하는 데 만족하지 않고 증식시키기 위해 노력했습니다. 당시 제사장들은 고정된 스케줄을 통해 세속적인 염려에 빠져 있는 사람들 및 금욕이나 가책이라는 것을 알지 못하는 사람들에게 금식이라는 거룩한 임무를 환기시키고 율법적인 십일조에 관련된 의무를 부과했습니다. 이렇게 함으로써 약한 사람들에게 유익을 줄 수 있었으며, 또 복음의 은혜 아래 살며 자발적인 헌신에 의해 율법을 넘어선 완전한 사람들에게 해를 끼치지 않을 수 있었습니다. 3. 그리하여 그들은 바울이 말한 바 '죄가 너희를 주장하지 못하리니 이는 너희가 법 아래에 있지 아니하고 은혜 아래에 있음이라'(롬 6:14)는 복을 획득할 수 있게 되었습니다. 은혜의 자유 아래 충실하게 서 있는 사람의 내면에서는 죄가 지배하지 못합니다."

~ 31 ~
"죄가 너희를 주장하지 못하리니"라는 바울의 말을 어떻게 이해해야 하는가?

게르마누스가 질문했습니다: "수도사들뿐만 아니라 기독교인들 전체에게 안전을 약속하는 바울의 이 말이 거짓일 수 없기 때문에 이해하기 어렵습니다. 그는 복음을 믿는 모든 사람이 죄의 지배와 멍에에서 벗어나 자유롭다고 밝히고 있는데, '죄를 범하는 자마다 죄의 종이라'(요 8:34)는 주님의 말씀에 따르면 세례받은 거의 모든 사람들 안에서 죄의 지배가 활발한 것은 어찌된 일입니까?"

~ 32 ~
답변: 은혜와 율법의 계율들의 차이점

1. 테오나스 사부는 다음과 같이 말씀하셨습니다: "당신은 대단히 중요한 질문을 제기하셨습니다. 미숙한 사람들은 그 질문을 이해할 수 없고 대답할 수도 없지만, 당신이 우리의 말을 이해하려고 노력한다면 나는 힘이 닿는 한 간단히 설명하고 답변하겠습니다. 학습이 아닌 경험을 통해서 알려진 것을 미숙한 사람이 전수할 수 없듯이, 비슷한 교육과 훈련에 기초를 두지 않은 사람이 그것을 정신적으로 생각하거나 이해할 수도 없습니다. 2. 그러므로 죄의 지배 및 그것을 몰아내는 방법을 이해하려면 먼저 율법의 의도와 뜻이 무엇이며, 은혜의 훈련과 완전함이 무엇인지 신중하게 조사해야 한다고 생각합니다.

"율법은 결혼을 큰 선으로 추구해야 한다고 명합니다: '그는 임신하지 못하는 여자를 박대하며'(욥 24:21). 3. 반면에 은혜는 썩지않는 영원한 깨끗함과 동정의 순결을 권하며 다음과 같이 말합니다: '잉태하지 못하는 이와 해산하지 못한 배와 먹이지 못한 젖이 복이 있다'(눅 23:29); '무릇 내게 오는 자가 자기 부모와 처자와 형제와 자매와 더욱이 자기 목숨까지 미워하지 아니하면 능히 내 제자가 되지 못하고'(눅 14:26). 또 바울은 '아내 있는 자들은 없는 자같이 하며'(고전 7:29)라고 말합니다.

"율법은 '십일조와 처음 난 것들을 가져다가 드리라'(신 12:6)고 말하지만, 은혜는 '네가 온전하고자 할진대 가서 네 소유를 팔아 가난한 자들에게 주라'(마 19:21)고 말합니다.

4. "율법은 불의에 대해 당한 대로 갚고 보복하는 것을 금하지 않습니다: '눈은 눈으로, 이는 이로'(출 21:24). 은혜는 우리에게 가해진 학대와 공격의 강화에 의해 우리의 인내가 증명되기를 원하며, 이중의 공격을 참고 견딜 준비를 하라고 명령합니다: '누구든지 네 오른편 뺨을 치거든 왼편도 돌려 대며 또 너를 고발하여 속옷을 가지고자 하는 자에게 겉옷까지도 가지게 하며'(마 5:39-40). 율법은 원수를 미워해야 한다고 말하지만, 은혜는 원수를 사랑하되 그들을 위해 끊임없이 하나님께 기도해야 한다고 말합니다(마 5:44 참조).

~ 33 ~
복음의 계율이 율법의 계율보다 온건하다.

1. "그러므로 이 복음의 정상에 오르는 사람은 그의 고결함 때문에 율법보다 더 높이 올려집니다. 그는 자신이 구주의 은혜 아래 있음을 알기 때문에 모세가 명령한 모든 것을 하찮은 것으로 여겨 무시합니다. 그는 자신이 구주의 도움에 의해 이처럼 고귀한 상태에 도달했음을 깨닫습니다. 그 때 '우리에게 주신 성령으로 말미암아 우리 마음에 부은 바 된'(롬 5:5) 하나님의 사랑이 다른 종류의 성향을 모두 몰아내기 때문에 죄가 그를 지배하지 못합니다. 또 그는 하나님의 사랑에 관심을 집중하고 동경하기 때문에 금지된 것들을 바라거나

명령된 것을 무시하지 못하며, 비도덕적인 것을 즐거워하지 않기 때문에 자신에게 허락되었던 것들조차 이용하지 않습니다.

2. "그러나 배우자의 권리가 존중되는 율법에서는 정욕의 대상이 한 여인으로 제한되지만 정욕이 활발하게 작용하지 않는다는 것은 불가능합니다. 의도적으로 불에 기름을 부으면 그 불이 접촉하는 모든 것을 태워버립니다. 비록 그 불을 차단하는 것이 있어 밖으로 번지는 것을 허락하지 않아도 불은 억제된 상태에서 계속 타오릅니다. 이는 의지 자체가 악한 것이며, 성적 교제에 익숙해지면 즉시 간음으로 이어지기 때문입니다. 3. 그러나 구주의 은혜에 의해 순결의 거룩한 불이 붙은 사람들은 주님 사랑의 불로 정욕적인 욕망의 가시들을 태워버리는데, 타다 남아 꺼져가는 악덕의 불씨가 순결의 냉기를 감소시키지 못합니다.

"그러므로 율법의 종들은 율법적인 것을 이용함으로써 불법한 것에게로 미끌어져 들어가지만, 은혜를 소유한 사람들은 율법적인 것을 무시하기 때문에 불법한 것을 알지 못합니다. 결혼생활을 사랑하는 사람 안에 죄가 거하듯이, 단순히 십일조와 처음 열매를 바치는 데 만족하는 사람 안에도 죄가 거합니다. 그는 태만하거나 지체할 때 어쩔 수 없이 그것들의 질이나 양, 혹은 분배와 관련하여 죄를 지을 것입니다. 4. 가난한 사람들을 위해 재산을 사용하라는 명령을 받은 사람이 큰 믿음과 헌신을 가지고 그것을 분배한다 해도, 자주 죄의 덫에 걸리지 않기는 어렵습니다. 그러나 주님의 권고를 무시하지 않고 재산을 모두 가난한 사람들에게 주고 자기 십자가를 지고 은혜를 주신 분을 따르는 사람들은 죄의 지배를 받지 않습니다(마 16:24 참조). 하나님께 바쳐 자신의 것이 아닌 듯 재산과 돈을 후히 나누어 구제하는 사람은 믿음이 없이 음식에 대해 염려하지 않습니다. 또 그는 하나님께 바친 것을 자기 것이 아니라고 여겨 음식의 부족을 두려워하거나 자신이 궁핍해질 것을 생각하지 않고 나누어주기 때문에 구제의 즐거움이 감소되지 않습니다. 이는 그가 자신이 바라는 궁핍함에 이르면 하나님께서 공중의 새보다 더 많은 것으로 먹여주실 것이라고 확신하기 때문입니다(마 6:26 참조). 5. 반면에 후하게 재산을 나누어주지만 율법 아래서 요구되기 때문에 세상 물건에 집착하면서 수확의 십일조와 처음 난 것들과 금전의 일부를 나누어주는 사람은 비록 구제의 이슬에 의해 죄의 불을 대부분 끈다 해도 (주님의 은혜에 의해 소유욕을 제거하지 않는 한) 죄의 지배에서 완전히 도망칠 수 없습니다(집회서 3:30 참조).

6. "마찬가지로 율법의 계율에 따라 눈에는 눈으로, 이에는 이로 갚거나 원수를 미워하는 사람은 죄의 종이 될 수밖에 없습니다. 왜냐하면 그는 학대를 학대로 되갚기로 결정할 때 분노에 휩싸이는데, 그 점에 있어서 원수들을 향한 미움의 종이 되기 때문입니다. 그러나 은혜의 빛 속에 살며 악에 저항하지 않고 인내하며 오른 뺨을 때리는 사람에게 왼 뺨을 돌려 댐으로써 악을 정복하는 사람, 법의 힘을 빌려 외투를 뺏으려는 사람에게 외투를 주는 사람, 원수를 사랑하며 자기를 비방하는 사람들을 위해 기도하는 사람은 죄의 멍에와 족쇄를 벗어버린 사람입니다. 7. 이는 그가 죄의 씨를 죽이지 못하는 율법 아래 살지 않기 때문입니다. (바울은 이와 관련하여 '전에 있던 계명은 연약하고 무익하므로 폐하고 [율법은 아무것도 온전하게 못할지라]' [히 7:18-19]라고 말합니다. 여호와는 선지자를 통해서 '내가 그들에게 선하지 못한 율례와 능히 지키지 못할 규례를 주었고' [겔 20:25]라고 말씀하십니다.) 그는 악의 가지들을 잘라낼 뿐만 아니라 악한 의지의 뿌리를 완전히 뽑아내는 은혜 아래 삽니다.

~ 34 ~
은혜 아래 있음을 입증하는 방법

1. "그러므로 복음이 가르치는 완전을 얻기 위해 노력하는 사람은 죄의 지배에 시달리지 않고 은혜 아래 삽니다. 은혜 아래 있다는 것은 은혜가 명하는 것을 실천하는 것을 의미합니다. 그러나 세례를 받고 스스로 수도사라고 여기지만 복음적 완전의 충만에 복종하려 하지 않는 사람은 은혜 아래 있는 것이 아니라 율법의 속박을 받으며 죄에 짓눌려 있습니다. 2. 양자의 은혜에 의해 자신을 받아들인 모든 사람들을 받아들이신 분의 의도는 모세의 규정들을 폐하는 것이 아니라 성취하는 데 있습니다(마 5:17 참조). 이러한 의도를 갖지 않은 사람, 그리스도의 가르침과 권면을 알지 못하는 사람은 건방진 자유의 보장에 의해 해방되었다고 느끼기 때문에 겁없이 그리스도의 가르침과 상관이 없을 뿐만 아니라 모세의 율법이 초심자들과 어린아이들에게 부과한 것들을 쓸모없는 것으로 여겨 무시하며 '우리가 법 아래에 있지 아니하고 은혜 아래에 있으니 죄를 지었다'(롬 6:15 참조)라고 악하게 말합니다. 3. 주님의 가르침의 정상에 올라간 적이 없기 때문에 은혜 아래 있지 않으며 율법의 작은 명령조차 받아들이지 않았기 때문에 율법 아래 있지도 않은 사람은 죄의 이중 지배를 받으며, 오직 이 악한 자유에 의해 그리스도로부터 자신을 해방시키기 위해서 그리스도의 은혜를 받아들였다고 믿습니다. 그렇기 때문에 그는 베드로가 '자유가 있으나 그 자유로 악을 가리는 데 쓰지 말라'(벧전 2:16)고 말하면서 경고한 것에 빠져듭니다. 바울도 '형제들아 너희가 자유를 위하여(즉 죄의 지배에서 벗어나기 위해서) 부르심을 입었으나 그러나 그 자유로 육체의 기회를 삼지 말라(즉 율법의 계율 폐지가 죄를 지어도 좋다는 허락이라고 믿지 말라)'(갈 5:13)고 말합니다. 4. 바울이 '주는 영이시니 주의 영이 계신 곳에는 자

유가 있느니라'(고후 3:17)고 가르쳤듯이, 이 자유는 주님이 계시는 곳에만 있습니다.

"내가 바울의 말의 의미를 경험이 많은 사람들처럼 표현하고 설명할 수 있을지 알지 못하지만, 분명히 알고 있는 것이 한 가지 있습니다. 즉 그것이 사람의 설명이 없이 실천적 훈련을 완전히 파악하고 있는 사람들에게 계시된다는 것입니다. 왜냐하면 그들이 행동에 의해 학습한 것을 논의에 의해 이해하려고 애쓰지 않기 때문입니다."

~ 35 ~

종종 열심히 금식할 때 육체의 자극이 더 예리하게 방해하는 이유에 관한 질문

게르마누스가 말했습니다: "사부께서는 이해하기 어려운 문제, 그리고 많은 사람들이 이해할 수 없다고 생각되는 문제를 상당히 분명하게 설명해 주셨습니다. 이제 금식하여 피곤하고 지쳤을 때 우리의 몸이 한층 거세게 우리를 공격하도록 자극을 받는 이유를 설명해 주십시오. 종종 우리는 잠에서 깨어나면서 몽설의 흔적을 발견할 때면 기가 죽어서 충실하게 기도할 수 없습니다."

~ 36 ~

답변: 이 문제에 대해서는 나중에 다루겠다는 것

1. 테오나스 사부는 다음과 같이 말씀하셨습니다: "일시적으로만 아니라 완벽하고 충분하게 완전의 길에 이르려는 당신의 갈망은 나로 하여금 지치지 않고 논의하게 만듭니다. 당신은 완전함이 눈에 보이는 육신의 금욕(이것은 믿음이 없는 사람도 필요에 의해서든 위선에 의해서든 소유할 수 있습니다) 안에 있는 것이 아니라 눈에 보이지 않는 마음의 순결 안에 존재한다는 것을 알

기 때문에 표면적인 순결과 할례에 대해서가 아니라 감추어져 있는 것에 대해 질문합니다. 2. 마음의 순결에 대해 바울은 다음과 같이 말합니다: '무릇 표면적 유대인이 유대인이 아니요 표면적 육신의 할례가 할례가 아니니라 오직 이면적 유대인이 유대인이며 할례는 마음에 할지니 영에 있고 율법 조문에 있지 아니한 것이라 그 칭찬이 사람에게서가 아니요 다만 하나님에게서니라'(롬 2:28-29). 이 하나님만이 마음의 비밀들을 샅샅이 찾아내십니다.

"그러나 이제 밤이 깊어 이처럼 난해한 문제를 다루기에는 시간이 충분하지 못하여 당신의 갈망을 충분히 만족시켜줄 수 없으므로, 그 문제는 잠시 미루어 두는 것이 좋겠다고 생각합니다. 3. 이런 문제들은 점진적으로 복잡한 생각에서 완전히 해방된 마음으로 다루고 받아들여야 합니다. 우리 모두의 순결을 위해 그것들을 살펴보아야 하지만, 순결의 은사를 경험하지 못한 사람이 그것들을 가르치거나 전수할 수 없습니다. 이는 지금 우리가 찾으려는 것이 공허한 말의 논쟁에 의해서 심겨지는 것이 아니라 양심 안에 있는 믿음과 진리의 능력에 의해 심겨지는 것이기 때문입니다. 4. 그러므로 이 정화에 대한 지식과 가르침은 경험한 사람만 제시할 수 있습니다. 또 그것은 진리를 뜨겁게 사랑하는 사람에게, 헛되고 공허한 말의 학습에 의해서가 아니라 마음과 힘을 다해 추구함으로써, 다시 말해서 무익한 수다를 향한 열심에 의해서가 아니라 내면의 정화를 향한 갈망에 의해서 그것을 획득하고자 하는 사람에게만 전달될 수 있습니다."

담화 22

사부 테오나스의 두 번째 담화

몽설에 관하여

~ 1 ~

우리가 사부 테오나스를 다시 방문함, 그리고 그분의 권면

1. 약 7일 후에 오순절 행사가 끝났습니다. 저녁 예배 후 우리는 테오나스 사부의 수도실에 들어가서 약속된 담화를 기다렸습니다. 테오나스 사부는 쾌활하고 친절한 표정으로 다음과 같이 담화를 시작하셨습니다:

"당신이 질문에 대한 답변을 일주일이나 기다려준 것, 그리고 요청하지 않는다고 해서 그렇게 오랫동안 담화를 연기할 수 있었다는 사실이 감탄스럽습니다. 2. 그처럼 오랜 공백을 기꺼이 허락해주셨으므로, 나는 지체하지 않고 빚을 갚아야 합니다. 고리대금업의 좋은 면은 빚이 상환될 때 더 큰 이익을 얻는 것입니다. 그것은 빌려준 사람을 부유하게 만들며, 빌린 사람을 가난하게 만들지도 않습니다. 영적인 것을 나누어주는 사람은 두 가지 이익을 얻습니다. 왜냐하면 그의 말을 듣는 사람들의 진보에서 크게 유익을 얻을 뿐만 아니라 가르치는 과정에서 완전함을 향한 갈망이 내면에서 일어나면서 자신의 담화로부터 유익을 얻기 때문입니다. 3. 이런 까닭에 당신의 열정이 나의 진보요 당신의 열망이 나에게 가책이 됩니다. 왜냐하면 정신이 둔해져서 당신이 찾고

있는 것을 내 마음속에서 발견할 수 없었는데, 당신의 열정과 기대로 말미암아 잠에서 깨어나 영적인 것들을 기억할 수 있게 되었기 때문입니다. 그러므로 원하신다면 얼마 전에 시간이 부족하여 다루지 못했던 질문을 다루겠습니다.

~ 2 ~
열심히 금욕한 뒤에 육체에 대한 공격이 심해지는 이유에 대한 질문

"당신의 질문은 우리가 금욕을 완화할 때 종종 육체의 자극을 가볍게 받는 반면 엄격하게 금욕하여 몸이 지쳐있을 때 더 예리한 자극의 괴롭힘을 받기 때문에 잠에서 깨어날 때 자신이 몽설했음을 발견하게 되는 이유에 관한 것이었습니다.

~ 3 ~
몽설의 세 가지 원인

1. "우리의 선조들은 적절하지 않은 때에 불규칙하게 발생하는 이 공격의 원인이 세 가지라고 가르쳤습니다. 그것은 과다한 음식 섭취 때문에 쌓이거나, 부주의한 정신 때문에 흘러나오거나, 조롱하는 원수의 유혹에 의해 유발됩니다.

"그러므로 첫째 원인은 탐식(즉 과식이나 폭식)입니다. 이것이 배출해야 할 과다한 정액을 만들어냅니다. 엄격하게 금욕하는 동안 그것이 우리의 순결을 더럽히면, 배고픔 때문이 아니라 배불리 먹었던 것 때문에 배출됩니다. 2. 몸이 금식 때문에 약해지고 의식하지 못할 때에도 과식으로 말미암아 우리 안에 축적된 것은 어떤 자극에 의해 배출될 것입니다. 그러므로 우리는 맛난 음식

을 삼갈 뿐만 아니라 평범한 음식도 절제해야 합니다. 획득된 몸의 순결이 우리 안에 오래 머물게 하려면 심지어 빵과 물을 배불리 먹는 것도 조심해야 하며, 어떤 면에서 우리의 존중되어온 영의 순결을 모방해야 합니다. 이따금 정신적으로 노력하지 않아도 몸의 균형 상태나 성숙한 나이 때문에 몽설을 하지 않는 사람들이 있음을 알아야 합니다. 3. 그러나 피동적인 행운에 의해 평화를 획득하는 것과 영광스러운 덕 덕분에 승리할 자격을 지닌 것이 같지 않습니다. 모든 악덕을 이기는 후자의 능력은 존경받아야 하지만, 전자는 방탕함에도 불구하고 피할 수 없는 선의 보호를 받기 때문에 칭찬이 아닌 동정을 받아야 합니다.

4. "정신이 영적 추구와 실천을 멈추며 속사람의 훈련을 등한히 할 때 몽설의 둘째 원인이 발생합니다. 그 때 정신은 습관적이고 지속적인 무기력에 따라 게을러진 사람을 빗나가게 하거나 하찮고 더러운 생각들을 강력하게 원하게 되어 마음의 순결에 대해 무관심하게 되므로 완전함과 순결이 겉사람의 금욕 안에만 존재한다고 생각합니다. 그의 태만함과 잘못으로 말미암아 산만한 생각들이 담대하게 정신의 은밀한 곳에 침입할 뿐만 아니라 과거 정념의 씨앗들이 그곳에 남게 됩니다. 5. 엄격한 금식에 의해 몸을 징계해도 이것들은 정신의 깊은 곳에 감추어져 있는 한 잠자고 있는 사람을 음탕한 환상으로 괴롭힐 것입니다. 그 결과 자연적인 현상이 아닌 악한 속임수 때문에 통상적인 때가 되기 전에 정액이 배출됩니다. 그것은 약한 육체에 의해서 완전히 저지되는 것이 아니며 정신의 힘과 주의에 의해서도 완전히 저지될 수 없지만 하나님의 은혜의 도움을 받으면 단순한 현상으로 축소될 수 있습니다. 그러므로 정신이 배회하는 데 익숙해져서 꿈 꾸는 동안 한층 더 끔찍한 음란의 유혹에 빠지지 않게 하려면 우선 방황하는 산만한 생각들을 억제해야 합니다.

6. "셋째 원인은 우리가 규모 있고 신중한 금욕의 실천을 통한 몸과 마음의 통회에 의해 영구히 순결을 획득하기 원하여 영과 육의 행복을 찾으려고 신중하게 노력할 때 속이는 원수가 다음과 같은 방식으로 공격함으로써 발생합니다: 특히 우리가 큰 완전함에 의해 하나님 보시기에 만족스럽게 되기를 원할 때 원수는 죄책감에 의해 양심의 확신을 파괴하고 부끄럽게 만들려 노력하면서 육체를 자극하거나 정신의 동의를 얻지 않은 채 몽설하게 함으로써 우리를 더럽게 만들고 성찬에 참여하지 못하게 합니다. 그러나 초심자들이나 아직 오랜 금식에 의해 몸이 약해지지 않은 사람들은 이 망상이 마귀의 행위에 의해 초래된다고, 즉 그들이 더 집중적인 금식을 추구하는 것을 본 마귀가 이 계략에 의해 그들의 노력을 수포로 돌아가게 한다고 믿습니다. 따라서 그들은 엄격한 금식에 의해 육체적인 순결의 진보를 이루지 못했을 뿐만 아니라 심각하게 퇴보했다고 느끼기 때문에 엄격한 금식을 두려워합니다. 그러나 엄격한 금식은 부패하지 않음의 교사요 순결의 어머니입니다.

7. "이런 까닭에 특정의 악덕이 자체의 소란으로 우리의 생각들을 선점할 뿐만 아니라 다른 악덕들을 동반하지 않고 홀로 지배하는 데 만족하지 않기 때문에 그 악덕이 정화되지 않는다는 것을 알아야 합니다. 더 잔인한 악덕들이 허용되고 나면, 그것들은 자신에게 정복된 정신을 유린하며 여러 방식으로 사로잡습니다. 그러므로 탐식이 우리를 정욕적인 욕망으로 불타게 하지 못하게 할 뿐만 아니라 진노와 격분과 슬픔을 비롯한 모든 정념의 노예로 만들지 못하게 하려면 탐식 자체 때문에, 즉 부담스러운 과식이 우리를 망하게 하지 못하도록 하기 위해서 탐식을 극복해서는 안 됩니다. 8. 만일 먹을 것과 마실 것이 지나치게 적거나 늦게 제공된다면, 또는 우리가 폭식의 지배 아래 있을 때 신중하지 못한 방식으로 제공된다면, 우리는 분노의 충동에 흔들릴 것입니다.

또 음식을 즐기면 여러 가지 수단들 덕분에 사치심이 작용하여 소비를 조장하는 탐욕에 빠지게 됩니다. 탐욕, 허영, 교만 등 모든 악덕들은 하나로 결합되어 있으며, 각각의 악덕은 마치 우리 안에서 홀로 성장하기 시작하는 듯이 다른 악덕들에게 성장의 가능성을 제공합니다."

~ 4 ~
몽설로 더럽힌 사람이 성찬을 받는 것이 허락되는가?

게르마누스가 말했습니다: "우리는 이 주제가 하나님의 계획에 따라 제기되었다고 생각합니다. 따라서 이 담화가 제공한 기회를 타서 쑥스러움 때문에 확신이 없어 질문하지 못하여 배울 수 없었던 것들에 대해 질문하겠습니다. 만일 우리가 성찬을 대할 때 자신이 꿈속에서 몽설하여 더럽혔다는 것을 알게 된다면 성찬을 받아야 합니까, 피해야 합니까?"

~ 5 ~
답변: 언제 잠든 사람의 정념이 죄를 유발하는가?

1. 테오나스 사부는 다음과 같이 말씀하셨습니다: "우리가 거룩한 제단 앞에 서려 할 때 특히 순결을 더럽히지 않고 유지하기 위해 노력해야 하며, 또 특히 성찬을 받을 준비를 하는 밤에 그때까지 보존해온 육체의 순결을 빼앗기지 않도록 주의 깊게 경계해야 합니다. 2. 그러나 악한 원수가 우리의 성스러움을 방해하기 위한 시도로서 우리에게서 거룩한 치유의 약을 제거하기 위해 우리의 잠들어 있는 정신의 보초병들을 속이는데도 불구하고 우리 안에서 죄의식이 발생하지 않으며 쾌락에 동의한 결과로 타락하지 않았을 경우, 또 음탕한 감정이 없이 발생하는 바 마귀의 자극에 의해 생리현상으로 몽설을 했을 경우

에 우리는 자신감을 가지고 성찬을 받을 수 있으며, 마땅히 그리해야 합니다.

"그러나 우리의 죄악으로 말미암아 이 현상이 발생할 경우에 우리는 자신의 양심을 고발하며 '누구든지 주의 떡이나 잔을 합당하지 않게 먹고 마시는 자는 주의 몸과 피에 대하여 죄를 짓는 것이니라 사람이 자기를 살피고 그 후에야 이 떡을 먹고 이 잔을 마실지니 주의 몸을 분별하지 못하고 먹고 마시는 자는 자기의 죄를 먹고 마시는 것이니라'(고전 11:27-29)는 바울의 말을 두려워해야 합니다. 3. 즉 성찬을 일반 음식과 구분하지 않는 사람은 깨끗한 몸과 정신으로만 성찬을 받아야 한다는 것을 깨닫지 못한 사람입니다. 그렇기 때문에 바울은 '너희 중에 약한 자와 병든 자가 많고 잠자는 자도 적지 아니하니'(고전 11:30)라고, 즉 이런 태도로 성찬을 받는 데서 영적인 약함과 죽음이 생겨난다고 말합니다. 합당하지 않게 불법적으로 성찬을 받는 사람들은 정념이라는 병에 걸려 믿음이 약해지며 정신이 병들고 죄악의 잠에 빠지지만, 자신의 구원을 위한 염려를 통해 이 치명적인 잠에서 깨어나지 못합니다. 4. 바울은 그 뒤에 '우리가 우리를 살폈으면 판단을 받지 아니하려니와'(고전 11:31)라고 말합니다. 다시 말해서 만일 우리가 죄에 의해 상처를 입었을 때마다 스스로 성찬 받을 자격이 없다고 판단한다면, 보속하여 잘못을 바로잡음으로써 성찬 받을 자격을 얻기 위해 노력해야 할 것입니다. 그 때 주님이 질병이라는 채찍으로 우리의 자격 없음을 징계하시지 않으므로 우리는 가책을 경험하며 상처의 치료법을 사용할 수 있을 것입니다. 만일 현세에서 간단한 형벌로 대체할 자격이 있다고 판단되지 못한다면 장래에 이 세상의 죄인들과 함께 정죄될 것입니다.

5. "레위기에서는 다음과 같이 가르칩니다: '그 고기는 깨끗한 자만 먹을 것이니 만일 몸이 부정한 자가 여호와께 속한 화목제물의 고기를 먹으면 그 사

람은 자기 백성 중에서 끊어질 것이요'(레 7:19-20). 신명기에서도 부정한 사람이 영적인 사람들의 진영에서 분리된다고 말합니다: '너희 중에 누가 밤에 몽설함으로 부정하거든 진영 밖으로 나가고 진영 안에 들어오지 아니하다가 해 질 때에 목욕하고 해 진 후에 진에 들어올 것이요'(신 23:10-11).

~ 6 ~
종종 원수의 작용에 의해 몽설이 우리에게 발생한다.

1. "이와 같은 육체의 부정함이 종종 마귀의 활동에 의해 발생한다는 것을 보여드리겠습니다. 어느 형제는 주의 깊게 경계하며 겸손하기 때문에 항상 몸과 마음을 깨끗이 유지하며 몽환의 미혹을 받지 않았음에도 불구하고 성찬을 받기 전날 밤이면 몽설하곤 했는데, 두려움 때문에 오랫동안 성찬을 받지 않았습니다. 그는 마침내 원로들의 조언을 받아 이러한 공격 및 자신의 고통을 해결할 방법을 얻을 수 있다는 확신을 갖고 이 문제를 원로들에게 털어놓았습니다.

2. "원로들은 주로 음식을 많이 먹는 데서 비롯되는 이 병의 첫째 원인을 살펴보면서, 이 형제의 경우에는 이것이 원인이 아님을 알았습니다. 그 형제가 엄격하기로 유명했고 그 일이 축일에 발생한다는 사실에 비추어볼 때 이 망상의 원인이 포만도 아님이 분명했습니다. 그리하여 그들은 이 질병의 둘째 원인을 조사하기 시작했습니다. 그들은 비록 그가 엄격한 사람이지만 금식으로 지친 그의 육체가 영혼의 허물로 말미암아 몸의 순결로 의기양양하여 교만해져서 종종 하나님의 주요한 선물, 즉 육적인 순결을 인간의 능력에 의해 획득했다고 믿을 때 더러운 환상에 시달리고 있는지의 여부를 조사했습니다. 3. 그들은 이 형제에게 하나님의 도움을 필요로 하지 않은 채 자신의 노력을 통해

이 덕을 획득할 수 있다고 믿느냐고 물었습니다. 그는 두려워하며 이 불경한 생각을 미워하면서 겸손하게 자신이 하나님의 은혜의 도움을 받지 않았다면 다른 날에도 육체의 순결을 유지할 수 없었을 것이라고 주장했습니다. 그들은 즉시 은밀한 마귀의 활동이라는 덫을 보았고 세 번째 원인을 찾았습니다. 그들은 그의 영혼이나 육신에 죄가 없다고 확신했기 때문에 그가 자신감을 가지고 성찬에 참여해야 한다는 견해를 표명했습니다. 만일 그가 자신의 견해를 굽히지 않고 고집한다면, 악한 원수의 교활한 덫에 걸려 그리스도의 몸에 참여할 수 없을 것이며, 구원이라는 치유의 해결책을 박탈당할 것입니다. 4. 그 직후 주님의 몸의 보호하심의 결과로서 전에 발생했던 상습적인 망상들이 중지됨으로써 이 모든 것이 마귀의 계략이었음이 밝혀졌고 원로들의 견해가 입증되었습니다. 그것은 이 더러운 몽설이 종종 육체나 영혼의 악덕이 아닌 원수의 교활한 술책에 의해 유발된다는 것을 가르쳐주었습니다.

"이 더러운 몽설을 일으키는 근원인 바 기만적인 꿈을 영원히 또는 몇 달 동안 경험하지 않으려면 믿음을 가지고 항상 하나님의 은혜로서 순결의 은사를 바랄 뿐만 아니라 배불리 먹고 마시는 것을 삼가야 합니다. 5. 과도한 음식과 음료의 섭취는 몽설의 원인이 되며, 축적된 정액은 자연의 법칙에 의해 방출되어야 하므로 자극이나 망상이 있을 때에는 과도한 음식 섭취를 피해야 합니다. 포식하거나 과식하지 않았을 때에는 이 불결한 몽설이 느리게 발생합니다. 따라서 상상이 몽설의 근원이 아니라 과다한 정액이 상상의 근원이기 때문에, 잠자는 동안 몽설과 망상의 시달림을 받는 빈도와 강도가 감소됩니다.

6. "따라서 이러한 미혹적인 망상에서 벗어나기를 원한다면, 먼저 음란이라는 정념이 정복되어 죄가 우리의 죽을 몸을 지배하지 못하게 하며, 우리 몸이 정욕에 굴복하는 일이 없도록 하기 위해(롬 6:12 참조) 힘껏 노력해야 합니다.

둘째로 몸의 유혹적인 움직임이 완전히 잠잠해진 후에 우리의 지체를 죄에 내맡겨서 불의의 연장이 되게 하지 않도록(롬 6:13a 참조) 노력해야 하며, 셋째로 우리의 속사람이 음탕한 자극에 대해 완전히 죽어 우리 자신을 죽은 사람들 가운데서 살아난 사람답게 하나님께 바치기 위해(롬 6:13b) 노력하십시오. 이러한 단계들을 취한다면, 몸 안에 영원한 평화를 획득할 것이며 우리의 지체를 음탕의 도구가 아닌 의의 도구로 하나님께 복종시킬 것입니다. 7. 우리가 순결 안에 자리잡으면, 죄가 우리를 다스리지 못할 것입니다(롬 6:14 참조). 이는 결혼생활의 합법적 권리를 권장하면서 우리의 내면 깊은 곳에 불법한 음란이라는 관행을 조장하도록 돕는 열기를 축적하고 조장하는 법 아래 있지 않고, 썩지 않는 순결을 소개하면서 해롭지는 않지만 단순한 육체의 움직임과 합법적인 성교의 쾌락을 저지하는 은혜 아래 있기 때문입니다.

"이런 식으로 부정한 정액이 완전히 말라버리고 우리가 이사야가 말한 존경과 칭찬을 받을 만한 고자들이 되면, 그들에게 약속된 복을 소유할 자격을 갖출 것입니다: '여호와께서 이와 같이 말씀하시기를 나의 안식일을 지키며 내가 기뻐하는 일을 선택하며 나의 언약을 굳게 잡는 고자들에게는 내가 내 집에서, 내 성 안에서 아들이나 딸보다 나은 기념물과 이름을 그들에게 주며 영원한 이름을 주어 끊어지지 아니하게 할 것이며'(사 56:4-5). 8. 여기에서 고자들보다 못하게 여겨진 아들과 딸들은 구약성경에서 결혼의 유대를 유지하고 계명을 지킴으로 말미암아 하나님의 양자가 된 거룩한 사람들입니다. 가장 고귀한 상 대신에 특별한 것으로서 고자들에게 약속된 이름이란 우리가 그리스도의 이름에 의해 부름받음을 의미합니다. 이사야 선지자는 이 이름과 관련하여 다음과 같이 말합니다: '내 종들은 다른 이름으로 부르리라 이러므로 땅에서 자기를 위하여 복을 구하는 자는 진리의 하나님을 향하여 복을 구할 것이요 땅에서 맹세하는 자는 진리의 하나님으로 맹세하리니'(사 65:15-16); '너는 여호와의 입으로 정하실 새 이름으로 일컬음이 될 것이며'(사 62:2).

9. "이 사람들은 몸과 마음의 깨끗함 때문에 다른 사람들은 부를 수 없으며 어린양을 따르는 사람들만 부를 수 있는 사랑의 노래를 항상 부를 수 있는 특별한 복을 누립니다. 왜냐하면 '이 사람들은 여자와 더불어 더럽히지 아니하고 순결한 자'(계 14:4)들이기 때문입니다. 그렇다면 만일 우리가 순결한 자들의 고귀한 영광을 획득하기 원한다면 힘을 다해 정신과 영의 부패하지 않음을 계발해야 합니다. 그렇지 않으면 어리석은 처녀들, 정욕적인 교제와 접하지 않은 상태에 머물러 있다는 사실에 의해 순결하다고 간주되지 않은 처녀들의 무리에 포함될 것입니다(마 25:1-13 참조). 그들은 등잔 안에 있는 내적 순결의 기름이 소진되었을 때 몸의 순결이라는 광채와 빛이 꺼졌기 때문에 어리석은 자라고 불립니다. 10. 내적 정결이라는 연료와 열기에 의해 겉사람 안에서도 순결이 증진되어야 하며, 영속적으로 부패하지 않음을 보존하려면 항상 순결에 관심을 기울여야 합니다. 그러므로 이 어리석은 여인들은 처녀였음에도 불구하고, 우리 주 예수 그리스도의 날에 책망을 받지 않고 영과 혼과 몸을 온전하게 보존한 지혜로운 처녀들과 함께 신방에 들어갈 자격을 얻지 못했습니다(살전 5:23 참조). 그리스도의 참되고 순결한 처녀들, 존경스럽고 훌륭한 고자로 간주되는 사람들이란 간음을 두려워하는 사람들이 아니요, 간음이 허락되지 않은 사람이 아니며, 불순을 억제하는 사람이 아니라 하찮은 정신의 자극과 음탕을 향한 작은 선동까지 정복한 사람들입니다. 그들은 육체에 속한 감정들을 정복하여 육체에게 속한 움직임에서 발생하는 쾌락을 비롯하여 아주 하찮은 자극에 의해서도 영향을 받지 않습니다.

~ 7 ~
스스로 성찬을 받을 자격이 있다고 판단해서는 안 된다.

1. "우리는 겸손이라는 보초병과 함께 마음을 보호하여 흔들림이 없는 의도로 다음과 같은 이해를 유지해야 합니다: 우리는 결코 그러한 정화의 권위를 획득할 수 없습니다. 비록 우리가 하나님의 은혜에 의해 앞에서 언급한 모든 것을 획득했어도 거룩한 성찬에 참여할 자격이 없다고 믿어야 합니다. 2. 그 첫째 이유는 이 거룩한 만나가 매우 장엄한 것이기 때문에 점액질의 육체 안에 쌓여 있는 사람이 스스로 자격이 있어서가 아니라 주님의 후하심 덕분에 그 양식을 받기 때문입니다. 둘째로 사람이 이 세상의 싸움에서 빈번하게 작은 죄들의 화살에 맞지 않을 만큼 신중할 수 없기 때문입니다. 왜냐하면 잠잘 때 무지, 부주의, 놀라움, 생각, 욕구, 망각 등으로 말미암아 죄를 짓지 않을 수 없기 때문입니다. 어떤 사람이 덕의 정상에 올라 자랑하지 않고 '너희에게나 다른 사람에게나 판단 받는 것이 내게는 매우 작은 일이라 나도 나를 판단하지 아니하노니 내가 자책할 아무것도 깨닫지 못하나'(고전 4:3-4a)라고 말할 수 있어도, 그는 자신에게 죄가 없을 수 없음을 깨달아야 합니다. 3. 바울이 '이로 말미암아 의롭다 함을 얻지 못하노라'(고전 4:4b)고 덧붙인 데는 이유가 있습니다. 즉 만일 내가 의롭다고 믿는다면 나는 즉시 의의 참된 영광을 소유하지 못할 것이며, 또 나의 양심이 죄의식으로 나를 찌르지 않는다고 해서 내가 더러운 것에 물들지 않은 것이 아닙니다. 나의 양심 안에는 내가 알지 못하지만 하나님께 알려져 드러난 것들이 많습니다. 그러므로 바울은 '다만 나를 심판하실 이는 주시니라'(고전 4:4c)고 말합니다. 즉 오직 마음의 비밀들을 숨길 수 없는 분만이 나를 심판하십니다."

~ 8 ~

반론: 죄 없는 사람이 없다면, 모든 사람에게서 주님의 성찬을 박탈해야 한다.

게르마누스가 말했습니다: "앞에서는 거룩한 사람들만 성찬에 참여할 수 있다고 말씀하셨는데, 지금은 사람이 완전히 악행에 접촉하지 않을 수 없다고 말씀하십니다. 만일 사람이 죄에서 자유로울 수 없다면, 아무도 거룩하지 못합니다. 만일 아무도 거룩하지 못하다면, 거룩함이 부족한 사람은 성찬에 참여할 수 없으며 주님이 거룩한 사람에게만 약속하신 하늘나라에 소망을 둘 수 없습니다."

~ 9 ~

답변: 거룩한 사람들이 많지만, 죄 없으신 분은 그리스도뿐이다.

1. 테오나스 사부가 말했습니다: "거룩하고 의로운 사람들이 많다는 것을 부인할 수 없지만, 거룩한 것과 티 하나 없이 깨끗한 것 사이에는 엄청난 차이가 있습니다. 어떤 사람이 거룩하다는 것, 즉 하나님 예배에 봉헌되었다는 것과 죄가 없다는 것은 같지 않습니다. 성경의 증언에 의하면 거룩이라는 용어는 인간뿐만 아니라 장소 및 성전에서 사용하는 그릇에게도 적용됩니다. 2. 그러나 죄가 없다는 것은 오직 한 사람, 주 예수 그리스도의 권위에 속합니다. 바울은 그리스도에 대해 '그는 죄를 범하지 아니하시고'(벧전 2:22)라고 밝힙니다. 만일 우리가 전혀 악에 물들지 않은 생활을 할 수 있다면, 바울이 이렇게 말하면서 비할 수 없이 거룩한 것을 가장하여 무가치하고 하찮은 칭찬을 하는 셈이 될 것입니다. 바울은 히브리서에서 '우리에게 있는 대제사장은 우리의 연약함을 동정하지 못하실 이가 아니요 모든 일에 우리와 똑같이 시험을 받으신 이로되 죄는 없으시니라'(히 4:15)고 말합니다. 3. 만일 흙에 속한 보잘것없

는 우리가 거룩한 대제사장의 것에 동참할 수 있어 시험을 받아도 죄를 짓지 않을 수 있다면, 바울은 왜 사람들에게서는 볼 수 없는 독특하고 특별한 권위가 주님에게 있다고 간주합니까? 그러므로 이 사실에 의해서 주님은 우리 인간들과 구분됩니다: 우리에게는 죄가 없지 않다는 것, 그리고 그리스도는 시험을 받으셨지만 죄가 없으셨다는 것. 4. 강하고 호전적인 사람도 자주 원수의 무기의 공격을 받지 않습니까? 꿰뚫을 수 없는 육체 안에 쌓여 있어 전쟁의 위험에 휘말릴 위험이 없는 사람이 있습니까? '사람들보다 아름다우며' (시 45:2) 육체의 약함과 함께 인간적 죽음의 상황을 취하신 분만이 더러운 것과의 접촉에 의해 더럽히지 않으셨습니다.

~ 10 ~

죄의 상처가 없으신 하나님의 외아들만이 시험하는 자를 정복하셨다.

1. "교활한 뱀은 아담을 유혹할 때처럼 굶주린 주님을 음식을 향한 욕망으로 조롱하려고 '네가 만일 하나님의 아들이어든 명하여 이 돌들로 떡덩이가 되게 하라' (마 4:3)고 말하면서 탐식이라는 악덕으로 시험했습니다. 그러나 주님은 이 시험에 의해 죄에 빠지지 않았고 미혹의 창시자가 제공한 음식을 거절하면서 '사람이 떡으로만 살 것이 아니요 하나님의 입으로부터 나오는 모든 말씀으로 살 것이라' (마 4:4)고 말씀하셨습니다.

2. "또 예수님은 우리처럼 허영에 의한 시험을 받으셨습니다. '네가 만일 하나님의 아들이어든 뛰어내리라' (마 4:6). 그러나 주님은 마귀의 제안에 넘어가지 않고 이 헛된 미혹자에게 성경말씀으로 반박하셨습니다: '주 너의 하나님을 시험하지 말라' (마 4:7).

"또 마귀가 세상 모든 나라와 그 영광을 주겠다고 약속했을 때 주님은 우리처럼 교만에 의해 시험을 받으셨습니다. 그러나 주님은 시험하는 자의 허영을 책망하고 비웃으시면서 '사탄아 물러가라 기록되었으되 주 너의 하나님께 경배하고 다만 그를 섬기라 하였느니라'(마 4:10)고 말씀하셨습니다. 3. 이 말씀들로부터 우리도 비슷한 방식으로 성경을 의지함으로써 원수의 속임수 제안에 대항해야 한다는 것을 배웁니다. 마귀가 주님에게 제공했으나 거절당했던 왕국을 사람들을 통해서 제공했을 때 주님도 우리처럼 교만에 의해 시험을 받으셨습니다. 그러나 주님은 시험하는 자의 덫을 조롱하셨으며 죄를 짓지 않으셨습니다: '예수께서 그들이 와서 자기를 억지로 붙들어 임금으로 삼으려는 줄 아시고 다시 혼자 산으로 떠나 가시니라'(요 6:15).

4. "주님도 우리처럼 채찍과 손바닥으로 맞으시고 침뱉음을 당하시고 십자가의 고통을 받으시면서 시험을 당하셨습니다. 그러나 주님은 십자가에서 모욕을 받으시면서도 고통이나 분노를 표출하지 않고 '아버지 저들을 사하여 주옵소서 자기들이 하는 것을 알지 못함이니이다'(눅 23:34)라고 외치셨습니다.

~ 11 ~

그리스도는 죄 있는 육신을 입고 세상에 오셨다.

1. "만일 우리가 죄의 더러움에 물들지 않은 육체를 소유할 수 있다면 주님이 죄 있는 육신의 모양으로 오셨다는 바울의 말은 무엇을 의미합니까? 바울은 죄가 없는 유일하신 분에 대해 참되고 완전한 인간 육신의 본질을 취하셨지만 육신 안에 있는 죄를 취하신 것이 아니라 죄의 모양을 취하셨다고 믿어져야 하기 때문에 '(하나님이) 자기 아들을 죄 있는 육신의 모양으로 보내어'(롬 8:3)라고 말합니다. 2. '모양'은 악한 이단자들의 주장처럼 육체의 실체

를 언급하는 것이 아니라 죄의 형상을 언급합니다. 주님 안에 실질적인 육신이 있었지만, 죄 없는 육신, 곧 죄 있는 육신과 비슷한 육신이었습니다. 전자는 인간적 본질의 실체와 관련된 것이며, 후자는 악덕과 행위를 언급합니다.

3. "음식에 대해 알지 못하여 걱정하는 듯이 '너희에게 떡 몇 개나 있는지 가서 보라'(막 6:38)라고 물으신 주님은 죄 있는 육신의 모양을 가지고 계셨습니다. 그러나 주님의 육신이 죄에 예속되지 않았듯이 주님의 영이 무지에 예속되지 않았습니다. 복음서 기자는 그 직후에 '이렇게 말씀하심은 친히 어떻게 하실지를 아시고 시험하고자 하심이라'(요 6:6)고 말했습니다. 마치 목 마른 듯이 사마리아 여인에게 물을 달라고 청하셨을 때 주님은 죄 있는 육신과 비슷한 육신을 가지고 계셨습니다. 그러나 여인이 영원히 목마르지 아니하며 그 속에서 영생하도록 솟아나는 샘물을 달라고 요청했기 때문에 주님은 죄에 더럽히지 않으셨습니다(요 4:7-15 참조). 4. 배 안에서 주무신 주님은 육신의 실체를 가지고 계셨습니다. 그러나 죄의 모양과 관련하여 배 안에 함께 있는 사람들이 오해하지 않도록 하기 위해 일어나 바람과 바다를 꾸짖으시자 사방이 아주 고요해졌습니다(마 8:26). '이 사람이 만일 선지자라면 자기를 만지는 이 여자가 누구며 어떠한 자 곧 죄인인 줄을 알았으리라'(눅 7:39)고 언급된 주님은 다른 사람들처럼 죄에 예속된 듯이 보였습니다. 그러나 즉시 여인의 죄를 용서하심으로써 바리새인의 생각을 꾸짖으신 주님에게는 죄의 실체가 없었습니다. 5. 마치 죽음의 위험에 처해 임박한 고통의 두려움에 사로잡힌 듯이 '내 아버지여 만일 할 만하시거든 이 잔을 내게서 지나가게 하옵소서'(마 26:39), '내 마음이 매우 고민하여 죽게 되었으니'(마 26:38)라고 말씀하신 주님은 다른 사람들과 같이 악한 육신을 소유하신 것처럼 간주되었습니다. 그러나 생명을 지으신 분은 죽음을 두려워할 수 없었기 때문에 주의 고민은 죄와 전혀

관계가 없었습니다. 이는 주님이 '이(목숨)를 내게서 빼앗는 자가 있는 것이 아니라 내가 스스로 버리노라 나는 버릴 권세도 있고 다시 얻을 권세도 있으니'(요 10:18)라고 말씀하셨기 때문입니다.

~ 12 ~

의인들과 거룩한 사람들은 모양 안에 있는 것이 아니라 죄악의 실체 안에 있다.

1. "그러므로 처녀에게서 태어나신 주님은 남녀의 결합에 의해 잉태된 사람들과 큰 차이가 있었습니다. 우리 모두는 죄의 모양이 아닌 실체를 소유하지만 주님은 육신을 취하시면서 죄의 실체가 아닌 모양을 취하셨기 때문입니다. 2. 바리새인들은 주님에 대해 '그는 죄를 범하지 아니하시고 그 입에 거짓도 없으시며'(벧전 2:22)라고 기록되었음을 기억했음에도 불구하고 악한 육신의 모양에 관해 오해했기 때문에 '보라 먹기를 탐하고 포도주를 즐기는 사람이요 세리와 죄인의 친구로다'(마 11:19)라고 말했습니다. 또 시력을 되찾은 소경에게 '너는 하나님께 영광을 돌리라 우리는 이 사람이 죄인인 줄 아노라'(요 9:24)고 말했고, 빌라도에게 '이 사람이 행악자가 아니었더라면 우리가 당신에게 넘기지 아니하였겠나이다'(요 18:30)라고 말했습니다.

3. "그러므로 자기에게 죄가 없다고 말하는 것은 하나님을 모독하는 것이며, 교만하게도 주님만 소유하신 독특한 것과 동등한 것을 자기 것이라고 주장하는 것입니다. 왜냐하면 그것은 자신이 죄의 실체가 아닌 죄악된 육신의 모양을 소유했다는 의미를 함축하기 때문입니다.

~ 13 ~

거룩한 사람들의 죄가 그들에게서 거룩함의 권위를 제거할 정도로 심각하지는 않다.

1. "성경은 의인들과 거룩한 사람들이 죄에 물들지 않은 것이 아님을 분명히 밝히면서 의인은 일곱 번 넘어져도 다시 일어난다고 말합니다(잠 24:16). 여기서 넘어진다는 것은 죄를 범하는 것을 말합니다. 여기에서 그들은 일곱 번 넘어진다고 언급되었음에도 불구하고 의인이라고 선포됩니다. 거룩한 사람의 실수와 죄인의 실수 사이에는 큰 차이가 있기 때문에 거룩한 사람이 인간적 약함에 빠지는 것이 그의 의에 방해가 되지 않습니다.

2. "악한 생각으로 죄를 짓는 것, 무지 때문에 죄를 짓는 것, 망각 때문에 죄를 짓는 것, 부주의하게 지껄인 말에 의해 죄를 짓는 것, 불신앙에 기인한 생각 때문에 잠시 어떤 것을 의심하는 것, 미묘한 허영의 자극을 받는 것, 또는 잠시 본성적 욕구 때문에 완전의 고지에서 떨어져내리는 것 등과 실제로 치명적인 죄를 범하는 것이 같지 않습니다. 거룩한 사람도 이따금 이 일곱 종류의 잘못 때문에 넘어지지만 의로운 상태를 잃지는 않습니다. 그러나 그것들이 작고 하찮게 보이지만 의인을 죄 없게 만들 수는 없습니다. 그것들 때문에 거룩한 사람은 날마다 회개하고 용서를 구하며 끊임없이 '우리 죄를 사하여 주시옵고'(마 6:12)라고 기도해야 합니다.

3. "몇몇 거룩한 사람들이 잘못된 길로 갔음에도 불구하고 의에서 벗어나지 않았음을 증명하기 위해 사도들 중에서 가장 훌륭하고 복된 베드로를 예로 들겠습니다. '바요나 시몬아 네가 복이 있도다 이를 네게 알게 한 이는 혈육이 아니요 하늘에 계신 내 아버지시니라 내가 천국 열쇠를 네게 주리니 네가 땅에서 무엇이든지 매면 하늘에서도 매일 것이요 네가 땅에서 무엇이든지 풀면 하늘에서도 풀리리라'(마 16:17, 19)는 주님의 말씀을 보면 베드로가 거룩했다

고 믿어야 하지 않겠습니까? 4. 이것은 가장 고귀한 칭찬이요 능력이요 중복입니다. 그 직후에 베드로가 주님의 수난의 신비 및 그것이 인류에게 주는 큰 유익을 알지 못하여 항변하면서 '주여 그리 마옵소서 이 일이 결코 주께 미치지 아니하리이다'(마 16:22)라고 말했을 때 주님은 '사탄아 내 뒤로 물러 가라 너는 나를 넘어지게 하는 자로다 네가 하나님의 일을 생각하지 아니하고 도리어 사람의 일을 생각하는도다'(마 16:23)라고 말씀하셨습니다. 이 말에서 의로우신 주님이 베드로를 책망하심에도 불구하고 베드로가 넘어지지 않았다거나 거룩함과 의에서 떠나지 않았다고 믿어야 합니까? 5. 박해가 두려워 세 번이나 주님을 부인한 베드로가 분명히 실족했음을 부인해야 합니까? 그러나 그 직후 비통한 회개의 눈물에 의해 이 큰 죄의 얼룩을 씻어버림으로써 베드로는 자신의 거룩함과 의에 속한 권위를 잃지 않았습니다(마 26:69-75 참조).

"베드로를 비롯한 거룩한 사람들과 관련하여 우리는 다윗이 노래한 것을 이해해야 합니다: '여호와께서 사람의 걸음을 정하시고 그의 길을 기뻐하시나니 그는 넘어지나 아주 엎드러지지 아니함은 여호와께서 그의 손으로 붙드심이로다'(시 37:23-24). 6. 주님이 발걸음을 정하여 인도해주시는 대상이 의인이 아니면 누구이겠습니까? 의인에 대해서 '그는 넘어지나 아주 엎드러지지 아니함'이라고 기록되었습니다. '넘어짐'은 죄에 빠지는 것을 의미합니다. 성경은 그가 넘어져도 아주 넘어지지는 않을 것이라고 말합니다. 이것은 그가 오랫동안 죄의 공격에 시달리지 않을 것을 의미합니다. 그가 잠시 완전히 넘어진 것처럼 보일 수도 있지만, 하나님의 도우심을 간구하면 신속한 부활에 의해 살아날 것이며 영속적인 의를 잃지 않을 것입니다. 또 비록 그가 육체의 약함 때문에 잠시 의를 잃어도 주님의 도우심을 받아 회복할 것입니다. 7. 자신의 행위의 충실함에 의해 의롭다 함을 얻을 수 없음을 인정하는 사람, 그리고 자신이 주님의 은혜에 의해서만 죄의 속박에서 벗어나리라고 믿는 사람은 실족한 후에도 거룩한 상태를 유지하며, 바울처럼 '오호라 나는 곤고한 사람이로다 이 사망의 몸에서 누가 나를 건져내랴 우리 주 예수 그리스도로 말미암아 하나님께 감사하리로다' (롬 7:24-25)라고 쉬지 않고 외칩니다.

~ 14 ~
"내가 원하는 바 선은 행하지 아니한다"는
바울의 말을 어떻게 이해할 것인가?

"바울은 인간이 들끓는 감정적 생각들의 저항 때문에 측량할 수 없는 순결의 심연을 꿰뚫어 볼 수 없다는 것을 알고 있었습니다. 그는 이미 오랫동안 바다에 빠져 있었던 사람처럼 '내가 원하는 바 선은 행하지 아니하고 도리어 원하지 아니하는 바 악을 행하는도다' (롬 7:19)라고 말했고, 이어서 다음과 같이 말했습니다: '만일 내가 원하지 아니하는 그것을 하면 이를 행하는 자는 내가 아니요 내 속에 거하는 죄니라' (롬 7:20); '내 속사람으로는 하나님의 법을 즐거워하되 내 지체 속에서 한 다른 법이 내 마음의 법과 싸워 내 지체 속에 있는 죄의 법으로 나를 사로잡는 것을 보는도다' (롬 7:22-23). 그는 자신의 약함과 본성의 약함을 알고 있었기에 측량할 수 없이 방대한 깊음에 두려움을 느껴 하나님의 도움이라는 안전한 항구로 피했습니다. 그는 마치 자신의 육체의 피할 수 없는 죽음과 본성적인 약함에 짓눌리고 있음에 낙심한 듯이 능치 못한 것이 없으신 분에게 자신이 파선하지 않도록 보호해 달라고 간청하며 '오호라 나는 곤고한 사람이로다 이 사망의 몸에서 누가 나를 건져내랴'라고 탄식합니다. 그리고 즉시 본성의 약함 때문에 체념했던 해방을 하나님의 인자하심 덕분에 얻었다고 추정하고서 '우리 주 예수 그리스도로 말미암아 하나님께 감사하리로다' 라고 자신 있게 말합니다."

~ 15 ~
반론: 바울이 죄인들을 대신하여 이 말을 했다고 믿어야 한다.

1. 게르마누스가 말했습니다: "많은 사람들은 이 구절을 다음과 같이 이해해야 한다고 주장합니다: 그들은 바울이 자신의 입장이 아니라 죄인들의 입장에서, 즉 육체적인 쾌락과 매력적인 것들을 삼가려 하지만 과거의 악덕들과 육체적 정욕들의 즐거움에 걸리고 사로잡힌 사람들, 그리고 폭군의 지배를 받듯이 뿌리 깊은 악한 습관의 지배를 받을 때 자제하지 못하여 순결의 자유를 바라지 못하는 사람들의 입장에서 이 말을 했다고 확신합니다. 2. 최고 수준의 완전함에 도달한 복된 사도에게 어떻게 다음과 같은 말을 적용할 수 있겠습니까?: '내가 원하는 바 선은 행하지 아니하고 도리어 원하지 아니하는 바 악을 행하는도다'; '만일 내가 원하지 아니하는 그것을 하면 이를 행하는 자는 내가 아니요 내 속에 거하는 죄니라'; '내 속사람으로는 하나님의 법을 즐거워하되 내 지체 속에서 한 다른 법이 내 마음의 법과 싸워 내 지체 속에 있는 죄의 법으로 나를 사로잡는 것을 보는도다.' 3. 어떤 점에서 이것이 바울에게 적용됩니까? 그가 이루지 못한 선한 일이 무엇입니까? 반대로 그가 원하지 않고 미워하면서도 본성 때문에 어쩔 수 없이 행한 나쁜 일이 무엇입니까? 내면에 항상 말씀하시는 주님을 모시고 있던(고후 13:3 참조) 택한 그릇(행 9:15)이 어떤 죄의 법에 사로잡혔습니까? 그는 모든 불순종과 '하나님 아는 것을 대적하여 높아진 것'(고후 10:5)을 무너뜨리고 사로잡은 후 자신에 대해 '나는 선한 싸움을 싸우고 나의 달려갈 길을 마치고 믿음을 지켰으니 이제 후로는 나를 위하여 의의 면류관이 예비되었으므로 주 곧 의로우신 재판장이 그 날에 내게 주

실 것이며 내게만 아니라 주의 나타나심을 사모하는 모든 자에게도니라'(딤후 4:7-8)라고 자신있게 말했습니다."

~ 16 ~
질문에 대한 논의를 연기하다.

테오나스 사부는 다음과 같이 말씀하셨습니다: "당신은 침묵의 안전한 항구로 들어가려는 나를 다시 깊은 질문의 바다로 끌어내려 하십니다. 그러나 안전한 정박지가 제공하는 기회를 얻었으니 잠시 이곳에 침묵의 닻을 내립시다. 우리가 이 긴 담화라는 항해를 마쳤으니, 내일 폭풍이 불어오지 않으면 다시 돛을 달고 담화를 시작할 수 있을 것입니다."

담화 23
사부 테오나스의 세 번째 담화

침묵에 관하여

~ 1 ~
"내가 원하는 바 선은 행하지 아니하고" 라는
바울의 말에 관한 테오나스 사부의 담화

1. 날이 밝은 후 우리는 테오나스 사부에게 바울에 관한 질문에 답변해 달라고 부탁했고, 그분은 다음과 같이 말씀하셨습니다:

"당신들은 바울이 자신의 입장이 아닌 죄인들의 입장에서 '내가 원하는 바 선은 행하지 아니하고 도리어 원하지 아니하는 바 악을 행하는도다 만일 내가 원하지 아니하는 그것을 하면 이를 행하는 자는 내가 아니요 내 속에 거하는 죄니라' (롬 7:19-20)고 말하고 있음을 증명하려 합니다. 그러나 본문은 이것이 죄인들에게 적용될 수 없다는 것, 완전한 사람들에게만 관련되며 사도의 권위를 획득한 사람들의 순결과 관련된 것임을 분명히 보여줍니다. 2. '내가 원하는 바 선은 행하지 아니하고 도리어 원하지 아니하는 바 악을 행하는도다 만일 내가 원하지 아니하는 그것을 하면 이를 행하는 자는 내가 아니요 내 속에 거하는 죄니라' 는 말이 어떻게 죄인들에게 적용될 수 있습니까? 악을 행하는 사람이 무엇 때문에 원하지 않으면서 간음하며, 본의 아니게 이웃을 위해 덫을 놓으며, 어쩔 수 없이 거짓 증언에 의해 이웃을 압박하며, 도둑질하며, 다른 사람의 재산을 시기하며, 살인합니까? 3. 성경은 '사람의 마음이 계획하는 바가 어려서부터 악함이라'(창 8:21)고 말합니다. 악덕을 사랑하는 사람들은 원하는 것의 성취를 바라기 때문에 항상 죄 범할 기회를 찾으며, 심지어 자기의 음란함이 더디 충족되지 않을까 두려워합니다. 그들은 악행과 많은 죄를 뽐내며, 바울의 말처럼 자기네 수치를 영광으로 삼으려 합니다(빌 3:19 참조). 4. 선지자 예레미야도 그들이 몸과 정신의 평화를 희생시키면서 어쩔 수 없이 부끄러운 죄를 범하는 것이 아니라 자기의 목적을 이루기 위해 노력하기 때문에 장애물이 있어도 악행을 향한 치명적인 욕망에서 되돌릴 수 없다고 말합니다: '너희는 각기 이웃을 조심하며 어떤 형제든지 믿지 말라 형제마다 완전히 속이며 이웃마다 다니며 비방함이라'(렘 9:4).

5. "죄인들이 마음으로든 육신으로든 하나님을 섬기지 않음이 분명한데, '내 자신이 마음으로는 하나님의 법을 육신으로는 죄의 법을 섬기노라'(롬 7:25b)는 말씀이 죄인들에게 적용된다고 말할 수 있습니까? 육신이 마음으로부터 악한 선동을 받으며, 육신과 마음을 지으신 분이 죄의 근원이 거기에서 나온다고 밝히시는데, 어떻게 육신으로 죄를 지으면서 마음으로 하나님을 섬길 수 있습니까? 주님은 '마음에서 나오는 것은 악한 생각과 살인과 간음과 음란과 도둑질과 거짓 증언과 비방이니'(마 15:19)라고 말씀하십니다.

6. "그러므로 이 말씀은 죄인들과 관련하여 이해될 수 없습니다. 이는 죄인들은 악한 것을 미워하지 않을 뿐만 아니라 사랑하기 때문입니다. 그들은 마음으로나 육신으로나 하나님을 섬기지 않으며, 육신으로 죄를 짓기 전에 마음으로 죄를 지으며, 육적인 쾌락을 충족시키기 전에 마음과 생각으로 죄를 짓습니다.

~ 2 ~
바울이 많은 선을 이루었다.

1. "그러므로 바울의 성향들에 의해 이 말의 중요성을 가늠하며, 그가 선이라고 부른 것과 악이라고 말한 것을 표면적인 의미에 의해서가 아니라 그가 지녔던 것과 동일한 이해에 따라 조사하며, 발언자인 바울의 권위와 지위와 일치하는 이해를 찾아보아야 합니다. 단어가 아닌 경험 안에서 발언자의 권위와 상태를 고려하고 이 말씀이 발언되어 이러한 의미들을 품게 된 것과 동일한 성향에 도달하게 되면, 하나님의 감화를 받아 발언된 말을 이해할 수 있을 것입니다.

2. "그러므로 바울이 원하면서도 이루지 못한 선이 무엇인지 살펴보아야 합니다. 우리는 바울 및 그와 비슷한 사람들이 본성적으로 소유했고 은혜에 의해 획득했음을 부인할 수 없는 많은 선을 알고 있습니다. 순결은 선하며, 금욕은 칭찬할 만하며, 신중은 바람직하며, 환대는 후하며, 냉철은 신중하고, 절제는 겸손하며, 자비는 은혜롭고, 정의는 거룩합니다. 바울 및 그를 닮은 사람들 안에 이것들이 가득하고 완벽했기 때문에, 그들은 말의 권위가 아닌 덕의 권위에 의해 가르쳤습니다. 3. 만일 그들이 항상 교회들을 위한 염려와 관심에 사로잡혀 있었다면 어떻게 되었을까요? 누가 약해지면 함께 약해지고 누가 넘어지면 마음 아파하는 것이 자비요 완전이 아닙니까(고후 11:28-29 참조). 바울에게는 이러한 큰 은사들이 풍부했기 때문에, 그가 이 발언을 하게 된 성향에 도달하지 않는 한 우리는 바울에게 어떤 선이 완전하지 못하고 결여되었는지 알 수 없습니다. 4. 그러므로 비록 바울이 귀한 보석 같은 온갖 덕을 소유하고 있었다 해도 복음서에서 상인이 자기 소유를 모두 팔아 확보하려 한 귀한 진주와 비교한다면(마 13:45-46 참조), 그것들의 가치가 하찮기 때문에 그는 망

설임 없이 그것들을 팔려 할 것입니다. 모든 보석을 팔아 이 하나의 선을 소유한 사람이 부자가 될 것입니다.

~ 3 ~
바울이 이루지 못했다고 증언한 선이 어떤 것인가?

1. "그렇다면 많은 귀한 것들보다 비교할 수 없이 우월하기 때문에 그것들을 물리치고 거부하면서라도 소유하려 하는 한 가지는 무엇입니까? 그것은 마리아가 손님 접대와 환대를 포기하고 선택한 바 영속적인 성질을 지닌 탁월한 것입니다. 이것에 대해 주님은 '마르다야 마르다야 네가 많은 일로 염려하고 근심하나 몇 가지만 하든지 혹은 한 가지만이라도 족하니라 마리아는 이 좋은 편을 택하였으니 빼앗기지 아니하리라'(눅 10:41-42)고 말씀하셨습니다.

"그 한 가지는 테오리아 혹은 하나님에 대한 관상인데, 그것의 권위는 의의 권위와 덕을 향한 열심보다 더 큽니다. 우리가 바울의 내면에 존재했다고 말한 것은 선하고 유익할 뿐만 아니라 크고 고귀합니다. 2. 예를 들어 도금한 것이 유익하고 아름답다고 생각되지만 은과 비교해보면 평범해지며, 금과 비교할 때 은의 가치가 사라지며, 보석들과 비교하면 금의 가치도 보잘것없이 여겨집니다. 또 많은 보석들이 귀한 진주 한 알에 비교될 수 없습니다. 따라서 거룩한 관상의 권위와 비교할 때 현세에서 선하고 유익할 뿐만 아니라 영원한 은사를 획득하게 해주는 거룩함의 권위가 흔하고 진부하다고 간주됩니다.

"이러한 비교를 성경의 권위에 근거하여 확인해 보겠습니다. 성경은 하나님이 지으신 모든 것에 대해 다음과 같이 말합니다: '하나님이 지으신 그 모든 것을 보시니 보시기에 심히 좋았더라'(창 1:31); '놀라워라. 주님이 이루시는 모든 일이여! 주께서 명하시는 일은 틀림없이 이루어지리니. "이게 무엇이냐.

왜 이러냐'라고 말하지 말아라. 때가 되면 다 알게 될 것이다'(집회서 39:16).
3. 현세에 속한 것들이 작은 의미에서 선하다고 선포되는 것이 아니라 강조되어 '심히 좋다'고 선포됩니다. 그것들은 우리가 세상에 사는 동안 생명 유지나 육신을 위한 약으로서, 또는 우리에게는 알려지지 않은 혜택을 제공하기 때문에 유익합니다. 또 그것들은 우리로 하여금 하나님이 세상을 창조하신 때부터—즉 세상이 질서 있게 건설되고 정리된 때부터—창조물을 통하여 당신의 영원하신 능력과 신성과 같은 보이지 않는 특성을 나타내 보이셔서 보고 깨달을 수 있게 하신 것을 보게 하므로(롬 1:20 참조), 그리고 그 안에 있는 모든 것의 실존으로부터 그것들을 관조하게 하기 때문에 심히 좋습니다. 그러나 장래의 시대와 비교해보면 이것들은 선이라는 명칭을 보유할 수 없습니다. 왜냐하면 장래에는 선한 것들이 쉽게 변화되는 것이나 참된 복의 부패에 대한 염려가 없기 때문입니다. 4. 이 세상의 복은 다음과 같이 묘사됩니다: '달빛은 햇빛 같겠고 햇빛은 일곱 배가 되어 일곱 날의 빛과 같으리라'(사 30:26). 다윗의 말처럼 믿음 안에 있는 장래의 약속들과 비교해보면 크고 찬란하고 놀라운 것들이 공허하게 보일 것입니다: '천지는 없어지려니와 주는 영존하시겠고 그것들은 다 옷같이 낡으리니 의복같이 바꾸시면 바뀌려니와 주는 한결같으시고 주의 연대는 무궁하리이다'(시 102:26-27). 그러므로 하나님 외에 제 스스로 안정된 것이 없고 불변하는 것이 없고 선한 것이 없으며, 모든 피조물은 본성을 통한 것이 아니라 창조주에게 참여함을 통해서, 그리고 그분의 은혜를 통해서 영원의 복과 불변성을 획득하므로 창조주와 비교될 때 선의 권위를 유지하지 못합니다.

~ 4 ~
하나님의 선과 의에 비교할 때 인간의 선과 의는 선이 아니다.

1. "이 논거를 더 분명한 말씀들에 의해 강화해 보겠습니다. 복음서에서 많은 것들이 선하다고 선포됩니다. 성경에서 다음과 같이 말하므로 선한 나무와 선한 보물과 선한 사람과 선한 종이 있습니다: '좋은 나무가 나쁜 열매를 맺을 수 없고 못된 나무가 아름다운 열매를 맺을 수 없느니라'(마 7:18); '선한 사람은 그 쌓은 선에서 선한 것을 내고 악한 사람은 그 쌓은 악에서 악한 것을 내느니라'(마 12:35); '잘하였도다 착하고 충성된 종아'(마 25:23). 이것들은 본질적으로 선합니다. 그러나 하나님의 선을 바라본다면, 그것들은 선이라고 선포되지 못할 것입니다. 주님은 '하나님 한 분 외에는 선한 이가 없느니라'(눅 18:19)고 말씀하셨습니다. 2. 주님이 제자들에게 '너희가 악한 자라도 좋은 것으로 자식에게 줄 줄 알거든 하물며 하늘에 계신 너희 아버지께서 구하는 자에게 좋은 것으로 주시지 않겠느냐'(마 7:11)라고 말씀하셨듯이, 덕에 있어서 여러 면에서 인간의 선을 능가한다고 여겨져 선택된 제자들조차도 하나님과 비교하면 악하다고 언급됩니다. 천상의 선에 비추어보면 우리의 선이 악이 되듯이, 하나님의 의와 비교해볼 때 우리의 의는 부정한 자의 옷처럼 간주됩니다. 이사야는 '우리는 다 부정한 자 같아서 우리의 의는 다 더러운 옷 같으며'(사 64:6)라고 말합니다.

3. "이것을 더 분명히 하기 위해서 '천사들을 통하여 한 중보자의 손으로 베푸신 것'(갈 3:19) 곧 율법의 생명을 주는 계율들을 살펴봅시다. 바울은 율법에 대해서 '율법은 거룩하고 계명도 거룩하고 의로우며 선하도다'(롬 7:12)라고 말했습니다. 만일 율법의 계율들을 복음의 완전함과 비교해보면, 하나님의 명령에 의해서 그것들이 선하지 않다고 선포됩니다. 여호와는 '내가 그들에게

선하지 못한 율례와 능히 지키지 못할 규례를 주었고'(겔 20:25)라고 말씀하셨습니다. 바울도 율법의 영광이 새언약의 빛에 의해 희미해지므로 복음의 빛에 비추어보면 그것을 영광스럽다고 말할 수 없다고 주장합니다: '영광되었던 것이 더 큰 영광으로 말미암아 이에 영광될 것이 없으나'(고후 3:10).

4. "성경은 계속 비교하여 죄인들의 공적을 저울질하며 악인들보다 매우 적게 죄를 범하는 사람들을 의롭다 합니다: '그들(소돔)이 너보다 의롭게 되었나니'(겔 16:52); '네 아우 소돔 곧 그와 그의 딸들은 너와 네 딸들의 행위같이 행하지 아니하였느니라'(겔 16:48); '배역한 이스라엘은 반역한 유다보다 자신이 더 의로움이 나타났나니'(렘 3:11).

"따라서 앞에서 말한 모든 덕의 가치가 본질적으로 선하고 귀하지만, 그럼에도 불구하고 테오리아의 광채와 비교하면 흐려집니다. 이는 선한 행위라도 세속적으로 추구되면 고귀한 선에 대한 관상을 방해하고 저지하기 때문입니다.

~ 5 ~
사람이 항상 최고의 선에 집중할 수는 없다.

1. "어떤 사람이 '가난한 자를 그보다 강한 자에게서 건지고 가난하고 궁핍한 자를 노략하는 자에게서 건진다면'(시 35:10), 그리고 '불의한 자의 턱뼈를 부수고 노획한 물건을 그 잇새에서 빼낸다면'(욥 29:17), 그렇게 중재 활동을 하면서 어떻게 평온한 정신으로 신적 위엄의 영광을 응시할 수 있겠습니까? 어떤 사람이 가난한 사람에게 먹을 것을 나누어주거나 많은 방문객들을 후히 접대하고 있다면, 정신적으로 형제들의 욕구를 배려하고 분심되어 있으면서 어떻게 하늘나라의 큰 복을 깊이 생각할 수 있겠습니까? 또 현세의 일을 염려

하는 사람이 어떻게 세상 일에 더럽히지 않은 마음으로 다음 세상의 상태를 바라볼 수 있겠습니까?

2. "이런 까닭에 다윗은 '하나님께 가까이 함이 내게 복이라 내가 주 여호와를 나의 피난처로 삼아'(시 73:28)라고 말하며, 전도서에서는 '선을 행하고 전혀 죄를 범하지 아니하는 의인은 세상에 없다'(전 7:20)라고 말합니다.

3. "육신의 속박을 받고 있는 사람이 의인들과 거룩한 사람들 가운데서 높은 자리를 차지하며, 이 최고의 선을 소유하고 있어 신적 관상에서 떠나지 않는다고 간주되고, 잠시라도 세속적인 생각들 때문에 유일하게 선하신 분에게서 떨어지지 않을 것이라고 간주될 수 있는 근거는 무엇입니까? 주님에게서 '목숨을 위하여 무엇을 먹을까 무엇을 마실까 몸을 위하여 무엇을 입을까 염려하지 말라'(마 6:24)는 책망을 받지 않을 정도로 음식과 의복 등 육체적인 것들에 대한 염려; 형제들을 접대하는 일, 거처를 변경하는 일, 수도처를 짓는 일 등에 대한 관심; 또는 인간적 도움을 바라는 것과 자원의 부족 때문에 고민하지 않는 사람이 있습니까?

4. "모든 거룩한 사람들보다 더 자주 고난을 받으면서 노력한 바울도 그렇게 행하지 못했습니다. 사도행전에서 바울은 제자들에게 '여러분이 아는 바와 같이 이 손으로 나와 내 동행들이 쓰는 것을 충당하여'(행 20:34)라고 증언했고, 데살로니가 교인들에게 편지하면서 '수고하고 애써 주야로 일했다'(살후 3:8)라고 증언했습니다. 그렇게 함으로써 이룬 것 때문에 그를 위해 큰 상이 예비되었지만, 때때로 세상 일에 대한 염려 때문에 거룩하고 고결한 그의 정신이 거룩한 테오리아에서 물러날 수밖에 없었습니다. 5. 그는 자신에게 많은 실질적 은사들이 주어졌음을 알았지만, 마음으로 테오리아의 선을 생각하며 저울의 한 편에는 많이 수고하여 이룬 진보를 놓고 다른 편에는 신적 관상의 즐거

움을 놓아 측량할 때, 그리고 마음의 저울에서 오랫동안 때때로 그를 기쁘게 해준 수고에 대한 큰 상과 그로 하여금 육체를 떠나게 한 그리스도와의 연합과 든든한 교제를 조절해본 후 결국 근심하면서 '그러나 만일 육신으로 사는 이것이 내 일의 열매일진대 무엇을 택해야 하는지 나는 알지 못하노라 내가 그 둘 사이에 끼었으니 차라리 세상을 떠나서 그리스도와 함께 있는 것이 훨씬 더 좋은 일이라 그렇게 하고 싶으나'(빌 1:22-23)라고 소리쳤습니다. 6. 그러므로 전도의 열매보다 이 탁월한 선을 택했음에도 불구하고 바울은 사랑 때문에, 그리고 유모처럼 복음의 가슴에서 젖을 공급받고 있는 사람들 때문에 복종하고 감수했으며, 자신에게는 악한 일이지만 사람들에게 필요한 일이기 때문에 그리스도에게서 떨어지는 일도 거부하지 않았습니다. 그는 고결하고 관대했기 때문에 이러한 선택을 할 수 있었습니다. 심지어 그는 가능하다면 형제들의 구원을 위해 자신이 저주를 받기를 원했습니다. 7. 그는 '나의 형제 곧 골육의 친척을 위하여 내 자신이 저주를 받아 그리스도에게서 끊어질지라도 원하는 바로라 그들은 이스라엘 사람이라'(롬 9:3-4)고 말합니다. 이는 이스라엘 백성 모두가 그리스도와의 교제를 누릴 수 있다면 자신이 일시적인 벌뿐만 아니라 영원한 벌에 넘겨지기를 원한다는 의미입니다. 이는 그의 구원이 그에게 유익한 것보다 모든 사람의 구원이 그리스도에게 더 유익하다고 확신하기 때문입니다. 바울은 이 최고의 선, 즉 하나님을 보며 항상 그리스도를 가까이 하기 위해서, 그리스도의 교제를 방해할 수밖에 없는 약한 육신을 제거하기를 바랐습니다.

"이는 많은 성가신 염려의 방해를 받아 분심된 정신은 꾸준히 신적 관상을 즐길 수 없기 때문입니다. 그러나 때때로 교활하게 속이는 자가 거룩한 사람들의 끈질긴 바람이나 그들이 선택한 고귀한 삶을 조롱할 수 있습니다. 8. 사막 깊은 곳에 들어가며 사람들과의 교제를 거부한 사람이 헛된 생각들에 미혹되지 않을 수 없으며, 자신이 보는 것들 및 시간을 할애해야 하는 세상의 책임들 때문에 유일하게 선한 일인 바 하나님에 대한 관상에서 떨어질 수밖에 없습니다. 종종 유혹하는 생각들이 기도에 집중하지 못하게 할 때면 영적인 열심을 가진 사람도 거룩한 실체들에게서 세상의 실체들에게로 떨어질 수밖에 없습니다. 우리 모두 하나님께 간구하며 정신을 높은 곳에 두고 있는 순간에 일종의 인사불성 상태에 빠져 원하지 않지만 죄사함을 바라고 행하고 있는 행동에 의해 죄를 초래합니다. 9. 시편을 찬송하는 동안 정신이 깨어 있어 성경의 의미에서 벗어나지 않고 집중하는 사람이 있습니까? 하나님을 가까이하고 섬겨 쉬지 않고 기도하라는 바울의 명령을 단 하루라도 기꺼이 실행하는 사람이 있습니까?(살전 5:17 참조). 큰 죄에 빠진 사람들이 볼 때 이것들은 하찮은 것들이요 죄가 아닌 것처럼 보이지만, 완전이라는 선을 알고 있는 사람들은 작은 것들의 축적을 심각하게 여깁니다.

~ 6 ~
자기에게 죄가 없다고 믿는 사람들은 시력이 약한 사람들과 같다.

1. "보따리들과 도구들과 그릇들이 가득 차 있는 큰 집에 두 사람이 들어가고 있다고 상상해 보십시오. 한 사람은 시력이 좋지만, 다른 사람은 시력이 좋지 않아 사물이 희미하게 보입니다. 시력이 좋지 않은 사람은 장롱과 침대와 의자와 식탁 외에 다른 것을 보지 못하기 때문에 손으로 더듬어 물건들을 확인할 것입니다. 반면에 시력이 좋기 때문에 숨겨진 물건까지도 보려는 사람은 그곳에 셀 수 없이 많은 작은 물건들이 있으며 그것들을 모아 쌓아올리면 시력이 좋지 않은 사람이 만져본 것 몇 가지 물건들의 수와 비슷하거나 많을 것

이라고 말할 것입니다.

2. "따라서 거룩하고 시력이 온전한 사람, 완전함을 추구하는 사람들은 지혜롭기 때문에 자신의 내면에서 희미해진 정신의 시력이 보지 못하는 것들을 파악하고 혹독하게 정죄합니다. 경솔한 우리가 볼 때 몸이 작은 죄로 더럽히지 않아 눈처럼 흰 상태를 유지하고 있는 사람들에게도 기도 시간에 정신의 문턱을 넘어오는 부도덕하고 헛된 생각들뿐만 아니라 시편 묵상에 집중하지 못하게 하는 많은 얼룩이 있는 듯합니다.

3. "그들은 이렇게 말합니다: '만일 우리가 저명인사에게 생명과 행복을 요청하지 않고 돈을 빌려달라고 부탁하며 혹시 부적절한 말 때문에 그 사람이 자비를 베풀지 않을까 염려하여 몸으로나 정신으로나 관심을 그 사람에게 집중하고 그의 뜻에 기대를 건다면, 또는 우리가 세상의 법정에 서 있고 반대편에 우리의 적이 서 있는데 재판 도중에 우리가 기침하거나 웃거나 하품하거나 존다면 항상 깨어 경계하며 우리를 미워하는 원수가 판사를 자극하여 우리를 엄격하게 심판하게 함으로써 우리에게 해를 끼칠 것입니다. 4. 우리가 영원한 죽음이라는 임박한 위험 때문에 감추어진 모든 것을 아시는 분에게 간청하고 있을 때, 특히 교활하게 우리를 속이는 자와 고발하는 자가 맞은편에 서 있을 때 우리는 집중하여 진지하게 기도하며 재판관의 자비를 구해야 합니다. 만일 하나님께 기도하는 도중에 갑자기 보지 못하고 듣지 못하는 사람처럼 하나님의 현존을 버리고 헛되고 음란한 생각을 따라간다면, 그는 심각한 불신앙의 죄를 범한 자로 간주될 것입니다. 5. 두꺼운 악덕의 휘장으로 마음의 눈을 가린 사람, 주님의 말씀처럼 보아도 보지 못하며 들어도 듣지 못하며 깨닫지 못하는 사람(마 13:13)은 마음속 깊은 곳에서 큰 대죄들조차 감지하지 못하며, 간신히 감지할 수 있는 생각들을 깨끗한 시각으로 볼 수 없으며, 모호하고 교묘

하게 제안하며 정신을 찌르는 은밀한 암시들이나 자기의 영혼 안에 있는 맹점들을 보지 못합니다. 그들은 항상 부끄러운 생각들 가운데서 이러저리 돌아다니기 때문에 관상에 집중하지 못할 때 슬퍼하는 방법을 알지 못하며, 후회하는 데 사용할 도구도 가지고 있지 못합니다. 왜냐하면 정신을 개방하여 온갖 생각들이 들어오는 것을 허락하는 사람은 하나의 원칙으로 붙들지 못하며 자기의 모든 소원들을 고정시킬 수 있는 설정값을 가지고 있지 못하기 때문입니다.

~ 7 ~

인간에게 죄가 없을 수 있다고 주장하는 사람들은 두 가지 오류를 범한다.

1. "다음과 같은 것들이 우리를 이러한 잘못에 빠지게 합니다: 죄 없음, 또는 완전무결이라는 덕을 전혀 알지 못하는 것, 그리고 이처럼 부주의하고 무상한 생각들의 탈선이 자신에게 죄를 초래하지 못한다는 생각. 장님처럼 우둔하고 무뎌진 사람은 자신의 내면에서 큰 죄들만 봅니다. 우리는 세상 법에 의해서도 호되게 정죄되는 것들만 피하면 된다고 여깁니다. 이것들로부터 약간 자유롭다고 생각하는 사람은 자기 안에 악한 것이 없다는 견해를 가진 사람입니다.

2. "그러므로 우리는 자기의 내면에 더러운 것들이 많이 축적되어 있음을 보지 못하기 때문에 그것들을 보는 사람들로부터 단절되어 있으므로, 슬픔이라는 질병이 우리의 정신을 괴롭힐 때 유익한 가책을 느끼지 못하며, 허영의 제안을 받을 때 안타까워하지 않으며, 게으르고 미지근하게 기도한 일로 인해 울지 않으며, 기도하거나 시편을 노래하는 동안 기도와 시편 외에 다른 것을 생각하는 것을 책망받을 일이라고 여기지 않으며, 사람들이 있는 곳에서 말하

거나 행동하기에 부끄러운 많은 것들을 마음에 품으면서도 하나님이 모든 것을 보신다는 것을 알고 무서워하지 않으며, 흐르는 눈물로 악한 꿈을 깨끗이 씻어내지도 않습니다. 3. 또 궁핍한 형제를 돕거나 가난한 사람들을 구제할 때에 느끼는 기쁨이 인색함 때문에 무색해진다는 사실을 슬퍼하지 않으며, 하나님 생각하는 일을 포기하고 세속적이고 부패한 것들, 즉 '사람이 나를 때려도 나는 아프지 아니하고 나를 상하게 하여도 내게 감각이 없도다' (잠 23:35) 라는 솔로몬의 말이 제대로 적용되는 것들을 생각하면서 차질을 겪는다고 여기지 않습니다.

~ 8 ~
죄를 이해하는 사람이 거의 없다.

1. "반면에 거룩하고 영적인 실체들에 대한 관상에만 기쁨과 즐거움과 복이 있다고 여기는 사람들은 무의식 중에 잠시 충동적인 생각 때문에 분심될 때면 그것을 마치 내면의 신성모독인 듯이 즉각적인 속죄의 고행으로 벌합니다. 그들은 하찮은 피조물을 창조주보다 선호하여 정신적으로 그것들을 바라본 것을 슬퍼하면서 스스로를 불경죄로 고발합니다. 그들은 재빨리 마음의 시선을 돌려 신적 영광의 광채를 바라보지만, 잠시 지속된 정욕적인 생각들의 어둠을 참고 견디지 못하며 정신의 시선을 참빛에게서 끌어내는 모든 것을 미워합니다.

2. "사도 요한은 모든 사람들에게 이러한 성향이 가득하기를 바라면서 '이 세상이나 세상에 있는 것들을 사랑하지 말라 누구든지 세상을 사랑하면 아버지의 사랑이 그 안에 있지 아니하니 이는 세상에 있는 모든 것이 육신의 정욕과 안목의 정욕과 이생의 자랑이니 다 아버지께로부터 온 것이 아니요 세상으

로부터 온 것이라 이 세상도, 그 정욕도 지나가되 오직 하나님의 뜻을 행하는 자는 영원히 거하느니라' (요일 2:15-17)고 말했습니다. 그러므로 거룩한 사람들은 이 세상을 존재하게 하는 모든 것을 역겨워합니다. 그러나 그들이 잠시나마 방황하는 생각들에 의해 이런 것들에 사로잡히지 않을 수 없습니다. 우리 시대에 이르기까지 정신의 본성적 변덕들을 잠재우고 항상 하나님을 관상하는 상태에 머물러 세상 것들을 향한 사랑 때문에 죄를 범하지 않은 사람은 주님 외에 하나도 없습니다. 성경은 다음과 같이 말합니다: '그의 눈에는 달이라도 빛을 발하지 못하고 별도 빛나지 못하거든' (욥 25:5); '하나님은 거룩한 자들을 믿지 아니하시나니 하늘이라도 그가 보시기에 부정하거든' (욥 15:15).

~ 9 ~

수도사는 신중하게 하나님에 대한 기억을 보존해야 한다.

1. "그러므로 하나님에 대한 기억을 굳게 유지하며 하늘까지 뻗어있는 줄에 의해 고귀한 길을 따라가는 사람들은 줄타기 곡예사로 비유될 수 있습니다. 그들의 생명과 안전이 가느다란 줄에 달려있기 때문에 조금이라도 발을 헛딛거나 중심을 잃으면 즉시 끔찍한 죽음을 맞게 됩니다. 2. 만일 그들이 길을 가면서 조심하고 신중하게 자제하면서 좁은 길로 가지 않고 허공으로 헛걸음을 내딛는다면, 사람들에게 자연적인 계류장이요 가장 단단하고 안전한 기초로 간주되는 땅이 그들에게는 위험이 될 것입니다. 이는 땅의 본질이 변화되었기 때문이 아니라 그들이 몸무게 때문에 급작스레 땅에 떨어지기 때문입니다. 3. 성경에 다음과 같이 기록되어 있습니다: '화 있을진저 그들이 나를 떠나 그릇 갔음이니라 패망할진저 그들이 내게 범죄하였음이니라' (호 7:13); '내가 그들을 떠나는 때에는 그들에게 화가 미치리로다' (호 9:12); '네 악이 너를 징계

하겠고 네 반역이 너를 책망할 것이라 그런즉 네 하나님 여호와를 버림과 네 속에 나를 경외함이 없는 것이 악이요 고통인 줄 알라'(렘 2:19); '악인은 자기의 악에 걸리며 그 죄의 줄에 매이나니'(잠 5:22). 이런 사람들을 여호와께서 다음과 같이 책망하십니다: '보라 불을 피우고 횃불을 둘러 띤 자여 너희가 다 너희의 불꽃 가운데로 걸어가며 너희가 피운 횃불 가운데로 걸어갈지어다'(사 50:11); '거짓 증인은 벌을 면하지 못할 것이요 거짓말을 뱉는 자는 망할 것이니라'(잠 19:9).

~ 10 ~
완전을 목표로 하는 사람들은 참으로 겸손하며,
자기에게 항상 하나님의 은혜가 필요하다는 것을 깨닫는다.

1. "그러므로 거룩한 사람들은 자신이 날마다 세속적인 생각들의 무게에 짓눌린다는 것, 정신이 고귀한 상태에서 떨어져 무의식 중에 죄와 사망의 법 아래 놓인다는 것, 선하고 의로우나 세속적인 행위들 때문에 하나님의 현존 안에 들어가지 못한다는 것, 그리고 자신이 가책을 느끼고 말뿐만 아니라 성향으로도 죄인임을 선언하며, 육체의 약함에 정복되었기 때문에 자신이 날마다 행하는 모든 일을 위한 하나님의 은혜로우신 용서를 구하며 쉬지 않고 회개의 눈물을 흘려야 할 이유가 있다는 것을 느껴야 합니다. 그들은 삶이 끝날 때까지 자신이 요동치는 감정들에 얽혀 시달리고 슬퍼하는 듯하며, 기도할 때에도 이러한 생각들로부터 생겨나는 근심에서 벗어날 수 없는 듯합니다. 2. 그러므로 그들은 자신이 육체의 저항하는 짐 때문에 인간의 능력으로 원하는 목적을 획득할 수 없다는 것, 마음의 소원에 따라 가장 고귀하고 중요한 선과 결합하지 못할 뿐만 아니라 그것들을 보지 못하고 세속적인 것들에게로 사로잡혀

간다는 것을 경험하여 알기 때문에 '경건하지 아니한 자를 의롭다 하시는'(롬 4:5) 하나님에게로 날아가 '오호라 나는 곤고한 사람이로다 이 사망의 몸에서 누가 나를 건져내랴 우리 주 예수 그리스도로 말미암아 하나님께 감사하리로다'(롬 7:24-25)라고 소리칩니다. 이는 그들은 자신이 원하는 바 선을 행하지 못하며 항상 원하지 않으며 미워하는 악, 즉 무상한 생각들과 육체의 일에 대한 염려를 초래하고 있다고 느끼기 때문입니다.

~ 11 ~
"내 속사람으로는 하나님의 법을 즐거워하되"에 대한 설명

1. "그들은 눈에 보이는 모든 것을 초월하며 항상 하나님과 연합되기를 구하는 '속사람으로는 하나님의 법을 즐거워' 하지만 자신의 지체, 즉 인간적인 상황의 본질 안에 삽입되어 있는 또 다른 법이 정신의 법과 싸우며 죄의 법에 의해 자신의 이해를 사로잡아 주요한 선을 버리고 세상의 생각에 복종하게 하는 것을 봅니다. 2. 그것들은 종교적인 욕구를 총족시키는 것과 관련하여 발생할 때는 필요한 것이요 유익한 것처럼 보이지만, 거룩한 사람들의 눈을 즐겁게 해주는 선과 비교해보면 악한 것이요 피해야 할 것으로 인식됩니다. 왜냐하면 그들이 그것들에 의해 잠시 동안 어느 정도 완전한 복의 즐거움에서 벗어나기 때문입니다. 이는 그것이 죄의 창시자가 악행에 의해 인류에게 초래한 죄의 법이기 때문입니다. 공의로운 재판관은 다음과 같이 선고하셨습니다: '땅은 너로 말미암아 저주를 받고 너는 네 평생에 수고하여야 그 소산을 먹으리라 땅이 네게 가시덤불과 엉겅퀴를 낼 것이라 네가 흙으로 돌아갈 때까지 얼굴에 땀을 흘려야 먹을 것을 먹으리니'(창 3:17-19).

3. "이것이 죽을 운명을 지닌 인간의 지체 안에 놓인 법입니다. 그것은 우리

의 정신의 법을 대적하여 싸워 하나님을 보지 못하게 합니다. 선과 악에 대한 지식을 알게 된 후 땅이 우리의 행위 안에서 저주를 받았기 때문에 생각들의 가시와 엉겅퀴들을 내기 시작했고, 그 쐐기풀이 덕의 씨를 자라지 못하게 했기 때문에 우리는 이마에서 땀을 흘려도 '하늘에서 내려'(요 6:33) '사람의 마음을 힘있게 하는 양식'(시 104:15)을 먹을 수 없습니다. 그러므로 인류 전체가 예외 없이 이 법에 종속됩니다. 이는 거룩한 사람도 이마에서 땀을 흘리며 불안한 마음으로 양식을 먹기 때문입니다.

~ 12 ~
"우리가 율법은 신령한 줄 알거니와 나는 육신
에 속하여 죄 아래에 팔렸도다"에 대한 설명

1. "바울은 '우리가 율법은 신령한 줄 알거니와 나는 육신에 속하여 죄 아래에 팔렸도다'(롬 7:14)라고 말하면서 이 법이 신령하다고 밝힙니다. 이마에서 땀을 흘릴 때 하늘에서 내려온 참된 양식을 먹으라고 명령하는 이 법은 신령하지만, 죄 아래 팔리는 것은 우리를 육욕적이게 만듭니다.

2. "이것이 무엇이며 누구의 죄입니까? 우리가 죄 아래 팔린 것은 아담의 저주받은 거래 때문입니다. 아담이 뱀의 설득에 유혹되어 불법한 음식을 먹음으로써 모든 자손들을 영원한 노예의 멍에에 넘겨주었습니다. 매도자와 매수자 사이에서 자신을 다른 사람의 권한 아래 두고자 하는 사람은 대가를 받고서 자유을 잃고 영원한 노예가 되는 편을 택합니다. 3. 이 일이 아담과 뱀 사이에서 발생했습니다. 아담은 금지된 나무의 열매를 먹음으로써 뱀에게 자유를 넘긴 대가를 받았고, 본성적인 자유를 포기함으로써 금지된 열매에 대한 치명적인 대가를 지불한 뱀의 영원한 노예가 되는 편을 택했습니다. 그 후 그는 이

상태의 구속을 받아 후손들 모두를 동일한 노예 상태에 처하게 만들었습니다. 노예들이 결혼하여 낳은 자식들이 노예가 아니고 무엇이 될 수 있습니까?

"그렇다면 음흉하고 교활한 매수자가 합법적인 소유자에게서 소유권을 강탈했습니까? 4. 그렇지 않습니다. 그가 단 한 번의 속임수에 의해 하나님의 소유물 모두를 속여 빼앗음으로써 반역적인 매수자인 자신까지 노예의 멍에 아래 놓이게 하는 참 소유자로 하여금 재산을 관리하는 능력을 잃게 하지는 못했습니다. 그러나 창조주가 모든 이성적인 피조물에게 선택의 자유를 주셨기 때문에, 그는 하나님의 명령을 거슬러 탐식욕이라는 죄에 의해 자신을 팔아버린 사람들의 의지에 반하여 본성적인 자유를 상기시킬 수 없었습니다. 이는 의와 경건의 창시자가 선과 정의를 대적하는 모든 것을 불쾌하게 여기시기 때문입니다. 5. 만일 하나님이 인간에게 주셨던 자유의 혜택을 철회하셨다면 그것은 악한 일이었을 것이요, 만일 힘으로 자유로운 사람을 억압하고 사로잡아 그가 받은 자유의 힘을 발휘하는 것을 허락하지 않는다면 그것은 불의한 일일 것입니다. 왜냐하면 그는 정해진 때가 될 때 적절한 순서에 따라 획득하도록 구원을 장래 시대를 위해 유보해두고 있었기 때문입니다. 6. 따라서 하나님의 은혜와 피흘림이라는 대가에 의해 태고 시대의 족쇄로부터 해방되어 자유의 상태로 회복되기 전까지 그의 후손들은 이 유전 상태에 머물러 있어야 했습니다. 그 때 하나님은 그들을 구원하실 수 있었지만, 자신의 명령에 의해 정해진 제재들을 깨는 것을 공의가 허락하지 않았기 때문에 그들을 구원하시지 않았습니다.

"당신이 팔린 이유를 알고 싶습니까? 대속자께서 선지자 이사야를 통해 공공연하게 선언하신 말씀을 경청하십시오: '나 여호와가 이같이 말하노라 내가 너희의 어미를 내보낸 이혼 증서가 어디 있느냐 내가 어느 채주에게 너희를 팔았느냐 보라 너희는 너희의 죄악으로 말미암아 팔렸고 너희의 어미는 너희의 배역함으로 말미암아 내보냄을 받았느니라'(사 50:1). 7. 당신이 죄의 멍에를 지고 있을 때 그분이 자신의 힘으로 당신을 대속하려 하지 않으신 이유를 알고 싶습니까? 그분이 죄의 노예들을 책망하신 말씀을 들어보십시오: '내 손이 어찌 짧아 구속하지 못하겠느냐 내게 어찌 건질 능력이 없겠느냐'(사 50:2). 이사야는 하나님의 강력한 자비에 저항하는 것이 무엇인지 보여줍니다: '여호와의 손이 짧아 구원하지 못하심도 아니요 귀가 둔하여 듣지 못하심도 아니라 오직 너희 죄악이 너희와 너희 하나님 사이를 갈라 놓았고 너희 죄가 그의 얼굴을 가리어서 너희에게서 듣지 않으시게 함이니라'(사 59:1-2).

~ 13 ~
"내 속 곧 육신에 선한 것이 거하지 아니하는 줄로 아노니"에 대한 설명

1. "하나님의 첫 번째 저주로 말미암아 우리가 육적인 존재가 되고 땅이 가시와 엉겅퀴를 내게 되었고, 우리 조상이 악한 거래에 의해 우리를 팔아버린 결과 우리가 지극히 높으신 하나님에 대한 기억으로부터 분리되어 인간적이고 악한 생각들을 소유하는 한 원하는 바 선을 행하지 못하게 되었으므로, 우리는 무의식중에 빈번하게 본성적 충동을 느낍니다. 그런데 우리는 순결을 뜨겁게 사랑하고 있을 때에도 그것을 알려 하지 않습니다. 2. 우리는 육신에 선한 것, 즉 테오리아와 순결의 영구하고 항존적인 평온함이 거하지 아니하는 줄 압니다(롬 7:18). 그러나 우리 안에서 악하고 서글픈 분리가 이루어졌기 때문에 우리가 마음으로 하나님의 법을 지키기를 원해도(즉 신적인 찬란함에서 시선을 옮기는 것을 원하지 않아도), 육적인 어둠에 둘러싸여 있기 때문에 죄의 법으로 말미암아 선하다고 알고 있는 것에서 분리됩니다. 즉 우리는 마음

의 고결함에서 떨어져 죄의 법, 즉 최초의 범죄자가 받았던 하나님의 판결에 의한 정당한 정죄인 세상적인 생각들과 염려에 빠졌습니다.

3. "이런 까닭에 바울은 자신 및 모든 거룩한 사람들이 어쩔 수 없이 이 죄의 속박을 받는다고 공언하면서도 이것 때문에 정죄되지 않는다고 확신합니다: '그러므로 이제 그리스도 예수 안에 있는 자에게는 결코 정죄함이 없나니 이는 그리스도 예수 안에 있는 생명의 성령의 법이 죄와 사망의 법에서 너를 해방하였음이라'(롬 8:1-2). 즉 거룩한 사람들이 죄사함을 구하면서 끊임없이 대적해온 이 죄와 사망의 법에 대한 무죄가 날마다 그리스도의 은혜에 의해 선포됩니다.

4. "그러므로 바울이 죄인의 입장이 아닌 거룩하고 완전한 사람들의 입장에서 다음과 같이 말했음을 알 수 있습니다: '내가 원하는 바 선은 행하지 아니하고 도리어 원하지 아니하는 바 악을 행하는도다'; '내 지체 속에서 한 다른 법이 내 마음의 법과 싸워 내 지체 속에 있는 죄의 법으로 나를 사로잡는 것을 보는도다.'"

~ 14 ~

"내가 원하는 것은 행하지 아니하고 도리어 미워하는 것을 행함이라"가 불신자들뿐만 아니라 거룩한 사람들에게도 적용되지 않는다는 취지의 반론

게르마누스가 말했습니다: "이것을 치명적인 대죄에 얽혀있는 사람들이나 사도 바울 및 바울과 같은 위상에 이른 사람들에게 적용할 수 없다고 생각합니다. 오히려 하나님의 은혜와 진리의 지식을 획득한 사람들, 육적인 악덕을 억제하기를 원하면서도 거칠게 지체들을 지배하는 본성의 법에 의해서인 듯이 과거의 행위에 의해 뿌리 깊은 정념들의 욕망에게로 끌려가는 사람들에 대

한 것으로 이해해야 한다고 생각합니다. 악행의 실천과 그 빈도는 인간의 약한 지체들 안에 심겨져 있어 아직 덕을 향한 열심 안에서 충분히 가르침을 받지 못하여 유치하고 순진한 상태에 있는 영혼의 성향들을 사로잡아 악덕에게로 이끌어가는 일종의 자연법이 됩니다. 그것은 옛법에 의해 그들을 사망에 예속시키고 지배하려 드는 죄의 멍에 아래 두며, 그들이 사랑하는 바 순결의 선에 이르는 것을 허락하지 않으며 그들이 미워하는 악을 행하게 만듭니다."

~ 15 ~
이 반론에 대한 답변

1. 테오나스 사부가 말씀하셨습니다: "당신의 주장은 매우 진보된 것입니다. 이제 당신도 이것이 악한 사람들에 대한 언급일 수 없으며 육욕적인 악덕을 억제하려고 노력하는 사람들에 관한 것이라고 주장하기 시작했습니다. 당신이 악덕을 억제하려고 노력하는 사람들을 죄인들로부터 구분했으므로, 점차 그들을 신실한 사람들과 거룩한 사람들의 계층에 두게 될 것입니다. 그들이 세례를 받은 후에 죄에 얽혔으나 그리스도께서 날마다 베푸시는 은혜에 의해 다시 해방될 수 있다면, 그들이 어떤 종류의 죄를 범할 수 있겠습니까? 또 '이 사망의 몸에서 누가 나를 건져내랴 우리 주 예수 그리스도로 말미암아 하나님께 감사하리로다' 라는 말에서 사망의 몸이 무엇을 말한다고 여겨야 합니까? 2. 여기에서 영원한 죽음에 이르게 하는 치명적인 죄들—즉 살인, 간음, 음란, 술취함, 도둑질, 강도—에 대해 말하는 것이 아니라 날마다 그리스도의 은혜가 적용되는 몸에 대해 말하고 있음이 분명하지 않습니까? 세례를 받고 하나님을 안 후에 사망의 몸을 공격하는 사람은 자신이 날마다 주시는 그리스도의 은혜, 즉 특별히 간구할 때 우리의 악행에 대해 주시는 쉬운 용서에 의해

서 정화되는 것이 아니라 장기간의 회개의 고행과 형벌에 의해 정화된다는 것을 깨달아야 합니다. 그렇지 않으면 그는 이것들 때문에 장차 영원한 불의 고통에 넘겨질 것입니다. 바울은 다음과 같이 말합니다: '음행하는 자나 우상 숭배하는 자나 간음하는 자나 탐색하는 자나 남색하는 자나 도적이나 탐욕을 부리는 자나 술 취하는 자나 모욕하는 자나 속여 빼앗는 자들은 하나님의 나라를 유업으로 받지 못하리라' (고전 6:9-10). 3. 우리 안에서 마음의 법과 싸우는 법은 무엇입니까? 그것이 우리를 죄와 사망의 법에 복종시켜 포로가 되어 육체 안에서 그 법을 섬기게 만들 때 우리가 마음으로 하나님의 법을 준수하는 것을 허락하지 않습니까? 나는 여기에서 법이 죄의 수치를 언급한다거나 앞에서 언급된 죄와 관련하여 이해될 수 있다고 생각하지 않습니다. 만일 어떤 사람이 그러한 죄들을 영속화한다면, 그는 마음으로 하나님의 법을 섬기고 있지 않습니다. 왜냐하면 육체 안에서 죄를 범하려면 먼저 마음에서 하나님의 법을 버려야 하기 때문입니다. 죄의 법을 섬긴다는 것은 죄가 명령하는 것들을 실천한다는 것을 의미하지 않습니까? 4. 그렇다면 죄에 사로잡혀 있으면서도 그리스도의 은혜에 의해 자유롭게 될 것을 의심하지 않는 거룩하고 완전한 사람들의 죄란 어떤 것입니까? 바울은 '오호라 나는 곤고한 사람이로다 이 사망의 몸에서 누가 나를 건져내랴 우리 주 예수 그리스도로 말미암아 하나님께 감사하리로다' 라고 말합니다. 우리 지체들 안에서 우리를 하나님의 법에서 끌어내어 죄의 법의 종으로 삼고 비참하게 만들기 때문에, 우리가 영원한 형벌에 넘겨지지 않고 축복의 기쁨을 동경하며 바울처럼 그리스도가 우리가 찾던 것에게 돌아가도록 도와주시는 분이라고, '오호라 나는 곤고한 사람이로다 이 사망의 몸에서 누가 나를 건져내랴 우리 주 예수 그리스도로 말미암아 하나님께 감사하리로다' 라고 고백하게 하는 법이 어떤 것이라고 주장하십니까? 5. 죄의 법의 종이 된다는 것은 악의 결과와 작업 안에 계속 머무는 것을 의미하지 않습니까? 또 거룩한 사람들이 성취할 수 없는 큰 선이란 비할 수 없이 선한 것이 아닙니까? 이 세상에 많은 선들, 특히 순결, 금욕, 냉철, 겸손, 의, 자비, 절제, 친절 등이 있다는 것을 우리는 알고 있습니다. 그러나 그것들은 가장 큰 선과 동등할 수 없습니다. 그것들은 사도들뿐만 아니라 보통 사람들도 추구할 수 있습니다. 만일 그들이 그것들을 행하지 않는다면, 영원한 고통이나 회개의 수고라는 벌을 받으며 날마다 베푸시는 그리스도의 은혜에 의해 자유롭게 되지 못합니다.

6. "이제 이러한 바울의 말이 거룩한 사람들에게만 적용된다고 말할 수 있는지 알아보아야 합니다. 거룩한 사람들은 날마다 악crime의 법과 싸우는 것이 아니라 죄의 법과 싸웁니다. 그들은 자신의 구원 상태를 확신하기 때문에 유죄(범죄) 상태로 추락하는 것이 아니라 신적 관상 상태에서 육적인 생각들의 비참한 상태로 떨어지며, 종종 참 복이라는 선을 박탈당합니다. 만일 그들이 지체 안에 있는 이 법에 의해 일상적인 죄에 속박된다고 느낀다면 복의 부족에 관해서가 아니라 무죄(결백)의 부족에 관해 말할 것이며, 바울이 '오호라 나는 곤고한 사람이로다'라고 말하지 않고 '나는 부정한 사람이다'라고 말했을 것이며, 이 사망의 몸, 즉 죽을 운명의 상태에서 벗어나기를 원하기보다 육체의 부끄러운 행위와 죄악들로부터 벗어나기를 원했을 것입니다. 7. 그러나 그는 자신이 약한 인간적 상태 때문에 종이 되었다고, 즉 죄와 사망의 법이 가져오는 육적인 염려와 근심을 하게 되었다고 느꼈기 때문에 원하지 않으나 이 죄의 법 아래 있음을 탄식하며 즉시 그리스도를 의지하여 그 은혜로운 대속에 의해 구원받습니다. 그러므로 본성적으로 육적인 생각들과 염려를 만들어내는 죄의 법이 바울의 마음 밭에서 발아시킨 것들이 은혜의 법에 의해 근절됩

니다. 그렇기 때문에 바울은 '그리스도 예수 안에 있는 생명의 성령의 법이 죄와 사망의 법에서 너를 해방하였음이라'고 말합니다.

~ 16 ~
죄의 몸이란 무엇인가?

1. "이것이 피할 수 없는 사망의 몸입니다. 이 몸 안에 있는 완전한 사람들과 '하나님의 선하심을'(시 34:8) 맛본 사람들이 이 사망의 몸에 끌려가며, 하나님을 버린 것이 얼마나 악한 것인지 느낍니다(렘 2:19 참조). 이 사망의 몸이 그들의 시선을 하늘에 속한 것들에게서 세상에 속한 것들에게로 끌어내립니다. 세상에 속한 것들은 그들이 시편을 노래하거나 부복하여 기도하는 동안 인간의 모양이나 말이나 일이나 헛된 행동들을 생각하게 만듭니다. 2. 이 사망의 몸의 방해 때문에 천사들의 거룩함을 본받고 항상 하나님을 가까이하기 원하는 사람들이 선의 완전함을 발견하지 못하고 원하지 않는 악을 행합니다. 즉 덕과 완전함에서의 진보와 관련이 없는 것들을 생각하게 됩니다.

"마지막으로 바울은 자신이 완전한 사람들 및 자기와 비슷한 사람들에 대해 말하고 있음을 분명히 보여주기 위해서 자기 자신을 지적하여 '내 자신이'라고, 즉 이것들을 밝히는 내가 다른 사람의 양심이 아니라 나 자신의 양심의 비밀들을 털어놓는다고 말합니다. 3. 바울은 자신을 언급하려 할 때 이런 방식을 사용하는 습관이 있습니다. 예를 들면 다음과 같습니다: '나 바울은 이제 그리스도의 온유와 관용으로 친히 너희를 권하고'(고후 10:1); '내 자신이 너희에게 폐를 끼치지 아니한 일밖에'(고후 12:13); '내가 너희에게 짐을 지우지는 아니하였을지라도'(고후 12:16); '보라 나 바울은 너희에게 말하노니 너희가 만일 할례를 받으면 그리스도께서 너희에게 아무 유익이 없으리라'(갈 5:2); '나의 형제 곧 골육의 친척을 위하여 내 자신이 저주를 받아 그리스도에게서 끊어질지라도 원하는 바로라'(롬 9:3). 4. 그러므로 바울은 '당신들이 그리스도의 사도라고 알고 있으며 존경하며 그리스도 안에서 말하는 완전한 사람이라고 알고 있는 나'라는 의미로 '내 자신이'라고 강조하여 말합니다: '나는 마음으로는 하나님의 법을 준수하지만 육체로는 죄의 법을 준수하고 있다고 고백합니다. 즉 인간적 상황의 선입견들 때문에 때때로 천상의 것들에게서 세상의 것들에게로 떨어지며 정신이 고귀한 상태에서 미끄러져 비천한 것들에 대해 염려하게 됩니다. 하나님의 법을 향한 갈망이 흔들림 없이 유지됨에도 불구하고 특별한 순간 나는 죄의 법에 포로가 되었기 때문에 끊임없이 주님의 은혜 안에 피하지 않는 한 이 포로 상태의 힘을 피할 수 없다고 느낍니다.'

~ 17 ~
거룩한 사람들은 자신이 부정한 죄인이라고 고백한다.

1. "그러므로 거룩한 사람들 모두가 체질의 약함 때문에 죄책감을 받으며, 날마다 탄식하며 자신의 생각들 및 양심의 은밀한 곳들을 세밀히 살피면서 다음과 같이 외칩니다: '주의 종에게 심판을 행하지 마소서 주의 눈앞에는 의로운 인생이 하나도 없나이다'(시 143:2); '내가 내 마음을 정하게 하였다 내 죄를 깨끗하게 하였다 할 자가 누구냐'(잠 20:9); '자기 허물을 능히 깨달을 자 누구리요'(시 19:12); '선을 행하고 전혀 죄를 범하지 아니하는 의인은 세상에 없기 때문이로다'(전 7:20).

2. "거룩한 사람들은 인간의 의가 매우 약하고 불완전하여 항상 하나님의 자비를 필요로 한다고 여깁니다. 그들 중 하나님에 의해 제단에서 보내진 말씀의 뜨거운 석탄으로 죄와 악이 정화된 사람 이사야는 놀라운 방식으로 하나님

을 보고 고귀한 스랍천사와 하늘의 신비들의 계시를 본 후에 '화로다 나여 망하게 되었도다 나는 입술이 부정한 사람이요 나는 입술이 부정한 백성 중에 거주하면서 만군의 여호와이신 왕을 뵈었음이로다'(사 6:5)라고 말했습니다. 3. 하나님을 본 덕분에 완전함의 참되고 필수적인 순결함을 알 자격을 얻지 못했다면, 그는 자기 입술이 더러운 것을 느끼지 못했을 것입니다. 그는 하나님을 보면서 즉각적으로 그때까지 의식하지 못했던 더러움을 깨달았습니다. 따라서 그는 '화로다 나여 나는 입술이 부정한 사람이요 나는 입술이 부정한 백성 중에 거주하면서'라고 말함으로써 자신이 백성들의 더러움이 아닌 자기 입술의 더러움에 대해 말하고 있음을 나타냈습니다.

4. "그러나 그가 모든 죄인들의 더러움을 고백하는 기도에는 악인들뿐만 아니라 의인들의 일반적인 간구가 포함됩니다: '우리가 범죄하므로 주께서 진노하셨사오며 이 현상이 이미 오래 되었사오니 우리가 어찌 구원을 얻을 수 있으리이까 무릇 우리는 다 부정한 자 같아서 우리의 의는 다 더러운 옷 같으며'(사 64:5-6). 선지자는 하나의 의로운 행위뿐만 아니라 의로운 행위 모두를 포함시키며 더럽고 끔찍하다고 판단된 모든 것을 둘러보면서 인간의 삶에서 부정한 자의 옷보다 더 더러운 것을 발견할 수 없었기 때문에 그것들을 부정한 자의 옷에 비유합니다. 5. 그러므로 조금 전에 죄없는 사람이 없다면 거룩한 사람이 있을 수 없으며 거룩한 사람이 없으면 아무도 구원받지 못할 것이라고 주장한 당신의 반론은 분명한 진리에 대해 문제를 제기합니다. 이 문제의 어려움은 '우리가 범죄하므로 주께서 진노하셨사오며'라는 말씀에 의해 해결될 수 있습니다. 즉 하나님이 우리 마음의 교만과 부주의함을 외면하시고 우리에게서 도우심을 거두어가시면 즉시 죄의 심연이 우리를 삼킵니다. 그것은 마치 빛나는 해를 보면서 '해가 졌고 어둠이 우리를 덮었다'라고 말하는 것과

같습니다. 6. 이사야는 거룩한 사람들이 범죄했다고, 범죄했을 뿐만 아니라 항상 죄속에 머물렀다고 말했지만, 구원을 완전히 체념하지 않고 '이 현상이 이미 오래 되었사오니 우리가 어찌 구원을 얻을 수 있으리이까' 라고 말합니다.

"'우리가 범죄하므로 주께서 진노하셨사오며'를 바울의 '오호라 나는 곤고한 사람이로다 이 사망의 몸에서 누가 나를 건져내랴'와 비교해 보겠습니다. '이 현상이 이미 오래되었사오니 우리가 어찌 구원을 얻을 수 있으리이까'는 '우리 주 예수 그리스도로 말미암아 하나님께 감사하리로다'와 일치합니다. 7. 또 '화로다 나는 입술이 부정한 사람이요 나는 입술이 부정한 백성 중에 거주하면서' 라는 이사야의 말은 '오호라 나는 곤고한 사람이로다 이 사망의 몸에서 누가 나를 건져내랴'와 흡사해 보입니다. '그 때에 그 스랍 중의 하나가 부젓가락으로 제단에서 집은 바 핀 숯을 손에 가지고 내게로 날아와서 그것을 내 입술에 대며 이르되 보라 이것이 네 입에 닿았으니 네 악이 제하여졌고 네 죄가 사하여졌느니라 하더라'(사 6:6-7)는 이사야의 말은 '우리 주 예수 그리스도로 말미암아 하나님께 감사하리로다'라는 바울의 말과 흡사합니다.

8. "이제 거룩한 사람들 모두가 백성들의 입장이 아닌 자신의 입장에서 죄인이라고 고백한다는 것을 알 수 있습니다. 그러나 그들은 자기의 구원에 대해 절망하지 않으며, 인간적 약함이라는 조건 때문에 획득할 수 없다고 체념했던 완전한 칭의가 주님의 자비와 은혜로 말미암아 자기 것이 된다고 여깁니다.

~ 18 ~
의인들과 거룩한 사람들에게도 죄가 없지 않다.

1. "주님은 이 세상에 사는 한 거룩한 사람에게 죄의 빚이 없을 수 없다고 가르치십니다. 주님은 제자들에게 완전한 기도를 위한 공식을 주시면서 거룩하

고 완전한 사람들에게만 주어진 거룩한 명령 안에 '우리가 우리에게 죄 지은 자를 사하여 준 것같이 우리 죄를 사하여 주시옵고'(마 6:12)를 포함하셨습니다. 이는 그들이 악인들 및 불신자들과의 관계를 피할 수 없기 때문이었습니다. 2. 그러므로 만일 이 기도가 참된 기도요 거룩한 사람들의 기도라면, 누가 무례하고 주제넘고 교만하게 자신에게 죄가 없다고 선언하며 스스로 사도들보다 더 위대하다고 여길 뿐만 아니라, 주님이 무지하여 어떤 사람들에게 죄가 없을 수 있다는 것을 알지 못했거나 이 기도가 필요하지 않다고 여기는 사람들을 쓸데 없이 가르치셨다고 비난할 수 있습니까? 그러나 만일 왕의 계율들을 지키는 거룩한 사람들이 날마다 '우리 죄를 사하여 주시옵고'라고 드리는 기도가 진실이라면, 모든 인간은 죄에서 자유하지 못합니다. 그러나 만일 그들이 시치미를 떼고 있다면, 그들에게 거짓말이라는 죄가 성립됩니다.

3. "이런 까닭에 전도자는 인간의 모든 행동과 마음에 추구하는 것들을 살펴보면서 '선을 행하고 전혀 죄를 범하지 아니하는 의인은 세상에 없기 때문이로다'라고 말합니다. 즉 거룩하고 부지런하고 대쪽같은 사람, 항상 참되고 독특한 선을 가까이 할 수 있기 때문에 하루도 그 선에서 벗어나지 않으며 자신이 그것을 버렸다고 느끼지 않는 사람이 이제까지 세상에 없었고 있을 수도 없다고 말합니다. 그런 사람이 해를 끼치지 않는다고 말할 수는 없지만, 그가 의롭다는 것을 부인할 수 없습니다.

~ 19 ~
기도하는 동안에도 죄를 막는 것이 거의 불가능하다.

1. "그러므로 인간 본성이 무죄하다고, 즉 완전무결하다고 주장하는 사람은 자기 양심의 증언과 증거에 저항해야 합니다. 그는 자신이 최고의 선에서 탈

취된 적이 없었다고 느낀다면 자기에게 죄가 없다고 말할 수 있을 것입니다. 예를 들어 자기의 양심을 들여다보며 자신이 단 한 번도 말이나 행동이나 생각의 방해를 받지 않는 상태에서 예배에 참여한 적이 있다고 인정하는 사람은 자기에게 죄가 없다고 말할 수 있을 것입니다. 그러나 우리는 인간의 종잡을 수 없는 정신 안에 이처럼 헛되고 부질없는 것들이 없을 수 없다고 고백하므로, 우리에게 죄가 없을 수 없다고 고백해야 합니다. 2. 육체의 저항하는 특성을 고려해볼 때 사람이 신중하게 마음을 지키려 노력해도 결코 영의 소원에 따라 마음을 보호하지 못할 것입니다. 인간의 정신이 진보하여 깨끗한 관상을 획득할수록, 그 깨끗함의 거울에 비추어 보는 자신의 모습은 더 더러울 것입니다. 왜냐하면 정신이 계속 고귀한 것들을 보고 자신이 추구하는 것보다 더 위대한 것을 동경하게 되면, 자신이 처해 있는 상태를 한층 더 열등하고 비천하게 여겨 무시하기 때문입니다. 3. 시력이 좋으면 더 많은 것을 보게 되며, 떳떳한 삶이 후회스럽게 행동할 때 보다 큰 슬픔을 낳으며, 덕을 향한 큰 갈망과 개선된 행위가 신음과 탄식을 증가시키는 법입니다. 사람은 이미 획득한 것에 만족하지 못합니다. 정신이 정화된 사람일수록 자신을 더 더럽게 여기며, 교만하기보다 겸손해야 할 더 많은 이유를 발견합니다. 신속하게 고귀한 것들에게로 올라간 사람일수록 앞으로 가야 할 길이 멀다는 것을 발견합니다.

   4. "예수의 품에 의지하여 누웠던 사랑받은 제자는(요 13:23) '만일 우리가 죄가 없다고 말하면 스스로 속이고 또 진리가 우리 속에 있지 아니할 것이요'(요일 1:8)라고 말했습니다. 그러므로 자기에게 죄가 없다고 말하는 사람 안에 진리, 즉 그리스도(요 14:6)가 계시지 않다면, 이 고백에 의해 우리가 죄인들과 범죄자들과 악인들 가운데 있었음을 증명하는 것 외에 무슨 유익이 있습니까?

~ 20 ~
누구에게서 죄와 덕에 대해 배워야 하는가?

"마지막으로, 만일 우리가 마음속으로 인간에게 죄가 없을 수 있는지 신중하게 조사해 본다면 '육체와 함께 그 정욕과 탐심을 십자가에' 못 박았으며(갈 5:24) 세상이 그들에 대해 못 박힌 사람들(갈 6:14)에게서 가장 쉽게 가르침을 받을 수 있습니다. 그들은 모든 악덕의 뿌리를 뽑아버렸을 뿐만 아니라 죄에 대한 생각과 기억들을 잘라버리려 하지만, 그럼에도 불구하고 날마다 자신이 단 한 시간도 죄의 흔적 없이 존재할 수 없다고 고백합니다.

~ 21 ~
우리는 자신에게 죄가 없지 않다는 것을 알지만, 그럼에도 불구하고 성찬을 피하지 말아야 한다.

1. "자신이 죄인임을 알고 있다고 해서 성만찬을 피하지 마십시오. 혼을 치유하고 영을 정화하기 위해 한층 더 간절하게 서둘러 성찬에 참여하되 자신이 그러한 은혜를 받을 자격이 없다고 판단하면서 겸손한 마음과 믿음을 가지고 참여하면 성찬을 우리의 상처를 치유해주는 약으로 여기게 될 것입니다. 그렇게 하지 않으면, 일년에 한 번도 합당하게 성찬을 받지 못할 것입니다. 수도원에서 생활하는 사람들, 성찬의 권위와 거룩함과 가치를 두려워하기 때문에 성찬이 우리를 거룩하고 깨끗하게 만들어준다고 생각하기보다 거룩하고 흠이 없는 사람들만 성찬을 받아야 한다고 생각하는 사람들이 여기에 해당됩니다. 2. 이런 사람들은 자신이 자격이 있다고 판단하여 성찬을 받기 때문에 피해야 한다고 여기면서도 한층 더 오만하고 주제넘은 죄를 범합니다. 매주 자기가 앓고 있는 병의 치료약으로서 겸손한 마음으로 성찬을 받는 것이 훨씬 더

의롭습니다. 그렇게 할 때 어리석은 마음의 태도로 교만해져서 자신이 성찬에 참여할 자격이 있다고 여기지 않으며, 자기의 공로에 의해서는 성찬에 다가갈 수 없다고 믿고 고백합니다.

3. "이것을 이해하고 유지하기 위해서 자비하신 주님의 도우심을 구해야 합니다. 이것은 인간의 기술들처럼 사전의 구두 설명에 의해 학습되는 것이 아니라 사전 활동과 경험에 의해 학습됩니다. 영적인 사람들과 담화하면서 자주 조사하며 날마다 경험과 가르침을 통해 세심하게 살펴보지 않으면, 태만함으로 말미암아 이러한 이해가 감소되거나 부주의하게 망각되어 사라질 것입니다."

담화 24

사부 아브라함의 담화

고행에 관하여

~ 1 ~

우리의 은밀한 생각들을 사부 아브라함에게 털어놓음

1. 그리스도의 도우심으로 작성된 바 24번째 담화인 사부 아브라함의 담화를 마지막으로 원로들의 가르침과 계율들이 끝이 납니다. 여러분의 기도 덕분에, 그리고 이 숫자가 신비하게도 요한계시록에서 어린양에게 금관을 바친 이십 사 장로들의 수와 일치하므로(계 4:4 참조) 우리가 약속의 빚에서 해방될 것이라고 믿습니다. 만일 우리가 언급한 이십 사 명의 원로들이 그 가르침 때문에 영광의 면류관을 받았다면, 그들은 세상의 구원을 위해 죽임을 당하신 어린양에게 그 면류관을 바칠 것입니다. 왜냐하면 그가 자기 이름의 영광을 위하여 그들에게 탁월한 이해력을 주시고 우리에게 그 심오함에 알맞은 단어들을 주셨기 때문입니다. 그리고 그의 은사의 가치를 모든 선한 것을 지으신 분에게 돌려야 합니다. 왜냐하면 그분이 많은 빚을 면제해주실수록 더 많이 빚지게 되기 때문입니다.

2. 우리는 날마다 영혼을 혼란스럽게 하여 고향에 돌아가 친척들을 만나라고 자극하는 생각들의 갈등을 사부 아브라함에게 고백했습니다. 우리가 사랑

으로 친척들을 기억하여 우리가 선택한 수도생활을 그들이 방해하지 않을 것이라는 생각이 우리 안에 큰 갈망을 야기하는 원인이 되었습니다. 우리는 항상 마음속으로 친척들의 배려를 통해 많은 것을 받으리라는 것, 그리고 그들이 우리에게 필요한 것들을 공급해준다면 우리가 육적인 것들에 대한 걱정에 사로잡히거나 양식 걱정 때문에 분심되지 않을 것이라고 생각해 왔습니다. 3. 또 우리의 모범과 권면에 의해 구원의 길을 걷게 될 많은 사람들의 회심에서 큰 결실을 얻을 것이라고 생각함으로써 영적으로 어리석은 기쁨의 소망을 품었습니다. 게다가 우리의 선조들이 소유했던 지역 및 그 지역의 바람직한 자연, 그리고 그곳이 광야 지역까지 뻗어있어 숲속 후미진 곳들이 수도사들을 즐겁게 해줄 뿐만 아니라 양식을 충분히 공급해 줄 수 있다는 것을 알게 되었습니다.

4. 우리는 양심의 믿음에 따라 솔직하게 이 모든 것을 사부 아브라함에게 털어놓았고, 하나님의 은혜에 의해 아브라함 사부가 우리를 도와 치유해 주지 않으면 그 공격을 견뎌낼 수 없다고 눈물로 고백했습니다. 한참 침묵하던 사부 아브라함은 마침내 깊이 신음하면서 다음과 같이 말씀하셨습니다:

~ 2 ~

아브라함 사부가 우리의 잘못들을 분명히 밝혀주다.

1. "당신들의 생각의 약함은 당신들이 아직 세상의 욕망을 버리지 않았거나 과거에 동경하던 것들을 죽이지 않았음을 보여줍니다. 당신들의 잘못된 욕망들은 마음의 변덕스러움을 증언해줍니다. 당신들은 마음 안에서 시작해야 하는 바 친척들을 버리고 떠나 행하는 순례를 단지 육체 안에서 행하고 있습니다. 만일 당신들이 모든 것을 버리는 이유와 독수도 생활의 주된 동기를

파악했다면, 이미 이 세상 전체를 매장하고 마음에서 완전히 제거했을 것입니다. 2. 그러므로 내 생각에 당신들은 '게으른 자는 마음으로 원하여도 얻지 못하나'(잠 13:4), '게으른 자의 욕망이 자기를 죽이나니'(잠 21:25)라고 언급된 바 게으름이라는 병을 앓고 있습니다.

"만일 우리가 선택한 이 수도생활에 육욕적인 것들이 적절하다고 여기거나, 또는 우리가 이 척박한 장소와 육신의 깨짐으로부터 소산을 얻듯이 우리 자신과 이 쾌락의 즐거움에서 소산을 얻을 수 있다고 판단한다면, 당신들이 말한 육적인 것들이 우리에게 부족함 없이 공급될 것입니다. 만일 우리가 '무릇 내게 오는 자가 자기 부모와 처자와 형제와 자매와 더욱이 자기 목숨까지 미워하지 아니하면 능히 내 제자가 되지 못하고'(눅 14:26)라고 말하며 육체의 영양과 관련된 모든 것을 근절하라는 주님의 말씀을 직면하지 않는다면, 우리에게서 친척들의 위로가 제거되거나 자신의 소유로 우리를 부양해주는 사람들이 부족하게 되는 일이 없을 것입니다. 3. 그러나 우리에게서 친척들의 지원이 완전히 제거된다면 세상 정부의 업무에 따라 우리에게 필요한 것이 신속하게 부족함 없이 공급될 것입니다. 다음과 같은 예언적 저주가 강력한 억지력으로서 작용하지 않는다면, 그들의 기부 덕분에 우리는 양식에 대해 걱정하지 않을 것입니다: '무릇 사람을 믿으며 육신으로 그의 힘을 삼고 마음이 여호와에게서 떠난 그 사람은 저주를 받을 것이라'(렘 17:5); '귀인들을 의지하지 말며'(시 146:3). 또 바울이 '각각 자기가 일한 대로 자기의 상을 받으리라'(고전 3:8)고 말하여 우리를 격려해주며 수고를 참고 견디게 해주지 않았다면, 우리가 나일 강둑에 수도처를 두었을 것이며, 가까이에 물이 있기 때문에 물을 길어 등에 지고 사천 걸음이나 걸으려 하지 않았을 것입니다. 4. 또 복음서에서 부자에게 주어진 바 '너는 살았을 때에 좋은 것을 받았고'(눅 16:25)라는 책망이 우리에게 주어질까 두려워한다는 점을 제외한다면, 최소한의 육체적 노동에 의해 우리에게 필요한 과일과 양식을 충족시킬 수 있는 정원이 있는 조용한 장소들이 있다는 것을 알고 있습니다.

"그러나 우리는 이 모든 것을 이 세상 즐거움들과 함께 멸시하고 무시합니다. 우리는 화려한 것들보다 이 방대하고 거친 사막 안에서만 기뻐합니다. 이 황량한 사막을 기름진 밭과 비교할 수 없습니다. 왜냐하면 우리는 육신의 일시적인 유익을 추구하는 것이 아니라 영의 영원한 유익을 추구하고 있기 때문입니다. 5. 수도사가 현세의 것들을 날마다 부인하지 않고 회심 초기에 단 한 번 그것들을 부인한 것은 하찮은 일에 불과합니다. 우리는 죽을 때까지 '재앙의 날도 내가 원하지 아니하였음을 주께서 아시는 바라' (렘 17:16)고 말해야 합니다. 이런 까닭에 주님은 '아무든지 나를 따라오려거든 자기를 부인하고 날마다 제 십자가를 지고 나를 따를 것이니라' (눅 9:23)고 말씀하십니다.

~ 3 ~
은수사들이 찾아야 할 장소의 특징

1. "그러므로 항상 속사람의 순결을 배려하는 사람은 비옥하기 때문에 경작하려는 생각으로 마음을 분심하게 만들지 않는 장소, 수실을 떠나 밖에서 일하게 함으로써 생각들을 분산시키거나 온갖 종류의 일에 의해 정신의 목표를 바꾸게 만들지 않는 장소를 찾아야 합니다. 2. 매우 신중하고 주의 깊은 사람도 항상 몸과 정신을 네 개의 벽 안에 가두어두지 않으면 이런 장소를 찾아낼 수 없고 마련할 수도 없습니다. 그러므로 사도적 기술을 가지고 물고기들을 잡으려는 어부처럼 움직이지 않고 집중한다면 고요히 마음 깊은 곳에서 헤엄쳐다니는 많은 생각들을 잡을 수 있을 것이요, 돌출해있는 곳♯에서 깊은 바다

를 응시하는 사람처럼 구원의 낚싯바늘로 어떤 물고기를 잡아야 할지, 또 어떤 물고기를 악하고 해롭기 때문에 잡지 않고 내버려두어야 할 것인지 지혜롭게 식별하여 판단할 것입니다.

~ 4 ~
독수도사들이 택해야 할 일의 종류

1. "그러므로 끊임없이 주의 깊게 경계하는 사람은 하박국이 '내가 내 파수하는 곳에 서며 성루에 서리라 그가 내게 무엇이라 말씀하실는지 기다리고 바라보며 나의 질문에 대하여 어떻게 대답하실는지 보리라 하였더니'(합 2:1)라고 표현한 것을 효과적으로 성취할 것입니다. 이것의 어려움과 고됨이 칼라무스나 포르피리온 사막에 거주하는 사람들의 경험에 의해 증명됩니다. 2. 그들은 스케테 사막보다 더 멀리 펼쳐진 광야에 의해 도시들 및 사람들의 거주지로부터 단절되어 있습니다. 왜냐하면 이 방대하고 황량한 광야에 들어선 사람들은 일곱 번이나 여덟 번 멈추고 쉰 후에 간신히 자기들의 외딴 수도처에 도착하기 때문입니다. 그곳에서 그들은 수실에 머물지 않고 정원 가꾸는 일에 매달려 지내기 때문에, 우리가 살고 있는 거친 곳이나 스케테에 오면 떠들썩한 생각들과 근심에 시달려 마치 사막 훈련을 한 적이 없는 사람들이나 초심자들처럼 수실에 머무는 것과 침묵을 견디지 못하여 그곳을 떠납니다. 3. 그들은 날마다 밖에서 일하면서 사방에 생각들을 흩어놓으면서 육체적으로만 아니라 정신적으로 헛된 일에 분주하게 매달렸기 때문에 지속적인 관심과 집중에 의해 속사람의 움직임을 잠재우고 생각들의 폭풍에 저항하는 방법을 배우지 못했습니다. 그러므로 그들은 자기 영혼의 변덕스러운 허영심을 경험하지 못하며, 그것이 안정을 찾지 못하고 방황하는 것을 통제하지도 못합니다. 그

들은 영의 회개를 받아들이지 못한 채 자신의 지속적인 침묵을 견딜 수 없다고 여깁니다. 그들은 고된 노동에 싫증을 내지 않고 평온함에 정복되고, 오랜 정적 때문에 지칩니다.

~ 5 ~

정착하지 않고 방랑하는 사람의 마음이 가벼워지기보다 무거워진다.

1. "생각들을 좁은 옷장 안에 넣듯이 모아놓고 수실에 머무는 사람은 그 사람과 함께 거주지에서 터져나와 고삐 풀린 말처럼 사방으로 뛰어다니는 많은 선입견들 때문에 질식합니다. 그것들이 잠시 마구간에서 풀려날 때 통탄스러운 위안이 발생합니다. 그러나 몸이 수실로 돌아갈 때면 많은 생각들이 자기 집으로 가듯이 돌아가며, 깊이 뿌리를 내린 습관이 더 심각한 충동들을 선동합니다. 2. 욕망들의 공격에 저항하는 방법을 알지 못하는 사람들이 수실에 있으면서 평소보다 더 거센 권태의 공격을 받을 때 법의 엄격함을 완화함으로써 자신에게 자주 외출하는 자유를 부여한다면, 치료책으로 시행한 이 조처가 한층 더 심한 병을 초래할 것입니다. 찬 물을 마심으로써 내면의 열을 끌 수 있다고 생각하는 사람들의 경우도 마찬가지입니다. 잠시 고통이 완화된 후에 병이 더 심각해지므로, 그것이 불을 끄기보다 더 세게 타게 만들기 때문입니다.

~ 6 ~

수도사가 생각을 지키는 것에 관한 비유

1. "이런 까닭에 수도사는 항상 한 가지에 집중해야 하며, 방향을 전환하거나 우회하는 생각들을 필사적으로 되돌려 하나님을 기억하게 해야 합니다. 그것은 반원통형 둥근 천장을 건축하려는 사람과 같습니다. 그는 정확하게 중심

에서 사방으로 원을 그리고, 그렇게 그려진 도형에 따라 건물에 필요한 완전한 곡선을 정해야 합니다. 2. 만일 중심점을 측량하지 않은 채 원을 그리려 한다면 기술이 아무리 뛰어나도 완전한 원을 그리지 못할 것이며, 대충 살펴보아서는 자신이 곡선의 아름다움에서 얼마나 멀리 벗어났는지 인식하지 못할 것입니다. 그러므로 항상 진리의 표준을 의지하며 좋은 위치에서 자신의 작품의 내측 원주 길이와 외측 원주 길이를 조정하고 그 지점을 참고로 하여 크고 높은 건물을 마무리해야 합니다.

3. "마찬가지로 우리가 행하는 각각의 일이나 행동하는 순간마다 우리의 정신이 고정된 불변의 중심점을 돌 듯이 하나님 사랑을 중심으로 삼아 회전하지 않는다면, 그리고 사랑이라는 검증된 컴퍼스에 의해 모든 생각의 특징을 조정하거나 거부하지 않는다면, 우리는 바울이 건축한 영적 건물을 건축하지 못할 것이며(고전 3:10 참조), 그 건물은 다윗이 '여호와여 내가 주께서 계신 집과 주의 영광이 머무는 곳을 사랑하오니'(시 26:8)라고 말하면서 마음속으로 여호와께 드리려 했던 집의 아름다움을 소유하지 못할 것입니다. 그런 사람은 어리석게도 마음속에 성령이 거하시지 못하며 몇 번이고 거듭 붕괴될 집을 세울 것이며, 복되신 손님에게 베푼 환대를 자랑하지 못하며 안타깝게도 자신이 세웠으나 무너진 건물더미에 깔릴 것입니다."

~ 7 ~
친척들의 방문이 이집트에 사는 사람들에게는
방해가 되지 않지만 수도사들에게 방해가 되는 이유에 관한 질문

게르마누스가 말했습니다: "유익하고 필요한 제도는 수실 안에서 실천할 수 있는 이런 종류의 활동을 하라고 명합니다. 사도적 덕들의 모방에 기초를 두

고 있는 당신들의 본보기뿐만 아니라 우리 자신의 경험의 증언이 이것의 타당성을 가르쳐주곤 했습니다. 그러나 당신들 자신도 철저히 거부하지 않았던 친척들의 접근을 우리가 피해야 하는 이유가 분명하지 않습니다. 당신들은 완전함의 길을 흠없이 걸어왔으며 고향에서 그리 멀지 않은 곳에 살고 있고 일부는 고향에서 살고 계십니다. 당신들에게 해롭지 않은 것이 우리에게 위험하다고 생각하시는 이유가 무엇입니까?"

~ 8 ~

답변: 모든 것이 모든 사람에게 적합하지는 않다.

1. 아브라함 사부가 말씀하셨습니다: "우리는 가끔 선한 것들에서 좋지 않은 본보기가 추출되는 것을 봅니다. 어떤 사람이 행하여 영생이라는 열매를 획득하는 데 기여한 일들을 그 사람과 동일한 성향이나 방향을 지향하지 않으면서, 또는 비슷하지 않은 덕을 가지고서 행하려는 사람은 그것들 때문에 미혹과 사망의 올무에 빠집니다. 2. 만일 전쟁터에서 가장 호전적인 거인과 맞선 용감한 소년 다윗이 건장한 청년이 입었으면 원수의 군대 전체를 패배시킬 수 있었을 사울의 갑옷을 입었다면, 그는 분명히 이것을 경험했을 것입니다. 소년 다윗이 지혜롭게 분별하여 다른 사람들처럼 방패와 흉배를 입고 무서운 적을 대적하지 않고 자기 나이에 알맞은 무기를 선택하며 자신이 사용할 수 있는 돌팔매를 사용하지 않았다면 분명히 위험에 처했을 것입니다 (삼상 17:38-40 참조).

"이처럼 모든 것이 유익하지만 모든 사람들에게 적합한 것이 될 수는 없으므로, 각 사람은 먼저 자기의 능력을 측정하고 그 능력에 알맞은 훈련을 실천해야 합니다. 3. 은수사 생활이 좋지만, 그것이 모든 사람에게 알맞은 것은 아닙니다. 많은 사람들은 은수사 생활이 효과적이지 못할 뿐만 아니라 위험하다고 느낍니다. 우리가 공주수도원의 규칙과 형제들을 위한 관심이 거룩하고 훌륭한 것이라고 고백하지만, 그렇다고 해서 모든 사람들이 그 규칙을 따라야 한다고 생각하지는 않습니다. 환대에 많은 결실이 있지만, 모두가 인내심을 손상시키지 않으면서 그것을 실천할 수 있는 것이 아닙니다.

"그러므로 먼저 당신들의 고향의 제도와 이곳 제도를 비교해본 후에 덕이나 악덕에 한결같이 집중하는 데서 계산해낸 사람들의 능력을 별도의 저울에 달아 균형을 이루게 해야 합니다. 4. 어떤 사람들에게는 자연스럽게 여겨지는 뿌리 깊은 습관이 다른 사람들에게는 어렵거나 불가능한 것으로 여겨지기 때문입니다. 그것은 마치 방대한 대지 때문에 분리되어 지내는 사람들이 한편에서는 변변하게 입을 것이 없이 추위나 더위를 참고 견디는 데 반해 매서운 날씨를 경험하지 못한 사람들은 견뎌내지 못하는 것과 같습니다. 5. 고향의 많은 특징들을 거스르며 이 지역에서 몸과 마음으로 싸우고 있는 당신들도 불신앙의 추위에 시달려 부진하다고 보고된 지역에서 벌거벗고 지내는 것과 같다고 언급한 것을 견뎌낼 수 있는지 고려해 보아야 합니다. 우리의 경우 오래 지속되어온 거룩한 생활방식이 우리가 택한 수도생활에 일종의 자연적인 힘을 부여해 왔습니다. 만일 당신들이 끈기와 덕에 있어서 우리와 대등하다고 여긴다면, 친척들과 형제들의 접근을 피할 필요가 없을 것입니다.

~ 9 ~
아폴로스 사부의 고행을 본받을 수 있는 사람은
친척들의 방문을 두려워할 필요가 없다.

1. "엄격함이라는 저울로 당신들의 능력이 얼마나 되는지 정확하게 측정할

수 있도록 하기 위해서 사부 아폴로스의 행위에 대해 말씀드리겠습니다. 만일 당신들이 마음을 신중하게 조사하여 자신이 선택한 수도생활과 덕에 있어서 아폴로스 사부보다 열등하지 않다면, 친척들 가까이에 거주하려는 갈망이나 즐거움 때문에 당신들이 바랄 뿐만 아니라 이 지역을 여행하면서 체득한 겸손을 잃지 않을 것이 확실하므로 고향에서 친척들 가까이에 거주해도 택한 수도생활이 손상되지 않고 믿음이 위험에 처하지도 않을 것입니다.

2. "밤중에 사부 아폴로스에게 형이 찾아왔습니다. 형은 자기의 소가 멀리 떨어진 곳에 있는 늪에 빠졌는데 혼자 힘으로는 소를 끌어낼 수 없다면서 끈질기게 도와달라고 부탁했습니다. 아폴로스 사부는 '왜 나보다 더 가까이에 살고 있는 동생에게 부탁하지 않았습니까?'라고 물었습니다. 형은 아폴로스가 지나친 금욕과 지속적인 독수도 생활 때문에 정신이 약해져서 그 동생이 오래 전에 죽었다는 것을 잊고 있다고 생각하고서 '15년 전에 죽은 사람을 어떻게 무덤에서 불러낼 수 있느냐?'라고 대답했습니다. 3. 이 말을 듣고 아폴로스가 말했습니다: '그렇다면 내가 이십 년 전에 이 세상에 대해 죽었다는 것, 그리고 이 수실이라는 무덤 안에 있기 때문에 현세와 관련된 일에 대해서는 도움을 줄 수 없다는 것을 알지 못합니까? 형님의 소를 끌어내기 위해서 내가 실천해오고 있는 고행에서 잠시라도 벗어나는 것을 그리스도께서 허락하시지 않으며, 한층 더 신속하고 정직하고 정당하게 행해야 하는 일인 바 내 아버지를 장사지내기 위해서 잠시 쉬는 일도 허락하시지 않으셨습니다(마 8:21-22 참조).'

4. "마음 깊은 곳을 조사하여 친척들과 관련하여 당신들이 항상 엄격한 마음을 유지할 수 있는지 살펴보십시오. 이 정신적 고행에 있어서 당신들이 아폴로스 사부처럼 느낄 때, 즉 가까이에 살면서도 스스로 죽었다고 여겨 그들

에게 관심을 두지 않으며 그들의 섬김을 받아도 정신적으로 약해지지 않을 때 비로소 친척들과 형제들 가까이 거주해도 전혀 해롭지 않으리라는 것을 알게 될 것입니다."

~ 10 ~

질문: 친척들에게서 필요한 것을 공급받는 것이 수도사에게 방해가 되는가?

게르마누스가 말했습니다: "이 점에 있어서 사부께서는 의심할 수 없을 정도로 분명하게 설명해주셨습니다. 우리는 날마다 친척들 가까이에서 현재의 누더기 옷을 입거나 맨발로 돌아다닐 수 없을 것이며, 이곳에서는 매일 5km 떨어진 곳에서 물을 길어 지고 와야 하지만 그곳에서는 그런 식으로 노력하여 먹는 데 필요한 것을 구하려 하지 않을 것이 분명합니다. 또 우리의 감정과 친척들의 감정이 우리가 그러한 일을 하도록 내버려두지 않을 것입니다. 만일 친척들의 섬김 덕분에 우리가 양식에 대한 염려에서 해방되어 독서와 기도에 전념한다면, 그것이 우리가 택한 수도생활에 해가 될까요? 지금 우리를 산만하게 만드는 이 고역이 제거된다면, 우리는 영적인 일에만 집중하며 살 것입니다."

~ 11 ~

답변: 이것과 관련하여 거룩한 안토니가 밝힌 것

1. 아브라함 사부가 말씀하셨습니다: "복된 안토니가 당신이 말하는 미지근한 상태에 빠져있는 형제의 게으름이 잘못된 것임을 증명하기 위해 한 말이 당신의 질문에 대한 답변이 될 것입니다. 어느 형제가 안토니 사부에게 와서 은수사 훈련이 바람직하지 못하다고 말하면서 사막에서 사는 것보다 사람

들 가운데서 완전한 것을 추구하는 것이 더 덕스럽다고 주장했습니다. 안토니는 그에게 사는 곳을 물었습니다. 2. 그는 친척들 가까이에 살고 있으며 그들의 도움 덕분에 일상적인 노고에 대한 근심과 걱정에서 벗어나 영적으로 분심됨이 없이 독서와 기도에 전념할 수 있다고 자랑했습니다. 이 말을 듣고 안토니는 '친구여, 그들에게 불행이나 역경이 닥칠 때 당신이 슬퍼하는지, 그리고 그들이 행복할 때 기뻐하는지 말해 보십시오'라고 대꾸했습니다. 그는 자신이 두 가지 모두에 해당된다고 고백했습니다. 안토니는 '다음 세상에서 당신이 현세에서 이익이나 손해, 기쁨이나 슬픔을 함께 나눈 사람들의 운명에 합류하게 된다는 것을 알아야 합니다'라고 말했습니다.

3. "사부 안토니는 이렇게 말하는 데 만족하지 않고 논의를 확대하여 다음과 같이 말했습니다: '비록 당신이 지금은 느끼지 못하고 "사람이 나를 때려도 나는 아프지 아니하고 나를 상하게 하여도 내게 감각이 없도다"(잠 23:35)라고 말할 수 있겠지만, 이러한 생활 방식과 미온적인 상태는 당신에게 손해를 초래할 것입니다. 선지자는 "이방인들이 그의 힘을 삼켰으나 알지 못한다"(호 7:9)라고 말했습니다. 4. 그 까닭은 그들이 날마다 상황의 변화에 따라 당신의 마음을 바꾸게 만들고 세상 일에 개입시키기 때문입니다. 게다가 그들은 당신에게서 손으로 일하여 얻은 열매와 수고에 따른 정당한 보상을 빼앗습니다. 당신이 그들의 도움을 받는 한 그들은 당신이 바울의 규칙에 따라 직접 수고하여 일용할 양식을 마련하는 것을 허락하지 않습니다. 바울은 에베소 교회의 지도자들에게 마지막 명령을 발표하면서 자신이 복음전파라는 거룩한 일에 전념했지만 그 자신뿐만 아니라 그의 사역과 관련된 의무들 때문에 자급자족하지 못하는 사람들에게 필요한 것을 공급해주었다고 회상했습니다: "여러분이 아는 바와 같이 이 손으로 나와 내 동행들이 쓰는 것을 충당하여"(행

20:34). 5. 그러나 그는 이것이 우리에게 본을 보이기 위한 것이었음을 보여주기 위해 "누구에게서든지 음식을 값없이 먹지 않고 오직 수고하고 애써 주야로 일함은 너희 아무에게도 폐를 끼치지 아니하려 함이니 우리에게 권리가 없는 것이 아니요 오직 스스로 너희에게 본을 보여 우리를 본받게 하려 함이니라"(살후 3:8-9)고 말했습니다.

~ 12 ~
일의 유익과 게으름의 폐해

1. "'그러므로 우리는 친척들의 도움을 받을 수 있지만 받지 않는 편을 택하며, 친척들의 확실한 지원을 받기보다 스스로 노력함으로써 날마다 육신에 필요한 것을 마련하는 편을 택했습니다. 우리는 당신이 말하고 있는 바 한가하게 묵상하며 무익하게 독서에 집중하는 것을 이 고된 가난 아래 둡니다. 만일 바울이 한가한 묵상과 무익한 독서가 더 유익하다고 가르쳤다면, 또 원로들이 그것을 유익한 것으로 제정했다면, 우리는 그것을 추구하겠습니다.

2. "'그러나 당신이 앞에서 말한 사람 못지않게 이러한 불이익을 경험하고 있음을 알아야 합니다. 당신은 몸이 건강하고 팔팔함에도 불구하고 다른 사람들로부터 약한 사람들의 몫이 되어야 할 지원을 받아 연명하고 있습니다. 바울의 계율에 따라 날마다 수고하여 생활하는 수도사들을 제외한 모든 인류가 타인들의 자선을 의지합니다. 이런 까닭에 친척들의 물적 지원이나 친구들의 수고나 재산에서 얻어지는 수입에 의해 보살핌을 받는다고 자랑하는 사람들뿐만 아니라 이 세상의 왕들도 자선에 의한 지원을 받습니다. 3. 손수 노동하여 생산하거나 획득하지 않은 것을 양식으로 따로 챙겨두지 말고 구제하는 일에

사용해야 한다고 규정한 우리 선조들의 이해는 바울의 인식과 일치합니다. 바울은 "누구든지 일하기 싫어하거든 먹지도 말게 하라"(살후 3:10)고 말하여 사람들이 후히 기부한 것을 게으른 사람들에게 주는 것을 금했습니다.'

4. "안토니는 이 형제의 잘못을 지적하기 위해서 이렇게 말했고, 교훈이 가득한 본보기에 의해 친척들의 해로운 감언甘言, 그리고 필요한 양식 및 쾌적한 거처를 지원해주는 사람들의 자선을 피하라고 가르쳤습니다. 우리는 이 세상의 부보다 소금물의 범람 때문에 황폐해진 지역과 거친 모래사막을 택해야 합니다. 왜냐하면 그곳은 인간의 법이나 다스림을 받지 않기 때문입니다. 그곳에서는 길 없는 사막의 보호를 받기 때문에 사람들과의 교제를 피할 뿐만 아니라 비옥한 땅에 농사를 짓느라고 정신이 분심되고 지쳐서 마음의 주요 관심사와 영적인 일을 소홀히 하지도 않을 것입니다.

~ 13 ~
마귀가 주는 망상들을 식별하기 위해 만들어낸 바 이발사의 삶에 대한 이야기

1. "당신들은 사람들을 구원할 수 있다고 확신하며 더 큰 유익 얻기를 기대하기 때문에 고향으로 돌아가기를 원하고 있습니다. 이 주제에 관해 사부 마카리우스가 당신들과 비슷한 갈망을 가지고 있던 사람에게 치료책으로 생각해낸 이야기를 들어보십시오:

"어느 도시에 솜씨 좋은 이발사가 살았습니다. 그는 3데나리온(은화)을 받고 사람들의 머리를 깎아주고 그 돈으로 매일 필요한 양식을 마련하곤 했습니다. 그는 날마다 육신에 필요한 것을 충족시킨 후 지갑에 100데나리온을 넣곤 했습니다. 2. 그런데 오랫동안 이렇게 저축하던 그는 멀리 떨어진 도시에서는 사람들이 이발하는 데 금화 한 닢을 지불한다는 소문을 들었습니다. 그는 '그

곳에 가서 금화를 받으면 부자가 될 수 있는데 언제까지 이곳에서 수고의 대가로 은화 3개를 받는 가난한 생활에 만족해야 하는가'라고 말했습니다. 그는 즉시 이발도구를 들고 오랫동안 저축한 모든 것을 경비로 사용하면서 많은 돈을 벌 수 있는 그 도시로 갔습니다. 3. 도시에 도착한 날 그는 소문으로 들은 금액을 이발비로 받았습니다. 많은 금화를 벌어들인 그는 저녁거리를 사러 시장에 갔습니다. 그는 벌어들인 금화로 비싼 저녁거리와 적은 양의 양식을 사는 데 사용했기 때문에 은화 한 닢조차 집으로 가져가지 못했습니다. 자신이 번 돈이 날마다 이런 식으로 소비되기 때문에 한 푼도 저축할 수 없을 뿐만 아니라 매일 살아가는 데 필요한 것조차 충족시킬 수 없다는 것을 알고서, 그는 속으로 말했습니다: '고향으로 돌아가서 이발료를 싸게 받아야겠다. 내게 육체적으로 필요한 것을 충족시킨 후에 남는 돈을 모아 노후를 대비해야겠다. 4. 그곳에서는 보잘것없는 액수인 것처럼 보였지만 계속 모으니 적지 않은 돈이 되었었다. 나에게는 상상으로 소유하는 금화보다 동전들이 더 가치가 있다. 이곳에서는 금화를 벌어도 남겨서 저축할 수 없을 뿐만 아니라 날마다 먹는 음식도 간신히 마련할 수 있을 뿐이다.'

"그러므로 비록 큰 회심에 의해 획득되었어도 세상의 생활방식의 요구 및 날마다 분심에서 생겨나는 손실이 삼켜버리는 큰 이익을 추구하기보다 세상의 염려나 분심이나 허영이 갉아먹을 수 없고 날마다 필요한 것들에 대한 염려가 감소시킬 수 없는 바 이 사막에서 나는 작은 열매를 단절됨이 없이 꾸준하게 구하는 편이 낫습니다. 의인의 적은 소유가 악인의 풍부함보다 낫습니다 (시 37:16). 5. 솔로몬은 '두 손에 가득하고 수고하며 바람을 잡는 것보다 한 손에만 가득하고 평온함이 더 나으니라'(전 4:6)고 말했습니다. 약한 사람들은 어쩔 수 없이 이러한 망상들에 사로잡히고 피해를 봅니다. 그들에게 사람들의 가르침과 교훈이 필요하며 그들 자신의 구원이 불확실함에도 불구하고 그들은 사람들을 회심시키고 다스리려는 악한 망상에 휘둘리며, 또 약간의 이익을 얻고 몇 사람을 회심시킬 수 있었음에도 불구하고 조급함과 무절제한 행동 때문에 획득한 것을 모두 잃을 것입니다. 선지자 학개는 그들에게 다음과 같은 일이 발생할 것이라고 묘사합니다: '일꾼이 삯을 받아도 그것을 구멍 뚫어진 전대에 넣음이 되느니라' (학 1:6). 6. 통제할 수 없는 마음과 정신의 분심 때문에 사람들의 회심에 의해 획득한 듯이 보이는 것들을 잃는 것은 받은 삯을 구멍 뚫린 가방에 넣는 것입니다. 그런 사람들은 사람들을 가르침으로써 더 큰 이익을 남길 수 있다고 믿지만, 자신의 상태를 개선시키지 못합니다. 부자인 체하지만 아무것도 없는 사람이 있는가 하면, 가난한 체하지만 많은 재물을 가진 사람이 있고(잠 13:7), 업신여김을 받더라도 종을 부리는 사람은 스스로 높은 체하면서 먹을 빵이 없는 사람보다 낫습니다(잠 12:9)."

~ 14 ~

질문: 그러한 생각들이 어디에서 오는가?

게르마누스가 말했습니다: "사부님이 말씀하신 이야기는 우리의 망상들이 잘못된 것임을 지적해주었습니다. 이제 망상들의 원인과 치료법, 그리고 그것들이 어디에서부터 오는 것인지 알기를 원합니다. 왜냐하면 그것들의 근원을 발견한 사람 외에 누구도 치료약을 추천해줄 수 없기 때문입니다."

~ 15 ~

답변: 영혼의 세 가지 움직임에 관하여

1. 아브라함 사부가 말씀하셨습니다: "모든 악덕들의 근원은 하나입니다. 그

러나 그것은 영혼 안에서 손상된 지체의 본질에 따라 각기 상이한 정념들과 병리학적 명칭을 소유합니다. 이것은 종종 육체의 질병들의 사례에서도 증명될 수 있습니다. 육체의 질병들의 원인은 하나이지만 감염된 부분의 본질에 따라 상이한 종류의 질병으로 나뉩니다. 2. 해로운 체액이 몸의 거점인 머리를 장악하면 두통이 생기며, 귀에 들어가면 귀앓이를 하게 되고, 눈에 들어가면 눈병이 생깁니다. 그것이 관절이나 손마디에 퍼진 것을 통풍이나 관절염이라고 부릅니다. 그것이 두 발로 내려가면 명칭이 발의 통풍으로 바뀝니다. 동일한 근원을 가진 체액이 장악하는 신체의 부위에 따라서 각기 다른 명칭으로 언급됩니다.

3. "위에서는 보이는 것들을 다루었지만, 이제 보이지 않는 것들에 대해 말하자면 우리는 어떤 악한 힘이 영혼의 지체들 안에 거주한다고 믿어야 합니다. 일부 현명한 사람들의 견해에 의하면 이것이 세 가지 힘을 가지고 존속하므로, 이성부와 정념부와 욕망부가 공격을 받아 해를 입을 것입니다. 해로운 정념이 이 세 가지 성향들 중 한 가지 상태에 있는 사람을 사로잡을 때 그 악덕의 이름이 병리학에 사용됩니다. 4. 이성부를 감염시킨 악덕은 허영, 오만, 시기, 교만, 건방짐, 다툼, 이단 등의 악덕을 낳을 것입니다. 정념부를 공격한 악덕은 격분, 조급, 슬픔, 권태, 심약, 잔인 등을 낳을 것입니다. 만일 그것이 욕망부를 오염시킨다면 탐식, 음란, 탐욕, 시기, 해롭고 세속적인 욕망 등을 발생시킬 것입니다.

~ 16 ~

영혼의 이성적인 부분이 부패했다.

"이 악덕의 근원과 기원을 알기 원한다면 일반적으로 건방과 허영이라는 악덕들이 생겨나는 곳, 즉 영혼의 이성부가 부패했다는 것을 깨달아야 합니다. 이런 까닭에 영혼의 이 첫째 지체를 올바른 분별력의 판단과 겸손으로 치료해야 합니다. 왜냐하면 당신이 이미 완덕의 고지에 도착했을 뿐만 아니라 사람들을 가르칠 수 있다고 믿음으로써, 그리고 사람들을 가르칠 능력과 자격이 있다고 생각함으로써 이 부분이 손상되었기 때문입니다. 당신의 고백은 당신이 허영심 때문에 이 그릇된 자만심에 붙잡혀 있음을 분명히 보여줍니다. 만일 당신이 신중한 겸손 안에 자리잡는다면, 우리 중 한 사람의 영혼을 구원하는 것이 얼마나 어렵고 힘든 일인지 통회하는 마음으로 배운다면, 그리고 당신에게 가르칠 자격이 없을 뿐만 아니라 당신 자신이 교사의 도움을 필요로 한다는 것을 인정한다면, 어려움 없이 즉각적으로 이것을 근절할 수 있을 것입니다.

~ 17 ~

영혼에게서 약한 부분이 먼저 마귀의 시험에 굴복한다.

1. "그러므로 당신의 영혼 중에서 상처를 입었다고 언급된 이 부분에 참 겸손의 약을 바르십시오. 그것이 영혼의 다른 능력들보다 약하기 때문에 필연적으로 가장 먼저 악한 공격에 굴복할 것입니다. 2. 일반적으로 육체와 관련하여 노동이나 좋지 않은 공기 때문에 질병이 발생할 때 약한 사람들이 먼저 병에 걸리며, 같은 병에 걸린 사람들 중에서도 약한 사람들이 더 심하게 앓습니다. 마찬가지로 악덕의 해로운 공기가 우리를 덮칠 때 그 정념은 각 사람의 영혼 중에서 약한 부분을 더 심하게 괴롭힙니다. 이는 그 부분이 원수의 공격에 강력하게 저항하지 않기 때문입니다. 그것이 보호를 소홀히 한 결과로서 무관심하게 자신을 방치할수록 그 악덕의 포로가 되는 위험에 처합니다.

3. "발람은 하나님의 백성이 이런 식으로 미혹될 수 있음을 알았기에 이스라엘 자녀들의 약한 부분에 덫을 놓으라고 조언했습니다. 그는 이스라엘 백성들의 영혼 중에서 욕망부가 부패했다는 것을 알았기 때문에 그들에게 여인들을 제공하면 즉시 간음하여 멸망할 것임을 의심하지 않았습니다(민 31:16; 계 2:14 참조). 마찬가지로 악령들은 교활하게 각 사람을 시험하며, 특히 영혼의 약한 부분을 사로잡기 위해 덫을 놓습니다. 따라서 악령들은 영혼의 이성부가 손상되어 있음을 보면 성경에서 아람인들(시리아인들)이 아합 왕을 속인 것과 같은 방식으로 우리를 속입니다. 4. 아람인들은 '우리가 들은즉 이스라엘 집의 왕들은 인자한 왕이라 하니 만일 우리가 굵은 베로 허리를 동이고 테두리를 머리에 쓰고 이스라엘의 왕에게로 나아가면 그가 혹시 왕의 생명을 살리리이다 하고 그들이 굵은 베로 허리를 동이고 테두리를 머리에 쓰고 이스라엘의 왕에게 이르러 이르되 왕의 종 벤하닷이 청하기를 내 생명을 살려 주옵소서 하더이다' 라고 말하자, 아합은 진정한 동정심을 발휘한 것이 아니라 자신의 자비에 대한 헛된 칭찬에 감동하여 '그가 아직도 살아 있느냐 그는 내 형제이니라' 고 말했습니다(왕상 20:31-32). 이처럼 그들은 이성부 안에서 잘못된 것에 의해 우리를 속이며, 우리가 신앙에 대한 보상과 상을 받을 것이라고 여기는 부분에서 하나님께 범죄하게 만들고, 아합과 비슷한 책망을 받게 합니다: 5. '내가 멸하기로 작정한 사람을 네 손으로 놓았은즉 네 목숨은 그의 목숨을 대신하고 네 백성은 그의 백성을 대신하리라' (왕상 20:42). 또 더러운 영은 '내가 나가서 거짓말하는 영이 되어 그의 모든 선지자들의 입에 있겠나이다' (왕상 22:22)라고 말하면서 자기가 놓는 치명적인 덫에 취약하다고 알고 있는 바 이성적인 성향 안에 미혹의 덫을 놓습니다. 이 더러운 영은 이것을 염두에 두고서 인류 전체를 사로잡을 수 있다고 여기는 바 영혼의 이 세 가지 성향

으로 주님을 시험했지만 성공하지 못했습니다. 6. 그는 욕망부를 공격하여 '이 돌들로 떡덩이가 되게 하라'(마 4:3)고 말했고, 정념부를 공격하면서 주님을 시험하여 현세의 권력과 이 세상 나라를 구하게 하려 했고(마 4:8-9 참조), 이성적인 부분을 공격하여 '하나님의 아들이어든 뛰어내리라'(마 4:6)고 말했습니다. 그러나 마귀의 망상은 성공하지 못했습니다. 그의 추측에도 불구하고 시험받을 때 주님 안에 있는 어느 부분도 해를 입지 않았고 원수의 덫에 굴복하지 않았습니다. 주님은 '이 세상의 임금이 오겠음이라 그러나 그는 내게 관계할 것이 없으니'(요 14:30)라고 말씀하셨습니다."

~ 18 ~
질문: 보다 큰 침묵을 원하는 유익한 소원 때문에 우리가 고향으로 돌아가야 하는가?

게르마누스가 말했습니다: "영적으로 유익하다는 헛된 약속에 의해 고향으로 돌아가려는 갈망을 품게 만든 망상들과 잘못된 생각들의 원인들 중 하나는 이곳에서 때때로 형제들이 몰려오면 우리가 바라는 대로 항상 고립된 생활을 하며 침묵을 유지할 수 없다는 것입니다. 형제들이 찾아오면 우리가 육신을 정복하기 위해서 날마다 행하는 금욕을 중지해야 합니다. 그러나 고향에서는 이런 일이 발생하지 않을 것이라고 확신합니다. 왜냐하면 그곳에는 이러한 생활을 실천하는 사람을 발견하기 어렵기 때문입니다."

~ 19 ~
답변: 방대한 사막에서 평화를 약속하는 마귀의 망상에 관하여

1. 아브라함 사부는 다음과 같이 말했습니다: "사람들이 전혀 찾아오지 않는

것은 불합리하고 신중하지 못하게 엄격한 금욕이나 미지근함을 보여주는 징후입니다. 지나치게 천천히 걸어가며 친숙한 방식을 취하여 살아가는 사람에게는 거룩한 사람들이 다가오지 않습니다. 그러나 당신이 주님을 뜨겁게 사랑하며 뜨거운 영으로 사랑이신 하나님을 사랑한다면, 당신이 아무리 외진 곳으로 도망쳐도 많은 사람들이 찾아올 것입니다. 그리고 뜨거운 하나님의 사랑이 당신을 하나님 가까이 끌어갈수록, 당신을 찾아오는 거룩한 형제들이 크게 증가할 것입니다. 2. 주님의 말씀에 의하면 산 위에 세운 도시는 숨길 수 없습니다(마 5:14). 하나님은 '나를 존중히 여기는 자를 내가 존중히 여기고 나를 멸시하는 자를 내가 경멸하리라' (삼상 2:30)고 말씀하십니다.

"부주의한 사람들과 형편없는 사람들이 마귀가 숨겨놓은 덫과 교묘한 술책에 빠진다는 것을 알아야 합니다. 다시 말해서 마귀는 그들에게 더 위대한 것을 약속하면서 더 깊고 방대한 사막을 동경하라고 설득하고 그들의 마음속에 그것을 묘사함으로써 그들이 날마다 얻는 유익한 것을 훔쳐갑니다. 심지어 어디에도 존재하지 않는 당치 않은 장소를 고안해내며, 마치 그곳이 이미 알려져 있고 준비되어 우리의 수중에 있는 것처럼, 그리고 우리가 어려움 없이 그곳을 소유할 수 있는 것처럼 다룹니다. 3. 또 그 지역 주민들이 온순하며 구원의 길을 걷고 있다고 거짓말을 합니다. 그는 그곳에 영혼을 위한 열매들이 더 풍부하다고 약속하면서 현재의 이익을 탈취해 갑니다. 이같은 헛된 소망에 의해 원로들의 무리에서 분리되고 상상했던 모든 것을 빼앗겼다가 마치 깊은 잠에서 깨어나듯이 깨어날 때 그는 잠든 동안 꿈꾸었던 것을 전혀 발견하지 못할 것입니다. 4. 사람이 현세의 의무라는 것과 피할 수 없는 올무에 잡히고 나면, 마귀는 그에게 약속했던 것들에 대한 희망을 품는 것도 허락하지 않습니다. 그리고 그가 간혹 형제들의 영적 방문을 받는 것이 아니라 날마다 세상 사람들의 급습을 받게 된 후에 마귀는 그가 은수사 생활의 훈련과 평화로 돌아가는 것을 허락하지 않을 것입니다.

~ 20 ~
형제들이 방문할 때 누리는 휴식이 얼마나 유익한지에 관하여

1. "이따금 형제들이 찾아올 때에 발생하는 기분 좋은 휴식과 접대가 성가시고 피해야 할 일처럼 보일 수도 있지만, 그것이 우리의 몸과 영에 얼마나 유익한 일인지 들어보십시오. 2. 종종 약한 사람들과 수련수사들뿐만 아니라 경험이 많고 완전한 사람들도 약간의 휴식에 의해 마음을 완화해주지 않으면 영적으로 미지근해지거나 육체적으로 심각한 병에 걸립니다. 그러므로 신중하고 완전한 사람들은 형제들의 빈번한 방문으로 방해를 받을 때 참고 견딜 뿐만 아니라 감사한 마음으로 받아들입니다. 3. 첫째, 그들이 우리의 진보를 방해한다고 생각되기도 하지만 지치지 않고 한결같이 그것을 유지해주기 때문에, 그들은 우리로 하여금 사막 후미진 곳을 한층 더 갈망하게 해줍니다. 사람이 이따금 장애물 때문에 속도를 늦추지 않으면 지치지 않고 끝까지 달릴 수 없을 것입니다. 그 때 그들은 환대의 열매로 약해진 몸의 회복에 필요한 것을 충족시키며, 금욕의 피로에 의해 획득되었을 것보다 더 기분 좋은 휴식과 더불어 더 큰 유익을 우리에게 줄 것입니다. 이와 관련하여 오래 전부터 유포되어온 이야기를 간단히 말씀드리겠습니다.

~ 21 ~
요한이 휴식의 혜택을 보여주었다.

1. "사부 요한이 손으로 자고새를 토닥여주고 있는데 사냥꾼 복장을 한 철

학자가 다가왔습니다. 그는 매우 유명한 요한이 그처럼 작고 하찮은 즐거움에 빠져 있다는 데 놀랐습니다. 그는 '당신이 나로 하여금 이곳에 찾아오게 만든 유명한 요한이 아닙니까? 그런데 왜 그처럼 보잘것없는 즐거움에 빠져 계십니까?'라고 물었습니다. 2. 요한 사부는 '당신의 손에 들고 있는 것이 무엇입니까?'라고 물었습니다. 그는 '활입니다'라고 대답했습니다. 요한은 '왜 당신은 항상 활시위를 당기고 있지 않습니까?'라고 물었고, 그는 '그렇게 하면 안 되기 때문입니다. 계속 활을 당기면 장력張力이 약해져서 활이 망가질 것입니다. 과도하게 계속 활을 당겨 장력이 약해지면 무거운 화살로 짐승을 쏘아 맞힐 수 없을 것입니다'라고 대답했습니다. 3. 요한 사부는 '젊은이, 이 작고 간단한 휴식을 불쾌하게 여기지 마십시오. 이따금 휴식을 취하여 정신의 긴장을 완화해주지 않으면 끊임없는 긴장 때문에 약해져서 필요할 때 영의 힘에 주의를 기울일 수 없을 것입니다'라고 말했습니다."

~ 22 ~
질문: "내 멍에는 쉽고 내 짐은 가벼움이라"는 말씀을 어떻게 이해해야 하는가?

게르마누스가 말했습니다: "사부님이 망상들을 치유하는 방법을 알려주셨고, 또 사부님의 가르침과 주님의 선물에 의해 우리를 괴롭혀온 악한 올무들이 무엇인지 알게 되었습니다. 이제 '내 멍에는 쉽고 내 짐은 가벼움이라'(마 11:30)는 말씀을 설명해 주십시오. 이 말씀은 '나는 주의 입술의 말씀을 따라 스스로 삼가서 포악한 자의 길을 가지 아니하였사오며'(시 17:4)라는 말씀과 반대되는 것처럼 보입니다. 바울도 '무릇 그리스도 예수 안에서 경건하게 살고자 하는 자는 박해를 받으리라'(딤후 3:12)고 말했습니다. 그러나 어려운 것과 박해와 관련된 것들은 쉽거나 가벼울 수 없습니다."

~ 23 ~
그 구절에 대한 설명과 답변

1. 아브라함 사부가 말씀하셨습니다: "우리가 그리스도의 뜻에 따라 정당한 방식으로 모든 욕망을 죽이고 해로운 충동을 잘라내며 원수가 원할 때마다 우리를 파괴하고 찢어버릴 힘을 발견하는 데 사용되는 바 이 세상에 속한 것이 우리 안에 남아 있는 것을 허락하지 않을 뿐만 아니라 우리가 스스로의 주인이 아님을 깨닫고서 완전의 길을 걷기 시작한다면, 주님의 말씀이 참되다는 것이 경험에 의해 쉽게 증명될 것입니다. 그리하여 바울이 '이제는 내가 사는 것이 아니요 오직 내 안에 그리스도께서 사시는 것이라'(갈 2:20)고 말한 것을 이룰 것입니다.

2. "전심으로 그리스도의 멍에를 메고 참된 겸손 안에 확고히 자리잡고 항상 주님의 고난을 묵상하며 역경이 닥쳐도 '내가 그리스도를 위하여 약한 것들과 능욕과 궁핍과 박해와 곤고를 기뻐하노니 이는 내가 약한 그 때에 강함이라'고 말하며 기뻐하는 사람에게 과연 무엇이 무겁고 어렵겠습니까? 철저한 가난을 기뻐하며 이 세상의 온갖 화려한 것들을 거부하고 그리스도를 얻게 위해 모든 것을 배설물로 여기는 사람(빌 3:8 참조), 또 끊임없이 복음의 계율을 묵상함으로 말미암아 손실에 대한 염려를 무시하고 거부하는 사람이 평범한 것을 잃을 때 괴로워하겠습니까? 사람이 온 세상을 얻고도 제 목숨을 잃으면 무슨 이득이 있으며, 또 제 목숨을 되찾는 대가로 무엇을 내놓겠습니까?(마 16:26 참조). 3. 자신에게서 사람들이 가져갈 수 있는 것들 모두가 자기 것이 아님을 아는 사람, 그리고 '우리가 세상에 아무것도 가지고 온 것이 없으매 또한

아무것도 가지고 가지 못하리니'(딤전 6:7)라고 외치는 사람이 어떤 물건을 박탈당할 때 슬퍼하겠습니까? 여행할 때 전대에 돈을 가지고 다니지 말아야 한다는 것을 알며(마 10:9-10 참조) 바울처럼 주리고 목마르고 굶고 춥고 헐벗을 때 기뻐하는 사람(고후 11:27)의 용기가 어찌 궁핍함과 가난에 정복되겠습니까? 4. 자신의 뜻을 내세우지 않는 사람, 어떤 명령이든지 인내할 뿐만 아니라 감사하며 받아들이는 사람, '나의 원대로 마시옵고 아버지의 원대로 하옵소서'(마 26:39)라고 말씀하신 주님을 본받아 자기의 뜻이 아닌 아버지의 뜻을 구하는 사람의 마음은 원로의 명령이나 어려운 일의 방해를 받지 않을 것입니다. 사도들처럼 고난을 기뻐하며 그리스도의 이름을 위해 모욕당하는 것을 특권으로 생각하는 사람에게는 박해나 손해가 두렵지 않을 것이며 고통이 기쁨이 될 것입니다(행 5:41 참조).

~ 24 ~
주님의 멍에가 쓰라리고 주님의 짐이 무겁게 느껴지는 이유

1. "우리에게 그리스도의 멍에가 가볍지도 않고 쉽지도 않은 것은 우리의 고집과 완고함 때문으로 여겨야 합니다. 우리는 자신감의 부족과 불신앙 때문에 낙담하여 심술궂게도 '네가 온전하고자 할진대 가서 네 소유를 팔아 가난한 자들에게 주라 그리고 와서 나를 따르라'(마 19:21)고 하신 주님의 명령과 권고를 대적합니다. 다시 말해서 세상의 물질적인 재산을 계속 보유합니다. 2. 이런 것들에 의해 우리의 마음을 결박하고 속박하는 마귀는 재산을 감소시키거나 박탈함으로써 우리를 슬프게 하고, 영적 기쁨을 느끼지 못하게 만들려 할 때 교활한 속임수를 사용합니다. 또 우리의 악하고 부패한 욕망 때문에 멍에가 어려워지고 짐이 무거워질 때 마귀는 세상의 염려라는 채찍으로 우리를

괴롭힐 것입니다. 이는 우리가 자신의 편안함과 위안을 위해 보유해온 재산과 번영의 쇠사슬에 묶여 있기 때문입니다. 그 때 마귀는 우리를 찢어놓는 데 사용한 것들을 빼앗아갑니다. 이는 모든 사람은 제 잘못에 걸리고 제 죄의 올무에 얽매이기 때문입니다(잠 5:22). 그들은 '보라 불을 피우고 횃불을 둘러 띤 자여 너희가 다 너희의 불꽃 가운데로 걸어가며 너희가 피운 횃불 가운데로 걸어갈지어다'(사 50:11)라는 말을 듣습니다. 3. 솔로몬은 '사람이 죄를 지으면 쓴 것으로 벌을 받는다'(지혜서 11:16)라고 증언합니다. 우리가 누리는 쾌락이 우리에게 고통이며, 육체의 즐거움과 기쁨은 그것을 만들어낸 자를 고문하는 자가 됩니다. 왜냐하면 과거의 재산을 의지하여 생활해온 사람은 마음의 완전한 겸손을 받아들이지 않으며 해로운 쾌락들을 완전히 죽이지도 않기 때문입니다.

"그러나 덕이 우리에게 와서 도와줄 때 현세의 괴로움과 원수가 가할 수 있는 손해를 인내할 뿐만 아니라 기쁘게 감당할 수 있습니다. 반면에 덕이 추방되면 악한 교만이 뿌리를 내리며, 그 결과 우리는 작은 모욕을 당해도 치명적인 조급함의 화살에 상처를 입습니다.4. 예레미야는 다음과 같이 말합니다: '네가 시홀의 물을 마시려고 애굽으로 가는 길에 있음은 어찌 됨이며 또 네가 그 강물을 마시려고 앗수르로 가는 길에 있음은 어찌 됨이냐 네 악이 너를 징계하겠고 네 반역이 너를 책망할 것이라 그런즉 네 하나님 여호와를 버림과 네 속에 나를 경외함이 없는 것이 악이요 고통인 줄 알라 주 만군의 여호와의 말씀이니라'(렘 2:18-19).

"주님의 쉬운 멍에가 쓰라리게 느껴지는 것은 우리가 그것을 외면하기 때문입니다. 기분 좋게 가볍고 거룩한 짐이 무거워지는 것은 우리가 무례하고 건방지게도 과거에 우리를 연명하게 해주었던 것을 멸시하기 때문입니다. 성경은 세상이 정직한 사람이 살 곳이요 흠 없는 사람이 살아 남을 곳이라고 증언합니다(잠 2:21 참조). 5. 우리는 악하고 단단한 욕망의 바위로 주님의 곧고 평탄한 길을 거칠게 만들었고, 어리석게도 사도들과 선지자들의 돌로 포장되었으며 주님과 거룩한 사람들이 걸어갔기 때문에 평평하게 된 왕의 길을 버리고 가시밭길과 샛길을 택했습니다. 현세의 쾌락의 유혹 때문에 눈이 멀어 어둡고 막힌 오솔길로 기어가는 우리의 두 발은 가시에 찔리고 결혼예복이 찢어집니다. 우리는 가시덤불의 가시에 찔릴 뿐만 아니라 그곳에 숨어 기다리고 있는 뱀과 전갈에 물립니다. 이는 마음이 비뚤어진 사람의 길에 가시와 올무가 있기 때문입니다(잠 22:5 참조). 6. 그런 사람들에 대해 하나님은 선지자를 통해서 '무릇 내 백성은 나를 잊고 허무한 것에게 분향하거니와 이러한 것들은 그들로 그들의 길 곧 그 옛길에서 넘어지게 하며 곁길 곧 닦지 아니한 길로 행하게 하여'(렘 18:15)라고 말씀하십니다. 솔로몬은 '게으른 자의 길은 가시 울타리 같으나 정직한 자의 길은 대로니라'(잠 15:19)고 말합니다. 이처럼 그들은 왕의 대로에서 벗어났기 때문에 여정의 분명한 목적지인 도시에 도착할 수 없습니다. 전도자는 이것을 '우매한 자들의 수고는 자신을 피곤하게 할 뿐이라 그들은 성읍—즉 거룩한 예루살렘—에 들어갈 줄도 알지 못함이니라'(전 10:15)고 표현합니다. 7. 그러나 이 세상을 버리고 그리스도의 멍에를 취한 사람은 그리스도에게서 배우며 '마음이 온유하고 겸손하기 때문에'(마 11:29) 날마다 모욕이라는 훈련을 통해 가르침을 받을 것이며, 시련을 당해도 움직이지 않을 것이며, 그에게는 모든 것이 합력하여 선을 이룰 것입니다(롬 8:28). 하나님의 말씀은 '정직하게 행하는 자에게 유익' 합니다(미 2:7) . 호세아는 '여호와의 도는 정직하니 의인은 그 길로 다니거니와 그러나 죄인은 그 길에 걸려 넘어지리라'(호 14:9)고 말합니다.

~ 25 ~
시련이 주는 유익

1. "주님은 우리에게서 싸움의 맹렬함을 제거해주셨을 때보다 우리가 시련을 맞아 싸울 때 더 크게 칭찬하십니다. 이는 박해와 고통에 에워싸였을 때, 즉 인간적으로 공격을 받았을 때 동요하지 않으며 확신을 가지고 담대하게 하나님의 보호하심에 매달리며 무적의 덕을 무기로 삼아 조급함을 정복하여 승리하고 약함으로부터 힘을 획득하는 것이 더 고결하기 때문입니다. 이는 능력이 약한 데서 온전하여지기 때문입니다(고후 12:9). 2. 예레미야는 '보라 내가 오늘 너를 그 온 땅과 유다 왕들과 그 지도자들과 그 제사장들과 그 땅 백성 앞에 견고한 성읍, 쇠기둥, 놋성벽이 되게 하였은즉 그들이 너를 치나 너를 이기지 못하리니 이는 내가 너와 함께 하여 너를 구원할 것임이니라 여호와의 말이니라'(렘 1:18-19)고 말했습니다.

"주님의 완전한 가르침에 의하면 왕의 길은 거칠게 느껴지지만 평탄하고 쉽습니다. 3. 경건하고 충실하게 그 길을 걸어가며 마음이 온유하고 겸손하신 주님의 멍에를 지고 주님에게서 배우는 사람들은 정념들의 짐을 내려놓고 하나님의 도우심을 받아 영혼의 안식을 발견합니다. 하나님은 예레미야를 통해 '너희는 길에 서서 보며 옛적 길 곧 선한 길이 어디인지 알아보고 그리로 가라 너희 심령이 평강을 얻으리라'(렘 6:16)고 말씀하시면서 이것을 증언하셨습니다. 4. 그러한 사람들에게 '고르지 아니한 곳이 평탄하게'(사 40:4) 되는 일이 발행할 것입니다. 그들은 '여호와의 선하심을'(시 34:8) 맛볼 것이며, '수고하고 무거운 짐 진 자들아 다 내게로 오라 내가 너희를 쉬게 하리라'(마 11:28)고 선포하시는 그리스도의 말씀을 들을 것입니다. 그들은 악덕들의 짐을 내려놓은 후 '내 멍에는 쉽고 내 짐은 가벼움이라'는 말씀을 이해할 것입니다.

5. "주님의 법에 따라 걸어갈 때 주님의 길은 휴식을 줍니다. 그러나 위험하고 어려움에도 불구하고 이 세상의 고르지 않고 굽은 길을 걸어가려 할 때 우리는 마음을 뒤흔드는 분심 때문에 슬퍼하고 괴로워할 것입니다. 이런 식으로 주님의 멍에를 무겁고 거칠게 만들 때, 우리는 하나님을 모독하는 영으로 그리스도와 그의 멍에가 무겁고 거칠다고 비난합니다: '사람이 미련하므로 자기 길을 굽게 하고 마음으로 여호와를 원망하느니라' (잠 19:3). 6. 우리가 '주의 길이 공평하지 아니하다' (겔 18:29a)라고 말할 때 주님은 '나의 길이 어찌 공평하지 아니하냐 너희 길이 공평하지 아니한 것 아니냐' (겔 18:29b)라고 대답하십니다. 만일 순결이라는 향기로운 꽃과 정결함을 산더미 같은 음탕함과 비교해 본다면, 수도사들의 평안과 안전을 이 세상 사람들이 처해 있는 위험과 고통에 비교해 본다면, 우리의 가난이 주는 휴식을 부자들을 밤낮으로 괴롭히며 잠못 이루게 하는 슬픔과 걱정에 비교해 본다면 그리스도의 멍에가 쉽고 그 짐이 가볍다는 것을 알 수 있을 것입니다.

~ 26 ~

어떻게 완전히 버린 사람들에게 세상에서 백 배의 갚음이 약속되는가?

1. "그리고 보상을 받는다는 것이 무엇인지 믿음을 해치지 않고 참되고 바르게 이해될 것입니다. 이런 점에서 주님은 현세에서 완전한 포기를 실천하는 사람들에게 백 배로 갚아주신다고 약속하셨습니다: '내 이름을 위하여 집이나 형제나 자매나 부모나 자식이나 전토를 버린 자마다 여러 배를 받고 또 영생을 상속하리라' (마 19:29). 이 말씀을 제대로 이해하지 못한 많은 사람들은 그것이 천년왕국 시대에 육적인 방식으로 거룩한 사람들에게 주어질 것이라고 확신합니다. 그러나 그들은 천년왕국 시대가 부활 후에 발생할 것이라고 말하

면서도 그 시대가 현재와 동등한 시대가 될 수 없음을 고백합니다. 2. 그러므로 그리스도의 명령대로 세상의 물건과 세상적인 성향들을 멸시한 사람들이 현세에서 형제들 및 영적 유대에 의해 연결된 사람들로부터 백 배나 귀한 사랑을 받는다고 이해하는 것이 더 명백하고 신빙성이 있습니다. 사람들을 결합해주는 동료애, 그리고 부모와 자녀 · 형제 · 배우자 · 친척들을 연결해주는 혈연관계는 오래 지속되지 못하며 쉽게 깨집니다. 3. 때때로 착하고 충실한 자녀들이 성장한 후에 가족들과 의절하고 부모의 재산을 물려받지 못하며, 이따금 결혼관계가 깨지며, 다툼이 형제들의 재산을 파괴합니다. 오로지 수도사들만이 항구적으로 상호간의 연합을 누리며, 형제들의 것 모두를 자기의 것으로 여기며 모든 것을 공동으로 소유합니다. 그러므로 육적인 사랑의 연합을 유지시켜주는 성향들과 우리의 사랑을 비교해보면, 우리의 사랑이 백 배나 더 감미롭고 고귀합니다. 성관계를 유지하는 부부보다는 결혼했으나 금욕하는 사람에게 백 배나 더 큰 즐거움이 주어집니다. 4. 하나님의 양자가 된 사람은 밭과 집을 소유한 사람보다 더 큰 즐거움을 누릴 것이며, 영원하신 아버지의 재산을 백 배나 더 많이 누리며 자기 것으로 소유할 것이며, 참되신 아들을 본받아 '무릇 아버지께 있는 것은 다 내 것이라'(요 16:15)고 말할 것입니다. 그는 분심과 걱정에 사로잡히지 않으며, 어느 곳이든 자기의 소유처럼 여겨 그곳에 들어가며 날마다 '세계나 생명이나 사망이나 지금 것이나 장래 것이나 다 너희의 것이요'(고전 3:22)라는 말을 들을 것입니다.

5. "당신은 본질적으로 비교할 수 없이 다르고 가치가 백 배라고 표현된 상을 소유하고 있습니다. 놋이나 철처럼 하찮은 금속을 서로 교환하려면 동일한 무게를 지불해야 하지만, 금으로 교환하려면 백 배 이상을 지불해야 할 것입니다. 그러므로 매우 귀중한 사랑이 주는 영적 즐거움과 기쁨의 무게를 이 세

상의 성향들과 즐거움과 비교해본다면, 비록 분량이 동일해도 그것이 백 배나 더 찬란하고 위대합니다. 6. 다시 한 번 언급하여 이것을 분명히 하겠습니다. 나는 과거에 색욕 안에서 아내와 함께 지냈지만 이제는 그리스도의 참된 사랑과 거룩함 안에서 아내와 함께 지냅니다. 아내는 동일하지만 사랑의 가치가 백 배나 증가했습니다. 인내의 온유함을 분노와 격분의 동요에, 평온함을 분심과 걱정에, 유익한 슬픔을 무익하고 악한 이 세상의 슬픔에, 풍성한 영적 기쁨을 일시적인 기쁨의 공허함에 비교해 본다면, 이러한 성향들의 변화 안에서 백 배의 보상을 발견할 것입니다. 7. 덕들의 가치를 일시적이고 불확실한 악덕이 주는 즐거움과 비교해보면, 전자가 백 배나 더 좋은 것임이 증명될 것입니다. 백 배라는 숫자는 왼편에서 오른편으로 이동하는 것에 의해 계산됩니다. 비록 손가락의 수는 동일하지만 분량이 크게 증가합니다. 우리가 왼편에 있을 때는 염소 같지만 오른편으로 이동한 후에는 양의 지위를 획득할 것입니다(마 25:33 참조).

8. "이제 이 세상의 것들을 멸시한 대가로 그리스도께서 현세에서 우리에게 주시는 것들의 분량에 대해 말씀드리겠습니다. 마가복음에는 '나와 복음을 위하여 집이나 형제나 자매나 어머니나 아버지나 자식이나 전토를 버린 자는 현세에 있어 집과 형제와 자매와 어머니와 자식과 전토를 백 배나 받되 박해를 겸하여 받고 내세에 영생을 받지 못할 자가 없느니라'(막 10:29-30)고 기록되어 있습니다. 9. 그리스도의 이름을 위해 아버지나 어머니나 자녀에 대한 사랑을 무시하고서 그리스도를 섬기는 모든 사람을 향한 진지한 사랑을 택한 사람에게는 백 명의 형제들과 부모가 주어질 것입니다. 즉 그는 한 명 대신에 더 뜨겁고 탁월한 사랑에 의해 결속된 많은 아버지와 형제들을 갖게 될 것입니다. 그리스도의 사랑을 위해 집 한 채를 버린 사람은 세상 도처에 있는 수도원 안

에 무수히 많은 거처를 소유할 것이며, 그곳들이 그의 정당한 집들이 될 것입니다. 그에게 많은 집과 밭이라는 재산이 주어질 것입니다.

10. "열 명이나 스무 명의 종들의 충실하지 못하고 강요된 섬김을 거부하고 자유롭고 고귀한 많은 사람들의 자발적인 관심을 택한 사람에게 어찌 백 배, 또는 백 배 이상이 주어지지 않겠습니까? 만일 당신이 혈연에 의한 아버지와 어머니와 집을 버렸다면, 경험에 의해 이것이 사실임을 알 수 있었을 것입니다. 이 세상 어느 곳을 가든지 당신은 수고하지 않고서 많은 아버지와 어머니와 형제들, 그리고 집과 밭과 충실한 종들을 만날 것입니다. 그들은 당신을 영접하고 포옹하며 먹을 것을 주고 공경하며 주인처럼 대할 것입니다. 11. 먼저 자발적인 헌신에 의해 자신 및 자신의 소유 전체를 형제들을 위해 바친 거룩한 사람들이 이러한 섬김을 누립니다. 주님의 말씀에 의하면 그들이 이웃을 위해 너그럽게 사용한 것이 그들에게 주어질 것입니다. 그러나 과거에 가식이 없이 겸손하게 동료들에게 주지 않은 사람은 사람들이 제공하는 것을 거리낌 없이 받을 수 없을 것입니다. 이는 그가 형제들에게 보상하기보다 형제들의 섬김을 받는 편을 택했기 때문에 그들의 관심이 오히려 짐이 된다는 것을 알기 때문입니다. 12. 그는 침착하게 확신을 가지고 이것을 받는 것이 아니라 '박해를 겸하여' 받습니다. 즉 이 세상의 고난과 고통도 받을 것입니다. 수고에는 이득이 있는 법이지만 말이 많으면 가난해질 뿐입니다(잠 14:23 참조).

"하늘나라는 게으른 사람, 태만한 사람, 해이한 사람, 까다로운 사람, 또는 약한 사람들이 차지하는 것이 아니라 힘을 쓰는 사람들이 차지합니다. 힘을 쓰는 사람들이란 어떤 사람입니까? 이웃에게 폭력을 행사하는 것이 아니라 자기 영혼에게 고귀한 힘을 행사하는 사람, 현세에 대한 즐거움에서 벗어난 사람입니다. 주님의 말씀에 의해 그들은 훌륭한 약탈자로 선포되며, 이런 종류의 약탈에 의해 힘차게 하늘나라에 들어갑니다. 13. 주님은 '천국은 침노를 당하나니 침노하는 자는 빼앗느니라'(마 11:12)고 말씀하셨습니다. 자신의 멸망을 강력하게 막아내는 이 힘찬 사람들은 칭찬받을 만합니다. 고되게 일하는 사람은 자기의 파멸을 막습니다. 현세의 즐거움, 그리고 자신의 욕망과 의지대로 행하는 것이 우리를 파멸하게 합니다. 이것들을 자기 영혼에서 제거하고 죽이는 사람은 자신의 멸망을 강력하게 막아 대부분의 욕망을 부인할 것입니다. 이사야는 그것을 다음과 같이 책망합니다: '너희가 금식하는 날에 오락을 구하며'(사 58:3); '만일 안식일에 네 발을 금하여 내 성일에 오락을 행하지 아니하고 안식일을 일컬어 즐거운 날이라, 여호와의 성일을 존귀한 날이라 하여 이를 존귀하게 여기고 네 길로 행하지 아니하며 네 오락을 구하지 아니하며 사사로운 말을 하지 아니하면'(사 58:13). 14. 이사야는 그 직후에 큰 복을 약속합니다: '네가 여호와 안에서 즐거움을 얻을 것이라 내가 너를 땅의 높은 곳에 올리고 네 조상 야곱의 기업으로 기르리라 여호와의 입의 말씀이니라'(사 58:14). 이런 이유로 주님은 우리의 의지를 잘라버리는 방식을 제공하기 위해 다음과 같이 말씀하십니다: '내가 하늘에서 내려온 것은 내 뜻을 행하려 함이 아니요 나를 보내신 이의 뜻을 행하려 함이니라'(요 6:38); '나의 원대로 마시옵고 아버지의 원대로 하옵소서'(마 26:39). 공주수도원에 거주하며 원장의 명령의 지배를 받는 사람들, 자기의 판단을 따르지 않고 원장의 뜻을 의지하는 사람들이 특히 이 덕을 발휘합니다.

15. "마지막으로 이 논의를 마무리하기 위해 질문하겠습니다. 그리스도를 충실하게 섬기는 사람들이 가장 힘센 통치자들에게서 그리스도의 이름을 위해 존경을 받음으로써 백 배의 은혜를 받지 않습니까? 비록 그들이 인간적인 영광을 구하지 않지만, 세상의 생활방식을 유지했다면 비천한 신분 때문에 일

반인들에게서조차 무시받을 수 있음에도 불구하고 박해받을 때 재판관들과 권세자들의 존경을 받지 않습니까? 16. 그들은 그리스도의 군사들이기 때문에 누구도 그들의 신분에 대해 거친 말을 하지 않을 것이며, 비천한 태생 때문에 반감을 품지 않을 것입니다. 일반적으로 다른 사람들을 부끄럽게 하는 수치스럽고 비천한 상태가 그리스도의 종들을 더 고귀하게 만들어줍니다. 리콘이라는 마을 근처의 사막에 살고 있는 사부 요한에게서 이것이 진실임을 볼 수 있습니다. 17. 사부 요한은 비천한 가문에서 태어났음에도 불구하고 그리스도의 이름 때문에 모든 사람들의 존경을 받았습니다. 이 세상과 제국을 다스리는 영주들, 권세자들과 왕들조차 두려워하는 사람들이 그를 존경하여 먼곳에서 그의 신탁을 받으려고 찾아왔으며, 자기 왕국의 행복과 구원을 그에게 맡겼으며, 자기들이 벌이는 전쟁의 성공을 그의 기도와 선행에 의존했습니다."

18. 아브라함 사부는 우리의 망상의 기원과 치료법에 대해 말씀하시고, 마귀가 만들어낸 속이는 생각들을 드러내주시고, 참된 고행을 향한 갈망을 불러일으켜 주셨습니다. 우리가 훌륭하게 표현하여 기록하지는 못했지만, 이것이 많은 사람들을 뜨겁게 해줄 것이라고 믿습니다. 우리의 약한 발언 때문에 위대한 교부들의 강력한 생각들이 숨겨졌을 수도 있지만, 그럼에도 불구하고 우리의 말에서 타고 남은 재가 제거된다면 그분들의 감추어진 생각들에게 새 생명을 부여하기를 원하는 많은 사람들이 뜨거워질 것이라고 믿습니다. 19. 거룩한 형제들이여, 나는 이 뜨거움을 더함으로써 여러분이 선택한 수도생활의 열정의 불을 밝힐 수 있는 듯이 주님이 세상에 오셔서 던져 태우려 하신 이 불(눅 12:49 참조)을 여러분에게 보낼 만큼 주제넘지 못합니다. 여러분이 죽은 말이 아니라 생생한 본보기에 의해서 가르치는 것이 위대한 옛 교부들의 계율에 의

해 확인됨으로써 형제들 가운데서 여러분의 권위가 증가하는 것이 이 글의 목적입니다.

  나는 지금까지 위험한 태풍에 시달려 왔습니다. 이제 여러분의 기도라는 영적 미풍을 맞아 침묵이라는 안전한 항구에 도착하기를 바랍니다.